Die Anfechtung vertraglich vereinbarter Aufrechnungen innerhalb und außerhalb der Insolvenz

Schriften zum Zivilverfahrensrecht und Insolvenzrecht

Herausgegeben von Martin Ahrens

Band 6

PL ACADEMIC RESEARCH

Markus Johannes Huber

Die Anfechtung vertraglich vereinbarter Aufrechnungen innerhalb und außerhalb der Insolvenz

PL ACADEMIC RESEARCH

Bibliografische Information der Deutschen Nationalbibliothek
Die Deutsche Nationalbibliothek verzeichnet diese Publikation in der Deutschen Nationalbibliografie; detaillierte bibliografische Daten sind im Internet über http://dnb.d-nb.de abrufbar.

Zugl.: Passau, Univ., Diss., 2015

D 739
ISSN 2192-4953
ISBN 978-3-631-67053-8 (Print)
E-ISBN 978-3-653-06265-6 (E-Book)
DOI 10.3726/978-3-653-06265-6

PL Academic Research ist ein Imprint der Peter Lang GmbH.

Peter Lang – Frankfurt am Main · Bern · Bruxelles · New York · Oxford · Warszawa · Wien

Diese Publikation wurde begutachtet.

www.peterlang.com

Meinen lieben Eltern
Johann und Rita Huber

Vorwort

Auch mehr als zwanzig Jahre nach Inkrafttreten der Insolvenzordnung und des Anfechtungsgesetzes – und damit dem Inkrafttreten des gegenwärtig geltenden Rechts der Insolvenz- und Gläubigeranfechtung – finden sich in diesen Rechtsgebieten immer noch diverse Problemstellungen, die einer wissenschaftlichen Klärung bedürfen. Die vorliegende Untersuchung befasst sich dabei mit dem – abgesehen von der Kontokorrentverrechnung – noch recht wenig erforschten Themenbereich der Anfechtbarkeit vertraglich vereinbarter Aufrechnungen innerhalb und außerhalb der Insolvenz und versucht, für die sich in diesem Zusammenhang stellenden Rechtsfragen dogmatisch begründete Lösungswege aufzuzeigen. Inwieweit die gefundenen Ergebnisse zu überzeugen vermögen, muss letztlich die geschätzte Leserschaft entscheiden; zu hoffen bleibt aber, jedenfalls einen fruchtbaren Beitrag für den wissenschaftlichen Diskurs zu diesem Themenkreis geleistet zu haben.

Begonnen wurde die Untersuchung Mitte des Jahres 2010, sie fand ihren Abschluss im November 2014 und wurde im Sommersemester 2015 von der Universität Passau als Dissertation zur Erlangung des Grades eines Doktors der Rechtswissenschaft angenommen. Für die Drucklegung wurden Neuerscheinungen und Neuauflagen noch bis Ende Januar 2016 berücksichtigt.

Es ist mir zugleich ein Anliegen, an dieser Stelle verschiedenen Personen bzw. Organisationen für ihren Beitrag zum Gelingen dieser Arbeit Dank zu sagen.

Mein Dank gilt zunächst Herrn Prof. Dr. Michael Huber für die Betreuung meines Dissertationsprojekts und die Erstattung des Erstgutachtens. Dank schulde ich Herrn Prof. Dr. Wolfgang Hau für die Übernahme der Zweitbegutachtung sowie Herrn Dekan Prof. Dr. Dennis Solomon für seine Unterstützung in der Endphase des Promotionsverfahrens. Des Weiteren gilt mein Dank auch Herrn Prof. Dr. Rainer Wernsmann, Herrn Prof. Dr. Ralf Müller-Terpitz und Herrn Prof. Dr. Kai von Lewinski, während der Tätigkeit an deren Lehrstühlen diese Arbeit entstanden ist. Die Aura der Wissenschaft, die ich an diesen Lehrstühlen erfahren und die diversen Diskussionen, an denen ich dort teilnehmen konnte, haben – obgleich meine Arbeit ein anderes Rechtsgebiet betraf – viel zum Gelingen meiner Dissertation beigetragen.

Zu danken habe ich auch meinem lieben ehemaligen Lehrstuhlkollegen Dr. Hannes Beyerbach für das zügige und wie erwartet äußerst akkurate Korrekturlesen meiner Arbeit. In gleicher Weise schulde ich meiner lieben Freundin Iris Schwan, M. A., Dank, die mit ihrem großen germanistischen Sachverstand die sprachliche Korrektur der Arbeit übernommen hatte. Des Weiteren sei meinem lieben Freund Thomas Öller, Jurist (Univ.), gedankt, welcher mir bei der Überarbeitung und Kontrolle des Fußnotenapparates eine große Hilfe war. Herzlich bedanken darf ich mich zudem bei der Hanns-Seidel-Stiftung e. V., die mein Dissertationsprojekt über zwei Jahre mit einem großzügigen Promotionsstipendium gefördert hat.

Schließlich gilt mein tief empfundener Dank meinen lieben Eltern Johann und Rita Huber, ohne deren fortwährende Liebe und Unterstützung nicht allein diese Arbeit, sondern vieles in meinem bisherigen Leben nicht so hätte gelingen können. Ihnen sei sie daher in dankbarer und liebevoller Verbundenheit zugeeignet.

Passau, im Februar 2016 Markus Johannes Huber

Inhaltsübersicht

Abkürzungsverzeichnis 29

Einleitung 33

Kapitel 1. Das Verhältnis von Insolvenz- und Gläubigeranfechtung 41

Kapitel 2. Die Varianten der vertraglich vereinbarten Aufrechnung und ihre Wirkung in der Insolvenz sowie in der Zwangsvollstreckung 83

Kapitel 3. Der Geltungsumfang des Aufrechnungsverbots nach § 96 Abs. 1 Nr. 3 InsO und seine Bedeutung für die vorliegende Untersuchung 165

Kapitel 4. Die anfechtbare Rechtshandlung bei vertraglichen Aufrechnungen nach der InsO und dem AnfG 177

Kapitel 5. Die Gläubigerbenachteiligung durch vertragliche Herbeiführung einer Aufrechnungsmöglichkeit innerhalb und außerhalb der Insolvenz 245

Kapitel 6. Die Erfüllung der besonderen Anfechtungsvoraussetzungen durch vertraglich vereinbarte Aufrechnungsmöglichkeiten 313

Kapitel 7. Die Rechtsfolgen der Anfechtbarkeit von vertraglich geschaffenen Aufrechnungsmöglichkeiten 393

Zusammenfassung 411

Literaturverzeichnis 421

Inhaltsverzeichnis

Abkürzungsverzeichnis 29

Einleitung 33

A. Thematik und Gang der Untersuchung 33

B. Terminologische Festlegungen 36

I. Zum Begriff der Gläubigeranfechtung 36

II. Zur vertraglich vereinbarten Aufrechnung 36

Kapitel 1. Das Verhältnis von Insolvenz- und Gläubigeranfechtung 41

A. Die historische Entwicklung beider Anfechtungsinstitute 41

I. Die actio Pauliana des römischen Rechts als Grundlage der heutigen Anfechtungsregelungen 41

1. Die Schutzmittel für die Gläubiger im klassischen römischen Recht 42

a) Das Gesamtvollstreckungsverfahren im prätorischen Recht 42

b) Die Anfechtungsrechtsbehelfe bei Benachteiligung der Gläubiger 44

2. Die Einheitsanfechtungsklage des nachklassischen römischen Rechts 46

3. Fortwirkung der actio Pauliana im gegenwärtigen Anfechtungsrecht 48

II. Die Vorgängerregelungen der InsO und des AnfG 50

1. Die Anfechtungsregelungen des preußischen Rechts 50

2. Die Konkurs- und Einzelanfechtung in der Reichsjustizgesetzgebung 52

3. Beibehaltung der anfechtungsrechtlichen Konzeption in den heutigen Regelungen der InsO und des AnfG 55

III. Konsequenzen für das Verhältnis beider Anfechtungsinstitute 56

B. Das teleologische Verhältnis von Insolvenz- und Gläubigeranfechtung ... 57
I. Die Wiederherstellung der Haftungsordnung als grundlegendes Rechtsschutzziel der Anfechtungsinstitute ... 57
1. Die Wirkungen der Insolvenzanfechtung ... 58
2. Die Wirkungen der Anfechtung außerhalb des Insolvenzverfahrens ... 58
3. Die gemeinsame Zwecksetzung der Anfechtungsinstitute und deren unterschiedliche Verwirklichung ... 60
4. Unergiebigkeit für eine fundierte Deutung der Anfechtungsinstitute ... 62
II. Sinn und Zweck der Tatbestände der Insolvenz- und Gläubigeranfechtung ... 63
1. Der Schutz des Befriedigungsrechts der Gläubiger als weitgehend unzureichender Differenzierungsansatz ... 63
2. Die par conditio creditorum als nur partiell tragfähiger Begründungsansatz für die Insolvenzanfechtung ... 66
a) Verhältnis zu den Rechtsfolgen der Insolvenzanfechtung ... 67
b) Die Vorverlagerung der par conditio creditorum als Grundlage der Deckungsanfechtung ... 68
c) Keine Erklärung der Vorsatz- und Schenkungsanfechtung aus dem Grundsatz der Gläubigergleichbehandlung ... 71
d) Die unzutreffende Begründung des § 132 InsO über die par conditio creditorum ... 72
3. Differenzierte Bestimmung von Sinn und Zweck der übrigen Anfechtungstatbestände ... 74
a) Die Zielsetzung der Anfechtung unentgeltlicher Leistungen ... 75
b) Die der Vorsatzanfechtung zugrundeliegenden Erwägungen ... 76
c) § 132 InsO als Bindeglied zwischen Deckungsanfechtung und allgemeiner Insolvenzanfechtung ... 78

C. Resümee mit Folgerungen für die Auslegung der geltenden Anfechtungsnormen ... 80

Kapitel 2. Die Varianten der vertraglich vereinbarten Aufrechnung und ihre Wirkung in der Insolvenz sowie in der Zwangsvollstreckung ... 83

A. Die Arten der vertraglichen Aufrechnung nach bürgerlichem Recht ... 83
I. Überblick ... 83
II. Vorab: Die einseitige Aufrechnung nach den §§ 387 ff. BGB ... 84
1. Gesetzliche Voraussetzungen nach den §§ 387 ff. BGB ... 85
2. Doppelfunktion als Schuldnerakt und gleichzeitiger Gläubigerakt ... 87
a) Erfüllungs- und Schuldtilgungsfunktion ... 88
b) Vollstreckungs- und Sicherungsfunktion ... 89
3. Rechtsnatur der einseitigen Aufrechnung ... 91
III. Die Aufrechnung durch Vertrag als Grundform der vertraglichen Aufrechnung ... 92
1. Parteiautonomie als dogmatische Grundlage ... 93
2. Erscheinungsformen der Aufrechnung durch Vertrag ... 95
a) Aufrechnungsvertrag mit Sofortvollzug – compensatio in praeteritum ... 95
b) Bedingter Aufrechnungsvertrag über bereits entstandene Forderungen ... 97
c) Antizipierter Aufrechnungsvertrag über künftig entstehende Forderungen ... 99
d) Rechtliche Eigenständigkeit der Vereinbarung einer Aufrechung durch Vertrag ... 100
3. Verhältnis zu den Erfordernissen der einseitigen Aufrechnung ... 102
a) Abweichungsmöglichkeiten von den Voraussetzungen der §§ 387 ff. BGB ... 102
b) Zwingende Elemente der Aufrechnung durch Vertrag ... 104
4. Wirkungen der Aufrechnung durch Vertrag ... 107

5. Funktionen der konsensualen Aufrechnung 108
6. Rechtsnatur 109
IV. Die einseitige Aufrechnung aufgrund einer vertraglichen Vereinbarung über Aufrechnungsvoraussetzungen 110
1. Begriff und Bedeutung 111
2. Abgrenzung zu den übrigen Aufrechnungstypen 112
3. Dogmatische Grundlage gleich dem Aufrechnungsvertrag in der Parteiautonomie 113
4. Disposition über die Anforderungen der §§ 387 ff. BGB 114
5. Wirkungen der Aufrechnung aufgrund Vertrages 116
6. Doppelfunktion des vertraglich begründeten Aufrechnungsrechts 117
7. Rechtsnatur der Aufrechnung aufgrund Vertrages 118
V. Die vertragliche Aufrechnung aufgrund eines Aufrechnungsvorvertrages 119
1. Gegenstand und Zulässigkeit des Aufrechnungsvorvertrages 119
2. Wirkungen und Funktionen 121
3. Bedeutung des Aufrechnungsvorvertrages 121
VI. Die Verrechnung im Kontokorrent als wichtigste Sonderform der Aufrechnungsvereinbarungen 122
1. Begriff und praktische Relevanz des Kontokorrents 122
2. Funktionen des Kontokorrents 123
3. Das Kontokorrent als Institut des bürgerlichen Rechts 125
4. Rechtstechnische Konstruktion des Kontokorrentverhältnisses 127
a) Geschäftsvertrag 127
b) Kontokorrentabrede 128
c) Verrechnungsvertrag 131
d) Feststellungs- und Anerkenntnisvertrag über den Saldo 133
5. Rechtsnatur der Kontokorrentverrechnung 134
6. Beendigung des Kontokorrents 135
VII. Zwischenergebnis 137

B. Die Erhaltung von vertraglich vereinbarten Aufrechnungen in der Insolvenz und der Einzelzwangsvollstreckung 138
I. Die Anerkennung vertraglich vereinbarter Aufrechnungen in der Insolvenz nach § 94 InsO 139
1. Überblick über die Regelungen der §§ 94 ff. InsO 139
2. Norminhalt des § 94 InsO 140
3. Grundsätzliche Wirksamkeit vollzogener vertraglicher Aufrechnungen 142
4. Anerkennung von vertraglich vereinbarten Aufrechnungsmöglichkeiten im eröffneten Insolvenzverfahren gemäß § 94 Alt. 2 InsO 143
a) Vereinbarungen über Aufrechnungsvoraussetzungen 143
b) Aufrechnungen durch Vertrag 146
aa) Antizipierte Aufrechnungsverträge über künftige Forderungen sowie Verrechnungsverträge im Kontokorrentverhältnis 146
bb) Bedingte Aufrechnungsverträge über bereits entstandene Forderungen 149
5. Einfluss der Anordnung von Verfügungsbeschränkungen im Eröffnungsverfahren auf die Wirksamkeit von Aufrechnungsvereinbarungen 149
II. Die Wirksamkeit von vertraglich vereinbarten Aufrechnungen gegenüber Pfändungen der betreffenden Schuldnerforderung 152
1. Priorität vorheriger Pfändungen der zur Aufrechnung gestellten Forderungsrechte 152
2. Fortbestand von bereits erfolgten vertraglichen Aufrechnungen 154
3. Aufrechterhaltung noch nicht vollzogener Aufrechnungsmöglichkeiten 155
a) Antizipierte Aufrechnung durch Vertrag und bedingter Aufrechnungsvertrag 155
b) Aufrechnung aufgrund eines Aufrechnungsvoraussetzungsvertrages 156
c) Verrechnung im Kontokorrent 158
C. Resümee 161

Kapitel 3. Der Geltungsumfang des Aufrechnungsverbots nach § 96 Abs. 1 Nr. 3 InsO und seine Bedeutung für die vorliegende Untersuchung ... 165

A. Geltung des Aufrechnungsverbots nach § 96 Abs. 1 Nr. 3 InsO im Hinblick auf vertraglich vereinbarte Aufrechnungen ... 165

I. Inhalt des Aufrechnungsverbots nach § 96 Abs. 1 Nr. 3 InsO ... 165

II. Anwendbarkeit auf vor Insolvenzeröffnung vollendete Aufrechnungen ... 167

III. Geltung im Hinblick auf vertraglich vereinbarte Aufrechnungsbefugnisse ... 169

IV. Analoge Anwendung auf Aufrechnungen durch Vertrag sowie Verrechnungen im Kontokorrent ... 170

B. Verhältnis von § 96 Abs. 1 Nr. 3 InsO zu den Vorschriften der Insolvenzanfechtung ... 173

C. Resümee mit Folgerungen für den weiteren Fortgang der Untersuchung ... 175

Kapitel 4. Die anfechtbare Rechtshandlung bei vertraglichen Aufrechnungen nach der InsO und dem AnfG ... 177

A. Die Rechtshandlung i.S.d § 129 InsO bei vertraglich geschaffenen Aufrechnungsbefugnissen und bei Herbeiführung einer Aufrechnung durch Vertrag ... 178

I. Allgemeines ... 178

1. Begriff der Rechtshandlung ... 178

2. Wirtschaftliche Betrachtungsweise der zugrundeliegenden Vorgänge ... 179

3. Rechtshandlung und Gegenstand der Insolvenzanfechtung ... 180

II. Die anfechtungsrelevante Rechtshandlung bei vertraglicher Herstellung einer Aufrechnungsmöglichkeit ... 183

1. Überblick ... 183

2. Die Gesamtvorgangslehre im Aufrechnungsrecht ... 184

a) Der Gesamtvorgang der Forderungstilgung als anfechtbare Rechtshandlung ... 184

b) Der Gesamtvorgang der Vermögensübertragung bei Begründung einer aufzurechnenden Forderung durch die Veräußerung von Schuldnervermögen ... 186
c) Andere Fälle einer Verbindung mehrerer Rechtshandlungen zu einem einheitlichen anfechtungsrechtlichen Gesamtvorgang ... 188
d) Kritik ... 190
aa) Die Problematik der Gesamtvorgangslehre im Allgemeinen ... 190
bb) Folgerungen für die Annahme eines Gesamtvorganges bei Veräußerung von Gegenständen des Schuldnervermögens ... 193
cc) Einwände gegen die Definition der Aufrechnung als Gesamtvorgang ... 194
3. Die Einzelbetrachtung der heute h.M. als zutreffender Ansatz zur Bestimmung der anzufechtenden Rechtshandlung ... 196
III. Das Spektrum der als Rechtshandlung in Betracht kommenden Einzelakte bei Aufrechnungen auf vertraglicher Grundlage und bei Verrechnungen im Kontokorrent ... 197
1. Aufrechnung durch Vertrag ... 197
2. Aufrechnung aufgrund eines Aufrechnungsvoraussetzungsvertrages ... 198
3. Das Bewirken der Fälligkeit der Gläubigerforderung und das Werthaltigmachen der Schuldnerforderung als weitere anfechtungsrelevante Rechtshandlungen ... 199
4. Kontokorrentverrechnung ... 201
5. Begrenzung der Anfechtung auf separate Rechtsfolgen einer einzigen Rechtshandlung ... 203
IV. Zwischenergebnis ... 206
B. Das Vorliegen einer Rechtshandlung des Schuldners i.S.d. § 1 Abs. 1 AnfG bei vertraglich vereinbarten Aufrechnungen ... 207
I. Die Rechtshandlung im Rahmen der Gläubigeranfechtung ... 207
II. Das Hauptproblem der Gläubigeranfechtung: Die Bestimmung der anfechtungsrelevanten Rechtshandlung bei vertraglich vereinbarten Aufrechnungen ... 208

1. Die bisherige Judikatur des BGH zur anfechtbaren Rechtshandlung bei Anfechtung von vertraglich geschaffenen Aufrechnungsmöglichkeiten sowie zu diesem Tatbestandsmerkmal im Allgemeinen ... 209
a) Urteil vom 2. Juni 1959 – VIII ZR 182/58: Erlangung einer Aufrechnungsmöglichkeit durch Veräußerung von Vermögensgegenständen an den Schuldner ... 209
b) Urteil vom 16. Mai 1979 – VIII ZR 156/78: Begründung einer Aufrechnungsmöglichkeit zugunsten eines Dritten durch Verkauf eines Vermögensgegenstands des Schuldners ... 210
c) Urteil vom 19. November 1998 – IV ZR 116/97: Aufrechnung durch Vertrag bezüglich einer Forderung des Vollstreckungsschuldners aus der gleichzeitigen Veräußerung eines Vermögenswerts der späteren Vollstreckungsmasse ... 210
d) Urteil vom 23. Oktober 2008 – IX ZR 202/07: Zweite Entscheidung zur Anfechtbarkeit von seitens des Schuldners vereinbarten vertraglichen Aufrechnungen einer Forderung aus der zugleich erfolgten Veräußerung ihm gehörender Vermögenswerte ... 211
e) Die Interpretation der anfechtbaren Rechtshandlung als Gesamtvorgang durch die Judikatur in anderen Bereichen ... 213
f) Nunmehrige Abweichung des BGH von den bisherigen Grundsätzen in seiner Entscheidung vom 26. Januar 2012 – IX ZR 99/11 ... 214
2. Die Interpretation des Tatbestandsmerkmals der anfechtbaren Rechtshandlung in der Literatur ... 214
a) Stellungnahmen im Schrifttum zur Anfechtbarkeit konsensualer Aufrechnungen ... 214
b) Die differierenden Auffassungen zur Reichweite des Rechtshandlungsbegriffs im Allgemeinen ... 216
3. Folgerungen aus der bisherigen Rechtsprechung und h.L. für die Anfechtbarkeit der verschiedenen Varianten von konsensualen Aufrechnungen im Allgemeinen ... 218

a) Die Tilgung der Schuldnerforderung als Gesamtvorgang 219
b) Die Veräußerung eines Vermögenswerts des Schuldners als Gesamtvorgang 221
4. Kritische Stellungnahme 223
a) Die par conditio creditorum als untauglicher Differenzierungsgrund zwischen Insolvenz- und Gläubigeranfechtung 223
b) Einwände gegen eine Auslegung des Tatbestandsmerkmals der Rechtshandlung aus § 1 Abs. 1 AnfG im Sinne eines Gesamtvorgangs 225
c) Die Einzelbetrachtung als zutreffender Maßstab zur Bestimmung der anfechtbaren Rechtshandlung bei konsensualen Aufrechnungen 227
III. Die im Rahmen der Gläubigeranfechtung in Betracht kommenden Einzelakte bei vertraglich vereinbarten Aufrechnungen 230
1. Grundsätzliche Beschränkung der Gläubigeranfechtung auf Rechtshandlungen des Schuldners 230
2. Aufrechnung durch Vertrag über bestehende Forderungen 231
3. Aufrechnung existenter Forderungen aufgrund eines Aufrechnungsvoraussetzungsvertrages 232
4. Aufrechnungsvereinbarungen über künftige Forderungen 232
a) Allgemeines 232
b) Die Rechtshandlung des Schuldners bei Herbeiführung einer vorab vereinbarten vertraglichen Aufrechnungsmöglichkeit 233
5. Die geringe Bedeutung des Herbeiführens der Fälligkeit sowie des Werthaltigmachens der Schuldnerforderung 236
6. Kontokorrentverrechnung 237
a) Die anfechtungsrelevanten Rechtshandlungen im Bereich der Kontokorrentverrechnung 237
b) Auswirkungen des Erfordernisses einer Rechtshandlung des Schuldners 238

7. Anfechtbarkeit separater Wirkungen einer Rechtshandlung im Rahmen der Gläubigeranfechtung ... 241

C. Resümee ... 242

Kapitel 5. Die Gläubigerbenachteiligung durch vertragliche Herbeiführung einer Aufrechnungsmöglichkeit innerhalb und außerhalb der Insolvenz ... 245

A. Die Benachteiligung der Insolvenzgläubiger durch vertragliche Begründung einer Aufrechnungsbefugnis ... 246

I. Die Erfüllung des Gläubigerbenachteiligungserfordernisses aus § 129 Abs. 1 InsO bei vertraglichen Aufrechnungen ... 246

1. Definition der Gläubigerbenachteiligung ... 246

2. Die Benachteiligung der Insolvenzgläubiger bei vertraglicher Aufrechnung ... 247

a) Generelle Bestimmung der gläubigerbenachteiligenden Wirkungen konsensualer Aufrechnungen ... 247

b) Eintritt der Gläubigerbenachteiligung und anfechtungsrelevanter Zeitpunkt i.S.d. § 140 Abs. 1 InsO ... 249

c) Maßgeblicher Zeitpunkt für das Bestehen der Schuldnerforderung ... 250

d) Verhältnis der vertraglich vorausgesetzten Aufrechnungslage zu einer Aufrechnungsbefugnis nach § 94 S. 1 InsO und einer „Kernaufrechnungslage" nach § 95 Abs. 1 S. 3 InsO ... 252

e) Die Erfüllung des Gläubigerbenachteiligungserfordernisses in den einzelnen Varianten der konsensualen Aufrechnung ... 255

aa) Aufrechnungsvertrag mit Sofortvollzug und bedingter Aufrechnungsvertrag über bestehende Forderungsrechte ... 255

bb) Vertragliche Vereinbarung einer Aufrechnungsbefugnis ... 256

cc) Antizipierte Aufrechnung durch Vertrag über künftige Forderungsrechte ... 257
dd) Verrechnung im Kontokorrent ... 258
aaa) Erwerb einer Forderung durch den Schuldner bei einem debitorischen Kontokorrent ... 259
bbb) Erwerb einer Forderung durch den Gläubiger bei einem kreditorischen Kontokorrent ... 262
f) Die durch vertragliche Aufrechnungen herbeigeführten Arten der Gläubigerbenachteiligung ... 265
g) Sonderfall: Die Gläubigerbenachteiligung bei Vorliegen einer Leistungswertdifferenz ... 266
II. Die Auswirkungen von bereits bestehenden Sicherungsrechten für das Vorliegen einer Gläubigerbenachteiligung i.S.d. § 129 Abs. 1 InsO ... 269
1. Verpfändung der Forderung des Schuldners an den Aufrechnungsgegner ... 271
a) Allgemeines ... 271
b) Das AGB-Pfandrecht der Kreditinstitute ... 272
aa) Bestellung des AGB-Pfandrechts ... 272
bb) Vereinbarkeit mit den Abreden des Kontokorrentverhältnisses ... 273
cc) Anfechtbarkeit des AGB-Pfandrechts ... 274
2. Sicherungs- und Globalzessionen zugunsten des aufrechnungsberechtigten Gläubigers ... 277
a) Allgemeines ... 277
b) Ausschluss der Gläubigerbenachteiligung bei Zession der Valutaforderung ... 278
c) Benachteiligung der Insolvenzgläubiger bei Veräußerung eines sicherungsübereigneten Gegenstands an den Sicherungsnehmer bzw. einen Dritten ... 281
III. Zwischenergebnis ... 282
B. Die Benachteiligung der Befriedigungsmöglichkeiten des Vollstreckungsgläubigers bei im Konsens vorgenommenen Aufrechnungen ... 283

I. Die Erfüllung des Gläubigerbenachteiligungserfordernisses i.S.d § 1 Abs. 1 AnfG bei vertraglicher Aufrechnung 284

1. Das Tatbestandsmerkmal der Gläubigerbenachteiligung nach § 1 Abs. 1 AnfG 284

2. Die Benachteiligung der Befriedigungsmöglichkeiten des Vollstreckungsgläubigers bei konsensualer Aufrechnung 285

a) Allgemeine Einordnung der vertraglichen Aufrechnungen unter das Tatbestandserfordernis der Gläubigerbenachteiligung 285

b) Gläubigerbenachteiligung durch vertragliche Aufrechnungen und Vornahmezeitpunkt der anfechtbaren Rechtshandlung i.S.d. § 8 Abs. 1 AnfG 287

c) Das eigentliche Problem für das Vorliegen einer Gläubigerbenachteiligung bei konsensualen Aufrechnungen nach dem AnfG: Der für die Vermögenszugehörigkeit der Schuldnerforderung relevante Zeitpunkt 287

aa) Das von Teilen der Literatur angenommene Erfordernis einer vorherigen Zugehörigkeit des weggegebenen Gegenstandes zum Schuldnervermögen 287

bb) Folgerungen für die Anfechtbarkeit vertraglicher Aufrechnungen 288

cc) Kritische Würdigung 290

d) Wegfall der Gläubigerbenachteiligung bei Bestehen eines gesetzlichen Aufrechnungsrechts oder einer „werdenden Aufrechnungsbefugnis“ i.S.d. § 392 BGB 293

e) Einordnung der verschiedenen Varianten der vertraglichen Aufrechnung unter das Gläubigerbenachteiligungserfordernis aus § 1 Abs. 1 AnfG 295

aa) Aufrechnungsvertrag mit Sofortvollzug und bedingter Aufrechnungsvertrag über bestehende Forderungsrechte 296

bb) Vertragliche Vereinbarung einer Aufrechnungsbefugnis 296

cc) Antizipierte Aufrechnung durch Vertrag über künftige Forderungsrechte 298

dd) Verrechnung im Kontokorrent ... 299
aaa) Erwerb einer Forderung durch den Schuldner bei einem debitorischen Kontokorrent ... 300
bbb) Erwerb einer Forderung gegen den Schuldner in einem kreditorischen Kontokorrent ... 302
f) Abgrenzung zwischen mittelbarer und unmittelbarer Gläubigerbenachteiligung ... 303
g) Der Sonderfall des Vorliegens einer Leistungswertdifferenz in der Gläubigeranfechtung ... 304
II. Ausschluss der Gläubigerbenachteiligung durch das Bestehen von Sicherungsrechten ... 305
1. Verpfändung der Schuldnerforderung an den nachmaligen Anfechtungsgegner ... 305
2. Sicherungs- und Globalzessionen zugunsten des aufrechnungsberechtigten Gläubigers ... 307
C. Resümee ... 309

Kapitel 6. Die Erfüllung der besonderen Anfechtungsvoraussetzungen durch vertraglich vereinbarte Aufrechnungsmöglichkeiten ... 313

A. Einordnung unter die einzelnen Tatbestände der Insolvenzanfechtung ... 313
I. Anfechtbarkeit nach den §§ 130 und 131 InsO ... 313
1. Einordnung der Begründung einer vertraglichen Aufrechnungsmöglichkeit als kongruente bzw. inkongruente Deckung ... 314
a) Die von weiten Teilen der Literatur grundsätzlich angenommene Kongruenz erlangter Aufrechnungslagen ... 314
b) Die vereinzelt zur Kontokorrentverrechnung vertretene Gegenauffassung einer regelmäßigen Inkongruenz ... 316
c) Die differenzierte Lösung der h.L. ... 317
d) Abwägung der unterschiedlichen Auffassungen und eigener Ansatz ... 320

aa) Inkonsistenzen der h.L. 320
bb) Die nur partiell zutreffende Gleichsetzung des Eintritts der Aufrechnungs- bzw. Verrechnungslage mit der Gewährung einer Befriedigung 323
cc) Der Anspruch auf die Aufrechnungs- oder Verrechnungsmöglichkeit als dem Grunde nach zutreffender Ausgangspunkt für die Abgrenzung der Deckungsalternativen 325
dd) Folgerungen für die Deckungsqualität der einzelnen Varianten der konsensualen Aufrechnung 326
2. Die Anwendbarkeit des Bargeschäftsprivilegs nach § 142 InsO auf vertraglich begründete Aufrechnungsbefugnisse 330
a) Definition des Bargeschäfts 330
b) Geltungsumfang der Bargeschäftsausnahme 333
aa) Gegenwärtiger Meinungsstand 333
bb) Kritische Betrachtung 334
c) Einordnung der verbleibenden Varianten der konsensualen Aufrechnungen unter die Voraussetzungen des § 142 InsO 337
aa) Keine Erfüllung des Bargeschäftstatbestandes durch die antizipiert vereinbarte Aufrechnungsmöglichkeit als solche 337
bb) Die Aufrechnung aufgrund vorheriger Vereinbarung als Leistung des Schuldners im Rahmen eines gegenseitigen Vertrages 339
d) Der Bargeschäftscharakter von Verrechnungen im Bankkontokorrent bei Zulassung von Verfügungen über den Verrechnungsbetrag 342
aa) Die unterschiedlichen Auffassungen zum Vorliegen eines Bargeschäfts 342
bb) Bewertung der differierenden Ansätze 346
3. Verhältnis zur Anfechtung nach § 132 InsO 351
II. Vorsatzanfechtung nach § 133 InsO bei Begründung einer vertraglichen Aufrechnungsmöglichkeit 352
1. Die Voraussetzungen der Vorsatzanfechtung im Allgemeinen 352

2. Die gläubigerbenachteiligende Rechtshandlung des Schuldners bei im Konsens geschaffenen Aufrechnungsmöglichkeiten ... 355
a) Aufrechnung durch Vertrag und aufgrund Vertrages ... 355
b) Herstellung einer Verrechnungslage im Bankkontokorrent ... 356
3. Die Kongruenz bzw. Inkongruenz der mit einer vertraglichen Aufrechnungsmöglichkeit erlangten Deckung als Beweisanzeichen für die Erfüllung des subjektiven Anfechtungstatbestandes ... 357
a) Die Inkongruenz als starkes Beweisanzeichen für das Vorliegen eines Benachteiligungsvorsatzes ... 357
b) Die Erfordernisse an den Nachweis eines Benachteiligungsvorsatzes trotz Kongruenz ... 360
aa) Gegenwärtiger Meinungsstand in Schrifttum und Judikatur ... 361
bb) Kritische Stellungnahme ... 364
aaa) Generelle Erfüllung des Vorsatzerfordernisses durch kongruente Deckungen bei Kenntnis der Zahlungsunfähigkeit bzw. ihres Drohens ... 364
bbb) Gründe für eine Korrekturbedürftigkeit des Ergebnisses ... 366
ccc) Lösung mittels einer teleologischen Reduktion der Vorsatzanfechtung durch das Erfordernis eines unlauteren Verhaltens ... 369
cc) Auswirkungen der aktuell beabsichtigten Reform des Rechts der Vorsatzanfechtung für die hier vertretene Auffassung ... 373
4. Anwendbarkeit der Beweislastumkehr des § 133 Abs. 2 InsO ... 375
a) Unmittelbare Gläubigerbenachteiligung durch Vertrag ... 376
b) Entgeltlichkeit der vertraglichen Aufrechnung ... 376
c) Folgerungen für die Anwendbarkeit der Beweislastumkehr ... 378

III. Die untergeordnete Relevanz der Schenkungsanfechtung nach § 134 InsO ... 379

B. Die vertragliche Aufrechnung unter dem Blickwinkel der besonderen Anfechtungsvoraussetzungen des AnfG ... 381

I. Die Anfechtung vertraglicher Aufrechnungen wegen vorsätzlicher Gläubigerbenachteiligung nach § 3 Abs. 1 AnfG ... 381

1. Überblick ... 381

2. Der Beweiswert der Kongruenz bzw. Inkongruenz vertraglicher Aufrechnungen im Recht der Gläubigeranfechtung ... 383

a) Das in der Anfechtung nach dem AnfG gleichfalls starke Beweisanzeichen der Inkongruenz ... 383

b) Die auch im Bereich der Gläubigeranfechtung für die Anfechtbarkeit kongruenter Deckungen zusätzlich zu fordernde Voraussetzung eines unlauteren Verhaltens ... 384

3. Einordnung der konsensualen Aufrechnungen unter die Vorschrift des § 3 Abs. 2 AnfG ... 387

II. Die wiederum geringe Bedeutung des Tatbestandes der Schenkungsanfechtung ... 388

C. Resümee ... 389

Kapitel 7. Die Rechtsfolgen der Anfechtbarkeit von vertraglich geschaffenen Aufrechnungsmöglichkeiten ... 393

A. Die Wirkungen der insolvenzrechtlichen Anfechtbarkeit von konsensualen Aufrechnungen ... 393

I. Unzulässigkeit der Aufrechnung nach § 96 Abs. 1 Nr. 3 InsO ... 393

II. Die Verjährung der schuldnerischen Forderung bei insolvenzrechtlich unzulässiger Aufrechnung ... 397

III. Verhältnis der Unzulässigkeit einer Aufrechnung zur Anfechtung der Sachleistung bei Veräußerungen von Schuldnervermögen ... 399

B. Die Folgen der Anfechtung vertraglicher Aufrechnungen nach dem AnfG ... 401

I. Einredeweise Geltendmachung der Anfechtbarkeit gemäß § 9 AnfG ... 401
II. Das Schicksal der Forderung des Anfechtungsgegners ... 404
III. Verhältnis zur Anfechtung der Erfüllungsleistung bei Veräußerung von Gegenständen des Schuldnervermögens ... 406
C. Resümee ... 408

Zusammenfassung ... 411
A. Allgemeines Verhältnis von Gläubiger- und Insolvenzanfechtung ... 411
B. Varianten der konsensualen Aufrechnung und ihre Wirksamkeit in Insolvenz und Vollstreckung ... 412
C. Anfechtbarkeit der vertraglich vereinbarten Aufrechnungen unter dem Blickwinkel der allgemeinen Anfechtungsvoraussetzungen ... 413
D. Einordnung der konsensualen Aufrechnungen unter die Anfechtungstatbestände der InsO und des AnfG ... 417
E. Anfechtungsfolgen nach der InsO und dem AnfG ... 419

Literaturverzeichnis ... 421

Abkürzungsverzeichnis

a.A.	andere Auffassung
abl.	ablehnend
Abs.	Absatz
Abschn.	Abschnitt
AcP	Archiv für die civilistische Praxis
a.E.	am Ende
a.F.	alte Fassung
AG	Amtsgericht
AGB	allgemeine Geschäftsbedingungen
AK-BGB	Kommentar zum Bürgerlichen Gesetzbuch, Reihe Alternativkommentare
AnfG	Anfechtungsgesetz – Gesetz über die Anfechtung von Rechtshandlungen eines Schuldners außerhalb des Insolvenzverfahrens (soweit nicht anders vermerkt i.d.F. vom 5.10.1994 mit nachf. Änderungen)
Anm.	Anmerkung
ArchBürgR	Archiv für bürgerliches Recht
AO	Abgabenordnung
Aufl.	Auflage
BAG	Bundesarbeitsgericht
BAGE	Entscheidungen des Bundesarbeitsgerichts
BB	Betriebs-Berater
Bd.	Band
Bearb.	Bearbeitung
Begr.	Begründer
Beil.	Beilage
BFH	Bundesfinanzhof
BFHE	Entscheidungen des Bundesfinanzhofes
BFH/NV	Sammlung amtlich nicht veröffentlichter Entscheidungen des Bundesfinanzhofes
BGB	Bürgerliches Gesetzbuch
BGBl.	Bundesgesetzblatt
BGH	Bundesgerichtshof
BGHZ	Entscheidungen des Bundesgerichtshofes in Zivilsachen
BStBl.	Bundessteuerblatt
BT-Drs.	Bundestagsdrucksache
BVerfGE	Entscheidungen des Bundesverfassungsgerichts
bzgl.	bezüglich
bzw.	beziehungsweise
D.	Digesta Iustiniani (Digesten Justinians I.)

DB	Der Betrieb
dems.	demselben
dens.	denselben
ders.	derselbe
d.h.	das heißt
dies.	dieselbe(n)
Diss.	Dissertationsschrift
DÖV	Die öffentliche Verwaltung
DStR	Deutsches Steuerrecht
DZWIR	Deutsche Zeitschrift für Wirtschafts- und Insolvenzrecht
EGInsO	Einführungsgesetz zur Insolvenzordnung
Entsch.	Entscheidung
EWiR	Entscheidungen zum Wirtschaftsrecht
FG	Finanzgericht
FK-InsO	Frankfurter Kommentar zur Insolvenzordnung
Fn.	Fußnote
FS	Festschrift
G	Gesetz
Gai.	Gaius
Gai. Inst.	Gaii Institutiones (Institutionen des Gaius)
GesO	Gesamtvollstreckungsordnung
GG	Grundgesetz
ggf.	gegebenenfalls
Gruchot	Beiträge zur Erläuterung des Deutschen Rechts
GS	Gedächtnisschrift
Habil.	Habilitationsschrift
HambKomm InsO	Hamburger Kommentar zum Insolvenzrecht
HGB	Handelsgesetzbuch
HK-InsO	Heidelberger Kommentar – Insolvenzordnung
h.L.	herrschende Lehre
h.M.	herrschende Meinung
Hrsg.	Herausgeber
HS	Halbsatz
HU	Humboldt-Universität (Berlin)
i.d.F.	in der Fassung
i.d.R.	in der Regel
i.e.S.	im engeren Sinn
i.F.	im Folgenden
insb.	insbesondere
InsO	Insolvenzordnung
Inst.	Institutiones Iustiniani (Institutionen Justinians I.)
i.V.m.	in Verbindung mit
i.w.S.	im weiteren Sinn
JA	Juristische Arbeitsblätter

JherJb	Jherings Jahrbücher für die Dogmatik des bürgerlichen Rechts
JR	Juristische Rundschau
JurBüro	Das juristische Büro
JuS	Juristische Schulung
JW	Juristische Wochenschrift
JZ	Juristenzeitung
Kap.	Kapitel
KG	Kammergericht
KO	Konkursordnung (soweit nicht anders vermerkt i.d.F. der Neubekanntmachung vom 20.5.1898 mit nachf. Änderungen)
krit.	kritisch
KTS	Zeitschrift für Insolvenzrecht – bis 2003 Konkurs, Treuhand, Sanierung – bis 1988 Konkurs-, Treuhand- und Schiedsgerichtswesen
KuT	Konkurs- und Treuhandwesen (ab 1955 KTS)
KWG	Kreditwesengesetz
LAG	Landesarbeitsgericht
Lfg.	Lieferung
LG	Landgericht
LM	Lindenmaier / Möhring (Hrsg.), Nachschlagewerk des Bundesgerichtshofs, Leitsätze und Entscheidungen mit Anmerkungen
LZ	Leipziger Zeitschrift für Deutsches Recht
m.	mit
MDR	Monatsschrift für Deutsches Recht
Mot.	Motive
MünchKomm	Münchener Kommentar
nachf.	Nachfolgend
NdsRpfl	Niedersächsische Rechtspflege
n.F.	neue Fassung / neue Folge
NJW	Neue Juristische Wochenschrift
NJW-RR	NJW-Rechtsprechungs-Report Zivilrecht
Nr(n).	Nummer(n)
NZA	Neue Zeitschrift für Arbeitsrecht
NZA-RR	NZA-Rechtsprechungs-Report Arbeitsrecht
NZG	Neue Zeitschrift für Gesellschaftsrecht
NZI	Neue Zeitschrift für Insolvenz und Sanierung
o.	oben
OLG	Oberlandesgericht
OLGR	OLGReport
OVG	Oberverwaltungsgericht
Paul.	Paulus
Pomp.	Pomponius

pr.	principium
RAG	Reichsarbeitsgericht
Recht	Das Recht (Jahr und Nummer der Entscheidung)
RegE	Regierungsentwurf
RGBl.	Reichsgesetzblatt
RGRK	Reichsgerichtsrätekommentar
RG	Reichsgericht
RGZ	Entscheidungen des Reichsgerichts in Zivilsachen
RIW	Recht der internationalen Wirtschaft
Rn.	Randnummer(n)
Rspr.	Rechtsprechung
Rz.	Randziffer
S.	Satz/Seite
s.	siehe
sog.	sogenannte(r)
str.	streitig
st. Rspr.	ständige Rechtsprechung
StuW	Steuer und Wirtschaft
u.	unten
u.a.	unter anderem
Ulp.	Ulpianus
u.U.	unter Umständen
v.	vom/von
vgl.	vergleiche
VglO	Vergleichsordnung
WiB	Wirtschaftsrechtliche Beratung
WM	Zeitschrift für Wirtschafts- und Bankrecht – Wertpapier-Mitteilungen
z.B.	zum Beispiel
ZHR	Zeitschrift für das gesamte Handelsrecht und Wirtschaftsrecht – bis 1960 Zeitschrift für das gesamte Handelsrecht und Konkursrecht – bis 1907 Zeitschrift für das gesamte Handelsrecht
Ziff.	Ziffer
ZInsO	Zeitschrift für das gesamte Insolvenzrecht
ZIP	Zeitschrift für Wirtschaftsrecht
ZPO	Zivilprozessordnung
ZRG	Zeitschrift für Rechtsgeschichte
zugl.	zugleich
zul.	zuletzt
zur.	zu Recht
zust.	zustimmend
ZZP	Zeitschrift für Zivilprozeß – bis 1941 Zeitschrift für deutschen Zivilprozeß

Einleitung

A. Thematik und Gang der Untersuchung

Unter dem Begriff der Aufrechnung versteht man im Wesentlichen die wechselseitige Tilgung einander gegenüberstehender Forderungsrechte, welche ohne reale Leistungserbringung die Erfüllung eigener Verbindlichkeiten unter gleichzeitiger Durchsetzung eigener Forderungen erlaubt und damit das Erlöschen der beiderseitigen Leistungspflichten bewirkt[1]. Von großer praktischer Relevanz ist dabei vor allem die vertraglich vereinbarte Aufrechnung, denn unabhängig vom Vorliegen eines gesetzlichen Aufrechnungsrechts besteht überall dort, wo gegenseitige Zahlungen zu leisten sind, für die Beteiligten ein Bedürfnis dahingehend, die betreffenden Forderungsrechte zu saldieren und auf diese Weise den Zahlungsverkehr zu vereinfachen[2].

Die gesetzliche oder vertragliche Aufrechnung gewährt dem Gläubiger aufgrund der durch sie vermittelten, relativ einfachen Möglichkeit, vermögenswerte Forderungen des Schuldners ohne tatsächliche Erfüllung zum Erlöschen zu bringen, eine besonders privilegierte Rechtsposition. Das Aufrechnungsrecht schafft damit aber auch einen deutlichen Anreiz, durch entsprechende Rechtsgestaltungen einem Gläubiger eine Aufrechnungsbefugnis im eben genannten Sinn zu eröffnen, weshalb den Aufrechnungen zugleich a priori der Verdacht etwaiger Gläubigerbenachteiligungen im Sinne der §§ 129 InsO bzw. 1 AnfG anhaftet[3]. Dies gilt zunächst für die gesetzliche Aufrechnung nach den §§ 387 ff. BGB, ist aber umso mehr für die Aufrechnung durch oder aufgrund eines Vertrages anzunehmen, da die Parteien hier weitgehend nicht einmal an die gesetzlich festgelegten Voraussetzungen des Aufrechnungsrechts gebunden sind. Trotz ihrer großen praktischen Bedeutung und dem ihr innewohnenden erheblichen Potential zur Vornahme gläubigerbenachteiligender Rechtsgestaltungen hat die vertraglich vereinbarte Aufrechnung – mit Ausnahme der Kontokorrentverrechnung – im anfechtungsrechtlichen Schrifttum bislang keine große Beachtung gefunden, wohingegen die Anfechtbarkeit gesetzlicher Aufrechnungen wenigstens im Hinblick auf das Insolvenzrecht ganz überwiegend geklärt sein dürfte.

Die nachfolgende Untersuchung will diese Lücke für den Bereich der konsensualen Aufrechnung schließen, also die Voraussetzungen ihrer Anfechtbarkeit nach den Regelungen des Insolvenz- und Gläubigeranfechtungsrechts erläutern und bezüglich der sich in diesem Zusammenhang stellenden Rechtsprobleme dogmatisch

---

1 *Arndt*, Über den Aufrechnungsvertrag des bürgerlichen Rechts in Theorie und Praxis, S. 7; *Dullinger*, Handbuch der Aufrechnung, S. 1; *Gernhuber*, Die Erfüllung und ihre Surrogate, S. 225; *Gursky*, in: Staudinger, BGB, Vorbem. zu §§ 387 ff. Rn. 2, 5 f.; *Schade*, Über den Aufrechnungsvertrag, S. 9.

2 *Schwahn*, Der Aufrechnungsvertrag in der Insolvenz, S. 1; mannigfaltige Beispiele hierzu bei *Berger*, Der Aufrechnungsvertrag, S. 7 ff.

3 Vgl. *Huber*, ZInsO 2009, 566, 566.

begründete Lösungswege aufzeigen. Den Anlass gab dabei eine Entscheidung des BGH aus dem Jahre 2008[4], in welcher zur Anfechtung einer Verrechnungsabrede nach dem AnfG festgestellt wurde, dass eine Verrechnungsvereinbarung „jedenfalls dann" keine selbständig gläubigerbenachteiligende Rechtshandlung darstelle und daher nicht isoliert anfechtbar sei, wenn der Anfechtungsgläubiger zu keiner Zeit erfolgreich in die Forderung des Vollstreckungsschuldners hätte vollstrecken können. Das Ergebnis dieser Entscheidung wurde bisweilen zu Recht als „verblüffend" bezeichnet[5], da es geradezu diametral in Widerspruch zur Rechtslage im Insolvenzanfechtungsrecht steht. Dort ist für die Aufrechnung spätestens seit Einführung des Aufrechnungsverbots des § 96 Abs. 1 Nr. 3 InsO zumindest dem Grunde nach geklärt, dass die Herstellung einer Aufrechnungslage für sich genommen als gläubigerbenachteiligende Rechtshandlung anzusehen ist, weshalb es prima facie durchaus etwas verwunderlich erscheinen muss, dass in der Anfechtung nach dem AnfG etwas gänzlich anderes gelten soll. Die Kernfrage, die sich in dieser Arbeit stellt, ist daher, inwieweit in der Gläubigeranfechtung bezüglich der vertraglichen Aufrechnung tatsächlich von den Grundsätzen des Insolvenzanfechtungsrechts abgewichen werden muss und ob es auch im Bereich der Anfechtung nach dem AnfG Konstellationen gibt, in denen im Sinne der vorgenannten Entscheidung „jedenfalls" von einer Anfechtbarkeit der vertraglichen Aufrechnung als solcher ausgegangen werden darf. Diese Frage lässt sich indes nur dann sinnvoll beantworten, wenn dabei auch untersucht wird, ob der für das Insolvenzanfechtungsrecht gemeinhin angenommene Fokus auf die Herstellung der Aufrechnungslage hinsichtlich der vertraglichen Aufrechnung überhaupt zutrifft oder nicht schon dort bisweilen eine isolierte Anfechtbarkeit zu verneinen ist.

Neben diesem sich im Rahmen der allgemeinen Anfechtungsvoraussetzungen nach den §§ 129 Abs. 1 InsO und 1 Abs. 1 AnfG stellenden Kernproblem, gilt es in Bezug auf die Anfechtbarkeit konsensualer Aufrechnungen für beide Anfechtungsinstitute noch eine Reihe weiterer Rechtsfragen einer Lösung zuzuführen. So ist für den Fall der selbständigen Anfechtbarkeit der Herstellung einer Aufrechnungslage zudem zu eruieren, worin bei den verschiedenen Typen der vertraglichen Aufrechung jeweils konkret die für die Anfechtung maßgebliche Rechtshandlung zu sehen ist. Des Weiteren lässt sich die Frage der Anfechtbarkeit vertraglich vereinbarter Aufrechnungen nur dann vollumfänglich entscheiden, wenn über die allgemeinen Anfechtungsvoraussetzungen hinaus ebenfalls die einzelnen Anfechtungstatbestände der Gläubiger- und Insolvenzanfechtung mit in den Blick genommen werden. Hier ist vor allem fraglich, ob die einzelnen Varianten der konsensualen Aufrechnung in Bezug auf die besondere Insolvenzanfechtung als kongruente oder als inkongruente Deckungen anzusehen sind und inwieweit diese der Vorsatzanfechtung nach den §§ 133 InsO und 3 AnfG unterliegen können. Im Anschluss an die Feststellung der

4 BGH v. 23.10.2008 – IX ZR 202/07 = NZI 2009, 67 ff. m. Anm. *Huber*; eingehend zum Inhalt dieser Entscheidung nachf. Seite 211 ff.

5 *Huber*, NZI 2009, 70, 70.

Anfechtbarkeit vertraglicher Aufrechnungen sind noch die diesbezüglichen Rechtsfolgen zu klären, was insbesondere für den Bereich der Gläubigeranfechtung gilt, da es dort an einer dem Aufrechnungsverbot des § 96 Abs. 1 Nr. 3 InsO entsprechenden Spezialregelung fehlt.

Die Untersuchung nähert sich den eben dargestellten Rechtsfragen, indem im ersten Kapitel zunächst über die in den zentralen Normen auszumachende Wortlautidentität hinaus das historische und teleologische Verhältnis der Gläubiger- und Insolvenzanfechtung erörtert wird, um feststellen zu können, inwieweit generell eine identische Auslegung beider Anfechtungsinstitute erforderlich ist bzw. Differenzierungen zwischen selbigen zulässig und geboten sind. Im zweiten Kapitel wird die vertragliche Aufrechnung näher beleuchtet und deren unterschiedliche Typen einschließlich der Kontokorrentverrechnung als ihrem bedeutendsten Sonderfall dargestellt, was insbesondere deshalb notwendig ist, weil die konsensuale Aufrechnung in unserer Zivilrechtsordnung keine Kodifikation erfahren hat und eine dogmatisch saubere Aufarbeitung ihrer Anfechtbarkeit aber nur bei Kenntnis ihrer zivilrechtlichen Grundlagen gelingen kann. Gleichzeitig schlägt dieses Kapitel auch die Brücke zur nachfolgend vorzunehmenden Untersuchung der Anfechtung vertraglicher Aufrechnungen als solcher, indem in einem zweiten Teil überdies die Wirksamkeit der verschiedenen Varianten der vertraglichen Aufrechnung in der Insolvenz und in der Einzelzwangsvollstreckung erläutert wird. Denn es kann ein Bedürfnis nach ihrer Beseitigung im Wege der Gläubiger- bzw. Insolvenzanfechtung grundsätzlich nur dann bestehen, wenn diese überhaupt Rechtswirkungen gegenüber der Insolvenz- oder Vollstreckungsmasse entfalten. Bevor sich die Arbeit allerdings der Anfechtung konsensualer Aufrechnungen selbst zuwenden kann, hat sich diese in einem kurzen dritten Kapitel noch mit der im Insolvenzrecht bestehenden Sonderregelung des § 96 Abs. 1 Nr. 3 InsO, welche bei anfechtbarer Herstellung einer Aufrechnungslage ein Aufrechnungsverbot statuiert, zu befassen und deren Anwendbarkeit auf vertraglich vereinbarte Aufrechnungen sowie deren Bedeutung für die Anfechtbarkeit derselben zu klären. Dies ist vor allem deshalb erforderlich, weil ohne Ermittlung des Geltungsumfanges dieser Vorschrift für das Insolvenzrecht gar nicht klar wäre, welchen Regelungen die Anfechtung konsensualer Aufrechnungen unterliegt und in Bezug auf welche Anfechtungsvoraussetzungen insoweit eine Gegenüberstellung der Gläubiger- und Insolvenzanfechtung vorgenommen werden kann.

Im Zentrum der vorliegenden Abhandlung steht alsdann die in den Kapiteln vier und fünf erfolgende Untersuchung der Anfechtbarkeit vertraglicher Aufrechnungen unter dem Blickwinkel der allgemeinen Anfechtungsvoraussetzungen nach den §§ 129 Abs. 1 InsO und 1 Abs. 1 AnfG, also der Tatbestandsmerkmale der Rechtshandlung einerseits und der Gläubigerbenachteiligung andererseits. Mit dieser Untersuchung wird zugleich die oben dargestellte Kernfrage einer Lösung zugeführt werden können, inwieweit in der Gläubiger- und Insolvenzanfechtung eine isolierte Anfechtung vertraglicher Aufrechnungen in Betracht kommen kann. Das nachfolgende sechste Kapitel widmet sich der Einordnung der konsensualen Aufrechnung unter die einzelnen Anfechtungstatbestände der InsO und des AnfG und ermöglicht damit eine abschließende Aussage über deren Anfechtbarkeit unter beiden Anfechtungsinstituten. Am Ende der Arbeit steht in Kapitel sieben die Untersuchung der Rechtsfolgen der Gläubiger- und Insolvenzanfechtung, durch welche der thematische Kreis der Anfechtung vertraglich vereinbarter Aufrechnungen geschlossen werden kann.

B. Terminologische Festlegungen

Vor Beginn der Untersuchung erscheinen allerdings für das Anfechtungsrecht einerseits sowie die vertragliche Aufrechnung andererseits noch einige begriffliche Klarstellungen angezeigt, da in diesen beiden Bereichen bisweilen ein ganz unterschiedliches Verständnis bezüglich der grundlegenden Termini vorherrscht.

I. Zum Begriff der Gläubigeranfechtung

Der Begriff der „Gläubigeranfechtung" wird von Teilen der Literatur in einem umfassenden Sinn sowohl für die Anfechtung nach der InsO als auch diejenige nach dem AnfG gebraucht[6], was seine Rechtfertigung darin findet, dass nicht allein die Anfechtung außerhalb der Insolvenz, sondern letztlich beide Anfechtungsinstitute zugunsten der Gläubiger – seien es diese in ihrer Gesamtheit oder ein einzelner Vollstreckungsgläubiger – erfolgen. In der Literatur wird hingegen überwiegend von einer „Gläubigeranfechtung" nur in Bezug auf die Anfechtung außerhalb des Insolvenzverfahrens gesprochen und für die Anfechtung nach der InsO ausschließlich den Terminus der „Insolvenzanfechtung" verwendet[7]. Obgleich die erstgenannte Sichtweise aus dem eben angeführten Grund zweifellos ihre Berechtigung hat, erlaubt das engere Begriffsverständnis eine klarere terminologische Abgrenzung beider Anfechtungsinstitute, weshalb in dieser Untersuchung der Terminus der „Gläubigeranfechtung" oder auch „Einzelgläubigeranfechtung" allein für die Anfechtung nach dem AnfG reserviert bleiben soll.

II. Zur vertraglich vereinbarten Aufrechnung

Die Termini „vertragliche Aufrechnung", „Aufrechnungsvertrag", „Aufrechnungsvereinbarung" oder „Aufrechnungsabrede" lassen sich grundsätzlich gleichfalls in einem

---

6 *Allgayer*, Rechtsfolgen und Wirkungen der Gläubigeranfechtung, Rn. 4; *Huber*, AnfG, Einf Rn. 1; *ders.*, in: Gottwald, Insolvenzrechts-Handbuch, § 46 Rn. 7; *Jaeger*, Die Gläubigeranfechtung außerhalb des Konkursverfahrens, S. 8 f.; *Sieber*, Rechtsnatur der Gläubigeranfechtung, S. 12; *Thole*, ZZP 121 (2008), 67, 67.

7 *Baur/Stürner/Bruns*, Zwangsvollstreckungsrecht, Rn. 26.3 ff.; *Kirchhof*, in: MünchKomm AnfG, Einf Rn. 7 ff.; *Gaul/Schilken/Becker-Eberhard*, Zwangsvollstreckungsrecht, § 35 Rn. 2 f., 6 ff., 11; *Kindl*, NZG 1998, 321, 321; *Mauer*, Der Anfechtungsprozess, Vor Rn. 1, Rn. 409; *Nerlich/Niehus*, AnfG, § 1 Rn. 5 ff., 11; *Zeuner*, Die Anfechtung in der Insolvenz, Rn. 371.

engeren und in einem weiteren Sinn verstehen[8]. Als „vertragliche Aufrechnung“, „Aufrechnungsvertrag“, „Aufrechnungsvereinbarung“ oder „Aufrechungsabrede“ im engeren oder eigentlichen Sinn ist dabei der verfügende Aufrechnungsvertrag[9] bzw. die Aufrechnung durch Vertrag zu verstehen, also jeder Vertrag, der die unmittelbare oder antizipiert vereinbarte Aufrechnung von wechselseitigen Forderungen der Parteien zum Gegenstand hat[10]. Demgegenüber erfasst die „vertragliche Aufrechnung“ oder der „Aufrechnungsvertrag“ im weiteren Sinn auch die obligatorischen Aufrechnungsverträge[11] oder Verträge über Aufrechnung, wie den Vertrag zur Begründung einer einseitigen Aufrechnungsbefugnis und den Aufrechnungsvorvertrag, die zwar nicht selbst die Aufrechnung herbeiführen, aber dennoch zumindest mittelbar auf die Herbeiführung von Aufrechnungswirkungen abzielen[12].

Die Literatur gebraucht den Begriff der „vertraglichen Aufrechnung“ bzw. des „Aufrechnungsvertrages“ größtenteils nur im eben genannten engeren Sinn[13], wohingegen teilweise auch die dem weiteren Begriffsverständnis unterfallenden Verträge als „vertragliche Aufrechnung“ oder „Aufrechnungsvertrag“ bezeichnet werden[14]. Der nachfolgenden Darstellung liegt insofern stets das weite Verständnis der Termini „vertragliche Aufrechnung“, „Aufrechnungsvertrag“, „Aufrechnungsvereinbarung“ und „Aufrechnungsabrede“ zugrunde, da die betreffenden Aufrechnungsverträge jedenfalls mit einer zukünftig erfolgenden Aufrechnung in rechtlicher Beziehung stehen[15] und es häufig lediglich eine Frage der Auslegung des zugrundeliegenden

8 Vgl. *Berger*, Der Aufrechnungsvertrag, S. 17 f.; *Brüggemeier*, in: Wassermann, AK-BGB, §§ 387–389 Rn. 37, 39; *Weber*, in: RGRK BGB, Vor § 387 Rn. 32.

9 Vgl. zu diesem Begriff *Pump*, DStR 1987, 616, 617, der aber entsprechend der herrschenden steuerrechtlichen Terminologie von einem „verfügenden Verrechnungsvertrag“ (hierzu sogleich) spricht.

10 Vgl. BAG NZA-RR 2010, 646, 648; *Arndt*, Über den Aufrechnungsvertrag des bürgerlichen Rechts in Theorie und Praxis, S. 10; *Berger*, Der Aufrechnungsvertrag, S. 17 f.; *Schade*, Über den Aufrechnungsvertrag, S. 11; vgl. überdies *Eisele*, Die Compensation nach römischem und gemeinem Recht, S. 229.

11 Vgl. zu diesem Begriff wiederum *Pump*, DStR 1987, 616, 617.

12 *Berger*, Der Aufrechnungsvertrag, S. 18; vgl. *Eisele*, Die Compensation nach römischem und gemeinem Recht, S. 229;

13 *Berger*, Der Aufrechnungsvertrag, S. 14; *Dullinger*, Handbuch der Aufrechnung, S. 258 ff.; *Gernhuber*, Die Erfüllung und ihre Surrogate, S. 326; *Grüneberg*, in: Palandt, BGB, § 387 Rn. 19 ff.; *Gursky*, in: Staudinger, BGB, Vorbem. zu §§ 387 ff. Rn. 64 ff.; *Larenz*, Schuldrecht, Erster Band, Allgemeiner Teil, S. 265 f.; *Schlüter*, in: MünchKomm BGB, § 387 Rn. 51; *Schreiber*, in: Soergel, BGB, Vor § 387 Rn. 5; *Weber*, in: RGRK BGB, Vor § 387 Rn. 32.

14 *Brüggemeier*, in: Wassermann, AK-BGB, §§ 387–389 Rn. 37, 39; *Weber*, in: RGRK BGB, Vor § 387 Rn. 30; etwas anders *Schlüter*, in: MünchKomm BGB, § 387 Rn. 51, welcher zwar den Begriff des „Aufrechnungsvertrages“ nur im engeren Sinne verstehen will, aber diesen Typus mit den Aufrechnungsverträgen im weiteren Sinn unter dem Oberbegriff der „vertraglichen Verrechnung“ zusammenfasst.

15 Vgl. *Schoemann*, Das pactum de compensando, S. 7.

Vertragswerkes ist, welcher Typus der vertraglichen Aufrechnung in concreto gegeben ist. Weit überwiegend wird in der Untersuchung dabei allerdings versucht werden, durch die Bezeichnungen „Aufrechnung durch Vertrag“ oder „Aufrechnung aufgrund Vertrages“ auch terminologisch eine nähere Präzisierung im Sinne der verschiedenen Varianten der vertraglichen Aufrechnung vorzunehmen.

Den Begriff „Aufrechnungsvertrag“ bzw. der „Aufrechnungsvereinbarung“ gilt es des Weiteren auch von den Bezeichnungen „Verrechnungsvertrag“, „Verrechnungsvereinbarung“ und „Verrechnungsabrede“ abzugrenzen, da diese in Literatur und Judikatur höchst uneinheitlich verwendet werden. Ein Teil der Literatur betrachtet den Verrechnungsvertrag bzw. die Verrechnungsabrede als Unterfall des Aufrechnungsvertrages und bezieht den Terminus der „Verrechnung“ bzw. des „Verrechnungsvertrages“ alleinig auf die antizipierte Aufrechnung durch Vertrag[16]. Insbesondere die spezifisch handelsrechtliche Literatur differenziert hingegen in Anlehnung an die kontokorrentrechtliche Vorschrift des § 355 Abs. 1 HGB zwischen „Aufrechnungsverträgen“ und „Verrechnungsverträgen“ und versteht unter einem „Verrechnungsvertrag“ zwar ebenfalls ein antizipiertes Verfügungsgeschäft, welches indes gleichsam auf Forderungen und Leistungen gerichtet ist[17]. Das überwiegende Schrifttum bezeichnet entsprechend dem oben dargestellten engen Begriffsverständnis nur die Aufrechnung durch Vertrag als „Aufrechnungsvertrag“ bzw. „Aufrechnungsvereinbarung“[18] oder verwendet diese Termini neben denen der „Verrechnungsabrede“ und „Verrechnungsvereinbarung“[19]. Im Gegensatz dazu wählt die Rechtsprechung der obersten Bundesgerichte nur selten den Begriff der „Aufrechnungsvereinbarung“[20], sondern überwiegend die Bezeichnungen „Verrechnungsvertrag“ bzw. „Verrechnungsabrede“[21], welche dabei fast ausnahmslos sowohl auf die Aufrechnung bereits bestehender Forderungen als auch auf die im Voraus erklärte Aufrechnung künftiger Forderungen durch Vertrag bezogen werden[22].

---

16 Vgl. *Brandes/Lohmann*, in: MünchKomm InsO, § 94 Rn. 3, Rn. 45; *Hofmann*, in: Graf-Schlicker, InsO, § 94 Rn. 2; *Stürner*, in: Jauernig, BGB, § 387 Rn. 17; *Windel*, in: Jaeger, InsO, § 94 Rn. 12.

17 *Canaris*, in: Staub, HGB, § 355 Rn. 125, 128; *ders.*, Handelsrecht, § 25 Rn. 16; *Gursky*, in: Staudinger, BGB, Vorbem. zu §§ 387 ff. Rn. 96; *Horn*, in: Heymann, HGB, § 355 Rn. 21; *K. Schmidt*, Handelsrecht, S. 750; vgl. auch *Stürner*, in: Jauernig, BGB, § 387 Rn. 17.

18 Nachweise hierzu bereits unter Fn. 13.

19 *Sinz*, in: Uhlenbruck/Hirte/Vallender, InsO, § 94 Rn. 8; *Wagner*, in: Erman, BGB, Vor § 387 Rn. 5.

20 BGH NJW 1968, 835, 835; NJW 2000, 2100, 2100; DNotZ 2000, 931, 932.

21 BGH NJW-RR 1999, 927, 927; NJW-RR 2005, 125, 126; NJW-RR 2008, 1272, 1274; NZI 2009, 67, 68; BStBl. II 1987, 8, 9; BFH/NV 1986, 642, 644; BFH/NV 1989, 762, 765; BFH/NV 1991, 69, 70.

22 Anders BGH NZI 2009, 67, 69; BFH BStBl. II 1985, 278, 280, welche in den Begriff der „Verrechnungsabrede“ bzw. des „Verrechnungsvertrages“ ebenfalls die Abbedingung der gesetzlichen Aufrechnungsvoraussetzungen zur Begründung eines einseitigen Aufrechnungsrechts einbeziehen; vgl. hierzu auch *Pump*, DStR 1987, 616, 617.

Eine eigenständige Bedeutung kommt dem „Verrechnungsvertrag" bzw. der „Verrechnungsabrede" dabei allein in oben erwähnter Terminologie des Kontokorrentrechts zu, da er dort zum Ausdruck bringt, dass nicht nur beiderseitige Forderungen, sondern darüber hinaus auch Leistungen der Beteiligten einbezogen werden können[23]. Im Übrigen lässt sich für den Bereich der Forderungsverrechnung feststellen, dass den Bezeichnungen „Aufrechnungsvertrag" bzw. „Aufrechnungsabrede" einerseits und „Verrechnungsvertrag", „Verrechnungsvereinbarung" sowie „Verrechnungsabrede" andererseits in Literatur und Judikatur jedenfalls insoweit ein kongruentes Verständnis zugrunde liegt, als diese Begriffe auf die Aufrechnung existenter oder künftiger Forderungen durch Vertrag bezogen werden. Obgleich es wegen dieses kongruenten Begriffsverständnisses grundsätzlich nichts dagegen einzuwenden gäbe, beide Begriffspaare im Hinblick auf die vertragliche Aufrechnung bestehender Forderungen sowie die antizipierte Aufrechnung zukünftiger Forderungen nebeneinander zu gebrauchen, erscheint es für die vorliegende Untersuchung angesichts des klaren Wortlauts des § 355 Abs. 1 HGB vorzugswürdig, die Bezeichnung „Verrechnungsvertrag" bzw. „Verrechnungsabrede" wie in der kontokorrentrechtlichen Literatur allein für die vertragliche Verrechnung von Forderungen und Leistungen zu verwenden und im Übrigen auf die Termini „Aufrechnungsvertrag" bzw. „Aufrechnungsabrede" abzustellen.

23 *Canaris*, in: Staub, HGB, § 355 Rn. 125; *ders.*, Handelsrecht, § 25 Rn. 15; *ders.*, DB 1972, 421, 422; *Dullinger*, Handbuch der Aufrechnung, S. 265; *Gursky*, in: Staudinger, BGB, Vorbem. zu §§ 387 ff. Rn. 96.

Kapitel 1. Das Verhältnis von Insolvenz- und Gläubigeranfechtung

Die Untersuchung befasst sich – im Sinne einer Klammer für die gesamten Ausführungen – als Erstes mit dem grundlegenden Verhältnis von Insolvenz- und Gläubigeranfechtung und versucht auf diese Weise dem Grunde nach zu klären, inwieweit in Bezug auf die Anfechtbarkeit vertraglicher Aufrechnungen die für ein Anfechtungsinstitut gewonnenen Ergebnisse überhaupt für das jeweils andere Geltung beanspruchen können und inwieweit damit die Anfechtungsregelungen der InsO und des AnfG nach identischen Gesichtspunkten auszulegen sind. Für eine einheitliche Interpretation der Anfechtung nach der InsO bzw. dem AnfG spricht dabei zwar an sich bereits der Wortlaut beider Anfechtungsinstitute, da diese jedenfalls in den zentralen Anfechtungsbestimmungen weitgehend oder sogar völlig übereinstimmen (vgl. hierzu vor allem §§ 129 InsO und 1 AnfG, §§ 133 InsO und 3 AnfG, §§ 134 InsO und 4 AnfG, §§ 143 InsO und 11 AnfG). Eine etwas genauere Aufarbeitung des Verhältnisses von Insolvenz- und Gläubigeranfechtung erscheint aber insbesondere deshalb angezeigt, weil Judikatur und h.L. zwar grundsätzlich eine Übertragbarkeit der für die Insolvenzanfechtung gefundenen Auslegungsergebnisse auf die Gläubigeranfechtung bejahen[1], im Einzelfall aber – was sich vor allem auch an den bisherigen Entscheidungen zur Anfechtung von Aufrechnungsvereinbarungen zeigen wird – dennoch zu erheblich differierenden rechtlichen Konsequenzen gelangen. Die Arbeit beschäftigt sich daher in diesem Abschnitt mit den Gemeinsamkeiten und Unterschieden beider Anfechtungsinstitute aus rechtshistorischer *(hierzu A.)* und teleologischer Warte *(hierzu B.)* und versucht, aus diesen Kriterien über die an diversen Stellen gegebene Wortlautidentität hinaus Anhaltspunkte für das auslegungstechnische Verhältnis der Anfechtung innerhalb und außerhalb der Insolvenz zu gewinnen.

A. Die historische Entwicklung beider Anfechtungsinstitute

I. Die actio Pauliana des römischen Rechts als Grundlage der heutigen Anfechtungsregelungen

Die Insolvenzanfechtung und die Gläubigeranfechtung finden nach einhelliger Auffassung im anfechtungsrechtlichen Schrifttum ihre gemeinsame Wurzel in der der

1 Vgl. etwa *Hess*, Insolvenzrecht, Vor § 129 Rn. 8; *Kirchhof*, in: MünchKomm InsO, Vor §§ 129 bis 147 Rn. 43.

sog. actio Pauliana des römischen Rechts[2], was sich auch an der Verwendung dieses Begriffs für die früheren Anfechtungskodifikationen oder der in Kommentierungen zur KO mitunter üblichen Bezeichnung der einzelnen Anfechtungstatbestände als „Konkurs-, Absichts- und Schenkungspauliana“ zeigt[3]. Nach herrschender rechtshistorischer Lehre ist die actio Pauliana allerdings kein Institut der römischrechtlichen Klassik, das zum Schutz der Gläubiger gegen Benachteiligungen noch eine Mehrzahl von Rechtsmitteln kannte, sondern erst des nachklassischen römischen Rechts, welches diese Schutzmittel zu einem einheitlichen Rechtsbehelf vereinigte[4].

1. *Die Schutzmittel für die Gläubiger im klassischen römischen Recht*

a) Das Gesamtvollstreckungsverfahren im prätorischen Recht

Im Gegensatz zum heutigen Recht war dem römischen Recht eine grundlegende Differenzierung zwischen Gemeinschafts- und Einzelvollstreckungsverfahren und damit auch zwischen Gemeinschafts- und Einzelrückgewähr noch unbekannt[5]. Nach weitgehender Abkehr von der urtümlichen Personalexekution erfolgte die Vollstreckung in das Vermögen des Schuldners im prätorischen Recht – auch wenn der Schuldner nicht zahlungsunfähig war und nur eine einzige Forderung bestand[6] – grundsätzlich im Wege der Gesamtexekution[7]; eine Einzelvollstreckung fand hingegen nur in Ausnahmefällen bei besonders schutzwürdigen oder bevorzugten Schuldnern statt[8].

---

2 *Berz*, Der paulianische Rückerstattungsanspruch, S. 13; *Bork*, in: Bork, Handbuch der Insolvenzanfechtung, Teil 1, Kap. 1 Rn. 33; *Huber*, AnfG, Einf Rn. 1; *Jaeger*, Die Gläubigeranfechtung außerhalb des Konkursverfahrens, S. 3; *Wacke*, ZZP 83 (1970), 418, 420.

3 Vgl. *Jaeger*, KO, § 29 Anm. 38.

4 Vgl. *Gerhardt*, Die systematische Einordnung der Gläubigeranfechtung, S. 59; *Hausmaninger/Selb*, Römisches Privatrecht, S. 289; *Hohmann*, Anfechtung ausserhalb und innerhalb des Konkurses, S. 13 f.; *Honsell/Mayer-Maly/Selb*, Römisches Recht, S. 376; *Jaeger*, Die Gläubigeranfechtung außerhalb des Konkursverfahrens, S. 3; *Kaser*, Das römische Privatrecht, Zweiter Abschnitt, S. 94 f.; *dens./Knütel*, Römisches Privatrecht, S. 69; *Lange*, Voraussetzungen und Wirkungen der Konkursanfechtung, S. 45; *Lind*, Zur Auslegung von § 133 InsO, S. 15; *Wacke*, ZZP 83 (1970), 418, 420; vgl. auch Motive zu dem Entwurf einer Konkursordnung, S. 96 = *Hahn*, Materialien zur Konkursordnung, S. 110; *Stürner*, in: MünchKomm InsO, Einleitung Rn. 26.

5 *Jaeger*, Die Gläubigeranfechtung außerhalb des Konkursverfahrens, S. 3.

6 *Endemann*, Das deutsche Konkursverfahren, S. 6; *Hellmann*, Lehrbuch des deutschen Konkursrechts, S. 3.

7 *Bruski*, Die Voraussetzungen der Konkursanfechtung, S. 5; *Endemann*, ZZP 12 (1888), 24, 28; *Gottwald*, in: Gottwald, Insolvenzrechts-Handbuch, § 1 Rn. 1; *Hausmaninger/Selb*, Römisches Privatrecht, S. 386; *Kaser/Hackl*, Das römische Zivilprozessrecht, S. 383 f.; *Kaser/Knütel*, Römisches Privatrecht, S. 423.

8 *Kaser/Hackl*, Das römische Zivilprozessrecht, S. 383 f.; *Kaser/Knütel*, Römisches Privatrecht, S. 423; vgl. auch Paul. D. 42, 5, 6; Gai. D. 27, 10, 5.

Das Vollstreckungsverfahren wurde von einem Gläubiger durch Beantragung der actio iudicati gegen den Schuldner eingeleitet, nach deren Gewährung der Prätor auf Antrag des Klägers die vorgesehenen Vollstreckungsanordnungen erließ[9]. Die eigentliche Vermögensvollstreckung begann mit der Einweisung des Gläubigers in den Besitz des Schuldnervermögens (missio in bona oder in possessionem[10]), die aber nur zu dessen Bewahrung bzw. Erhaltung erfolgte (rei servandae causa[11]) und mittels öffentlicher Verkündung (proscriptio bonorum[12]) bekanntgemacht wurde, um den übrigen Gläubigern den Eintritt in das Vollstreckungsverfahren zu ermöglichen[13]. Neben dem vollstreckenden Gläubiger wurde während der missio in bona vom Prätor regelmäßig ein besonderer Verwalter (curator bonorum) eingesetzt, welchem insbesondere die Vornahme eilbedürftiger Veräußerungen und die Einziehung befristeter Forderungen zukamen[14]. Sofern der vollstreckende Gläubiger bis zum Ablauf einer Proskriptionsfrist von 30 Tagen seit Erteilung der missio in bona nicht vollständig befriedigt wurde, wählten die durch die proscriptio bonorum unterrichteten Gläubiger mit Ermächtigung des Prätors aus ihrer Mitte einen Geschäftsführer (magister bonorum), dem nach einer weiteren, nicht sicher überlieferten Frist die Veräußerung des Schuldnervermögens (venditio bonorum) durch öffentliche Versteigerung an denjenigen oblag, der den Gläubigern die höchste Befriedigungsquote bot[15]. Gegenstand dieser Veräußerung war stets das Schuldnervermögen als Ganzes, welches der Ersteher (bonorum emptor) im Wege der Universalsukzession erwarb[16].

---

9 *Bruski*, Die Voraussetzungen der Konkursanfechtung, S. 5; *Kaser/Hackl*, Das römische Zivilprozessrecht, S. 384 ff.; *Kaser/Knütel*, Römisches Privatrecht, S. 423.

10 Vgl. Ulp. D. 2, 1, 1, 4; 4, 4; 4, 6, 23, 4; 22, 1, 37; 42, 8, 10, 16; 42, 4, 1; 42, 5, 15 pr.; 43, 4, 1, 2.

11 Vgl. Gai. Inst. 3,79.

12 Vgl. Gai. Inst. 3, 79; 4, 102.

13 *Bruski*, Die Voraussetzungen der Konkursanfechtung, S. 6; *Gerhardt*, Die systematische Einordnung der Gläubigeranfechtung, S. 50; *Meier*, Geschichte des deutschen Konkursrechts, S. 7 f.; *Kaser/Hackl*, Das römische Zivilprozessrecht, S. 390 ff.; *Kaser/Knütel*, Römisches Privatrecht, S. 424; vgl. auch Paul. D. 45, 5, 12.

14 *Gerhardt*, Die systematische Einordnung der Gläubigeranfechtung, S. 51; *Kaser/Hackl*, Das römische Zivilprozessrecht, S. 393 f.; vgl. auch Ulp. D. 42, 7, 2 pr. – 5 sowie zu den Aufgaben des curator bonorum Paul. D. 42, 5, 14 pr.; Pomp. D. 28, 5, 23, 2.

15 *Bruski*, Die Voraussetzungen der Konkursanfechtung, S. 6; *Gerhardt*, Die systematische Einordnung der Gläubigeranfechtung, S. 51; *Hellmann*, Lehrbuch des deutschen Konkursrechts, S. 4 f.; *Meier*, Geschichte des deutschen Konkursrechts, S. 10 f.; *Kaser/Hackl*, Das römische Zivilprozessrecht, S. 394 ff.; *Kaser/Knütel*, Römisches Privatrecht, S. 424.

16 *Gerhardt*, Die systematische Einordnung der Gläubigeranfechtung, S. 51; *Kaser/Hackl*, Das römische Zivilprozessrecht, S. 398; vgl. auch Gai. Inst. 3, 80 f.

b) Die Anfechtungsrechtsbehelfe bei Benachteiligung der Gläubiger

Soweit der Vollstreckungsschuldner Vermögensgegenstände dem Zugriff seiner Gläubiger entzogen hatte, kannte das prätorische Recht verschiedene Rechtsbehelfe, um diese Gegenstände wieder der Vollstreckung zu unterwerfen. In Ermangelung ausreichender unmittelbarer Quellen aus klassischer Zeit rekonstruiert die h.L. diese Anfechtungsinstrumente aus dem Corpus Iuris Civilis Justinians, welcher in Ulp. D. 42, 8, 1 pr.[17] die restitutio in integrum ob fraudem, in Ulp. D. 42, 8, 10[18] das interdictum fraudatorium und in Inst. 4, 6, 6[19] eine reszissorische Klage (actio rescissoria) wegen Gläubigerbenachteiligung nennt[20]. In der Literatur werden sowohl die Interpretation als auch das systematische Verhältnis dieser Rechtsbehelfe zueinander

---

17 Ait praetor: Quae fraudationis causa gesta erunt cum eo, qui fraudem non ignoraverit, de his curatori bonorum vel ei, cui de ea re actionem dare oportebit, intra annum, quo experiundi potestas fuerit, actionem dabo. idque etiam adversus ipsum, qui fraudem fecit, servabo. – Der Prätor gibt bekannt: In Bezug auf etwas, über das in betrügerischer Absicht mit einem gehandelt wurde, dem der Betrug nicht unbekannt war, will ich dem Vermögensverwalter oder dem dies sonst zukommen wird, binnen Jahresfrist von dem Zeitpunkt an, wo er zu klagen im Stande war, eine Klage gestatten und dies auch selbst gegen denjenigen beobachten, der den Betrug gemacht hat (Übersetzung in Anlehnung an *Otto/Schilling/Sintenis*, Das Corpus Iuris Civilis [romani], Band 4, S. 398).

18 Ait praetor: Quae Lucius Titius fraudandi causa sciente te in bonis, quibus de ea re agitur, fecit: ea illis, si eo nomine, quo de agitur, actio ei ex edicto meo competere esseve oportet, ei, si non plus quam annus est, cum de ea re, qua de agitur, experiundi potestas est, restituas. interdum causa cognita et si scientia non sit, in factum actionem permittam. – Der Prätor gibt bekannt: Was Lucius Titius in betrügerischer Absicht in deinem Mitwissen hinsichtlich des in Rede stehenden Vermögens unternommen hat, das sollst du ihnen zurückerstatten, falls wegen dieses Umstandes aufgrund meines Edikts eine Klage rechtmäßig und zulässig sein muss und nicht mehr als ein Jahr vergangen ist, seit darüber eine Klage möglich gewesen wäre. Bisweilen werde ich nach Befinden über die Umstände und soweit keine Mitwisserschaft vorliegt, eine Klage wegen des Geschehenen gestatten (Übersetzung in Anlehnung an *Otto/Schilling/Sintenis*, Das Corpus Iuris Civilis [romani], Band 4, S. 402).

19 Item si quis in fraudem creditorum rem suam alicui tradiderit, bonis eius a creditoribus ex sententia praesidis possessis permittitur ipsis creditoribus, rescissa traditione, eam rem petere, id est dicere eam rem traditam non esse et ob id in bonis debitoris mansisse. – Ebenso wenn jemand zum Nachteil seiner Gläubiger eine ihm gehörige Sache einem anderen übereignet hat, so wird, nachdem die Gläubiger sein Vermögen aufgrund einer Entscheidung des Statthalters in Besitz genommen haben, den Gläubigern selbst gestattet, die Sache unter Entkräftung der Übereignung heraus zu verlangen, d.h. geltend zu machen, die Sache sei nicht übereignet worden und deshalb im Vermögen des Schuldners geblieben (Übersetzung nach *Behrends/Knütel/Kupisch/Seiler*, Corpus Iuris Civilis, Band I, S. 222).

20 *Bruski*, Die Voraussetzungen der Konkursanfechtung, S. 7 f. Daneben bestand noch die denegatio actionis ob fraudem als Einwendung des bonorum emptor gegen Klagen aus Verpflichtungsgeschäften, welche der Schuldner zum Zwecke

sehr kontrovers diskutiert. Die gegenwärtig vorherrschende Auffassung geht basierend auf einer grundlegenden Untersuchung der vorgenannten justinianischen Quellen von *Lenel* von einem Nebeneinander von restitutio in integrum ob fraudem mit darauf gründender reszissorischer Klage und dem interdictum fraudatorium aus[21].

Gemeinsame Voraussetzung dieser Rechtsmittel war ein „Betrug der Gläubiger", d.h. in objektiver Hinsicht eine Benachteiligung der Gläubiger (eventus fraudis oder eventus damni) sowie in subjektiver Hinsicht eine entsprechende Benachteiligungsabsicht (consilium fraudis) des Schuldners mit diesbezüglicher Kenntnis (scientia fraudis) des Dritten[22]. Die restitutio in integrum ob fraudem konnte ausschließlich binnen eines Jahres nach Erteilung der missio in bona geltend gemacht werden[23] und stand nach h.L. allein dem curator bonorum zu[24], wobei indes richtigerweise anzunehmen sein wird, dass diese auch der Gläubigergemeinschaft bzw. dem magister bonorum als deren Vertreter zukam, zumal ein curator bonorum nicht stets ernannt wurde[25].

---

der Gläubigerbenachteiligung eingegangen war; s. Ulp. D. 42, 5, 25 pr.; *Kaser*, Das römische Privatrecht, Erster Abschnitt, S. 251.

21 *Lenel*, Anfechtung von Rechtshandlungen, S. 14 f.; *ders.*, Das edictum perpetuum, S. 438 ff.; 496 f.; *Hausmaninger/Selb*, Römisches Privatrecht, S. 289; *Honsell/Mayer-Maly/Selb*, Römisches Recht, S. 375; *Kaser*, Das römische Privatrecht, Erster Abschnitt, S. 251; *ders./Knütel*, Römisches Privatrecht, S. 69; vgl. auch *Bruski*, Die Voraussetzungen der Konkursanfechtung, S. 9. A.A. *Grevesmühl*, Die Gläubigeranfechtung nach klassischem römischen Recht, S. 58 ff., 78 ff., der in D. 42, 8, 1 pr. keine restitutio in integrum, sondern eine neue Klageform gegen Gläubigerbenachteiligung des klassischen römischen Rechts erblickt, die nach seiner Auffassung bereits den Namen actio Pauliana getragen hat und zu welcher in der weiteren Rechtsentwicklung das bereits aus vorklassischer Zeit bekannte interdictum fraudatorium mit ergänzender restitutorischer Klage hinzugetreten sein soll. In diese Richtung auch bereits *Grützmann*, Anfechtungsrecht der benachteiligten Konkursgläubiger, S. 10 und *v. Schey*, ZRG 13 (1878), 120, 177 f., welche ebenfalls von einem Nebeneinander einer in D. 42, 8, 1 pr. geregelten actio Pauliana und dem interdictum fraudatorium ausgehen.

22 *Bruski*, Die Voraussetzungen der Konkursanfechtung, S. 13; *Jensen*, Grundfragen des Rechts der Gläubiger- und Insolvenzanfechtung, S. 117; vgl. auch *Gerhardt*, Die systematische Einordnung der Gläubigeranfechtung, S. 56; *Hohmann*, Anfechtung ausserhalb und innerhalb des Konkurses, S. 13.

23 A.A. *Lenel*, Anfechtung von Rechtshandlungen, S. 14 f.

24 *Hausmaninger/Selb*, Römisches Privatrecht, S. 289; *Kaser*, Das römische Privatrecht, Erster Abschnitt, S. 251; *Lenel*, Anfechtung von Rechtshandlungen, S. 10; *ders.*, Das edictum perpetuum, S. 496 f.; in diese Richtung auch *Honsell/Mayer-Maly/Selb*, Römisches Recht, S. 376.

25 *Grevesmühl*, Die Gläubigeranfechtung nach klassischem römischen Recht, S. 50 f., 70; *Lange*, Voraussetzungen und Wirkungen der Konkursanfechtung, S. 41; vgl. hierzu auch *Bruski*, Die Voraussetzungen der Konkursanfechtung, S. 12 f. und überdies *v. Schey*, ZRG 13 (1878), 120, 149 f., 177 f., der aber die einzelnen Gläubiger neben dem curator bonorum für anfechtungsberechtigt hält.

Sie richtete sich gegen alle Handlungen und Unterlassungen des Schuldners („quae fraudationis causa gesta erunt"), welche eine Minderung seines Vermögens bewirkten und stellte als Wiedereinsetzung in den vorigen Stand den rechtlichen bzw. faktischen Zustand wieder her, der vor dieser Handlung bzw. Unterlassung bestanden hatte[26]. Im Wege der darauf gestützten actio rescissoria konnte der Erwerber überdies zur Herausgabe der Sache bzw. Zahlung der Schätzsumme (litis aestimatio) oder – sofern er die Sache nicht mehr in seinem Besitz hatte – zum Wertersatz verurteilt werden[27]. Das ebenfalls gegen gläubigerbenachteiligende Handlungen oder Unterlassungen des Schuldners gerichtete interdictum fraudatorium führte zu einer Verpflichtung des Dritten zur Herausgabe des Erlangten oder entsprechendem Wertersatz[28], war aber nach h.L. erst nach der venditio bonorum zulässig und wurde vom Prätor zugunsten eines einzelnen benachteiligten Vollstreckungsgläubigers gewährt[29]. Die vorgenannten Anfechtungsmittel fanden sowohl auf Geschäfte vor als auch nach Erteilung der missio in bona Anwendung, da dem Schuldner – anders als im heutigen Recht (vgl. § 80 Abs. 1 InsO) – mit selbiger nicht die Verfügungsbefugnis über sein Vermögen entzogen wurde[30].

2. *Die Einheitsanfechtungsklage des nachklassischen römischen Rechts*

Im nachklassischen römischen Recht wurde die Gesamtvollstreckung zunehmend durch die Einzelvollstreckung als regelmäßiges Verfahren der Vermögensvollstreckung verdrängt; eine Gesamtvollstreckung fand nurmehr in den Fällen statt, in denen die Einzelvollstreckung wegen Flucht oder Überschuldung des Schuldners bzw. Vorhandensein mehrerer Gläubiger nicht zielführend war[31]. Wenn nicht eine bestimmte Sache zu leisten war, die dem Schuldner vom Exekutor weggenommen und dem Gläubiger übergeben wurde, erfolgte die eben genannte Einzelzwangsvollstreckung

---

26 Vgl. *Bruski*, Die Voraussetzungen der Konkursanfechtung, S. 10, 17.

27 *Bruski*, Die Voraussetzungen der Konkursanfechtung, S. 17; vgl. auch *Lange*, Voraussetzungen und Wirkungen der Konkursanfechtung, S. 43.

28 Vgl. *Bruski*, Die Voraussetzungen der Konkursanfechtung, S. 10, 17.

29 *Bruski*, Die Voraussetzungen der Konkursanfechtung, S. 12; *Hausmaninger/Selb*, Römisches Privatrecht, S. 289; *Kaser*, Das römische Privatrecht, Erster Abschnitt, S. 251; vgl. auch *Lange*, Voraussetzungen und Wirkungen der Konkursanfechtung, S. 42; *Lenel*, Anfechtung von Rechtshandlungen, S. 15; a.A. *Grevesmühl*, Die Gläubigeranfechtung nach klassischem römischen Recht, S. 44 ff.; *v. Schey*, ZRG 13 (1878), 120, 172 ff., 177 f.

30 *Kummer*, in: FS Kreft, S. 393, 394; *Meier*, Geschichte des deutschen Konkursrechts, S. 7 f.; vgl. auch Motive zu dem Entwurf einer Konkursordnung, S. 96 = *Hahn*, Materialien zur Konkursordnung, S. 110; a.A. *Grevesmühl*, Die Gläubigeranfechtung nach klassischem römischen Recht, S. 15.

31 *Endemann*, ZZP 12 (1888), 24, 30; *Gerhardt*, Die systematische Einordnung der Gläubigeranfechtung, S. 60; *Kaser/Hackl*, Das römische Zivilprozessrecht, S. 626; *Kaser/Knütel*, Römisches Privatrecht, S. 432; *Stürner*, in: MünchKomm InsO, Einleitung Rn. 26; vgl. auch Gottwald, Insolvenzrechts-Handbuch, § 1 Rn. 3.

durch Pfändung (pignoris capio in causa iudicati) und Versteigerung von Vermögensgegenständen des Schuldners, aus deren Erlös der Gläubiger befriedigt wurde[32]. Soweit es zu einer Gesamtvollstreckung kam, wurde zwar weiterhin auf Antrag eines oder mehrerer Gläubiger die missio in bona – nunmehr aber zugunsten aller Gläubiger in Gemeinschaft – erteilt, eine venditio bonorum, d.h. eine Veräußerung des Schuldnervermögens im Ganzen, wurde jedoch nicht mehr vorgenommen, sondern die Veräußerung auf einzelne Vermögensgegenstände (distractio bonorum) beschränkt[33]. Die distractio bonorum war allerdings erst nach dem Ablauf der Präklusionsfristen für die Forderungsanmeldung zulässig, welche für in der Provinz anwesende Gläubiger (praesentes) zwei Jahre und für Auswärtige (absentes) vier Jahre betrugen, wodurch das Verfahren deutlich schleppender verlief als zuvor[34].

Die Abkehr von der venditio bonorum, die im klassischen Recht nach überwiegender Auffassung die Zäsur für die Anwendbarkeit von restitutio in integrum ob fraudem einerseits und interdictum fraudatorium andererseits bildete, führte auch zur Aufgabe der bisherigen Differenzierung zwischen diesen beiden Anfechtungsinstituten[35]. Hinzu kam, dass die restitutio in integrum ursprünglich durch den curator bonorum oder die Gläubiger insgesamt bzw. den magister bonorum als deren Vertreter beantragt werden konnte *(s.o. Seite 45)*, welche jedoch im Regelfall der Einzelvollstreckung eines Gläubigers gar nicht mehr vorhanden waren[36]. Die restitutio in integrum und das interdictum fraudatorium wurden daher im justinianischen Recht zu einer einheitlichen Anfechtungsklage (actio) verschmolzen, welche im Anschluss an ihre Erwähnung in Paul. D. 22, 1, 38, 4 „actio Pauliana" genannt wurde[37]. Anders als das heutige Anfechtungsrecht wurde die actio Pauliana bis zum Ende des gemeinen Rechts überwiegend als deliktische Klage interpretiert, die eine vorsätzliche betrügerische Schädigung der Gläubiger durch den Schuldner ausgleichen sollte (alienatio in fraudem creditorum)[38].

32 *Kaser/Hackl*, Das römische Zivilprozessrecht, S. 626; vgl. auch *Lange*, Voraussetzungen und Wirkungen der Konkursanfechtung, S. 45.

33 *Kaser/Hackl*, Das römische Zivilprozessrecht, S. 626 f.; *Kaser/Knütel*, Römisches Privatrecht, S. 432; vgl. auch *Bruski*, Die Voraussetzungen der Konkursanfechtung, S. 18.

34 *Kaser/Hackl*, Das römische Zivilprozessrecht, S. 628; *Meier*, Geschichte des deutschen Konkursrechts, S. 16.

35 Vgl. *Gerhardt*, Die systematische Einordnung der Gläubigeranfechtung, S. 60.

36 Vgl. *Bruski*, Die Voraussetzungen der Konkursanfechtung, S. 18; *Lind*, Zur Auslegung von § 133 InsO, S. 16.

37 S. hierzu die eingehenden Nachweise unter Fn. 4.

38 *Hohmann*, Anfechtung ausserhalb und innerhalb des Konkurses, S. 15; *Jaeger*, Die Gläubigeranfechtung außerhalb des Konkursverfahrens, S. 3; *Jaeckel*, Anfechtung von Rechtshandlungen zahlungsunfähiger Schuldner, S. 42; *Lippmann*, JherJb 36 (1896), 145, 153; *Warneyer/Bohnenberg*, AnfG, S. 9; vgl. auch *Gerhardt*, Die systematische Einordnung der Gläubigeranfechtung, S. 61; a.A. *Grützmann*, Anfechtungsrecht der benachteiligten Konkursgläubiger, S. 61. Zur bisweilen sogar noch unter Geltung der KO 1877 und des AnfG 1879 vertretenen Deliktstheorie, welche die Anfechtungsansprüche basierend auf der actio Pauliana als deliktische

Die tatbestandlichen Voraussetzungen der actio Pauliana entsprachen weitgehend denen des klassischen Rechts. Erforderlich war weiterhin ein Gläubigerbetrug, also deren objektive Benachteiligung durch eine mit entsprechendem Vorsatz und mit Kenntnis des Anfechtungsgegners vorgenommene Rechtshandlung des Schuldners *(vgl. o. Seite 45 f.)*, wobei allerdings bei unentgeltlichem Erwerb auf das Erfordernis einer Kenntnis des Bedachten verzichtet wurde (Ulp. D. 42, 8, 6, 11)[39]. Die Klage konnte sowohl von jedem einzelnen Gläubiger als auch – wenn ein solcher bestellt war – vom curator bonorum angestrengt werden und war grundsätzlich binnen Jahresfrist zu erheben, jedoch konnte der Erwerber nach einem Jahr weiterhin noch auf Herausgabe der ihm verbliebenen Bereicherung verklagt werden[40]. Gegenstand der actio Pauliana war die Herausgabe all dessen, was dem Kläger zugunsten des Anfechtungsgegners entzogen wurde, der gutgläubige unentgeltliche Erwerber haftete hingegen nur unter Beschränkung auf die Höhe seiner Bereicherung[41].

3. Fortwirkung der actio Pauliana im gegenwärtigen Anfechtungsrecht

Die vorgenannten Anfechtungsregelungen, welche – und dies gilt es noch einmal zu betonen – noch nicht auf eine Unterscheidung zwischen Insolvenzverfahren und Einzelzwangsvollstreckung im heutigen Sinn zugeschnitten waren, sondern vielmehr auf die Gesamt- und die Einzelvollstreckung gleichermaßen Anwendung fanden, spiegeln sich bisweilen auch noch in den geltenden Anfechtungsbestimmungen der InsO und des AnfG wieder, weshalb die actio Pauliana durchaus als die „Vorläuferin des modernen Anfechtungsrechts" bezeichnet werden darf[42].

Ansprüche qualifizierte, s. *Cohn*, JW 1900, 595, 596 f.; *Petersen*, ZZP 10 (1887), 17, 55 ff.; *v. Sarwey/Boßert*, Die Konkurs-Ordnung für das deutsche Reich, S. 140 f. sowie RGZ 74, 224 225 f.; 84, 242, 253; zur. abl. *Cosack*, Anfechtungsrecht der Gläubiger eines zahlungsunfähigen Schuldners, S. 15 ff.; *Kirchhof*, in: MünchKomm InsO, § 143 Rn. 10; *Sieber*, Rechtsnatur der Gläubigeranfechtung, S. 35 f.; vgl. hierzu auch *Bork*, in: B. Kübler/Prütting/Bork, InsO, § 133 Rn. 2; *dens.*, in: Bork, Handbuch der Insolvenzanfechtung, Teil 3, Kap. 5 Rn. 2; *Ede/Hirte*, in: Uhlenbruck/Hirte/Vallender, InsO, § 133 Rn. 1; *Gerhardt*, Die systematische Einordnung der Gläubigeranfechtung, S. 8 f.; *Henckel*, in: Jaeger, InsO, § 143 Rn. 8.

39 *Bruski*, Die Voraussetzungen der Konkursanfechtung, S. 19; *Hohmann*, Anfechtung ausserhalb und innerhalb des Konkurses, S. 14; *Lange*, Voraussetzungen und Wirkungen der Konkursanfechtung, S. 46.

40 *Bruski*, Die Voraussetzungen der Konkursanfechtung, S. 19; *Lange*, Voraussetzungen und Wirkungen der Konkursanfechtung, S. 46; vgl. auch *Kaser*, Das römische Privatrecht, Zweiter Abschnitt, S. 94 f.

41 *Gerhardt*, Die systematische Einordnung der Gläubigeranfechtung, S. 60; *Hohmann*, Anfechtung ausserhalb und innerhalb des Konkurses, S. 14; *Honsell/Mayer-Maly/Selb*, Römisches Recht, S. 376.

42 So *Stürner*, in: MünchKomm InsO, Einleitung Rn. 26; vgl. auch *Hausmaninger/Selb*, Römisches Privatrecht, S. 289; *Kaser/Knütel*, Römisches Privatrecht, S. 69.

Dies gilt zunächst einmal für den Anfechtungsgegenstand, den das römische Recht in Ulp. D. 42, 8, 1 pr. mit „quae fraudationis causa gesta erunt" umschreibt und darunter umfassend jedes gläubigerbenachteiligende Handeln verstand, was im heutigen Recht mit dem ebenfalls weit interpretierten Terminus der gläubigerbenachteiligenden Rechtshandlung in § 129 Abs. 1 InsO bzw. § 1 Abs. 1 AnfG fortlebt[43]. Die in § 1 Abs. 1 AnfG grundsätzlich und in §§ 132 Abs. 1, 133 Abs. 1, 134 Abs. 1 InsO ausnahmsweise vorgenommene Beschränkung der anfechtbaren Rechtshandlungen auf solche des Schuldners war der actio Pauliana hingegen fremd. Vielmehr unterlagen – wie nach der allgemeinen Regelung des § 129 Abs. 1 InsO – auch Handlungen Dritter der Anfechtung[44]. Im Einklang mit den nunmehrigen Regelungen der §§ 129 Abs. 2 InsO, 1 Abs. 2 AnfG und der stetigen Rechtsprechung, nicht aber der Vorstellung des Gesetzgebers zu § 29 KO, waren nach Paul. D. 42, 8, 4 aber zudem Unterlassungen anfechtbar, wofür die bloße Unterlassung einer Vermögensmehrung aber schon damals nicht als ausreichend angesehen wurde (Ulp. D. 42, 8, 6 pr.)[45]. Des Weiteren war dem römischen Recht auch der Kreis der Anfechtungsberechtigten – also die Anfechtungsberechtigung des Insolvenzverwalters nach § 129 Abs. 1 InsO im Regelinsolvenzverfahren bzw. ausnahmsweise der einzelnen Insolvenzgläubiger im Privatinsolvenzverfahren gemäß § 313 Abs. 2 S. 1 InsO sowie die Anfechtungsberechtigung der einzelnen Vollstreckungsgläubiger nach § 2 AnfG – grundsätzlich bereits bekannt, obgleich die actio Pauliana wie erwähnt noch ohne jegliche Differenzierung nach Gesamt- und Einzelvollstreckung dem curator bonorum und den einzelnen Gläubigern zustand[46].

Über die allgemeinen Anfechtungsvoraussetzungen hinaus lassen sich auch im Hinblick auf die einzelnen Anfechtungstatbestände der InsO und des AnfG Parallelen zu den Regelungen des römischen Rechts ausmachen. So setzt sich zunächst der Kerntatbestand der actio Pauliana, die oben bereits genannte vorsätzliche Benachteiligung der Gläubiger durch den Schuldner mit Wissen des Dritten, in der sog. Vorsatzanfechtung der §§ 133 Abs. 1 InsO bzw. 3 Abs. 1 AnfG fort[47]. Die sog. Schenkungsanfechtung nach den §§ 134 InsO, 4 AnfG, welche keine Kenntnis des Erwerbers von der Benachteiligung voraussetzt und unter diesen Umständen nur auf dessen Bereicherung begrenzt ist (§ 143 Abs. 2 InsO; § 11 Abs. 2 AnfG), entstammt ebenfalls den Regelungen der actio Pauliana, erforderte dort aber zumindest einen Benachteiligungsvorsatz des Schuldners und stellte insoweit noch einen Unterfall

43 Vgl. (zur InsO) *Kummer*, in: FS Kreft, S. 393, 397 f.; (zur KO) Motive zu dem Entwurf einer Konkursordnung, S. 114 f. = *Hahn*, Materialien zur Konkursordnung, S. 125.

44 So zur Ausübung des Faustrechts nach Vornahme der missio in bona Ulp. D. 42, 8, 10, 16; vgl. insgesamt hierzu *Kummer*, in: FS Kreft, S. 393, 399 f.

45 Vgl. (zur InsO) *Kummer*, in: FS Kreft, S. 393, 400 ff.; *Uhlenbruck*, Das neue Insolvenzrecht, S. 469; (zur abweichenden Intention der KO) Motive zu dem Entwurf einer Konkursordnung, S. 115 = *Hahn*, Materialien zur Konkursordnung, S. 125 f.

46 Vgl. (zur InsO) *Kummer*, in: FS Kreft, S. 393, 396.

47 *Jensen*, Grundfragen des Rechts der Gläubiger- und Insolvenzanfechtung, S. 117; vgl. auch (zur InsO) *Bork*, ZIP 2014, 797, 797; *Kummer*, in: FS Kreft, S. 393, 394.

der Absichtsanfechtung dar[48]. Die Tatbestände der besonderen Insolvenzanfechtung finden hingegen in der primär auf eine vorsätzliche Gläubigerbenachteiligung ausgerichteten actio Pauliana – mit Ausnahme des mit der scientia fraudis bereits bekannten Erfordernisses einer Kenntnis der Gläubigerbenachteiligung in § 131 Abs. 1 Nr. 3 InsO bzw. der Zahlungsunfähigkeit oder des Eröffnungsantrages in §§ 130 Abs. 1 und 2, 132 Abs. 1 InsO – noch keine Entsprechung[49]. Vielmehr war eine Anfechtbarkeit zur Realisierung der par conditio creditorum nach Ulp. D. 42, 8, 6, 7 erst ab der Beschlagnahme des Schuldnervermögens gegeben.

II. Die Vorgängerregelungen der InsO und des AnfG

Die heutige Ausgestaltung des Anfechtungsrechts der InsO bzw. dem AnfG basiert im Wesentlichen auf den Konkursanfechtungsregelungen nach der Reichskonkursordnung vom 10. Februar 1877 (§§ 22 bis 34, ab Neubekanntmachung vom 20. Mai 1898 alsdann §§ 29 bis 42) und dem „Gesetz über die Anfechtung von Rechtshandlungen des Schuldners außerhalb des Konkursverfahrens" vom 21. Juli 1879. Als nachhaltige und unmittelbare Vorbilder für diese Regelungen dienten der Reichsjustizgesetzgebung dabei vor allem die erst zwei Jahrzehnte vorher ergangenen Kodifikationen der Anfechtung innerhalb und außerhalb des Konkurses im Recht des Königreichs Preußen.

1. Die Anfechtungsregelungen des preußischen Rechts

Mit der Konkursordnung vom 8. Mai 1855 und dem „Gesetz betreffend die Befugnis der Gläubiger zur Anfechtung der Rechtshandlungen zahlungsunfähiger Schuldner außerhalb der Konkurses" vom 9. Mai 1855 wurde unter nachhaltiger Orientierung an der französischen Fallimentsgesetzgebung von 1838 für das preußische Gebiet eine umfassende Regelung des Anfechtungsrechts der Gläubiger sowohl innerhalb als auch außerhalb des Konkurses erlassen und neben der Konkursanfechtung auch erstmalig ein lückenloses Einzelanfechtungsrecht geschaffen[50]. Erklärtes Ziel dieser Neuregelungen war dabei insbesondere, für die Anfechtung von Rechtshandlungen zahlungsunfähiger Schuldner für das Konkursverfahren und die Einzelzwangsvollstreckung im Wesentlichen die gleichen Grundsätze Platz greifen und nur insoweit Spezialbestimmungen zur Anwendung kommen zu lassen, als diese zwingend mit dem Wesen des Konkurses in Zusammenhang stehen[51]. Im Gegensatz zum römischen

---

48 Vgl. Motive zu dem Entwurf einer Konkursordnung, S. 133 = *Hahn*, Materialien zur Konkursordnung, S. 140; *Jaeger*, Die Gläubigeranfechtung außerhalb des Konkursverfahrens, S. 3; (zur InsO) *Kummer*, in: FS Kreft, S. 393, 394.

49 Vgl. (zur InsO) *Bork*, ZIP 2014, 797, 798, 802; *Kummer*, in: FS Kreft, S. 393, 394 f, 403.

50 Vgl. *Gerhardt*, Die systematische Einordnung der Gläubigeranfechtung, S. 87 f. sowie *Goltdammer*, KO, S. 248 ff., insb. 253, S. 551.

51 *Wentzel/Klose*, Die Preußische Konkursordnung vom 8. Mai 1855, S. 57; vgl. auch *Goltdammer*, KO, S. 31, 254, 551. Ein erster Versuch in diese Richtung wurde für das

Recht nimmt die Konkursanfechtung dabei nicht mehr auch auf Handlungen des Schuldners während des Verfahrens Bezug, vielmehr unterlagen – entsprechend dem bereits im gemeinen Recht eingeführten Prinzip der Unwirksamkeit von Handlungen des Schuldners für die Dauer des Konkurses – ausschließlich Rechtshandlungen vor Verfahrenseröffnung der Anfechtung (§ 99 KO 1855)[52]. Anders als im heutigen Insolvenzrecht war innerhalb des Konkursverfahrens kein Verwalter, sondern die Gläubigergemeinschaft und ergänzend jeder einzelne Konkursgläubiger zur Anfechtung berechtigt (§§ 99, 112 KO 1855); außerhalb des Konkurses stand das Anfechtungsrecht hingegen – wie im geltenden AnfG – ausschließlich dem einzelnen Zwangsvollstreckungsgläubiger zu (§ 1 AnfG 1855).

Nach den Anfechtungsregelungen des preußischen Rechts waren im Wege der Konkurs- und der Einzelanfechtung gleichermaßen Rechtshandlungen des Schuldners, die dieser in der dem anderen Teil bekannten Absicht vorgenommen hatte, seine Gläubiger zu benachteiligen sowie beiderseitige Scheingeschäfte ohne Beschränkung auf eine bestimmte Frist anfechtbar (§ 103 KO 1855; § 7 AnfG 1855)[53]. Binnen zwei Jahren ab ihrer Vornahme erstreckte sich die Anfechtung innerhalb und außerhalb des Konkurses zudem auf freigiebige Verfügungen, Leibrentenverträge, bestimmte Güterstandsvereinbarungen und Veräußerungen an nahe Verwandte, wenn nicht der begünstigte Verwandte nachweisen konnte, eine Benachteiligungsabsicht des Schuldners nicht gekannt zu haben (§ 102 KO 1855; § 5 AnfG). Die besondere Konkursanfechtung erfasste zusätzlich alle Rechtsgeschäfte des Schuldners, bei denen der Vertragspartner Kenntnis von der bereits erfolgten Zahlungseinstellung bzw. des Antrages auf Konkurseröffnung hatte (§ 100 KO 1855), und überdies – unabhängig von subjektiven Voraussetzungen – die Zahlungen nicht fälliger Schulden, freiwillige Pfandbestellungen sowie Leistungen an Erfüllungs Statt, sofern diese in den letzten 10 Tagen vor der Konkurseröffnung vorgenommen wurden (§ 101 KO 1855). Mit den Regelungen der §§ 101 f. hat die KO 1855 insoweit erstmals Anfechtungstatbestände eingeführt, die ihre wertungsmäßige Grundlage nicht mehr in der seit dem römischen Recht bekannten klassischen Sanktion unredlichen Verhaltens finden, sondern unabhängig von einer absichtlichen Benachteiligung der Konkursgläubiger allein auf den Schutz der konkursrechtlichen Verteilungsordnung

---

Gebiet Preußens vorher bereits mit dem „Gesetz über Verträge zahlungsunfähiger Schuldner zum Nachteil der Gläubiger" vom 26. April 1835 unternommen, welches indes nur einen unvollständigen Anfechtungsschutz bot; vgl. hierzu *Gerhardt*, Die systematische Einordnung der Gläubigeranfechtung, S. 87.

52 Vgl. *Goltdammer*, KO, S. 250 f.; *Gerhardt*, Die systematische Einordnung der Gläubigeranfechtung, S. 79.

53 Vgl. hierzu und zum Folgenden *Cosack*, Anfechtungsrecht der Gläubiger eines zahlungsunfähigen Schuldners, S. 14; *Gerhardt*, Die systematische Einordnung der Gläubigeranfechtung, S. 88; *Hohmann*, Anfechtung ausserhalb und innerhalb des Konkurses, S. 16 f.; *Wentzel/Klose*, Die Preußische Konkursordnung vom 8. Mai 1855, S. 58.

abzielten[54]. Rechtsfolge der Anfechtung war innerhalb wie außerhalb des Konkurses die Rückgewähr dessen, was der Schuldner durch die anfechtbare Rechtshandlung aus seinem Vermögen weggegeben hatte, bei freigiebigen Verfügungen allerdings beschränkt auf die verbliebene Bereicherung (§ 106 KO 1855; § 12 AnfG 1855).

2. *Die Konkurs- und Einzelanfechtung in der Reichsjustizgesetzgebung*

Bereits 1869 wurde auf Initiative des Bundesrates unter Federführung des preußischen Justizministeriums mit der Ausarbeitung eines einheitlichen Konkursverfahrens („Entwurf einer Deutschen Gemeinschuldordnung") für das gesamte Gebiet des Norddeutschen Bundes begonnen, um die erheblichen Rechtsunsicherheiten und insbesondere die Beeinträchtigungen des immer stärker aufkommenden staatsübergreifenden Handelsverkehrs, welche mit dem Bestehen einer Vielzahl einzelstaatlicher Konkurssysteme verbunden waren, zu beheben[55]. Nachdem mit Gesetz vom 20. Dezember 1873 die Zuständigkeit der Reichsgesetzgebung für das Gerichtliche Verfahren und damit auch für das Konkursverfahren begründet worden war, wurde der im selben Jahr veröffentlichte Entwurf des Justizministeriums nach eingehenden Beratungen und Veränderungen durch eine seitens des Bundesrates eingesetzte Sachverständigenkommission am 21. Januar 1875 als „Entwurf einer Konkursordnung" vom Bundesrat beim Reichstag eingebracht und nach Überarbeitung durch die Konkurskommission des Reichstages am 10. Februar 1877[56] erlassen[57]. Die Grundlage dieser Gesetzesreform stellte vor allem die oben bereits erläuterte preußische Konkursordnung von 1855 dar, durch welche man den gesetzgeberischen Weg bei Neufassung des Konkursrechts wesentlich vorgezeichnet sah und die KO 1877 insofern primär als Fortentwicklung bzw. Verbesserung derselben auffasste[58]. Die Anfechtungsregelungen der KO 1877 entsprechen dabei inhaltlich weitgehend dem preußischen Recht. Unterschiede sind in erster Linie dahingehend festzustellen, dass Leibrentenverträge sowie Scheingeschäfte nicht mehr der Anfechtung unterlagen und der Tatbestand der inkongruenten Deckung (ehemals § 101 KO 1855, nun § 23 Nr. 2 KO 1877) erweitert und allgemeiner gefasst wurde, eine Anfechtbarkeit aber nun ausgeschlossen war, wenn der Konkursgläubiger nachweislich weder die

---

54 Vgl. *Klinck*, Die Grundlagen der besonderen Insolvenzanfechtung, S. 18 ff.

55 Vgl. hierzu *Meier*, Geschichte des deutschen Konkursrechts, S. 120 ff.; *Endemann*, Das deutsche Konkursverfahren, S. 14 f.

56 RGBl. 1877, S. 351.

57 Vgl. *Jaeger*, KO, Einleitung, S. 1; *v. Sarwey/Boßert*, Die Konkurs-Ordnung für das deutsche Reich, S. 3 ff. sowie überdies *Endemann*, Das deutsche Konkursverfahren, S. 15 ff.; *Hellmann*, Lehrbuch des deutschen Konkursrechts, S. 108 f.; *Meier*, Geschichte des deutschen Konkursrechts, S. 115.

58 Motive zu dem Entwurf einer Konkursordnung, S. 8 f. = *Hahn*, Materialien zur Konkursordnung, S. 40; vgl. auch *Meier*, Geschichte des deutschen Konkursrechts, S. 145; *v. Sarwey/Boßert*, Die Konkurs-Ordnung für das deutsche Reich, S. 6 f.

Zahlungseinstellung noch die die Gläubigerbenachteiligungsabsicht des Schuldners kannte[59].

Im Hinblick auf die Anfechtung von Rechtshandlungen des Schuldners außerhalb des Konkurses bezeichnete es schon die Begründung zum Entwurf der KO als „wünschenswert“, eine einheitliche Ausgestaltung der Konkursanfechtung und der Einzelanfechtung vorzunehmen, um zu verhindern, dass Gläubiger und Schuldner etwaige Verschiedenheiten dazu missbrauchen, durch Herbeiführung oder Aufhebung eines Konkurses die Anfechtbarkeit auszuschließen[60]. Nachdem die einheitliche Regelung des Gläubigeranfechtungsrechts ursprünglich noch der Landesgesetzgebung anheim gestellt werden sollte, teilte das Reichsjustizamt den Landesregierungen im Mai 1877 mit, dass eine reichsgesetzliche Regelung der Anfechtung außerhalb des Konkurses angemessener erscheine und legte am 29. März 1879 dem Reichstag einen diesbezüglichen Entwurf vor, welcher nach Überarbeitung durch eine Kommission des Reichstages bereits am 21. Juli 1879 als „Gesetz betreffend die Anfechtung von Rechtshandlungen eines Schuldners außerhalb des Konkursverfahrens“[61] verkündet wurde[62]. Die Regelung des AnfG 1879 beschränkte sich darauf, sich den Anfechtungsgrundsätzen der KO 1877 anzuschließen bzw. diese auf die Einzelanfechtung zu übertragen und dabei neue Bestimmungen nur in dem Umfang vorzusehen, als die Eröffnung des Konkursverfahrens spezifische Unterschiede begründet[63].

Insgesamt waren insoweit innerhalb wie außerhalb des Konkurses zum einen Rechtshandlungen anfechtbar, die der Schuldner in der dem Anfechtungsgegner bekannten Absicht, seine Gläubiger zu benachteiligen, vorgenommen hatte (§ 24 Nr. 1 KO 1877; § 3 Nr. 1 AnfG 1879) sowie die im letzten Jahr vor Konkurseröffnung bzw. Rechtshängigkeit des Anfechtungsanspruchs vom Schuldner mit nahen

59 Vgl. *Cosack*, Anfechtungsrecht der Gläubiger eines zahlungsunfähigen Schuldners, S. 15.

60 Motive zu dem Entwurf einer Konkursordnung, S. 95 = *Hahn*, Materialien zur Konkursordnung, S. 109; *Gaul/Schilken/Becker-Eberhard*, Zwangsvollstreckungsrecht, § 35 Rn. 6; *Jaeger*, Die Gläubigeranfechtung außerhalb des Konkursverfahrens, S. 4.

61 RGBl. 1879, S. 277.

62 Vgl. *Jaeger*, Die Gläubigeranfechtung außerhalb des Konkursverfahrens, S. 5, vgl. überdies *Jaeckel*, Anfechtung von Rechtshandlungen zahlungsunfähiger Schuldner, S. 2 f.

63 Vgl. Materialien zu dem Gesetze betreffend die Anfechtung von Rechtshandlungen eines Schuldners außerhalb des Konkursverfahrens, S. 11 = *Hahn*, Materialien zur Konkursordnung, S. 735; *Falkmann*, Die Anfechtung außerhalb des Konkurses, S. 1; *Hess/Weiss*, Anfechtungsrecht, Vor §§ 129 ff. InsO Rn. 21; *Jaeger*, Die Gläubigeranfechtung außerhalb des Konkursverfahrens, S. 5; *Jaeckel*, Anfechtung von Rechtshandlungen zahlungsunfähiger Schuldner, S. 3. Unrichtig insofern *Schoppmeyer*, ZIP 2009, 600, 603, der zu den auf der KO 1877 und dem AnfG 1879 basierenden Regelungen der gegenwärtig geltenden Vorsatz- und Schenkungsanfechtung annimmt, dass die Tatbestände der §§ 133 und 134 InsO die Gläubigeranfechtung nach den §§ 3 und 4 AnfG in das System der Insolvenzanfechtung integrieren würden, da nach den obigen Ausführungen entstehungsgeschichtlich genau das Gegenteil zutrifft.

Verwandten abgeschlossenen entgeltlichen Verträge, sofern der Anfechtungsgegner nachwies, dass ihm eine Benachteiligungsabsicht des Schuldners nicht bekannt war (§ 24 Nr. 2 KO 1877; § 3 Nr. 2 AnfG 1879)[64]. Zum anderen unterlagen die im Jahr vor Konkurseröffnung bzw. Rechtshängigkeit des Anfechtungsanspruchs vorgenommenen unentgeltlichen Verfügungen des Schuldners sowohl der Konkurs- als auch der Gläubigeranfechtung, wobei diese sogar mit einer Frist von zwei Jahren angefochten werden konnten, sofern sie gegenüber dem Ehegatten erfolgten (§ 25 KO 1877; § 3 Nr. 3 und 4 AnfG 1879)[65].

Die ausschließlich auf das Konkursverfahren zugeschnittenen Anfechtungstatbestände erfassten unmittelbar gläubigerbenachteiligende Rechtshandlungen (§ 23 Abs. 1 Alt. 1 KO 1877) sowie kongruente Deckungen (§ 23 Abs. 1 Alt. 2 KO 1877), welche mit Kenntnis des Gläubigers von der Zahlungseinstellung oder dem Eröffnungsantrag vorgenommen wurden. Des Weiteren waren auch nach der Zahlungseinstellung oder dem Eröffnungsantrag bzw. bis zu 10 Tagen vor diesen erfolgte inkongruente Sicherungen bzw. Befriedigungen eines Gläubigers anfechtbar, sofern dieser nicht seine Unkenntnis von der Zahlungseinstellung, dem Eröffnungsantrag oder der Gläubigerbenachteiligungsabsicht des Schuldners nachwies (§ 23 Nr. 2 KO 1877)[66]. Als Rechtsfolge der Anfechtung sehen beide Rechtsinstitute wiederum die Rückgewähr des durch die anfechtbare Rechtshandlung Erlangten vor (§ 30 KO 1877; § 7 AnfG 1879), wobei bereits die Begründung zum AnfG – gleich der heute ganz h.L. – davon ausgeht, dass der Einzelanfechtungsanspruch anders als die Konkursanfechtung nicht auf eine Rückgewähr im tatsächlichen Sinne, sondern nur auf eine Befriedigung aus dem anfechtbar Erlangten gerichtet ist[67].

---

64 *Cosack*, Anfechtungsrecht der Gläubiger eines zahlungsunfähigen Schuldners, S. 112, 119; vgl. auch Motive zu dem Entwurf einer Konkursordnung, S. 110 = *Hahn*, Materialien zur Konkursordnung, S. 121; *Jaeger*, Die Gläubigeranfechtung außerhalb des Konkursverfahrens, S. 18 f.

65 *Cosack*, Anfechtungsrecht der Gläubiger eines zahlungsunfähigen Schuldners, S. 133 f., 146; vgl. auch Motive zu dem Entwurf einer Konkursordnung, S. 110 = *Hahn*, Materialien zur Konkursordnung, S. 121; *Jaeger*, Die Gläubigeranfechtung außerhalb des Konkursverfahrens, S. 19 ff.

66 Vgl. *Gerhardt*, Die systematische Einordnung der Gläubigeranfechtung, S. 95; *Jaeger*, KO, S. 230 f.; *dens.*, Die Gläubigeranfechtung außerhalb des Konkursverfahrens, S. 13 ff. Vgl. überdies *Cosack*, Anfechtungsrecht der Gläubiger eines zahlungsunfähigen Schuldners, S. 169 ff., 193 ff., wobei dort die inkongruente Deckung in Anlehnung an die früher vertretene Gratifikationstheorie noch den Begriff Gratifikation trägt; zur Gratifikationstheorie s. *Klinck*, Die Grundlagen der besonderen Insolvenzanfechtung, S. 22 f.; Motive zu dem Entwurf einer Konkursordnung, S. 101 = *Hahn*, Materialien zur Konkursordnung, S. 114.

67 Materialien zu dem Gesetze betreffend die Anfechtung von Rechtshandlungen eines Schuldners außerhalb des Konkursverfahrens, S. 21 = *Hahn*, Materialien zur Konkursordnung, S. 743 f.

3. *Beibehaltung der anfechtungsrechtlichen Konzeption in den heutigen Regelungen der InsO und des AnfG*

Die Vorschriften der KO 1877 und des AnfG 1879 bildeten weit mehr als 100 Jahre – bis zum Inkrafttreten der InsO und des gegenwärtigen AnfG am 1. Januar 1999 – die Grundlagen der Anfechtung innerhalb und außerhalb des Konkurses und blieben dabei trotz mehrfacher gesetzgeberischer Modifikationen, insbesondere auf dem Gebiet des Konkursrechts, in ihrer prinzipiellen Konzeption unberührt. Unter den Änderungen der KO 1877 ist dabei insbesondere die im Zuge der Einführung des BGB erforderlich gewordene Anpassung der Konkurs- und Gläubigeranfechtung an die neue Rechtslage[68] mit anschließender Neubekanntmachung der KO[69] und des AnfG[70] erwähnenswert, wodurch die KO die bis zu ihrem Außerkrafttreten geltende Paragraphenfolge erhielt[71].

Die Anfechtungsregelungen der KO und des AnfG erwiesen sich aber aufgrund ihrer starken Anknüpfung an subjektive Voraussetzungen für den Konkursverwalter bzw. den Zwangsvollstreckungsgläubiger insgesamt als recht stumpfes Schwert, insbesondere war die mangelnde Durchsetzbarkeit der Konkursanfechtung einer der wesentlichen Gründe für die Massearmut vieler Konkursverfahren[72]. Im Rahmen der umfassenden Reform des Insolvenzrechts, welche mit dem Erlass der heutigen InsO am 5. Oktober 1994[73] endete, wurden aus den vorgenannten Gründen auch das Insolvenzanfechtungsrecht und mit ihm zugleich das Anfechtungsrecht außerhalb der Insolvenz[74] neu geregelt. Zur Steigerung der Effektivität des Anfechtungsrechts wurden insoweit die Anfechtungsfristen deutlich verlängert, der Beweis der Anfechtungsvoraussetzungen erleichtert und die subjektiven Tatbestandsmerkmale im Bereich der besonderen Insolvenzanfechtung eliminiert oder wenigstens eingeschränkt[75]. Im Übrigen behielt die Novellierung der Insolvenz- und Gläubigeranfechtung die Systematik und Regelungsabsicht der KO und des AnfG 1879 bei und übernahm deren oben dargestellte Haupttatbestände in das geltende Recht[76]. Damit

68 Durch G v. 17.5.1898 (RGBl. 1898, S. 230).

69 RGBl. 1898, S. 612.

70 RGBl. 1898, S. 342.

71 Die Regelung der Konkursanfechtung war nunmehr in den §§ 29–42 KO enthalten.

72 Vgl. *Uhlenbruck*, Das neue Insolvenzrecht, S. 97 sowie überdies *Hess/Weiss*, Anfechtungsrecht, Vor §§ 129 ff. InsO Rn. 3.

73 BGBl. I 1994, S. 2866; Inkrafttreten am 1.1.1999 (Art. 110 Abs. 1 EGInsO).

74 AnfG v. 5.10.1994 (BGBl. I 1994, S. 2911 - Art. 1 EGInsO); Inkrafttreten am 1.1.1999 (Art. 110 Abs. 1 EGInsO).

75 *Bork*, in: B. Kübler/Prütting/Bork, InsO, Vor § 129 Rn. 40; *Ganter/Lohmann*, in: MünchKomm InsO, § 1 Rn. 38 ff.; *Kirchhof*, in: MünchKomm InsO, Vor §§ 129 bis 147 Rn. 8; *Zeuner*, Die Anfechtung in der Insolvenz, Rn. 2.

76 Vgl. *Allgayer*, Rechtsfolgen und Wirkungen der Gläubigeranfechtung, Rn. 5; *Bork*, in: Bork, Handbuch der Insolvenzanfechtung, Teil 1, Kap. 1 Rn. 38; (zum AnfG) *Gaul/Schilken/Becker-Eberhard*, Zwangsvollstreckungsrecht, § 35 Rn. 7; *Kirchhof*, in: MünchKomm InsO, Vor §§ 129 bis 147 Rn. 7; *K. Schmidt*, in: K. Schmidt, InsO, § 129

wurden letztlich nicht nur die tatbestandlichen Differenzierungen des bisherigen Rechts in das neue Anfechtungsrecht übernommen, sondern auch die in Bezug auf das AnfG 1879 erfolgte gesetzgeberische Praxis fortgesetzt, die Gläubigeranfechtung primär in Anschließung an die Regelungen des Insolvenzanfechtungsrechts bzw. in Parallelität zu diesen zu normieren.

III. Konsequenzen für das Verhältnis beider Anfechtungsinstitute

In der Begründung zur Neufassung des AnfG und in diversen Kommentierungen zu selbigem findet sich häufig der Hinweis, dass die Insolvenz- und die Gläubigeranfechtung auf einer „einheitlichen Grundlage" beruhen würden – ohne aber diese konkret zu benennen[77]. Die vorstehenden Ausführungen haben nicht allein gezeigt, dass – was die eben genannten Zitate wohl mit ihrem Verweis auf die einheitliche Grundlage der Gläubiger- und Insolvenzanfechtung auszudrücken gedenken – die Vorschriften des AnfG in ihrer Entstehungsgeschichte stets im Wege einer weitgehend identischen Regelung beider Anfechtungsinstitute bzw. einer bloßen Übernahme der Anfechtungsbestimmungen der jeweiligen Konkursordnung unter Ausklammerung der besonderen Konkursanfechtung geschaffen wurden. Vielmehr sind beide mit der actio Pauliana überdies auf einem gemeinsamen historischen Fundament begründet, welches sich noch in vielen Einzelbestimmungen der jeweiligen Anfechtungsrechte ausmachen lässt. Diese Gemeinsamkeiten der Insolvenz- und der Einzelanfechtung in rechtshistorischer, vor allem genetischer Hinsicht sprechen dafür, die in der InsO und dem AnfG gleichermaßen vorgesehenen Anfechtungstatbestände grundsätzlich identisch zu interpretieren und Differenzierungen zwischen beiden Anfechtungsinstituten nur insoweit anzunehmen, als sie bereits in den gesetzlichen Regelungen selbst angelegt sind, bezüglich darüber hinausreichender auslegungstechnischer Abweichungen indes eher Zurückhaltung zu üben. Insbesondere lässt sich dafür ins Feld führen, dass der Gesetzgeber bei Schaffung der dem heutigen Recht zugrunde liegenden Anfechtungsbestimmungen aus den Jahren 1855 und 1877 bzw. 1879 ausweislich der einschlägigen Materialien die Notwendigkeit von Differenzierungen zwischen der Anfechtung innerhalb und außerhalb der Insolvenz bereits selbst erkannt und in der Ausgestaltung des AnfG umgesetzt hat, womit jedenfalls aus rechtshistorischer Warte für eine unterschiedliche Interpretation gleichlautender Vorschriften der InsO und des AnfG recht wenig Raum verbleibt.

Rn. 2; *Uhlenbruck*, Das neue Insolvenzrecht, S. 97; *Zeuner*, Die Anfechtung in der Insolvenz, Rn. 2.

77 Vgl. BT-Drs. 12/1803, S. 55 = *Uhlenbruck*, Das neue Insolvenzrecht, S. 97; *Dauernheim*, Das Anfechtungsrecht in der Insolvenz, S. 194; *Ch. Paulus*, in: B. Kübler/Prütting/Bork, InsO, Anh. I: AnfG, § 1 Rn. 1.

B. Das teleologische Verhältnis von Insolvenz- und Gläubigeranfechtung

Freilich stellt die Historie der Anfechtung innerhalb und außerhalb der Insolvenz für sich genommen noch ein eher schwaches Argument für das hier bislang formulierte Postulat nach einer weitgehend identischen Interpretation der Anfechtungsvorschriften dar. Die nachfolgenden Ausführungen werden allerdings erkennen lassen, dass die Tatbestände der Insolvenz- und Gläubigeranfechtung mit Ausnahme der besonderen Insolvenzanfechtung überdies auf einem einheitlichen Sinn und Zweck beruhen bzw. zumindest ähnliche rechtliche Ziele verfolgen, zugleich aber auch aufzeigen, inwiefern aus teleologischen Gründen Differenzierungen zwischen beiden Anfechtungsinstituten zulässig und womöglich geboten sind. Eine abschließende Erörterung des Sinn und Zwecks sämtlicher Anfechtungstatbestände würde aber den Umfang der vorliegenden Arbeit deutlich überschreiten und ist zudem für die Darstellung der grundlegenden Intentionen von Insolvenz- und Gläubigeranfechtung auch nicht unbedingt erforderlich, weshalb sich die nachfolgende Untersuchung hinsichtlich der einzelnen Anfechtungstatbestände auf die §§ 130 bis 134 InsO und 3 bis 4 AnfG als Kernbestand der Anfechtungsnormen der Insolvenz- und Gläubigeranfechtung beschränkt, zumal sich auch die Anfechtbarkeit von Aufrechnungsvereinbarungen im Wesentlichen nach diesen Bestimmungen bemisst.

I. Die Wiederherstellung der Haftungsordnung als grundlegendes Rechtsschutzziel der Anfechtungsinstitute

Sowohl im Vorfeld eines drohenden Insolvenzverfahrens als auch einer drohenden Zwangsvollstreckung versucht der Schuldner vielfach, bestehende Vermögenswerte auf Dritte zu übertragen oder einzelnen Gläubigern vor den Übrigen Befriedigung ihrer Forderungen zu verschaffen[78]. Ziel der Insolvenzanfechtung wie der Gläubigeranfechtung ist es, derartige sachlich ungerechtfertigte Vermögensverschiebungen rückgängig zu machen[79] und den Gläubigern die Zugriffsmöglichkeiten auf die weggegebenen Vermögensgegenstände wieder zu erschließen[80].

78 Vgl. *Kindl*, NZG 1998, 321, 321 und (zur Gläubigeranfechtung) *Baur/Stürner/Bruns*, Zwangsvollstreckungsrecht, Rn. 26.1; *Gaul/Schilken/Becker-Eberhard*, Zwangsvollstreckungsrecht, § 35 Rn. 1; *Jaeger*, Die Gläubigeranfechtung außerhalb des Konkursverfahrens, S. 3, § 1 Anm. 1 sowie des Weiteren (zur Insolvenzanfechtung) Motive zu dem Entwurf einer Konkursordnung, S. 94 = *Hahn*, Materialien zur Konkursordnung, S. 108 f.

79 Vgl. (zur Insolvenzanfechtung) BGH WM 1955, 407, 409; *Hirte/Ede*, in: Uhlenbruck/Hirte/Vallender, InsO, § 129 Rn. 1; *Huber*, in: Gottwald, Insolvenzrechts-Handbuch, § 46 Rn. 3; *Kreft*, in: HK-InsO, § 129 Rn. 1; *Nerlich*, in: Nerlich/Römermann, InsO, § 143 Rn. 8; *Zeuner*, Die Anfechtung in der Insolvenz, Rn. 1.

80 Vgl. *Hess*, Insolvenzrecht, Vor § 129 Rn. 7 ff.

1. *Die Wirkungen der Insolvenzanfechtung*

Im Wege der Insolvenzanfechtung können nach Maßgabe der §§ 129 ff. InsO zum einen Veräußerungen und Belastungen von Vermögenswerten des Schuldners und zum anderen durch den Schuldner begründete Verbindlichkeiten beseitigt werden, soweit diese vor Eröffnung des Insolvenzverfahrens erfolgt sind[81]. Derartigen Handlungen ist gemein, dass sie die sich zugunsten der Insolvenzgläubiger ergebende Insolvenzquote verringern, indem sie die zur Verteilung verfügbare Insolvenzmasse schmälern bzw. Zahl und Höhe der zu berücksichtigenden Insolvenzforderungen erweitern. Die Insolvenzanfechtung bewirkt insofern eine Anreicherung der bestehenden Aktivmasse sowie eine Verringerung der Passivmasse[82] und stellt damit im Ergebnis die Befriedigung der Insolvenzgläubiger aus dem ihnen gemeinsam zugewiesenen Haftungsfonds in dem Umfang wieder her, wie sie ohne die angefochtene Handlung bestanden hätte[83].

Der vorgenannten Intention der Anfechtung in der Insolvenz entspricht in der Kodifikation der InsO vornehmlich die Vorschrift des § 143 Abs. 1 InsO, welche im Hinblick auf die Rechtsfolgen derselben bestimmt, dass zur Insolvenzmasse zurückzugewähren ist, was durch die anfechtbare Rechtshandlung veräußert, weggegeben oder aufgegeben wurde[84]. Da die Insolvenzanfechtung dem Zweck einer Wiederherstellung der Befriedigungsmöglichkeiten der Insolvenzgläubiger allerdings nur dann zu dienen vermag, wenn überhaupt eine Verschlechterung derselben eingetreten ist, muss sich diese auch in ihren Voraussetzungen an ebenjener Zielsetzung ausrichten, weshalb § 129 Abs. 1 InsO als allgemeines Tatbestandsmerkmal jeder Insolvenzanfechtung die Benachteiligung der Insolvenzgläubiger statuiert[85] und damit letztlich die Verbindung von Tatbestand und Rechtsfolgen der Insolvenzanfechtung herstellt.

2. *Die Wirkungen der Anfechtung außerhalb des Insolvenzverfahrens*

Die Anfechtung außerhalb des Insolvenzverfahrens zielt hingegen nicht auf eine Restitution des schuldnerischen Vermögens in seiner Gesamtheit ab[86], sondern stellt lediglich eine Ergänzung des Einzelzwangsvollstreckungsrechts dar, indem sie einem

---

81 *Henckel*, in: Jaeger, InsO, § 129 Rn. 2; *Kirchhof*, in: MünchKomm InsO, Vor §§ 129 bis 147 Rn. 2.

82 BGHZ 15, 333, 337; *Bork*, in: B. Kübler/Prütting/Bork, InsO, Vor § 129 Rn. 1; *ders.*, in: Bork, Handbuch der Insolvenzanfechtung, Teil 1, Kap. 1 Rn. 1; *Ehricke*, in: B. Kübler/Prütting/Bork, InsO, § 129 Rn. 1; *Henckel*, in: Jaeger, InsO, § 129 Rn. 2.

83 Begr. RegE BT-Drs. 12/2443, S. 167 = *Uhlenbruck*, Das neue Insolvenzrecht, S. 496 f.; *Dauernheim*, in: FK-InsO, § 143 Rn. 3; *Huber*, in: Gottwald, Insolvenzrechts-Handbuch, § 52 Rn. 8.

84 Vgl. *Huber*, in: Gottwald, Insolvenzrechts-Handbuch, § 52 Rn. 8; *dens.*, in: Graf-Schlicker, InsO, § 143 Rn. 17.

85 Vgl. hierzu auch *Ehricke*, in: B. Kübler/Prütting/Bork, InsO, § 129 Rn. 64; *Henckel*, in: Jaeger, InsO, § 129 Rn. 76.

86 *Ch. Paulus*, in: B. Kübler/Prütting/Bork, InsO, Anh. I: AnfG, § 1 Rn. 2.

einzelnen Vollstreckungsgläubiger unter bestimmten Voraussetzungen die Befriedigungsmöglichkeit aus Gegenständen wiedereröffnet, die der Schuldner aus dem pfändbaren Vermögen entfernt hat[87]. Die Gläubigeranfechtung erfasst deshalb ebenfalls alle Veräußerungen und Belastungen von Vermögensgegenständen des Schuldners – es sei denn, dass diese ausschließlich Handlungen nach dem Eintritt der materiellen Insolvenz betreffen und damit an insolvenzspezifische Umstände anknüpfen (vgl. §§ 130 bis 132 InsO). In der Regel aber – und darin unterscheidet sie sich deutlich von der Insolvenzanfechtung – sind reine Verpflichtungsgeschäfte von ihr nicht betroffen, da eine bloße Mehrung der schuldnerischen Passiva die Befriedigungsmöglichkeit eines Vollstreckungsgläubigers als solche unberührt lässt[88].

Infolge ihrer Ausrichtung auf das Zwangsvollstreckungsverfahren bewirkt die Einzelanfechtung zudem nicht die Anreicherung des sich beim Schuldner befindlichen Haftungsfonds, da ein Umweg über die Rückführung des Anfechtungsobjekts in das Schuldnervermögen nicht erforderlich ist, um die Befriedigung eines einzelnen Gläubigers zu gewährleisten[89] und damit auch gar nicht sichergestellt wäre, dass sich der jeweilige Gläubiger alsdann tatsächlich aus diesem befriedigen könnte[90]. Die Anfechtung außerhalb des Insolvenzverfahrens ist daher – anders als die Insolvenzanfechtung – nicht auf Rückgewähr gerichtet; der anfechtbar erworbene Gegenstand wird vielmehr nur faktisch so angesehen, als gehöre er noch zum schuldnerischen Vermögen[91], indem der Anfechtungsgegner verpflichtet wird, die durch die Vermögensverschiebung vereitelte Zwangsvollstreckung in diesen Gegenstand zu gewähren, also selbige so zu dulden, wie sie der Vollstreckungsschuldner selbst zu dulden gehabt hätte[92]. Sie zielt folglich ebenfalls darauf ab, eine

87 BGHZ 124, 298, 301 f.; *Huber*, DZWIR 1995, 392, 393; *ders.*, ZIP 1998, 897, 898; vgl. auch *Jaeger*, Die Gläubigeranfechtung außerhalb des Konkursverfahrens, § 1 Anm. 2.

88 Vgl. hierzu *Baur/Stürner/Bruns*, Zwangsvollstreckungsrecht, Rn. 26.16; *Huber*, AnfG, § 1 Rn. 23 ff.; *Jaeger*, Die Gläubigeranfechtung außerhalb des Konkursverfahrens, S. 26, § 1 Anm. 56; *Kirchhof*, AnfG, § 1 Rn. 7; *dens.*, in: FS Haarmeyer, S. 129, 130; *Koziol*, Grundlagen und Streitfragen der Gläubigeranfechtung, S. 10; vgl. überdies RGZ 10, 5, 8; 27, 130, 133. A.A. wohl *Hess*, Insolvenzrecht, § 1 AnfG Rn. 26.

89 *Huber*, AnfG, Einf Rn. 20; vgl. auch *Jaeger*, Die Gläubigeranfechtung außerhalb des Konkursverfahrens, S. 26, § 1 Anm. 15.

90 *Jaeger*, Die Gläubigeranfechtung außerhalb des Konkursverfahrens, § 7 Anm. 4.

91 *Baur/Stürner/Bruns*, Zwangsvollstreckungsrecht, Rn. 26.3; *Jaeger*, Die Gläubigeranfechtung außerhalb des Konkursverfahrens, § 7 Anm. 3; vgl. auch RGZ 47, 216, 217; 162, 218, 220 f.; BGH KTS 1961, 139, 139; *Dauernheim*, Das Anfechtungsrecht in der Insolvenz, S. 195.

92 RGZ 9, 66, 71; 10, 6, 10 f.; RG KuT 1936, 53, 55; *Baur/Stürner/Bruns*, Zwangsvollstreckungsrecht, Rn. 26.68; *Falkmann*, Die Anfechtung außerhalb des Konkurses, S. 74; *Hess/Weiss*, Anfechtungsrecht, § 11 AnfG Rn. 1; *Huber*, AnfG, Einf Rn. 9, 20, § 11 Rn. 17; *Jaeckel*, Anfechtung von Rechtshandlungen zahlungsunfähiger Schuldner, S. 186; *Nerlich/Niehus*, AnfG, § 1 Rn. 7; *Warneyer/Bohnenberg*, AnfG, S. 178; vgl. auch *Bork*, in: B. Kübler/Prütting/Bork, InsO, Vor § 129 Rn. 15; *dens.*, in: Bork, Handbuch der Insolvenzanfechtung, Teil 1, Kap. 1 Rn. 15.

Befriedigung aus dem vormals zugewiesenen Haftungsfonds zu eröffnen – hier allerdings durch Wiederherstellung der ohne die anfechtbare Rechtshandlung bestehenden Zugriffslage zugunsten eines einzelnen Vollstreckungsgläubigers[93].

Die Wiederherstellung der Zugriffsmöglichkeit wird in der gesetzlichen Regelung in erster Linie durch § 11 Abs. 1 S. 1 AnfG realisiert, welcher als Primärrechtsfolge der Anfechtung außerhalb des Insolvenzverfahrens festlegt, dass das durch die anfechtbare Rechtshandlung Erlangte dem Gläubiger zur Verfügung gestellt werden muss, soweit es zu seiner Befriedigung erforderlich ist[94]. In Übereinstimmung mit der Insolvenzanfechtung verlangt auch die Einzelanfechtung entsprechend der Zielsetzung des Anfechtungsrechts als allgemeines Tatbestandsmerkmal in § 1 Abs. 1 AnfG das Vorliegen einer Gläubigerbenachteiligung[95] und setzt auf diese Weise wiederum Ursache und Wirkung derselben in Relation *(vgl. o. Seite 58)*[96].

3. *Die gemeinsame Zwecksetzung der Anfechtungsinstitute und deren unterschiedliche Verwirklichung*

Die Insolvenz- wie die Gläubigeranfechtung stellen nach den vorstehenden Ausführungen insofern auf dasselbe Rechtsschutzziel ab, als sie darauf gerichtet sind, das Hindernis zu beseitigen, welches dem Zugriff der Gläubiger auf das haftende Vermögen des Schuldners bereitet wurde[97] und damit die Zugriffsmöglichkeiten der Gläubiger wiederherzustellen[98] sowie die gesetzliche Haftungsordnung in ihrem ursprünglichen

93 Vgl. BGHZ 104, 355, 357; 116, 222, 224; 123, 183, 184 f.; 124, 298, 300 f.; 130, 314, 322; 159, 397, 400; *Baur/Stürner/Bruns*, Zwangsvollstreckungsrecht, Rn. 26.68; *Huber*, AnfG, Einf Rn. 9; *dens.*, in: Gottwald, Insolvenzrechts-Handbuch, § 46 Rn. 7; *dens.*, in: Haarmeyer/Huber/Schmittmann, Praxis der Insolvenzanfechtung, Teil I Rn. 32; *dens.*, ZIP 1998, 897, 903; *Zeuner*, Die Anfechtung in der Insolvenz, Rn. 479, 481.

94 Anders § 7 Abs. 1 AnfG a.F., der – „sozusagen hinterhältigerweise" (so *Huber*, DZWIR 1995, 393, 395) – den Anspruch aus erfolgreicher Gläubigeranfechtung noch als Rückgewähranspruch formulierte, obgleich er auch dort bereits als Anspruch auf Duldung der Zwangsvollstreckung interpretiert wurde.

95 Vgl. *Henckel*, in: Jaeger, InsO, § 129 Rn. 76; *Hess*, Insolvenzrecht, Vor § 129 Rn. 7 f.; *Huber*, AnfG, § 1 Rn. 32; *Jaeger*, Die Gläubigeranfechtung außerhalb des Konkursverfahrens, S. 26, § 1 Anm. 56.

96 Vgl. auch *Gaul/Schilken/Becker-Eberhard*, Zwangsvollstreckungsrecht, § 35 Rn. 40.

97 *Kirchhof*, in: MünchKomm AnfG, Einf Rn. 7.

98 *Kindl*, NZG 1998, 321, 322; *Mauer*, Der Anfechtungsprozess Rn. 409; *Nerlich/Niehus*, AnfG, § 1 Rn. 5; vgl. *Gerhardt*, Die systematische Einordnung der Gläubigeranfechtung, S. 181, 184, 220, 231, welcher allerdings annimmt, dass der Anfechtungsgegner in diese vormalige „Haftungszuordnung" eingreife und das Anfechtungsrecht als Unterfall der Eingriffskondiktion interpretiert. Vgl. überdies *Koziol*, Grundlagen und Streitfragen der Gläubigeranfechtung, S. 4 f., der indes diese Zugriffsmöglichkeit auf das Schuldnervermögen im Anschluss an *Schulz*, AcP 105 (1909), 1, 226 ff., 246 als eigenständiges „Befriedigungsrecht" ansieht *(s. hierzu nachf. Seite 63 f.)*.

Bestand zu verwirklichen[99]. Unterschiede bestehen dabei zunächst dahingehend, dass die gesetzliche Haftungsordnung in der Einzelzwangsvollstreckung regelmäßig nur durch Verfügungen des Schuldners über eigene Vermögensgegenstände beeinträchtigt wird, in der Insolvenz hingegen aufgrund der dort angeordneten Gesamtvollstreckung mit einer Verteilung des schuldnerischen Vermögens nach dem pro-rata-Grundsatz bereits durch bloße Verpflichtungsgeschäfte des Schuldners geschmälert werden kann, weshalb die Insolvenzanfechtung zur Verwirklichung des vorgenannten Rechtsschutzzieles einen weiter gefassten Kreis an benachteiligenden Rechtsakten erfassen muss[100].

Beide Anfechtungsinstitute führen dieses Ziel überdies wegen ihrer Ausrichtung am Insolvenzverfahren einerseits und am Zwangsvollstreckungsverfahren andererseits mit verschiedenen Rechtsfolgen sowie zugunsten eines unterschiedlich weit gefassten Personenkreises herbei. So kann die Insolvenzanfechtung wegen ihrer Einbindung in das insolvenzrechtliche Gesamtvollstreckungsverfahren nur eine Wiederherstellung der gesetzlichen Haftungsordnung zugunsten aller Insolvenzgläubiger bewirken und das Anfechtungsobjekt deshalb nur in die sämtlichen Gläubigern zur Befriedigung zugewiesenen Insolvenzmasse zurückführen. Demgegenüber hat die Gläubigeranfechtung als Hilfsmittel der Einzelzwangsvollstreckung die gesetzliche Haftungsordnung nur für den einzelnen Vollstreckungsgläubiger, nicht aber eine hier gar nicht bestehenden Gläubigergesamtheit zu schützen und kann es daher bei der Wiedererschließung der Zugriffslage beim Anfechtungsgegner bewenden lassen[101]. Eine „Strukturverschiedenheit" der Insolvenz- und Gläubigeranfechtung lässt sich in diesen Punkten indes nicht erkennen, vielmehr stellen die unterschiedliche Reichweite und die differierenden Rechtsfolgen derselben nach dem eben Ausgeführten lediglich eine Anpassung der Anfechtungsinstitute an die jeweilige Haftungsverwirklichung im Insolvenz- bzw. Einzelzwangsvollstreckungsverfahren zur Realisierung der vereitelten Zugriffsmöglichkeiten dar[102].

99 Vgl. hierzu *Bork*, in: B. Kübler/Prütting/Bork, InsO, Vor § 129 Rn. 15; *dens.*, in: Bork, Handbuch der Insolvenzanfechtung, Teil 1, Kap. 1 Rn. 15; *Kirchhof*, in: MünchKomm InsO, Vor §§ 129 bis 147 Rn. 42; *ders.*, in: FS Haarmeyer, S. 129, 129.

100 Vgl. *Kirchhof*, in: FS Haarmeyer, S. 129, 130.

101 *Bork*, in: B. Kübler/Prütting/Bork, InsO, Vor § 129 Rn. 15; *ders.*, in: Bork, Handbuch der Insolvenzanfechtung, Teil 1, Kap. 1 Rn. 15; *Kindl*, NZG 1998, 321, 322; *Kirchhof*, in: FS Haarmeyer, S. 129, 130 f.; vgl. auch *Huber*, in: Gottwald, Insolvenzrechts-Handbuch, § 46 Rn. 7.

102 Vgl. im Hinblick auf die Rechtsfolgen beider Institute *Gaul/Schilken/Becker-Eberhard*, Zwangsvollstreckungsrecht, § 35 Rn. 7; *Kindl*, NZG 1998, 321, 322; *Kreft*, in: HK-InsO, § 129 Rn. 90: „nicht wesensverschieden"; a.A. *Koss*, Wirkung der Insolvenzanfechtung, S. 45 ff., 168 ff., der dieses Ergebnis im Wesentlichen nur auf nach seiner Ansicht bestehende Divergenzen in der Rechtsnatur beider Anfechtungsinstitute stützt, ohne auf die hier dargestellten historischen und teleologischen Gemeinsamkeiten einzugehen.

4. *Unergiebigkeit für eine fundierte Deutung der Anfechtungsinstitute*

Abgesehen von einer Begründung für die unterschiedlich weite Ausgestaltung des allgemeinen Anfechtungserfordernisses der Gläubigerbenachteiligung ist allerdings mit den bisherigen Ausführungen noch recht wenig für die Erkenntnis von Sinn und Zweck der Insolvenz- bzw. Gläubigeranfechtung und damit für das auslegungstechnische Verhältnis derselben gewonnen. Die Wiederherstellung der ursprünglichen Haftungsordnung umschreibt als grundlegende Zielsetzung des Anfechtungsrechts an sich lediglich die Konsequenzen einer wirksamen Anfechtung, also die Rechtsfolgenseite derselben, lässt aber offen, aus welchen Gründen eine Vermögensverschiebung als ungerechtfertigt im eingangs genannten Sinne anzusehen ist[103].

Allein der Zweck einer Realisierung von vormaligen Befriedigungschancen erlaubt noch keinen Schluss auf die Intention, aufgrund derer das beim Anfechtungsgegner befindliche Anfechtungsobjekt der Insolvenzmasse oder der Einzelzwangsvollstreckung zugeführt werden muss, d.h. weshalb der Befriedigungsmöglichkeit der Insolvenzgläubiger bzw. des Vollstreckungsgläubigers an dem weggegebenen Vermögensgegenstand eigentlich ein Vorrang gegenüber der Rechtsposition des Anfechtungsgegners an selbigem zukommen soll[104]. Dies zeigt sich insbesondere daran, dass diesem Zweck für sich genommen keine Begründung für die Unterteilung des geltenden Anfechtungsrechts in verschiedene Tatbestände und deren Ausgestaltung zu entnehmen ist, weil die dort vorgenommene sorgfältige Differenzierung – konsequent zu Ende gedacht – gar nicht erforderlich wäre, sofern die Grundlage des Anfechtungsrechts ausschließlich in einer Entziehung von ursprünglichen Befriedigungsrechten zu suchen wäre, sondern vielmehr ein einziger Tatbestand ausreichen würde, wenn nicht andere Zielsetzungen maßgeblich wären. Dies gilt auch dann, wenn man die unterschiedliche Art und Weise der Wiederherstellung vereitelter Befriedigungsmöglichkeiten – Rückführung in die Insolvenzmasse einerseits, Duldung der Zwangsvollstreckung andererseits – mit in den Blick nimmt, weil diese – wie bereits dargelegt – lediglich eine Anpassung der Insolvenz- und Gläubigeranfechtung an die differierenden Zugriffsbedingungen innerhalb bzw. außerhalb der Insolvenz darstellen und sich damit ebenfalls nur die Rechtsfolgenseite der Anfechtungsinstitute, nicht aber Abfassung und Intention der einzelnen Tatbestände erschließen lassen. Mit einem Verweis auf den Sinn und Zweck einer Wiederherstellung und Verwirklichung der gesetzlichen Haftungsordnung allein lassen sich daher lediglich die Rechtsfolgen der Insolvenz- und Gläubigeranfechtung, aber nicht die Anfechtungstatbestände der InsO und des AnfG zutreffend erklären.

Diese eben dargelegten Einwände gelten dabei nicht allein für die einzelnen Anfechtungstatbestände, sondern jedenfalls in Teilen auch im Hinblick auf die in

---

103 Vgl. hierzu *Thole*, Gläubigerschutz durch Insolvenzrecht, S. 280; *dens.*, ZZP 121 (2008), 67, 68.

104 Vgl. *Schoppmeyer*, NZI 2005, 185, 189 mit dem hierzu angeführten plakativen Beispiel: „Zweck jeder Steuernorm ist es, Geld in die Staatskasse zu spülen. Damit ist jedoch für die Reichweite der Steuernorm nichts gewonnen."

§ 1 Abs. 1 AnfG bzw. § 129 Abs. 1 InsO normierten allgemeinen Voraussetzungen sämtlicher Anfechtungstatbestände. Dem Ziel der Gläubiger- und Insolvenzanfechtung, vereitelte Befriedigungsoptionen wieder zu erschließen, können nach den obigen Ausführungen zwar Anhaltspunkte für die Auslegung des Tatbestandsmerkmals der Gläubigerbenachteiligung und eine diesbezügliche Differenzierung zwischen beiden Anfechtungsinstituten entnommen werden, da in der Insolvenz eine Benachteiligung der Gläubiger auch durch bloße Mehrungen der Passivmasse eintreten kann, wohingegen in der Einzelzwangsvollstreckung allein Minderungen der Passivmasse zu einer Beeinträchtigung der Befriedigungsaussichten der Gläubiger führen können. Die vorgenannte Zielsetzung lässt aber keinen Schluss auf die Zulässigkeit etwaiger Differenzierungen für das Kriterium der anfechtbaren Rechtshandlung zu, da dieser Zweck viel zu vage ist, um auch erkennen zu können, wie für den jeweiligen Bereich der tatbestandsmäßige Vereitelungsvorgang zu definieren ist. Insgesamt ist nach dem Vorstehenden daher festzustellen, dass sich das Verhältnis zwischen Gläubiger- und Insolvenzanfechtung und die Notwendigkeit etwaiger auslegungstechnischer Differenzierungen zwischen beiden Rechtsinstituten anhand der Zielsetzungen nicht vollumfänglich ermitteln lassen, weshalb es angelegen erscheint, im Folgenden noch etwas „tiefer zu schürfen" und auch die den jeweiligen Anfechtungstatbeständen zugrundeliegenden Intentionen mit in den Blick zu nehmen.

II. Sinn und Zweck der Tatbestände der Insolvenz- und Gläubigeranfechtung

1. *Der Schutz des Befriedigungsrechts der Gläubiger als weitgehend unzureichender Differenzierungsansatz*

Eine in jüngerer Zeit nochmals von *Koziol*[105] aufgegriffene Auffassung in der Literatur interpretiert die ursprüngliche Zugriffsmöglichkeit der Gläubiger, welche im Wege der Anfechtung erschlossen werden soll, hingegen nicht – wie hier – lediglich als wiederherzustellenden Rechtszustand, sondern als eigenständiges subjektives „Befriedigungsrecht"[106] bzw. „Zugriffsrecht"[107] und erachtet dieses als das eigentliche Schutzobjekt der Anfechtungsinstitute. In diese Richtung gingen bereits die Materialien zum AnfG 1879, denen zufolge ebenfalls die Verletzung eines Befriedigungsrechts des Gläubigers als Grund der Anfechtung anzusehen war[108], sowie

105 Grundlagen und Streitfragen der Gläubigeranfechtung, S. 4 f.; vgl. auch *dens.*, Die Beeinträchtigung fremder Forderungsrechte, S. 168; *Gaul/Schilken/Becker-Eberhard*, Zwangsvollstreckungsrecht, § 35 Rn. 2; *Warneyer/Bohnenberg*, AnfG, S. 9.

106 *Schulz*, AcP 105 (1909), 1, 227, 246.

107 *G. Paulus*, AcP 155 (1955), 277, 300; *v. Tuhr*, Der Allgemeine Teil des Deutschen Bürgerlichen Rechts, Bd. 1, S. 11.

108 Materialien zu dem Gesetze betreffend die Anfechtung von Rechtshandlungen eines Schuldners außerhalb des Konkursverfahrens, S. 9, 12, 22 = *Hahn*, Materialien zur Konkursordnung, S. 734, 736, 744.

mitunter auch die Materialien zur KO 1877, die den Zweck der Deckungsanfechtung darin erblickten, Verletzungen des „Konkursanspruchs" aller Gläubiger rückgängig zu machen[109].

Fraglich ist hingegen, inwieweit sich auf diese Weise nähere Aussagen über Sinn und Zweck der Anfechtungstatbestände herleiten lassen als nach dem bisher Ausgeführten. Unabhängig davon, ob man das Schutzgut der Anfechtung tatsächlich in einem eingeständigen subjektiven Recht der Gläubiger erkennen will oder mit der abgeschwächten Ansicht von *Gerhardt*[110] ohne Anerkennung eines Befriedigungs- bzw. Zugriffsrechts lediglich die haftungsrechtliche Zuordnung des Vermögensgegenstandes als deren Schutzobjekt begreifen will, treffen beide Auffassungen insoweit einen richtigen Kern, als das Vermögen des Schuldners im Falle der Insolvenz oder der Einzelzwangsvollstreckung dem Zugriff der Gläubiger unterliegt und diesen damit zumindest im faktischen Sinne haftungsrechtlich zugewiesen ist, lassen aber offen, warum diese Zuweisung des schuldnerischen Vermögens an die Gläubiger auch gegenüber Dritten geschützt werden muss und Priorität vor deren Rechtsposition genießen soll[111]. Dieses Vorrangverhältnis können die vorgenannten Auffassungen allenfalls unter Zuhilfenahme der Anfechtungsregelungen selbst, deren Rechtfertigung allerdings hier gerade zu ergründen ist, nicht jedoch aus sich heraus belegen, was damit aber letztlich auf eine petitio principii hinausliefe[112]. Erst recht vermag der Schutz eines Befriedigungsrechts der Gläubiger bzw. der Haftungszuordnung eines Vermögensgegenstandes an selbige nicht zu erklären, warum dieser Schutz auch für Vermögensverschiebungen vor Insolvenzeröffnung oder Erlangung eines Vollstreckungstitels greifen soll, da das schuldnerische Vermögen an sich erst dann den Gläubigern zur Befriedigung zugewiesen ist.

Eine präzisere Deutung der Anfechtungstatbestände ist auch dann nur in geringem Umfang zu erreichen, wenn man mit *Koziol*[113] – ausgehend von dem von ihm formulierten Schutz des Befriedigungsrechts der Gläubiger als Ziel der Anfechtungsregelungen –annimmt, dass die Insolvenzanfechtung einen Ausgleich von „gleichwertigen" Befriedigungsrechten herbeiführen solle, während die Gläubigeranfechtung dem Schutz eines „stärkeren" Befriedigungsrechts zu dienen bestimmt sei. Grundsätzlich kann diese Auffassung ebenfalls nicht ohne einen Rückgriff auf die Anfechtungstatbestände auskommen, da sich nur anhand dieser feststellen lässt, welche Befriedigungsrechte überhaupt als „stärker" bzw. „gleichwertig" im eben genannten Sinne anzusehen sind. Der Ansatz einer Differenzierung zwischen dem Schutz „stärkerer" und dem Schutz „gleichwertiger" Befriedigungs- bzw. Zugriffsrechte ist überdies nur

109 Motive zu dem Entwurf einer Konkursordnung, S. 110 sowie 100, 102 = *Hahn*, Materialien zur Konkursordnung, S. 121 sowie 113, 115; vgl. hierzu auch *Klinck*, Die Grundlagen der besonderen Insolvenzanfechtung, S. 24 f., 46 ff.; *Thole*, Gläubigerschutz durch Insolvenzrecht, S. 285.

110 Die systematische Einordnung der Gläubigeranfechtung, S. 181, 184, 220, 231,

111 Vgl. *Klinck*, Die Grundlagen der besonderen Insolvenzanfechtung, S. 51 f.

112 Vgl. *Klinck*, Die Grundlagen der besonderen Insolvenzanfechtung, S. 52.

113 Grundlagen und Streitfragen der Gläubigeranfechtung, S. 9.

partiell zutreffend, denn es wird dabei übersehen, dass die Insolvenzanfechtung lediglich bei der Deckungsanfechtung nach den §§ 130 bis 131 InsO stets einen Ausgleich gleichwertiger Befriedigungsrechte vornimmt. Im Übrigen, insbesondere im Rahmen der Vorsatz- und Schenkungsanfechtung, nimmt der zunächst voll befriedigte Anfechtungsgegner hingegen nur dann an der Verteilung der Insolvenzmasse teil – mit einer Forderung auf eine unentgeltliche Leistung ohnehin nur als nachrangiger Insolvenzgläubiger (§ 39 Abs. 1 Nr. 4 InsO) –, wenn nicht auch die zugrundeliegende Insolvenzforderung anfechtbar begründet wurde und bleibt damit bei Anfechtbarkeit des jeweiligen Verpflichtungsgeschäfts von einem Ausgleich unter den Insolvenzgläubigern zur Gänze ausgeschlossen. Sofern man eine Differenzierung im vorgenannten Sinn vornehmen möchte, ist die Trennungslinie zwischen dem Schutz „stärkerer" und dem Ausgleich „gleichwertiger" Befriedigungsrechte insoweit jedenfalls nicht zwischen Insolvenz- und Gläubigeranfechtung, sondern am ehesten zwischen der Anfechtung kongruenter bzw. inkongruenter Deckungen und den übrigen Anfechtungstagbeständen zu ziehen, womit allerdings nur ein erster Ansatz für eine inhaltliche Gruppierung der Anfechtungstatbestände gewonnen ist, aber wiederum keinerlei Aussagen über Sinn und Zweck der jeweiligen Anfechtungstatbestände hergeleitet werden können.

Nach den vorstehenden Ausführungen lässt sich mit der Abgrenzung nach einem Schutz gleichwertiger Befriedigungsrechte durch Insolvenzanfechtung und einem Schutz stärkerer Befriedigungsrechte durch Gläubigeranfechtung entgegen der Ansicht von *Koziol*[114] auch nur teilweise eine Differenzierung zwischen beiden Anfechtungsinstituten dahingehend vornehmen, dass die Gläubigeranfechtung zur vollen Befriedigung des Anfechtenden führe und der Anfechtungsgegner hingegen auf seine undurchsetzbaren Ansprüche gegen den Schuldner verwiesen bleibe, während er bei der Insolvenzanfechtung zumindest die Quote erhalten würde. Diese Deutung erscheint zwar prima facie durchaus einleuchtend, ist aber genau besehen nur zutreffend, sofern allein das Verfügungsgeschäft, nicht jedoch auch das der Verfügung zugrundeliegende Verpflichtungsgeschäft der Anfechtung unterliegt. Denn hier kann der Anfechtungsgegner seine nach § 144 Abs. 1 InsO bzw. § 12 Alt. 1 AnfG wiederauflebende Forderung im Rahmen der Insolvenzanfechtung als Insolvenzforderung geltend machen und damit zumindest eine partielle Befriedigung erhalten, im Rahmen der Gläubigeranfechtung indessen lediglich die Option einer wenig aussichtsreichen Vollstreckung gegen den vermögenslosen Schuldner hat. Wenn man aber von der Möglichkeit der Rückforderung einer bereits erbrachten Gegenleistung nach § 144 Abs. 2 InsO bzw. § 12 Alt. 2 AnfG absieht – die als solche auch gar keine Befriedigung, sondern nur einen kondiktionsrechtlichen Anspruch darstellt[115] – so führt bei Anfechtbarkeit des Verpflichtungsgeschäfts nicht nur die Gläubigeranfechtung, sondern auch die Insolvenzanfechtung dazu, dass der Anfechtungsgegner im Sinne

114 Grundlagen und Streitfragen der Gläubigeranfechtung, S. 8.

115 Vgl. *Henckel*, in: Jaeger, InsO, § 144 Rn. 24; *Hirte/Ede*, in: Uhlenbruck/Hirte/Vallender, InsO, § 144 Rn. 8.

eines Alles-oder-nichts-Prinzips keinerlei Befriedigung erhält und kein Ausgleich widerstreitender Befriedigungsansprüche vorgenommen wird. Insgesamt ist in dieser Hinsicht also festzustellen, dass bei Anfechtbarkeit des Verpflichtungsgeschäfts weder die Gläubiger- noch die Insolvenzanfechtung eine Befriedigung des Anfechtungsgegners bewirkt, während bei bloßer Anfechtbarkeit des Deckungsgeschäfts nur die Gläubigeranfechtung zu einem vollständigen Ausfall des Anfechtungsgegners führt. Dieser Ansatz mag als Beschreibung der tatsächlichen Wirkungen beider Anfechtungsinstitute aus der Warte des Anfechtungsgegners durchaus zutreffend sein und insoweit auch eine etwas präzisere Differenzierung bezüglich der jeweiligen Rechtsfolgen vermitteln, lässt aber als bloße Darstellung des faktischen Anfechtungsergebnisses keine über die bisherigen Feststellungen hinausreichende Bestimmung der Zielsetzung der Insolvenz- und Gläubigeranfechtung und noch weniger von Ausgestaltung und Zielsetzung der Anfechtungstatbestände zu.

Ihre praktische Bedeutung und Berechtigung hat diese letztgenannte Unterscheidung aber jedenfalls dann, wenn kongruente oder auch inkongruente Deckungen im Sinne der Insolvenzordnung im Wege der Anfechtung beseitigt werden sollen, da in diesem Fall das zugrundeliegende Verpflichtungsgeschäft gerade bestehen bleibt und damit beide Rechtsinstitute zwingend und stets zu unterschiedlichen Ergebnissen führen. So stellt es sich insbesondere für die Frage des Vorliegens eines Benachteiligungsvorsatzes i.S.d. § 3 AnfG bei kongruenten Leistungen dar, denn gerade hier würde der Anfechtungsgegner im Hinblick auf die Insolvenzanfechtung mit seiner Forderung an der quotalen Verteilung der Masse teilnehmen, wohingegen die Gläubigeranfechtung lediglich zu einem „Rollentausch" zwischen befriedigtem und nicht befriedigtem Gläubiger führen würde. Soweit man eine Vorsatzanfechtung kongruenter Deckungen überhaupt im Bereich des Insolvenzrechts ohne zusätzliche Erfordernisse zulassen will, rechtfertigt diese Erwägung aber jedenfalls eine Differenzierung zwischen beiden Anfechtungsinstituten dahingehend, dass für die Anfechtung nach dem AnfG bei kongruenten Deckungshandlungen richtigerweise erhöhte Anforderungen an die Feststellung des Gläubigerbenachteiligungsvorsatzes gestellt werden müssen *(eingehend zu dieser Problematik nachf. Seite 360 ff., 384 ff.)*[116].

2. Die par conditio creditorum als nur partiell tragfähiger Begründungsansatz für die Insolvenzanfechtung

Entgegen der vorgenannten Ansicht sind der Sinn und Zweck der Insolvenzanfechtung nach weit verbreiteter Auffassung in der Literatur dem gegenüber ganz generell in der Sicherstellung des Prinzips der par conditio creditorum zu erblicken, indem dessen Geltung vermittels der Anfechtung auf den Zeitraum der Krise vor

116 Vgl. *Huber*, AnfG, § 3 Rn. 36; *Schoppmeyer*, ZIP 2009, 600, 605; vgl. überdies *Koziol*, Grundlagen und Streitfragen der Gläubigeranfechtung, S. 82 ff., der mit dem eben genannten Argument eine Anfechtung kongruenter Deckungsgeschäfte schon dem Grunde nach ablehnt.

Eröffnung des Insolvenzverfahrens vorverlegt wird[117]. Desgleichen wird auch in der Rechtsprechung der Grundsatz der Gläubigergleichbehandlung bisweilen als Wertungsgrundlage des gesamten Insolvenzanfechtungsrechts angeführt[118] – sehr deutlich insbesondere in der für die vorliegende Untersuchung bedeutsamen Entscheidung des BGH zur isolierten Anfechtbarkeit von Verrechnungsabreden in der Gläubigeranfechtung, in welcher er Differenzierungen zwischen Insolvenz- und Gläubigeranfechtung dahingehend begründet, dass Ziel der Anfechtung nach dem AnfG nicht die Gleichbehandlung sämtlicher Gläubiger, sondern nur die Erschließung des Vollstreckungszugriffs für einen bestimmten Gläubiger sei[119]. Obgleich der Grundsatz der Gläubigergleichbehandlung zweifelsohne ein das gesamte Insolvenzverfahren und damit auch das Anfechtungsrecht beherrschendes Strukturelement darstellt[120], vermag der Rekurs der h.L. auf dieses Prinzip allerdings nur partiell einen Begründunganſatz für die Tatbestände des Insolvenzanfechtungsrechts sowie für etwaige Abgrenzungen zwischen beiden Anfechtungsinstituten zu liefern.

a) Verhältnis zu den Rechtsfolgen der Insolvenzanfechtung

Zunächst ist festzustellen, dass die eben angeführte Sichtweise mitunter wohl etwas in einer fehlerhaften gedanklichen Gleichsetzung des Tatbestandsmerkmals der Gläubigerbenachteiligung einerseits und einer Verletzung der Gläubigergleichbehandlung andererseits begründet zu sein scheint, was aber deshalb nicht zutreffen

---

117 *De Bra*, in: Braun, InsO, § 129 Rn. 1; *Füßmann*, Auswirkungen des reformierten Insolvenzanfechtungsrechts, S. 48; *Kreft*, in: HK-InsO, § 129 Rn. 1; *Ganter*, WM 2009, 1441, 1443; *Kreft*, KTS 2004, 205, 218, *Nerlich*, in: Nerlich/Römermann, InsO, § 129 Rn. 5, – anders hingegen im Rahmen der Ausführungen zur Schenkungsanfechtung § 134 Rn. 2; *Zeuner*, Die Anfechtung in der Insolvenz, Rn. 1; vgl. auch *Breutigam/Tanz*, ZIP 1998, 717, 717; *Dauernheim*, in: FK-InsO, § 129 Rn. 1; *Kirchhof*, in: FS Gerhardt, S. 443, 448; *Nerlich/Niehus*, AnfG, § 1 Rn. 5; *K. Schmidt*, in: K. Schmidt, InsO, § 129 Rn. 1. Zumindest ungenau *Dauernheim*, Das Anfechtungsrecht in der Insolvenz, S. 35: „Durch die Insolvenzanfechtung soll der Grundsatz der par conditio creditorum [...] im Insolvenzverfahren erfolgen", was aber jedenfalls nur für das Vorfeld der Insolvenz gelten kann, da die Anfechtung nach Verfahrenseröffnung nicht mehr zu Anwendung kommt.

118 BGHZ 59, 230, 232; BGH WM 1955, 407, 409; WM 1963, 748, 749; OLG Frankfurt/ Main ZInsO 2015, 1270, 1273. In diese Richtung auch BGH ZIP 1999, 406, 406 wobei hier die Anfechtungsregelungen als Resultat einer Abwägung der Interessen der Begünstigten mit dem zeitlich vorverlegten Grundsatz der par conditio gedeutet werden.

119 BGH NZI 2009, 67, 69 m. Anm. *Huber*. Ein ähnlicher Ansatz findet sich bereits in BGH ZIP 1995, 1204, 1206.

120 *Füßmann*, Auswirkungen des reformierten Insolvenzanfechtungsrechts, S. 28; *Pape/Uhlenbruck/Voigt-Salus*, Insolvenzrecht, S. 111; vgl. auch *Bork*, in: B. Kübler/Prütting/Bork, InsO, Vor § 129 Rn. 1; *dens.*, in: Bork, Handbuch der Insolvenzanfechtung, Teil 1, Kap. 1 Rn. 1; *dens.*, ZIP 2014, 797, 799; a.A. *Knospe*, ZInsO 2014, 861, 863 ff., 870 f., 876.

kann, weil eine im Wege der Anfechtung auszugleichende Beeinträchtigung der Befriedigungsmöglichkeit der Insolvenzgläubiger nicht unbedingt in einer Beeinträchtigung ihrer gleichmäßigen Befriedigung liegen muss. Als Erklärung für die Rechtsfolgen der Anfechtung erscheint der Grundsatz der Gläubigergleichbehandlung allerdings jedenfalls dahingehend tauglich, als die Insolvenzanfechtung zumindest mittelbar der par conditio creditorum dient, da mit der Anreicherung der Masse zugleich die nach diesem Prinzip anteilig vorzunehmende Befriedigung der Insolvenzgläubiger erhöht wird[121]. Eine spezifisch anfechtungsrechtliche Einsicht ist auf diese Weise jedoch an sich nicht gewonnen, vielmehr gibt ein derartiger Verweis auf die par conditio creditorum lediglich das rechtliche Ergebnis wieder, das auch bei jedweder anderen massevermehrenden Handlung des Insolvenzverwalters eintritt[122]. Die Sicherstellung der Gläubigergleichbehandlung geht damit als Erklärung der Rechtsfolgen der Insolvenzanfechtung in ihrem Erkenntniswert letztlich nicht über die bereits formulierte Zielsetzung einer Wiederherstellung der gesetzlichen Haftungsordnung hinaus, weil dieser Begründungsansatz lediglich den nach Rückführung eines Gegenstandes in die Insolvenzmasse greifenden pro-rata-Verteilungsmaßstab und mithin nur einen wesentlichen Teilaspekt ebenjener Haftungsordnung beschreibt.

b) Die Vorverlagerung der par conditio creditorum als Grundlage der Deckungsanfechtung

Wenn das Prinzip der par conditio creditorum über eine Erklärung der Anfechtungsfolgen hinaus aber ebenfalls als Rechtfertigung für die Tatbestände der Insolvenzanfechtung herangezogen werden soll, lässt sich auf diese Weise schon nicht einmal die Untergliederung der Insolvenzanfechtung in verschiedene Anfechtungstatbestände erklären, denn die Sicherstellung der Gläubigergleichbehandlung im Vorfeld der Insolvenzeröffnung wäre gesetzestechnisch wesentlich einfacher auch durch Anordnung einer allgemeinen Rückschlagsperre zu erreichen, sofern die Insolvenzanfechtung insgesamt tatsächlich nur eine Vorverlagerung der par conditio creditorum bezwecken würde[123].

Soweit man hingegen die differenzierte tatbestandliche Ausgestaltung des Insolvenzanfechtungsrechts mit in den Blick nimmt, ist festzustellen, dass die Tatbestände der §§ 130 und 131 InsO an die Befriedigung bzw. Sicherung eines Gläubigers anknüpfen und diesem diejenigen Vorteile entziehen sollen, die er im Vorfeld des Insolvenzverfahrens im Verhältnis zu den übrigen Insolvenzgläubigern erlangt hat. Zu diesem Zweck schränkt die insolvenzrechtliche Deckungsanfechtung rückwirkend

---

121 *Thole*, Gläubigerschutz durch Insolvenzrecht, S. 282; *ders.*, ZZP 121 (2008), 67, 69; vgl. auch *Hess*, Insolvenzrecht, Vor § 129 Rn. 10; *Schoppmeyer*, ZIP 2009, 600, 603; a.A. *Knospe*, ZInsO 2014, 861, 863.

122 *Thole*, Gläubigerschutz durch Insolvenzrecht, S. 282; *ders.*, ZZP 121 (2008), 67, 69; in diese Richtung auch *Bork*, ZIP 2014, 797, 803.

123 Vgl. *Ch. Paulus*, in: B. Kübler/Prütting/Bork, InsO, Lfg. 8/01, § 129 Rn. 4 Fn. 9.

für die Zeit vor Insolvenzeröffnung das bis zu diesem Zeitpunkt an sich noch geltende Prioritätsprinzip zugunsten des Grundsatzes der Gläubigergleichbehandlung ein, indem sie die vom Anfechtungsgegner in Bezug auf sein Forderungsrecht erlangte Befriedigung oder Sicherung wieder der Insolvenzmasse zuführt und diesen auf die gleichmäßige Befriedigung der Insolvenzgläubiger im Umfang der quotalen Masseverteilung verweist. Der Sinn und Zweck kann im Hinblick auf die Anfechtung kongruenter bzw. inkongruenter Deckungen insoweit mit der ganz h.L. durchaus in einer Vorverlagerung des Prinzip der par conditio creditorum als solchem erblickt werden, welchem hierdurch bereits in der Phase der insolvenzrechtlichen Krise Geltung verschafft wird[124], da es in beiden Fällen darum geht, einem Gläubiger Vorteile zu entziehen, die er bei lediglich quotaler Befriedigung entsprechend dem Grundsatz der Gläubigergleichbehandlung im Insolvenzverfahren nicht erhalten hätte[125].

Die Begründung für diese Ausdehnung der par conditio creditorum in das Vorfeld der Insolvenz kann vornehmlich darin gesehen werden, dass es bereits ab dem Eintritt der materiellen Insolvenz des Schuldners ungerecht ist, einen Zugriff einzelner Gläubiger auf das Schuldnervermögen zuzulassen, da selbiges schon ab diesem Zeitpunkt nicht mehr zur vollen Befriedigung sämtlicher Gläubiger ausreicht[126]. Zudem wäre die insolvenzrechtliche Haftungsverwirklichung ernstlich gefährdet, wenn Einzelgläubiger noch ungehindert auf das Vermögen zugreifen könnten, weil alsdann für die spätere gleichmäßige Befriedigung der Insolvenzgläubiger kaum mehr Masse zur Verfügung stünde[127]. Die insolvenzrechtliche Deckungsanfechtung erklärt sich folglich genau besehen damit, dass das außerhalb des Insolvenzverfahrens

---

124 BGHZ 58, 240, 242 f.; 59, 230, 232, BGH NZI 2010, 439, 439 f.; BAG NZI 2014, 372, 379; OLG Frankfurt/Main ZInsO 2015, 1270, 1272; *Bork*, ZIP 2014, 797, 802; *Ede/Hirte*, in: Uhlenbruck/Hirte/Vallender, InsO, § 130 Rn. 2; *Ganter/Weinland*, in: K. Schmidt, InsO, § 130 Rn. 6 f., § 131 Rn. 2; *Gehrlein*, WM 2009, Sonderbeilage 1, 1, 25 f.; *Guski*, WM 2009, 1071, 1071; *Henckel*, in: Jaeger, InsO, § 129 Rn. 3; § 130 Rn. 7; *Hess*, Insolvenzrecht, § 130 Rn. 6; *Huber*, in: Gottwald, Insolvenzrechts-Handbuch, § 47 Rn. 1; *ders.*, in: Graf-Schlicker, InsO, § 130 Rn. 1, § 131 Rn. 1; *Jensen*, NZI 2011, 798, 801; *ders.*, NZI 2013, 471, 476; *Kayser*, in: MünchKomm InsO, § 130 Rn. 1; *Schoppmeyer*, in: B. Kübler/Prütting/Bork, InsO, § 130 Rn. 2; *ders.*, in: Bork, Handbuch der Insolvenzanfechtung, Teil 4, Kap. 7 Rn. 2; *Thole*, Gläubigerschutz durch Insolvenzrecht, S. 293; *ders.*, ZZP 121 (2008), 67, 74; *ders.*, ZIP 2013, 2081, 2083; *Zeuner*, Die Anfechtung in der Insolvenz, Rn. 83. Dezidiert a.A. hingegen *Knospe*, ZInsO 2014, 861, 871, 876, der keinen unmittelbaren Zusammenhang zwischen Insolvenzanfechtung und par conditio creditorum erkennen will und sogar meint, dass die Gläubigergleichbehandlung bei der Insolvenzanfechtung überhaupt keine Anwendung finde – dunkel bleibt dabei aber freilich, welches Ziel die Anfechtung nach den §§ 130 und 131 InsO dann haben soll.

125 *Koziol*, Grundlagen und Streitfragen der Gläubigeranfechtung, S. 21; vgl. auch *Huber*, in: Gottwald, Insolvenzrechts-Handbuch, § 47, Rn. 1.

126 Vgl. *Füßmann*, Auswirkungen des reformierten Insolvenzanfechtungsrechts, S. 48; *Gaul/Schilken/Becker-Eberhard*, Zwangsvollstreckungsrecht, § 2 Rn. 45.

127 *Thole*, Gläubigerschutz durch Insolvenzrecht, S. 293; *ders.*, ZZP 121 (2008), 67, 74.

an sich geltende Prioritätsprinzip nicht mehr als gerechtfertigt angesehen werden kann, wenn der Schuldner in Wahrheit schon zahlungsunfähig und damit insolvenzreif ist[128], weshalb das schuldnerische Vermögen im Interesse aller Gläubiger schon von diesem Moment an in seiner Gesamtheit den Gläubigern verhaftet wird[129] und an Stelle des Prioritätsprinzips der Grundsatz gleichmäßiger Befriedigung aller Insolvenzgläubiger tritt. Diese Begründung mit einer Vorverlegung des Grundsatzes der Gläubigergleichbehandlung auf den Eintritt der materiellen Insolvenz gilt dabei auch im Hinblick auf die Regelung des § 131 Abs. 1 Nr. 3 InsO, welche zwar nicht explizit auf die Zahlungsunfähigkeit des Schuldners abstellt und deshalb seitens der wohl h.L.[130] zu Unrecht als Unterfall der Vorsatzanfechtung interpretiert wird. Denn die Vorschrift verlangt statt einer Zahlungsunfähigkeit die Kenntnis des Gläubigers von der gläubigerbenachteiligenden Wirkung der inkongruenten Deckung im Zeitpunkt der Handlung, welche aber überhaupt nur dann gegeben sein kann, wenn das schuldnerische Vermögen schon in diesem Moment die Befriedigung aller Gläubiger nicht mehr zu gewährleisten vermag, womit aber dann im Grunde nur auf den Nachweis ebenjener Zahlungsunfähigkeit verzichtet wird[131].

Die par conditio creditorum wird allerdings durch die Tatbestände der Deckungsanfechtung nicht ausnahmslos an die Stelle des Prioritätsgrundsatzes gesetzt. Vielmehr schränkten die subjektiven Tatbestandsmerkmale des § 130 InsO die Anfechtbarkeit im Hinblick auf kongruente Deckungen aus Gründen der Billigkeit ein und entsprechen damit dem Vertrauensschutz des Anfechtungsgegners, da es gleichsam ungerecht wäre, auch solche Gläubiger der Gleichbehandlung zu unterwerfen, die nicht um die Krise des Schuldners wussten und daher von Rechtsbeständigkeit ihres Erwerbs ausgehen konnten[132].

---

128 BGHZ 136, 309, 312; *Schoppmeyer*, NZI 2005, 185, 190; *Thole*, Gläubigerschutz durch Insolvenzrecht, S. 293; *ders.*, ZZP 121 (2008), 67, 74; *Zeuner*, Die Anfechtung in der Insolvenz, Rn. 1.

129 Vgl. hierzu auch BGHZ 58, 240, 242, f.; *Huber*, in: Gottwald, Insolvenzrechts-Handbuch, § 47 Rn. 1.

130 Begr. RegE BT-Drs. 12/2443, S. 159 = *Uhlenbruck*, Das neue Insolvenzrecht, S. 474; *De Bra*, in: Braun, InsO, § 131 Rn. 34; *Ede/Hirte*, in: Uhlenbruck/Hirte/Vallender, InsO, § 131 Rn. 20; *Hess*, Insolvenzrecht, § 131 Rn. 293; *Nerlich*, in: Nerlich/Römermann, InsO, § 131 Rn. 61; *Schoppmeyer*, in: B. Kübler/Prütting/Bork, InsO, § 131 Rn. 146; *ders.*, in: Bork, Handbuch der Insolvenzanfechtung, Teil 4, Kap. 8 Rn. 135; *ders.*, NZI 2005, 185, 187; *Zeuner*, Die Anfechtung in der Insolvenz, Rn. 124.

131 *Thole*, Gläubigerschutz durch Insolvenzrecht, S. 364; *ders.*, ZZP 121 (2008), 67, 79; abl. auch *Henckel*, in: Jaeger, InsO, § 131 Rn. 75; *Kayser*, in: MünchKomm InsO, § 131 Rn. 49.

132 Vgl. *Huber*, in: Gottwald, Insolvenzrechts-Handbuch, § 47 Rn. 28; *Lind*, Zur Auslegung von § 133 InsO, S. 26 f.; *Schoppmeyer*, in: B. Kübler/Prütting/Bork, InsO, § 130 Rn. 5; *dens.*, in: Bork, Handbuch der Insolvenzanfechtung, Teil 4, Kap. 7 Rn. 5; *dens.*, NZI 2005, 185, 187 sowie überdies Motive zu dem Entwurf einer Konkursordnung, S. 104 = *Hahn*, Materialien zur Konkursordnung, S. 121.

c) *Keine Erklärung der Vorsatz- und Schenkungsanfechtung aus dem Grundsatz der Gläubigergleichbehandlung*

Schwierigkeiten bereitet eine Begründung der Insolvenzanfechtung über den Grundsatz der Gläubigergleichbehandlung aber jedenfalls in Bezug auf die Tatbestände der Vorsatz- und Schenkungsanfechtung. Dies gilt als erstes für die sehr weit zurückreichenden Anfechtungsfristen dieser Tatbestände von zehn bzw. vier Jahren, die deutlich über eine bloße Ausdehnung der par conditio creditorum auf Rechtshandlungen in zeitlicher Nähe zur Verfahrenseröffnung hinausreichen und damit nicht nur lediglich die Anwendung dieses Grundsatzes im Vorfeld der Insolvenz bezwecken können[133]. Außerhalb des Eintritts der Zahlungsunfähigkeit des Schuldners, also der materiellen Insolvenz, die den Anfechtungsfristen der besonderen Insolvenzanfechtung zugrunde liegt, besteht zudem auch noch keinerlei Interessenkonflikt zwischen den Gläubigern, der eine Anwendung der par conditio creditorum rechtfertigen könnte. Es sind in diesem Stadium, in welchem die Gläubiger noch die Möglichkeit haben, im Wege der Einzelvollstreckung aus dem Vermögen des Schuldners Zugriff zu nehmen, vielmehr weder der spätere Insolvenzschuldner noch die einzelnen Gläubiger verpflichtet, auf eine gleichmäßige Befriedigung der Gläubiger Rücksicht zu nehmen[134].

Insbesondere vermag eine Sicherstellung der Gläubigergleichbehandlung die Tatbestände der §§ 133 und 134 InsO aber deshalb nicht zu erklären, weil der Anfechtungsgegner dort – anders als im Rahmen der Deckungsanfechtung – vor Vornahme der betreffenden Rechtshandlung auch noch nicht unbedingt eine Gläubigerstellung innegehabt haben muss und daher vom Prinzip der par conditio creditorum gar nicht erfasst worden wäre[135]. Gleichwohl dienen die Vorsatz- und die Schenkungsanfechtung aber umgekehrt jedenfalls insoweit mittelbar der par conditio creditorum, als wegen Unanfechtbarkeit des Verpflichtungsgeschäftes nurmehr die jeweilige Deckungshandlung der Anfechtung unterliegt, da der Anfechtungsgegner alsdann mit seiner nach § 144 Abs. 1 InsO wiederauflebenden Forderung an der Verteilung der Insolvenzmasse teilnimmt. Eine allgemeine Aussage über Sinn und Zweck der §§ 133 und 134 InsO lässt sich daraus aber nicht ableiten, da diese Feststellung zum einen nicht auf alle Fälle der Vorsatz- oder Schenkungsanfechtung, sondern nur auf einen Teil derselben zutrifft, und zum anderen damit nur die weiteren Rechtsfolgen einer erfolgreichen Anfechtung beschrieben werden.

---

133 *Bork*, ZIP 2014, 797, 803; vgl. auch BAG NZI 2014, 372, 379.

134 *Schoppmeyer*, NZI 2005, 185, 188; vgl. auch *Kirchhof*, in: FS Fischer, S. 285, 293.

135 *Bork*, ZIP 2014, 797, 797; *Thole*, Gläubigerschutz durch Insolvenzrecht, S. 282, 290 f.; *ders.*, ZZP 121 (2008), 67, 69; deutlich zu weitgehend indes *Jensen*, Grundfragen des Rechts der Gläubiger- und Insolvenzanfechtung, S. 266 f.; *ders.*, NZI 2011, 798, 799; *ders.*, NZI 2013, 471, 475, der sogar annehmen will, dass die Vorsatzanfechtung auf Insolvenzgläubiger generell keine Anwendung finden kann.

d) *Die unzutreffende Begründung des § 132 InsO über die par conditio creditorum*

Die eben dargelegten Einwände bestehen in ähnlicher Weise auch gegenüber einer Begründung der Anfechtung unmittelbar nachteiliger Rechtshandlungen nach § 132 InsO über die par conditio creditorum. Soweit der Grundsatz der Gläubigergleichbehandlung nicht – wie oben angeführt – sogar als Sinn und Zweck der ganzen Insolvenzanfechtung angesehen wird, entspricht es dabei aber jedenfalls der nahezu einhelligen Lehre, dass nicht allein die Deckungsanfechtung, sondern auch die Regelung des § 132 InsO der Verwirklichung der par conditio creditorum im Vorfeld der Insolvenz zu dienen bestimmt sei[136]. Gegen eine Begründung der Anfechtung nachteiliger Rechtshandlungen aus dem Grundsatz der Gläubigergleichbehandlung spricht zunächst bereits der Wortlaut des § 132 InsO, da die Norm zum einen – anders als die §§ 130, 131 InsO – nicht explizit auf die Bevorzugung eines Insolvenzgläubigers abstellt und zum anderen ausschließlich Rechtshandlungen des Schuldners erfasst werden, obgleich – wie die Vorschriften der Deckungsanfechtung gerade zeigen – eine Beeinträchtigung der gleichmäßigen Gläubigerbefriedigung im Vorfeld der Insolvenz an sich auch durch einen Insolvenzgläubiger erfolgen kann[137].

Die Wurzeln der in der Literatur vorgenommenen einheitlichen Verortung der besonderen Insolvenzanfechtung in der par conditio creditorum dürften historisch besehen sicherlich in der Fassung des § 30 KO (§ 23 KO 1877) zu suchen sein, welcher die Anfechtung unmittelbar nachteiliger Rechtsgeschäfte (Nr. 1 Alt. 1) und die Anfechtung kongruenter bzw. inkongruenter Deckungshandlungen (Nr. 1 Alt. 2 bzw. Nr. 2) noch in einer einzigen Rechtsnorm zusammenfasste *(vgl. o. Seite 54)*[138]. Eine Anfechtungsnorm kann allerdings nur dann der Sicherung der par conditio creditorum dienen, wenn sie auch tatsächlich auf die Herstellung einer Gleichbehandlung des Anfechtungsgegners mit den übrigen Insolvenzgläubigern gerichtet ist[139]. Dies ist zwar in Bezug auf die Anfechtung kongruenter und inkongruenter Deckungen, nicht aber für die Anfechtung unmittelbar nachteiliger Rechtshandlungen nach § 132 InsO zu bejahen.

---

136 *Dauernheim*, in: FK-InsO, § 130 Rn. 2; *ders.*, Das Anfechtungsrecht in der Insolvenz, S. 53; *Gerhart*, ZIP 1985, 582, 585 f.; *Henckel*, in: Jaeger, InsO, § 129 Rn. 3; *Huber*, in: Gottwald, Insolvenzrechts-Handbuch, § 47 Rn. 1; *ders.*, in: Graf-Schlicker, InsO, § 132 Rn. 1; *Kayser*, in: MünchKomm InsO, § 132 Rn. 1; *Nerlich*, in: Nerlich/Römermann, InsO, § 132 Rn. 3; *Schoppmeyer*, in: B. Kübler/Prütting/Bork, InsO, § 132 Rn. 2; *ders.*, in: Bork, Handbuch der Insolvenzanfechtung, Teil 1, Kap. 1 Rn. 10; *ders.*, NZI 2005, 185, 186; *ders.* ZIP 2009, 600, 609; *Zeuner*, Die Anfechtung in der Insolvenz, Rn. 83. Vgl. auch *Häsemeyer*, Insolvenzrecht Rn. 21.05, 21.66, 21.72, der nur Abs. 1, nicht aber Abs. 2 als Ausfluss der par conditio creditorum ansieht.

137 Vgl. *Thole*, Gläubigerschutz durch Insolvenzrecht, S. 423, 429; *dens.*, ZZP 121 (2008), 67, 81.

138 Vgl. auch *Thole*, Gläubigerschutz durch Insolvenzrecht, S. 422.

139 Vgl. auch *Klinck*, Die Grundlagen der besonderen Insolvenzanfechtung, S. 160.

Der zentrale gleichbehandlungsrelevante Begründungsaspekt des § 132 Abs. 1 InsO wird von der Literatur in der Schaffung von Nachteilen für die Insolvenzmasse gesehen, welche durch eine unmittelbar das Schuldnervermögen benachteiligende Wertdifferenz zwischen den im Rechtsgeschäft wechselseitig versprochenen Leistungen geprägt sind und somit dem Vertragspartner des Schuldners Vorteile zu Lasten der Insolvenzgläubiger verschaffen[140]. In ihrem typischen Anwendungsfall, der Anfechtung nachteiliger Verpflichtungsgeschäfte, führt die Vorschrift dabei nicht allein zur Abschöpfung der schädlichen Leistungswertdifferenz, sondern zur Beseitigung des Rechtsgeschäftes im Ganzen[141] und bewirkt folglich keine Gleichbehandlung des Anfechtungsgegners im Verhältnis zur Gläubigergesamtheit, sondern im Gegenteil eine vollständige Aufhebung seiner Gläubigerstellung[142]. Die Anfechtung nach § 132 Abs. 1 InsO betrifft damit nicht Vorteile, die ein Insolvenzgläubiger im Verhältnis zu den anderen Insolvenzgläubigern erlangt hat, vielmehr richtet sich dieser Tatbestand insbesondere gegen eine Begünstigung Dritter, die bis zur Vornahme der betreffenden Rechtshandlung noch keine Insolvenzgläubiger waren und somit ohne selbige auch nicht der par conditio creditorum unterworfen gewesen wären[143]. Erst recht vermag eine Erklärung von § 132 Abs. 2 Var. 1 und 2 InsO mit einer Vorverlagerung des Grundsatzes der Gläubigergleichbehandlung nicht zu überzeugen, weil diese Fallgruppen gar nicht Rechtshandlungen des nachmaligen Insolvenzschuldners gegenüber einem seiner Gläubiger, sondern einem seiner Schuldner betrifft und dem Schuldner dabei im Wege der Anfechtung seine Gläubigerstellung erhalten werden soll[144]. Keiner Verwirklichung der par conditio creditorum dienen zuletzt auch § 132 Abs. 2 Var. 3 und 4 InsO – obgleich sich zumindest auf den ersten Blick ein Zusammenhang mit der par conditio creditorum annehmen ließe –, denn die hiernach anfechtbaren Rechtshandlungen zur Erhaltung bzw. Durchsetzbarmachung von Gläubigeransprüchen betreffen – wie Abs. 1 – ebenfalls keine Vorteile eines Insolvenzgläubigers gegenüber der Gläubigergesamtheit. Vielmehr wird hier dem Gläubiger durch den Schuldner seine Gläubigerstellung als solche gesichert[145].

140 *Häsemeyer*, Insolvenzrecht Rn. 21.06, 21.72; *Kayser*, in: MünchKomm InsO, § 132 Rn. 1.

141 *Henckel*, in: Jaeger, InsO, § 143 Rn. 37; *Kayser*, in: MünchKomm InsO, § 132 Rn. 29.

142 Vgl. hierzu auch *Koziol*, Grundlagen und Streitfragen der Gläubigeranfechtung, S. 21 f.

143 Vgl. *Klinck*, Die Grundlagen der besonderen Insolvenzanfechtung, S. 160; *Thole*, Gläubigerschutz durch Insolvenzrecht, S. 423; *dens.*, ZZP 121 (2008), 67, 81.

144 *Klinck*, Die Grundlagen der besonderen Insolvenzanfechtung, S. 160; vgl. auch *Häsemeyer*, Insolvenzrecht Rn. 21.72; *Thole*, Gläubigerschutz durch Insolvenzrecht, S. 430.

145 *Thole*, Gläubigerschutz durch Insolvenzrecht, S. 429 f.

3. *Differenzierte Bestimmung von Sinn und Zweck der übrigen Anfechtungstatbestände*

Die bisherigen Ausführungen haben gezeigt, dass die Ausdehnung der par conditio creditorum auf das Vorfeld der Insolvenz lediglich den Zweck der Tatbestände der Anfechtung kongruenter und inkongruenter Deckungen, jedoch nicht den der Anfechtung unmittelbar nachteiliger Rechtshandlungen sowie der Vorsatz- und Schenkungsanfechtung zu beschreiben vermag. Die Anfechtungsvorschriften der InsO dienen zwar jedenfalls mittelbar in ihren Rechtsfolgen allesamt der par conditio creditorum, es hieße aber letztlich, „Wirkung mit Ursache" der Insolvenzanfechtung zu verwechseln, wenn man dieses Prinzip als allgemeine Wertungsgrundlage derselben begreifen wollte[146].

Hieraus ergibt sich, dass Sinn und Zweck der Insolvenz- und Gläubigeranfechtung jedenfalls nicht anhand einer pauschalen Trennlinie zwischen einer der par conditio creditorum dienenden Anfechtung nach der InsO und der Wiederherstellung der Zugriffslage eines einzelnen Gläubigers dienenden Anfechtung nach dem AnfG ermittelt werden können. Sowohl das dargestellte Verhältnis von besonderer Insolvenzanfechtung und par conditio creditorum als auch die bereits vorab angeführte Differenzierung zwischen einem Schutz gleichwertiger und einem Schutz stärkerer Befriedigungsrechte haben dabei aber auch deutlich gemacht, dass in Bezug auf die insolvenzspezifischen Anfechtungstatbestände allenfalls die Anfechtung kongruenter und inkongruenter Deckungen auf einer einheitlichen Zielsetzung beruhen, insgesamt eine solche aber nicht festzustellen ist[147]. Sofern man mit dem überwiegenden Teil der Literatur die Tatbestände der Gläubiger- und Insolvenzanfechtung insoweit zwischen allgemeinen (d.h. sowohl in der InsO als auch dem AnfG geregelten) und besonderen (d.h. nur für das Insolvenzverfahren vorgesehenen) Anfechtungstatbeständen unterschieden will[148], mag dies in rein formeller Hinsicht durchaus zutreffend sein und auch – jedenfalls was die Gegenüberstellung von

---

146 So treffend *Schoppmeyer*, NZI 2005, 185, 189; ähnlich *Ch. Paulus*, in: B. Kübler/Prütting/Bork, InsO, Lfg. 8/01, § 129 Rn. 4.

147 *Klinck*, Die Grundlagen der besonderen Insolvenzanfechtung, S. 164 rechnet aus diesem Grunde § 132 InsO auch nicht zur besonderen Insolvenzanfechtung im materiellen Sinne.

148 Vgl. *Bork*, in: B. Kübler/Prütting/Bork, InsO, Vor § 129 Rn. 10; *dens.*, in: Bork, Handbuch der Insolvenzanfechtung, Teil 1, Kap. 1 Rn. 10; *Dauernheim*, in: FK-InsO, § 129 Rn. 18, § 130 Rn. 2; *dens.*, Das Anfechtungsrecht in der Insolvenz, S. 37 f.; *Gehrlein*, WM 2009, Sonderbeilage 1, 1, 6; *Huber*, AnfG, Einf Rn. 22; *dens.*, in: Gottwald, Insolvenzrechts-Handbuch, § 47 Rn. 1; *dens.*, in: Graf-Schlicker, InsO, § 130 Rn. 1; *Zeuner*, Die Anfechtung in der Insolvenz, Rn. 418. Dem gegenüber auch im Ansatz wertungsmäßig differenzierend *Schoppmeyer*, ZIP 2009, 600, 603 sowie – allein zu den Tatbeständen der Insolvenzanfechtung – RGZ 10, 325, 329; BGHZ 58, 240, 245; BGH NZI 2005, 215, 216; *Häsemeyer*, Insolvenzrecht Rn. 21.05 ff.; *Henckel*, in: Jaeger, InsO, § 129 Rn. 3 ff.; *Schoppmeyer*, NZI 2005, 185, 186. Allgemein hierzu *Thole*, Gläubigerschutz durch Insolvenzrecht, S. 280 f.; *ders.*, ZZP 121 (2008), 67, 69.

Deckungsanfechtung und allgemeiner Anfechtung betrifft – einen ersten Anhaltspunkt für eine Abgrenzung der Tatbestände nach deren Zielsetzungen bieten. Wie allerdings die Ausführungen zur besonderen Insolvenzanfechtung nach § 132 InsO gezeigt haben, ist in Bezug auf die übrigen Anfechtungstatbestände eine stärkere Differenzierung erforderlich, um deren Intention tatsächlich erklären zu können[149].

a) *Die Zielsetzung der Anfechtung unentgeltlicher Leistungen*

Relativ einfach lassen sich dabei Sinn und Zweck der sog. Schenkungsanfechtung ermitteln. Die Regelung der Anfechtung unentgeltlicher Leistungen des Schuldners in § 134 InsO wie auch die Parallelvorschrift des § 4 AnfG reihen sich in eine Vielzahl von Bestimmungen des materiellen Zivilrechts (§§ 519, 528, 816 Abs. 1 S. 2, 822, 988, 1390 Abs. 1, 2287, 2325, 2329 BGB) ein, die dem unentgeltlichen Erwerber allesamt eine schwächere Rechtsposition zuweisen als dem entgeltlichen, und sind daher Ausfluss des die gesamte Rechtsordnung durchziehenden Prinzips einer geringeren Schutzbedürftigkeit des Empfängers einer unentgeltlichen Leistung[150].

Die §§ 134 InsO und 4 AnfG beruhen insoweit auf dem Gedanken, dass derjenige, welcher etwas aufgrund einer freigiebigen Verfügung erlangt hat, gegenüber demjenigen zurückzutreten hat, der für seinen Erwerbsanspruch ein ausgleichendes Vermögensopfer zu erbringen hatte, soweit dieser Anspruch aufgrund der freigiebigen Verfügung geschmälert würde[151], und bringen dabei mit Blick auf den Insolvenz- bzw. Vollstreckungsschuldner implizit den bereits aus dem römischen Recht bekannten Grundsatz zum Ausdruck, dass niemand auf Kosten seiner Gläubiger freigiebig sein dürfe („nemo liberalis nisi liberatus“)[152]. Insgesamt liegt den Tatbeständen der Schenkungsanfechtung nach der InsO und dem AnfG somit jeweils die Intention zugrunde, dass die Interessen der Insolvenzgläubiger an der Anreicherung der Insolvenzmasse bzw. des Zwangsvollstreckungsgläubigers an der Befriedigung seiner Forderung grundsätzlich höher zu bewerten sind als das Interesse des Anfechtungsgegners

---

149 Vgl. auch *Thole*, Gläubigerschutz durch Insolvenzrecht, S. 287.

150 Vgl. *Koziol*, Grundlagen und Streitfragen der Gläubigeranfechtung, S. 11 f.; (zum AnfG) *Baur/Stürner/Bruns*, Zwangsvollstreckungsrecht, Rn. 26.30; *Gaul/Schilken/Becker-Eberhard*, Zwangsvollstreckungsrecht, § 35 Rn. 73; *Huber*, AnfG, § 134 Rn. 2; (zur InsO) *Bork*, in: B. Kübler/Prütting/Bork, InsO, § 134 Rn. 2; *dens.*, in: Bork, Handbuch der Insolvenzanfechtung, Teil 3, Kap. 6 Rn. 2; *Dauernheim*, in: FK-InsO, § 134 Rn. 2; *De Bra*, in: Braun, InsO, § 134 Rn. 1; *Ede/Hirte*, in: Uhlenbruck/Hirte/Vallender, InsO, § 134 Rn. 2; *Häsemeyer*, Insolvenzrecht Rn. 21.08; *Henckel*, in: Jaeger, InsO, § 134 Rn. 2; *Hess*, Insolvenzrecht, § 134 Rn. 2; *Huber*, in: Gottwald, Insolvenzrechts-Handbuch, § 49 Rn. 2; *dens.*, in: Graf-Schlicker, InsO, § 134 Rn. 1; *Kayser*, in: MünchKomm InsO, § 134 Rn. 1; *Nerlich*, in: Nerlich/Römermann, InsO, § 134 Rn. 2.

151 *Thole*, in: HK-InsO, § 134 Rn. 2 sowie Motive zu dem Entwurf einer Konkursordnung, S. 134 = *Hahn*, Materialien zur Konkursordnung, S. 141.

152 Vgl. *De Bra*, in: Braun, InsO, § 134 Rn. 1; *Hess*, Insolvenzrecht, § 134 Rn. 2; *Ch. Paulus*, ZInsO 1999, 242, 245.

an der Aufrechterhaltung einer unentgeltlichen Zuwendung, weshalb diesem das innerhalb eines gewissen Zeitraumes vor Insolvenzeröffnung bzw. Erhebung der Anfechtungsklage Erlangte vermittels der Anfechtung wieder entzogen werden kann[153]. Das Vertrauen des Begünstigten in die Rechtsbeständigkeit seines Erwerbes wird indes nicht gänzlich hintangestellt, vielmehr wird diesem, wenn auch nicht auf Tatbestandsebene, so doch auf Rechtsfolgenebene der Schenkungsanfechtung zumindest insofern entsprochen, als seine Haftung bei Gutgläubigkeit bezüglich der Gläubigerbenachteiligung auf die ihm verbliebene Bereicherung beschränkt bleibt (§ 143 Abs. 2 InsO; § 11 Abs. 2 AnfG).

b) Die der Vorsatzanfechtung zugrundeliegenden Erwägungen

Die Anfechtung vorsätzlicher Benachteiligungen war – wie bereits erörtert *(s.o. Seite 44 ff.)* – schon dem römischen Recht bekannt und kann damit als Kern des gesamten Anfechtungsrechts bezeichnet werden. Obgleich die diesbezüglichen Tatbestände des § 133 InsO und des § 3 AnfG – anders als zum römischen Recht und mitunter auch noch zur KO 1877 sowie dem AnfG 1879 angenommen[154] – keinerlei betrügerisches oder in sonstiger Weise deliktisches Handeln mehr sanktionieren, verfolgen sie nach wie vor einen identischen Normzweck, indem beide eine vom Schuldner vorsätzlich herbeigeführte Benachteiligung seiner Gläubiger wieder rückgängig machen[155] und die somit gesetzliche Haftungsordnung vor gezielten Beeinträchtigungen bewahren sollen[156]. Die Anfechtung vorsätzlicher Benachteiligungen beruht dabei auf dem Gedanken, dass der Schuldner mit Blick auf seine grundsätzlich gleichrangigen Verbindlichkeiten nicht befugt ist, den Ansprüchen seiner Gläubiger zugunsten eines einzelnen Gläubigers oder eines Dritten willentlich zu schaden[157] und soll daher sozial inadäquate Verhaltensweisen des Schuldners gegenüber seinen Gläubigern sanktionieren[158].

Die Vorsatzanfechtung ist insoweit sowohl unter der InsO als auch dem AnfG auf dasselbe Rechtsschutzziel gerichtet: Sie wollen das Interesse der einzelnen Gläubiger schützen, dass der Schuldner ihre gleichen Möglichkeiten, sich für die

---

153 Vgl. (zum AnfG) *Huber*, AnfG, § 134 Rn. 2; (zur InsO) *Bork*, in: B. Kübler/Prütting/Bork, InsO, § 134 Rn. 2; *dens.*, in: Bork, Handbuch der Insolvenzanfechtung, Teil 3, Kap. 6 Rn. 2; *Kayser*, in: MünchKomm InsO, § 134 Rn. 1.

154 S. hierzu Fn. 38.

155 Vgl. *Henckel*, in: Jaeger, InsO, § 133 Rn. 2.

156 Vgl. *Guski*, WM 2009, 1071, 1071; in diese Richtung auch *Häsemeyer*, Insolvenzrecht Rn. 21.77.

157 BGHZ 162, 143, 150; BAG NZI 2014, 372, 379.

158 BGHZ 162, 143, 150; *Bork*, in: B. Kübler/Prütting/Bork, InsO, § 133 Rn. 2; *ders.*, in: Bork, Handbuch der Insolvenzanfechtung, Teil 3, Kap. 5 Rn. 2; *ders.*, ZIP 2008, 1041, 1046; *ders.*, ZIP 2014, 797, 803; *Lind*, Zur Auslegung von § 133 InsO, S. 37; *Thole*, ZZP 121 (2008), 67, 76.

ihnen zustehenden Forderungsrechte aus seinem Vermögen zu befriedigen, nicht vorsätzlich schmälert[159]. Die Vorsatzanfechtung kann allerdings nicht jedwede auf die Benachteiligung der Gläubiger gerichtete Handlung des Schuldners erfassen, da das Vertrauen des anderen Teils und die Sicherheit des Rechtsverkehrs zumindest dann einer Anfechtung entgegenstehen, wenn der Erwerber nicht mit einer Rückforderung rechnen konnte, weshalb die Tatbestände der §§ 133 Abs. 1 InsO und 3 Abs. 1 AnfG einschränkend die Kenntnis des Begünstigten vom Benachteiligungsvorsatz des Schuldners verlangen bzw. im jeweiligen Satz 2 eine solche Kenntnis widerleglich vermuten[160]. Der Rechtserwerb des Anfechtungsgegners verdient folglich nach der Wertung des Gesetzes im Verhältnis zum Interesse der Gläubiger an der Befriedigung aus dem ehemals haftenden Schuldnervermögen dann keinen Schutz, wenn dem anderen Teil der schuldnerische Vorsatz der Gläubigerbenachteiligung bekannt war[161].

Insgesamt zielt die Vorsatzanfechtung damit darauf ab, Schmälerungen des Schuldnervermögens zurückzuführen, welche auf einem missbilligenswerten, vorsätzlichen Verhalten des Schuldners beruhen[162] und auf deren Rechtsbeständigkeit der Anfechtungsgegner deshalb nicht Vertrauen konnte, weil er Kenntnis vom Benachteiligungsvorsatz des Schuldners hatte. In gewissem Umfang beruht damit auch die Anfechtung vorsätzlicher Benachteiligungen – ähnlich der Schenkungsanfechtung – auf einer gesetzgeberischen Intention, die im Grunde keine Singularität des Anfechtungsrechts darstellt, sondern sich ebenfalls im allgemeinen bürgerlichen Recht wiederfinden lässt, denn auch wenn die Vorsatzanfechtung keinerlei Kollusion i.S.d. § 138 Abs. 1 BGB voraussetzt[163], so ist sie jedenfalls auf ein zumindest im weitesten Sinn kollusives Zusammenwirken zwischen Schuldner und Begünstigtem gerichtet[164] und weist damit unverkennbar gedankliche Parallelen zu dieser bedeutsamen Fallgruppe der sittenwidrigen Rechtsgeschäfte auf[165].

---

159 BGHZ 162, 143, 150; *Schoppmeyer*, NZI 2005, 185, 187 f.

160 Vgl. hierzu auch *Schoppmeyer*, NZI 2005, 185, 188.

161 *Koziol*, Grundlagen und Streitfragen der Gläubigeranfechtung, S. 12; (zur InsO) *Bork*, ZIP 2014, 797, 803; *De Bra*, in: Braun, InsO, § 133 Rn. 3; *Ede/Hirte*, in: Uhlenbruck/Hirte/Vallender, InsO, § 133 Rn. 3; *Kayser*, in: MünchKomm InsO, § 133 Rn. 1.

162 Vgl. hierzu BGHZ 162, 143, 150; BAG NZI 2014, 372, 379; *Bork*, in: B. Kübler/Prütting/Bork, InsO, § 133 Rn. 2; *dens.*, in: Bork, Handbuch der Insolvenzanfechtung, Teil 3, Kap. 5 Rn. 2; *Ede/Hirte*, in: Uhlenbruck/Hirte/Vallender, InsO, § 133 Rn. 3; *Henckel*, in: Jaeger, InsO, § 133 Rn. 2; *Jacoby*, KTS 2005, 371, 398; *ders.*, KTS 2009, 3, 19.

163 *Bork*, ZIP 2014, 797, 803; vgl. *dens.*, in: Bork, Handbuch der Insolvenzanfechtung, Teil 3, Kap. 5 Rn. 2; *Huber*, in: Gottwald, Insolvenzrechts-Handbuch, § 48 Rn. 1; *dens.*, in: Graf-Schlicker, InsO, § 133 Rn. 1.

164 *Nerlich*, in: Nerlich/Römermann, InsO, § 133 Rn. 5.

165 *Thole*, Gläubigerschutz durch Insolvenzrecht, S. 299 f.; *ders.*, ZZP 121 (2008), 67, 76 f.

c) *§ 132 InsO als Bindeglied zwischen Deckungsanfechtung und allgemeiner Insolvenzanfechtung*

Die beiden Anfechtungstatbestände des § 132 InsO werden – wie bereits oben erwähnt – überwiegend der besonderen Insolvenzanfechtung zugerechnet, was nach den hierzu bereits getätigten Ausführungen zwar in formeller Hinsicht durchaus zutreffend erscheint, da die Vorschrift wie die §§ 130 und 131 InsO an den Eintritt der materiellen Insolvenz anknüpft und keinerlei Entsprechung in den Vorschriften des AnfG findet, entgegen der h.L. aber nicht die Folgerung zulässt, dass § 132 InsO gemeinsam mit den Vorschriften der Deckungsanfechtung auf den Zweck einer Vorverlegung der par conditio creditorum gestützt werden könnte *(s.o. Seite 72)*. Es ginge aber jedenfalls auch zu weit, auf Grundlage der hier vertretenen Ansicht nun im Gegenzug annehmen zu wollen, dass die Anfechtung unmittelbar nachteiliger Rechtsgeschäfte dem Schuldner das Verbot auferlege, in der Krise die Belange der Insolvenzgläubiger gegenüber dem eigenen, primär opportunistischen Interesse am Unternehmenserhalt zurückzusetzen und damit ihre Rechtfertigung ähnlich der Vorsatzanfechtung in einem Fehlverhalten des Schuldners gegen über der Gläubigergesamtheit finde[166], da die Vorschrift anders als § 133 Abs. 1 InsO im Hinblick auf den Schuldner gerade keine subjektiven Tatbestandsvoraussetzungen statuiert.

Entscheidend für die Ermittlung von Sinn und Zweck des § 132 InsO erscheint es vielmehr, diese Zielsetzung der Norm in ihrem Bezug zu den übrigen Anfechtungsregelungen zu betrachten. Die ganz h.L. interpretiert die Vorschrift dabei ausschließlich mit Blick auf die insolvenzrechtliche Deckungsanfechtung und erachtet die Regelung als Auffangtatbestand, welcher Rechtsgeschäfte erfassen soll, die nicht schon nach den §§ 130, 131 InsO anfechtbar sind[167], womit aber unberücksichtigt bleibt, dass die Norm gerade auch der Erweiterung der Anfechtungsmöglichkeiten im Verhältnis zur Vorsatz- und Schenkungsanfechtung dient. Dies gilt ausweislich der Entwurfsbegründung zunächst für den Anfechtungstatbestand des § 132 Abs. 2 InsO, mit dem die dort genannten Rechtshandlungen, welche ansonsten nur nach den §§ 133 und 134 InsO anfechtbar wären, einer erleichterten Anfechtbarkeit unterworfen werden sollten[168]. Demselben Zweck dient aber bereits auch der systematisch vorgelagerte Tatbestand des § 132 Abs. 1 InsO, der die Anfechtung

---

166 So aber *Thole*, Gläubigerschutz durch Insolvenzrecht, S. 423 ff.; *ders.*, ZZP 121 (2008), 67, 81 ff.

167 *Dauernheim*, in: FK-InsO, § 132 Rn. 2; *De Bra*, in: Braun, InsO, § 132 Rn. 1; *Ganter/Weinland*, in: K. Schmidt, InsO, § 132 Rn. 1; *Huber*, in: Gottwald, Insolvenzrechts-Handbuch, § 47 Rn. 64; *Nerlich*, in: Nerlich/Römermann, InsO, § 132 Rn. 3 f.

168 Begr. RegE BT-Drs. 12/2443, S. 159 = *Uhlenbruck*, Das neue Insolvenzrecht, S. 476; vgl. auch *Ede/Hirte*, in: Uhlenbruck/Hirte/Vallender, InsO, § 132 Rn. 12; *Henckel*, in: Jaeger, InsO, § 132 Rn. 2; *Huber*, in: Gottwald, Insolvenzrechts-Handbuch, § 47 Rn. 70; *dens.*, in: Graf-Schlicker, InsO, § 132 Rn. 8; *Nerlich*, in: Nerlich/Römermann, InsO, § 132 Rn. 4; *Thole*, in: HK-InsO, § 132 Rn. 3; *Zeuner*, Die Anfechtung in der Insolvenz, Rn. 151.

unmittelbar nachteiliger Rechtsgeschäfte ebenfalls unter erleichterten Voraussetzungen eröffnen und insbesondere auch einseitige Rechtsgeschäfte erfassen sollte, die nach der Vorgängerregelung des § 30 Nr. 1 Alt. 1 KO nur der Vorsatz- und Schenkungsanfechtung unterlagen[169]. Die Beschränkung der Anfechtbarkeit auf unmittelbare Benachteiligungen der Insolvenzgläubiger zielt dabei darauf ab, nur Rechtsgeschäfte mit einer objektiv nachteiligen Wertdifferenz von Leistung und Gegenleistung der erleichterten Anfechtbarkeit zu unterwerfen und die Insolvenzmasse damit vor dem Risiko einer Verschleuderung zu schützen[170], im Übrigen aber nicht schon den Gläubiger, der ein wertmäßig ausgeglichenes Geschäft abschließt, allein ob des Geschäftsabschlusses der Anfechtung auszusetzen und somit dem Schuldner auch in der Krise noch eine Teilnahme am Rechtsverkehr zu ermöglichen[171].

Insgesamt stellt sich § 132 InsO danach als Bindeglied zwischen Deckungsanfechtung einerseits und allgemeiner Insolvenzanfechtung andererseits dar, dessen Ziel es ist, neben Deckungshandlungen auch gewisse andere Masseschmälerungen aus der Zeit der insolvenzrechtlichen Krise zurückführen zu können, ohne an die Voraussetzungen der §§ 133 und 134 InsO gebunden zu sein. Da eine unentgeltliche Leistung mit den geringeren Anfechtungserfordernissen des § 134 InsO in diesen Fällen nur selten gegeben sein wird, ermöglicht die Regelung des § 132 InsO insoweit in erster Linie eine Anfechtung objektiv unmittelbar nachteiliger Rechtsgeschäfte bzw. bestimmter objektiv nachteiliger Rechtshandlungen, ohne dass ein Benachteiligungsvorsatz des Schuldners gegeben sein muss[172]. Wie im Rahmen der Anfechtung kongruenter Deckungen und vorsätzlicher Benachteiligungen ginge die Anfechtung allerdings zu weit, sofern ihr der Anfechtungsgegner auch dann unterworfen würde, wenn er nicht mit einer etwaigen Rückforderung rechnen konnte, weshalb die subjektiven Tatbestandserfordernisse des § 132 InsO die Anfechtbarkeit zum Schutz des Vertrauens des anderen Teils und der Rechtssicherheit beschränken[173]. Im Ergebnis liegt der Anfechtung nach § 132 InsO damit die gesetzgeberische Intention zugrunde, dass der durch unmittelbar nachteilige Rechtsgeschäfte bzw. die in Abs. 2 genannten Rechtshandlungen Begünstigte dann nicht als schutzwürdig anzusehen ist und den zu Lasten der Masse erlangten Vorteil herauszugeben hat, wenn er die Zahlungsunfähigkeit des Schuldners kannte oder aufgrund bestimmter Umstände kennen musste.

---

169 Vgl. *Thole*, in: HK-InsO, § 132 Rn. 2, 6.

170 *Ede/Hirte*, in: Uhlenbruck/Hirte/Vallender, InsO, § 132 Rn. 9; *Kayser*, in: MünchKomm InsO, § 132 Rn. 1.

171 *Schoppmeyer*, in: B. Kübler/Prütting/Bork, InsO, § 132 Rn. 3; *ders.*, in: Bork, Handbuch der Insolvenzanfechtung, Teil 4, Kap. 9 Rn. 3; vgl. auch Motive zu dem Entwurf einer Konkursordnung, S. 117 = *Hahn*, Materialien zur Konkursordnung, S. 127.

172 Vgl. auch *Thole*, Gläubigerschutz durch Insolvenzrecht, S. 427.

173 *Schoppmeyer*, in: B. Kübler/Prütting/Bork, InsO, § 132 Rn. 2; *ders.*, in: Bork, Handbuch der Insolvenzanfechtung, Teil 4, Kap. 9 Rn. 2.

C. Resümee mit Folgerungen für die Auslegung der geltenden Anfechtungsnormen

Die vorstehenden Ausführungen haben gezeigt, dass die Insolvenz- und Gläubigeranfechtung nicht allein aus historischer Warte „Holz vom selben Stamm“ sind, sondern überdies grundsätzlich auf ein identisches Rechtsschutzziel, die Wiedererschließung der ohne die anfechtbare Rechtshandlung bestehenden Zugriffsmöglichkeit der Gläubiger auf das Schuldnervermögen, gerichtet sind. Unterschiede bestehen allerdings zunächst dahingehend, dass die Anfechtungsregelungen der InsO und des AnfG diese Haftungsbeziehung nicht auch im Wege einheitlicher Rechtsfolgen wiederherstellen, sondern einerseits einen Anspruch auf Rückführung des anfechtbar Erlangten in die Insolvenzmasse und andererseits einen Anspruch auf Duldung der Einzelzwangsvollstreckung in das Anfechtungsobjekt gewähren. Eine strukturelle Divergenz beider Anfechtungsinstitute lässt sich daraus nicht ableiten, vielmehr stellen die differierenden Rechtsfolgen der Anfechtung innerhalb und außerhalb des Insolvenzverfahrens lediglich in einer Anpassung derselben an die jeweiligen Zugriffsbedingungen der Gesamt- bzw. der Einzelvollstreckung dar.

Letztlich ebenfalls nur eine Ausprägung der jeweils anders gearteten Form der Haftungsverwirklichung innerhalb und außerhalb der Insolvenz, aber von großer tatsächlicher Bedeutung für die Auslegung des Tatbestandsmerkmals der Gläubigerbenachteiligung, sind die Unterschiede zwischen Insolvenz- und Gläubigeranfechtung in Bezug auf das Erfordernis einer Beeinträchtigung der vorgenannten Haftungsverhältnisse. Denn der Pfändungszugriff des Zwangsvollstreckungsgläubigers kann in der Regel erst durch Verfügungen über Vermögensgegenstände des Schuldners erschwert werden, während sich die Befriedigungsoptionen der Insolvenzgläubiger auch bereits durch eine bloße Mehrung der schuldnerischen Verbindlichkeiten verschlechtert, weshalb die Gläubigerbenachteiligung im Bereich der Insolvenzanfechtung einen deutlich größeren Kreis an Rechtshandlungen zu erfassen hat.

Weitere Differenzierungen in der Auslegung von Insolvenz- und Gläubigeranfechtung können mit Blick auf die Zielsetzungen beider Anfechtungsinstitute jedenfalls nicht mit dem Argument vorgenommen werden, dass die Insolvenzanfechtung der par conditio creditorum diene, wohingegen die Gläubigeranfechtung nur auf die Erschließung des Vollstreckungszugriffs für einen Einzelgläubiger gerichtet sei, da lediglich die Anfechtung kongruenter und inkongruenter Deckungen auf dem Gleichbehandlungsgrundsatz beruht, welcher dort auf den Eintritt der materiellen Insolvenz vorverlegt wird. Ebensowenig lassen sich die Regelungen der Anfechtung innerhalb und außerhalb der Insolvenz dahingehend abgrenzen, dass die Insolvenzanfechtung einen Ausgleich gleichwertiger Befriedigungsrechte vornehme, die Gläubigeranfechtung indes den Schutz eines stärkeren Befriedigungsrechts intendiere. Vielmehr ist es so, dass auch die Insolvenzanfechtung nur dann einen Ausgleich zwischen den Insolvenzgläubigern herbeiführt, soweit nicht ebenfalls das zugrundeliegende Verpflichtungsgeschäft angefochten wird. Da demnach nicht allein die Gläubigeranfechtung zu einem vollständigen Ausfall der Befriedigung des

Anfechtungsgegners führen kann, sind des Weiteren Unterscheidungen zwischen beiden Anfechtungsinstituten auch nicht generell damit zu rechtfertigen, dass die Anfechtung nach dem AnfG lediglich zu einem Rollentausch zwischen befriedigtem und nicht befriedigten Gläubiger führen würde. Zutreffend ist dieser Ansatz aber jedenfalls bezüglich der Anfechtung von Deckungshandlungen, denn hier würde der Anfechtungsgegner bei der Anfechtung nach der InsO zumindest quotal befriedigt, bei der Anfechtung nach dem AnfG hingegen auf undurchsetzbare Ansprüche gegen den Schuldner verwiesen, weshalb eine kongruente Deckung zumindest im Bereich der Anfechtung nach dem AnfG nur unter erhöhten Anforderungen der Vorsatzanfechtung unterworfen werden kann.

Abgesehen von den eben genannten Erwägungen zugunsten einer Differenzierung im Bereich der Anfechtung von Deckungshandlungen hat allerdings die Untersuchung insgesamt gezeigt, dass beide Anfechtungsinstitute nicht nur in ihrer generellen Zielsetzung einer Wiederherstellung der ursprünglichen Zugriffslage auf die schuldnerische Haftungsmasse, sondern auch mit Ausnahme der besonderen Insolvenzanfechtung in ihren einzelnen Tatbeständen auf jeweils identischen gesetzgeberischen Zielsetzungen beruhen, weshalb für eine unterschiedliche Auslegung und Anwendung der gleichlautenden Tatbestände des Insolvenz- und Gläubigeranfechtungsrechts nicht nur aus historischer, sondern auch und vor allem aus teleologischer Warte kein Raum verbleibt[174]. Soweit nicht – wie oben bereits dargelegt – aufgrund der unterschiedlichen Reichweite des Tatbestandsmerkmals der Gläubigerbenachteiligung Differenzierungen geboten sind, ist es damit insbesondere im Hinblick auf die Vorsatz- und Schenkungsanfechtung für ausgeschlossen zu erachten, dass eine Rechtshandlung nach den Anfechtungsregelungen der InsO, nicht aber des AnfG der Anfechtung unterliegt und umgekehrt[175].

174 Vgl. *Kreft*, in: HK-InsO, § 129 Rn. 90 – „jedenfalls im Grundsatz kein substantieller teleologischer Unterschied" – sowie (zur Anfechtung nach § 133 InsO und § 3 AnfG) *Foerste*, ZInsO 2013, 897, 901.

175 Vgl. hierzu auch *Schoppmeyer*, NZI 2005, 185, 186.

Kapitel 2. Die Varianten der vertraglich vereinbarten Aufrechnung und ihre Wirkung in der Insolvenz sowie in der Zwangsvollstreckung

Bevor sich die Arbeit der eigentlichen Frage der Anfechtung vertraglicher Aufrechnungen innerhalb und außerhalb der Insolvenz zuwenden kann, gilt es zuerst noch die zivilrechtlichen Grundlagen der vertraglichen Aufrechnung zu erläutern, um alsdann auf einem sicheren dogmatischen Fundament deren Anfechtbarkeit untersuchen zu können. Die folgenden Ausführungen befassen sich in einem ersten Abschnitt mit den unterschiedlichen Varianten der konsensualen Aufrechnung und stellen deren jeweilige Voraussetzungen und Rechtswirkungen dar *(hierzu A.)*. Des Weiteren müssen aber im Hinblick auf die spätere Erörterung der Anfechtbarkeit vertraglicher Aufrechnungen neben den allgemeinen Rechtswirkungen der Aufrechnungsvereinbarungen auch deren konkrete Rechtswirkungen in der Insolvenz und der Einzelzwangsvollstreckung geklärt werden, da nur dann festgestellt werden kann, inwieweit durch die konsensuale Aufrechnung eine Beeinträchtigung des Befriedigungsrechts der Insolvenz- oder Vollstreckungsgläubiger herbeigeführt wird. Aus diesem Grunde wird in einem zweiten Abschnitt überdies die Wirksamkeit der verschiedenen Aufrechnungsvereinbarungen gegenüber einer Eröffnung des Insolvenzverfahrens über das Schuldnervermögen oder Vollstreckungsmaßnahmen anderer Gläubiger in die Aufrechnungsforderung des Schuldners untersucht und damit aufgezeigt, in welchen Konstellationen überhaupt eine Anfechtung der vertraglich vereinbarten Aufrechnungen in Betracht kommen kann *(hierzu B.)*.

A. Die Arten der vertraglichen Aufrechnung nach bürgerlichem Recht

I. Überblick

Schon das späte gemeine Recht trennte entsprechend der Art und Weise der Herbeiführung der wechselseitigen Tilgung von Forderungsrechten im Wege der Aufrechnung zwischen der auf gesetzlicher Grundlage vorgenommenen compensatio necessaria (oder compensatio iuris) und der durch Vereinbarung der Parteien herbeigeführten compensatio voluntaria (oder compensatio expressa)[1]. Daran anknüpfend,

1 *Schoemann*, Das pactum de compensando, S. 7; *Schwengler*, Über die Kompensation durch Vertrag, S. 8; vgl. auch *Alexander*, Datio in solutum und compensatio voluntaria, S. 36; *Dernburg*, Geschichte und Theorie der Kompensation, S. 529; *Leonhard*, Die Aufrechnung, S. 147.

wenngleich mit bisweilen veränderten rechtlichen Voraussetzungen, differenziert auch das Zivilrecht unter Geltung des BGB zwei grundlegende Aufrechnungstypen: einerseits die einseitige, gesetzliche Aufrechnung nach den §§ 387 ff. BGB *(hierzu II.)* und andererseits die konsensuale Herbeiführung der Aufrechnungswirkungen durch einen Aufrechnungsvertrag *(hierzu III).* Von der eben genannten, unmittelbar auf die Aufhebung der gegenseitigen Forderungen gerichteten Variante der vertraglichen Aufrechnung war bereits nach gemeinem Recht das pactum de nominibus compensandis zu differenzieren[2]. Dieser auch im heutigen Recht zumeist als Aufrechnungsvoraussetzungsvereinbarung bezeichnete Typus der vertraglichen Aufrechnung beinhaltet anders als der Aufrechnungsvertrag im eigentlichen Sinne nicht selbst die Realisierung des Aufrechnungsrechts, sondern intendiert lediglich eine Abbedingung der Aufrechnungsvoraussetzungen nach den §§ 387 ff. BGB, um einer oder beiden Vertragsparteien ein Recht zur einseitigen Aufrechnung zu eröffnen *(hierzu IV.)*[3]. Ebenfalls nicht unmittelbar auf den Eintritt der Aufrechnungswirkungen gerichtet ist des Weiteren der im gemeinen Recht zumeist als pactum de compensando titulierte Aufrechnungsvorvertrag, mit welchem sich die Parteien obligatorisch zum Abschluss einer späteren vertraglichen Aufrechnung verpflichten *(hierzu V.)*[4]. Einen in praxi höchst bedeutsamen Sonderfall der vertraglichen Aufrechnung bildet die Kontokorrentverrechnung, durch welche die zwischen den Parteien entstehenden kontokorrentgebundenen Forderungen am Ende einer bestimmten Abrechnungsperiode in ihren jeweiligen Summen automatisch verrechnet werden und im Ergebnis eine einzige Saldoforderung entsteht *(hierzu VI.)*[5].

II. Vorab: Die einseitige Aufrechnung nach den §§ 387 ff. BGB

Die vertragliche Aufrechnung wird von den Beteiligten in praxi häufig dann vorgenommen, wenn die Voraussetzungen der Aufrechnung nach den §§ 387 ff. BGB nicht vorliegen oder jedenfalls ungewiss sind[6]. Die einseitige und die konsensuale Aufrechnung sind indes nicht allein aus diesem Grunde eng miteinander verzahnt,

---

2 *Dernburg*, Geschichte und Theorie der Kompensation, S. 590; *Goldschmidt*, ArchBürgR 15 (1899), 153, 184.

3 RGZ 41, 51, 54; BGHZ 6, 202, 204; *Arndt*, Über den Aufrechnungsvertrag des bürgerlichen Rechts in Theorie und Praxis, S. 10; *Berger*, Der Aufrechnungsvertrag, S. 165; *Dullinger*, Handbuch der Aufrechnung, S. 263; *Gursky*, in: Staudinger, BGB, Vorbem. zu §§ 387 ff. Rn. 83; *Larenz*, Schuldrecht, Erster Band, Allgemeiner Teil, S. 266; *Weigelin*, Das Recht zur Aufrechnung als Pfandrecht an der eigenen Schuld, S. 124.

4 Vgl. *Dullinger*, Handbuch der Aufrechnung, S. 262; *Gernhuber*, Die Erfüllung und ihre Surrogate, S. 226; *Gursky*, in: Staudinger, BGB, Vorbem. zu §§ 387 ff. Rn. 82; *Schoemann*, Das pactum de compensando, S. 7; *Wagner*, in: Erman, BGB, § 388 Rn. 18.

5 Vgl. *Gursky*, in: Staudinger, BGB, Vorbem. zu §§387 ff. Rn. 96; *Hopt*, in: Baumbach/Hopt, HGB, § 355 Rn. 7 ff.; *Langenbucher*, in: MünchKomm HGB, § 355 Rn. 2 f.; *K. Schmidt*, Handelsrecht, S. 614 ff.

6 *Arndt*, Über den Aufrechnungsvertrag des bürgerlichen Rechts in Theorie und Praxis, S. 9; *Schade*, Über den Aufrechnungsvertrag, S. 67.

sondern vielmehr gerade deshalb, weil beide Formen auch weitgehend dieselben Wirkungen und Funktionen aufweisen. Eine treffende dogmatische Erfassung der vertraglichen Aufrechnung kann daher nur unter Einbeziehung der einseitigen Aufrechnung nach den §§ 387 ff. BGB erfolgen, weshalb diese vorab in den Blick genommen werden soll.

1. Gesetzliche Voraussetzungen nach den §§ 387 ff. BGB

Die §§ 387 bis 396 BGB gewähren einem Schuldner unter gewissen Voraussetzungen das Recht, seine Verbindlichkeit mit einer eigenen, gegen seinen Gläubiger gerichteten Forderung durch einseitige rechtsgestaltende Erklärung gegenüber dem anderen Teil aufzurechnen. Neben dieser Aufrechnungserklärung statuiert § 387 BGB als weitere Wirksamkeitsbedingung für die einseitige Aufrechnung das Bestehen einer Aufrechnungslage i.S.d. § 387 BGB, d.h. das kumulative Vorliegen der dort normierten objektiven Tatbestandsmerkmale Gegenseitigkeit, Gleichartigkeit, Durchsetzbarkeit der Aktivforderung sowie Erfüllbarkeit der Passivforderung, welche in ihren einzelnen Elementen nachfolgend kurz erläutert wird.

Nach dem Prinzip der Gegenseitigkeit müssen die zur Aufrechnung gestellten Forderungen zwischen denselben Personen bestehen, d.h. der Gläubiger der einen Forderung hat zugleich Schuldner der anderen zu sein und umgekehrt[7], was allerdings nicht bedeutet, dass die beiden Verbindlichkeiten aus einem einzigen gegenseitigen Vertrag oder demselben rechtlichen Verhältnis herrühren müssten[8]. Der Schuldner darf aufgrund des Gegenseitigkeitserfordernisses nur mit einer eigenen Forderung, nicht aber mit Ansprüchen eines Dritten aufrechnen, wobei dies trotz § 185 BGB selbst dann gilt, wenn der Dritte hierzu seine Zustimmung erteilt[9].

Das Erfordernis der Gleichartigkeit betrifft alleinig den Gegenstand der beiderseitigen Leistungspflichten, nicht den Entstehungsgrund oder Zweck der gegenläufigen Ansprüche[10]. Die Gleichartigkeit der Forderungen bestimmt sich im Einzelfall

---

7 BGHZ 38, 122, 124; 25, 360, 365; *Brüggemeier*, in: Wassermann, AK-BGB, §§ 387–389 Rn. 10; *Dullinger*, Handbuch der Aufrechnung, S. 5; *Gursky*, in: Staudinger, BGB, § 387 Rn. 1; *Schlüter*, in: MünchKomm BGB, § 387 Rn. 6.

8 *Enneccerus/Lehmann*, Lehrbuch des Bürgerlichen Rechts, Band 2, S. 280; *Gursky*, in: Staudinger, BGB, § 387 Rn. 1; *Schreiber*, in: Soergel, BGB, § 387 Rn. 1; *Weber*, in: RGRK BGB, § 387 Rn. 2;

9 RGZ 78, 382, 383; RG JW 1912, 870; BGH NJW-RR 1988, 1146, 1150; BGH NJW 2000, 278, 279; *Esser/E. Schmidt*, Schuldrecht, Band I, Allgemeiner Teil, Teilband 1, S. 298; *Gernhuber*, Die Erfüllung und ihre Surrogate, S. 317; *Grüneberg*, in: Palandt, BGB, § 387 Rn. 5; *Lang*, Das Aufrechnungsrecht nach bürgerlichem Recht, S. 17; *Larenz*, Schuldrecht, Erster Band, Allgemeiner Teil, S. 256; a.A. RGZ 72, 377, 378; *Kollhosser*, in: FS Lukes, 721, 732 ff.

10 BGHZ 16, 124, 127; 54, 244, 246; BGH NJW 1985, 267, 268; *Gursky*, in: Staudinger, BGB, § 387 Rn. 65; *Lang*, Das Aufrechnungsrecht nach bürgerlichem Recht, S. 14; *Schreiber*, in: Soergel, BGB, § 387 Rn. 5; *Weber*, in: RGRK BGB, § 387 Rn. 26.

nach der Verkehrsanschauung[11] und liegt in erster Linie bei beiderseitigen Geldschulden derselben Währung sowie bei Gattungsschulden derselben Gattung vor[12]. Ungleichartig sind dagegen Geldforderungen, die auf verschiedene Währungen lauten, soweit nicht dem Schuldner der Fremdwährungsschuld eine Ersetzungsbefugnis nach § 244 Abs. 1 BGB zusteht und er von dieser Gebrauch macht[13]. Hiervon statuiert allerdings § 95 Abs. 2 InsO eine Ausnahme, der die Aufrechenbarkeit währungsverschiedener Forderungen auch dann zulässt, wenn diese am Zahlungsort der Passivforderung frei konvertibel sind[14].

Das Kriterium der Durchsetzbarkeit der Aktivforderung verlangt, dass diese vollwirksam und fällig sowie in jeder Beziehung begründet ist[15]. Das setzt selbstverständlich voraus, dass die zur Aufrechnung gestellte Forderung überhaupt entstanden ist, weshalb anders als im Rahmen der konsensualen Aufrechnung eine antizipierte einseitige Aufrechnung mit künftigen oder aufschiebend bedingten bzw. befristeten Ansprüchen von vornherein als gegenstandslos zu betrachten ist[16]. Überdies zeitigt die Aufrechnungserklärung keinerlei Wirkung, sofern die Aktivforderung gemäß § 390 BGB mit einer peremptorischen oder dilatorischen Einrede behaftet oder ihre Fälligkeit noch nicht eingetreten ist[17]. Dies gilt auch dann, wenn

11 *Gernhuber*, Die Erfüllung und ihre Surrogate, S. 237; *Gursky*, in: Staudinger, BGB, § 387 Rn. 67; *Schlüter*, in: MünchKomm BGB, § 387 Rn. 30; *v. Feldmann*, JuS 1983, 357, 359; *Wagner*, in: Erman, BGB, § 387 Rn. 10.

12 *Dennhardt*, in: Bamberger/Roth, BGB, § 387 Rn. 27; *Larenz*, Schuldrecht, Erster Band, Allgemeiner Teil, S. 257; *Schreiber*, in: Soergel, BGB, § 387 Rn. 5; *Stürner*, in: Jauernig, BGB, § 387 Rn. 6; *Weber*, in: RGRK BGB, § 387 Rn. 27.

13 RGZ 106, 99, 100; BGH WM 1993, 2011, 2012; KG NJW 1988, 2181, 2181; OLG Frankfurt/Main NJW 1967, 501, 503; OLG Hamm NJW-RR 1999, 1736, 1736; *Dennhardt*, in: Bamberger/Roth, BGB, § 387 Rn. 27.1; *Gursky*, in: Staudinger, BGB, § 387 Rn. 79; *Grüneberg*, in: Palandt, BGB, § 387 Rn. 9; *Schlüter*, in: MünchKomm BGB, § 387 Rn. 32; *Schreiber*, in: Soergel, BGB, § 387 Rn. 6; *Weber*, in: RGRK BGB, § 387 Rn. 27; a.A. jedenfalls bei freier Konvertibilität der Fremdwährungsforderung OLG Koblenz RIW 1992, 59, 61; *Berger*, Der Aufrechnungsvertrag, S. 264; *Brüggemeier*, in: Wassermann, AK-BGB, §§ 387–389 Rn. 7; *Gernhuber*, Die Erfüllung und ihre Surrogate, S. 239; *Wagner*, in: Erman, BGB, § 387 Rn. 12.

14 *Brandes/Lohmann*, in: MünchKomm InsO, § 94 Rn. 27, § 95 Rn. 34; *Höhn/Kaufmann*, JuS 2003, 751, 753; *Schlüter*, in: MünchKomm BGB, § 387 Rn. 32; *Schreiber*, in: Soergel, BGB, § 387 Rn. 6; *Sinz*, in: Uhlenbruck/Hirte/Vallender, InsO, § 95 Rn. 54.

15 BGHZ 2, 300, 302; *Dennhardt*, in: Bamberger/Roth, BGB, § 387 Rn. 28; *Schlüter*, in: MünchKomm BGB, § 387 Rn. 36; *Schreiber*, in: Soergel, BGB, § 387 Rn. 8; *Weber*, in: RGRK BGB, § 387 Rn. 39.

16 BGHZ 103, 362, 367; 160, 1, 6; BGH NJW-RR 2009, 407, 407; OLG Köln NJW 1965, 2109, 2110; *Esser/E. Schmidt*, Schuldrecht, Band I, Allgemeiner Teil, Teilband 1, S. 301; *Grüneberg*, in: Palandt, BGB, § 387 Rn. 11; *Schreiber*, in: Soergel, BGB, § 387 Rn. 8; *Wagner*, in: Erman, BGB, § 387 Rn. 17; *Weber*, in: RGRK BGB, § 387 Rn. 40.

17 *Esser/E. Schmidt*, Schuldrecht, Band I, Allgemeiner Teil, Teilband 1, S. 301; *Larenz*, Schuldrecht, Erster Band, Allgemeiner Teil, S. 258.

der Aufrechnungsgegner der Aufrechnung nicht widerspricht, es sei denn, dieser hat sich damit zugleich jedenfalls durch konkludentes Verhalten mit dem Abschluss einer Aufrechnungsvereinbarung einverstanden erklärt, die auch einredebehaftete oder betagte Forderungen einbeziehen kann[18].

Das letzte Aufrechnungserfordernis der Erfüllbarkeit der Passivforderung setzt nicht voraus, dass selbige vollwirksam und fällig ist, vielmehr genügt es, wenn diese entstanden ist und der Aufrechnende die ihm obliegende Leistung bewirken darf[19]. Die einseitige Aufrechnung kann damit zwar auch gegen betagte oder einredebehaftete Ansprüche erfolgen; künftige oder aufschiebend bedingte bzw. befristete Forderungen sind dagegen nicht nur – wie vorstehend erwähnt – als Aktivforderung, sondern auch als Passivforderung ein untauglicher Aufrechnungsgegenstand[20].

2. Doppelfunktion als Schuldnerakt und gleichzeitiger Gläubigerakt

Der besondere Stellenwert des Aufrechnungsrechts ergibt sich aus dem Umstand, dass der Aufrechnende sowohl die Position des Gläubigers als auch die des Schuldners innehat und dem Rechtsinstitut der Aufrechnung aus diesem Grunde notwendigerweise ein ambivalenter Charakter zukommt[21]. Von der Schuld des Aufrechnenden aus betrachtet, ist die Aufrechnung eine Befriedigung der Forderung des Aufrechnungsgegners durch Aufopferung des eigenen Anspruchs und damit ein Akt der Schuldtilgung; von der Forderung des Aufrechnenden aus betrachtet, ist sie hingegen Zwangsdurchsetzung des eigenen Anspruchs durch Zugriff auf die Passivforderung und folglich ein Mittel der Selbstvollstreckung[22]. Anders als die jeweils nur auf eine Sichtweise

---

18 RGZ 6, 253, 255; 72, 377, 378; 104, 186, 188; BGH WM 1968, 404, 406; NJW 1970, 41, 42; *Arndt*, Über den Aufrechnungsvertrag des bürgerlichen Rechts in Theorie und Praxis, S. 43; *Berger*, Der Aufrechnungsvertrag, S. 281; *Gernhuber*, Die Erfüllung und ihre Surrogate, S. 330; *Gursky*, in: Staudinger, BGB, Vorbem. zu §§ 387 ff. Rn. 68; *Schade*, Über den Aufrechnungsvertrag, S. 54; vgl. zur konkludenten Aufrechnungsvereinbarung bei mangelnder Fälligkeit der Aktivforderung auch *Gursky*, in: Staudinger, BGB, § 387 Rn. 137; *Schreiber*, in: Soergel, BGB, § 387 Rn. 8; *Weber*, in: RGRK BGB, § 387 Rn. 44.

19 BGHZ 17, 19, 29 f.; 35, 248, 255; 103, 362, 367; BGH NJW 2006, 3631, 3633; *Dennhardt*, in: Bamberger/Roth, BGB, § 387 Rn. 29; *Larenz*, Schuldrecht, Erster Band, Allgemeiner Teil, S. 258; *Schlüter*, in: MünchKomm BGB, § 387 Rn. 38; *Schreiber*, in: Soergel, BGB, § 387 Rn. 9; *Weber*, in: RGRK BGB, § 387 Rn. 47.

20 RGZ 171, 215, 220; BGHZ 15, 333, 334; 103, 362, 367; BGH NZI 2004, 583, 584; *Esser/E. Schmidt*, Schuldrecht, Band I, Allgemeiner Teil, Teilband 1, S. 303; *Gernhuber*, Die Erfüllung und ihre Surrogate, S. 253; *Schreiber*, in: Soergel, BGB, § 387 Rn. 9; *Wagner*, in: Erman, BGB, § 387 Rn. 21a; *Weber*, in: RGRK BGB, § 387 Rn. 47.

21 Vgl. BGH NJW 1955, 339, 339; *Berger*, Der Aufrechnungsvertrag, S. 71; *Brüggemeier*, in: Wassermann, AK-BGB, §§ 387–389 Rn. 10; *Leonhard*, Allgemeines Schuldrecht des BGB, S. 612 f.; *Reichel*, AcP 125 (1926), 178, 179; *Schwahn*, Der Aufrechnungsvertrag in der Insolvenz, S. 4.

22 RGZ 80, 393, 394; *Weber*, in: RGRK BGB, Vor § 387 Rn. 1.

abstellenden Auffassungen der Befriedigungs[23]- bzw. Tilgungstheorie[24] begreift demgemäß die mittlerweile ganz herrschende Kombinationstheorie das Rechtsinstitut der Aufrechnung nicht einseitig als Befriedigungs- oder Befreiungsinstrument, sondern schreibt ihr vielmehr eine entsprechende Doppelfunktion zu[25]. Diese Doppelfunktion der Aufrechnung schließt aber freilich nicht aus, dass die Rechtsordnung in den verschiedentlichen prozessualen und materiellen Ausgestaltungen des Aufrechnungsrechts einmal den Gläubigeraspekt und einmal den Schuldneraspekt stärker in den Vordergrund treten lässt[26].

a) Erfüllungs- und Schuldtilgungsfunktion

Im Hinblick auf die Passivforderung nimmt die einseitige Aufrechnung eine Erfüllungs- und Tilgungsfunktion wahr, denn sie bewirkt wie eine Leistung in Natur das Erlöschen der Verbindlichkeit des Aufrechnenden und gewährt ihm die materielle Einwendung, dass der Gläubiger befriedigt sei[27]. Diese Funktion eröffnet dem Aufrechnenden mithin bei Vorliegen der Aufrechnungsvoraussetzungen das Recht, seine Schuld nicht durch Effektivzahlung erfüllen zu müssen und dem Gläubiger der Passivforderung stattdessen eine Kompensation mit einer gegenläufigen Forderung aufdrängen zu können[28].

Die Aufrechnung führt insoweit zwar ökonomisch zu einem der klassischen Erfüllung vergleichbaren Ergebnis[29], sie stellt jedoch keine effektive oder ideelle Leistung[30] und desgleichen auch nicht nur eine Art der Erfüllung[31] dar, denn der Gläubiger erhält

---

23 *Bötticher*, in: FS Schima, S. 95, 100; *Kegel*, Probleme der Aufrechnung, S. 55; *Lang*, Das Aufrechnungsrecht nach bürgerlichem Recht, S. 68; *Weigelin*, Das Recht zur Aufrechnung als Pfandrecht an der eigenen Schuld, S. 22; *Weismann*, ZZP 26 (1899), 1, 9.

24 *Kaduk*, in: Staudinger, BGB, 12. Aufl., 1994, Vorbem zu §§ 387 ff Rn. 9, 19; *Oertmann*, AcP 113 (1915), 376, 385; *Siber*, Compensation und Aufrechnung, S. 135.

25 BGH NJW 1955, 339, 339; *Berger*, Der Aufrechnungsvertrag, S. 70; *Brüggemeier*, in: Wassermann, AK-BGB, §§ 387–389 Rn. 10; *Dieckmann*, in: Leipold, Insolvenzrecht im Umbruch, S. 211; *Fikentscher/Heinemann*, Schuldrecht Rn. 329; *Grüneberg*, in: Palandt, BGB, § 387 Rn. 1; *Larenz*, Schuldrecht, Erster Band, Allgemeiner Teil, S. 255; *Leonhard*, ArchBürgR 21(1902), 171, 208; *Schlüter*, in: MünchKomm BGB, § 387 Rn. 1; *Schreiber*, in: Soergel, BGB, Vor § 387 Rn. 1; *Weber*, in: RGRK BGB, Vor § 387 Rn. 1; *v. Wilmowsky*, NZG 1998, 481, 482;

26 Vgl. *Gernhuber*, Die Erfüllung und ihre Surrogate, S. 227; *Gursky*, in: Staudinger, BGB, Vorbem zu §§ 387 ff Rn. 7; *Windel*, KTS 2000, 215, 218.

27 Vgl. Motive zu dem Entwurfe eines Bürgerlichen Gesetzbuches für das Deutsche Reich, Band 2, S. 107 = *Mugdan*, Die gesamten Materialien zum Bürgerlichen Gesetzbuch für das Deutsche Reich, Band 2, S. 59; RGZ 106, 99, 100; BGH NJW-RR 1994, 869, 870.

28 *Schwahn*, Der Aufrechnungsvertrag in der Insolvenz, S. 5; *v. Wilmowsky*, NZG 1998, 481, 481.

29 *Berger*, Der Aufrechnungsvertrag, S. 73; *Schwahn*, Der Aufrechnungsvertrag in der Insolvenz, S. 5.

30 So aber *Martinus*, ArchBürgR 24 (1904), 277, 278.

31 So aber RGZ 120, 280, 282; *Kohler*, ZZP 24 (1898), 1, 9; *Martinus*, AcP 97 (1905).

nicht die geschuldete Leistung, sondern lediglich die Befreiung von einer Verbindlichkeit als rechtliches aliud[32]. Ebensowenig lässt sich die Aufrechnung mit einer Leistung an Erfüllungs Statt gleichsetzen[33], obwohl sie zweifellos gewisse Ähnlichkeiten mit selbiger aufweist, da die Leistung an Erfüllungs Statt eine diesbezügliche Vereinbarung der Parteien voraussetzt, die allenfalls bei einer konsensualen Aufrechnung vorliegen könnte, bei einer einseitigen Aufrechnung aber gerade fehlt[34]. Das Rechtsinstitut der Aufrechnung ist damit im Ergebnis als Erfüllungssurrogat zu interpretieren, welches sich jedoch nicht unter eines der übrigen Erfüllungssurrogate des bürgerlichen Rechts einordnen lässt und in der Konsequenz als Schuldtilgungsgeschäft sui generis qualifiziert werden muss[35].

Die vorgenannte Erfüllungs- bzw. Schuldtilgungsfunktion des Aufrechnungsrechts steht unverkennbar bei den einschlägigen Regelungen der §§ 387–396 BGB im Vordergrund. Dies manifestiert sich insbesondere in der systematischen Einordnung der einseitigen Aufrechnung im Abschnitt über das Erlöschen der Schuldverhältnisse, wo diese als Erfüllungssurrogat neben weiteren Schuldtilgungsakten steht[36].

b) Vollstreckungs- und Sicherungsfunktion

Aus der Warte der Aktivforderung besehen kommt dem Aufrechnungsrecht zunächst dahingehend eine Vollstreckungsfunktion zu, als es dem Aufrechnenden die Möglichkeit eröffnet, seine eigene Forderung gegenüber dem Aufrechnungsgegner zu realisieren, ohne ein langwieriges Klage- und Vollstreckungsverfahren betreiben zu müssen[37]. Die Aufrechnung bewirkt insofern dasselbe Ergebnis, das eintreten würde, wenn der Aufrechnungsberechtigte im Hinblick auf seine eigene Forderung

---

32 *Berger*, Der Aufrechnungsvertrag, S. 72; vgl. auch *Dernburg*, Die Schuldverhältnisse nach dem Rechte des Deutschen Reichs und Preußens, Abteilung 1, S. 346; *dens.*, Geschichte und Theorie der Kompensation, S. 363; *Gursky*, in: Staudinger, BGB, Vorbem. zu §§ 387 ff. Rn. 9; *Oertmann*, AcP 113 (1915), 376, 413; *Weigelin*, Das Recht zur Aufrechnung als Pfandrecht an der eigenen Schuld, S. 35.

33 So aber *Siber*, Compensation und Aufrechnung, S. 136.

34 *Berger*, Der Aufrechnungsvertrag, S. 73; *Windel*, KTS 2000, 215, 221.

35 *Berger*, Der Aufrechnungsvertrag, S. 74; *Dullinger*, Handbuch der Aufrechnung, S. 3; *Enneccerus/Lehmann*, Lehrbuch des Bürgerlichen Rechts, Band 2, S. 276; *Gernhuber*, Die Erfüllung und ihre Surrogate, S. 227 f.; *Gursky*, in: Staudinger, BGB, Vorbem zu §§ 387 ff Rn. 10; *Lang*, Das Aufrechnungsrecht nach bürgerlichem Recht, S. 68; *Siber*, in: Planck's Kommentar zum BGB, Vorbm. § 387 Anm. 2 b.

36 *Gursky*, in: Staudinger, BGB, Vorbem zu §§ 387 ff Rn. 8; *Oertmann*, AcP 113 (1915), 376, 396; *Windel*, KTS 2000, 215, 217; vgl. auch *Enneccerus/Lehmann*, Lehrbuch des Bürgerlichen Rechts, Band 2, S. 276; *Gernhuber*, Die Erfüllung und ihre Surrogate, S. 227 f.; im Hinblick auf das österreichische ABGB vgl. *Dullinger*, Handbuch der Aufrechnung, S. 2.

37 BGHZ 173, 328, 337; BGH NJW 1987, 2997, 2998; *Dennhardt*, in: Bamberger/Roth, BGB, § 387 Rn. 1; *Schlüter*, in: MünchKomm BGB, § 387 Rn. 1; *Wagner*, in: Erman, BGB, Vor § 387 Rn. 3.

ein rechtskräftiges Urteil erstreiten würde und aufgrund dieses Titels die Passivforderung pfänden und sich gemäß § 835 II ZPO an Zahlungs Statt zum Nennwert überweise ließe[38]. Das Aufrechnungsrecht erlaubt es damit dem Schuldner, sich im Wege eines „außergerichtlichen Selbsthilfezugriffs" auf die eigene Verbindlichkeit eine zwangsweise Befriedigung für seine Aktivforderung zu verschaffen[39].

Als Vorstufe zur Vollstreckungsfunktion äußert die Befugnis zur „Selbstexekution" jedoch überdies schon vor Erklärung der Rechtswirkungen Aufrechnung zugunsten des Aufrechnungsberechtigten, indem sie für diesen mit dem Eintritt der Aufrechnungslage eine Sicherungsfunktion in Bezug auf seine Aktivforderung offenbart[40]. Vom Zeitpunkt des Bestehens einer Aufrechnungsmöglichkeit an erlangt der Aufrechnungsberechtigte die Sicherheit, die Aufrechnung jederzeit vollziehen zu können und sich folglich um die Realisierung der eigenen Forderung – insbesondere bei zweifelhafter Bonität des anderen Teils – keine Gedanken mehr machen zu müssen[41]. Diese Sicherungsfunktion des Aufrechnungsrechts wird vor allem in den Bestimmungen über die Insolvenzaufrechnung nach den §§ 94 bis 96 InsO (ebenso in den früheren §§ 53 bis 55 KO) und den Regelungen der §§ 215, 392, 406 und 670 Abs. 2 BGB betont[42].

So darf sich etwa der Inhaber der Aktivforderung gemäß § 392 BGB über das mit einer Beschlagnahme nach § 829 I 1 ZPO ausgesprochene Verbot der Erfüllung an den Vollstreckungsschuldner hinwegsetzen und trotz Beschlagnahme der Passivforderung seine Verbindlichkeit im Wege der Aufrechnung tilgen, wenn im Zeitpunkt der Beschlagnahme die Aufrechnungslage bereits eingetreten war oder zumindest die begründete Aussicht auf deren künftige Entstehung bestand[43]. Soweit nicht die Aktivforderung erst nach der Beschlagnahme erworben wurde oder erst nach der Beschlagnahme und später als die in Beschlag genommene Passivforderung fällig

---

38 *Bötticher*, in: FS Schima, S. 95, 96; *Gursky*, in: Staudinger, BGB, Vorbem zu §§ 387 ff Rn. 6; *v. Wilmowsky*, NZG 1998, 481, 482.

39 Motive zu dem Entwurfe eines Bürgerlichen Gesetzbuches für das Deutsche Reich, Band 2, S. 113 = *Mugdan*, Die gesamten Materialien zum Bürgerlichen Gesetzbuch für das Deutsche Reich, Band 2, S. 62; BGHZ 130, 76, 80; BGH NJW 1971, 1563, 1563; *Enneccerus/Lehmann*, Lehrbuch des Bürgerlichen Rechts, Band 2, S. 276; *Gursky*, in: Staudinger, BGB, Vorbem zu §§ 387 ff Rn. 6; *Huber*, in: Haarmeyer/Huber/Schmittmann, Praxis der Insolvenzanfechtung, Teil I Rn. 40; *Weber*, in: RGRK BGB, Vor § 387 Rn. 1; vgl. auch RGZ 80, 30, 33; 80, 393, 394.

40 Vgl. *Dullinger*, Handbuch der Aufrechnung, S. 3; *Grüneberg*, in: Palandt, BGB, § 387 Rn. 1; *Gursky*, in: Staudinger, BGB, Vorbem zu §§ 387 ff Rn. 6; *Höhn/Kaufmann*, JuS 2003, 751, 752; *Weber*, in: RGRK BGB, Vor § 387 Rn. 1; *Windel*, KTS 2000, 215, 222.

41 BGHZ 2, 300, 305; *Berger*, Der Aufrechnungsvertrag, S. 75; *Brandes/Lohmann*, in: MünchKomm InsO, § 94 Rn. 16; *Henckel*, in: FS Lüke, S. 237, 240; *Kayser*, WM 2008, 1477, 1480; *Larenz*, Schuldrecht, Erster Band, Allgemeiner Teil, S. 255; *Leonhard*, Allgemeines Schuldrecht des BGB, S. 612; *v. Wilmowsky*, NZG 1998, 481, 482.

42 *Gernhuber*, Die Erfüllung und ihre Surrogate, S. 227; *Gursky*, in: Staudinger, BGB, Vorbem zu §§ 387 ff Rn. 7.

43 *Grüneberg*, in: Palandt, BGB, § 392 Rn. 1; *Gursky*, in: Staudinger, BGB, § 392 Rn. 3; *Stürner*, in: Jauernig, BGB, § 392 Rn. 1; *Weber*, in: RGRK BGB, § 392 Rn. 1.

geworden ist, genießt nach dieser Vorschrift die Aufrechnungsbefugnis Priorität vor dem Pfändungspfandrecht des Vollstreckungsgläubigers und entfaltet damit im Rahmen der Einzelzwangsvollstreckung in die Passivforderung eine entsprechende Sicherungswirkung zugunsten des aufrechnungsberechtigten Drittschuldners[44].

Die Sicherungs- und Vollstreckungsfunktion der Aufrechnung hat schließlich auch *Weigelin* zu der bemerkenswerten, aber doch recht radikalen Deutung der Rechtsnatur des Aufrechnungsrechts im Sinne eines pignus debiti, also eines Pfandrechts an der eigenen Schuld bzw. des Anspruchs des Aufrechnungsgegners als Unterart des Forderungspfandrechts veranlasst[45]. Abgesehen davon, dass diese Auffassung entgegen der herrschenden Kombinationstheorie *(s.o. Seite 88)* zu einseitig nur den Sicherungsaspekt des Aufrechnungsrechts betont[46], ist gegen eine derart weitreichende Parallelziehung vor allem einzuwenden, dass das Aufrechnungsrecht im Unterschied zum Pfandrecht nicht gemäß § 401 BGB auf den Zessionar übergeht und dass überdies der Aufrechnungsberechtigte in der Insolvenz anders als der Absonderungsberechtigte keinerlei Kostenbeiträge nach § 170 InsO zu erbringen hat[47]. Gleichwohl lässt sich nicht leugnen, dass die zugunsten eines Gläubigers bestehende Aufrechnungsbefugnis insbesondere in der Insolvenz eine Vorzugsstellung begründet, die als solche in ihren Wirkungen einem Pfandrecht oder jedenfalls einem pfandähnlichen Absonderungsrecht durchaus gleichkommt[48].

3. *Rechtsnatur der einseitigen Aufrechnung*

Im Gegensatz zu eben genannter Einordnung als Pfandrecht an der eigenen Schuld handelt es sich bei der Aufrechnung nach den §§ 387 ff. BGB um ein Gestaltungsgeschäft, welches aber zugleich alle Spezifika einer Verfügung in sich

---

44 Vgl. *Brüggemeier*, in: Wassermann, AK-BGB, § 392 Rn. 1.

45 *Weigelin*, Das Recht zur Aufrechnung als Pfandrecht an der eigenen Schuld, S. 39 ff.; ihm folgend *Bötticher*, in: FS Schima, S. 95, 100; *v. Feldmann*, in: MünchKomm BGB, 3. Aufl., 1994, § 387 Rn. 1; ähnlich auch *Berger*, Der Aufrechnungsvertrag, S. 75; *Leonhard*, ArchBürgR 21(1902), 171, 210 f., die eine Analogie zum Pfandrecht an eigener Schuld bilden.

46 *Dullinger*, Handbuch der Aufrechnung, S. 3; *Schlüter*, in: MünchKomm BGB, § 387 Rn. 1.

47 *Windel*, KTS 2000, 215, 223; vgl. auch *Oertmann*, AcP 113 (1915), 376, 416.

48 Vgl. RGZ 80, 407, 409, 412; 124, 8, 10; BGH NJW 1960, 1295, 1296; NJW 1994, 1659, 1660; NJW 1995, 1966, 1967; ZInsO 2004, 973, 974; *Berger*, Der Aufrechnungsvertrag, S. 75; *Bork*, Einführung in das Insolvenzrecht Rn. 263; *Bötticher*, in: FS Schima, S. 95, 98; *Brandes/Lohmann*, in: MünchKomm InsO, § 94 Rn. 16; *Dennhardt*, in: Bamberger/Roth, BGB, § 387 Rn. 3; *Dieckmann*, in: Leipold, Insolvenzrecht im Umbruch, S. 211; *Gursky*, in: Staudinger, BGB, Vorbem zu §§ 387 ff Rn. 19; *Holzer*, DStR 1998, 1268, 1268; *Kayser*, WM 2008, 1477, 1480; *Thole*, in: K. Schmidt, InsO, § 94 Rn. 1; in diese Richtung gehen auch bereits die Motive zu dem Entwurf einer Konkursordnung, S. 229 = *Hahn*, Materialien zur Konkursordnung, S. 219.

trägt[49]. Ein Rechtsgeschäft stellt nach allgemeiner Definition dann eine Verfügung dar, wenn es unmittelbar darauf gerichtet ist, ein bestehendes Recht aufzuheben, es zu belasten, zu übertragen oder zu verändern[50]. Diese unmittelbare Aufhebung eines Rechts erfolgt bei der einseitigen Aufrechnung indes nur im Hinblick auf die Aktivforderung; das Erlöschen der Passivforderung ist hingegen lediglich die spiegelbildliche Rechtsfolge der Verfügung über die Aktivforderung, da das Aufrechnungsrecht dem Aufrechnenden keine Verfügungsbefugnis über eine fremde Forderung vermittelt[51]. Die Aufrechnung ist damit im Ergebnis ein Verfügungsgeschäft, dessen Gegenstand ungeachtet der Tilgung von Aktiv- und Passivforderung alleinig die Forderung des Aufrechnenden bildet, auf welche dieser mit dem Ziel ihrer Durchsetzung unter gleichzeitiger Befriedigung des Aufrechnungsgegners einwirkt, während die Passivforderung als bloßer Reflex dieser Verfügung erlischt[52].

III. Die Aufrechnung durch Vertrag als Grundform der vertraglichen Aufrechnung

Die Grundform der vertraglichen Aufrechnung stellt die Aufrechnung durch Vertrag dar, welche dann vorliegt, wenn mit ihr die aufrechnungsmäßige Tilgung der zwischen den Vertragsparteien bestehenden oder erwarteten wechselseitigen Forderung in Höhe der sich deckenden Beträge unmittelbar vollzogen wird, sei es mit sofortiger Wirkung oder auch erst mit Wirkung für die Zukunft[53]. Je nach den aufrechnungsgegenständlichen Forderungen und dem Zeitpunkt des Eintritts des Aufrechnungserfolgs ist dabei im Bereich der Aufrechnung durch Vertrag zu unterscheiden zwischen dem sogleich wirksamen Aufrechnungsvertrag über bereits existierende Forderungen (sog. compensatio in praeteritum), dem aufschiebend bedingten Aufrechnungsvertrag über bestehende Forderungen und dem antizipiert

---

49 *Altmeppen*, Disponibilität des Rechtsscheins, S. 75; *Berger*, Der Aufrechnungsvertrag, S. 122; *Ebert*, Aufrechnungsvereinbarungen nach bisherigem und neuem Insolvenzrecht, S. 10; *Ellenberger*, in: Palandt, BGB, Überbl v § 104 Rn. 17; *Schlüter*, in: MünchKomm BGB, § 387 Rn. 2.

50 RGZ 90, 395, 399; BGHZ 1, 294, 304; 75, 221, 226; 101, 24, 26; *Ellenberger*, in: Palandt, BGB, Überbl v § 104 Rn. 16; *Wolf/Neuner*, Allgemeiner Teil des bürgerlichen Rechts, § 29 Rn. 31.

51 RGZ 78, 382, 383; *Berger*, Der Aufrechnungsvertrag, S. 124; a.A. *Ebert*, Aufrechnungsvereinbarungen nach bisherigem und neuem Insolvenzrecht, S. 10; *Fenge*, JZ 1971, 118, 121.

52 *Berger*, Der Aufrechnungsvertrag, S. 124; *Bötticher*, in: FS Schima, S. 95, 96 f.; *Schlüter*, in: MünchKomm BGB, § 387 Rn. 2.

53 Vgl. *Ebert*, Aufrechnungsvereinbarungen nach bisherigem und neuem Insolvenzrecht, S. 13; *Gernhuber*, Die Erfüllung und ihre Surrogate, S. 326; *Gursky*, in: Staudinger, BGB, Vorbem zu §§ 387 ff Rn. 66; *Schade*, Über den Aufrechnungsvertrag, S. 11; *Weber*, in: RGRK BGB, Vor § 387 Rn. 30.

abgeschlossenen Aufrechnungsvertrag über erst später zur Entstehung gelangende Forderungen[54].

1. *Parteiautonomie als dogmatische Grundlage*

Die Aufrechnung durch Vertrag hat im BGB keinerlei Regelung gefunden, wiewohl aber ihre prinzipielle Zulässigkeit in Judikatur wie Literatur zu aller Zeit und für jedes Rechtsgebiet nahezu ausnahmslos anerkannt war[55]. Ausgehend von einer nahezu selbstverständlichen Zulässigkeit der vertraglichen Aufrechnung aufgrund allgemeiner Rechtsprinzipien, waren die Väter des BGB in dieser Hinsicht vielmehr der Auffassung, dass sich das Gesetzbuch mit der vertragsmäßigen Kompensation nicht zu befassen habe und lediglich das gesetzliche Recht zur Aufrechnung einer Kodifikation bedürfe[56]. Die ganz h.L. interpretiert daran anknüpfend die Aufrechnung durch Vertrag denn auch nicht als bloßen Unterfall der Aufrechnung nach den §§ 387 ff. BGB, sondern erachtet die Privatautonomie mit dem aus ihr resultierenden Grundsatz der Vertragsfreiheit als Quellen dieser Aufrechnungsart[57].

Davon abweichend stellt *Berger*[58] aus rechtsvergleichenden und funktionalen Erwägungen heraus eine enge dogmatische Verwandtschaft zwischen einseitiger Aufrechnung und Aufrechnungsvertrag fest und will aus diesem Grunde die vertragliche Aufrechnung trotz ihres konsensualen Ursprungs als Aufrechnung im Sinne der §§ 387 ff. BGB einordnen. Dieser Auffassung ist zuzugeben, dass in Bezug auf die einseitige und die vertragliche Aufrechnung sehr wohl eine deutliche funktionale Äquivalenz auszumachen ist, da beide auf dasselbe rechtliche Ergebnis,

54 Vgl. *Schwahn*, Der Aufrechnungsvertrag in der Insolvenz, S. 34.

55 *Berger*, Der Aufrechnungsvertrag, S. 80; *Gernhuber*, Die Erfüllung und ihre Surrogate, S. 326; *Goldschmidt*, ArchBürgR 15 (1899), 153, 155, Fn. 2; *Kleinschmidt*, Vertragsmäßige Erweiterungen und Beschränkungen des Aufrechnungsrechtes, S. 1; *Schwahn*, Der Aufrechnungsvertrag in der Insolvenz, S. 24; teilweise abweichend *Kohler*, ZZP 24 (1898), 1, 31.

56 Motive zu dem Entwurfe eines Bürgerlichen Gesetzbuches für das Deutsche Reich, Band 2, S. 104 = *Mugdan*, Die gesamten Materialien zum Bürgerlichen Gesetzbuch für das Deutsche Reich, Band 2, S. 57; *Berger*, Der Aufrechnungsvertrag, S. 80; *Goldschmidt*, ArchBürgR 15 (1899), 153, 181.

57 BGHZ 94, 132, 135; BGH NJW 1985, 2409, 2409; *Arndt*, Über den Aufrechnungsvertrag des bürgerlichen Rechts in Theorie und Praxis, S. 8; *Dennhardt*, in: Bamberger/Roth, BGB, § 387 Rn. 9; *Dernburg*, Geschichte und Theorie der Kompensation, S. 593; *Ebert*, Aufrechnungsvereinbarungen nach bisherigem und neuem Insolvenzrecht, S. 13; *Gursky*, in: Staudinger, BGB, Vorbem zu §§ 387 ff Rn. 64; *Kleinschmidt*, Vertragsmäßige Erweiterungen und Beschränkungen des Aufrechnungsrechtes, S. 1; *Larenz*, Schuldrecht, Erster Band, Allgemeiner Teil, S. 265; *Leonhard*, ArchBürgR 21(1902), 171, 177; *Schade*, Über den Aufrechnungsvertrag, S. 24; *Schlüter*, in: MünchKomm BGB, § 387 Rn. 51; *Schwahn*, Der Aufrechnungsvertrag in der Insolvenz, S. 24; *Trinkner*, BB 1967, 35, 36; *Wagner*, in: Erman, BGB, § 388 Rn. 18; *Weber*, in: RGRK BGB, Vor § 387 Rn. 30.

58 *Berger*, Der Aufrechnungsvertrag, S. 82 ff.

nämlich die wechselseitige Tilgung von Forderungen durch Verrechnung abzielen, diese Folge aber lediglich mit verschiedenen rechtlichen Mitteln bewirken[59]. Obgleich der weiterreichende Schluss auf eine entsprechende dogmatische Identität insoweit durchaus naheliegend erscheinen mag, kann dieser These aber dennoch nicht gefolgt werden.

Gegen eine Einbeziehung der konsensualen Aufrechnung in das Regelungsregime der §§ 387 ff. BGB ist zunächst bereits der Wortlaut dieser Bestimmungen anzuführen, welcher ersichtlich und unmissverständlich lediglich auf die Aufrechnung durch einseitige Erklärung abstellt. Zudem lässt sich nicht ohne Weiteres negieren, dass nach der bereits angeführten Genese der Aufrechnungsnormen ausschließlich eine Kodifikation der einseitigen Aufrechnung gewollt war. Die Vorstellungen des Gesetzgebers und erst recht die Äußerungen von beratenden Kommissionen stellen zwar kein aus sich heraus verbindliches Dogma dar, welches nicht durch eine Auslegung nach anderen Kriterien überwunden werden könnte[60], jedoch legen insbesondere der vorgenannte Wortlaut sowie der Zweck der §§ 387 ff. BGB die Vermutung nahe, dass der Gesetzgeber das in den Motiven bekundete Regelungsziel auch tatsächlich und planvoll verwirklicht hat.

Gerade der Zweck der Aufrechnungsnormen spricht am deutlichsten gegen die vorgenannte These der dogmatischen Identität von einseitiger und vertraglicher Aufrechnung, denn die §§ 387 ff. BGB gewähren ein einseitiges Recht zur Verfügung über eine eigene Forderung durch einseitiges Gestaltungsgeschäft, welches mit einer zwangsweisen Einwirkung auf die Forderung eines anderen verbunden ist *(s.o. Seite 91 f.)*, wohingegen der Aufrechnungsvertrag diese Verfügung zwanglos im Konsens der Vertragsparteien vollzieht. Während das bürgerliche Recht die erstgenannte Option der Aufrechnung durch einseitigen Gestaltungsakt und den damit einhergehenden faktischen Vollstreckungszugriff auf die Fremdforderung aber erst gesetzlich eröffnen musste, bedurfte die Befugnis der Beteiligten zur Aufrechnung durch vertragliche Einigung keiner expliziten Normierung[61]. Das Recht der Parteien, Abschluss und Inhalt eines Leistungsverhältnisses frei im gegenseitigen Einvernehmen und für beide Seiten verbindlich durch Vertrag zu gestalten und zu ändern, entspringt vielmehr schon dem Grundsatz der Vertragsfreiheit[62] als wesentlichste

---

59 BFHE 147, 398, 401; *Berger*, Der Aufrechnungsvertrag, S. 87; *Schwahn*, Der Aufrechnungsvertrag in der Insolvenz, S. 31.

60 *Wank*, Die Auslegung von Gesetzen, S. 31; vgl. auch *Berger*, Der Aufrechnungsvertrag, S. 109.

61 *Ebert*, Aufrechnungsvereinbarungen nach bisherigem und neuem Insolvenzrecht, S. 14; vgl. auch *Schade*, Über den Aufrechnungsvertrag, S. 24.

62 *Armbrüster*, in: Erman, BGB, Vor § 145 Rn. 26; *Ellenberger*, in: Palandt, BGB, Einf v § 145 Rn. 7; *Flume*, Allgemeiner Teil des Bürgerlichen Rechts, Zweiter Band, S. 12; *Larenz*, Schuldrecht, Erster Band, Allgemeiner Teil, S. 41; *Raiser*, JZ 1958, 1, 1.

Ausprägung der Privatautonomie, nach der der Einzelne allgemein seine Rechtsbeziehungen autonom nach dem eigenen Willen gestalten kann[63].

Im Ergebnis muss daher mit der h.M. daran festgehalten werden, dass die Aufrechnung durch Vertrag eine rein aus dem gemeinsamen Willen der Beteiligten stammende Vereinbarung darstellt, die alleinig in den Prinzipien der Vertragsfreiheit und der Parteiautonomie begründet ist. Die Aufrechnung durch Vertrag ist damit ein ganz im Belieben der Parteien stehendes Rechtsgeschäft und aus diesem Grund dogmatisch von der durch die Regelungen der §§ 387 ff. BGB normierten einseitigen Aufrechnung deutlich abzugrenzen[64]. Beide Formen der Aufrechnung sind zwar freilich insofern ähnlich, als sie jeweils die Aufhebung von gegenläufigen Forderungen zum Gegenstand haben. Während jedoch die einseitige Aufrechnung vom gesetzlich anerkannten Gestaltungswillen einer Partei dominiert wird, ist dies bei der vertraglichen Aufrechnung der privatautonom gebildete, gemeinsame Gestaltungswille der Vertragspartner[65]. Aufgrund dieser konsensualen Prägung des Aufrechnungsvertrages sind die Beteiligten bei seinem Abschluss zwar an die unabdingbaren Regelungen des bürgerlichen Rechts als Grenzen der Vertragsfreiheit, nicht aber an die Voraussetzungen und Rechtsfolgen der einseitigen Aufrechnung nach den §§ 387 ff. BGB gebunden[66]. Weitere Beschränkungen der privatautonomen Gestaltungsfreiheit der Vertragspartner ergeben sich im Hinblick auf die Aufrechnung durch Vertrag aber zudem aus den Anforderungen, die in der Natur der Aufrechnung selbst begründet sind, da eine Vereinbarung dann nicht mehr als Aufrechnungsvertrag gelten kann, wenn sie nicht die wesentlichen Charakteristika einer Aufrechnung – also die wechselseitige Tilgung von Forderungsrechten verschiedener Gläubiger – in sich trägt[67].

2. *Erscheinungsformen der Aufrechnung durch Vertrag*

a) *Aufrechnungsvertrag mit Sofortvollzug – compensatio in praeteritum*

Ein Aufrechnungsvertrag kann von den Beteiligten zunächst einmal mit dem Inhalt abgeschlossen werden, dass gegenseitige, schon existierende Forderungen unmittelbar getilgt werden sollen, soweit sich diese betragsmäßig decken, ohne dass

---

63 *Flume*, Allgemeiner Teil des Bürgerlichen Rechts, Zweiter Band, S. 1; *Olzen*, in: Staudinger, BGB, Einl zum SchuldR Rn. 49; *Wolf/Neuner*, Allgemeiner Teil des bürgerlichen Rechts, § 2 Rn. 14.

64 *Arndt*, Über den Aufrechnungsvertrag des bürgerlichen Rechts in Theorie und Praxis, S. 9.

65 Vgl. *Ebert*, Aufrechnungsvereinbarungen nach bisherigem und neuem Insolvenzrecht, S. 13 f.

66 BGH NJW 1998, 978, 979; NJW 2004, 3185, 3186; *Ebert*, Aufrechnungsvereinbarungen nach bisherigem und neuem Insolvenzrecht, S. 13; *Grüneberg*, in: Palandt, BGB, § 387 Rn. 20; *Schreiber*, in: Soergel, BGB, Vor § 387 Rn. 5; *Trinkner*, BB 1967, 35, 36.

67 *Weber*, in: RGRK BGB, Vor § 387 Rn. 30; ähnlich auch *Berger*, Der Aufrechnungsvertrag, S. 119; *Trinkner*, BB 1967, 35, 36; zum Begriff der Aufrechnung vgl. Seiten 33, 92.

noch eine weitere Erklärung erforderlich ist (sog. compensatio in praeteritum)[68]. Ein solcher Aufrechnungsvertrag über bestehende Forderungsrechte wird dabei auch dann anzunehmen sein, wenn der Aufrechnungsvertrag gleichzeitig mit einem forderungsbegründenden Rechtsgeschäft abgeschlossen wird, da die Aufrechnungswirkungen auch dann nicht – wie der antizipierte Aufrechnungsvertrag – von der Bedingung einer künftigen Forderungsentstehung abhängig sind *(vgl. hierzu nachf. Seite 99 f.)*. Dieser Vertrag stellt die „Urform des Aufrechnungsvertrages“[69] bzw. den „eigentlichen Kompensationsvertrag“[70] dar und ist am stärksten an den gesetzlich geregelten Aufrechnungstypus angenähert, da er wie die einseitige Aufrechnung das sofortige Erlöschen der betroffenen Forderungen bewirkt.

Obgleich die Vertragspartner bei Abschluss eines Aufrechnungsvertrages nach den obigen Ausführungen nicht an die Bestimmungen der §§ 387 ff. BGB gebunden sind, können sie den Weg der vertraglichen Aufrechnung auch dann wählen, wenn die Voraussetzungen der einseitigen Aufrechnung gegeben sind, so beispielsweise wenn zwischen den Beteiligten mehrere aufrechenbare Forderungen bestehen und diese abweichend von § 396 BGB die zu tilgenden Verbindlichkeiten durch gütliche Einigung festlegen wollen[71]. Die Aufrechnung durch Vertrag kann bei vermutetem Vorliegen der Anforderungen der §§ 387 ff. BGB zudem lediglich der Klärung von Zweifeln über das Aufrechnungsrecht der einen oder anderen Seite dienen, da sie die Vertragsschließenden regelmäßig zugleich des Beweises für das Bestehen der einzelnen gesetzlichen Aufrechnungsvoraussetzungen enthebt[72]. Weitaus größere praktische Relevanz kommt dem Aufrechnungsvertrag aber selbstverständlich dann zu, wenn es an einem Erfordernis für die Aufrechnung durch einseitige Erklärung fehlt, etwa wenn die Forderung des Aufrechnungswilligen noch nicht fällig oder

68 *Berger*, Der Aufrechnungsvertrag, S. 144; *Gursky*, in: Staudinger, BGB, Vorbem. zu §§ 387 ff. Rn. 66; *Schwahn*, Der Aufrechnungsvertrag in der Insolvenz, S. 24; vgl. auch *Arndt*, Über den Aufrechnungsvertrag des bürgerlichen Rechts in Theorie und Praxis, S. 9; *Goldschmidt*, ArchBürgR 15 (1899), 153, 184.

69 *Berger*, Der Aufrechnungsvertrag, S. 144; *Schwahn*, Der Aufrechnungsvertrag in der Insolvenz, S. 24.

70 *Dernburg*, Geschichte und Theorie der Kompensation, S. 592.

71 *Alexander*, Datio in solutum und compensatio voluntaria, S. 37; *Berger*, Der Aufrechnungsvertrag, S. 1; *Eisele*, Die Compensation nach römischem und gemeinem Recht, S. 377.

72 RG Recht 1920, Nr. 2825; *Gursky*, in: Staudinger, BGB, Vorbem. zu §§ 387 ff. Rn. 66; *Schlüter*, in: MünchKomm BGB, § 387 Rn. 54; *Weber*, in: RGRK BGB, Vor § 387 Rn. 32; vgl. auch RGZ 6, 253, 255; OLG Saabrücken OLGR 1998, 200, 202; *Arndt*, Über den Aufrechnungsvertrag des bürgerlichen Rechts in Theorie und Praxis, S. 48; *Berger*, Der Aufrechnungsvertrag, S. 1; *Martens*, StuW 1989, 69, 70; *Seippel*, Inwiefern stehen die Vorschriften über die gesetzliche Aufrechnung unter der Disposition der Parteien?, S. 12; *Siber*, Compensation und Aufrechnung, S. 142.

eine der Aufrechnungsforderungen verjährt bzw. anderweitig einredebehaftet ist oder auch wenn ein Aufrechnungsverbot besteht[73].

b) Bedingter Aufrechnungsvertrag über bereits entstandene Forderungen

Die vertragliche Aufrechnung bereits existenter oder gleichzeitig entstehender Forderungen muss indes nicht unbedingt mit sofortiger Wirkung erfolgen, vielmehr können die Beteiligten die Aufrechnung durch Vertrag auch unter einer aufschiebenden Bedingung bzw. Befristung vereinbaren[74]. In diesem Falle werden die Parteien zwar bereits durch die vertragliche Einigung gebunden, die Tilgung der vertragsgegenständlichen Forderungen erfolgt nach § 158 Abs. 1 (i.V.m. § 161 Abs. 1) BGB aber erst mit dem Eintritt des zukünftigen, ungewissen Ereignisses bzw. des festgelegten Anfangstermins[75]. Der Abschluss eines solchen aufschiebend bedingten oder befristeten Aufrechnungsvertrages hat bei Vorliegen der gesetzlichen Aufrechnungsvoraussetzungen zur Folge, dass den Vertragspartnern die Erklärung der einseitigen Aufrechnung bis zum Eintritt der Bedingung bzw. Befristung für gewöhnlich versagt ist[76].

Eine bedingte Aufrechnung durch Vertrag kommt insbesondere dann in Betracht, wenn die Forderungen beider Seiten zwar entstanden, aber noch nicht fällig sind und ihre Tilgung nach dem übereinstimmenden Willen der Beteiligten erst mit Fälligkeit eintreten soll, ohne dass eine weitere Geltendmachung erforderlich ist[77]. Zulässig ist es zudem, einen Aufrechnungsvertrag unter der Bedingung einer Bestimmung der aufzurechnenden Forderungen durch einen der Vertragspartner abzuschließen und damit zwar im Voraus eine verbindliche Vereinbarung über die Aufrechnung an sich zu treffen, den Eintritt der eigentlichen Aufrechnungswirkung aber von einer aufschiebenden Potestativbedingung, also vom Tun oder Unterlassen einer Partei abhängig zu machen[78]. Die Vertragspartner können die vertragliche

---

73 *Gursky*, in: Staudinger, BGB, Vorbem. zu §§ 387 ff. Rn. 67; *Weber*, in: RGRK BGB, Vor § 387 Rn. 32; vgl. auch *Arndt*, Über den Aufrechnungsvertrag des bürgerlichen Rechts in Theorie und Praxis, S. 9; *Schade*, Über den Aufrechnungsvertrag, S. 67.

74 RGZ 132, 218, 221; BFHE 107, 260, 263; 147, 398, 400; *Eisele*, Die Compensation nach römischem und gemeinem Recht, S. 377; *Esser/E. Schmidt*, Schuldrecht, Band I, Allgemeiner Teil, Teilband 1, S. 307; *Gursky*, in: Staudinger, BGB, Vorbem. zu §§ 387 ff. Rn. 66; *Siber*, Compensation und Aufrechnung, S. 142.

75 *Berger*, Der Aufrechnungsvertrag, S. 149; *Schwahn*, Der Aufrechnungsvertrag in der Insolvenz, S. 44.

76 *Gursky*, in: Staudinger, BGB, Vorbem. zu §§ 387 ff. Rn. 66; *Weigelin*, Das Recht zur Aufrechnung als Pfandrecht an der eigenen Schuld, S. 124 f.; a.A. *Gernhuber*, Die Erfüllung und ihre Surrogate, S. 328, Fn. 10.

77 Vgl. BGH NJW 1968, 835; *Berger*, Der Aufrechnungsvertrag, S. 149; *Schwahn*, Der Aufrechnungsvertrag in der Insolvenz, S. 46.

78 *Berger*, Der Aufrechnungsvertrag, S. 151; *Schwahn*, Der Aufrechnungsvertrag in der Insolvenz, S. 46; zur Zulässigkeit von Potestativbedingungen allgemein BGHZ 47, 388, 391; BGH DB 1962, 1567, 1567; NJW 1996, 3338, 3340; *Armbrüster*, in: Erman, BGB, Vor § 158 Rn. 12 f.; *Westermann*, in: MünchKomm BGB, § 158 Rn. 19.

Aufrechnung bestehender Forderungen indes nicht nur unter einer aufschiebenden Bedingung, sondern ebenfalls unter Beifügung einer auflösenden Bedingung vereinbaren, sodass die zur Aufrechnung gestellten Forderungen zunächst ex nunc getilgt werden und mit Bedingungseintritt wieder entstehen[79].

Die bedingte konsensuale Aufrechnung bereits existenter Forderungen stellt nach herrschender Auffassung keine Umgehung des in § 388 S. 2 BGB normierten Verbots dar, eine Aufrechnungserklärung unter einer Bedingung oder Zeitbestimmung abzugeben[80]. Dafür spricht zunächst, dass nach dem Willen der Väter des BGB durch die Einfügung dieser Bestimmung eine bedingte oder betagte Aufrechnung aufgrund vertraglicher Vereinbarung nicht ausgeschlossen werden sollte[81]. Diese Auffassung wird zudem aber auch durch den Telos der Vorschrift des § 388 S. 2 BGB gestützt, denn diese will zum einen entsprechend den allgemeinen Regeln der Bedingungsfeindlichkeit von einseitigen Gestaltungsgeschäften verhindern, dass der Aufrechnungsgegner durch eine bedingte oder betagte einseitige Aufrechnung über Bestand und Tilgung seiner Forderung im Ungewissen bleibt, ohne dass er selbst auf die Rechtslage einwirken kann[82]. Zum anderen soll der Aufrechnungsgegner durch die Anordnung der Bedingungsfeindlichkeit von Aufrechnungserklärungen auch davor geschützt werden, dass er eine im Verhältnis zur geschuldeten Leistung inkongruente Kompensation akzeptieren muss, weil dieser mit einer bedingten oder betagten Aufrechnung weniger erhält, als er tatsächlich zu fordern hat[83].

Die Regelung stellt folglich nach ihrem Sinn und Zweck eine Schutzvorschrift zugunsten des Aufrechnungsgegners dar, die ihn vor den Unbilligkeiten derartiger

---

79 Vgl. *Berger*, Der Aufrechnungsvertrag, S. 149; *Schwahn*, Der Aufrechnungsvertrag in der Insolvenz, S. 44.

80 RGZ 132, 218, 221; *Gernhuber*, Die Erfüllung und ihre Surrogate, S. 234; *Gursky*, in: Staudinger, BGB, § 388 Rn. 29; *Schlüter*, in: MünchKomm BGB, § 388 Rn. 3; *Schwahn*, Der Aufrechnungsvertrag in der Insolvenz, S. 45; *Weber*, in: RGRK BGB, § 388 Rn. 5.

81 Protokolle der Kommission für die zweite Lesung des Entwurfs des Bürgerlichen Gesetzbuchs, Band 1, S. 365 = *Mugdan*, Die gesamten Materialien zum Bürgerlichen Gesetzbuch für das deutsche Reich, Band 1, S. 763; *Berger*, Der Aufrechnungsvertrag, S. 150; *Schwahn*, Der Aufrechnungsvertrag in der Insolvenz, S. 45.

82 BGHZ 23, 395, 397; *Armbrüster*, in: Erman, BGB, Vor § 158 Rn. 18; *Ellenberger*, in: Palandt, BGB, Einf v § 158 Rn. 13; *Gursky*, in: Staudinger, BGB, § 388 Rn. 25; *Schlüter*, in: MünchKomm BGB, § 388 Rn. 3; *Schreiber*, in: Soergel, BGB, § 388 Rn. 1; *Wagner*, in: Erman, BGB, § 388 Rn. 3; *Westermann*, in: MünchKomm BGB, § 158 Rn. 28; vgl. auch Protokolle der Kommission für die zweite Lesung des Entwurfs des Bürgerlichen Gesetzbuchs, Band 1, S. 365 f. = *Mugdan*, Die gesamten Materialien zum Bürgerlichen Gesetzbuch für das deutsche Reich, Band 1, S. 763.

83 *Dennhardt*, in: Bamberger/Roth, BGB, § 388 Rn. 4; *Gursky*, in: Staudinger, BGB, § 388 Rn. 25; *Siber*, in: Planck's Kommentar zum BGB, § 388 Anm. 3; vgl. auch Motive zu dem Entwurfe eines Bürgerlichen Gesetzbuches für das Deutsche Reich, Band 2, S. 108 = *Mugdan*, Die gesamten Materialien zum Bürgerlichen Gesetzbuch für das Deutsche Reich, Band 2, S. 59.

Aufrechnungen bewahren soll[84]. In dieser Funktion versagt § 388 S. 2 BGB jedoch lediglich Aufrechnungserklärungen ohne oder gegen den Willen des Aufrechnungsgegners, da der Schutzzweck der Vorschrift entsprechend dem Grundsatz „volenti non fit iniuria“[85] nicht mehr tangiert ist, sofern sich die andere Seite im konsensualen Weg auf eine bedingte oder betagte Aufrechnung einlässt[86]. Die Bestimmung des § 388 S. 2 BGB gilt damit im Ergebnis ausschließlich für die einseitige Erklärung der Aufrechnung und steht der vertraglichen Aufrechnung unter einer Bedingung oder Zeitbestimmung nicht entgegen.

c) *Antizipierter Aufrechnungsvertrag über künftig entstehende Forderungen*

Die Aufrechnung durch Vertrag kann allerdings nicht allein zur wechselseitigen Tilgung bereits entstandener Verbindlichkeiten eingesetzt werden; möglich ist vielmehr auch eine vorweggenommene Einigung der Vertragsparteien über die Aufrechnung künftiger Forderungen, wenn eine oder alle aufzurechnenden Forderungen im Zeitpunkt des Vertragsschlusses noch nicht existieren[87]. Eine solche antizipierte Aufrechnung durch Vertrag beinhaltet die Vereinbarung, dass bestimmte, künftig zwischen den Beteiligten entstehende Forderungen von selbst in der sich wechselseitig entsprechenden Höhe aufgerechnet sein sollten, ohne dass es nach deren Existentwerden noch einer besonderen Erklärung bedarf[88], und ist mithin ebenfalls unter einer aufschiebenden Bedingung geschlossen, die in diesem Fall allerdings auf die Entstehung der zur Aufrechnung gestellten als solche Forderungen gerichtet ist[89]. Soweit die Vertragsparteien nichts Abweichendes verabredet haben, tritt die Aufrechnungswirkung ohne Weiteres im Augenblick des Entstehens der wechselseitigen Forderungsrechte, bei unterschiedlichen Zeitpunkten erst mit dem zuletzt entstehenden Recht, ein[90]. Der antizipierte Aufrechnungsvertrag kann sich dabei zum einen konkret auf bereits

84 *Seippel*, Inwiefern stehen die Vorschriften über die gesetzliche Aufrechnung unter der Disposition der Parteien?, S. 30.
85 Dem Einwilligenden geschieht kein Unrecht.
86 *Gursky*, in: Staudinger, BGB, § 388 Rn. 29.
87 *Ebert*, Aufrechnungsvereinbarungen nach bisherigem und neuem Insolvenzrecht, S. 15; *Eisele*, Die Compensation nach römischem und gemeinem Recht, S. 377; *Larenz*, Schuldrecht, Erster Band, Allgemeiner Teil, S. 265; *Schlüter*, in: MünchKomm BGB, § 387 Rn. 51; *Wagner*, in: Erman, BGB, § 388 Rn. 18.
88 RG Recht 1913, Nr. 2983; BAG NJW 1967, 459, 460; NJW 1967, 751, 752; *Arndt*, Über den Aufrechnungsvertrag des bürgerlichen Rechts in Theorie und Praxis, S. 11; *Gursky*, in: Staudinger, BGB, Vorbem. zu §§ 387 ff. Rn. 74; *Oertmann*, Das Recht der Schuldverhältnisse, S. 247.
89 *Berger*, Der Aufrechnungsvertrag, S. 152; *Schwahn*, Der Aufrechnungsvertrag in der Insolvenz, S. 51; *Weber*, in: RGRK BGB, Vor § 387 Rn. 31.
90 *Arndt*, Über den Aufrechnungsvertrag des bürgerlichen Rechts in Theorie und Praxis, S. 11; *Berger*, Der Aufrechnungsvertrag, S. 152; *Brüggemeier*, in: Wassermann, AK-BGB, §§ 387–389 Rn. 41; *Gernhuber*, Die Erfüllung und ihre Surrogate, S. 331; *Schreiber*, in: Soergel, BGB, Vor § 387 Rn. 5.

mit dem Vertragsschluss festgelegte künftige Forderungen beziehen, zum anderen aber auch global sämtliche in Zukunft zwischen den Vertragspartnern entstehenden Forderungsrechte umfassen, wobei letzterer Variante in praxi eine weitaus größere Bedeutung zukommt[91].

d) Rechtliche Eigenständigkeit der Vereinbarung einer Aufrechung durch Vertrag

Die Aufrechnung durch Vertrag kann von den Vertragspartnern entweder als eigenständiges Rechtsgeschäft abgeschlossen werden oder aber in Verbindung mit einem anderen Rechtsgeschäft in erster Linie einer genaueren Festlegung der jeweiligen Erfüllungsmodalitäten dienen und von den Beteiligten in ein größeres Vertragswerk als Aufrechnungsklausel aufgenommen werden. Nach *Berger*[92] soll dabei der Zusammenhang mit einem anderen Rechtsgeschäft auch auf die Weise möglich sein, dass die Parteien den Aufrechnungsvertrag mit einem anderen Vertrag derart verknüpfen, dass nach ihrem Willen beide Rechtsgeschäfte voneinander abhängig sein sollen. Dies kann etwa dann in Betracht kommen, wenn ein obligatorischer Vertrag neben einer Aufrechnungsvereinbarung mit der Intention abgeschlossen wird, einem der Vertragspartner durch die Begründung einer Forderung und deren gleichzeitige vertragliche Aufrechnung eine Befriedigung für bereits entstandene Forderungen zu gewähren. Dabei sollen nach der eben genannten Ansicht beide Verträge jedenfalls dann, wenn aufgrund besonderer Umstände konkrete Anhaltpunkte für einen entsprechenden Parteiwillen gegeben sind, die über einen stets gegebenen wirtschaftlichen Zusammenhang hinausreichen, derart zu einer rechtsgeschäftlichen Einheit verbunden sein, dass nach § 139 BGB die Nichtigkeit des einen Vertrages im Zweifel zugleich die Nichtigkeit des anderen bewirkt[93].

Die Frage einer Gesamtnichtigkeit beider Rechtsgeschäfte kann sich jedoch im Grunde nur bei Unwirksamkeit des Aufrechnungsvertrages, nicht aber bei Nichtigkeit des Verpflichtungsvertrages stellen, da die Gültigkeit der vertraglichen Aufrechnung stets von der Existenz oder zumindest von der Entstehung der aufzurechnenden Forderungen und damit ohnehin von der Wirksamkeit der zugrundeliegenden Kausalgeschäfte abhängig ist *(s.u. Seite 105 f.)*. Im Hinblick auf eine Nichtigkeit des Aufrechnungsvertrages wären dabei die Voraussetzungen des § 139 BGB an sich jedenfalls insoweit erfüllt, als grundsätzlich von einer Teilbarkeit des Gesamtgeschäftes ausgegangen werden könnte, da der Aufrechnungsvertrag lediglich die Erfüllungsmodalitäten des Verpflichtungsvertrages festlegt und folglich das obligatorische Rechtsgeschäft

---

91 *Berger*, Der Aufrechnungsvertrag, S. 152; *Schwahn*, Der Aufrechnungsvertrag in der Insolvenz, S. 51; vgl. auch *Brüggemeier*, in: Wassermann, AK-BGB, §§ 387–389 Rn. 41.

92 *Berger*, Der Aufrechnungsvertrag, S. 202; siehe hierzu etwa die Sachverhalte bei BGH WM 2004, 1966; NJW-RR 2005, 1641; NZI 2009, 67.

93 *Berger*, Der Aufrechnungsvertrag, S. 202.

als abtrennbarer Teil auch für sich existenzfähig wäre[94]. Des Weiteren könnte jedenfalls in der vorgenannten Konstellation auch nicht davon ausgegangen werden, dass das Verpflichtungsgeschäft auch ohne die Aufrechnungsvereinbarung dem hypothetischen Willen beider Parteien entspräche und ohne diese gleichfalls abgeschlossen worden wäre[95].

Gleichwohl muss die Annahme einer Geschäftseinheit aus zugrundeliegendem Kausalgeschäft und nachfolgendem Aufrechnungsvertrag abgelehnt werden, da durch diese Verbindung von Verpflichtungs- und Erfüllungsgeschäft der Abstraktionsgrundsatz durchbrochen würde. Diese Ansicht deckt sich auch mit der h.L., welche im Hinblick auf § 139 BGB eine Zusammenfassung von obligatorischem und dinglichem Vertrag auf Grundlage des Parteiwillens prinzipiell für unzulässig erachtet, weil das Abstraktionsprinzip grundsätzlich nicht zur privatautonomen Disposition der Beteiligten steht[96]. Daran ändert auch der bisweilen von der Gegenansicht ins Feld geführte Umstand nichts, dass die Parteien ein entsprechendes Abhängigkeitsverhältnis zwischen kausalem und dinglichem Rechtsgeschäft ebenfalls durch Vereinbarung einer Bedingung erreichen können[97]. Diese Konstellation unterscheidet sich nämlich von der Annahme einer Geschäftseinheit, bei welcher Grund- und Erfüllungsgeschäft unter Abkehr vom Abstraktionsgrundsatz als Teile eines einheitlichen Rechtsgeschäfts interpretiert werden dadurch, dass bei Vereinbarung einer Bedingung beide Rechtgeschäfte in ihrem Bestand als separate Rechtsakte erhalten bleiben und lediglich durch diese Bedingung verklammert sind, womit das Trennungsprinzip aber gerade gewahrt wird.

Im Ergebnis sind daher das forderungsbegründende Kausalgeschäft und der nachfolgende Aufrechnungsvertrag nicht als Geschäftseinheit i.S.d. § 139 BGB anzusehen, mit der Folge, dass das Verpflichtungsgeschäft selbst dann, wenn es gerade zu dem Zweck abgeschlossen wurde, eine spätere Aufrechnung zu ermöglichen, nicht

94 Vgl. RGZ 93, 334, 338; BGH NJW 62, 912, 913; NJW 1996, 773, 774; *Arnold*, in: Erman, BGB, § 139 Rn. 18; *Busche*, in: MünchKomm BGB, § 139 Rn. 24; *Hefermehl*, in: Soergel, BGB, § 139 Rn. 23; *Roth*, in: Staudinger, BGB, § 139 Rn. 60; *Wolf/Neuner*, Allgemeiner Teil des bürgerlichen Rechts, § 56 Rn. 16.

95 Vgl. hierzu BGH NJW-RR 1997, 684, 685; *Busche*, in: MünchKomm BGB, § 139 Rn. 29; *Ellenberger*, in: Palandt, BGB, § 139 Rn. 14; *Roth*, in: Staudinger, BGB, § 139 Rn. 74; *Wolf/Neuner*, Allgemeiner Teil des bürgerlichen Rechts, § 56 Rn. 23.

96 *Arnold*, in: Erman, BGB, § 139 Rn. 14; *Flume*, Allgemeiner Teil des Bürgerlichen Rechts, Zweiter Band, S. 571; *Hefermehl*, in: Soergel, BGB, § 139 Rn. 20; *Roth*, in: Staudinger, BGB, § 139 Rn. 54; *Wolf/Neuner*, Allgemeiner Teil des bürgerlichen Rechts, § 56 Rn. 12; kritisch auch *Busche*, in: MünchKomm BGB, § 139 Rn. 20; a.A. BGHZ 31, 321, 323; 82, 188, 196; 112, 376, 378; BGH NJW 1967, 1128, 1130; NJW 1982, 275, 276; NJW 1985, 3006, 3007; BAG NJW 1967, 751; *Eisenhardt*, JZ 1991, 271, 277; *Ellenberger*, in: Palandt, BGB, § 139 Rn. 7; *Faust*, in: Dauner-Lieb/Heidel/Ring, Anwaltkommentar BGB, § 139 Rn. 17; *Wendtland*, in: Bamberger/Roth, BGB, § 139 Rn. 10.

97 So aber *Ellenberger*, in: Palandt, BGB, § 139 Rn. 7; *Westermann*, in: MünchKomm BGB, § 158 Rn. 28; vgl. auch *Arnold*, in: Erman, BGB, § 139 Rn. 14.

von der Wirksamkeit der konsensualen Aufrechnung abhängig ist. Denkbar wäre allenfalls, die Rechtsbeständigkeit der vertraglichen Aufrechnung als subjektive Geschäftsgrundlage des Kausalgeschäftes anzusehen und dem aus der Forderung verpflichteten Vertragspartner bei Unwirksamkeit der Aufrechnung ein Rücktrittsrecht nach § 313 Abs. 3 S. 1 BGB zuzubilligen, wobei im Falle der Beseitigung der Aufrechnungswirkungen im Wege der Insolvenz- oder Gläubigeranfechtung eine Anwendung des § 313 BGB allerdings für gewöhnlich an der Vorhersehbarkeit der Anfechtbarkeit scheitern wird *(vgl. hierzu Seiten 268 f., 304 f.)*.

3. Verhältnis zu den Erfordernissen der einseitigen Aufrechnung

Im Rahmen der Ausführungen zu den Rechtsquellen der konsensualen Aufrechnung wurde bereits festgestellt, dass der Aufrechnungsvertrag als alleinig in der Privatautonomie und der Vertragsfreiheit begründetes Rechtsgeschäft grundsätzlich nicht an die Regelungen der §§ 387 ff. BGB gebunden ist und seine materiellrechtlichen Beschränkungen ausschließlich in zwingenden Regelungen des bürgerlichen Rechts sowie unverzichtbaren Charakteristika der Aufrechnung findet *(s.o. Seite 95)*. Insoweit bleibt aber nachfolgend zu klären, welche Regelungen und Aufrechnungsmerkmale es sind, die auch für die vertragliche Aufrechnung als unverfügbar erachtet werden müssen.

a) Abweichungsmöglichkeiten von den Voraussetzungen der §§ 387 ff. BGB

Das Erfordernis der Gegenseitigkeit *(vgl. hierzu Seite 85)* wurde in der älteren Aufrechnungsrechtlichen Literatur noch als zwingendes Element der Aufrechnung durch Vertrag angesehen, weil durch einen Verzicht auf die wechselseitige Forderungsinhaberschaft der Begriff der Kompensation selbst aufgegeben würde[98]. Diese Auffassung wird heute zu Recht nicht mehr vertreten, da zum einen aus der Wertung der §§ 267, 268 BGB geschlossen werden kann, dass die Aufrechnung durch Vertrag auch mit Forderungen gegen einen außenstehenden Dritten zulässig ist[99] und zum anderen ein Beteiligter entsprechend den allgemeinen Grundsätzen für Verfügungsgeschäfte im Wege der Aufrechnungsvereinbarung genauso mit Forderungen eines Dritten aufrechnen darf, wenn er nur zur Verfügung über diese Forderung ermächtigt ist[100]. Aus diesen Gründen ist mit der heute ganz h.L. ist

---

98 *Eisele*, Die Compensation nach römischem und gemeinem Recht, S. 245; *Schade*, Über den Aufrechnungsvertrag, S. 53; *Schwengler*, Über die Kompensation durch Vertrag, S. 39; vgl. auch *Schoemann*, Das pactum de compensando, S. 18; *Seippel*, Inwiefern stehen die Vorschriften über die gesetzliche Aufrechnung unter der Disposition der Parteien?, S. 22.

99 RGZ 72, 377, 378 f.; BGH NJW 1982, 386, 387; *Arndt*, Über den Aufrechnungsvertrag des bürgerlichen Rechts in Theorie und Praxis, S. 45; *Gursky*, in: Staudinger, BGB, Vorbem zu §§ 387 ff Rn. 69; *Schlüter*, in: MünchKomm BGB, § 387 Rn. 52.

100 BGHZ 94, 132, 135; 95, 188, 190; *Esser/E. Schmidt*, Schuldrecht, Band I, Allgemeiner Teil, Teilband 1, S. 306; *Gursky*, in: Staudinger, BGB, Vorbem zu §§ 387 ff Rn. 69; *Schreiber*, in: Soergel, BGB, Vor § 387 Rn. 5.

davon auszugehen, dass eine vertragliche Aufrechnung ohne Erfüllung des Gegenseitigkeitskriteriums gleichfalls wirksam ist, sofern den Vertragspartnern zumindest die Verfügungsbefugnis über die aufzurechnenden Forderungen zukommt oder der Inhaber der Drittforderung an der Aufrechnungsvereinbarung beteiligt wurde[101]. Darüber hinausgehend ist die vertragliche Aufrechnung im Unterschied zur einseitig erklärten Aufrechnung *(vgl. hierzu Seite 85)* sogar der rückwirkenden Genehmigung nach § 185 Abs. 2 S. 1 BGB zugänglich, sodass auch ein ohne entsprechende Verfügungsmacht geschlossener Aufrechnungsvertrag nicht absolut, sondern lediglich schwebend unwirksam ist[102].

Entbehrlich sind hinsichtlich der Aufrechnung durch Vertrag nach ganz h.M. des Weiteren die Erfordernisse der Fälligkeit, Einredefreiheit sowie Erfüllbarkeit der zur Aufrechnung gestellten Forderungen *(vgl. hierzu Seite 86)*[103], da die Schutzintention dieser Kriterien des gesetzlichen Aufrechnungsrechts – den Aufrechnungsgegner vor einer aufgedrängten Tilgung zu bewahren – für die konsensuale Aufrechnung nicht mehr gegeben ist[104]. Ebenso wie den Parteien eine freiwillige Erfüllung einredebehafteter Forderungen möglich ist, können sie deren Tilgung also auch im Wege der Aufrechnung durch Vertrag vornehmen, wobei die Vereinbarung regelmäßig dahingehend auszulegen ist, dass in ihr zugleich der Verzicht auf die betreffende Einrede – etwa die mangelnder Fälligkeit – enthalten ist[105]. Aus diesem Grunde sind die Parteien zudem nicht an die Voraussetzungen des § 215 Alt. 1 BGB gebunden, um bereits verjährte Forderungen verrechnen zu können, da ihnen auch insoweit

---

101 RGZ 6, 253, 255; 78, 382, 384; RG JW 1913, 264 f.; 40, 115, 119; BGH WM 1968, 404, 405; ZInsO 2010, 1091, 1091; *Berger*, Der Aufrechnungsvertrag, S. 241 f.; *Dullinger*, Handbuch der Aufrechnung, S. 259; *Gernhuber*, Die Erfüllung und ihre Surrogate, S. 329; *Grüneberg*, in: Palandt, BGB, § 387 Rn. 20; *Larenz*, Schuldrecht, Erster Band, Allgemeiner Teil, S. 265; vgl. auch *Alexander*, Datio in solutum und compensatio voluntaria, S. 49; *Dernburg*, Geschichte und Theorie der Kompensation, S. 593; *Leonhard*, Allgemeines Schuldrecht des BGB, S. 611; *Trinkner*, BB 1967, 35, 36; *Wagner*, in: Erman, BGB, § 388 Rn. 19; *Weber*, in: RGRK BGB, Vor § 387 Rn. 32.

102 *Esser/E. Schmidt*, Schuldrecht, Band I, Allgemeiner Teil, Teilband 1, S. 306; *Gursky*, in: Staudinger, BGB, Vorbem zu §§ 387 ff Rn. 69.

103 RGZ 6, 253, 255; 72, 377, 378; 104, 186, 188; RG JW 1910, 229; BGH WM 1968, 404, 406; NJW 1970, 41, 42; NJW 1985, 2409, 2409 f.; *Arndt*, Über den Aufrechnungsvertrag des bürgerlichen Rechts in Theorie und Praxis, S. 48; *Esser/E. Schmidt*, Schuldrecht, Band I, Allgemeiner Teil, Teilband 1, S. 307; *Gursky*, in: Staudinger, BGB, Vorbem zu §§ 387 ff Rn. 68; *Grüneberg*, in: Palandt, BGB, § 387 Rn. 20; *Schlüter*, in: MünchKomm BGB, § 387 Rn. 52; *Trinkner*, BB 1967, 35, 36; *Wagner*, in: Erman, BGB, § 388 Rn. 19; *Weber*, in: RGRK BGB, Vor § 387 Rn. 32.

104 Vgl. *Berger*, Der Aufrechnungsvertrag, S. 281; *Gernhuber*, Die Erfüllung und ihre Surrogate, S. 330.

105 *Alexander*, Datio in solutum und compensatio voluntaria, S. 48; *Schade*, Über den Aufrechnungsvertrag, S. 54; *Seippel*, Inwiefern stehen die Vorschriften über die gesetzliche Aufrechnung unter der Disposition der Parteien?, S. 24.

ein Verzicht auf das entsprechende Leistungsverweigerungsrecht offen steht[106]. In Bezug auf die vorstehenden Ausführungen bleibt allerdings zu bedenken, dass die Wirksamkeit der vertraglichen Aufrechnung zwar an sich nicht der Einredefreiheit bzw. Erfüllbarkeit der aufzurechnenden Forderungen bedarf, die Vertragspartner indes ohne Weiteres auch die Aufrechterhaltung dieser Erfordernisse in ihre Aufrechnungsabrede aufnehmen dürfen. So können die Beteiligten etwa vereinbaren, dass nur fällige Forderungen durch den Aufrechnungsvertrag getilgt werden sollen und auf diese Weise die Anwendbarkeit der Regelung des § 390 BGB auch für die konsensuale Aufrechnung festlegen[107].

b) Zwingende Elemente der Aufrechnung durch Vertrag

Ein großer Teil der Literatur ist ausgehend vom Primat der Privatautonomie im Aufrechnungsvertragsrecht der Auffassung, dass die Gleichartigkeit der aufzurechnenden Forderungen ebenfalls kein zwingendes Wirksamkeitserfordernis der Aufrechnung durch Vertrag sei[108]. Die Gleichartigkeit der Leistungsgegenstände stellt indes richtiger Ansicht nach ein solch essentielles Begriffsmerkmal der Aufrechnung an sich dar, dass auf diese Voraussetzung auch im Rahmen der vertraglichen Aufrechnung nicht verzichtet werden kann[109]. Dies bedeutet freilich nicht, dass die gegenseitige vertragliche Aufhebung ungleichartiger Forderungen in der

---

106 *Gursky*, in: Staudinger, BGB, Vorbem zu §§ 387 ff Rn. 73.

107 Vgl. BGH WM 1968, 404, 406; *Berger*, Der Aufrechnungsvertrag, S. 281; *Gursky*, in: Staudinger, BGB, Vorbem zu §§ 387 ff Rn. 68.

108 RGZ 6, 253, 255; BGH WM 1968, 404, 405; NJW 1998, 978, 979; *Alexander*, Datio in solutum und compensatio voluntaria, S. 49; *Eisele*, Die Compensation nach römischem und gemeinem Recht, S. 245; *Dennhardt*, in: Bamberger/Roth, BGB, § 387 Rn. 10; *Gernhuber*, Die Erfüllung und ihre Surrogate, S. 329; *Grüneberg*, in: Palandt, BGB, § 387 Rn. 20; *Harke*, Allgemeines Schuldrecht, Rn. 383; *Schade*, Über den Aufrechnungsvertrag, S. 49; *Schoemann*, Das pactum de compensando, S. 19; *Siber*, Compensation und Aufrechnung, S. 62 f.; vgl. auch *Arndt*, Über den Aufrechnungsvertrag des bürgerlichen Rechts in Theorie und Praxis, S. 41; *Schwengler*, Über die Kompensation durch Vertrag, S. 37, die dieses Ergebnis allerdings mit einer heute zu Recht abgelehnten Interpretation des Aufrechnungsvertrages als gegenseitigen Erlassvertrag begründen. Missverständlich ist insoweit die Entscheidung BGHZ 40, 115, 119, die einen Aufrechnungsvertrag über ungleichartige Forderungen für zulässig erachtet, genau besehen aber diese Frage gar nicht betraf, da dort lediglich eine vertragliche Aufrechnung gleichartiger Leistungsgegenstände bei ungleichartigem Rechtsgrund vorlag und damit gar keine ungleichartigen Forderungen im Sinne des Aufrechnungsrechts bestanden; vgl. *Weber*, in: RGRK BGB, Vor § 387 Rn. 32.

109 *Berger*, Der Aufrechnungsvertrag, S. 244; *Esser/E. Schmidt*, Schuldrecht, Band I, Allgemeiner Teil, Teilband 1, S. 306; *Gursky*, in: Staudinger, BGB, Vorbem zu §§ 387 ff Rn. 68; *Larenz*, Schuldrecht, Erster Band, Allgemeiner Teil, S. 265; *Schlüter*, in: MünchKomm BGB, § 387 Rn. 52; *Trinkner*, BB 1967, 35, 36; *Weber*, in: RGRK BGB, Vor § 387 Rn. 32.

Konsequenz als unwirksam anzusehen wäre, da die Parteien aufgrund ihrer Vertragsfreiheit ohne weiteres auch eine derartige Vereinbarung treffen können. Dieses Rechtsgeschäft hat dann allerdings nichts mehr mit einer Aufrechnung durch Vertrag gemein, sondern ist dem gegenüber als wechselseitige vertragliche Tilgung durch Leistung an Erfüllungs Statt zu interpretieren[110].

Die vertragliche Aufrechnung von währungsverschiedenen Geldforderungen ist dagegen trotz an sich bestehender Ungleichartigkeit *(s.o. Seite 86)* grundsätzlich für zulässig zu erachten. Damit wird aber keineswegs eine Ausnahme vom eben bejahten Gleichartigkeitserfordernis statuiert, vielmehr wird durch eine diesbezügliche Aufrechnungsabrede die Ungleichartigkeit der Leistungsgegenstände mitbeseitigt, indem die Parteien entweder die Umrechnung einer der Forderungen explizit vorsehen oder wenigstens konkludent die Umrechnung der niedrigeren Forderung in die Währung der anderen vereinbaren[111]. Sofern die Beteiligten keine besonderen Abreden getroffen haben, bestimmt sich der Umrechungskurs bei einem ad hoc wirksamen Aufrechnungsvertrag nach dem Zeitpunkt des Vertragsschlusses, bei einer antizipierten Aufrechnungsvereinbarung hingegen nach dem Zeitpunkt, in welchem die Aufrechnungswirkungen eintreten sollen[112].

Eine unabdingbare Voraussetzung für die Wirksamkeit der vertraglichen Aufrechnung bestehender Forderungen ist des Weiteren die tatsächliche Existenz der aufzurechnenden Forderungen, da die in der vertraglichen Aufrechnung liegende Verfügung *(s.u. Seite 109 f.)* ansonsten in Ermangelung eines entsprechenden Verfügungsobjektes gegenstandslos bliebe[113]. Soweit eine der zur Aufrechnung gestellten Forderungen nicht rechtsgültig ist oder bereits auf andere Weise, etwa durch eine

---

110 *Berger*, Der Aufrechnungsvertrag, S. 245; *Gursky*, in: Staudinger, BGB, Vorbem zu §§ 387 ff Rn. 68; *Schlüter*, in: MünchKomm BGB, § 387 Rn. 52; *Schreiber*, in: Soergel, BGB, Vor § 387 Rn. 5; in diese Richtung auch *Wagner*, in: Erman, BGB, § 388 Rn. 19; unentschieden im Hinblick auf das dann anzunehmende Rechtsgeschäft hingegen *Siber*, in: Planck's Kommentar zum BGB, Vorbem. § 387 Anm. 1; *Weber*, in: RGRK BGB, Vor § 387 Rn. 32.

111 Vgl. RGZ 167, 61, 62; KG NJW 1988, 2181; *Gursky*, in: Staudinger, BGB, § 387 Rn. 82; *K. Schmidt*, in: Staudinger, BGB, § 244 Rn. 67.

112 *Berger*, Der Aufrechnungsvertrag, S. 276; *Gursky*, in: Staudinger, BGB, § 387 Rn. 82.

113 RG JW 1910, 752, 752; Recht 1914, Nr. 2408; Recht 1920, Nr. 2343; BGH NJW-RR 1991, 744, 744; NJW 1998, 978, 979; NJW 2000, 3065, 3067; *Alexander*, Datio in solutum und compensatio voluntaria, S. 47; *Berger*, Der Aufrechnungsvertrag, S. 225; *Dennhardt*, in: Bamberger/Roth, BGB, § 387 Rn. 12; *Dernburg*, Geschichte und Theorie der Kompensation, S. 594; *Gernhuber*, Die Erfüllung und ihre Surrogate, S. 328; *Grüneberg*, in: Palandt, BGB, § 387 Rn. 20; *Gursky*, in: Staudinger, BGB, Vorbem zu §§ 387 ff Rn. 71; *Larenz*, Schuldrecht, Erster Band, Allgemeiner Teil, S. 265; *Schreiber*, in: Soergel, BGB, Vor § 387 Rn. 5; *Wagner*, in: Erman, BGB, § 388 Rn. 19; *Weber*, in: RGRK BGB, Vor § 387 Rn. 31; a.A. *Enneccerus/Lehmann*, Lehrbuch des Bürgerlichen Rechts, Band 2, S. 277; *Leonhard*, ArchBürgR 21 (1902), 171, 179.

vorangegangene Aufrechnung[114], getilgt wurde, bleibt aus diesem Grunde auch die andere tatsächlich existente Forderung ungeschmälert erhalten[115]. Etwas anderes kann nur dann gelten, wenn den Parteien die Nichtexistenz einer der Forderungen bei Vertragsschluss bewusst war und diese dennoch das Erlöschen der anderen Forderung bewirken wollten, wobei aber dann kein Aufrechnungsvertrag, sondern vielmehr ein Erlass der wirksamen Forderung vorliegt[116].

Anders als im Rahmen der vertraglich vereinbarten Aufrechnung bestehender Forderungen kann die Existenz der aufzurechnenden Forderungen selbstverständlich dann kein Wirksamkeitserfordernis darstellen, wenn die Beteiligten eine antizipierte Aufrechnung über künftige Forderungen vereinbart haben und der Vertrag damit unter der aufschiebenden Bedingung einer zukünftigen Forderungsentstehung geschlossen wurde *(s.o. Seite 99)*. Im Hinblick auf die Wirksamkeit dieser antizipierten Aufrechnung durch Vertrag ist allerdings bei Vertragsschluss mindestens eine derart hinreichende Bestimmtheit bzw. Bestimmbarkeit der betreffenden Forderungsrechte nötig, dass für jede Forderung im Augenblick ihres Entstehens definitiv feststeht, ob sie in die vereinbarte Verrechnung einbezogen ist[117]. Sofern der antizipierte Ausrechnungsvertrag nach diesen Kriterien gültig abgeschlossen wurde, entfällt seine Wirksamkeit regelmäßig erst dann wieder, wenn eine der aufzurechnenden Forderungen endgültig nicht mehr entstehen kann und insoweit ein Ausfall der rechtsgeschäftlichen Bedingung eintritt[118].

---

114 Vgl. *Schade*, Über den Aufrechnungsvertrag, S. 47.

115 A.A. *Leonhard*, Allgemeines Schuldrecht des BGB, S. 611; *Schade*, Über den Aufrechnungsvertrag, S. 49, die einen derartigen Aufrechnungsvertrag für wirksam erachten und lediglich einen Ausgleich über das Kondiktionsrecht zulassen wollen.

116 *Alexander*, Datio in solutum und compensatio voluntaria, S. 48; *Berger*, Der Aufrechnungsvertrag, S. 230; *Gernhuber*, Die Erfüllung und ihre Surrogate, S. 329; *Gursky*, in: Staudinger, BGB, Vorbem zu §§ 387 ff Rn. 72; *Schade*, Über den Aufrechnungsvertrag, S. 49; *Schlüter*, in: MünchKomm BGB, § 387 Rn. 52; *Siber*, Compensation und Aufrechnung, S. 144 f.; offen gelassen bei BGH WM 1966, 651, 653; etwas arg gekünstelt *Enneccerus/Lehmann*, Lehrbuch des Bürgerlichen Rechts, Band 2, S. 277; *Schreiber*, in: Soergel, BGB, Vor § 387 Rn. 5, die insoweit eine Neubegründung der Forderung durch Novation zum Zwecke der Aufrechnung annehmen.

117 *Berger*, Der Aufrechnungsvertrag, S. 152; *Ebert*, Aufrechnungsvereinbarungen nach bisherigem und neue Insolvenzrecht, S. 15; *Esser/E. Schmidt*, Schuldrecht, Band I, Allgemeiner Teil, Teilband 1, S. 307; *Gernhuber*, Die Erfüllung und ihre Surrogate, S. 331; *Schwahn*, Der Aufrechnungsvertrag in der Insolvenz, S. 51; vgl. auch *Arndt*, Über den Aufrechnungsvertrag des bürgerlichen Rechts in Theorie und Praxis, S. 12; *Oertmann*, Das Recht der Schuldverhältnisse, S. 247.

118 Vgl. BGH WM 2003, 1066, 1069; *Flume*, Allgemeiner Teil des Bürgerlichen Rechts, Zweiter Band, S. 7; *Ellenberger*, in: Palandt, BGB, § 158 Rn. 3; *Wolf/Neuner*, Allgemeiner Teil des bürgerlichen Rechts, § 52 Rn. 28.

4. *Wirkungen der Aufrechnung durch Vertrag*

Ähnlich der einseitigen gesetzlichen Aufrechnung bezweckt und bewirkt die Aufrechnung durch Vertrag die wechselseitige Tilgung der aufzurechnenden Forderungen, wobei sich allerdings Umfang und Zeitpunkt der Erlöschenswirkung grundsätzlich nach dem durch Auslegung des Aufrechnungsvertrages zu ermittelnden Willen der Vertragspartner bestimmen[119]. Im Hinblick auf die antizipiert vereinbarte Aufrechnung künftiger Forderungen ist in Ermangelung anderweitiger Parteiabreden regelmäßig davon auszugehen, dass die Tilgung nach dem Willen der Beteiligten mit dem Eintritt der entsprechenden Bedingung, also mit Entstehung der wechselseitigen Forderungsrechte wirksam werden soll *(s.o. Seite 99)*[120]. Da die Aufrechnung durch Vertrag nicht den Voraussetzungen des gesetzlichen Aufrechungsrechts unterliegt, kommt bei der vertraglichen Aufrechnung bestehender Forderungen eine automatische Rückwirkung auf den Eintritt der Aufrechnungslage nach § 389 BGB grundsätzlich nicht in Betracht, vielmehr sind die Parteien frei, die Tilgung der Verbindlichkeiten auch zu einem früheren oder späteren Zeitpunkt als dem der erstmaligen Aufrechenbarkeit eintreten zu lassen[121].

Die Regelung des § 389 BGB lässt sich aber jedenfalls bei den Aufrechnungsverträgen mit Sofortvollzug *(s.o. Seite 95 f.)* als Auslegungsregel für die in Praxi seltenen Fälle heranziehen, in denen eine vertragliche Aufrechung trotz bereits bestehender Aufrechnungslage vereinbart wird. Hier kann im Zweifel vermutet werden, dass sich die Vertragsschließenden am Leitbild der ebenfalls möglichen gesetzlichen Aufrechnung orientiere und die Rechtsfolge der Rückwirkung auf den Eintritt der Aufrechenbarkeit beabsichtigen[122]. Wenn hingegen bereits existierende Forderungen ohne vorherige Aufrechnungslage durch einen Aufrechnungsvertrag getilgt werden und die Parteien keine anderweitige Vereinbarung über den Aufrechnungszeitpunkt, etwa durch Beifügung einer Bedingungs- bzw. Befristungsabrede *(s.o. Seite 97)* getroffen haben, realisiert sich die Aufrechnungswirkung unmittelbar mit dem Abschluss des

---

119 Vgl. *Arndt*, Über den Aufrechnungsvertrag des bürgerlichen Rechts in Theorie und Praxis, S. 49; *Dullinger*, Handbuch der Aufrechnung, S. 262; *Esser/E. Schmidt*, Schuldrecht, Band I, Allgemeiner Teil, Teilband 1, S. 307; *Gernhuber*, Die Erfüllung und ihre Surrogate, S. 334.

120 *Arndt*, Über den Aufrechnungsvertrag des bürgerlichen Rechts in Theorie und Praxis, S. 50; *Esser/E. Schmidt*, Schuldrecht, Band I, Allgemeiner Teil, Teilband 1, S. 307; *Schade*, Über den Aufrechnungsvertrag, S. 64.

121 *Gernhuber*, Die Erfüllung und ihre Surrogate, S. 334; vgl. auch *Berger*, Der Aufrechnungsvertrag, S. 282.

122 Vgl. *Enneccerus/Lehmann*, Lehrbuch des Bürgerlichen Rechts, Band 2, S. 277; *Gursky*, in: Staudinger, BGB, Vorbem. zu §§ 387 ff. Rn. 66; vgl. überdies *Berger*, Der Aufrechnungsvertrag, S. 282; *Schlüter*, in: MünchKomm BGB, § 389 Rn. 3; kritisch *Gernhuber*, Die Erfüllung und ihre Surrogate, S. 334; unentschieden *Esser/E. Schmidt*, Schuldrecht, Band I, Allgemeiner Teil, Teilband 1, S. 307: „Meist erlöschen die Forderungen mit Vertragsschluss, oft rückwirkend“.

Aufrechnungsvertrages, da erst in diesem Moment die Aufrechnungsfähigkeit der gegenseitigen Forderungen hergestellt wird[123].

5. *Funktionen der konsensualen Aufrechnung*

Die Aufrechnung durch Vertrag ist grundsätzlich auf dasselbe rechtliche Ziel wie die gesetzliche Aufrechnung – d.h. die wechselseitige Tilgung von Forderungsrechten – gerichtet[124]. Da sie jedoch im konsensualen Weg vollzogen wird, lassen sich die Beteiligten nicht mehr einseitig nach den Rechtspositionen des Aufrechnenden bzw. des Aufrechungsgegners klassifizieren, sondern es kommt jeder Vertragpartei zugleich die Rolle des Aufrechnenden und des Aufrechnungsempfängers zu, womit aber auch die betroffenen Forderungen ihren Charakter als Aktiv- bzw. Passivforderung verlieren. Dies bedeutet allerdings keineswegs, dass sich die mit der einseitigen Aufrechung verbundenen Funktionen im Sinne der Kombinationstheorie *(s.o. Seite 88 ff.)* nicht auch im Recht der vertraglichen Aufrechnung wiederfinden lassen, vielmehr führt die konsensuale Natur des Aufrechnungsvertrages bisweilen sogar zu einer Vervielfältigung der Aufrechnungsfunktionen, wenngleich auch nicht sämtliche Funktionsaspekte des einseitigen Aufrechnungsrechts übertragen werden können.

So kann in Bezug auf die die Aufrechnung durch Vertrag zunächst ebenfalls eine Erfüllungs- und Tilgungsfunktion ausgemacht werden, wobei aber hier nicht nur eine Seite, sondern beide Vertragsparteien Erfüllungs- bzw. Tilgungsinteressen verfolgen[125]. Der konsensualen Aufrechung kommt des Weiteren eine Sicherungsfunktion zugunsten der Vertragsschließenden zu, die indes nur insoweit Bedeutung erlangt, als die Aufrechnung erst in der Zukunft erfolgen soll, weil der Aufrechungsvertrag nur dann für die Beteiligten Schutzwirkungen gegen nachfolgende Verfügungen des anderen Teils oder Vollstreckungsmaßnahmen Dritter entfalten kann. Diese Sicherungsfunktion unterscheidet sich dabei allerdings insofern von der des gesetzlichen Aufrechnungsrechts, als die Sicherungswirkungen bei der antizipierten Aufrechnung durch Vertrag bereits durch den Vertragsschluss selbst und nicht durch den Eintritt einer Aufrechnungslage vermittelt werden, da die vertraglich vorausgesetzte Aufrechnungslage – soweit man überhaupt von einer solchen sprechen will – erst in dem Moment zur Entstehung gelangt, in welchem auch der Vollzug der Aufrechnung erfolgt und damit keine eigenständigen Rechtswirkungen entfaltet.

Die Vollstreckungsfunktion der gesetzlichen Aufrechnung findet hingegen im Recht der Aufrechnungsverträge keine Entsprechung, da die Wirkungen der vertraglichen Aufrechnung nicht im Wege der „Selbstexekution" eines Forderungsinhabers gegen den Willen des anderen Teils, sondern unmittelbar durch die privatautonome Willenseinigung beider Forderungsinhaber herbeigeführt werden. Die Aufrechnung durch Vertrag zeitigt somit zwar jedenfalls hinsichtlich der in Zukunft wirksam

123 *Arndt*, Über den Aufrechnungsvertrag des bürgerlichen Rechts in Theorie und Praxis, S. 50; *Schade*, Über den Aufrechnungsvertrag, S. 63.

124 *Berger*, Der Aufrechnungsvertrag, S. 87.

125 Vgl. *Berger*, Der Aufrechnungsvertrag, S. 88.

werdenden Aufrechungsvereinbarungen durchaus pfandrechtsähnliche Sicherungswirkungen, in Ermangelung eines der Pfandrechtsverwertung vergleichbaren einseitigen Rechtsaktes – wie er in der Aufrechnungserklärung eines gesetzlich Aufrechungsberechtigten erblickt werden kann – entfernt sie sich im Ergebnis aber deutlich von der für das einseitige Aufrechungsrecht angenommenen Vergleichbarkeit mit einem Pfandrecht an der eigenen Schuld *(vgl. hierzu Seite 91).*

6. Rechtsnatur

Die Aufrechnung durch Vertrag ist wie die gesetzliche Aufrechnung verfügender Natur *(vgl. hierzu Seite 91),* stellt aber im Gegensatz zu dieser kein Gestaltungsrecht sondern einen schuldrechtlichen Verfügungsvertrag dar[126]. Aufgrund ihres konsensualen Charakters kann bei der vertraglichen Aufrechnung zudem nicht allein eine Verfügung nur eines der Forderungsinhaber angenommen werden, vielmehr liegt ein Verfügungsgeschäft jedes Vertragspartners vor, mit welchem jede Partei derart über das eigene Forderungsrecht verfügt, als ob sie selbst die Position des einseitig Aufrechnenden innehätte[127]. Der Aufrechnungsvertrag lässt sich dabei allerdings dogmatisch nicht als Verbindung zweier gegenseitiger Verfügungen über die beiderseitigen Forderungen interpretieren, die jeweils nur gemeinsam mit der Verfügung des anderen Teils wirksam sein sollen[128]. Dieser Ansatz scheint deutlich von der früher bisweilen vertretenen Auffassung geprägt, welche im Aufrechnungsvertrag eine Mehrheit von selbständigen Erlassverträgen erblickte, die lediglich durch ein Kausalverhältnis[129] oder die Beifügung einer Bedingung[130] miteinander verbunden sind. Während im Grunde schon die Deutung über das Rechtsinstitut des Erlasses das Wesen der konsensualen Aufrechnung nur unzureichend wiedergibt, wird jedenfalls die Aufteilung des Aufrechnungsvertrages in getrennte Verfügungsakte dessen Bedeutung als bilaterales Erfüllungs- und Tilgungsinstrument nicht gerecht *(s.o. Seite 108):* Die Vertragspartner verfügen nicht um der Verfügung des anderen Willen, sondern wollen uno actu die Befreiung als Schuldner und Befriedigung als

126 Vgl. *Berger,* Der Aufrechnungsvertrag, S. 125; *Brüggemeier,* in: Wassermann, AK-BGB, §§ 387–389 Rn. 39; *Dennhardt,* in: Bamberger/Roth, BGB, § 387 Rn. 12; *Grüneberg,* in: Palandt, BGB, § 387 Rn. 19; *Krawielicki,* Grundlagen des Bereicherungsanspruchs, S. 27; *Schwahn,* Der Aufrechnungsvertrag in der Insolvenz, S. 26; *Stürner,* in: Jauernig, BGB, § 387 Rn. 15; *Wagner,* in: Erman, BGB, § 388 Rn. 18.

127 *Berger,* Der Aufrechnungsvertrag, S. 125.

128 So aber *Larenz,* Schuldrecht, Erster Band, Allgemeiner Teil, S. 266.

129 *Leonhard,* ArchBürgR 21(1902), 171, 178; *ders.,* Allgemeines Schuldrecht des BGB, S. 611; *Römer,* Die Compensation durch Vertrag nach dem römischen und gemeinen Recht, S. 92, 96; so in der jüngeren Literatur wiederum *Harke,* Allgemeines Schuldrecht, Rn. 383.

130 *Siber,* Compensation und Aufrechnung, S. 145.

Gläubiger erlangen[131]. Die Aufrechnung durch Vertrag ist daher richtigerweise als einheitlicher gegenseitiger Verfügungsvertrag zu interpretieren, welcher die intendierte aufrechnungsmäßige Tilgung der vertragsgegenständlichen Forderungen sofort oder in der Zukunft unmittelbar dadurch bewirkt, dass die Beteiligen einander die Befreiung von der jeweiligen entgegengerichteten Verbindlichkeit zuwenden[132].

IV. Die einseitige Aufrechnung aufgrund einer vertraglichen Vereinbarung über Aufrechnungsvoraussetzungen

Eine vertragliche Aufrechnung kann nicht allein im Wege der vorstehend erörterten Aufrechnung durch Vertrag, sondern gleichfalls durch eine Aufrechnung aufgrund einer Vereinbarung über Aufrechnungsvoraussetzungen (sog. pactum de nominibus compensandis[133]) erfolgen. Dieser Vertragstypus bewirkt nicht unmittelbar die Tilgung der zur Aufrechnung gestellten Forderungen, sondern eröffnet lediglich ein einseitiges Aufrechnungsrecht zugunsten eines Vertragpartners unter Abbedingung der Regelungen der §§ 387 ff. BGB[134] und eröffnet damit – wie schon eingangs dargelegt *(s.o. Seite 37)* – keine Aufrechnung durch Vertrag, sondern eine Aufrechnung aufgrund Vertrages. Gleichwohl sind die Aufrechnung durch Vertrag und die Aufrechnung aufgrund Vertrages als konsensuale Erweiterungen der gesetzlichen Aufrechnung in ihren rechtlichen Voraussetzungen weitgehend ähnlich, sodass sich die nachfolgende Darstellung häufig auf einen Verweis auf die Ausführungen des vorherigen Abschnitts beschränken kann.

---

131 Vgl. *Alexander*, Datio in solutum und compensatio voluntaria, S. 62; *Arndt*, Über den Aufrechnungsvertrag des bürgerlichen Rechts in Theorie und Praxis, S. 35.

132 *Brüggemeier*, in: Wassermann, AK-BGB, §§ 387–389 Rn. 39; vgl. zur Deutung als einheitlicher gegenseitiger Verfügungsvertrag auch *Alexander*, Datio in solutum und compensatio voluntaria, S. 61; *Arndt*, Über den Aufrechnungsvertrag des bürgerlichen Rechts in Theorie und Praxis, S. 37; *Dernburg*, Geschichte und Theorie der Kompensation, S. 594; *Eisele*, Die Compensation nach römischem und gemeinem Recht, S. 236 f.; *Goldschmidt*, ArchBürgR 15 (1899), 153, 184; *Krawielicki*, Grundlagen des Bereicherungsanspruchs, S. 27; *Lang*, Das Aufrechnungsrecht nach bürgerlichem Recht, S. 39; *Schade*, Über den Aufrechnungsvertrag, S. 38; *Schoemann*, Das pactum de compensando, S. 16f.; *Schwengler*, Über die Kompensation durch Vertrag, S. 31, die diesen indes allesamt noch unter den Typus des Erlassvertrages einordnen.

133 Anders *Eisele*, Die Compensation nach römischem und gemeinem Recht, S. 375 ff.; *Schoemann*, Das pactum de compensando, S. 1, 12, welche den Terminus des pactum de nominibus compensandis synonym mit dem des pactum de compensando für den Aufrechnungsvorvertrag verwenden.

134 *Dullinger*, Handbuch der Aufrechnung, S. 263; *Ebert*, Aufrechnungsvereinbarungen nach bisherigem und neuem Insolvenzrecht, S. 43; *Larenz*, Schuldrecht, Erster Band, Allgemeiner Teil, S. 266; *Schwahn*, Der Aufrechnungsvertrag in der Insolvenz, S. 60.

1. *Begriff und Bedeutung*

Die der Aufrechnung aufgrund Vertrages zugrundeliegende Vereinbarung über Aufrechnungsvoraussetzungen – auch Aufrechnungsvoraussetzungsvertrag genannt[135] – ist darauf gerichtet, durch Vertrag eine einseitige Aufrechnungsbefugnis für einen oder auch für beide Vertragspartner zu begründen[136] und kann sowohl über bereits bestehende bzw. gleichzeitig entstehende als auch künftige Forderungsrechte geschlossen werden. Eine derartige Vereinbarung ist aber freilich nur sinnvoll, wenn ein entsprechendes Aufrechnungsrecht bislang wegen Nichterfüllung eines der Tatbestandselemente der §§ 387 ff. BGB nicht schon von Gesetzes wegen bestand oder besteht und ist in praxi insbesondere dann bedeutsam, sofern ein Aufrechnungsrecht für die Zukunft – also in Bezug auf erst zur Entstehung gelangende Forderungen – durch eine vertragliche Erweiterung der gesetzlichen Voraussetzungen geschaffen werden soll[137], wobei sie unter dieser Prämisse auch als „vorgreifliche Erweiterungsvereinbarung" bezeichnet werden kann[138]. Ähnlich dem bloßen Bestehen einer Aufrechnungslage ist auch mit dem Aufrechnungsvoraussetzungsvertrag noch keinerlei Tilgungswirkung verbunden, vielmehr steht dieser lediglich mit einer künftigen Aufrechnung in rechtlicher Beziehung, deren Wirkungen indes erst mit der durch ihn ermöglichten einseitigen Aufrechnungserklärung eintreten[139]. Indem die Vereinbarungen über Aufrechnungsvoraussetzungen damit einerseits auf eine vertragliche Disposition über die Regelungen der §§ 387 ff. BGB abzielen, andererseits aber dadurch lediglich die für eine spätere einseitige Aufrechnungserklärung erforderliche Aufrechnungslage herstellen, vereinigen sie Elemente der vertraglichen und der gesetzlichen Aufrechnung und nehmen damit systematisch eine Zwischenstellung im Verhältnis zu diesen beiden Aufrechnungsvarianten ein.

Den bedeutsamsten Unterfall der Vereinbarungen über Aufrechnungsvoraussetzungen stellt die Konzernverrechnungsklausel dar, mit welcher die Vertragspartner einander das Recht zur Aufrechnung mit bzw. gegen Forderungen anderer Gesellschaften desselben Konzerns – also bei an sich fehlender Gegenseitigkeit – einräumen und damit eine sog. Drittaufrechnung ermöglichen[140]. Im Übrigen ist

135 *Brüggemeier*, in: Wassermann, AK-BGB, §§ 387–389 Rn. 37; *Schlüter*, in: MünchKomm BGB, § 387 Rn. 51.

136 *Gernhuber*, Die Erfüllung und ihre Surrogate, S. 326.

137 *Gursky*, in: Staudinger, BGB, Vorbem. zu §§ 387 ff. Rn. 83.

138 *Schwahn*, Der Aufrechnungsvertrag in der Insolvenz, S. 61.

139 *Dullinger*, Handbuch der Aufrechnung, S. 263; *Gernhuber*, Die Erfüllung und ihre Surrogate, S. 326; *Goldschmidt*, ArchBürgR 15 (1899), 153, 184; *Larenz*, Schuldrecht, Erster Band, Allgemeiner Teil, S. 266; *Oertmann*, Das Recht der Schuldverhältnisse, S. 246 f.

140 *Brüggemeier*, in: Wassermann, AK-BGB, §§ 387–389 Rn. 38; *Dullinger*, Handbuch der Aufrechnung, S. 263; *Ebert*, Aufrechnungsvereinbarungen nach bisherigem und neuem Insolvenzrecht, S. 44; *Gernhuber*, Die Erfüllung und ihre Surrogate, S. 326; *Gursky*, in: Staudinger, BGB, Vorbem. zu §§ 387 ff. Rn. 83, 94; *Schlüter*, in: MünchKomm BGB, § 387 Rn. 51; vgl. auch BGHZ 94, 132, 135; OLG Köln ZIP 1995, 850, 851;

die vertragliche Vereinbarung eines einseitigen Aufrechnungsrechts in Praxi vor allem dann in Betracht zu ziehen, wenn die Parteien im Zeitpunkt des Vertragsschlusses noch keine abschließende Entscheidung über den Fortbestand der zur Aufrechnung gestellten Forderungen treffen wollen und selbige allein einer Seite überlassen bleiben soll[141]. Des Weiteren bietet sich diese rechtliche Konstruktion auch in den Fällen an, in denen die Vertragsschließenden primär eine Tilgung der betreffenden Verbindlichkeiten durch reale Leistungserbringung intendieren und lediglich hilfsweise eine Aufrechnung derselben zulassen wollen[142].

2. Abgrenzung zu den übrigen Aufrechnungstypen

Obgleich die Aufrechnung aufgrund Vertrages nach dem Vorstehenden diverse Parallelen zur gesetzlichen und konsensualen Aufrechnung aufweist, darf diese keinesfalls mit diesen Rechtsinstituten verwechselt werden und ist vielmehr deutlich von selbigen abzugrenzen. Von der Aufrechnung nach den §§ 387 ff. BGB unterscheidet sie, dass sie nicht von deren Voraussetzungen abhängig ist, sondern gerade dort vereinbart wird, wo diese nicht vorliegen und dennoch eine einseitige Aufrechnungsmöglichkeit geschaffen werden soll. Eine Abgrenzung bereitet ebenfalls bezüglich der vertraglichen Aufrechnung mit Sofortvollzug keinerlei Schwierigkeiten, da die Vereinbarung über Aufrechnungsvoraussetzungen die betroffenen Verbindlichkeiten nicht unmittelbar und sofort, sondern erst durch die nachmalige Aufrechnungserklärung zum Erlöschen bringt *(vgl. hierzu Seite 95 f.)*. Eine Verwechslungsgefahr besteht aber bei der Vereinbarung eines einseitigen Aufrechnungsrechts insbesondere im Hinblick auf die aufschiebend bedingte sowie die antizipierte Aufrechnung durch Vertrag, welche ähnlich dem Vertrag über Aufrechnungsvoraussetzungen erst auf den künftigen Eintritt einer wechselseitigen Tilgung der zur Aufrechnung gestellten Forderungsrechte gerichtet sind.

Im Gegensatz zum Aufrechnungsvertrag im engeren Sinn – der als einheitliches Verfügungsgeschäft selbst stets den vollständigen Verfügungstatbestand erfüllt *(s.o. Seite 1509 f.)*, obgleich die Verfügungswirkungen unter Umständen aufschiebend bedingt sind – ist bei der Vereinbarung über Aufrechnungsvoraussetzungen das Aufrechnungsgeschäft aufgespalten in den Vertrag zur Begründung des Aufrechnungsrechts und den späteren Aufrechnungsvollzug durch die darauf basierende Aufrechnungserklärung als einseitiges Verfügungsgeschäft[143]. Im Bereich des Aufrechnungsvoraussetzungsvertrages kommt folglich erst der einseitigen Erklärung

---

Berger, Der Aufrechnungsvertrag, S. 174 ff.; *Dennhardt*, in: Bamberger/Roth, BGB, § 387 Rn. 14; *Grüneberg*, in: Palandt, BGB, § 387 Rn. 22; *Schwahn*, Der Aufrechnungsvertrag in der Insolvenz, S. 101 f.; *Stürner*, in: Jauernig, BGB, § 387 Rn. 15; *Wagner*, in: Erman, BGB, § 388 Rn. 24.

141 *Westermann*, WM 1986, Beil. Nr. 2, S. 1, 8.

142 *Berger*, Der Aufrechnungsvertrag, S. 168.

143 *Berger*, Der Aufrechnungsvertrag, S. 166; *Goldschmidt*, ArchBürgR 15 (1899), 153, 184; *Schwahn*, Der Aufrechnungsvertrag in der Insolvenz, S. 61.

des jeweils Berechtigten eine verfügende Wirkung zu, welche die aufrechnungsmäßige Tilgung der gegenseitigen Forderungen herbeiführt[144]. Die bedingte bzw. antizipierte Aufrechnung durch Vertrag und die Aufrechnung aufgrund Vertrages sind damit danach zu differenzieren, ob nach den Vorstellungen der Parteien neben den Vertragsschluss noch ein weiteres Rechtsgeschäft – die einseitige Aufrechnungserklärung einer Partei – hinzutreten sollte, um die in Aussicht genommene Tilgungswirkung eintreten zu lassen oder nicht[145].

Der einer Aufrechnung aufgrund Vertrages zugrundeliegende Aufrechnungsvoraussetzungsvertrag ist des Weiteren abzugrenzen vom später noch zu erörternden Aufrechnungsvorvertrag *(s. hierzu Seite 119 ff.)*, wobei hier eine Verwechslungsgefahr insbesondere deshalb besteht, weil bisweilen auch der Vertrag über Aufrechnungsvoraussetzungen fälschlicherweise mit dem Terminus des Aufrechnungsvorvertrages belegt wird[146]. Anders als der auf eine einseitige Aufrechnungsmöglichkeit abzielende Aufrechnungsvoraussetzungsvertrag begründet der Aufrechnungsvorvertrag einen Anspruch der Parteien auf den künftigen Abschluss eines Aufrechnungsvertrages[147] und unterscheidet sich folglich vom erstgenannten Typus sowohl aufgrund der damit statuierten Verpflichtung zur Vornahme des späteren Rechtsgeschäfts als auch hinsichtlich der Art des beabsichtigten Rechtsgeschäfts.

3. Dogmatische Grundlage gleich dem Aufrechnungsvertrag in der Parteiautonomie

Ebenso wie die Aufrechnung durch Vertrag findet auch die Aufrechnung aufgrund Vertrages keine explizite normative Grundlage in den Bestimmungen des BGB[148]. Der Aufrechnungsvoraussetzungsvertrag begründet als Vereinbarung über die Modifikation des gesetzlich geregelten Aufrechnungstatbestandes als schuldrechtlicher

144 *Goldschmidt*, ArchBürgR 15 (1899), 153, 184; *Schwahn*, Der Aufrechnungsvertrag in der Insolvenz, S. 26, 62.

145 Vgl. *Kleinschmidt*, Vertragsmäßige Erweiterungen und Beschränkungen des Aufrechnungsrechtes, S. 2.

146 So *Bötticher*, in: FS Schima, S. 95, 108; *Schreiber*, in: Soergel, BGB, Vor § 387 Rn. 5; *Trinkner*, BB 1967, 35, 36; *Weber*, in: RGRK BGB, Vor § 387 Rn. 30; unentschieden *Schlüter*, in: MünchKomm BGB, § 387, Rn. 51, der mit diesem Terminus beide Interpretationsmöglichkeiten erfassen will.

147 Vgl. BGHZ 6, 202, 204; *Berger*, Der Aufrechnungsvertrag, S. 160; *Brüggemeier*, in: Wassermann, AK-BGB, §§ 387–389, Rn. 41; *Dullinger*, Handbuch der Aufrechnung, S. 262; *Ebert*, Aufrechnungsvereinbarungen nach bisherigem und neuem Insolvenzrecht, S. 43; *Eisele*, Die Compensation nach römischem und gemeinem Recht, S. 376 f.; *Gernhuber*, Die Erfüllung und ihre Surrogate, S. 326; *Gursky*, in: Staudinger, BGB, Vorbem. zu §§ 387 ff. Rn. 82; *Schoemann*, Das pactum de compensando, S. 1, 12; *Schwahn*, Der Aufrechnungsvertrag in der Insolvenz, S. 88; *Stürner*, in: Jauernig, BGB, § 387 Rn. 16; *Wagner*, in: Erman, BGB, § 388 Rn. 18.

148 *Kleinschmidt*, Vertragsmäßige Erweiterungen und Beschränkungen des Aufrechnungsrechtes, S. 6.

Einräumungsvertrag vielmehr unabhängig von den Bestimmungen des §§ 387 ff. BGB ein vertragliches Gestaltungsrecht zur Herbeiführung der Aufrechnungswirkungen[149]. Das Aufrechnungsrecht des Begünstigten resultiert damit in diesem Fall nicht aus dem Gesetz, sondern basiert alleinig auf der vorherigen Parteivereinbarung über die Einräumung des vorgenannten einseitigen Gestaltungsrechts[150].

Die entsprechende Berechtigung der Parteien zur Begründung einer einseitigen Einwirkungsbefugnis auf den Fortbestand wechselseitigen Leistungspflichten folgt, wie bei Vereinbarung eines vertraglichen Rücktrittsrechtes[151], aus dem Grundsatz der Vertragsfreiheit nach § 311 Abs. 1 BGB. Den Vertragspartnern steht es vermöge dieses Grundsatzes nicht nur frei, im Vertragswege Schuldverhältnisse zu begründen, zu ändern oder aufzuheben, sondern auch, diesbezügliche Gestaltungsrechte zugunsten einer Partei zu schaffen und sich insoweit eigenverantwortlich durch Vertrag einer einseitigen Entscheidung über Begründung, Änderung oder Aufhebung eines Schuldverhältnisses zu unterwerfen[152]. Die Aufrechnung aufgrund Vertrages findet folglich ihre dogmatischen Wurzeln gleich der Aufrechnung durch Vertrag wiederum im Rechtsprinzip der Privatautonomie und dem in ihr begründeten Grundsatz der Vertragsfreiheit *(vgl. hierzu Seite 93 ff.)*[153].

4. Disposition über die Anforderungen der §§ 387 ff. BGB

Als ausschließlich in der Privatautonomie sowie dem Grundsatz der Vertragsfreiheit verwurzelte Rechtsgeschäfte erlauben die Vereinbarungen über Aufrechnungsvoraussetzungen den Vertragsschließenden gleich der vertraglichen Aufrechnung eine Derogation der tatbestandlichen Voraussetzungen des gesetzlichen Aufrechnungsrechts, sofern nicht zwingende Vorschriften des bürgerlichen Rechts oder unabdingbare Charakteristika der Aufrechnung entgegenstehen. Demgemäß lassen sich die bei Darstellung der Aufrechnung durch Vertrag in dieser Hinsicht getätigten Ausführungen entsprechend auch auf die Aufrechnungsvoraussetzungsverträge übertragen *(s. hierzu Seite 102 ff.)*.

---

149 *Schwahn*, Der Aufrechnungsvertrag in der Insolvenz, S. 60; vgl. auch *Ebert*, Aufrechnungsvereinbarungen nach bisherigem und neuem Insolvenzrecht, S. 43; *Gernhuber*, Die Erfüllung und ihre Surrogate, S. 326.

150 *Berger*, Der Aufrechnungsvertrag, S. 165; *Schwahn*, Der Aufrechnungsvertrag in der Insolvenz, S. 60 f., vgl. auch *Dernburg*, Geschichte und Theorie der Kompensation, S. 591.

151 Vgl. hierzu *Kaiser*, in: Staudinger, BGB, § 346 Rn. 36.

152 *Berger*, Der Aufrechnungsvertrag, S. 165; *Ebert*, Aufrechnungsvereinbarungen nach bisherigem und neuem Insolvenzrecht, S. 7; *Kreß*, Lehrbuch des allgemeinen Schuldrechts, S. 17; vgl. auch *Wolf/Neuner*, Allgemeiner Teil des bürgerlichen Rechts, § 20 Rn. 29.

153 *Kleinschmidt*, Vertragsmäßige Erweiterungen und Beschränkungen des Aufrechnungsrechtes, S. 6; *Wagner*, in: Erman, BGB, § 388 Rn. 18.

Die Parteien sind damit bei Begründung eines einseitigen Aufrechnungsrechts im Wege einer Vereinbarung über Aufrechnungsvoraussetzungen zunächst ebenfalls nicht an das Erfordernis der Gegenseitigkeit der aufzurechnenden Forderungsrechte gebunden[154]. Da mit der Vereinbarung selbst noch kein Verfügungsgeschäft vorgenommen wird, ist anders als in Bezug auf die Aufrechnung durch Vertrag zu ihrer Wirksamkeit nicht einmal die Verfügungsbefugnis der Vertragsschließenden über die zur Aufrechnung gestellten Forderungen nötig, vielmehr muss diese erst bei Vornahme des einseitigen Gestaltungsgeschäfts vorliegen[155]. Über das Gegenseitigkeitserfordernis und die Verfügungsbefugnis hinaus sind des Weiteren wiederum die für die gesetzliche Aufrechnung geltenden Voraussetzungen der Fälligkeit und Einredefreiheit der Aktivforderung sowie der Erfüllbarkeit der Passivforderung einer Parteidisposition im Wege des Aufrechnungsvoraussetzungsvertrages zugänglich[156].

Entsprechend den bezüglich der vertraglichen Aufrechnung dargestellten Kriterien kann dagegen durch eine Vereinbarung über Aufrechnungsvoraussetzungen mit Ausnahme einer Aufrechnung währungsverschiedener Geldforderungen wiederum nicht auf das Erfordernis der Gleichartigkeit der aufzurechnenden Forderungsrechte verzichtet werden[157]. Auch hier bedeutet dies aber nicht, dass ein gegen das Gleichartigkeitserfordernis verstoßender Vertrag über die Tilgung wechselseitiger Forderungen durch einseitige Erklärung nichtig wäre, vielmehr kann dieser lediglich nicht mehr als Aufrechnungsvoraussetzungsvertrag qualifiziert werden, da es dem auf diese Weise geschaffenen Gestaltungsrecht an einem essentiellen Charakteristikum der Aufrechnung fehlt und die Vereinbarung damit nicht auf die Begründung einer Befugnis zur Aufrechnung durch einseitige Erklärung gerichtet ist.

Die im Hinblick auf die gesetzliche Aufrechnung überdies bestehende Voraussetzung der Existenz der zur Aufrechnung gestellten Forderungsrechte ist hingegen in Ermangelung einer Verfügungswirkung der Vereinbarung über Aufrechnungsvoraussetzungen für die Gültigkeit dieses Vertrages selbst ohne Belang. Für dieses schuldrechtliche Rechtsgeschäft ist vielmehr – wie vorstehend bereits dargelegt – lediglich die hinreichende vertragliche Bestimmtheit der durch spätere einseitige Erklärung zu tilgenden Forderungen als essentiale negotii zu verlangen. Die

---

154 *Kleinschmidt*, Vertragsmäßige Erweiterungen und Beschränkungen des Aufrechnungsrechtes, S. 10; *Weigelin*, Das Recht zur Aufrechnung als Pfandrecht an der eigenen Schuld, S. 126.

155 *Berger*, Der Aufrechnungsvertrag, S. 168; zu undifferenziert *Weigelin*, Das Recht zur Aufrechnung als Pfandrecht an der eigenen Schuld, S. 126; a.A. *Kleinschmidt*, Vertragsmäßige Erweiterungen und Beschränkungen des Aufrechnungsrechtes, S. 6.

156 *Kleinschmidt*, Vertragsmäßige Erweiterungen und Beschränkungen des Aufrechnungsrechtes, S. 17–19; *Weigelin*, Das Recht zur Aufrechnung als Pfandrecht an der eigenen Schuld, S. 125 f.

157 A.A. *Brüggemeier*, in: Wassermann, AK-BGB, §§ 387–389 Rn. 37; *Kleinschmidt*, Vertragsmäßige Erweiterungen und Beschränkungen des Aufrechnungsrechtes, S. 16; *Weigelin*, Das Recht zur Aufrechnung als Pfandrecht an der eigenen Schuld, S. 126.

aufzurechnenden Forderungen müssen aber spätestens im Zeitpunkt der durch den vorangegangenen Aufrechnungsvoraussetzungsvertrag ermöglichten einseitigen Aufrechnungserklärung entstanden sein, da diese ansonsten ins Leere gehen würde. Die insoweit bei Nichtexistenz einer der aufzurechnenden Forderungen anzunehmende Unwirksamkeit des einseitigen Gestaltungsaktes resultiert dabei aus denselben Erwägungen, wie sie bereits in Bezug auf die der vertraglich begründeten Aufrechnungserklärung weitestgehend ähnliche Aufrechnungserklärung des gesetzlichen Aufrechnungsrechts dargelegt wurden: Soweit die Forderung des einseitig Aufrechnenden nicht besteht, ist der Aufrechnungsakt in Ermangelung eines Verfügungsobjektes, bei Nichtexistenz der Forderung des Aufrechnungsgegners hingegen wegen Verfehlung des dem Gestaltungsgeschäftes immanenten Zwecks einer Tilgung der wechselseitigen Forderungsrechte wirkungslos *(vgl. hierzu Seite 91 f.)*.

5. Wirkungen der Aufrechnung aufgrund Vertrages

Die Vereinbarung über Aufrechnungsvoraussetzungen bewirkt – wie bereits erwähnt – als solche noch nicht die Tilgung der aufzurechnenden Forderungen, selbige erfolgt vielmehr gleich der Aufrechnung kraft Gesetzes erst mit dem Zugang der einseitigen Gestaltungserklärung des aufgrund dieses Vertrages aufrechnungsberechtigten Teils[158]. Diese Tilgungswirkung muss dabei allerdings nicht zwingend im Zeitpunkt des Zugangs der Aufrechnungserklärung eintreten, da die Vertragspartner vermöge der Privatautonomie frei sind, das Erlöschen der wechselseitigen Verbindlichkeiten auch auf einen früheren bzw. späteren Zeitpunkt festzulegen oder diese Entscheidung dem anschließend aufrechnenden Beteiligten zu überantworten. Der Zeitpunkt der wechselseitigen Tilgung der zur Aufrechnung gestellten Forderungen bemisst sich damit in erster Linie nach dem durch Auslegung zu ermittelnden Willen der Parteien des Aufrechnungsvoraussetzungsvertrages oder des später einseitig Aufrechnenden, sofern diesem im vorherigen Vertrag ein entsprechendes einseitiges Bestimmungsrecht eingeräumt wurde.

Der Eintritt der Tilgungswirkungen kann von den Vertragsschließenden des Weiteren auch von einer Bedingung oder Zeitbestimmung abhängig gemacht werden. Die Abgabe der einseitigen Aufrechnungserklärung darf dabei aber nur dann unter Beifügung einer Bedingung erfolgen, wenn diese Option im Aufrechnungsvoraussetzungsvertrag von den Parteien vereinbart wurde, weil dem Aufrechnungsgegner die mit einer Abweichung von dem in § 388 S. 2 BGB für die Aufrechnung explizit normierten Grundsatz der Bedingungsfeindlichkeit einseitiger Gestaltungsakte verbundene Unsicherheit über das Erlöschen seiner Forderung nicht ohne oder gegen

---

158 *Berger*, Der Aufrechnungsvertrag, S. 167; *Schwahn*, Der Aufrechnungsvertrag in der Insolvenz, S. 61 f.; vgl. auch *Larenz*, Schuldrecht, Erster Band, Allgemeiner Teil, S. 266.

seinen Willen zugemutet werden kann *(vgl. Seite 98 f.)*[159]. Soweit der Tilgungszeitpunkt nicht entsprechend den vorstehenden Ausführungen im Wege einer Auslegung nach dem Willen der Beteiligten zu ermitteln ist, kann ergänzend § 389 BGB als Auslegungsregel herangezogen und damit eine Rückwirkung auf den Zeitpunkt des Eintritts der vertraglichen begründeten Aufrechnungslage angenommen werden, da für die vertraglich begründete einseitige Aufrechnung im Zweifel davon ausgegangen werden darf, dass sich die Vertragsschließenden bei dieser bloßen Erweiterung der Voraussetzungen des gesetzlichen Aufrechnungsrechts an den Normen dieses Rechtsinstituts orientierten[160].

6. Doppelfunktion des vertraglich begründeten Aufrechnungsrechts

Ähnlich der gesetzlichen Aufrechnung nach den §§ 387 ff. BGB vereinigt die Aufrechnung aufgrund einer Vereinbarung über Aufrechnungsvoraussetzungen als einseitiges Aufrechnungsrecht in sich eine Befriedigung der Forderung des Aufrechnungsberechtigten mit einer Befreiung von der Forderung des anderen Teils und nimmt daher dieselbe Doppelfunktion wahr, wie sie entsprechend der Kombinationstheorie bereits hinsichtlich der gesetzlichen Aufrechnung festzustellen war *(eingehend hierzu Seite 88 ff.)*. So kommt der Aufrechnung aufgrund Vertrages zunächst gleich der gesetzlichen Aufrechnung eine Erfüllungs- und Tilgungsfunktion zu, denn sie gewährt der aufrechnungsberechtigten Partei die Option, durch einseitige Erklärung die eigene Verbindlichkeit im Wege der Kompensation mit einer gegenläufigen Forderung zum Erlöschen zu bringen und auf diese Weise ihren Gläubiger zu befriedigen.

Die in der gesetzlichen Aufrechnung auszumachende Vollstreckungsfunktion ist hingegen weniger stark ausgeprägt, da zwar die Ausübung der vertraglich begründeten Aufrechnungsbefugnis des einseitig Aufrechnungsberechtigten als solche gegen oder wenigstens ohne den Willen des Aufrechnungsgegners erfolgen kann, diese Möglichkeit aber überhaupt erst aufgrund einer diesbezüglichen Willenseinigung im Rahmen einer Vereinbarung über Aufrechnungsvoraussetzungen eröffnet wird, weshalb deren spätere Ausübung auch nicht mit dem „außergerichtlichen Selbsthilfezugriff" der Aufrechnung nach den §§ 387 ff. BGB gleichzusetzen ist. Entsprechend der gesetzlichen Aufrechnung setzt sich das Aufrechnungsrecht aufgrund einer Vereinbarung über Aufrechnungsvoraussetzungen nach § 392 BGB bzw. § 94 Alt. 2 InsO aber wiederum schon vor seiner Ausübung gegenüber nachmaligen Maßnahmen der Einzelzwangsvollstreckung oder einer Insolvenz des

---

159 A.A. *Berger*, Der Aufrechnungsvertrag, S. 168, der hinsichtlich der Bedingung bzw. Befristung vertraglich vereinbarter Aufrechnungserklärungen keine diesbezügliche Übereinkunft im vorherigen Aufrechnungsvoraussetzungsvertrag fordert, was aber angesichts der Schutzbedürftigkeit des Aufrechnungsgegners etwas zu weit gegriffen erscheint.

160 Vgl. *Berger*, Der Aufrechnungsvertrag, S. 282; *Gursky*, in: Staudinger, BGB, Vorbem. zu §§ 387 ff. Rn. 66.

Aufrechnungsgegners durch und entfaltet damit zwar noch nicht mit dem Vertragsschluss, aber mit dem Eintritt der vertraglich begründeten Aufrechnungslage eine Sicherungsfunktion zugunsten des aufrechnungsberechtigten Teils. Sofern man den Vergleich an dieser Stelle nochmals bemühen möchte, weist die Sicherungs- und Vollstreckungsfunktion der im Wege eines Aufrechnungsvoraussetzungsvertrages herbeigeführten Aufrechnungsbefugnis für den Aufrechnungsberechtigten damit auch eine pfandrechtsähnliche Vorzugsstellung mit dem Recht zur Vornahme eines einseitigen Verwertungsaktes auf und rückt folglich, anders als die Aufrechnung durch Vertrag, wieder deutlicher in die Nähe eines pignus debiti – eines Pfandrechts an der eigenen Schuld *(vgl. hierzu Seiten 91, 108 f.).*

7. Rechtsnatur der Aufrechnung aufgrund Vertrages

In Bezug auf den rechtlichen Charakter der Aufrechnung aufgrund Vertrages wird bisweilen die Auffassung vertreten, dass auch bereits die Vereinbarung über Aufrechnungsvoraussetzungen eine Verfügung darstelle, da schon mit der Begründung des einseitigen Aufrechnungsrechts die betroffenen Forderungen mit selbigem belastet seien[161]. Diese Ansicht übersieht allerdings, dass der Aufrechnungsvoraussetzungsvertrag lediglich der Schaffung einer Aufrechnungslage dient und sich die Beteiligten mit dieser Disposition über die Voraussetzungen des gesetzlichen Aufrechnungsrechts, wie auch bei Abschluss des der jeweiligen Forderung zugrundeliegenden Vertragsgeschäfts, ausschließlich im Bereich des Schuldrechts bewegen[162]. Die Vereinbarung über Aufrechnungsvoraussetzungen ist damit als rein schuldrechtliches Rechtsgeschäft zu qualifizieren, weshalb die Verfügung über die vertragsgegenständlichen Forderungsrechte letztlich in der darauf basierenden einseitigen Aufrechnungserklärung liegt[163]. Wie auch bei der gesetzlichen Aufrechnung *(s.o. Seite 92)* bildet den Gegenstand dieser Verfügung aber allein die Aktivforderung des einseitig Aufrechnenden, wohingegen die Passivforderung lediglich als Folge jener einseitigen Verfügung zum Erlöschen gebracht wird.

---

161 *Bötticher*, in: FS Schima, S. 108, Fn. 38; *Pfeiffer/Franken*, NJW 1960, 1977, 1978; vgl. auch *Kleinschmidt*, Vertragsmäßige Erweiterungen und Beschränkungen des Aufrechnungsrechtes, S. 6 sowie *Gursky*, in: Staudinger, BGB, Vorbem. zu §§ 387 ff. Rn. 84, der in dem Abschluss eines Aufrechnungsvoraussetzungsvertrages zumindest eine unselbständige Verfügung erblickt.

162 *Berger*, Der Aufrechnungsvertrag, S. 166.

163 *Berger*, Der Aufrechnungsvertrag, S. 166; *Schwahn*, Der Aufrechnungsvertrag in der Insolvenz, S. 28; vgl. auch *Weber*, in: RGRK BGB, Vor § 387 Rn. 30; a.A. wohl *Gernhuber*, Die Erfüllung und ihre Surrogate, S. 325, Fn. 18.

V. Die vertragliche Aufrechnung aufgrund eines Aufrechnungsvorvertrages

1. *Gegenstand und Zulässigkeit des Aufrechnungsvorvertrages*

Neben der durch einen Aufrechnungsvoraussetzungsvertrag begründeten Aufrechnung stellt die vertragliche Aufrechnung aufgrund eines Aufrechnungsvorvertrages die zweite Variante der Aufrechnung aufgrund Vertrages dar[164]. Mit einem solchen Vertrag vereinbaren die Parteien – häufig unter Abbedingung der dispositiven Tatbestandsvoraussetzungen der gesetzlichen Aufrechnung – das Recht eines oder aller Beteiligten, von der anderen Seite den Abschluss eines Aufrechnungsvertrages im eigentlichen Sinne verlangen zu können und begründen insofern einen schuldrechtlichen Anspruch auf Vornahme einer Aufrechnung durch Vertrag[165]. Zur Sicherung der Realisierbarkeit des Aufrechnungsvorvertrages ist in diesem regelmäßig, wenn auch nicht zwingend, zugleich die Abrede enthalten, dass die vertragsgegenständlichen Forderungen nicht mehr im Wege der gesetzlichen Aufrechnung getilgt werden dürfen[166]. Der Aufrechnungsvorvertrag muss allerdings nicht zwingend eine vollumfängliche Bindung beider Parteien an das vereinbarte Aufrechnungsrecht herbeiführen, vielmehr ist es sogar möglich, dass lediglich ein Vertragspartner einen entsprechenden Anspruch auf Vornahme einer Aufrechnung durch Vertrag erhält[167].

Der Aufrechnungsvorvertrag steht nach dem Vorstehenden ähnlich der Vereinbarung über Aufrechnungsvoraussetzungen lediglich in rechtlicher Beziehung zu einer später erfolgenden Aufrechnung, die hier jedoch nicht durch ein einseitiges Gestaltungsrecht, sondern im Vertragswege vorgenommen wird[168]. Damit stellt der Aufrechnungsvorvertrag aber wiederum ein rein schuldrechtliches Vertragsgeschäft dar, dem für sich genommen noch keinerlei Verfügungswirkung zukommt, vielmehr

164 Vgl. *Schwahn*, Der Aufrechnungsvertrag in der Insolvenz, S. 88.

165 *Dullinger*, Handbuch der Aufrechnung, S. 262; *Gernhuber*, Die Erfüllung und ihre Surrogate, S. 326; *Grüneberg*, in: Palandt, BGB, § 387 Rn. 21; *Gursky*, in: Staudinger, BGB, Vorbem. zu §§ 387 ff. Rn. 82; *Schade*, Über den Aufrechnungsvertrag, S. 13; *Schoemann*, Das pactum de compensando, S. 12; *Schwahn*, Der Aufrechnungsvertrag in der Insolvenz, S. 88; *Wagner*, in: Erman, BGB, § 388 Rn. 18; vgl. auch *Arndt*, Über den Aufrechnungsvertrag des bürgerlichen Rechts in Theorie und Praxis, S. 12; *Berger*, Der Aufrechnungsvertrag, S. 160; *Eisele*, Die Compensation nach römischem und gemeinem Recht, S. 375 ff.; *Brüggemeier*, in: Wassermann, AK-BGB, §§ 387–389 Rn. 41; *Schlüter*, in: MünchKomm BGB, § 387 Rn. 52.

166 *Arndt*, Über den Aufrechnungsvertrag des bürgerlichen Rechts in Theorie und Praxis, S. 12; vgl. auch *Eisele*, Die Compensation nach römischem und gemeinem Recht, S. 377; zu weitgehend indes *Berger*, Der Aufrechnungsvertrag, S. 160 f. und *Gernhuber*, Die Erfüllung und ihre Surrogate, S. 326, die eine solche Abrede stets annehmen wollen.

167 *Berger*, Der Aufrechnungsvertrag, S. 161; vgl. auch *Schoemann*, Das pactum de compensando, S. 15, 26.

168 Vgl. *Schwahn*, Der Aufrechnungsvertrag in der Insolvenz, S. 88.

erfolgt die Verfügung über die vertragsgegenständlichen Forderungen und die von den Parteien intendierte aufrechnungsmäßige Tilgung derselben erst mit Abschluss des nachfolgenden Aufrechnungsvertrages, sodass bis zu diesem Zeitpunkt die dingliche Rechtslage unverändert fortbesteht[169]. Auch bei der Aufrechnung aufgrund eines Aufrechnungsvorvertrages ist folglich zwischen zwei Rechtsgeschäften zu differenzieren: dem den Aufrechnungsanspruch begründenden schuldrechtlichen Vertrag und dem nachfolgenden, diesen Anspruch vollziehenden dinglichen Hauptvertrag[170].

Entsprechend den allgemeinen Grundsätzen der Zulässigkeit von Vorverträgen als Ausfluss der Vertragsfreiheit[171], erkennt die ganz h.L. den eben dargestellten Vorvertrag über eine Aufrechnung durch Vertrag an[172]. *Berger* ist demgegenüber der Auffassung, dass ein Aufrechnungsvorvertrag rechtskonstruktiv unmöglich sei, weil ein Vorvertrag stets nur auf den Abschluss eines Verpflichtungsgeschäfts gerichtet werden könne[173], während ein Aufrechnungsvorvertrag bereits auf eine Verfügung, die Tilgung der Forderungen im Wege der Aufrechnung, bezogen sei und damit im Grunde schon die Abrede über die spätere Rechtsänderung beinhalte[174]. Da die Parteien insofern schon eine Einigung bezüglich der Aufrechnungswirkung getroffen hätten, liege in Wahrheit kein Aufrechnungsvorvertrag, sondern vielmehr ein bedingter bzw. antizipierter Ausrechnungsvertrag oder eine Vereinbarung über Aufrechnungsvoraussetzungen vor[175].

Es erscheint allerdings etwas zu weit gegriffen, dem Aufrechnungsvorvertrag grundsätzlich jedwede rechtliche Existenz absprechen zu wollen. Der vorgenannten Auffassung ist zwar zuzugeben, dass der Aufrechnungsvorvertrag als Vereinbarung über ein schuldrechtliches Verfügungsgeschäft nicht der klassischen Form des Vorvertrages entspricht[176]. Wesentliches Merkmal des Vorvertrages ist indes, dass zwischen ihm und dem nachfolgenden Hauptvertrag in Bezug auf den Inhalt der vertraglichen Bestimmungen und das dadurch begründete Vertragsverhältnis nach dem Willen der Parteien ein Unterschied besteht[177]. Dies ist jedoch hier durchaus

---

169 *Schwahn*, Der Aufrechnungsvertrag in der Insolvenz, S. 88; vgl. auch *Wagner*, in: Erman, BGB, § 388 Rn. 18.

170 *Arndt*, Über den Aufrechnungsvertrag des bürgerlichen Rechts in Theorie und Praxis, S. 12; *Eisele*, Die Compensation nach römischem und gemeinem Recht, S. 377; *Schoemann*, Das pactum de compensando, S. 7.

171 RGZ 66, 116, 120; *Armbrüster*, in: Erman, BGB, Vor § 145 Rn. 46; *Busche*, in: MünchKomm BGB, Vor § 145 Rn. 60; *Ellenberger*, in: Palandt, BGB, Einf v § 145 Rn. 19; vgl. auch *Berger*, Der Aufrechnungsvertrag, S. 160.

172 S. hierzu die Nachweise unter Fn. 165.

173 So auch allgemein BGH NJW 1962, 1812, 1813; *Ellenberger*, in: Palandt, BGB, Einf v § 145 Rn. 19; *Wolf/Neuner*, Allgemeiner Teil des bürgerlichen Rechts, § 36 Rn. 3.

174 *Berger*, Der Aufrechnungsvertrag, S. 162 f.

175 *Berger*, Der Aufrechnungsvertrag, S. 164.

176 *Schwahn*, Der Aufrechnungsvertrag in der Insolvenz, S. 89.

177 Vgl. *Flume*, Allgemeiner Teil des Bürgerlichen Rechts, Zweiter Band, S. 614.

festzustellen, da mit dem Aufrechnungsvorvertrag im Gegensatz zum eigentlichen Aufrechnungsvertrag noch keine endgültige Tilgung der aufzurechnenden Forderungen vorgenommen wird und selbiger damit ähnlich einem schuldrechtlichen Leistungsaustauschvertrag lediglich auf eine Verpflichtung zu einer künftigen Verfügung gerichtet ist. Es ließe sich in Anbetracht der eben dargestellten Einwände allenfalls in Erwägung ziehen, ob der Terminus „Aufrechnungsvorvertrag" treffend gewählt wurde und nicht besser von einem „Aufrechnungsverpflichtungsvertrag" gesprochen werden sollte[178].

2. Wirkungen und Funktionen

Da der Aufrechnungsvorvertrag lediglich einen Anspruch auf Abschluss eines Aufrechnungsvertrages begründet und damit als solcher noch keine Verfügung, auch nicht in bedingter oder antizipierter Form, beinhaltet, kommt in Bezug auf nachmalige Verfügungen oder Pfändungen eine Anwendung des Prioritätsgrundsatzes bzw. der Regelung des § 161 Abs. 1 BGB nicht in Betracht[179]. Hinsichtlich einer Beschlagnahme der aufzurechnenden Forderungen nach Abschluss des Aufrechnungsvorvertrages lässt sich des Weiteren nicht einmal § 392 BGB analog heranziehen, weil der Schutzgedanke dieser Norm an eine gesetzliche oder vertragliche Aufrechnungslage anknüpft, für deren Entstehung jedoch allein durch die Schaffung eines schuldrechtlichen Anspruchs auf Vornahme einer vertraglichen Aufrechnung noch keine ausreichende Grundlage gelegt ist[180]. Die vertragsgegenständlichen Forderungsrechte des Aufrechnungsvorvertrages sind in der Konsequenz bis zum Abschluss des späteren verfügenden Aufrechnungsvertrages vollumfänglich abtretbar bzw. pfändbar und stehen sich damit bis zu diesem Zeitpunkt unberührt gegenüber. Damit kommt dem Aufrechnungsvorvertrag im Vergleich zu den Funktionen der bisher erörterten Typen von Aufrechnungsverträgen *(s.o. Seiten 108, 117)* auch allenfalls eine Erfüllungs- und Schuldtilgungsfunktion zu und zwar insoweit, als mit ihm zwischen den Parteien eine künftige aufrechnungsmäßige Erfüllung bzw. Tilgung verabredet wird, wohingegen eine Sicherungs- oder gar Vollstreckungsfunktion des Aufrechnungsvorvertrages nicht im Ansatz erkennbar ist.

3. Bedeutung des Aufrechnungsvorvertrages

Die vertragliche Aufrechnung aufgrund eines Aufrechnungsvorvertrages ist in praxi nur dann bedeutsam, wenn man mit einer richtigerweise abzulehnenden Mindermeinung die Kontokorrentabrede als Aufrechnungsvorvertrag qualifiziert[181]. Im

178 So treffend *Schwahn*, Der Aufrechnungsvertrag in der Insolvenz, S. 89.

179 *Schwahn*, Der Aufrechnungsvertrag in der Insolvenz, S. 89.

180 Vgl. *Schwahn*, Der Aufrechnungsvertrag in der Insolvenz, S. 91.

181 So *Kaduk*, in: Staudinger, BGB, 12. Aufl., 1994, Vorbem zu §§ 387 ff Rn. 65 und 81 f.; *Schreiber*, in: Soergel, BGB, Vor § 387 Rn. 56; *Weber*, in: RGRK BGB, Vor § 387 Rn. 33; abl. *Schoemann*, Das pactum de compensando, S. 40 sowie *Gursky*, in: Staudinger,

Übrigen soll der Abschluss eines Aufrechnungsvorvertrages vor allem dann in Betracht zu ziehen sein, wenn die zur Aufrechnung gestellten Forderungen noch nicht abschließend bestimmt werden können und sich die Beteiligten dennoch bereits ein Anrecht auf eine spätere Aufrechnung durch Vertrag sichern wollen[182]. Da die Vertragspartner an seiner Stelle jedoch für den Regelfall auch einen bedingten oder antizipierten Aufrechnungsvertrag abschließen können, der eine deutlich effektivere Sicherung als ein rein schuldrechtlicher Anspruch ermöglicht, sind Bedeutung und praktische Notwendigkeit dieser Vertragsform insgesamt als denkbar gering einzuschätzen[183], weshalb der Aufrechnungsvorvertrag in der folgenden Untersuchung auch weitgehend ausgeklammert bleiben soll.

VI. Die Verrechnung im Kontokorrent als wichtigste Sonderform der Aufrechnungsvereinbarungen

1. *Begriff und praktische Relevanz des Kontokorrents*

Das Kontokorrent (aus dem Italienischen: conto corrente = laufende Rechnung) ist im Wesentlichen ein durch die kaufmännische Praxis geschaffenes Rechtsinstitut, welches in den §§ 355 bis 357 HGB eine eingehende, wenn auch mitunter unvollständige gesetzliche Anerkennung bzw. Ausgestaltung erfahren hat[184]. Nach der im dortigen § 355 Abs. 1 HGB enthaltenden Legaldefinition liegt ein Kontokorrent vor, wenn „jemand mit einem Kaufmanne derart in Geschäftsverbindungen steht, dass die aus der Verbindung entspringenden beiderseitigen Ansprüche und Leistungen nebst Zinsen in Rechnung gestellt und in regelmäßigen Zeitabschnitten durch Verrechnung und Feststellung des für den einen oder anderen Teil sich ergebenden Überschusses ausgeglichen werden“. Im Wege eines Kontokorrents wird damit im Hinblick auf eine Mehrheit von gegenseitigen Forderungen aus einer laufenden Geschäftsbeziehung nicht jede Verbindlichkeit für sich gesondert befriedigt, sondern am Ende einer vereinbarten Abrechnungsperiode durch eine Gesamtverrechnung

BGB, Vorbem. zu §§ 387 ff. Rn. 82; vgl. auch *Dullinger*, Handbuch der Aufrechnung, S. 262 f.; *Gernhuber*, Die Erfüllung und ihre Surrogate, S. 326; vgl. überdies zur Rechtsnatur der Kontokorrentabrede nachfolgend Seite 128 f.

182 *Arndt*, Über den Aufrechnungsvertrag des bürgerlichen Rechts in Theorie und Praxis, S. 12; *Berger*, Der Aufrechnungsvertrag, S. 161; vgl. auch *Schoemann*, Das pactum de compensando, S. 37.

183 Vgl. auch *Gernhuber*, Die Erfüllung und ihre Surrogate, S. 326; *Gursky*, in: Staudinger, BGB, Vorbem. zu §§ 387 ff. Rn. 82; *Schwahn*, Der Aufrechnungsvertrag in der Insolvenz, S. 88.

184 Vgl. *Blaurock*, JA 1980, 691, 691; *Canaris*, in: Staub, HGB, § 355 Rn. 1 f.; *Langenbucher*, in: MünchKomm HGB, § 355 Rn. 1; *Mayen*, in: Schimansky/Bunte/Lwowski, Bankrechts-Handbuch, § 47 Rn. 38.

ausgeglichen und der daraus zugunsten einer Partei resultierende Forderungsüberschuss als Saldo festgestellt[185].

Die mit der in § 355 Abs 1 HGB beschriebenen periodischen Gesamtabrechnung einhergehende Erleichterung des Zahlungsverkehrs ist angesichts der Häufigkeit von Geschäftsverbindungen mit einer Vielzahl von wechselseitigen Forderungsrechten für das Wirtschaftsleben nahezu unabdingbar, weshalb dem Kontokorrent eine erhebliche praktische Relevanz zukommt. Kontokorrentverhältnisse bestehen insoweit vor allem zwischen Kaufleuten und ihren Handelsvertretern, Groß- und Einzelhändlern, Verlagen und Buchhändlern, Kommittenten und Kommissionären, Gesellschaften und ihren Mitgliedern sowie zwischen den Unternehmen eines Konzerns[186]. Der bedeutsamste Anwendungsbereich des Kontokorrents ist indessen in den Bankkonten zu sehen, welche der bankrechtlichen Abwicklung des Geschäftsverkehrs zwischen Bankinstituten und Kunden dienen[187]. So wird bei der in Praxi wichtigsten Variante des Bankkontos, dem Girokonto, neben dem Abschluss des Girovertrages als Zahlungsdiensterahmenvertrag i.S.d. § 675f Abs. 2 BGB[188] mit Ausnahme der Girokonten der Deutschen Bundesbank (AGB Deutsche Bundesbank Abschn. II Nr. 2 Abs. 1) in der Regel ein Kontokorrentverhältnis begründet[189], wobei hierzu häufig noch ein Kreditvertrag in Form des Überziehungskredits nach § 504 BGB tritt, der es dem Kontoinhaber erlaubt, bis zu einer vereinbarten Kreditlinie über das eigene Guthaben hinaus Dispositionen zu treffen[190].

2. *Funktionen des Kontokorrents*

Dem Kontokorrent kommt nach nahezu einhelliger Auffassung eine Doppelfunktion zu, die in mancher Hinsicht Parallelen zu der bereits erörterten Doppelfunktion der

---

185 *Gursky*, in: Staudinger, BGB, Vorbem. zu §§ 387 ff. Rn. 96; *Mayen*, in: Schimansky/Bunte/Lwowski, Bankrechts-Handbuch, § 47 Rn. 40; *Schwahn*, Der Aufrechnungsvertrag in der Insolvenz, S. 108.

186 *Canaris*, Handelsrecht, § 25 Rn. 2; *Langenbucher*, in: MünchKomm HGB, § 355 Rn. 3; *Schwahn*, Der Aufrechnungsvertrag in der Insolvenz, S. 108; vgl. auch *K. Schmidt*, Handelsrecht, S. 740 f..

187 *Langenbucher*, in: MünchKomm HGB, § 355 Rn. 3; vgl. auch *Blaurock*, JA 1980, 691, 692; *Hefermehl*, in FS Lehmann, Band II, S. 547, 548; *Hopt*, in: Baumbach/Hopt, HGB, § 355 Rn. 1; *Horn*, in: Heymann, HGB, Anhang § 372. Bankgeschäfte Rn. IV/4 f..

188 Vgl. *Schwintowski*, Bankrecht, § 7 Rn. 39; *Sprau*, in: Palandt, BGB, § 675f Rn. 11.

189 BGH WM 1982, 838, 839; WM 1989, 807, 809; *Hadding/Häuser*, in: MünchKomm HGB, ZahlungsV Rn. A 200; *Lwowski/Bitter*, WM-Festgabe für Hellner, 1994, 57, 57; *Mayen*, in: Schimansky/Bunte/Lwowski, Bankrechts-Handbuch, § 47 Rn. 37; *K. Schmidt*, Handelsrecht, S. 740, 745, 1154; *Schwintowski*, Bankrecht, § 7 Rn. 48; *Sprau*, in: Palandt, BGB, § 675f Rn. 24.

190 Vgl. RGZ 88, 373, 376; 117, 34, 35; BGH NJW-RR 1987, 1186; NJW 1991, 1286; *Blaurock*, JA 1980, 691, 692; *Kirstein*, ZInsO 2014, 1921, 1922 f.; *Sprau*, in: Palandt, BGB, § 675f Rn. 8; *Stapper/Jacobi*, BB 2007, 2017, 2017.

gesetzlichen bzw. konsensualen Aufrechnung aufweist *(s. hierzu Seiten 88 ff., 108 u. 117 f.)*. Gleichsam als Spezifizierung der Erfüllungs- und Schuldtilgungsfunktion des Aufrechnungsrechts hat das Kontokorrent zunächst die Funktion der Vereinfachung des Zahlungs- und Abrechnungsverkehrs zwischen den Kontokorrentpartnern, denn es fasst die aus einer Vielzahl von Geschäftsvorgängen entspringenden Forderungen im Wege einer Gesamtabrechnung zusammen und führt diese mit Ausnahme der verbleibenden Saldoforderung zugleich einer Tilgung zu[191]. Mit der nachfolgenden Anerkennung des sich zugunsten einer Partei ergebenden Überschusses mündet die Vereinfachungsfunktion in eine Vereinheitlichungsfunktion, da die Saldoforderung auf diese Weise eine selbständige, von den zugrundeliegenden Einzelposten unabhängige Forderung mit eigener Rechtsgrundlage bildet, die insbesondere hinsichtlich Verzinsung, Verjährung, Erfüllungsort und Gerichtsstand einem einheitlichen rechtlichen Schicksal unterliegt[192].

Ähnlich der Aufrechnung erfüllt das Kontokorrent neben der eben genannten Vereinfachungs- und Vereinheitlichungsfunktion ebenfalls eine Sicherungsfunktion, indem die von der Kontokorrentabrede erfassten Einzelforderungen nicht mehr selbständig geltend gemacht werden können und sowohl Verfügungen des Forderungsinhabers als auch Pfändungen Dritter entzogen werden[193]. Das Kontokorrent sichert auf diese Weise den Kontokorrentpartnern die Option, eine Befriedigung der eigenen Ansprüche durch eine Befreiung von der eigenen Schuld erlangen zu können und begrenzt deren Risiko einer Uneinbringlichkeit einzelner Forderungsrechte auf den Saldo am Ende der Abrechnungsperiode[194]. Im Hinblick auf künftige Forderungsrechte vermag das Kontokorrent die vorgenannte Sicherungswirkung

---

191 *Blaurock*, JA 1980, 691, 692; *Canaris*, in: Staub, HGB, § 355 Rn. 3; *ders.*, in: FS Hämmerle, S. 55, 55; *ders.*, Handelsrecht, § 25 Rn. 5; *Dullinger*, Handbuch der Aufrechnung, S. 266; *Grundmann*, in: Ebenroth/Boujong/Joost/Strohn, HGB, § 355 Rn. 3; *Hadding/Häuser*, in: MünchKomm HGB, ZahlungsV Rn. A 201; *Horn*, in: Heymann, HGB, § 355 Rn. 4; *Langenbucher*, in: MünchKomm HGB, § 355 Rn. 4; *Maier*, JuS 1988, 196, 197; *K. Schmidt*, Handelsrecht, S. 741; *Schwahn*, Der Aufrechnungsvertrag in der Insolvenz, S. 108 f.; *Schwintowski*, Bankrecht, § 7 Rn. 68; s. auch Denkschrift zum Entwurf eines Handelsgesetzbuches, S. 198 = *Hahn/Mugdan*, Die gesammten Materialien zu den Reichs-Justizgesetzen, Band 6, S. 355.

192 *Blaurock*, JA 1980, 691, 692 f.; *Canaris*, in: Staub, HGB, § 355 Rn. 5; *ders.*, in: FS Hämmerle, S. 55, 56; *Dullinger*, Handbuch der Aufrechnung, S. 266; *Grundmann*, in: Ebenroth/Boujong/Joost/Strohn, HGB, § 355 Rn. 3; *Langenbucher*, in: MünchKomm HGB, § 355 Rn. 4; *Maier*, JuS 1988, 196, 197; *K. Schmidt*, Handelsrecht, S. 741; *Schwintowski*, Bankrecht, § 7 Rn. 68.

193 *Maier*, JuS 1988, 196, 197; vgl. auch *K. Schmidt*, Handelsrecht, S. 741; *Schwahn*, Der Aufrechnungsvertrag in der Insolvenz, S. 108 f.

194 *Blaurock*, JA 1980, 691, 692; *Canaris*, in: Staub, HGB, § 355 Rn. 6; *ders.*, Handelsrecht, § 25 Rn. 5; *Grundmann*, in: Ebenroth/Boujong/Joost/Strohn, HGB, § 355 Rn. 3; *Hadding/Häuser*, in: MünchKomm HGB, ZahlungsV Rn. A 201; *Horn*, in: Heymann, HGB, § 355 Rn. 4; *Langenbucher*, in: MünchKomm HGB, § 355 Rn. 5; *Schwintowski*, Bankrecht, § 7 Rn. 68.

indes nur in eingeschränkter Form zu entfalten, da sich die Kontokorrentabrede zwar auch dort gegenüber Verfügungen des anderen Teils durchsetzt, allerdings in der Zwangsvollstreckung Dritter sowie in der Insolvenz versagt, soweit noch keine Verrechnungslage eingetreten ist[195].

Eine Kreditierungsfunktion kommt dem Kontokorrent nach heute ganz h.L. hingegen nicht zu[196]. Der bereits erwähnte Vereinfachungszweck des Kontokorrents bewirkt zwar, dass die wechselseitigen Ansprüche erst mit Ablauf der jeweiligen Rechnungsperiode im Wege der Verrechnung erfüllt werden, sodass aus der Warte der Partei, zu deren Gunsten sich zwischenzeitlich ein Überschusssaldo ergeben würde, zumindest von einer faktischen Kreditgewährung gesprochen werden kann[197]. Das Kontokorrentverhältnis ist damit aber noch nicht auf eine Krediteröffnung im eigentlichen Sinne gerichtet, vielmehr stellt die eben genannte Kreditierungswirkung lediglich einen Reflex der von den Parteien vereinbarten periodischen Verrechnung dar, weshalb der Anspruch auf Ausgleich eines etwaigen Debetsaldos auch nicht den für Kreditverträge geltenden Voraussetzungen unterliegt[198]. Dies gilt insbesondere im Bankvertragsrecht, wo der Bankkunde ohne Vereinbarung eines entsprechenden Kreditvertrages zur Überziehung seines Kontokorrentkontos nicht befugt ist und die Bank aufgrund des Zahlungsdiensterahmenvertrages i.S.d. § 675f Abs. 2 BGB den sofortigen Ausgleich eines nicht gestatteten Debets verlangen kann[199].

3. *Das Kontokorrent als Institut des bürgerlichen Rechts*

Obgleich das Kontokorrent mit den §§ 355 bis 357 HGB einen Eingang in den Normenkodex des HGB gefunden hat, stellt dieses kein spezifisches Institut des

---

195 *Canaris*, in: Staub, HGB, § 355 Rn. 6; *Langenbucher*, in: MünchKomm HGB, § 355 Rn. 5; vgl. auch *Canaris*, in: FS Hämmerle, S. 55, 66 f.

196 A.A. RGZ 22, 148, 151; BGH WM 1985, 936, 937; *Greber*, Das Kontokorrentverhältnis, S. 61; in diese Richtung auch *Theusner*, Die rechtliche Natur des Kontokorrentvertrages, S. 11.

197 *Blaurock*, JA 1980, 691, 692; *Canaris*, in: Staub, HGB, § 355 Rn. 8; *Dullinger*, Handbuch der Aufrechnung, S. 267; *Langenbucher*, in: MünchKomm HGB, § 355 Rn. 6; weitergehend *Horn*, in: Heymann, HGB, § 355 Rn. 4, der dies bereits als „begrenzte Kreditfunktion" des Kontokorrents klassifiziert.

198 Vgl. *Canaris*, in: Staub, HGB, § 355 Rn. 7, 9; *dens.*, in: FS Hämmerle, S. 55, 68 f.; *dens.*, Handelsrecht, § 25 Rn. 6; *Langenbucher*, in: MünchKomm HGB, § 355 Rn. 6; *K. Schmidt*, Handelsrecht, S. 742; vgl. überdies Denkschrift zum Entwurf eines Handelsgesetzbuches, S. 198 = *Hahn/Mugdan*, Die gesammten Materialien zu den Reichs-Justizgesetzen, Band 6, S. 355; RGZ 88, 373, 376; RG JW 1935, 1776, 1776.

199 Vgl. BGHZ 73, 207, 209; BGH WM 1970, 184, 186; WM 1972, 283, 287; *Canaris*, in: Staub, HGB, § 355 Rn. 7; *dens.*, Handelsrecht, § 25 Rn. 6; *Hadding/Häuser*, in: MünchKomm HGB, ZahlungsV Rn. A 201; *Horn*, in: Heymann, HGB, § 355 Rn. 32; *Schwintowski*, Bankrecht, § 7 Rn. 48.

Handelsrechts, sondern ein solches des bürgerlichen Rechts dar[200]. Die Normierung im Rahmen des Handelsrechts liegt insoweit primär darin begründet, dass zum einen das Kontokorrent in Praxi vornehmlich zwischen Kaufleuten vereinbart wird und zum anderen mit der in § 355 Abs. 1 HGB statuierten Ausnahme vom Verbot des Anatozismus (Zinseszinsnehmen) nach Art. 248 HGB den besonderen Bedürfnissen des kaufmännischen Rechnungswesens entsprochen werden sollte[201]. In der Konsequenz findet das Kontokorrent seine rechtlichen Grundlagen nicht in den Regelungen der §§ 355 bis 357 HGB, sondern ist – ähnlich den Aufrechnungsverträgen – wiederum im Rechtsprinzip der Privatautonomie mit dem daraus folgenden Grundsatz der Vertragsfreiheit verwurzelt[202].

Als wichtigste Rechtsfolge ergibt sich aus dieser Feststellung, dass das Kontokorrent über den Anwendungsbereich des § 355 Abs. 1 HGB hinaus nicht nur zwischen Kaufleuten oder zwischen einem Kaufmann und einem Nichtkaufmann bestehen kann, sondern es vermöge der Privatautonomie auch Nichtkaufleuten freisteht, zur Abwicklung ihrer Rechtsbeziehungen ein Kontokorrentverhältnis einzugehen[203]. Diese zumeist als sog. „uneigentliches Kontokorrent"[204] bezeichnete Kontokorrentbeziehung zwischen Nichtkaufleuten unterscheidet sich allerdings im Übrigen kaum von einem klassischen Kontokorrent, da auf selbiges die Vorschriften der §§ 355 bis 357 HGB abgesehen von der in § 355 Abs. 1 HGB normierten Befreiung vom Zinseszinsverbot analoge Anwendung finden[205].

---

200 *Canaris*, Handelsrecht, § 25 Rn. 55; *K. Schmidt*, Handelsrecht, S. 744; *Schwintowski*, Bankrecht, § 7 Rn. 50.

201 *Canaris*, Handelsrecht, § 25 Rn. 55; vgl. auch *Canaris*, in: Staub, HGB, § 355 Rn. 31.

202 *K. Schmidt*, Handelsrecht, S. 744; *Schwintowski*, Bankrecht, § 7 Rn. 50; vgl. auch *Wagner*, in: Röhricht/v. Westphalen, HGB, § 355 Rn. 7.

203 *Hopt*, in: Baumbach/Hopt, HGB, § 355 Rn. 3; *Horn*, in: Heymann, HGB, § 355 Rn. 7; *Schwahn*, Der Aufrechnungsvertrag in der Insolvenz, S. 108; vgl. auch *Grundmann*, in: Ebenroth/Boujong/Joost/Strohn, HGB, § 355 Rn. 6.

204 Ausgehend davon, dass die Kaufmannseigenschaft kein begriffsnotwendiges Merkmal des Kontokorrents darstellt, im Hinblick auf diese Begriffswahl zur. kritisch *K. Schmidt*, Handelsrecht, S. 742 f.; vgl. hierzu auch *Canaris*, in: Staub, HGB, § 355 Rn. 254.

205 RGZ 95, 18, 19; *Blaurock*, JA 1980, 691, 691; *Canaris*, in: Staub, HGB, § 355 Rn. 27 ff.; 256 ff.; *ders.*, Handelsrecht, § 25 Rn. 56; *Horn*, in: Heymann, HGB, § 355 Rn. 7; *Maier*, JuS 1988, 196, 197; *Schwintowski*, Bankrecht, § 7 Rn. 50. Teilweise a.A. *Grundmann*, in: Ebenroth/Boujong/Joost/Strohn, HGB, § 355 Rn. 6; *Langenbucher*, in: MünchKomm HGB, § 355 Rn. 12 f.; welche die Analogie auch auf die Zinseszinsregelung des § 355 Abs. 1 HGB ausdehnen wollen. In diese Richtung ebenfalls *K. Schmidt*, Handelsrecht, S. 744, der die Analogie indes nur im Hinblick auf Unternehmensträger befürwortet.

4. *Rechtstechnische Konstruktion des Kontokorrentverhältnisses*

Das Kontokorrentverhältnis stellt sich in rechtskonstruktiver Hinsicht grundsätzlich als Verbindung einer Mehrzahl von obligatorischen und verfügenden Rechtsgeschäften dar[206]. Die Grundlage des Kontokorrents bildet dabei der Kontokorrentvertrag, der als Oberbegriff zwei Rechtsgeschäfte in sich vereint: zum einen den schuldrechtlichen Geschäftsvertrag, welcher als obligatorische Basis des Rechtsverhältnisses die Pflichten der Kontokorrentpartner festlegt, und zum anderen die mit diesem verbundene Kontokorrentabrede als Verfügungsgeschäft, das die in § 355 Abs. 1 HGB genannte Inrechnungstellung der beiderseitigen Forderungen beinhaltet[207]. Neben diese im Kontokorrentvertrag zusammengefassten Rechtsgeschäfte treten zusätzlich die beiden übrigen Abreden nach § 355 Abs. 1 HGB, also die Verrechnung der von der Kontokorrentabrede erfassten Forderungsrechte als weiteres Verfügungsgeschäft, welches im Regelfall bereits mit der Kontokorrentabrede antizipiert vereinbart wird, sowie die Feststellung des Überschusssaldos am Ende der Rechnungsperiode in Form eines abstrakten Schuldanerkenntnisses[208]. Im Ergebnis konstituiert sich das Kontokorrent damit durch insgesamt vier rechtlich selbständige Vertragsgeschäfte: den Geschäftsvertrag *(hierzu a)*, die Kontokorrentabrede *(hierzu b)*, den Verrechnungsvertrag *(hierzu c)* und den Feststellungs- bzw. Anerkenntnisvertrag *(hierzu d.)*[209].

a) Geschäftsvertrag

Der Geschäftsvertrag ist ein gegenseitiger schuldrechtlicher Vertrag sui generis zur Regelung von Inhalt und Umfang der Rechte und Pflichten im Kontokorrentverhältnis

---

206 Vgl. *Ebert*, Aufrechnungsvereinbarungen nach bisherigem und neuem Insolvenzrecht, S. 23 sowie *Canaris*, in: FS Hämmerle, S. 55, 73 ff.

207 *Canaris*, in: Staub, HGB, § 355 Rn. 13 f., 16; *Hefermehl*, in: Schlegelberger, HGB, § 355 Rn. 5.

208 *Canaris*, in: Staub, HGB, § 355 Rn. 15, 22.

209 *Canaris*, in: Staub, HGB, § 355 Rn. 22; *ders.*, in: FS Hämmerle, S. 55, 69; *ders.*, Handelsrecht, § 25 Rn. 4; *Langenbucher*, in: MünchKomm HGB, § 355 Rn. 7; vgl. auch *Grundmann*, in: Ebenroth/Boujong/Joost/Strohn, HGB, § 355 Rn. 4; dies als „gekünstelt und praxisfremd" für das österreichische Recht ablehnend *Dullinger*, Handbuch der Aufrechnung, S. 269. Die wohl h.L. verwendet dem gegenüber den Begriff der „Kontokorrentabrede" als Oberbegriff für die Vereinbarung der Inrechnungstellung, Verrechnung und Saldoanerkennung insgesamt; so *Blaurock*, JA 1980, 691, 692; *Hopt*, in: Baumbach/Hopt, HGB, § 355 Rn. 5; *Horn*, in: Heymann, HGB, § 355 Rn. 8; *Maier*, JuS 1988, 196, 197; *K. Schmidt*, Handelsrecht, S. 745; *Schwintowski*, Bankrecht, § 7 Rn. 52. Im Hinblick auf eine klare Trennung zwischen Verpflichtungs- und Verfügungsgeschäften im Kontokorrentverhältnis ist eine derartige Terminologie indes wenig zielführend, weshalb die oben vorgenommene Differenzierung vorzugswürdig erscheint.

und damit Sitz der in § 355 Abs. 1 HGB vorgesehenen Pflichten zur Inrechnungstellung, Verrechnung und Saldofeststellung mit nachfolgender Anerkennung[210]. Des Weiteren können durch die Vertragspartner im Geschäftsvertrag auch ergänzende, das Kontokorrent betreffende Vereinbarungen getroffen werden, etwa die Übertragung des Saldos in die folgende Rechnungsperiode oder die Pflicht zur Rückführung eines Debets noch vor Abschluss der laufenden Rechungsperiode[211]. Als obligatorische Basis der Kontokorrentbeziehung bildet der Geschäftsvertrag überdies auch die Grundlage des Kündigungsrechts i.S.d. § 355 Abs. 3 HGB sowie etwaiger Schadensersatzansprüche zwischen den Kontokorrentpartnern[212].

Vom vorstehend erörterten Geschäftsvertrag gilt es die Geschäftsverbindung zwischen den Parteien deutlich zu unterscheiden. Die Geschäftsverbindung bezeichnet die auf eine gewisse Dauer und den mehrfachen Abschluss von Rechtsgeschäften angelegte Beziehung der Kontokorrentpartner, aus der die zur Verrechnung gestellten Ansprüche und Leistungen entspringen und bildet damit die tatsächliche, nicht aber die vertragliche Grundlage des Kontokorrentverhältnisses[213]. Diese Verbindung kann zwar ebenfalls vertraglich geregelt sein – wichtigstes Beispiel ist insoweit der Zahlungsdiensterahmenvertrag nach § 675f Abs. 2 BGB als Geschäftsbasis des Bankkontokorrents –, zwingend geboten ist dies indes nicht[214].

b) Kontokorrentabrede

Im Wege der Kontokorrentabrede vereinbaren die Parteien die Inrechnungstellung der Forderungen und Leistungen aus der zwischen Ihnen bestehenden Geschäftsverbindung mit der Folge des gleichzeitigen Ausschlusses einer selbständigen Geltendmachung bzw. Tilgung der Einzelforderungen[215]. Die Kontokorrentabrede lässt insoweit zwar Rechtsnatur und rechtlichen Bestand der Einzelforderungen unberührt, nimmt diesen aber jedenfalls ihre rechtliche Selbständigkeit und macht sie zu bloßen „Posten" der späteren Verrechnung[216], womit sie unmittelbar den

---

210 *Canaris*, in: Staub, HGB, § 355 Rn. 16 f.; *ders.*, in: FS Hämmerle, S. 55, 69 f.; *ders.*, Handelsrecht, § 25 Rn. 4; *Langenbucher*, in: MünchKomm HGB, § 355 Rn. 8; *Zwicker*, KTS 1978, 76, 77.

211 *Langenbucher*, in: MünchKomm HGB, § 355 Rn. 8; vgl. auch BGH WM 1970, 184, 186; *Canaris*, in: Staub, HGB, § 355 Rn. 17.

212 *Canaris*, in: Staub, HGB, § 355 Rn. 17.

213 *Canaris*, in: Staub, HGB, § 355 Rn. 35; *ders.*, Handelsrecht, § 25 Rn. 4; *Horn*, in: Heymann, HGB, § 355 Rn. 5; *Langenbucher*, in: MünchKomm HGB, § 355 Rn. 14.

214 *Horn*, in: Heymann, HGB, § 355 Rn. 5, 8; *Langenbucher*, in: MünchKomm HGB, § 355 Rn. 8.

215 *Canaris*, in: Staub, HGB, § 355 Rn. 14, 47; *ders.*, in: FS Hämmerle, S. 55, 71; *Langenbucher*, in: MünchKomm HGB, § 355 Rn. 21; *Zwicker*, KTS 1978, 76, 77; vgl. auch BGH WM 1971, 778, 778; DB 1979, 829, 829.

216 *Blaurock*, JA 1980, 691, 692; *Canaris*, in: Staub, HGB, § 355 Rn. 100 f.; *Herz*, Das Kontokorrent, S. 13; *Kirstein*, ZInsO 2014, 1921, 1923; *Kümpel*, Bank- und Kapitalmarktrecht Rn. 3.50; *Langenbucher*, in: MünchKomm HGB, § 355 Rn. 52;

Rechtsinhalt der künftig zwischen den Beteiligten entstehenden Forderungsrechte verändert und folglich als antizipierter Verfügungsvertrag zu qualifizieren ist[217].

Da die einzelnen Forderungsrechte aufgrund der Inrechnungstellung nicht mehr als solche erfüllt bzw. geltend gemacht werden können, sind die Kontokorrentpartner mit Abschluss der Kontokorrentabrede hierzu allein auf die Möglichkeit zur Verrechnung verwiesen. Die Einzelansprüche sind demgemäß vor allem auch eine Geltendmachung im Wege der Leistungsklage entzogen, weil einer gleichwohl erhobenen Klage die Kontokorrentabrede als von Amts wegen zu berücksichtigende Einwendung[218] entgegenstünde und selbige damit als unbegründet abzuweisen wäre[219]. Ausgeschlossen ist des Weiteren auch die einseitige Aufrechnung mit einer kontokorrentgebundenen Forderung oder auch gegen eine solche und zwar unabhängig davon, ob die betreffende Gegenforderung ihrerseits der Kontokorrentabrede unterliegt oder nicht[220]. Da die Kontokorrentpartner – wie bereits erwähnt – schon mit Vereinbarung der Inrechnungstellung eine Verfügung über ihre künftigen Forderungsrechte treffen, ist im Verhältnis zu Dritten eine Zession und damit nach § 1274 Abs. 2 BGB ebenfalls eine Verpfändung einer kontokorrentzugehörigen Forderung unzulässig[221]. Wie sich aus der Regelung des § 357 HGB ergibt, ist Dritten darüber hinaus trotz § 851 Abs. 2 ZPO auch eine Pfändung der Einzelforderungen

Mayen, in: Schimansky/Bunte/Lwowski, Bankrechts-Handbuch, § 47 Rn. 68; vgl. auch RGZ 60, 284, 292; 88, 373, 375; 105, 233, 235; 117, 34, 36, 39; 123, 384, 386; BGHZ 93, 307, 311; BGH WM 1956, 1125, 1126; WM 1988, 1717, 1718.

217 BGHZ 117, 135, 141; BGH WM 1979, 719, 720; *Canaris*, in: Staub, HGB, § 355 Rn. 14; *ders.*, in: FS Hämmerle, S. 55, 71; *ders.*, Handelsrecht, § 25 Rn. 7; *Hefermehl*, in: Schlegelberger, HGB, § 355 Rn. 31; *Schwintowski*, Bankrecht, § 7 Rn. 54.

218 *Hefermehl*, in: Schlegelberger, HGB, § 355 Rn. 32; *Horn*, in: Heymann, HGB, § 355 Rn. 18; *Mayen*, in: Schimansky/Bunte/Lwowski, Bankrechts-Handbuch, § 47 Rn. 70; a.A. RGZ 105, 233, 243; BGHZ 58, 257, 260; 73, 259, 263; *Blaurock*, JA 1980, 691, 692; *Grundmann*, in: Ebenroth/Boujong/Joost/Strohn, HGB, § 355 Rn. 12; *Hopt*, in: Baumbach/Hopt, HGB, § 355 Rn. 7; *Schwintowski*, Bankrecht, § 7 Rn. 53, die von einer bloßen Einrede ausgehen.

219 *Canaris*, in: Staub, HGB, § 355 Rn. 104; *Langenbucher*, in: MünchKomm HGB, § 355 Rn. 56; a.A. *Mayen*, in: Schimansky/Bunte/Lwowski, Bankrechts-Handbuch, § 47 Rn. 71.

220 BGH WM 1970, 184, 186; *Canaris*, in: Staub, HGB, § 355 Rn. 105; *Langenbucher*, in: MünchKomm HGB, § 355 Rn. 57.

221 RGZ 44, 386, 388; BGHZ 70, 86, 93; 73, 259, 263; 84, 371, 376; *Blaurock*, JA 1980, 691, 692; *Canaris*, in: Staub, HGB, § 355 Rn. 109; *ders.*, Handelsrecht, § 25 Rn. 9; *Grundmann*, in: Ebenroth/Boujong/Joost/Strohn, HGB, § 355 Rn. 14; *Horn*, in: Heymann, HGB, § 355 Rn. 19; *Langenbucher*, in: MünchKomm HGB, § 355 Rn. 61; *Maier*, JuS 1988, 196, 198; *Mayen*, in: Schimansky/Bunte/Lwowski, Bankrechts-Handbuch, § 47 Rn. 72.

im Wege der Zwangsvollstreckung versagt, weil die dort normierte Beschränkung der Pfändung auf den Saldo ansonsten sinnlos und überflüssig wäre[222].

Welche Forderungsrechte der Kontokorrentabrede unterliegen bemisst sich grundsätzlich nach dem tatsächlichen oder mutmaßlichen Willen der Parteien, wobei allerdings bei Zweifeln anzunehmen ist, dass sämtliche der Geschäftsverbindung zwischen den Beteiligten entstammenden Ansprüche in das Kontokorrent einfließen[223]. In praxi betrifft das Kontokorrent primär zwischen den Kontokorrentpartner bestehende Geldforderungen; die Kontokorrentfähigkeit ist indes nicht alleinig auf Ansprüche und Leistungen auf Geld beschränkt, vielmehr können – wie etwa beim sog. Palettenkontokorrent[224] – grundsätzlich auch Ansprüche auf Sach- und Dienstleistungen im Kontokorrent verrechnet werden, soweit sie nur im Zeitpunkt der Verrechnung nach einem einheitlichen Maßstab bewertet werden können[225]. Sofern keine abweichende Vereinbarung der Parteien besteht, erfasst das Kontokorrent dabei auch aufschiebend bedingte oder betagte sowie noch nicht fällige Forderungen, da diese ansonsten bis zum Zeitpunkt des Bedingungseintritts oder der Fälligkeit abtretbar, verpfändbar und pfändbar wären und hierdurch der Zweck des Kontokorrents konterkariert würde; die Verrechnung derartiger Forderungsrechte erfolgt nach dem mutmaßlichen Willen der Parteien aber regelmäßig erst nachdem diese vollgültig, also unbedingt bzw. fällig geworden sind[226].

---

222 BGHZ 80, 172, 175; *Blaurock*, JA 1980, 691, 694 f.; *Canaris*, in: Staub, HGB, § 355 Rn. 115, § 357 Rn. 3 f.; *ders.*, Handelsrecht, § 25 Rn. 9;, in: MünchKomm HGB, § 355 Rn. 65, § 357 Rn. 2; *Lwowski/Bitter*, WM-Festgabe für Hellner, 1994, 57, 58; vgl. auch BGHZ 84, 325, 330; 84, 371, 376; 93, 315, 323; BGH WM 1982, 233, 234; *Schwintowski*, Bankrecht, § 7 Rn. 92; vgl. überdies *Herz*, Das Kontokorrent, S. 125, welcher allerdings zur Begründung auf die antizipierte Verrechnungserklärung abhebt; unrichtig *Maier*, JuS 1988, 196, 198, der dieses Ergebnis über die hier gerade nicht einschlägige Vorschrift des § 851 ZPO begründen will.

223 *Canaris*, in: Staub, HGB, § 355 Rn. 77 ff.; *ders.*, Handelsrecht, § 25 Rn. 13; *Dullinger*, Handbuch der Aufrechnung, S. 271; *Grundmann*, in: Ebenroth/Boujong/Joost/Strohn, HGB, § 355 Rn. 8; *Hefermehl*, in: Schlegelberger, HGB, § 355 Rn. 20; *Horn*, in: Heymann, HGB, § 355 Rn. 10; *Kirstein*, ZInsO 2014, 1921, 1923; *Langenbucher*, in: MünchKomm HGB, § 355 Rn. 39 f.; vgl. auch RGZ 136, 178, 179; BGHZ 84, 371, 376.

224 *Langenbucher*, in: MünchKomm HGB, § 355 Rn. 34.

225 *Canaris*, in: Staub, HGB, § 355 Rn. 68; *Dullinger*, Handbuch der Aufrechnung, S. 271; *Grundmann*, in: Ebenroth/Boujong/Joost/Strohn, HGB, § 355 Rn. 8; *Hefermehl*, in: Schlegelberger, HGB, § 355 Rn. 19; *Hopt*, in: Baumbach/Hopt, HGB, § 355 Rn. 13; *Horn*, in: Heymann, HGB, § 355 Rn. 11; a.A. RG JW 1933, 2826, 2827; *Blaurock*, JA 1980, 691, 692; *Herz*, Das Kontokorrent, S. 83.

226 Vgl. *Canaris*, in: Staub, HGB, § 355 Rn. 82 ff.; *Dullinger*, Handbuch der Aufrechnung, S. 272; *Langenbucher*, in: MünchKomm HGB, § 355 Rn. 43, 76; a.A. RG JW 1927, 1689, 1690; *Hefermehl*, in: Schlegelberger, HGB, § 355 Rn. 22; *Hopt*, in: Baumbach/Hopt, HGB, § 355 Rn. 13; *Horn*, in: Heymann, HGB, § 355 Rn. 13.

c) Verrechnungsvertrag

Während die Kontokorrentabrede den wechselseitigen Forderungen und Leistungen zum Zwecke ihrer Verrechnung lediglich die rechtliche Selbständigkeit nimmt, wird im Wege des Verrechnungsvertrages ebenjene Verrechnung wirklich vollzogen[227]. Entgegen einer vereinzelt gebliebenen Entscheidung des BGH[228] stellt die Verrechnung insoweit nicht lediglich einen unselbständigen Teilakt im Rahmen des Saldoanerkenntnisses dar und lässt sich damit nicht zu einem bloß tatsächlichen Berechnungsvorgang herabstufen[229]. Der Verrechnungsvertrag ist vielmehr als eigenständiges Rechtsgeschäft anzusehen, das bereits unmittelbare Rechtswirkungen zeitigt, da er selbst die die Erfüllung und Befriedigung der in das Kontokorrent eingestellten Forderungsrechte bewirkt, soweit sich die Forderungen und Leistungen der Kontokorrentpartner in der Summe betragsmäßig decken[230]. Der rechnerische Überschuss bewirkt eine kausale Saldoforderung zugunsten eines der Kontokorrentpartner, deren Bestand und Rechtswirkungen von den zugrundeliegenden Einzelforderungen abhängig ist[231].

Im Regelfall wird der Verrechnungsvertrag dabei bereits mit der Kontokorrentabrede für alle künftigen Forderungsrechte abgeschlossen und stellt damit wiederum ein antizipiertes Rechtsgeschäft dar mit der Folge, dass die Saldoforderung in dem von den Parteien vereinbarten Verrechnungszeitpunkt automatisch, d.h. ohne das Erfordernis weiterer Erklärungen entsteht[232]. Den Kontokorrentpartnern steht es allerdings vermöge der Privatautonomie frei, den Verrechnungsvertrag nicht in antizipierter Form, sondern vielmehr jeweils nachträglich für zurückliegende Kontokorrentperioden abzuschließen[233].

---

227 *Canaris*, in: Staub, HGB, § 355 Rn. 15; *ders.*, in: FS Hämmerle, S. 55, 72.

228 BGHZ 93, 307, 314; in diese Richtung auch RGZ 132, 218, 222; *Wagner*, in: Röhricht/v. Westphalen, HGB, § 355 Rn. 32.

229 *Canaris*, Handelsrecht, § 25 Rn. 17; *ders.*, DB 1972, 421, 421; *Horn*, in: Heymann, HGB, § 355 Rn. 21; *Langenbucher*, in: MünchKomm HGB, § 355 Rn. 69; *Mayen*, in: Schimansky/Bunte/Lwowski, Bankrechts-Handbuch, § 47 Rn. 77.

230 BGHZ 107, 192, 197; *Canaris*, in: Staub, HGB, § 355 Rn. 124; *ders.*, DB 1972, 421, 422; *Horn*, in: Heymann, HGB, § 355 Rn. 21; *Langenbucher*, in: MünchKomm HGB, § 355 Rn. 73; *Zwicker*, KTS 1978, 76, 77; eine Tilgungswirkung ablehnend hingegen *Hefermehl*, in: Schlegelberger, HGB, § 355 Rn. 59.

231 *Grundmann*, in: Ebenroth/Boujong/Joost/Strohn, HGB, § 355 Rn. 17; *Horn*, in: Heymann, HGB, § 355 Rn. 23; *Mayen*, in: Schimansky/Bunte/Lwowski, Bankrechts-Handbuch, § 47 Rn. 78.

232 BGHZ 74, 253, 255; 93, 315, 323; 107, 192, 197; *Canaris*, in: Staub, HGB, § 355 Rn. 128; *ders.*, in: FS Hämmerle, S. 55, 72; *ders.*, Handelsrecht, § 25 Rn. 16; *ders.*, DB 1972, 421, 422; *Langenbucher*, in: MünchKomm HGB, § 355 Rn. 75; *Maier*, JuS 1988, 196, 198; *K. Schmidt*, Handelsrecht, S. 750.

233 *Canaris*, in: Staub, HGB, § 355 Rn. 127; *ders.*, in: FS Hämmerle, S. 55, 72; *ders.*, DB 1972, 421, 422; *Langenbucher*, in: MünchKomm HGB, § 355 Rn. 9.

Ebenso wie den Zeitpunkt des Abschlusses des Verrechnungsvertrages können die Parteien zudem auch den Zeitpunkt des Verrechnungsvollzuges privatautonom festlegen, wobei in dieser Hinsicht dogmatisch grundsätzlich zwischen der Vereinbarung eines Periodenkontokorrents und eines Staffelkontokorrents differenziert werden kann. Die gesetzliche Regelung des § 355 Abs. 1 HGB geht von einem Periodenkontokorrent aus, bei welchem die Verrechnung in regelmäßigen Zeitabschnitten – deren Dauer ohne eine abweichende Vereinbarung nach Abs. 2 ein Jahr beträgt – erfolgt[234]. Dem gegenüber wird beim Staffelkontokorrent die Verrechnung laufend, also immer bereits dann vollzogen, wenn eine weitere Forderung bzw. Leistung in das Kontokorrent eingestellt wird und die intendierte Tilgung der wechselseitigen Verbindlichkeiten folglich stets mit sofortiger Wirkung vorgenommen[235]. Die Periodizität der Verrechnung bildet nach dem Wortlaut des § 355 Abs. 1 HGB zwar ein Element des handelsrechtlichen Kontokorrentbegriffs, dies darf jedoch nicht zu der Annahme verleiten, dass bei Vereinbarung eines eben genannten Staffelkontokorrents kein Kontokorrent im eigentlichen Sinne mehr vorliegen würde[236], vielmehr sind auf ein solches, nach dem Grundsatz der Privatautonomie ohne Weiteres zulässiges Kontokorrentverhältnis die Vorschriften der §§ 357 ff. HGB analog anwendbar[237]. Allerdings ist angesichts der expliziten Regelung in § 355 Abs. 1 HGB und den mit einer laufenden Verrechnung verbundenen praktischen Schwierigkeiten im Zweifel ein Periodenkontokorrent als von den Parteien gewollt anzusehen[238]. Überdies ist nach zutreffender und mittlerweile ganz h.L. auch das in praxi bedeutsamste Kontokorrent, das Bankkontokorrent, trotz der Mitteilung von Tagessalden in den Kontoauszügen als Periodenkontokorrent zu klassifizieren, da bei diesem die Verrechnung gleichfalls in regelmäßigen Zeitabständen – nach Nr. 7 Abs. 1 AGB der Banken bzw. Nr. 7 Abs. 2 AGB der Sparkassen jeweils zum Ende des Kalenderquartals – im Wege eines Rechnungsabschlusses vorgenommen wird und die Tageskontoauszüge, welche die Bank nach § 666 BGB

234 BGHZ 49, 24, 27; 50, 277, 279; 51, 346, 349; *Blaurock*, JA 1980, 691, 693; *Canaris*, Handelsrecht, § 25 Rn. 18; *Herz*, Das Kontokorrent, S. 62; *Horn*, in: Heymann, HGB, § 355 Rn. 21; *Langenbucher*, in: MünchKomm HGB, § 355 Rn. 9; so auch Denkschrift zum Entwurf eines Handelsgesetzbuches, S. 198 = *Hahn/Mugdan*, Die gesammten Materialien zu den Reichs-Justizgesetzen, Band 6, S. 355.

235 *Hefermehl*, in: Schlegelberger, HGB, § 355 Rn. 102; *Horn*, in: Heymann, HGB, § 355 Rn. 21; *Langenbucher*, in: MünchKomm HGB, § 355 Rn. 9; *K. Schmidt*, Handelsrecht, S. 746.

236 So aber RGZ 115, 393, 396; 123, 384, 386.

237 *Canaris*, in: Staub, HGB, § 355 Rn. 57; *Herz*, Das Kontokorrent, S. 71; *Langenbucher*, in: MünchKomm HGB, § 355 Rn. 26; in diese Richtung auch *Hefermehl*, in: Schlegelberger, HGB, § 355 Rn. 15; *K. Schmidt*, Handelsrecht, S. 767.

238 *Langenbucher*, in: MünchKomm HGB, § 355 Rn. 27; *K. Schmidt*, Handelsrecht, S. 766.

zu erteilen hat, nur einen reinen Saldo der Buchungsposten zur Information über die Kontoentwicklung darstellen[239].

d) Feststellungs- und Anerkenntnisvertrag über den Saldo

Nach Herbeiführung der kausalen, auf den jeweiligen Einzelforderungen beruhenden Saldoforderung durch Verrechnung erfolgt in regelmäßigen Zeitabständen als weiteres Rechtsgeschäft die Feststellung und Anerkennung des Saldos, um diesen aus der Abhängigkeit von den zugrundeliegenden Rechnungsposten herauszulösen und als abstrakte Saldoforderung auf eine neue rechtliche Grundlage zu stellen[240]. Die ganz überwiegende Ansicht interpretiert die Feststellung und Anerkennung des Saldos demgemäß auch als abstraktes Schuldanerkenntnis i.S.d. § 781 BGB, welches eine nach Verjährung, Erfüllungsort und Gerichtsstand einheitliche und vom früheren Schuldgrund abgekoppelte Saldoforderung begründet[241]. Eine Mindermeinung erblickt im Schuldanerkenntnis hingegen lediglich einen kausalen Schuldfeststellungsvertrag, der Ungewissheit und Zweifel über den Bestand der Schuld beseitigen soll[242], was aber abzulehnen ist, weil die mit dem Kontokorrent intendierte Vereinfachungsfunktion nur durch ein abstraktes Anerkenntnis völlig verwirklicht werden kann[243].

Das Saldoanerkenntnis erfolgt damit durch einen abstrakten Schuldvertrag nach § 781 BGB, wobei das entsprechende Angebot regelmäßig in der Übermittlung eines durch die kontokorrentführende Partei erstellten Rechnungsabschlusses zu sehen ist. Dieses kann von der anderen Seite ausdrücklich oder auch konkludent, etwa

---

239 BGHZ 50, 277, 279 f.; BGH WM 1971, 178; WM 1972, 283, 284; WM 1985, 969, 970; *Blaurock*, JA 1980, 691, 693; *Canaris*, in: Staub, HGB, § 355 Rn. 150; *ders.*, Handelsrecht, § 25 Rn. 19; *Hadding/Häuser*, in: MünchKomm HGB, ZahlungsV Rn. A 206; *Hefermehl*, in: Schlegelberger, HGB, § 355 Rn. 106; *Horn*, in: Heymann, HGB, § 355 Rn. 29, Anhang § 372.Bankgeschäfte Rn. IV /5; *Schwintowski*, Bankrecht, § 7 Rn. 56 f.; a.A. *Herz*, Das Kontokorrent, S. 66 f.

240 *Canaris*, Handelsrecht, § 25 Rn. 28; *Langenbucher*, in: MünchKomm HGB, § 355 Rn. 88.

241 RG JW 1935, 2355, 2356; BGHZ 26, 142, 150; 49, 24, 26; 93, 307, 313; BGH WM 1969, 1072, 1073; WM 1972, 283, 285; OLG Köln NZI 2004, 668, 670; *Canaris*, in: Staub, HGB, § 355 Rn. 182; *Grundmann*, in: Ebenroth/Boujong/Joost/Strohn, HGB, § 355 Rn. 22, 24; *Hefermehl*, in: Schlegelberger, HGB, § 355 Rn. 43; *ders.*, in: FS Lehmann, II. Band, S. 547, 562; *Horn*, in: Heymann, HGB, § 355 Rn. 25; *Langenbucher*, in: MünchKomm HGB, § 355 Rn. 89; *K. Schmidt*, Handelsrecht, S. 754; a.A. *Schlüter*, in: MünchKomm BGB, § 387 Rn. 1 der das Anerkenntnis als Aufrechungsvertrag interpretiert; a.A. für das österreichische Recht *Dullinger*, Handbuch der Aufrechnung, S. 286 ff.

242 *F. Kübler*, Feststellung und Garantie, S. 162 f.; vgl. auch *Blaurock*, NJW 1971, 2206, 2208 f.; *Herz*, Das Kontokorrent, S. 106.

243 *Canaris*, in: Staub, HGB, § 355 Rn. 183 f.; *ders.*, in: FS Hämmerle, S. 55, 58 ff.; *ders.*, Handelsrecht, § 25 Rn. 29; *Hefermehl*, in: Schlegelberger, HGB, § 355 Rn. 44; *Langenbucher*, in: MünchKomm HGB, § 355 Rn. 91; *K. Schmidt*, Handelsrecht, S. 754.

durch vorbehaltlose Fortführung des Kontokorrentverkehrs, Verfügung über den positives Saldo oder Ausgleich der Saldoforderung, angenommen werden. Soweit vertraglich vereinbart, kann die Annahmeerklärung sogar in einem bloßen Schweigen das Kontokorrentpartners auf den übersandten Rechnungsabschluss zu sehen sein, so nach Nr. 7 Abs. 2 AGB der Banken bzw. Nr. 7 Abs. 3 AGB der Sparkassen, wenn der Bankkunde nicht innerhalb von sechs Wochen nach Zugang Einwendungen gegen den Rechnungsabschluss der Bank erhebt[244].

Streitig ist im Hinblick auf das vorgenannte abstrakte Schuldanerkenntnis, welche Wirkungen es auf den Bestand der durch Verrechnung entstandenen kausalen Saldoforderung mit den in sie einbezogenen Einzelforderungen hat. Nach der sog. Novationstheorie ersetzt das abstrakte Anerkenntnis die kausale Saldoforderung im Wege der Novation durch eine neue unabhängige Forderung und führt damit zum Untergang der jeweiligen Einzelforderungen[245]. Diese Ansicht widerspricht zum einen § 364 Abs. 2 BGB, demzufolge die Übernahme einer neuen Verbindlichkeit im Zweifel gerade nicht zum Erlöschen der bisherigen Schuld führt und kann zum anderen das in § 356 BGB angeordnete Fortbestehen der für die Einzelforderungen bestellten Sicherheiten nicht erklären, weshalb mit der herrschenden Auffassung im Schrifttum anzunehmen ist, dass die Saldoanerkennung eine selbständige Forderung bewirkt, die gemäß § 364 Abs. 2 BGB neben die kausale Saldoforderung tritt[246].

5. Rechtsnatur der Kontokorrentverrechnung

Die Verrechnung im Kontokorrent stellt ähnlich der Aufrechnung durch Vertrag *(vgl. Seite 109 ff.)* eine gegenseitige schuldrechtliche Verfügung dar, welche – wie bereits erwähnt – für den Regelfall in antizipierter Form vereinbart wird, sodass die Verrechnungswirkungen zum verabredeten Zeitpunkt ohne weitere Erklärung der Parteien automatisch eintreten *(s.o. Seite 131)*[247]. Der dieser Verrechnung zugrundeliegende

---

244 BGHZ 107, 192, 198 f.; BGH WM 1979, 417, 418; WM 2000, 1577, 1579; *Hadding/Häuser*, in: MünchKomm HGB, ZahlungsV Rn. A 225; *Kirstein*, ZInsO 2014, 1921, 1922; *Kümpel*, Bank- und Kapitalmarktrecht Rn. 3.61; *Schwintowski*, Bankrecht, § 7 Rn. 62; *K. Schmidt*, Handelsrecht, S. 753.

245 RGZ 82, 400, 404; 87, 434, 437; BGHZ 26, 142, 150; 50, 277, 279; 58, 257, 260; 80, 172, 176; 93, 307, 313; 141, 116, 120; *Wagner*, in: Röhricht/v. Westphalen, HGB, § 355 Rn. 36; unentschieden *Grundmann*, in: Ebenroth/Boujong/Joost/Strohn, HGB, § 355 Rn. 23.

246 *Blaurock*, NJW 1971, 2206, 2209; *ders.*, JA 1980, 691, 693 f.; *Canaris*, in: Staub, HGB, § 355 Rn. 177 ff.; *ders.*, Handelsrecht, § 25 Rn. 30; *Hadding/Häuser*, in: MünchKomm HGB, ZahlungsV Rn. A 230; *Hefermehl*, in: Schlegelberger, HGB, § 355 Rn. 58; *ders.*, in: FS Lehmann, II. Band, S. 547, 551 ff.; *Hopt*, in: Baumbach/Hopt, HGB, § 355 Rn. 7; *Horn*, in: Heymann, HGB, § 355 Rn. 27; *Maier*, JuS 1988, 196, 198 f.; *Langenbucher*, in: MünchKomm HGB, § 355 Rn. 93; *K. Schmidt*, Handelsrecht, S. 754.

247 *Blaurock*, JA 1980, 691, 692 f.; *Canaris*, in: Staub, HGB, § 355 Rn. 125, 128; *Horn*, in: Heymann, HGB, § 355 Rn. 21; *Langenbucher*, in: MünchKomm HGB, § 355 Rn. 74; *Maier*, JuS 1988, 196, 198.

Verrechnungsvertrag ist aufgrund seines Ziels einer wechselseitigen Forderungstilgung mit einem Aufrechnungsvertrag auf das engste verwandt, unterscheidet sich jedoch insoweit von einem Aufrechnungsvertrag im eigentlichen Sinne, als durch ihn nach dem Wortlaut des § 355 Abs. 1 BGB nicht nur Forderungen, sondern auch Leistungen verrechnet werden, womit er Elemente der konsensualen Aufrechnung (in Bezug auf die betroffenen Forderungsrechte) und der Anrechnung (in Bezug auf die betroffenen Leistungen) in sich vereint[248].

6. *Beendigung des Kontokorrents*

Die Beendigung des Kontokorrents richtet sich primär nach der vertraglichen Übereinkunft der Parteien, etwa nach dem Eintritt eines vereinbarten Befristungszeitpunktes (§§ 163, 158 Abs. 1 BGB) oder dem ausdrücklichen bzw. konkludenten Abschluss eines Aufhebungsvertrages[249]. Des Weiteren kann das Kontokorrent gemäß § 355 Abs. 3 HGB von jedem Beteiligten auch jederzeit, im Zweifel sogar während der laufenden Rechnungsperiode, formlos gekündigt werden, soweit keine gegenteilige Abrede der Kontokorrentpartner besteht[250]. Für den Bereich des Bankkontokorrents ist das Kündigungsrecht des Kreditinstituts allerdings nach § 676 h Abs. 2 BGB eingeschränkt, sofern das Girokonto ein Zahlungskonto i.S.d § 676 f BGB darstellt[251]. Darüber hinaus erlischt das Kontokorrentverhältnis auch dann, wenn die zugrundeliegende Geschäftsverbindung nach dem erkennbaren Willen der Parteien beendet wird, wofür aber noch nicht unbedingt ausreicht, dass diese über einen längeren Zeitraum keine Geschäfte mehr abgeschlossen haben[252]. Die Beendigung des Kontokorrents führt zunächst dazu, dass neue Forderungen und Leistungen nicht mehr kontokorrentgebunden sind, sodass über selbige frei

248 *Canaris*, in: Staub, HGB, § 355 Rn. 125; *ders.*, Handelsrecht, § 25 Rn. 15; *ders.*, in: FS Hämmerle, S. 55, 72; *ders.*, DB 1972, 421, 422; *Dullinger*, Handbuch der Aufrechnung, S. 265; *Langenbucher*, in: MünchKomm HGB, § 355 Rn. 74; a.A. *Grüneberg*, in: Palandt, BGB, § 387 Rn. 21; *Stapper/Jacobi*, BB 2007, 2017, 2017; *Stürner*, in: Jauernig, BGB, § 387 Rn. 17, die tatsächlich einen Aufrechnungsvertrag annehmen.

249 *Horn*, in: Heymann, HGB, § 355 Rn. 46; *Langenbucher*, in: MünchKomm HGB, § 355 Rn. 111.

250 *Canaris*, in: Staub, HGB, § 355 Rn. 230 f.; *Grundmann*, in: Ebenroth/Boujong/Joost/Strohn, HGB, § 355 Rn. 29; *Hopt*, in: Baumbach/Hopt, HGB, § 355 Rn. 23; *Langenbucher*, in: MünchKomm HGB, § 355 Rn. 112 f.; *Mayen*, in: Schimansky/Bunte/Lwowski, Bankrechts-Handbuch, § 47 Rn. 38.

251 *Mayen*, in: Schimansky/Bunte/Lwowski, Bankrechts-Handbuch, § 47 Rn. 101a.

252 RGZ 140, 219, 221; BGH WM 1970, 184, 186; WM 1982, 342, 343; *Canaris*, in: Staub, HGB, § 355 Rn. 234; *Hopt*, in: Baumbach/Hopt, HGB, § 355 Rn. 23; *Langenbucher*, in: MünchKomm HGB, § 355 Rn. 115; *Mayen*, in: Schimansky/Bunte/Lwowski, Bankrechts-Handbuch, § 47 Rn. 102; *K. Schmidt*, Handelsrecht, S. 761; krit. *Horn*, in: Heymann, HGB, § 355 Rn. 47.

verfügt werden kann[253]. Hinzu tritt eine sofortige abschließende Verrechnung der beiderseitigen Forderungen und Leistungen mit sofortiger Fälligkeit des daraus resultierenden kausalen Saldoanspruchs, was sich für die Kündigung des Kontokorrents unmittelbar aus § 355 Abs. 3 HGB, für die übrigen Beendigungsgründe in analoger Anwendung dieser Vorschrift ergibt[254].

Anders als die Einzelzwangsvollstreckung in das Kontokorrent führt zudem die Eröffnung des Insolvenzverfahrens ipso iure zur Beendigung des Kontokorrentverhältnisses[255]. Dies ergibt sich für die antizipierten Verfügungsgeschäfte des Kontokorrents, also die Kontokorrentabrede und den Verrechnungsvertrag, aus der Regelung des § 91 Abs. 1 InsO, womit nur die bis zur Verfahrenseröffnung entstandenen Forderungen in das Kontokorrent eingehen, die später entstehenden aber als kontokorrentfrei anzusehen sind *(eingehend hierzu nachf. Seite 146 ff.)*[256]. Nach zutreffender h.L. endet überdies auch der obligatorische Geschäftsvertrag gemäß §§ 115, 116 S. 1 InsO[257]; entgegen mitunter vertretener Auffassung kommt insoweit eine Anwendung des § 103 InsO mit einem entsprechenden Wahlrecht des Insolvenzverwalters nicht in Betracht, da diese Vorschrift nur gegenseitige Leistungsaustauschverträge erfasst[258]. Mit der Eröffnung des Insolvenzverfahrens entsteht analog § 355 Abs. 3 InsO automatisch – d.h. ohne dass es einer besonderen

253 *Canaris*, in: Staub, HGB, § 355 Rn. 238; *Grundmann*, in: Ebenroth/Boujong/Joost/Strohn, HGB, § 355 Rn. 30; *Langenbucher*, in: MünchKomm HGB, § 355 Rn. 117.

254 *Canaris*, in: Staub, HGB, § 355 Rn. 239; *Horn*, in: Heymann, HGB, § 355 Rn. 48; *Langenbucher*, in: MünchKomm HGB, § 355 Rn. 117, vgl. auch BGHZ 70, 86, 93; BGH WM 1979, 69, 70; WM 1982, 291, 292.

255 RGZ 125, 411, 416; 149, 19, 25; 162, 244, 245; BGHZ 58, 108, 111; 74, 253, 254; BGH NJW 1991, 1286, 1287; *Blaurock*, JA 1980, 691, 695; *Canaris*, in: Staub, HGB, § 355 Rn. 242; *ders.*, in: FS Hämmerle, S. 55, 73; *Grundmann*, in: Ebenroth/Boujong/Joost/Strohn, HGB, § 355 Rn. 29; *Hopt*, in: Baumbach/Hopt, HGB, § 355 Rn. 23; *Horn*, in: Heymann, HGB, § 355 Rn. 50.

256 BGHZ 74, 253, 255; *Canaris*, in: Staub, HGB, § 355 Rn. 244 f.; *ders.*, in: FS Hämmerle, S. 55, 74 (zu § 15 KO); *ders.*, Handelsrecht, § 25 Rn. 51; *Horn*, in: Heymann, HGB, § 355 Rn. 50; *Langenbucher*, in: MünchKomm HGB, § 355 Rn. 118; *Mayen*, in: Schimansky/Bunte/Lwowski, Bankrechts-Handbuch, § 47 Rn. 103; *Ott/Vuia*, in: MünchKomm InsO, § 116 Rn. 39; differenzierend *Zwicker*, KTS 1978, 76, 79 f. (zu § 15 KO).

257 BGHZ 157, 350, 356; *Gehrlein*, ZInsO 2010, 1857, 1857; *Hopt*, in: Baumbach/Hopt, HGB, § 355 Rn. 23; *Lüke*, in: B. Kübler/Prütting/Bork, InsO, § 91 Rn. 35; *Ott/Vuia*, in: MünchKomm InsO, § 116 Rn. 39; *Pöhlmann/Kubusch*, in: Graf-Schlicker, InsO, § 116 Rn. 5, 12; *Sinz*, in: Uhlenbruck/Hirte/Vallender, InsO, §§ 115, 116 Rn. 16; *Wegener*, in: Uhlenbruck/Hirte/Vallender, InsO, § 103 Rn. 53.

258 *Langenbucher*, in: MünchKomm HGB, § 355 Rn. 123; *Wegener*, in: Uhlenbruck/Hirte/Vallender, InsO, § 103 Rn. 25 f.; vgl. auch *Herz*, Das Kontokorrent, S. 203 (zu § 17 KO); a.A. *Canaris*, in: Staub, HGB, § 355 Rn. 252; *ders.*, in: FS Hämmerle, S. 55, 75 ff. (zu § 15 KO); *ders.*, Handelsrecht, § 25 Rn. 51; *Marotzke*, in: HK InsO, § 116 Rn. 5; *Tintelnot*, in: B. Kübler/Prütting/Bork, InsO, § 103 Rn. 90; *Zwicker*, KTS 1978, 76, 80 f. (zu § 17 KO).

Verrechnungserklärung bedürfte – eine kausale Saldoforderung, welche allerdings erst mit dem Ende der bisherigen Rechnungsperiode fällig wird, soweit kein Kündigungsrecht des Insolvenzverwalters nach vorgenannter Vorschrift besteht[259]. Eine entsprechende Saldoforderung zugunsten des Insolvenzschuldners ist dabei der Masse zugehörig, während sie im umgekehrten Fall eine Insolvenzforderung nach §§ 38, 41 Abs. 1 InsO darstellt und gemäß § 174 InsO zur Tabelle anzumelden ist[260].

VII. Zwischenergebnis

Zusammenfassend ist festzustellen, dass die vertragliche Aufrechnung zwei grundlegende Varianten, die Aufrechnung durch Vertrag und die Aufrechnung aufgrund eines Aufrechnungsvoraussetzungsvertrages kennt, welche beide ihre Grundlage im Prinzip der Privatautonomie finden. Die Aufrechnung durch Vertrag kann zum einen als vertragliche Aufrechnung mit Sofortvollzug oder als bedingte Aufrechnung durch Vertrag in Bezug auf bereits bestehende bzw. gleichzeitig entstehende Forderungen, zum anderen als antizipiert vereinbarte Aufrechnung in Bezug auf künftige Forderungsrechte erfolgen. Dabei stellt sie stets einen gegenseitigen Verfügungsvertrag über die zur Aufrechnung gestellten Forderungen der Beteiligten dar, durch welchen der gesamte Verfügungstatbestand bereits im Zeitpunkt des Vertragsschlusses erfüllt wird. Der Eintritt der Aufrechnungswirkungen, d.h. die wechselseitige Tilgung der aufzurechnenden Forderungsrechte, vollzieht sich indes nur bei einem Aufrechnungsvertrag mit Sofortvollzug regelmäßig bereits im Moment des Vertragsschlusses, wohingegen dieser bei einem bedingten oder antizipierten Aufrechnungsvertrag auf den Eintritt der jeweiligen Bedingung bzw. das Entstehen der künftigen aufzurechnenden Forderungen aufgeschoben ist. Ähnlich den Funktionen der Aufrechnung nach den §§ 387 ff. BGB kommt der vertraglichen Aufrechnung zwar ebenfalls eine Erfüllungs- bzw. Tilgungsfunktion, aber keinerlei Vollstreckungsfunktion zu, da es insofern an einem einseitigen Zugriffsakt eines der Beteiligten fehlt. Des Weiteren entfaltet zumindest die antizipierte Aufrechnung durch Vertrag entsprechend der gesetzlichen Aufrechnung auch Sicherungswirkungen dahingehend, dass Verfügungen und Zwangsvollstreckungen in Bezug auf die zur Aufrechnung gestellten Forderungen bereits ab dem Zeitpunkt des Vertragsschlusses nicht mehr wirksam erfolgen können.

Die Aufrechnung aufgrund eines Aufrechnungsvoraussetzungsvertrages kann gleichfalls über bereits existierende bzw. gleichzeitig mit dem Vertragsschluss entstehende oder künftige Forderungen vorgenommen werden. Der Aufrechnungsvoraussetzungsvertrag selbst stellt allerdings im Gegensatz zur Aufrechnung durch Vertrag kein Verfügungsgeschäft dar, sondern ist als rein schuldrechtlicher Vertrag

259 *Canaris*, in: Staub, HGB, § 355 Rn. 245 f.; *Langenbucher*, in: MünchKomm HGB, § 355 Rn. 121; a.A. bzgl. der Fälligkeit dieser Forderung *Hefermehl*, in: Schlegelberger, HGB, § 355 Rn. 99; *Herz*, Das Kontokorrent, S. 213; *Horn*, in: Heymann, HGB, § 355 Rn. 51.

260 *Hefermehl*, in: Schlegelberger, HGB, § 355 Rn. 99; *Horn*, in: Heymann, HGB, § 355 Rn. 51; *Langenbucher*, in: MünchKomm HGB, § 355 Rn. 121.

zu qualifizieren, womit die Verfügung über die aufrechnungsgegenständlichen Forderungen erst in der einseitigen Aufrechnungserklärung des aufrechnungsberechtigten Vertragspartners zu sehen ist. Hinsichtlich der Funktionen der Aufrechnung aufgrund Vertrages ist dabei zum einen wiederum eine Erfüllungs- und Tilgungsfunktion, welche aber erst mit der einseitigen Aufrechnungserklärung eintritt, zum anderen aber ebenfalls in gewissem Umfang eine Vollstreckungsfunktion auszumachen, die sich aber insofern von der Vollstreckungsfunktion der gesetzlichen Aufrechnung unterscheidet, als der einseitige Zwangszugriff des aufrechnungsberechtigten Teils hier im Einvernehmen eröffnet wird. Darüber hinaus kommt der Aufrechnung aufgrund eines Aufrechnungsvoraussetzungsvertrages auch eine Sicherungsfunktion dahingehend zu, dass die Aufrechnungsbefugnis einer der Parteien ab ihrer Entstehung nicht mehr durch nachmalige Verfügungen oder Vollstreckungsakte beeinträchtigt werden kann, wobei allerdings die Aufrechnungsmöglichkeit nicht zwingend bereits mit dem Abschluss des Aufrechnungsvoraussetzungsvertrages eintritt, sondern bei einem solchen über künftige Forderungen erst mit deren Begründung vorliegt.

Die in den vorstehenden Ausführungen des Weiteren erläuterte Kontokorrentverrechnung stellt ähnlich der Aufrechnung durch Vertrag eine gegenseitige schuldrechtliche Verfügung dar und wird für gewöhnlich in antizipierter Form durch einen Verrechnungsvertrag vereinbart, welcher bereits bei Begründung des Kontokorrentverhältnisses neben der Geschäftsabrede und der Kontokorrentabrede als weitere dem Kontokorrent zugrundeliegende Vereinbarungen abgeschlossen wird. Die Kontokorrentverrechnung erfasst dabei im Zweifel sämtliche aus der Geschäftsverbindung der Parteien entspringenden Forderungen und führt bei einem Periodenkontokorrent am Ende einer bestimmten Abrechnungsperiode, bei einem Staffelkontokorrent jeweils mit Entstehung einer weiteren Forderung automatisch zur wechselseitigen Tilgung der betroffenen Forderungsrechte, soweit sich diese betragsmäßig decken. An die Verrechnung schließt sich alsdann die Vereinbarung eines Feststellungs- und Anerkenntnisvertrages über die sich aus der Verrechnung ergebende kausale Saldoforderung an, auf dessen Basis eine abstrakte Saldoforderung entsteht, welche neben die kausale Saldoforderung tritt. Der Kontokorrentverrechnung kommt neben den Funktionen der Vereinfachung des Zahlungs- und Abrechnungsverkehrs zwischen den Vertragspartnern und der Vereinheitlichung der betroffenen Forderungsrechte durch den Anerkenntnisvertrag ebenfalls eine Sicherungsfunktion zu, welche sich daraus ergibt, dass der Kontokorrentpartner jedenfalls mit dem Eintritt der Verrechnungslage die Sicherheit erlangt, sich für seine Forderungen im Wege der Verrechnung befriedigen zu können.

B. Die Erhaltung von vertraglich vereinbarten Aufrechnungen in der Insolvenz und der Einzelzwangsvollstreckung

Wie bereits im Eingang zu diesem Kapitel dargelegt, ist im Hinblick auf die unterschiedlichen Typen von der vertraglichen Aufrechnung des Weiteren zu klären, unter welchen Voraussetzungen und in welchem Umfang deren Rechtswirkungen überhaupt in der Insolvenz eines Aufrechnungsbeteiligten oder gegenüber Vollstreckungsakten eines Drittgläubigers in die Forderung des Schuldners Anerkennung finden, da ein Bedürfnis für die Anfechtung der konsensualen Aufrechnung nur dann bestehen wird, wenn diese überhaupt Einfluss auf den Bestand der Insolvenz- oder Vollstreckungsmasse hat. Ähnlich den Regelungen des Bürgerlichen Rechts finden sich allerdings auch in den Bestimmungen der InsO – mit Ausnahme der Vorschrift über die Erhaltung vertraglich begründeter Aufrechnungslagen nach § 94 Alt. 2 InsO – sowie in den Regelungen des Zwangsvollstreckungsrechts keine speziellen Vorgaben bezüglich der Behandlung vertraglich vereinbarter Aufrechnungen. In der Insolvenz sind insoweit für die Wirksamkeit vertraglicher Aufrechnungen in erster Linie die Normen über die Insolvenzaufrechnung der §§ 94 ff. InsO – insbesondere die vorgenannte Bestimmung des § 94 Alt. 2 InsO – sowie gegebenenfalls ergänzend die Masseerhaltungsvorschriften der §§ 81 und 91 InsO, in der Einzelzwangsvollstreckung hingegen die allgemeinen Regelungen über das Verhältnis von Forderungsvollstreckung und Verfügungen über die Schuldnerforderung – hinsichtlich der Vollstreckung in das Kontokorrent zusätzlich die Sonderregelung des § 357 HGB – in den Blick zu nehmen.

I. Die Anerkennung vertraglich vereinbarter Aufrechnungen in der Insolvenz nach § 94 InsO

1. *Überblick über die Regelungen der §§ 94 ff. InsO*

Die §§ 94 bis 96 InsO regeln die Befugnis eines Insolvenzgläubigers, sich auch noch nach Verfahrenseröffnung im Wege der Aufrechnung gegen einen Anspruch der Insolvenzmasse Befriedigung für seine Insolvenzforderung zu verschaffen[261] und ergänzen bzw. modifizieren insofern die allgemeinen zivilrechtlichen Aufrechnungsbestimmungen der §§ 387 ff. BGB für den Bereich des Insolvenzverfahrens[262]. Die Vorschriften der Insolvenzaufrechnung betreffen dabei ausschließlich die Aufrechnung durch Insolvenzgläubiger i.S.d. §§ 38 und 39 InsO, während die Aufrechnungsbefugnis des Insolvenzverwalters sowie der Massegläubiger von selbigen nicht erfasst wird und sich auch in der Insolvenz nur nach den §§ 387 ff. BGB richtet[263]. Systematisch betrachtet normieren die §§ 94 und 95 InsO in positiver Hinsicht

---

261 *Kayser*, WM 2008, 1477, 1477; *Thole*, in: K. Schmidt, InsO, § 94 Rn. 1; *Windel*, in: Jaeger, InsO, § 94 Rn. 1.

262 *Höhn/Kaufmann*, JuS 2003, 751, 751; vgl. auch *Hofmann*, in: Graf-Schlicker, InsO, § 94 Rn. 1.

263 *Bernsau*, in: FK-InsO, § 94 Rn. 4; *Brandes/Lohmann*, in: MünchKomm InsO, § 94 Rn. 11 f.; *Hess*, Insolvenzrecht, § 94 Rn. 78, 87; *Kroth*, in: Braun, InsO, § 94 Rn. 6 ff.; *Lüke*, in: B. Kübler/Prütting/Bork, InsO, § 94 Rn. 12 ff.; *Sinz*, in: Uhlenbruck/Hirte/Vallender, InsO, § 94 Rn. 3; *Thole*, in: K. Schmidt, InsO, § 94 Rn. 3 ff.; a.A. für die Aufrechnung nachrangiger Insolvenzgläubiger *Windel*, in: Jaeger, InsO, § 94 Rn. 50 ff.

das Aufrechnungsrecht der Insolvenzgläubiger, wobei § 94 InsO als Grundsatznorm festlegt, dass eine vor Verfahreneröffnung begründete Aufrechnungsmöglichkeit auch im eröffneten Insolvenzverfahren ausgeübt werden darf und § 95 InsO die Aufrechnungsbefugnisse der Insolvenzgläubiger in Erweiterung des vorgenannten Grundsatzes auf Aufrechnungslagen erstreckt, die erst im Verlauf des Insolvenzverfahrens entstehen, weil die Forderungen erst nach Verfahrenseröffnung unbedingt, fällig oder gleichartig werden. § 96 InsO erklärt dem gegenüber die Aufrechnung bei sonstigen im eröffneten Verfahren eintretenden oder anfechtbar begründeten Aufrechnungslagen für unwirksam und stellt somit eine negative Beschränkung der den Gläubigern zustehenden Aufrechnungsbefugnisse dar[264].

2. Norminhalt des § 94 InsO

Gemäß § 94 Alt. 1 InsO ist ein Insolvenzgläubiger im laufenden Insolvenzverfahren weiterhin zur Aufrechnung berechtigt, sofern im Zeitpunkt der Verfahrenseröffnung zu seinen Gunsten bereits die Voraussetzungen einer gesetzlichen Aufrechnungslage i.S.d. §§ 387 ff. BGB *(vgl. hierzu Seite 85 ff.)* gegeben waren. Des Weiteren bleiben dem Gläubiger nach § 94 Alt. 2 InsO auch im Wege einer Aufrechnungsvereinbarung mit dem nachmaligen Insolvenzschuldner unter Abweichung von den gesetzlichen Aufrechnungsvoraussetzungen begründete Aufrechnungsbefugnisse erhalten. Die Regelung des § 94 Alt. 2 InsO über die Einbeziehung vertraglich begründeter Aufrechnungsrechte in den insolvenzrechtlichen Aufrechnungsschutz wurde erst im Zuge der Insolvenzrechtsreform geschaffen und sollte nach Auffassung des hierfür verantwortlichen Rechtsausschusses lediglich zum Zwecke der Klarstellung in das Insolvenzaufrechnungsrecht eingefügt werden[265]. Genau besehen wird hier indes gar nichts klargestellt. Vielmehr handelt es sich angesichts der Tatsache, dass nach früherem Recht Aufrechnungsvereinbarungen grundsätzlich unwirksam waren, um eine erhebliche Änderung bzw. Ausweitung der Aufrechnungsmöglichkeiten[266].

Soweit eine nach § 94 InsO geschützte Aufrechnungslage besteht, stellt die Vorschrift den Insolvenzgläubiger vom Insolvenzrisiko frei, indem er seine Insolvenzforderung nicht im Feststellungsverfahren (§§ 174 ff. InsO) zur Tabelle anzumelden hat und nicht lediglich auf die Insolvenzquote verwiesen bleibt, sondern

---

264 Vgl. zur Systematik der §§ 94–96 InsO auch *Brandes/Lohmann*, in: MünchKomm InsO, § 94 Rn. 1; *Kayser*, WM 2008, 1477, 1477 f.; *Kroth*, in: Braun, InsO, § 94 Rn. 2 f.; *Windel*, in: Jaeger, InsO, § 94 Rn. 50.

265 BT-Drs. 12/7302, S. 165 = *Uhlenbruck*, Das neue Insolvenzrecht, S. 410.

266 *Brandes/Lohmann*, in: MünchKomm InsO, § 94 Rn. 44; *Kayser*, in: HK-InsO, § 94 Rn. 49; *ders.* WM 2008, 1477, 1483; *Lüke*, in: B. Kübler/Prütting/Bork, InsO, § 94 Rn. 9, 80; *Windel*, in: Jaeger, InsO, § 94 Rn. 14; a.A. *Schwahn*, Der Aufrechnungsvertrag in der Insolvenz, S. 66; *v. Wilmowsky*, NZG 1998, 481, 483 und wohl auch *Sinz*, in: Uhlenbruck/Hirte/Vallender, InsO, § 94 Rn. 7.

weiterhin – nunmehr gegenüber dem Insolvenzverwalter[267] – die Aufrechnung erklären kann und sich folglich außerhalb des Insolvenzverfahrens die volle Befriedigung seiner Forderung zum Nennwert verschaffen kann[268]. Die Regelung ist insoweit Ausdruck der Sicherungsfunktion des Aufrechnungsrechts, da dem Gläubiger seine mit dem Eintritt der Aufrechnungslage entstandene Befugnis, die eigene Forderung jederzeit im Wege der Selbstexekution befriedigen zu dürfen, auch während des Insolvenzverfahrens erhalten bleibt und er sich somit um die Erfüllung seiner Forderung selbst in der Insolvenz seines Schuldners nicht mehr zu sorgen braucht *(s. hierzu auch Seite 90)*[269].

Es geht im Rahmen des § 94 InsO aber weniger um den Schutz des Vertrauens des Insolvenzgläubigers in eine einmal eingetretene Aufrechnungslage[270] als darum, dass der Gläubiger mit dem Eintritt der Aufrechnungslage eine gesicherte Rechtsposition erlangt hat, die es auch in der Insolvenz uneingeschränkt anzuerkennen gilt[271]. Wenig überzeugend ist es dabei allerdings, die insolvenzrechtliche Privilegierung des Aufrechnungsberechtigten damit begründen zu wollen, dass dieser bereits mit Entstehung der Aufrechnungslage rechtlich so gestellt sei, als ob die aufzurechnenden Forderungen zu diesem Zeitpunkt bereits erfüllt worden wären[272]. Dagegen spricht, dass das geltende Zivilrecht dem Prinzip eines sofortigen Erlöschens bei Eintritt der Aufrechenbarkeit (ipso iure compensatur) ausweislich des § 388 BGB gerade nicht gefolgt ist[273] und die Befriedigungswirkung der Aufrechnung vielmehr

---

267 BGH ZIP 1983, 1473, 1474; *Adolphsen*, in: Gottwald, Insolvenzrechts-Handbuch, § 45 Rn. 34; *Kroth*, in: Braun, InsO, § 94 Rn. 26; *Lüke*, in: B. Kübler/Prütting/Bork, InsO, § 94 Rn. 77, *Windel*, in: Jaeger, InsO, § 94 Rn. 229; *Wittkowski/Kruth*, in: Nerlich/Römermann, InsO, § 94 Rn. 33.

268 *Adolphsen*, in: Gottwald, Insolvenzrechts-Handbuch, § 45 Rn. 1; *Bork*, Einführung in das Insolvenzrecht Rn. 263; *Lüke*, in: B. Kübler/Prütting/Bork, InsO, § 94 Rn. 6; vgl. auch *Höhn/Kaufmann*, JuS 2003, 751, 753; *Honsdorf*, Zur Aufrechnung im Konkurs, S. 6; *Jacoby*, in: Bork, Handbuch der Insolvenzanfechtung, Teil 7, Kap. 16 Rn. 1; *Huber*, ZInsO 2009, 566, 566; *Wittkowski/Kruth*, in: Nerlich/Römermann, InsO, § 94 Rn. 2.

269 Vgl. BGHZ 2, 300, 305; *Adolphsen*, in: Gottwald, Insolvenzrechts-Handbuch, § 45 Rn. 1; *Brandes/Lohmann*, in: MünchKomm InsO, § 94 Rn. 16; *Lüke*, in: B. Kübler/Prütting/Bork, InsO, § 94 Rn. 7.

270 So aber *Adolphsen*, in: Gottwald, Insolvenzrechts-Handbuch, § 45 Rn. 1; *Hofmann*, in: Graf-Schlicker, InsO, § 94 Rn. 1; *Kayser*, in: HK-InsO, § 94 Rn. 1; *ders.*, WM 2008, 1477, 1477; *Kroth*, in: Braun, InsO, § 94 Rn. 1; *Wittkowski/Kruth*, in: Nerlich/Römermann, InsO, § 94 Rn. 2.

271 Vgl. Begr. RegE BR-Drs. 12/1443, S. 140 = *Uhlenbruck*, Das neue Insolvenzrecht, S. 410; *Hess*, Insolvenzrecht, § 94 Rn. 2; *Ch. Paulus*, ZIP 1997, 569, 575; *dens.*, ZBB 2002, 492, 493 f.

272 So aber für die gesetzliche Aufrechnung *Häsemeyer*, Insolvenzrecht Rn. 19.02; *ders.*, in: Kölner Schrift zur Insolvenzordnung, S. 645; *Windel*, in: Jaeger, InsO, § 94 Rn. 4.

273 Vgl. *Schwahn*, Der Aufrechnungsvertrag in der Insolvenz, S. 14; in diese Richtung auch *Pluta*, Insolvenzaufrechnung und der Grundsatz der par conditio creditorum, S. 43 Fn. 231.

erst mit Abgabe der Aufrechnungserklärung – wenn auch rückwirkend auf die Entstehung der Aufrechnungslage (§ 389 BGB) – eintritt, weshalb die bloße Aufrechenbarkeit noch nicht mit der tatsächlichen Forderungstilgung durch Aufrechnung gleichgesetzt werden kann.

Vorzugswürdiger erscheint es, die gesicherte Rechtsposition des Insolvenzgläubigers als pfandrechtsähnliches Sicherungsrecht an der eigenen Schuld zu begreifen und in dieser Hinsicht die Forderung des Insolvenzschuldners ab dem Zeitpunkt der Aufrechenbarkeit als mit der Tilgungsbefugnis des aufrechnungsberechtigten Insolvenzgläubigers belastet anzusehen *(vgl. hierzu bereits Seite 91).* § 94 InsO vermittelt dem Aufrechnungsberechtigten damit eine dem Absonderungsrecht vergleichbare Vorzugsstellung, welche allerdings insofern sogar noch über ein Recht auf abgesonderte Befriedigung hinausgeht bzw. sich von einem solchen unterscheidet, als der Begünstigte keinerlei Feststellungs- und Verwertungskosten nach §§ 170 f. InsO zu tragen hat[274].

3. Grundsätzliche Wirksamkeit vollzogener vertraglicher Aufrechnungen

Die eben dargestellte Regelung des § 94 InsO gilt allerdings nicht für Aufrechnungen jedweden Stadiums, sondern nur für solche, bei welchen bis zur Eröffnung des Insolvenzverfahrens die aufrechnungsmäßige Tilgung noch nicht eingetreten ist. Bis zum Erlass des Eröffnungsbeschlusses bereits vollzogene Aufrechnungen sind hingegen von vornherein als wirksam anzusehen, da das Insolvenzverfahren nach § 35 Abs. 1 InsO nur das bei Verfahrenseröffnung vorhandene Vermögen des Schuldners zu erfassen vermag und die betroffenen Aufrechnungsforderungen aber in diesem Zeitpunkt bereits erloschen sind. In Bezug auf die Anfechtung von Aufrechnungen ergibt sich daraus, dass es auf die Frage, inwieweit die Wirkungen einer vertraglichen Aufrechnung überhaupt in der Insolvenz Anerkennung finden, nicht ankommt, sofern der Aufrechnungserfolg bis zur Eröffnung des Insolvenzverfahrens

274 *Adolphsen*, in: Gottwald, Insolvenzrechts-Handbuch, § 45 Rn. 3; *Brandes/Lohmann*, in: MünchKomm InsO, § 94 Rn. 16; *Holzer*, DStR 1998, 1268, 1268; *Kayser*, WM 2008, 1477, 1480; *Ch. Paulus*, ZBB 2002, 492, 493; *ders.*, DStR 2003, 709, 713; *Wittkowski/Kruth*, in: Nerlich/Römermann, InsO, § 94 Rn. 32; vgl. auch RGZ 80, 407, 409; 124, 8, 10; BGH NJW 1960, 1295, 1296; NJW 1994, 1659, 1660; NJW 1995, 1966, 1967; *Göpfert*, Anfechtbare Aufrechnungslagen im deutsch-amerikanischen Rechtsverkehr, S. 9; *Honsdorf*, Zur Aufrechnung im Konkurs, S. 12, 15; *Lüke*, in: B. Kübler/Prütting/Bork, InsO, § 94 Rn. 121 f; ; *Thole*, in: K. Schmidt, InsO, § 94 Rn. 1; a.A. *Schwahn*, Der Aufrechnungsvertrag in der Insolvenz, S. 15 ff. Etwas zu weitgehend *Ch. Paulus*, ZBB 2002, 492, 493, der überdies eine Ähnlichkeit mit einem Aussonderungsrecht feststellen will und erst recht überzogen *Hess*, Insolvenzrecht, § 94 Rn. 2, welcher sogar tatsächlich ein Aussonderungsrecht annimmt. Für sich genommen konsequent hingegen *Häsemeyer*, Insolvenzrecht Rn. 19.03, 19.31, der lediglich vertraglich begründete Aufrechnungsrechte als Absonderungsrechte begreift und diesen aber dann auch die Erstattung der Feststellungs- und Verwertungskosten auferlegen möchte.

bereits eingetreten ist. Vielmehr ist es so, dass dieser Erfolg grundsätzlich nur im Wege der Insolvenzanfechtung beseitigt werden kann, womit bereits vollzogene Aufrechnungen für die hier zu untersuchende Anfechtung vertraglich vereinbarter Aufrechnungen stets beachtlich sind.

Vorbehaltlich seiner Anfechtbarkeit wirksam ist damit zunächst jeder bis zur Eröffnung des Insolvenzverfahrens geschlossene Aufrechnungsvertrag mit Sofortvollzug und zwar unabhängig davon, ob dabei von den Voraussetzungen der §§ 387 ff. BGB abgewichen wird oder nicht, weil dieser stets unmittelbar zum Erlöschen der vertragsgegenständlichen Forderungsrechte führt, soweit sich selbige betragsmäßig decken[275]. Die Aufrechnung ist in gleicher Weise auch dann vor Verfahrenseröffnung vollendet, wenn bei einem aufschiebend bedingten oder befristeten Aufrechnungsvertrag bis zu diesem Zeitpunkt der Bedingungseintritt erfolgte oder bei einem antizipiert vereinbarten Aufrechnungsvertrag bis zur Eröffnung beide aufzurechnenden Forderungen zur Entstehung gelangt sind, weshalb der damit herbeigeführte Aufrechnungserfolg ebenfalls in der Insolvenz erhalten bleibt und nur im Wege der Insolvenzanfechtung beseitigt werden kann. Des Weiteren hat schließlich auch die Aufrechnung aufgrund eines Aufrechnungsvoraussetzungsvertrages über bestehende oder künftige Forderungen in der Insolvenz bestand, wenn bis zum Erlass des Eröffnungsbeschlusses die Aufrechnungsvoraussetzungen eingetreten sind und die Aufrechnung durch einseitige Erklärung des Berechtigten vollzogen wurde.

4. *Anerkennung von vertraglich vereinbarten Aufrechnungsmöglichkeiten im eröffneten Insolvenzverfahren gemäß § 94 Alt. 2 InsO*

a) *Vereinbarungen über Aufrechnungsvoraussetzungen*

Hinsichtlich noch nicht vollzogener Aufrechnungsrechte aus einer Vereinbarung über Aufrechnungsvoraussetzungen ergibt sich deren Anerkennung im eröffneten Insolvenzverfahren im Grundsatz bereits aus dem Wortlaut des § 94 Alt. 2 InsO, welcher eine vertraglich geschaffene Aufrechnungsbefugnis der gesetzlichen gleichstellt und es damit bis zur Insolvenzeröffnung Gläubiger und Schuldner erlaubt, abweichend von den gesetzlichen Vorgaben weiterreichende Aufrechnungsbefugnisse für eine oder beide Seiten zu vereinbaren. Umstritten ist dabei allerdings, welche durch Modifikation der gesetzlichen Aufrechnungserfordernisse geschaffene Aufrechnungslagen nach dieser Vorschrift als insolvenzfest anzusehen sind. Während eine Meinung in der Literatur jedwede Abweichung von den Voraussetzungen der

275 *Brandes/Lohmann*, in: MünchKomm InsO, § 94 Rn. 45; *Häsemeyer*, Insolvenzrecht Rn. 19.28; *Fischer*, WM 2008, 1, 1; *Sinz*, in: Uhlenbruck/Hirte/Vallender, InsO, § 94 Rn. 7; *Windel*, in: Jaeger, InsO, § 94 Rn. 199.

§§ 387 ff. BGB als insolvenzfest anerkennt[276], erachtet die wohl h.L. eine vertraglich vereinbarte Aufrechnungsbefugnis zwar als grundsätzlich von § 94 Alt. 2 InsO gedeckt, beschränkt deren insolvenzrechtliche Wirksamkeit jedoch durch eine unmittelbare oder zumindest analoge Anwendung der §§ 95 und 96 InsO[277]. Eine weitere Ansicht in der Literatur geht dem gegenüber davon aus, dass eine Privilegierung eines Insolvenzgläubigers durch die Erhaltung einer Aufrechnungsbefugnis aufgrund von Aufrechnungsvoraussetzungsvereinbarungen nicht pauschal gerechtfertigt sei, sondern nur dann anerkannt werden könne, wenn die betreffende Aufrechnungslage einer gesetzlichen vergleichbar ist, weshalb jedenfalls Modifikationen des Gegenseitigkeitserfordernisses nicht anzuerkennen seien[278].

Gegen die erstgenannte Auffassung spricht, dass der Gesetzgeber – wie bereits erwähnt – die Einbeziehung vertraglich vereinbarter Aufrechnungsbefugnisse in die Regelung § 94 Alt. 2 InsO auch als bloße Klarstellung verstanden wissen wollte und folglich keinerlei Erleichterung der für die gesetzliche Aufrechnung geltenden Regelungen der InsO beabsichtigte[279]. Allerdings kann es ebensowenig überzeugen, die §§ 95 und 96 InsO vollumfänglich auf die Aufrechnungsvoraussetzungsverträge übertragen zu wollen, da für § 94 Alt. 2 InsO jedenfalls dann nahezu kein Anwendungsbereich mehr verbliebe, wenn man auch die Grenzen des § 95 Abs. 1 InsO auf vertraglich begründete Aufrechnungsrechte übertragen würde und solche nur dann zuließe, wenn nach dieser Vorschrift auch eine gesetzliche Aufrechnung offen stünde[280]. Des Weiteren darf zumindest eine Heranziehung von § 96 Abs. 1 Nr. 1 und 2 InsO letztlich als überflüssig bezeichnet werden, da diese Vorschriften lediglich klarstellenden Charakter haben und sich das Erfordernis der Gegenseitigkeit im Zeitpunkt der Verfahrenseröffnung im Grunde bereits aus § 94 InsO ergibt[281]. Obgleich

---

276 *Höhn/Kaufmann*, JuS 2003, 751, 753; *Lüke*, in: B. Kübler/Prütting/Bork, InsO, § 94 Rn. 80 f.; *v. Olshausen*, ZInsO 2004, 1229, 1230; *Wittkowski/Kruth*, in: Nerlich/ Römermann, InsO, § 94 Rn. 8.

277 BGHZ 160, 107, 110 f. (zur mangelnden Insolvenzfestigkeit von sog. Konzernverrechnungsklauseln); BGH WM 2006, 1782, 1784; *Fischer*, WM 2008, 1, 2; *Hofmann*, in: Graf-Schlicker, InsO, § 94 Rn. 13, § 96 Rn. 12; *Kayser*, in: HK-InsO, § 94 Rn. 49; *ders.*, WM 2008, 1477, 1483; *Kroth*, in: Braun, InsO, § 94 Rn. 23, § 96 Rn. 15; *Schwahn*, Der Aufrechnungsvertrag in der Insolvenz, S. 69 ff.; *Sinz*, in: Uhlenbruck/ Hirte/Vallender, InsO, § 94 Rn. 9, § 96 Rn. 45; vgl. auch *Ebert*, Aufrechnungsvereinbarungen nach bisherigem und neuem Insolvenzrecht, S. 118 ff.

278 *Windel*, in: Jaeger, InsO, § 94 Rn. 14 ff., 225; *ders.*, KTS 2004, 305, 306 f.; *ders.* KTS 2004, 563, 565; in diese Richtung auch *Häsemeyer*, Insolvenzrecht Rn. 19.30; *K. Schmidt*, NZI 2005, 138, 141; *Thole*, in: K. Schmidt, InsO, § 94 Rn. 24.

279 *Fischer*, WM 2008, 1, 2; vgl. auch *Kayser*, in: HK-InsO, § 94 Rn. 49; *ders.*, WM 2008, 1477, 1483.

280 So aber *Kroth*, in: Braun, InsO, § 95 Rn. 23; zur. abl. *Windel*, in: Jaeger, InsO, § 94 Rn. 224. Für eine Beschränkung der Anwendbarkeit des § 95 Abs. 1 InsO auf die gesetzliche Aufrechnung auch *Häsemeyer*, Insolvenzrecht Rn. 19.31.

281 *Sinz*, in: Uhlenbruck/Hirte/Vallender, InsO, § 96 Rn. 4 (nur zu § 96 Abs. 1 Nr. 1 InsO); *Windel*, in: Jaeger, InsO, § 96 Rn. 1.

damit zwar zumindest bei Anwendung der §§ 96 Abs. 1 Nr. 1 und Nr. 2 InsO ähnliche Ergebnisse wie auf Grundlage des § 94 InsO erzielt würden, erscheint es nach dem Vorstehenden vorzugswürdig, die materiellrechtliche Anerkennung von vertraglich begründeten Aufrechnungsbefugnissen mit der letztgenannten Auffassung primär anhand des § 94 InsO zu beurteilen und selbige nur dann zuzulassen, wenn dieses Aufrechnungsrecht in seiner Qualität einer über § 94 Alt. 1 InsO anerkannten gesetzlichen Aufrechnungsbefugnis vergleichbar ist. Dafür spricht zunächst, dass mit § 94 Alt. 2 InsO gerade die vertragliche Aufrechnungsmöglichkeit der gesetzlichen gleichgestellt werden sollte, was aber nur dann gerechtfertigt sein kann, wenn die betroffenen Aufrechnungsrechte auch annähernd äquivalent sind. Im Wesentlichen lässt sich jedoch für die hier favorisierte Ansicht auf den Schutzzweck des § 94 InsO verweisen, da selbiger nur dann tangiert sein kann, wenn zwischen den betroffenen Forderungsrechten nicht lediglich ein „offenes Kontaktverhältnis“[282] besteht, sondern im Wege des Aufrechnungsvoraussetzungsvertrages eine der gesetzlichen Aufrechnungslage vergleichbare gesicherte Rechtsposition des Insolvenzgläubigers geschaffen wurde, sich für seine Forderung durch einseitige Aufrechnung befriedigen zu können und damit zugleich die eigene Verbindlichkeit nicht mehr effektiv erfüllen zu müssen[283].

Als unabdingbare Voraussetzung ist dabei freilich zunächst die Existenz der aufzurechnenden Forderungen im Zeitpunkt der Verfahrenseröffnung anzusehen. Denn auch wenn nach zivilrechtlichen Grundsätzen das Bestehen der betroffenen Forderungen mangels Verfügungswirkung des Aufrechnungsvoraussetzungsvertrages kein Wirksamkeitserfordernis desselben darstellt und diese Forderungen erst spätestens bei nachfolgender Abgabe der einseitigen Aufrechnungserklärung entstanden sein müssen *(s.o. Seite 115)*, kann jedenfalls in Bezug auf § 94 Alt. 2 InsO noch nicht einmal im Ansatz von einer gesicherten Rechtsposition gesprochen werden, wenn die Forderungen bei Verfahrenseröffnung nicht existieren[284]. Bei Vereinbarungen über Aufrechnungsvoraussetzungen, die künftige Forderungen betreffen, reicht damit der bloße Vertragsschluss als solcher noch nicht aus, vielmehr sind diese nur dann als insolvenzfest anzusehen, wenn die aufzurechnenden Forderungsrechte bis zum Zeitpunkt der Verfahrenseröffnung entstanden sind und damit die in Aussicht genommene Aufrechnungslage eingetreten ist.

Mit Blick auf das Erfordernis einer Äquivalenz der vertraglichen Aufrechnungsbefugnis ist des Weiteren auch zu verlangen, dass die aufzurechnenden Forderungsrechte im Zeitpunkt der Insolvenzeröffnung bereits das Erfordernis der Gegenseitigkeit erfüllen. Dies ergibt sich daraus, dass abweichend von der allgemeinen Dogmatik der Vereinbarungen über Aufrechnungsvoraussetzungen *(s.o. Seite 115)* eine Abweichung vom Gegenseitigkeitserfordernis nicht für insolvenzfest erachtet werden

---

282 Vgl. *Gernhuber*, Die Erfüllung und ihre Surrogate, S. 231; *Windel*, KTS 2004, 305, 309; *ders.*, KTS 2004, 563, 566.

283 Vgl. auch *Windel*, in: Jaeger, InsO, § 94 Rn. 14.

284 Vgl. auch BGH NJW-RR 1991, 744, 744.

kann, weil hier – insbesondere bei den Konzernverrechnungsklauseln als Hauptanwendungsfall der Abkehr vom Gegenseitigkeitserfordernis – regelmäßig erst mit der Aufrechnungserklärung eine endgültige Zuordnung der zu kompensierenden Forderungsrechte erfolgt und damit im Zeitpunkt der Verfahrenseröffnung noch kein hinreichend enger Kompensationsnexus besteht[285]. Abgesehen von der Aufrechnung währungsverschiedener Forderungen, welche bei freier Konvertibilität am Zahlungsort schon Kraft Gesetzes nach § 95 Abs. 2 InsO zulässig ist, sind des Weiteren auch vom Erfordernis der Gleichartigkeit abweichende Aufrechnungslagen in der Insolvenz nicht anzuerkennen, da das dadurch vermittelte Gestaltungsrecht schon nach allgemeinen zivilrechtlichen Kriterien wesensmäßig nicht mehr als Aufrechnung qualifiziert werden kann *(s.o. Seiten 104 f., 115)*[286]. Als qualitativ einer gesetzlichen Aufrechnungslage gleichwertig und folglich insolvenzfest sind hingegen sämtliche Aufrechnungslagen anzusehen, welche unter vertraglicher Modifikation der gesetzlichen Merkmale der Fälligkeit bzw. Einredefreiheit der Aktivforderung oder der Erfüllbarkeit der Passivforderung begründet wurden[287].

b) *Aufrechnungen durch Vertrag*

aa) Antizipierte Aufrechnungsverträge über künftige Forderungen sowie Verrechnungsverträge im Kontokorrentverhältnis

Fraglich ist auch, inwieweit Aufrechnungsbefugnisse aufgrund antizipierter Aufrechnungsverträge über künftige Forderungen in der Insolvenz anzuerkennen sind, sofern nicht schon bis zur Eröffnung des Insolvenzverfahrens alle zu kompensierenden Forderungsrechte entstanden sind und damit die wechselseitige Tilgung derselben bereits vor diesem Zeitpunkt eintreten konnte. Ein kleiner Teil der Literatur ist in Bezug auf nicht vollzogene antizipierte Aufrechnungsvereinbarungen der Auffassung, dass selbige in der Insolvenz grundsätzlich ebenfalls über § 94 Alt. 2 InsO anerkannt würden und dabei in ihrer Wirksamkeit unmittelbar an

285 *Häsemeyer*, Insolvenzrecht Rn. 19.30; *Windel*, in: Jaeger, InsO, § 94 Rn. 16; *ders.*, KTS 2004, 305, 308 f.; vgl. auch *Sinz*, in: Uhlenbruck/Hirte/Vallender, InsO, § 94 Rn. 9; *Thole*, in: K. Schmidt, InsO, § 94 Rn. 24, 27.

286 A.A. *Windel*, in: Jaeger, InsO, § 94 Rn. 15; *ders.*, KTS 2004, 305, 308, der die Insolvenzfestigkeit bejaht, soweit eine qualifizierte subjektive Äquivalenzbestimmung getroffen wurde. A.A. überdies *Häsemeyer*, Insolvenzrecht Rn. 19.30; *Kayser*, in: HK-InsO, § 94 Rn. 62; *ders.*, WM 2008, 1477, 1484; *Schwahn*, Der Aufrechnungsvertrag in der Insolvenz, S. 73 f.; *Thole*, in: K. Schmidt, InsO, § 94 Rn. 24, welche Modifikationen des Gleichartigkeitserfordernisses im Wesentlichen sogar grundsätzlich anerkennen wollen.

287 *Häsemeyer*, Insolvenzrecht Rn. 19.30; *Kayser*, in: HK-InsO, § 94 Rn. 62; *ders.*, WM 2008, 1477, 1484; *Schwahn*, Der Aufrechnungsvertrag in der Insolvenz, S. 69 f.; *Windel*, in: Jaeger, InsO, § 94 Rn. 14, 224; *ders.*, KTS 2004, 305, 307.

den Schranken des § 96 Abs. 1 InsO zu messen seien[288]. Diesem Ansatz muss schon mit Blick auf den Wortlaut des § 94 InsO widersprochen werden, da die antizipierten Aufrechnungsvereinbarungen an sich – anders als die Vereinbarungen über Aufrechnungsvoraussetzungen – gar kein Recht zur Aufrechnung vermitteln, welches im eröffneten Insolvenzverfahren aufrecht zu erhalten wäre, sondern gerade selbst die aufrechnungsmäßige Verfügung beinhalten und lediglich deren Wirkung auf den künftigen Zeitpunkt der Forderungsentstehung hinausschieben[289]. Weiterhin ist eine Einbeziehung der antizipierten Aufrechnungsvereinbarungen in den Aufrechnungsschutz nach § 94 Alt. 2 InsO auch deshalb abzulehnen, weil mit einer solchen erweiternden Auslegung dieser Vorschrift ohne Not systematische Verwerfungen mit anderen Normen, namentlich den §§ 91 und 115 f. InsO, provoziert würden[290].

Die h.L. geht daher zutreffend davon aus, dass antizipierte Aufrechnungsverträge, welche mangels Entstehung einer der aufzurechnenden Forderungen noch nicht vollzogen wurden, in der Insolvenz nicht nach § 94 Alt. 2 InsO fortbestehen und deshalb mit Eröffnung des Insolvenzverfahrens unwirksam werden, wobei aber streitig ist, aus welchen Bestimmungen diese Rechtsfolge abzuleiten ist. Ein Teil zieht in dieser Hinsicht die §§ 80 Abs. 1 bzw. 81 Abs. 1 InsO[291] heran und begründet dies dahingehend, dass die Ungültigkeit der antizipierten Aufrechnung durch Vertrag darauf beruhe, dass dem Insolvenzschuldner nach den eben genannten Vorschriften ab Verfahrenseröffnung die Verfügungsbefugnis über die aufzurechnende Forderung fehle, welche indes auch noch im Zeitpunkt des Wirksamwerdens des Rechtsgeschäfts vorliegen müsse[292]. Diese Ansicht übersieht allerdings, dass im Falle der im Voraus erklärten Aufrechnung der Verfügungstatbestand bereits vollständig vor Insolvenzeröffnung erfüllt wurde und lediglich der Verfügungserfolg,

---

288 *Bork*, in: FS Fischer, S. 37, 39; *Dampf*, KTS 1998, 145, 154; *Schwahn*, Der Aufrechnungsvertrag in der Insolvenz, S. 55; *Steinhoff*, ZIP 2000, 1141, 1143; *Tinnefeld*, Auf- und Verrechnungsmöglichkeit von Kreditinstituten, S. 155; *Wischemeyer*, Insolvenzanfechtung der Rückführung debitorischer Konten, S. 12. Etwas inkonsequent *Kayser*, in: HK-InsO, § 94 Rn. 58 f.; *ders.*, WM 2008, 1477, 1483, der die antizipierten Aufrechnungsverträge zwar nicht als von § 94 Alt. 2 InsO geschützt ansieht, aber nach Verfahrenseröffnung erfolgende Verrechnungen gleichwohl an § 96 Abs. 1 Nr. 1 InsO misst.

289 Vgl. auch *Windel*, KTS 2004, 305, 306.

290 *Windel*, in: Jaeger, InsO, § 94 Rn. 14.

291 *Ebert*, Aufrechnungsvereinbarungen nach bisherigem und neuem Insolvenzrecht, S. 106 und *Tinnefeld*, Auf- und Verrechnungsmöglichkeit von Kreditinstituten, S. 123 f. (§§ 80 Abs. 1, 81 Abs. 1 InsO); *Windel*, in: Jaeger, InsO, § 94 Rn. 13 (§ 80 Abs. 1 InsO), anders aber *ders.*, in: Jaeger, InsO, § 81 Rn. 43, wo Verfügungen über künftige Rechte § 91 Abs. 1 InsO zugerechnet werden.

292 So allgemein für Vorausverfügungen auch *Eckardt*, ZIP 1997, 957, 959 ff.; *Lüke*, in: B. Kübler/Prütting/Bork, InsO, § 81 Rn. 12a (der aber unter § 91 Rn. 27 ff. die Übertragung künftiger Rechte unverständlicher Weise doch nach § 91 InsO beurteilt); *Ott/Vuia*, in: MünchKomm InsO, § 81 Rn. 10.

die wechselseitige Tilgung durch Verrechnung, auf den zukünftigen Zeitpunkt der Forderungsentstehung hinausgeschoben ist[293].

Da somit hinsichtlich der Geltung einer antizipierten Aufrechnung durch Vertrag nach Verfahrenseröffnung keinerlei Verfügungsakte mehr erforderlich sind, ist insofern nicht auf die Regelungen der §§ 80 Abs. 1, 81 Abs. 1 InsO, sondern auf § 91 Abs. 1 InsO abzustellen, sodass im eröffneten Insolvenzverfahren in Bezug auf nach Verfahrenseröffnung entstandene Forderungsrechte der Eintritt des Aufrechnungserfolges ausgeschlossen ist, da nach dieser Vorschrift ab diesem Zeitpunkt die Aufrechnung als absolut unwirksam anzusehen ist[294]. Im Verhältnis zur Einzelzwangsvollstreckung, in welcher nach ganz h.L. der im Voraus vereinbarten Aufrechnung aufgrund des Prioritätsgrundsatzes schon ab dem Vertragsschluss Vorrang vor späteren Beschlagnahmen zukommt *(s. hierzu Seite 155 f.)*, genießen die antizipierten Aufrechnungsverträge damit in der Insolvenz einen deutlich geringeren Schutz, was aber insofern gerechtfertigt erscheint, als der betroffene Insolvenzgläubiger vor Forderungsentstehung noch keine derart gesicherte Rechtsposition erlangt hat, dass eine Abweichung vom Prinzip der par conditio creditorum erforderlich wäre.

Die eben dargestellten Grundsätze gelten dabei auch für die im Rahmen eines Kontokorrentverhältnisses getroffenen antizipierten Verfügungsgeschäfte, wohingegen der obligatorische Geschäftsvertrag nach den Regelungen der §§ 115, 116 S. 1 InsO erlischt *(eingehend hierzu Seite 136)*. Die Kontokorrentabrede und der Verrechnungsvertrag werden somit ebenfalls bei Eröffnung des Insolvenzverfahrens nach § 91 Abs. 1 InsO unwirksam[295]. Dies hat zur Folge, dass nach diesem Zeitpunkt entstehende Forderungen nicht mehr am Kontokorrent teilnehmen und nur die bis dahin entstandenen in die kausale Saldoforderung eingehen, welche aufgrund der analog § 355 Abs. 3 HGB bei Verfahrenseröffnung eintretenden Beendigung des Kontokorrents automatisch durch Verrechnung entsteht.

---

293 So zur antizipierten Zession auch BGHZ 135, 140, 144 f.; BGH WM 2009, 2391, 2392; vgl. auch *Kayser*, in: HK-InsO, § 91 Rn. 9; *Kuleisa*, in: HambKomm InsO, § 91 Rn. 2 f.; *Wimmer-Amend*, in: FK-InsO, § 91 Rn. 22.

294 BGHZ 58, 108, 111; 70, 86, 93; 74, 253, 255 (jeweils zur Vorgängerregelung § 15 KO); *Edelmann*, WiB 1995, 992, 993; *Hofmann*, in: Graf-Schlicker, InsO, § 91 Rn. 13, § 94 Rn. 2; *Jacoby*, in: HambKomm InsO, § 94 Rn. 13; *Kroth*, in: Braun, InsO, § 81 Rn. 5; *Thole*, in: K. Schmidt, InsO, § 94 Rn. 26; vgl. auch Begr. RegE BT-Drs. 12/2443, S. 138 = *Uhlenbruck*, Das neue Insolvenzrecht, S. 411. So auch i.E., aber ohne konkreten Normverweis *Häsemeyer*, Insolvenzrecht Rn. 19.29; *Sinz*, in: Uhlenbruck/Hirte/Vallender, InsO, § 94 Rn. 8. A.A. diesbezüglich hingegen *Wittkowski/Kruth*, in: Nerlich/Römermann, InsO, § 94 Rn. 19, welche nicht auf die Entstehung, sondern auf die Fälligkeit abstellen wollen.

295 *Bork*, in: FS Kirchhof, S. 57, 60; *ders.*, Zahlungsverkehr in der Insolvenz Rn. 54, 61.

bb) Bedingte Aufrechnungsverträge über bereits entstandene Forderungen

Während die insolvenzrechtliche Anerkennung der Aufrechnungsverträge mit Sofortvollzug sowie der antizipierten Aufrechnungsverträge seitens der Literatur bereits häufig thematisiert wurde, hat die Wirksamkeit der dritten Variante der Aufrechnung durch Vertrag, der bedingten Aufrechnungsverträge über bereits entstandene Forderungen – wohl aufgrund ihrer deutlich geringeren praktischen Relevanz – bislang nahezu keine Beachtung erfahren. Sofern dort die Bedingung bis zur Insolvenzeröffnung noch nicht eingetreten ist, kommt ähnlich dem antizipierten Aufrechnungsvertrag eine Anwendung der §§ 94 ff. InsO nicht in Betracht, weil der bedingte Aufrechnungsvertrag ebenfalls keine Berechtigung zur Aufrechnung i.S.d. § 94 InsO vermittelt, sondern bereits selbst den Verfügungstatbestand vollständig erfüllt und lediglich die Verfügungswirkungen in die Zukunft aufschiebt. Anders als bei einer im Voraus vereinbarten Aufrechnung durch Vertrag steht aber im Hinblick auf den aufschiebend bedingten Aufrechnungsvertrag § 91 InsO nach Verfahrenseröffnung einer Vollendung der Aufrechnung durch Eintritt der vereinbarten Bedingung nicht entgegen, da die hier bereits bei Vertragsschluss existenten Forderungen schon mit diesem aus dem Vermögen der Aufrechnenden ausscheiden und folglich die Insolvenzmasse durch den späteren Bedingungseintritt gar nicht mehr tangiert wird[296]. Die aufschiebend bedingte Aufrechnung durch Vertrag ist damit im Ergebnis wie jedes andere aufschiebend bedingte Verfügungsgeschäft als insolvenzfest anzusehen und wird damit im Gegensatz zum antizipierten Aufrechnungsvertrag über künftige Forderungen nicht mit Verfahrenseröffnung unwirksam.

5. *Einfluss der Anordnung von Verfügungsbeschränkungen im Eröffnungsverfahren auf die Wirksamkeit von Aufrechnungsvereinbarungen*

Im Bezug auf das Eröffnungsverfahren ist umstritten, in welchem Umfang vertraglich geschaffene Aufrechnungsmöglichkeiten schon durch die Auferlegung eines allgemeinen Verfügungsverbotes zu Lasten des Schuldners (§ 21 Abs. 2 Nr. 2 Alt. 1 InsO) oder die Anordnung eines Zustimmungsvorbehaltes des vorläufigen Insolvenzverwalters zu Verfügungen des Schuldners (§ 21 Abs. 2 Nr. 2 Alt. 2 InsO) beschränkt werden. Ab dem Erlass eines allgemeines Verfügungsverbots bzw. eines Zustimmungsvorbehalts werden widersprechende Verfügungen des Schuldners gemäß § 24 Abs. 1 i.V.m. § 80 Abs. 1 InsO absolut unwirksam, weshalb der Schuldner von

296 Vgl. zur Wirksamkeit aufschiebend bedingter Verfügungen in der Insolvenz BGH NJW 1955, 544, 544; ZIP 2006, 87, 89; ZIP 2008, 885, 886; WM 2009, 2391, 2392; *Breuer*, in: MünchKomm InsO, § 91 Rn. 36; *Hofmann*, in: Graf-Schlicker, InsO, § 91 Rn. 8; *Kayser*, in: HK-InsO, § 91 Rn. 8; *Kroth*, in: Braun, InsO, § 91 Rn. 4; *Kuleisa*, in: HambKomm InsO, § 91 Rn. 13; *Lüke*, in: B. Kübler/Prütting/Bork, InsO, § 81 Rn. 18 ff.; *Mock*, in: Uhlenbruck/Hirte/Vallender, InsO, § 91 Rn. 52; *Wimmer-Amend*, in: FK-InsO, § 91 Rn. 15.

diesem Zeitpunkt an zunächst unzweifelhaft nicht mehr zur einseitigen Erklärung der Aufrechnung oder zum Abschluss von Aufrechnungsverträgen befugt ist[297]. Da der Abschluss von Verpflichtungsgeschäften allerdings nicht von den Verfügungsbeschränkungen der §§ 21 Abs. 2 Nr. 2, 24 Abs. 1 InsO erfasst wird[298], ist der Schuldner dem gegenüber nicht gehindert, dem Insolvenzgläubiger durch die Begründung einer Forderung oder den Abschluss eines Aufrechnungsvoraussetzungsvertrages eine Aufrechnungsmöglichkeit zu eröffnen *(zur rein schuldrechtlichen Natur des Aufrechnungsvoraussetzungsvertrages s.o. Seite 118)*[299].

Jedenfalls aus der Warte der §§ 21 Abs. 2 Nr. 2, 24 Abs. 1 InsO zulässig sind des Weiteren auch Aufrechnungserklärungen des Insolvenzgläubigers sowie Maßnahmen desselben oder Dritter zur Herbeiführung einer Aufrechnungslage[300]. Aufgrund der damit bestehenden Lücken im Schutz gegen Masseschmälerungen vor Insolvenzeröffnung wird vereinzelt erwogen, § 96 Abs. 1 Nr. 1 und 2 InsO in entsprechender Anwendung auf die Anordnung von Verfügungsbeschränkungen nach § 21 Abs. 2 Nr. 2 InsO vorzuverlegen[301] oder analog § 394 BGB i.V.m. § 21 Abs. 2 Nr. 3 InsO die Aufrechnung für unzulässig zu erklären[302]. Gegen derartige Analogieschlüsse spricht zunächst grundsätzlich, dass die §§ 94 ff. InsO eine abschließende Sonderregelung für das Aufrechnungsrecht darstellen, welche Umfang und Beschränkungen der Privilegierung von aufrechnungsberechtigten Insolvenzgläubigern aufeinander abstimmen und damit weder eine Ausdehnung im Wege der Analogie erlauben, noch einen Rückgriff auf Vollstreckungsschutzvorschriften eröffnen[303]. Des Weiteren sind die oben erwähnten Ansätze auch unter systematischen Gesichtspunkten abzulehnen, da das geltende Recht zum einen das Eröffnungsverfahren und das Verfahren klar voneinander trennt[304], weshalb eine analoge Heranziehung der §§ 94 ff. InsO auf das Eröffnungsverfahren nicht so recht zu überzeugen vermag. Zum anderen nimmt das Insolvenzrecht ebenfalls eine deutliche Unterscheidung zwischen Aufrechnung (§ 94 ff. InsO) und Zwangsvollstreckung

297 Vgl. zur einseitigen Aufrechnung *Windel*, in: Jaeger, InsO, § 94 Rn. 28.

298 *Haarmeyer*, in: MünchKomm InsO, § 24 Rn. 13; *Schröder*, in: HambKomm InsO, § 21 Rn. 46, § 22 Rn. 86; *Tinnefeld*, Auf- und Verrechnungsmöglichkeit von Kreditinstituten, S. 58; *Voß*, in: Graf-Schlicker, InsO, § 21 Rn. 12.

299 A.A. *Lüke*, in: B. Kübler/Prütting/Bork, InsO, § 94 Rn. 100 sowie (für den Erlass eines allgemeinen Verfügungsverbotes) *Windel*, in: Jaeger, InsO, § 94 Rn. 28, 30.

300 *Brandes/Lohmann*, in: MünchKomm InsO, § 94 Rn. 5; *Haarmeyer*, in: MünchKomm InsO, § 21 Rn. 57; *Windel*, in: Jaeger, InsO, § 94 Rn. 29.

301 *Canaris*, ZIP 1986, 1225, 1226 f. (zu § 55 Nr. 1 KO); *Weitekamp*, NZI 1998, 112, 114.

302 So jedenfalls zu § 2 Nr. 4 GesO BGHZ 130, 76; 143, 332, 336 f., BGH KTS 1996, 416; KTS 1999, 357 f.; ZIP 2001, 2055.

303 Vgl. *Windel*, in: Jaeger, InsO, § 94 Rn. 34 sowie überdies *Haarmeyer*, in: MünchKomm InsO, § 24 Rn. 15; *Kayser*, in: HK-InsO, § 94 Rn. 18; *Lüke*, in: B. Kübler/Prütting/Bork, InsO, § 94 Rn. 99.

304 Vgl. *Schwahn*, Der Aufrechnungsvertrag in der Insolvenz, S. 54; *Tinnefeld*, Auf- und Verrechnungsmöglichkeit von Kreditinstituten, S. 59.

(§§ 88 f. InsO) vor[305], womit auch eine Ergänzung der insolvenzrechtlichen Aufrechnungsregeln durch vollstreckungsrechtliche Normen ausscheiden muss.

Die Erhaltung von Aufrechnungsmöglichkeiten nach Anordnung eines allgemeinen Verfügungsverbotes oder eines Zustimmungsvorbehaltes sind damit allein nach den § 24 Abs. 1 i.V.m. § 81 Abs. 1 InsO zu bestimmen, weshalb die oben genannten, nicht unmittelbar von diesen Vorschriften geregelten Konstellationen allenfalls durch eine analoge Anwendung des § 91 InsO erfasst werden könnten, auf den § 24 Abs. 1 InsO nicht unmittelbar verweist. Ein solcher Analogieschluss ist allerdings bei Betrachtung der Gesamtsystematik der InsO jedenfalls in Ermangelung einer planwidrigen Regelungslücke abzulehnen, da die Anfechtungsvorschriften einen ausreichenden Schutz der Masse bieten und auch eine wesentlich bessere Berücksichtigung der jeweiligen Umstände des Einzelfalles zulassen[306]. Im Ergebnis werden damit in Bezug auf die Aufrechnung aufgrund Vertrages weder der Abschluss eines Aufrechnungsvoraussetzungsvertrages oder die Schaffung von Aufrechnungslagen durch den Schuldner, den Insolvenzgläubiger oder Dritte, noch darauf basierende Aufrechnungserklärungen des Insolvenzgläubigers durch Verfügungsbeschränkungen im Eröffnungsverfahren berührt.

Im Hinblick auf die antizipiert vereinbarte Aufrechnung durch Vertrag nimmt die h.L. allerdings an, dass dieser nach dem Erlass von Verfügungsbeschränkungen im Eröffnungsverfahren keine Wirksamkeit mehr zukomme, weshalb der Aufrechnungserfolg nicht mehr eintreten könne, sofern die aufzurechnenden Forderungen erst nach diesem Zeitpunkt zur Entstehung gelangten[307]. Da nach den obigen Feststellungen eine Analogie zu § 96 Abs. 1 Nr. 1 und 2 InsO oder § 394 BGB i.V.m. § 21 Abs. 2 Nr. 3 InsO nicht in Betracht kommt, ließe sich ein solches Ergebnis nur dann rechtfertigen, wenn man die über § 24 Abs. 1 InsO entsprechend heranzuziehende Vorschrift des § 81 Abs. 1 InsO ebenfalls bezüglich im Voraus geschlossener Aufrechnungsverträge für anwendbar erachten würde[308]. Ausgehend von der hier vertretenen Ansicht, welche die Erhaltung solcher Aufrechnungsvereinbarungen

305 Vgl. *Windel*, in: Jaeger, InsO, § 94 Rn. 29.

306 So i.E. auch *Voß*, in: Graf-Schlicker, InsO, § 21 Rn. 12; vgl. überdies *Peschke*, Die Insolvenz des Girokonteninhabers, S. 149; a.A. *Mönning*, in: Nerlich/Römermann, InsO, § 21 Rn. 151.

307 *Brandes/Lohmann*, in: MünchKomm InsO, § 94 Rn. 3; *Häsemeyer*, Insolvenzrecht Rn. 19.29 (für den Erlass eines allgemeinen Verfügungsverbots) sowie ohne konkreten Normverweis *Lüke*, in: B. Kübler/Prütting/Bork, InsO, § 94 Rn. 100. A.A. hingegen *Wittkowski/Kruth*, in: Nerlich/Römermann, InsO, § 94 Rn. 19, welche nicht die Entstehung, sondern die Fälligkeit für maßgeblich erachten wollen. Zur Wirksamkeit von Vorauszessionen im Eröffnungsverfahren vgl. auch BGH WM 2009, 2391, 2393.

308 Insoweit konsequent *Tinnefeld*, Auf- und Verrechnungsmöglichkeit von Kreditinstituten, S. 73; *Windel*, in: Jaeger, InsO, § 94 Rn. 202, 204. Vgl. auch *Canaris*, ZIP 1986, 1225, 1226; *Eckardt*, ZIP 1997, 957, 964.

nach § 91 InsO bestimmt *(s.o. Seite 148)*, auf den zum einen § 24 Abs. 1 InsO gerade nicht verweist und der zum anderen nach den obigen Ausführungen auch nicht analog anwendbar ist, kann dieser Auffassung jedoch nicht gefolgt werden. Die Anordnung von Verfügungsbeschränkung hat in der Konsequenz auch auf die Wirksamkeit einer antizipiert vereinbarten Aufrechnung durch Vertrag keinerlei Einfluss[309].

II. Die Wirksamkeit von vertraglich vereinbarten Aufrechnungen gegenüber Pfändungen der betreffenden Schuldnerforderung

1. *Priorität vorheriger Pfändungen der zur Aufrechnung gestellten Forderungsrechte*

In der Einzelzwangsvollstreckung hat die vertragliche Aufrechnung auf Vollstreckungen in die zur Aufrechnung gestellte Forderung des Schuldners grundsätzlich dann keinen Einfluss, wenn die Pfändung bereits vor dem Abschluss des Aufrechnungsvertrags erfolgte, da das mit der Pfändung einer Forderung ausgesprochene Inhibitorium gemäß §§ 135, 136 BGB i.V.m. § 829 Abs. 1 S. 2 ZPO ein relatives Verfügungsverbot zugunsten des Vollstreckungsgläubigers begründet und daher Priorität vor späteren nachteiligen Verfügungen des Forderungsinhabers entfaltet[310]. Dies gilt zunächst einmal im Hinblick auf die Aufrechnung durch Vertrag, denn diese ist in all ihren Erscheinungsformen stets verfügender Natur *(vgl. auch Seite 109)* und muss damit nach dem eben erwähnten Prioritätsgrundsatz bei Vereinbarung nach dem Zeitpunkt der Beschlagnahme der Schuldnerforderung gegenüber dem Pfändungspfandgläubiger als unwirksam angesehen werden[311]. Aufgrund der gleich gerichteten Interessenlage ist der Abschluss eines Aufrechnungsvertrages in analoger Anwendung des § 392 BGB aber zumindest insoweit zuzulassen, als dem Drittschuldner nach der dort angeordneten Ausnahme auch eine einseitige Aufrechnung erlaubt wäre *(s. hierzu Seite 90)*[312].

In gleicher Weise ist auch die nachmalige Begründung eines Kontokorrentverhältnisses gegenüber einer Pfändung der Forderung des Schuldners ungültig, weshalb diese im Verhältnis zum Vollstreckungsgläubiger nicht von der Kontokorrentabrede

309 *Bork*, in: FS Kirchhof, S. 57, 60; *Henckel*, in: FS Lüke, S. 237, 243; *Jacoby*, in: HambKomm InsO, § 94 Rn. 13; *Peschke*, Die Insolvenz des Girokonteninhabers, S. 150 f.

310 BGHZ 58, 25, 26; 100, 36, 43 f.; BGH NJW 1998, 746, 748; ZIP 2006, 2276, 2276; *Armbrüster*, in: MünchKomm BGB, § 136 Rn. 5; *Arnold*, in: Erman, BGB, § 136 Rn. 1,6; *Ellenberger*, in: Palandt, BGB, § 136 Rn. 4.

311 *Grüneberg*, in: Palandt, BGB, § 392 Rn. 2; *Schlüter*, in: MünchKomm BGB, § 392 Rn. 6; *Schreiber*, in: Soergel, BGB, § 392 Rn. 5; *Weber*, in: RGRK BGB, § 392 Rn. 6.

312 *Berger*, Der Aufrechnungsvertrag, S. 145; *Gernhuber*, Die Erfüllung und ihre Surrogate, S. 332; *Schlüter*, in: MünchKomm BGB, § 392 Rn. 6; *Wagner*, in: Erman, BGB, § 392 Rn. 8; *Weber*, in: RGRK BGB, § 392 Rn. 6.

und dem Verrechnungsvertrag erfasst wird. Ebenfalls wirkungslos ist nach den vorgenannten Grundsätzen des Weiteren eine nach Beschlagnahme der aufzurechnenden Schuldnerforderung vereinbarte Aufrechnung aufgrund eines Aufrechnungsvoraussetzungsvertrages. Hier gilt es indes etwas zu differenzieren. Da die Aufrechnungsvoraussetzungsvereinbarung ein rein schuldrechtliches Rechtsgeschäft darstellt, kann diese als solche ungeachtet der erfolgten Pfändung wirksam getroffen werden. Soweit nicht die Voraussetzungen des § 392 BGB gegeben sind, entfaltet allerdings die auf dieser Vereinbarung basierende einseitige Aufrechnungserklärung keine Rechtswirkungen gegenüber dem Vollstreckungsgläubiger, was sich für eine Erklärung des Schuldners daraus ergibt, dass diesem aufgrund des oben angeführten Verfügungsverbots eine einseitige aufrechnungsmäßige Verfügung über seine beschlagnahmte Forderung versagt ist, für eine Erklärung des Gläubigers hingegen daraus, dass dieser wegen des mit der Pfändung nach § 829 Abs. 1 S. 1 ZPO gleichfalls ausgesprochenen Arrestatoriums die Schuldnerforderung nicht erfüllen darf.

Die Priorität vorheriger Pfändungen der Schuldnerforderung greift neben der eben dargestellten Pfändung bereits bestehender Forderungsrechte auch dann ein, wenn die Pfändung auf künftige Forderungsrechte gerichtet ist. Diese Variante der Forderungspfändung ist nach überwiegender Ansicht jedenfalls dann zulässig, wenn im Zeitpunkt der Pfändung bereits ein Rechtsverhältnis besteht, auf dessen Grundlage eine Individualisierung der gepfändeten Forderung nach Rechtsqualität und Person des Drittschuldners möglich ist[313]. Die Wirkungen des Pfändungsbeschlusses treten dabei erst dann ein, wenn die gepfändete Forderung tatsächlich zur Entstehung gelangt ist, allerdings geht die Pfändung ab Zustellung des Pfändungsbeschlusses allen nachfolgenden Pfändungen der Forderung und sonstigen Verfügungen über selbige im Rang vor, wenngleich ihre Wirkungen erst später eintreten[314]. Bedeutung erlangt die Pfändung künftiger Forderungen für das in diesem Abschnitt zu klärende Verhältnis der vertraglichen Aufrechnung zu einer Vollstreckung in die der Aufrechnung unterworfene Forderung des Schuldners nur im Hinblick auf die Aufrechnungsvereinbarungen über künftige Forderungen, denn bei einer Aufrechnungsvereinbarung über bestehende Forderungsrechte sind die Forderung und mit ihr etwaige Wirkungen der Pfändung ohnehin schon zur Entstehung gelangt, weshalb es für die Frage der Priorität nicht darauf ankommt, ob eine vorherige Pfändung bestehende oder künftige Forderungen zum Gegenstand hatte.

Bei einer Aufrechnung durch einen antizipierten Aufrechnungsvertrag entfaltet die Pfändung künftiger Forderungen hingegen dann Prioritätswirkungen, wenn sie vor dem Abschluss der Aufrechnungsvereinbarung vorgenommen wurde, da das damit begründete Pfändungspfandrecht – wie bereits erläutert – späteren Verfügungen

313 BGHZ 20, 127, 131; 135, 140, 141; *Becker*, in: Musielak/Voit, ZPO, § 829 Rn. 6; *Brehm*, in: Stein/Jonas, ZPO, § 829 Rn. 6; *Smid*, in MünchKomm ZPO, § 829 Rn. 13; *Stöber*, in: Zöller, ZPO, § 829 Rn. 2.

314 *Becker*, in: Musielak/Voit, ZPO, § 829 Rn. 6, 17; *Brehm*, in: Stein/Jonas, ZPO, § 829 Rn. 5.

und damit auch einer antizipierten Verfügung im Wege eines Aufrechnungsvertrags im Rang vorgeht. Des Weiteren kann der Pfändung künftiger Forderungen auch Vorrang vor einer Aufrechnung aufgrund eines vorweggenommenen Aufrechnungsvoraussetzungsvertrages zukommen. Maßgebliche Grenze kann dabei entsprechend den oben zur Pfändung bereits bestehender Forderungen dargelegten Grundsätzen nicht der Abschluss der rein schuldrechtlich wirkenden Aufrechnungsvereinbarung, sondern lediglich der mit dem Entstehen beider Forderungsrechte erfolgende Eintritt der analog § 392 BGB geschützten Aufrechnungslage sein. Letztlich geht damit bei Pfändung künftiger Forderungen jede bis zur Entstehung der Schuldnerforderung vorgenommene antizipierte Pfändung im Rang der Aufrechnungsbefugnis vor, da vorher noch ein Aufrechnungserfolg eingetreten sein kann.

2. Fortbestand von bereits erfolgten vertraglichen Aufrechnungen

Was die Wirksamkeit konsensualer Aufrechnungen gegenüber nachfolgenden Pfändungen in die zur Aufrechnung gestellten Forderungsrechte betrifft, so ist hier – ähnlich den Regelungen des Insolvenzaufrechnungsrechts *(s.o. Seite 142 ff.)* – grundsätzlich zwischen Aufrechnungen, bei welchen der Erfolg bereits eingetreten ist, und noch nicht vollzogenen vertraglichen Aufrechnungen zu unterscheiden. Die bereits durch oder aufgrund vertraglicher Vereinbarung vollzogenen Aufrechnungen sind dabei auch im Hinblick auf Forderungspfändungen einzelner Gläubiger als prinzipiell vorrangig anzusehen, denn die Einzelzwangsvollstreckung vermag ein Vollstreckungsobjekt stets nur in dem Zustand zu ergreifen, in dem es sich bei Wirksamwerden der Pfändung befindet[315]. Da die Forderung des Schuldners im Vollstreckungszeitpunkt aufgrund des vorherigen Aufrechnungsvollzugs schon erloschen ist, geht die Pfändung von vornherein ins Leere, womit die vertraglich vereinbarte Aufrechnung vorbehaltlich einer etwaigen Einzelgläubigeranfechtung wirksam bleibt.

Wirksam ist nach den eben dargestellten Kriterien zunächst jede vor Pfändung vorgenommene Aufrechnung im Wege eines Aufrechnungsvertrages mit Sofortvollzug und zwar ungeachtet dessen, ob die Voraussetzungen der einseitigen Aufrechnung gegeben sind oder nicht, da durch diese Variante der vertraglichen Aufrechnung die betroffenen Forderungsrechte je nach Parteivereinbarung unmittelbar oder sogar rückwirkend zum Erlöschen gebracht werden und folglich als Vollstreckungsobjekt nicht mehr zur Verfügung stehen[316]. Die Einzelzwangsvollstreckung geht gleichfalls dann ins Leere, wenn bei einem aufschiebend bedingten oder befristeten Aufrechnungsvertrag über bereits bestehende Forderungen oder einer antizipiert vereinbarten Aufrechnung durch Vertrag die aufschiebende Bedingung

315 Vgl. BGH NJW 1968, 835; *Grüneberg*, in: Palandt, BGB, § 392 Rn. 2; *Schlüter*, in: MünchKomm BGB, § 392 Rn. 6; *Wagner*, in: Erman, BGB, § 392 Rn. 8; vgl. auch *Gernhuber*, Die Erfüllung und ihre Surrogate, S. 332.

316 RGZ 138, 252, 258; BGH NJW 1968, 835; *Berger*, Der Aufrechnungsvertrag, S. 145; *Schwahn*, Der Aufrechnungsvertrag in der Insolvenz, S. 35; *Wagner*, in: Erman, BGB, § 392 Rn. 8.

bzw. der Anfangstermin oder die Entstehung der aufzurechnenden Forderungsrechte bis zur Beschlagnahme der Schuldnerforderung bereits eingetreten sind und damit die Aufrechnungswirkungen bezüglich der zu pfändenden Forderung schon vorher vollendet wurden.

Dasselbe gilt im Hinblick auf die Verrechnung im Rahmen eines Kontokorrentverhältnisses, sofern diese bis zur Pfändung der schuldnerischen Forderung vollzogen wurde, womit auch diese von einer Pfändung grundsätzlich nicht mehr erfasst werden kann. Des Weiteren ist nach den obigen Grundsätzen auch die Aufrechnung aufgrund eines Aufrechnungsvoraussetzungsvertrages grundsätzlich als wirksam anzusehen, wenn bis zum Pfändungszeitpunkt die Tilgung der Forderung des Vollstreckungsschuldners durch die Erklärung des aufrechnungsberechtigten Teils herbeigeführt wurde. Dabei kommt es nicht darauf an, ob die Vereinbarung eines einseitigen Aufrechnungsrechts über schon existierende oder künftige Forderungen geschlossen wurde, solange nur die von den Parteien festgelegten Aufrechnungsvoraussetzungen bei Ausübung des Gestaltungsrechts gegeben waren.

3. *Aufrechterhaltung noch nicht vollzogener Aufrechnungsmöglichkeiten*

a) *Antizipierte Aufrechnung durch Vertrag und bedingter Aufrechnungsvertrag*

Wenn bei einem antizipierten Aufrechnungsvertrag bis zum Vollstreckungszeitpunkt zwar der Vertragsschluss erfolgt ist, aber die Aufrechnungswirkungen mangels Entstehung beider aufzurechnender Forderungen noch nicht eingetreten sind, ist umstritten, ob eine Forderungspfändung in diesem Stadium noch wirksam vorgenommen werden kann oder ob dem Vertragsschluss als solchem Priorität vor nachfolgenden Pfändungen zukommt. Während die h.L. davon ausgeht, dass bereits der antizipierte Abschluss des Aufrechungsvertrages ein Vorrangverhältnis gegenüber späteren Vollstreckungen begründet, wird seitens des RAG und des BAG die Geltung des Prioritätsprinzips verneint und eine Wirksamkeit der im Voraus durch Vertrag vereinbarten Aufrechnung gegenüber späteren Pfändungen nur dann angenommen, wenn zum Zeitpunkt der Beschlagnahme auch eine einseitige Aufrechnung nach § 392 BGB zulässig wäre[317].

Diese Auffassung verkennt allerdings, dass auch in der vorweggenommenen vertraglichen Aufrechnung ein Verfügungsgeschäft liegt, bei welchem der Verfügungstatbestand selbst vollständig mit dem Abschluss des Vertrages erfüllt ist und lediglich der Eintritt der Verfügungswirkungen unter der Bedingung künftiger Forderungsentstehung steht[318]. Damit muss aber mit der h.L. auch die Kollision der antizipierten Aufrechnung durch Vertrag mit nachfolgenden Pfändungen nach dem für Verfügungsgeschäfte geltenden Prioritätsgrundsatz beurteilt werden, sodass nicht die Regelung des § 392 BGB, sondern der Anwartschaftsschutz gemäß § 161 Abs. 1 BGB zum Tragen kommt und spätere Beschlagnahmen der aufzurechnenden Forderungen

317 BAGE 17, 159, 162; BAG NJW 1967, 459, 459 f.

318 *Berger*, Der Aufrechnungsvertrag, S. 154.

gegenüber der bereits im Voraus vereinbarten Aufrechung durch Vertrag keinerlei Wirkung mehr entfalten[319].

Der Vollstreckungsgläubiger kann damit die dem antizipierten Aufrechnungsvertrag unterfallende Forderung des Schuldners zwar wirksam pfänden, die Pfändung wird aber mit dem Entstehen der Forderung des anderen Teils und dem damit verbundenen Eintritt der Bedingung für die wechselseitige Tilgung der vertragsgegenständlichen Forderungen als diese beeinträchtigender Rechtserwerb unwirksam. Dies gilt dabei nicht nur in den Konstellationen, in denen die Schuldnerforderung bereits entstanden ist, aber die Voraussetzungen für den Eintritt der Aufrechnungswirkungen mangels Entstehung des entgegengerichteten Forderungsrechts noch nicht vorliegen und seitens des Vollstreckungsgläubigers eine Pfändung in diese bereits bestehende Schuldnerforderung angestrengt wird. Vielmehr greifen diese Erwägungen auch bei Pfändungen, die im Zeitraum zwischen Abschluss des antizipierten Aufrechnungsvertrages und Entstehung der Schuldnerforderung vorgenommen werden, also die künftig entstehende Schuldnerforderung betreffen, da die antizipierte Aufrechnung durch Vertrag bereits ab dem Abschluss des Aufrechnungsvertrages allen nachfolgenden Pfändungen und Verfügungen im Rang vorgeht.

Diese Grundsätze müssen des Weiteren für das Verhältnis einer Forderungsvollstreckung zu einem aufschiebend bedingten oder befristeten Aufrechnungsvertrag über bereits entstandene Forderungen Anwendung finden, sofern die Bedingung oder der Zeitpunkt für den Eintritt der Aufrechnungswirkungen bei Pfändung noch nicht eingetreten sind. Die Vertragpartner treffen auch hier bereits mit Abschluss dieses Vertrages eine Verfügung über die aufzurechnenden Forderungen und begründen damit bis zum jeweiligen Bedingungseintritt für beide Seiten ein Anwartschaftsrecht, welches nach dem Prioritätsgrundsatz gemäß § 161 Abs. 1 BGB durch spätere Verfügungen und Beschlagnahmen nicht mehr beeinträchtigt werden kann[320].

b) Aufrechnung aufgrund eines Aufrechnungsvoraussetzungsvertrages

Etwas anders liegen die Dinge hingegen in Bezug auf die Aufrechnung aufgrund einer Vereinbarung über Aufrechnungsvoraussetzungen, denn hier wird nicht mit dem Aufrechnungsvoraussetzungsvertrag, sondern erst durch die einseitige Erklärung des Aufrechnungsberechtigten eine Verfügung über die zur Aufrechnung gestellten Forderungsrechte getroffen *(s.o. Seite 118 f.)*. Hinsichtlich einer Kollision

319 RGZ 138, 252, 258 f.; BGH NJW 1968, 835, 835; *Berger*, Der Aufrechnungsvertrag, S. 154; *Bötticher*, in: FS Schima, S. 95, 108; *Brüggemeier*, in: Wassermann, AK-BGB, § 392 Rn. 5; *Dullinger*, Handbuch der Aufrechnung, S. 260; *Gursky*, in: Staudinger, BGB, Vorbem zu §§ 387 ff Rn. 78; *Gernhuber*, Die Erfüllung und ihre Surrogate, S. 332; *Honsdorf*, Zur Aufrechnung im Konkurs, S. 196; *Schwahn*, Der Aufrechnungsvertrag in der Insolvenz, S. 52; *Trinkner*, BB 1967, 35, 36; *Wagner*, in: Erman, BGB, § 392 Rn. 8.

320 *Berger*, Der Aufrechnungsvertrag, S. 150; *Schwahn*, Der Aufrechnungsvertrag in der Insolvenz, S. 47.

der Vereinbarung über Aufrechnungsvoraussetzungen mit einer Beschlagnahme der aufzurechnenden Forderungen kommt damit mangels Verfügungswirkung der Vereinbarung eine Anwendung des Prioritätsprinzips nicht in Betracht[321]. Hier genießt erst die einseitige Erklärung des Aufrechnungsberechtigten, mit welcher die Aufrechnungswirkungen herbeigeführt werden, Vorrang vor späteren Maßnahmen der Zwangsvollstreckung, weil die Forderung des Schuldners ab dem mit der Erklärung herbeigeführten Eintritt der Aufrechnungswirkungen als Vollstreckungsobjekt nicht mehr vorhanden ist[322].

Zwischen Abschluss des Aufrechnungsvoraussetzungsvertrages und späterer einseitiger Aufrechnungserklärung stehen sich die betroffenen Forderungsrechte dabei allerdings nicht völlig unberührt gegenüber[323]. Vielmehr ist bei Pfändungen in diesem Zeitraum § 392 BGB analog zur Anwendung zu bringen, womit eine Aufrechnung trotz Pfändung zumindest insoweit für zulässig zu erachten ist, als dass die Voraussetzungen des vertraglich verabredeten Aufrechnungsrechts im Moment der Beschlagnahme bereits vorlagen[324]. Dies bedeutet, dass die einseitige Aufrechnung bei einem Aufrechnungsvoraussetzungsvertrag über bereits bestehende Forderungen trotz zwischenzeitlicher Pfändung dann wirksam vorgenommen werden kann, wenn die Vereinbarung bis zum Pfändungszeitpunkt abgeschlossen wurde, bei einem Aufrechnungsvoraussetzungsvertrag über künftige Forderungen hingegen dann, wenn beide Forderungsrechte bis zur Beschlagnahme entstanden sind und die verabredete Aufrechnungslage eingetreten ist.

Ähnlich der Aufrechnung in der Insolvenz ist allerdings auch im Rahmen der Zwangsvollstreckung zu fordern, dass im Zeitpunkt der Pfändung zumindest bereits die Gegenseitigkeit der aufzurechnenden Forderungen gegeben ist, da ansonsten noch kein hinreichender Kompensationsnexus bestünde, welcher eine analoge Anwendung der für die gesetzliche Aufrechnung geltenden Vorschrift des § 392 BGB und eine damit verbundene Schlechterstellung des Vollstreckungsgläubigers rechtfertigen würde. Des Weiteren muss hinsichtlich der aufzurechnenden Forderungen zumindest auch das Gleichartigkeitserfordernis erfüllt sein, denn ansonsten läge

321 *Berger*, Der Aufrechnungsvertrag, S. 169; *Schwahn*, Der Aufrechnungsvertrag in der Insolvenz, S. 62; a.A. *Bötticher*, in: FS Schima, S. 108; *Kleinschmidt*, Vertragsmäßige Erweiterungen und Beschränkungen des Aufrechnungsrechtes, S. 15 f., welche jedoch unrichtiger Weise auch hier bereits den Vertragsschluss als Verfügungsgeschäft interpretieren.

322 Vgl. *Gursky*, in: Staudinger, BGB, Vorbem. zu §§ 387 ff. Rn. 84; a.A. *Kleinschmidt*, Vertragsmäßige Erweiterungen und Beschränkungen des Aufrechnungsrechtes, S. 15 f.

323 So aber *Berger*, Der Aufrechnungsvertrag, S. 168; *Goldschmidt*, ArchBürgR 15 (1899), 153, 184; *Schwahn*, Der Aufrechnungsvertrag in der Insolvenz, S. 62.

324 Vgl. *Grunau*, JurBüro 1962, 433, 437; *Gursky*, in: Staudinger, BGB, Vorbem. zu §§ 387 ff. Rn. 84; *Trinkner*, BB 1967, 35, 36; vgl. überdies BGH NZI 2009, 67, 69; *Berger*, Der Aufrechnungsvertrag, S. 169; *Schwahn*, Der Aufrechnungsvertrag in der Insolvenz, S. 64.

nach hier vertretener Ansicht schon gar keine vertragliche Aufrechnung vor, sodass eine analoge Anwendung des § 392 BGB von vornherein nicht in Betracht käme *(vgl. zur Insolvenzaufrechnung o. Seite 145)*. Soweit danach die vertraglich begründete Aufrechnungsbefugnis ungeachtet einer Beschlagnahme der Passivforderung fortbesteht, kann der aufrechnungsberechtigte Drittschuldner dem Pfändungspfandgläubiger einredeweise unter Berufung auf die §§ 412, 404 BGB analog entgegenhalten, dass die gepfändete Forderung im Wege der Aufrechnung getilgt werden sollte, und alsdann die Aufrechnung gegenüber dem Vollstreckungsgläubiger erklären[325].

c) Verrechnung im Kontokorrent

Das Verhältnis der Verrechnung im Kontokorrent zu Forderungspfändungen im Wege der Einzelzwangsvollstreckung bestimmt sich in erster Linie nach der Regelung des § 357 HGB. Die Zwangsvollstreckung führt anders als die Insolvenzeröffnung nicht zur Beendigung oder Kündigung des Kontokorrentverhältnisses[326], vielmehr bleiben der Geschäftsvertrag, die Kontokorrentabrede sowie der Verrechnungsvertrag prinzipiell fortbestehen, setzen sich aber in ihren Wirkungen nicht mehr vollumfänglich durch. Wie dabei aus der Regelung des § 357 HGB zu schließen ist, sind die kontokorrentgebundenen Einzelforderungen aufgrund der Kontokorrentabrede von vornherein als unpfändbar anzusehen, weshalb die Zwangsvollstreckung beim Kontokorrent stets nur eine zugunsten des Vollstreckungsschuldners bestehende Saldoforderung erfassen kann[327].

Zunächst erlaubt § 357 HGB dem Zwangsvollstreckungsgläubiger die Pfändung des sog. Zustellungssaldos, d.h. des fiktiven gegenwärtigen Überschusses, welcher sich im Zeitpunkt der Zustellung des Pfändungsbeschlusses zugunsten des Vollstreckungsschuldners ergeben würde[328]. Da dem Pfändungspfandgläubiger keine weiterreichenden Rechte als dem Inhaber der gepfändeten Forderung zukommen

---

325 BGH NZI 2009, 67, 69 m. Anm. *Huber*; vgl. auch BGHZ 93, 71, 78; BAG DB 1994, 2295, 2297; *Roth*, in: MünchKomm BGB, § 404 Rn. 6.

326 RGZ 140, 219, 222; BGHZ 80, 172, 176; *Canaris*, in: Staub, HGB, § 357 Rn. 33; *Hefermehl*, in: Schlegelberger, HGB, § 357 Rn. 6; *Horn*, in: Heymann, HGB, § 357 Rn. 4; *Langenbucher*, in: MünchKomm HGB, § 357 Rn. 10.

327 BGHZ 80, 172, 175; *Canaris*, in: Staub, HGB, § 357 Rn. 11 f.; *Hefermehl*, in: Schlegelberger, HGB, § 357 Rn. 2; *Horn*, in: Heymann, HGB, § 357 Rn. 1; *Lwowski/Bitter*, WM-Festgabe für Hellner, 1994, 57, 58; vgl. auch Denkschrift zum Entwurf eines Handelsgesetzbuches, S. 200 = *Hahn/Mugdan*, Die gesammten Materialien zu den Reichs-Justizgesetzen, Band 6, S. 356 f.; a.A. *Forgách*, DB 1974, 809, 811; *dens.*, DB 1974, 1852, 1853.

328 RGZ 135, 139, 141; *Canaris*, in: Staub, HGB, § 357 Rn. 13 ff.; *ders.*, Handelsrecht, § 25 Rn. 48; *Forgách*, DB 1974, 809, 810; *Horn*, in: Heymann, HGB, § 357 Rn. 8; *Langenbucher*, in: MünchKomm HGB, § 357 Rn. 8; *Lwowski/Bitter*, WM-Festgabe für Hellner, 1994, 57, 59; so auch Denkschrift zum Entwurf eines Handelsgesetzbuches, S. 200 = *Hahn/Mugdan*, Die gesammten Materialien zu den Reichs-Justizgesetzen, Band 6, S. 357.

können, ist mit der Beschlagnahme des Zustellungssaldos grundsätzlich keine Unterbrechung der laufenden Rechnungsperiode verbunden, sodass auch dieser erst nach deren Ende einen Auszahlungsanspruch hat[329]. Eine derartige Pfändung beinhaltet überdies keine Verfügungssperre zugunsten des Vollstreckungsgläubigers, vielmehr wird dieser nach § 357 HGB nur insofern geschützt, als er eine Verringerung des beschlagnahmten Zustellungssaldos durch neue Geschäfte der Kontokorrentpartner nicht gegen sich gelten lassen muss, wobei ihm allerdings auch nachträglich entstandene Habenposten nicht zugute kommen[330]. Durch die Zwangsvollstreckung in die laufende Kontokorrentperiode wird damit in die Wirkungen der Kontokorrentabrede sowie des Verrechnungsvertrages nur in dem Umfang eingegriffen, dass der sich bei Zustellung des Pfändungsbeschlusses ergebende etwaige Aktivsaldo von der nachfolgenden Kontokorrentverrechnung ausgenommen wird, wohingegen den Kontokorrentbeteiligten eine vor oder nach diesem Zeitpunkt erlangte Verrechnungsmöglichkeit in vollem Umfang erhalten bleibt[331]. Von vornherein unbeeinflusst bleibt zudem die Verrechnung in einem debitorischen Kontokorrent, da die Pfändung in Ermangelung einer pfändbaren Aktivforderung ohnehin keine Wirkungen hat, weshalb auch die im Zustellungszeitpunkt bestehende Passivforderung ohne jegliche Beschränkungen an der weiteren Verrechnung teilnimmt.

Neben einer Pfändung des Zustellungssaldos kann der Gläubiger eines Kontokorrentbeteiligten im Wege der Zwangsvollstreckung aber auch auf die künftigen Abschlusssalden am Ende der jeweiligen Kontokorrentperiode zugreifen, wobei es in der Praxis üblich ist, diese Pfändungsvariante mit einer Pfändung des Zustellungssaldos zu einer sog. Doppelpfändung zu verbinden, um dem Zwangsvollstreckungsgläubiger nicht nur den gegenwärtigen, sondern auch den zukünftigen Kontokorrentsaldo zu sichern[332]. Die Pfändung künftiger Aktivsalden, welche sich nicht nach § 357 HGB, sondern nur nach den allgemeinen Regelungen der

---

329 *Canaris*, in: Staub, HGB, § 357 Rn. 34; *ders.*, Handelsrecht, § 25 Rn. 49; *Grundmann*, in: Ebenroth/Boujong/Joost/Strohn, HGB, § 357 Rn. 5; *Hadding/Häuser*, in: MünchKomm HGB, ZahlungsV Rn. A 240; *Hefermehl*, in: Schlegelberger, HGB, § 357 Rn. 6; *Langenbucher*, in: MünchKomm HGB, § 357 Rn. 11; *Maier*, JuS 1988, 196, 199; *K. Schmidt*, Handelsrecht, S. 763.

330 *Blaurock*, JA 1980, 691, 695; *Horn*, in: Heymann, HGB, § 357 Rn. 10 f.; *Lwowski/Bitter*, WM-Festgabe für Hellner, 1994, 57, 59; vgl. auch BGH NJW 1997, 2322, 2323; *Canaris*, in: Staub, HGB, § 357 Rn. 20, 31; *Hadding/Häuser*, in: MünchKomm HGB, ZahlungsV Rn. A 241; *Langenbucher*, in: MünchKomm HGB, § 357 Rn. 16, 22; *Maier*, JuS 1988, 196, 199.

331 Vgl. *Grundmann*, in: Ebenroth/Boujong/Joost/Strohn, HGB, § 357 Rn. 5.

332 *Blaurock*, JA 1980, 691, 695; *Grundmann*, in: Ebenroth/Boujong/Joost/Strohn, HGB, § 357 Rn. 6; *Hefermehl*, in: Schlegelberger, HGB, § 357 Rn. 21; *Hopt*, in: Baumbach/Hopt, HGB, § 357 Rn. 5; *Langenbucher*, in: MünchKomm HGB, § 357 Rn. 25; *Lwowski/Bitter*, WM-Festgabe für Hellner, 1994, 57, 59; *Maier*, JuS 1988, 196, 199; vgl. auch *Canaris*, in: Staub, HGB, § 357 Rn. 51; *dens.*, Handelsrecht, § 25 Rn. 50.

§§ 829 ff. ZPO richtet[333], kann sich hierbei entgegen bisweilen vertretener Auffassung nicht allein auf den Saldo des ersten nachfolgenden Rechnungstermins, sondern auch auf spätere Salden erstrecken, soweit nur das jeweilige Kontokorrentverhältnis hinreichend bestimmt bezeichnet ist[334]. Da die Pfändung lediglich die jeweiligen Abschlusssalden erfasst, muss der Zwangsvollstreckungsgläubiger ähnlich der Pfändung des Zustellungssaldos den zwischenzeitlichen Eintritt einer Verrechnungslage aufgrund von Soll- oder Habenbuchungen im Kontokorrent gegen sich gelten lassen, sodass während der Rechnungsperiode die Kontokorrentabrede und der Verrechnungsvertrag in ihren Wirkungen nicht beschränkt sind[335]. Zudem geht die Vollstreckung in den Abschlusssaldo von vornherein ins Leere, wenn das Kontokorrent am Ende der Verrechnungsperiode kein Guthabensaldo aufweist, womit alsdann die negative Saldoforderung ungeachtet der Pfändung je nach Vereinbarung der Parteien auszugleichen ist oder in die Verrechnung in der neuen Rechnungsperiode eingeht.

Ein weiterreichender Eingriff in die Wirkungen von Kontokorrentabrede und Verrechnungsvertrag ist dem Vollstreckungsgläubiger dann eröffnet, wenn der Schuldner aus dem Geschäftsvertrag oder dem der Geschäftsverbindung zugrundeliegenden Rechtsverhältnis einen sofortigen Anspruch auf Auszahlung eines etwaigen Guthabens hat, da dieser Zahlungsanspruch insoweit gerade nicht von der Kontokorrentabrede umfasst wird und damit auch der sofortigen Pfändung und Überweisung zugänglich sein muss[336]. Diese, zumeist als Pfändung des Tagessaldos bezeichnete Vollstreckungsvariante, bewirkt ebenfalls keine Verfügungssperre über das Kontokorrent, vielmehr wird von ihr lediglich ein sich nach einer Kontoverfügung ergebender Aktivsaldo ergriffen und ist damit der weiteren Verrechnung nicht mehr zugänglich, womit den Kontokorrentpartnern aber die Einstellung und Verrechnung weiterer Forderungen so weit und so lange möglich bleibt, bis wiederum ein positiver und damit pfändbarer Saldo entsteht[337]. Die Pfändung der

---

333 BGHZ 80, 172, 178; *Canaris*, in: Staub, HGB, § 357 Rn. 47; *Hopt*, in: Baumbach/Hopt, HGB, § 357 Rn. 5; *Langenbucher*, in: MünchKomm HGB, § 357 Rn. 25; *Lwowski/Bitter*, WM-Festgabe für Hellner, 1994, 57, 60.

334 BGHZ 80, 172, 181; *Canaris*, in: Staub, HGB, § 357 Rn. 47; *ders.*, Handelsrecht, § 25 Rn. 50; *Langenbucher*, in: MünchKomm HGB, § 357 Rn. 26 f.; *Lwowski/Bitter*, WM-Festgabe für Hellner, 1994, 57, 60; a.A. RGZ 140, 219, 223; OLG München WM 1974, 957, 958.

335 Vgl. BGHZ 80, 172, 178; *Canaris*, in: Staub, HGB, § 357 Rn. 47 f.; *Grundmann*, in: Ebenroth/Boujong/Joost/Strohn, HGB, § 357 Rn. 6; *Lwowski/Bitter*, WM-Festgabe für Hellner, 1994, 57, 60.

336 BGHZ 84, 325, 332; 84, 371, 377; 137, 153, 160; *Canaris*, in: Staub, HGB, § 357 Rn. 47; *Langenbucher*, in: MünchKomm HGB, § 357 Rn. 6.

337 *Grundmann*, in: Ebenroth/Boujong/Joost/Strohn, HGB, § 357 Rn. 9 f.; *Hopt*, in: Baumbach/Hopt, HGB, § 357 Rn. 8; *Lwowski/Bitter*, WM-Festgabe für Hellner, 1994, 57, 62 f.; a.A. OLG Köln, WM 1983, 1049, 1050 f.; *Horn*, in: Heymann, HGB, § 357 Rn. 18.

Tagessalden führt damit lediglich dazu, dass der Vollstreckungsgläubiger auch auf positive Salden zugreifen kann, die während der Rechnungsperiode entstehen, unterscheidet sich in ihren Wirkungen aber im Übrigen nicht von den vorstehend dargestellten Varianten der Vollstreckung in das Kontokorrent, denn auch hier bleibt die Verrechnung durch die Pfändung so lange unbeeinträchtigt, als keine positiven Salden entstehen, das Kontokorrent also im Debet geführt wird. Den in praxi bedeutsamsten Anwendungsfall dieser Zwangsvollstreckung in Tagessalden bildet die Pfändung von Guthaben eines Girokontos, deren Pfändbarkeit deshalb zu bejahen ist, weil auch der Bankkunde aufgrund girovertraglicher Abrede einen Anspruch auf sofortige Auszahlung des Habensaldos hat[338].

Insgesamt gilt damit im Hinblick auf das Verhältnis der Verrechnung im Kontokorrent zu Forderungspfändungen durch Dritte, dass den Kontokorrentparteien eine Verrechnung bei einem im Debet befindlichen Kontokorrent – also die Verrechnung einer Forderung des Schuldners, namentlich aus einer eingehenden Gutschrift, mit dem bestehenden negativen Saldo – stets uneingeschränkt offen steht, da es insoweit bereits an einer Guthabenforderung des Schuldners mangelt, auf welche der Vollstreckungsgläubiger im Wege der Pfändung zugreifen könnte. In einem kreditorischen Kontokorrent bleibt den Kontokorrentparteien jedenfalls eine bis zum Zugang des Pfändungsbeschlusses bereits eingetretene Verrechnungsmöglichkeit – also hier der Verrechnung einer Forderung gegen den Schuldner, insbesondere aus Auszahlungen, Überweisungen und Lastschriften, mit dem bestehenden Guthaben des Schuldners – erhalten und wird damit durch die nachfolgende Vollstreckung in das Kontokorrent nicht berührt. Soweit eine Pfändung des sog. Zustellungssaldos erfolgt, ist allerdings das im Zeitpunkt der Zustellung vorliegende Guthaben des Schuldners von weiteren Verrechnungen ausgenommen, eine Verrechnung von später entstehenden Guthabenforderungen bleibt den Parteien aber gleichwohl möglich. In ähnlicher Weise ist auch bei einer Pfändung des positiven Abschlusssaldos am Ende einer Rechnungsperiode lediglich dieses Abschlussguthaben einer Verrechnung in der neuen Rechnungsperiode nicht mehr zugänglich, ohne dass eine Verrechnung von späteren entstehenden Guthaben ausgeschlossen ist. Bei einer Pfändung der sog. Tagessalden ist hingegen jedes sich aus einer Kontoverfügung ergebende Guthaben von weiteren Kontokorrentverrechnungen ausgeschlossen, sodass den Parteien insoweit nurmehr eine Verrechnung eines später eingetretenen Negativsaldos mit nachfolgenden Gutschriften zugunsten des Schuldners möglich ist.

C. Resümee

Nach den Ausführungen dieses Kapitels ist für die Untersuchung der Anfechtbarkeit vertraglicher Aufrechnungen zwischen der Aufrechnung durch Vertrag und der

338 Vgl. BGHZ 84, 325, 332; 84, 371, 377; *Hadding/Häuser*, in: MünchKomm HGB, ZahlungsV Rn. A 243 f.; *Schwintowski*, Bankrecht, § 7 Rn. 93 ff.; *K. Schmidt*, Handelsrecht, S. 763.

Aufrechnung aufgrund eines Aufrechnungsvoraussetzungsvertrages zu differenzieren, welche jeweils sowohl über bereits bestehende als auch über zukünftige Forderungsrechte erfolgen können. Den wichtigsten Sonderfall der vertraglichen Aufrechnung, den es in der weiteren Untersuchung ebenfalls mit zu berücksichtigen gilt, stellt die Verrechnung im Kontokorrent dar, bei der die kontokorrentgebundenen Forderungsrechte aufgrund eines vorweggenommenen Verfügungsgeschäftes entweder am Ende einer bestimmten Rechnungsperiode – sog. Periodenkontokorrent – oder immer mit Entstehung einer verrechenbaren Forderung – sog. Staffelkontokorrent – getilgt werden, soweit sie sich betragsmäßig decken.

Im Hinblick auf die Wirksamkeit dieser Varianten der vertraglichen Aufrechnungen in der Insolvenz und in der Zwangsvollstreckung war dabei festzustellen, dass die Aufrechnungswirkungen zumindest dann stets erhalten bleiben, wenn die Aufrechnung bereits vor Eröffnung des Insolvenzverfahrens bzw. vor Pfändung der Forderung des Schuldners abschließend vollzogen wurde. In der Insolvenz bleiben nach Eröffnung des Insolvenzverfahrens die Rechtswirkungen von bedingten Aufrechnungsverträgen über bereits bestehende Forderungen, deren Aufrechnungserfolg bis zum Zeitpunkt der Verfahrenseröffnung noch nicht eintreten konnte, bestehen. Des Weiteren bleiben einem Insolvenzgläubiger gemäß § 94 Alt. 2 InsO auch Aufrechnungsbefugnisse aufgrund von Vereinbarungen über Aufrechnungsvoraussetzungen erhalten, sofern bis zum Zeitpunkt der Insolvenzeröffnung die vertraglich vorausgesetzte Aufrechnungslage sowie wenigstens die Gegenseitigkeit und die Gleichartigkeit der aufzurechnenden Forderungsrechte eingetreten sind. Nicht insolvenzfest sind nach § 91 Abs. 1 InsO allerdings noch nicht vollzogene antizipierte Aufrechnungsverträge, wie etwa die Verrechnungsvereinbarung im Rahmen eines Kontokorrents, weshalb hier ein Bedürfnis für eine Anfechtung lediglich im Hinblick auf die bis zur Verfahrenseröffnung eingetretenen Aufrechnungswirkungen bestehen kann. Die Anordnung von Verfügungsbeschränkungen im Eröffnungsverfahren zeitigt dem gegenüber keinerlei Auswirkungen auf den Bestand von Aufrechnungsvereinbarungen, sodass hier der Schutz der Insolvenzmasse ausschließlich über das Anfechtungsrecht zu realisieren ist.

In der Zwangsvollstreckung ist eine vertragliche Aufrechnung dann unwirksam, wenn die jeweilige Aufrechnungsvereinbarung erst nach Pfändung der Schuldnerforderung abgeschlossen wurde und nicht im Pfändungszeitpunkt bereits die Voraussetzungen des § 392 BGB erfüllt waren. Die antizipiert vereinbarte Aufrechnung durch Vertrag sowie die bedingte Aufrechnung durch Vertrag gehen dem gegenüber anders als in der Insolvenz bereits ab dem Abschluss des jeweiligen Aufrechnungsvertrages allen nachfolgenden Pfändungen in die Schuldnerforderung vor und können durch diese nicht mehr beeinträchtigt werden. Des Weiteren bleibt ähnlich der Aufrechnung in der Insolvenz trotz Pfändung der Schuldnerforderung auch eine Aufrechnung aufgrund eines Aufrechnungsvoraussetzungsvertrages zulässig, wenn bis zu diesem Zeitpunkt die vertraglich vorausgesetzte Aufrechnungslage eingetreten ist und diese zumindest auch die Erfordernisse der Gegenseitigkeit und Gleichartigkeit erfüllt. Eine Kontokorrentverrechnung bleibt den Kontokorrentpartnern uneingeschränkt möglich, sofern sich das Kontokorrent im Debet befindet, da hier eine Vollstreckung in das Kontokorrent mangels pfändbarer Guthabenforderung des Schuldners von vornherein ins Leere geht. In einem kreditorischen Kontokorrent setzen sich bereits eingetretene Verrechnungslagen grundsätzlich auch gegenüber nachfolgenden Vollstreckungen in das Kontokorrent durch, sodass die Pfändung nur das um die Verrechnung geminderte Guthaben ergreifen kann. Eine Verrechnung späterer Guthabenforderungen kann hingegen nur bei einer Pfändung des Zustellungssaldos oder der künftigen Abschlusssalden wirksam vorgenommen werden, wohingegen die weitere Verrechnung von Guthabenforderungen bei einer Pfändung der sog. Tagessalden nicht mehr in Betracht kommt.

Kapitel 3. Der Geltungsumfang des Aufrechnungsverbots nach § 96 Abs. 1 Nr. 3 InsO und seine Bedeutung für die vorliegende Untersuchung

Neben den vorstehend erörterten Fragen der zivilrechtlichen Grundlagen der vertraglich vereinbarten Aufrechnung sowie der Wirksamkeit ihrer verschiedenen Varianten in der Insolvenz und der Einzelzwangsvollstreckung ist vor Untersuchung der Anfechtbarkeit konsensualer Aufrechnungen des Weiteren noch in gebotener Kürze die Regelung des § 96 Abs. 1 Nr. 3 InsO in den Blick zu nehmen, welche eine Aufrechnung für unzulässig erklärt, sofern die Möglichkeit der Aufrechnung durch eine anfechtbare Rechtshandlung erlangt wurde. In Bezug auf diese Vorschrift gilt es zum einen zu klären, inwieweit das dort normierte Aufrechnungsverbot auch auf vertragliche Aufrechnungen Anwendung finden kann und ob diese dabei auch bereits vollzogene Aufrechnungen zu erfassen vermag. Zum anderen ist fraglich, ob die Bestimmung allein eine Sonderregelung für die Rechtsfolgen der Anfechtbarkeit der Begründung einer Aufrechnungsmöglichkeit darstellt, oder ob durch diese auch bereits die Voraussetzungen der Insolvenzanfechtung modifiziert werden. Im Folgenden werden daher der Geltungsumfang des § 96 Abs. 1 Nr. 3 InsO *(hierzu A.)* sowie das Verhältnis der Norm zu den allgemeinen Anfechtungsregelungen des Insolvenzrechts *(hierzu B.)* im Hinblick auf vertraglich vereinbarte Aufrechnungen erörtert und hieraus abgeleitet, inwiefern sich diese Regelung auf den weiteren Fortgang der Untersuchung auswirkt.

A. Geltung des Aufrechnungsverbots nach § 96 Abs. 1 Nr. 3 InsO im Hinblick auf vertraglich vereinbarte Aufrechnungen

I. Inhalt des Aufrechnungsverbots nach § 96 Abs. 1 Nr. 3 InsO

Das Aufrechnungsverbot des § 96 Abs. 1 Nr. 3 InsO erklärt eine Aufrechnung für unzulässig, wenn die ihr zugrunde liegende Aufrechnungsmöglichkeit durch eine anfechtbare Rechtshandlung erlangt wurde[1], womit es für die Erfüllung des Tatbestandes dieser Vorschrift stets auf die Herbeiführung der Aufrechnungsmöglichkeit,

1 *Bernsau*, in: FK-InsO, § 96 Rn. 2; *Sinz*, in: Uhlenbruck/Hirte/Vallender, InsO, § 96 Rn. 46.

nicht aber auf den tatsächlichen Vollzug der Aufrechung ankommt[2]. Soweit diese Aufrechnungsmöglichkeit in anfechtbarer Weise hergestellt wurde, bewirkt die in § 96 Abs. 1 Nr. 3 InsO angeordnete Unzulässigkeit der Aufrechnung, dass die Aufrechnungsbefugnis für die Dauer und die Zwecke des Insolvenzverfahrens nicht anerkannt wird und damit keinerlei Rechtswirkungen gegenüber der Insolvenzmasse entfaltet[3].

Insgesamt stellt die Vorschrift eine Erweiterung des § 55 Nr. 3 S. 1 KO dar, welcher zwar die Aufrechnung ausschloss, falls ein Schuldner des nachmaligen Insolvenzschuldners in der kritischen Zeit vor Verfahrenseröffnung und in Kenntnis der Zahlungseinstellung bzw. des Eröffnungsantrages eine Insolvenzforderung erworben hatte, aber nicht die Konstellationen erfasste, dass ein Gläubiger des nachmaligen Insolvenzschuldners zu dessen Schuldner wird oder dass die Forderungen gleichzeitig erworben wurden[4]. Zum Zweck einer umfassenden Regelung der vorgenannten Konstellationen wurden, ausgehend von der Tatsache, dass bereits § 55 Nr. 3 S. 1 KO deutliche Parallelen zu den Voraussetzungen der Kongruenzanfechtung nach § 30 Abs. 1 Nr. 1 Var. 2 KO aufwies[5], mit dem Aufrechnungsverbot des § 96 Abs. 1 Nr. 3 InsO die Vorschriften der Insolvenzanfechtung in das Recht der Aufrechnung inkorporiert[6].

Obgleich die Vorschrift im Endeffekt zwar insofern zu begrüßen ist, als sie die zum alten Recht bestehende Streitigkeit, ob die von § 55 Nr. 1 S. 1 KO nicht geregelten Fallgruppen durch eine analoge Anwendung der Vorschrift[7] oder durch einen Rückgriff auf die Anfechtungsregelungen der §§ 29 ff. KO[8] zu entscheiden waren, durch eine einheitliches Aufrechnungsverbot betreffend die Anfechtbarkeit von Aufrechnungslagen beseitigt hat, löst sie damit im Grunde genommen nur ein Problem, wirft aber zugleich, insbesondere im Hinblick auf die hier zu untersuchenden vertraglichen Aufrechnungen, eine Vielzahl neuer Schwierigkeiten auf.

---

2 *Thole*, in: K. Schmidt, InsO, § 96 Rn. 13.

3 *Windel*, in: Jaeger, InsO, § 96 Rn. 52.

4 *Brandes/Lohmann*, in: MünchKomm InsO, § 96 Rn. 27; *Windel*, in: Jaeger, InsO, § 96 Rn. 46; vgl. auch Begr. RegE BT-Drs. 12/2443, S. 141 f. = *Uhlenbruck*, Das neue Insolvenzrecht, S. 412 f.

5 *K. Schmidt*, Insolvenzgesetze, § 55 KO Anm. 1, 5; vgl. überdies Motive zu dem Entwurf einer Konkursordnung, S. 236 = *Hahn*, Materialien zur Konkursordnung, S. 224 sowie *Häsemeyer*, JuS 1986, 851, 854; *Ebert*, Aufrechnungsvereinbarungen nach bisherigem und neuem Insolvenzrecht, S. 60; a.A. *Honsdorf*, Zur Aufrechnung im Konkurs, S. 91.

6 *Hofmann*, in: Graf-Schlicker, InsO, § 96 Rn. 15; vgl. auch *Dampf*, KTS 1998, 145, 155; *Lüke*, in: B. Kübler/Prütting/Bork, InsO, § 96 Rn. 53; *Ch. Paulus*, ZIP 1997, 569, 576; *Windel*, in: Jaeger, InsO, § 96 Rn. 45.

7 So *Baur/Stürner*, Zwangsvollstreckungs-, Konkurs- und Vergleichsrecht, Bd. II Rn. 19.18; *Dieckmann*, in: Leipold, Insolvenzrecht im Umbruch, S. 211, 220 ff.

8 So die h.M. Vgl. BGHZ 58, 108, 113; 87, 246, 250; 89, 189, 193; 129, 336, 344; *Göpfert*, Anfechtbare Aufrechnungslagen im deutsch-amerikanischen Rechtsverkehr, S. 10; *Müller*, Probleme der Aufrechnung mit Konkurs- und Masseforderungen, S. 70; *K. Schmidt*, Insolvenzgesetze, § 30 KO Anm. 13, § 55 KO Anm. 5.

II. Anwendbarkeit auf vor Insolvenzeröffnung vollendete Aufrechnungen

Fraglich ist hinsichtlich der konsensualen Aufrechnung zunächst, ob die in § 96 Abs. 1 Nr. 3 InsO vorgesehene Rechtsfolge der Unzulässigkeit einer Aufrechnung im Falle der anfechtbaren Herbeiführung einer Aufrechnungslage lediglich im Hinblick auf die Aufrechnung im eröffneten Insolvenzverfahren angeordnet wird oder ob die Vorschrift auch dann Anwendung finden kann, wenn die Aufrechnung bereits vor Verfahrenseröffnung – etwa durch einseitige Erklärung – vollzogen wurde und damit im Eröffnungszeitpunkt gar keine Aufrechnungslage mehr besteht. Die Begründung des Regierungsentwurfes zur InsO[9] und die heute ganz h.L.[10] gehen diesbezüglich davon aus, dass bei anfechtbar begründeter Aufrechnungslage auch eine vor Insolvenzeröffnung vollendete Aufrechnung dem Aufrechnungsverbot des § 96 Abs. 1 Nr. 3 InsO unterfällt und diese zuvor vollendete Aufrechnung ex tunc unwirksam wird. Nach Ansicht der Kommission für Insolvenzrecht[11] und eines Teils der Literatur[12] kann hingegen das Aufrechnungsverbot des § 96 Abs. 1 Nr. 3 InsO auf vor Verfahrenseröffnung vollendete Aufrechnungen keine Anwendung finden, weshalb diese Konstellationen unmittelbar über die §§ 129 ff. InsO zu lösen sein sollen.

Für die letztgenannte Auffassung spricht prima facie bereits der Wortlaut des § 96 Abs. 1 InsO, welcher mit der einleitenden Formulierung „Die Aufrechnung ist unzulässig" nahelegt, dass die Vorschrift lediglich den Aufrechnungsvollzug im eröffneten Insolvenzverfahren erfasst, weil ansonsten besser die Unwirksamkeit derselben

---

9 BT-Drs. 12/1803, S. 141 = *Uhlenbruck*, Das neue Insolvenzrecht, S. 413.

10 BGH NZI 2004, 620, 620; NZI 2005, 499, 500; NZI 2007, 31, 31; NZI 2007, 582, 582; NJW 2007, 2640, 2641; NZI 2010, 17, 17; *Adolphsen*, in: Gottwald, Insolvenzrechts-Handbuch, § 45 Rn. 99; *Bork*, in: FS Kirchhof, S. 57, 61; *ders.*, in: FS Ishikawa, S. 31, 34 ff.; *Brandes/Lohmann*, in: MünchKomm InsO, § 96 Rn. 28; *Fischer*, WM 2008, 1, 3; *Henckel*, in: FS Lüke, S. 237, 243; *Jacoby*, in: HambKomm InsO, § 96 Rn. 9; *ders.*, in: Bork, Handbuch der Insolvenzanfechtung, Teil 7, Kap. 16 Rn. 6; *Hofmann*, in: Graf-Schlicker, InsO, § 96 Rn. 19; *Kayser*, in: HK-InsO, § 96 Rn. 5; *ders.*, WM 2008, 1525, 1534; *Klinck*, Die Grundlagen der besonderen Insolvenzanfechtung, S. 415; *Kroth*, in: Braun, InsO, § 96 Rn. 15; *Lüke*, in: B. Kübler/Prütting/Bork, InsO, § 96 Rn. 83; *Peschke*, Die Insolvenz des Girokonteninhabers, S. 185; *Sinz*, in: Uhlenbruck/Hirte/Vallender, InsO, § 96 Rn. 57; *Stapper/Jacobi*, BB 2007, 2017, 2018; *Thole*, in: K. Schmidt, InsO, § 96 Rn. 23; *Tinnefeld*, Auf- und Verrechnungsmöglichkeit von Kreditinstituten, S. 154 f.; *Windel*, in: Jaeger, InsO, § 96 Rn. 49; *Wischemeyer*, Insolvenzanfechtung der Rückführung debitorischer Konten, S. 10.

11 Erster Bericht der Kommission für Insolvenzrecht, S. 339.

12 *Allgayer*, Rechtsfolgen und Wirkungen der Gläubigeranfechtung, Rn. 618 f.; *Gerhardt*, KTS 2004, 195, 199 ff.; *Ries*, ZInsO 2004, 1231, 1234 ff.; *ders.*, ZInsO 2005, 848, 852; *Zenker*, NZI 2006, 16, 16 ff.

angeordnet worden wäre[13]. Zudem scheinen auch systematische Erwägungen diese Ansicht zu stützen, da sich die Norm im dritten Abschnitt der InsO befindet, welcher mit „Wirkungen der Eröffnung des Insolvenzverfahrens“ betitelt ist und sowohl die §§ 94 ff. InsO in ihrer Gesamtheit als auch § 96 Abs. 1 Nrn. 1, 2 und 4 InsO, in welchen die Regelung eingebettet ist, ausschließlich die Aufrechnungsberechtigung im eröffneten Insolvenzverfahren betreffen[14].

Genau besehen vermögen aber die Einwände gegen eine Rückwirkung des § 96 Abs. 1 Nr. 3 InsO in die Zeit vor Verfahrenseröffnung nicht zu überzeugen. So ist zunächst zu bedenken, dass schon die Vorgängernorm § 55 Nr. 3 KO nach überwiegender Ansicht auch vor Konkurseröffnung vollzogene Aufrechnungen erfasste, was der Gesetzgeber ausweislich der oben zitierten Auffassung des Regierungsentwurfes auch für die Rechtslage nach der InsO beibehalten wollte[15]. Des Weiteren ist der Wortlaut des § 96 Abs. 1 InsO in seiner zeitlichen Dimension sogar weiter gefasst als die Vorläuferregelung, da hier im Eingangssatz die Einschränkung „im Insolvenzverfahren“ fehlt, weshalb auch nicht davon ausgegangen werden kann, dass die geltende Vorschrift einer Ausdehnung in das Vorfeld der Verfahrenseröffnung nicht mehr zugänglich wäre[16]. Insoweit mag zwar mit der Einbeziehung vor Verfahrenseröffnung vollzogener Aufrechnungen in das Regelungsregime des § 96 Abs. 1 Nr. 3 InsO die Wortlautgrenze der Norm erreicht sein, überschritten ist sie aber noch nicht[17].

Dieser Auslegung stehen auch die oben genannten systematischen Erwägungen nur vordergründig entgegen. Zum einen kann auch die Rückwirkung auf abgeschlossene Aufrechnungstatbestände als „Wirkung der Eröffnung des Insolvenzverfahrens“ begriffen werden[18] und zum anderen besagt der Umstand, dass die übrigen Bestimmungen der §§ 94 ff. InsO nach ihrem inhaltlichen Zuschnitt nur auf die Aufrechnung im eröffneten Verfahren Anwendung finden können, nicht, dass dies zwingend auch im Hinblick auf § 96 Abs. 1 Nr. 3 InsO zu gelten hat. Insgesamt kann daher mit der h.L. davon ausgegangen werden, dass das Aufrechnungsverbot bei anfechtbarer Herbeiführung der Aufrechnungslage in ihrem Geltungsumfang nicht auf das eröffnete Verfahren beschränkt ist, sondern auch solche Aufrechnungen ergreift, welche bereits vor Insolvenzeröffnung vollzogen wurden. Soweit

---

13 *Allgayer*, Rechtsfolgen und Wirkungen der Gläubigeranfechtung, Rn. 618; *Zenker*, NZI 2006, 16, 16. Dies gestehen seitens der h.L. auch *Bork*, in: FS Ishikawa, S. 31, 35 und *Klinck*, Die Grundlagen der besonderen Insolvenzanfechtung, S. 415 ein.

14 So wiederum *Allgayer*, Rechtsfolgen und Wirkungen der Gläubigeranfechtung, Rn. 618; *Zenker*, NZI 2006, 16, 16 sowie *Bork*, in: FS Ishikawa, S. 31, 35 und *Klinck*, Die Grundlagen der besonderen Insolvenzanfechtung, S. 415.

15 *Bork*, in: FS Ishikawa, S. 31, 36.

16 *Bork*, in: FS Ishikawa, S. 31, 37; *Jacoby*, in: Bork, Handbuch der Insolvenzanfechtung, Teil 7, Kap. 16 Rn. 7.

17 *Klinck*, Die Grundlagen der besonderen Insolvenzanfechtung, S. 416.

18 Vgl. *Klinck*, Die Grundlagen der besonderen Insolvenzanfechtung, S. 415.

eine vor Verfahrenseröffnung vollzogene Aufrechnung auf einer anfechtbar hergestellten Aufrechnungslage beruht, ist folglich die Aufrechnung gleichfalls nach § 96 Abs. 1 Nr. 3 InsO unzulässig.

III. Geltung im Hinblick auf vertraglich vereinbarte Aufrechnungsbefugnisse

Die Anwendbarkeit des § 96 Abs. 1 Nr. 3 InsO auf vertragliche Aufrechnungen aufgrund eines Aufrechnungsvoraussetzungsvertrages ergibt sich dem Grunde nach bereits aus der mit § 94 Alt. 2 InsO vorgenommenen expliziten Einbeziehung der Variante der Aufrechnungsvereinbarungen in das Insolvenzaufrechnungsrecht und wird demgemäß seitens der Literatur nicht eigens thematisiert. Nach den vorstehenden Ausführungen gilt dabei das Aufrechnungsverbot bei anfechtbarer Herstellung einer vertraglich vereinbarten Aufrechnungslage sowohl für die Varianten, in denen die Aufrechnung bereits vor Verfahrenseröffnung durch einseitige Erklärung des Berechtigten vollzogen wurde, als auch für die, in denen erst im eröffneten Verfahren die Aufrechnung erklärt werden soll.

Es stellt sich hierbei allerdings die Frage, ob die Regelung des § 96 Abs. 1 Nr. 3 InsO auch dann greift, wenn auf Grundlage der Aufrechnungsvereinbarung lediglich der Insolvenzschuldner zur einseitigen Aufrechnung befugt war und diese noch vor Insolvenzeröffnung durch den in jenem Zeitpunkt noch verfügungsbefugten Schuldner erklärt wurde, oder ob insoweit doch auf die Anfechtungsvorschriften der §§ 129 ff. InsO zurückzugreifen ist. Eine unmittelbare Anwendung der Vorschrift erscheint dabei schon deshalb zweifelhaft, weil die §§ 94 ff. InsO an sich nur auf die Aufrechnung seitens eines Insolvenzgläubigers abstellen, muss aber zumindest dann ausscheiden, wenn die zugrunde liegende Aufrechnungslage ausschließlich zugunsten des aufrechnenden Schuldners bestand, weil es dann an einer „Möglichkeit der Aufrechnung" für den Insolvenzgläubiger fehlt, die selbiger nach § 96 Abs. 1 Nr. 3 InsO in anfechtbarer Weise erlangt haben könnte[19]. Ein Teil der Literatur will daher in Bezug auf eine vom Schuldner erklärte Aufrechnung die Vorschrift des § 96 Abs. 1 Nr. 3 InsO analog zur Anwendung bringen[20]. Dies kann aber gerade in letztgenannter Konstellation nicht überzeugen, da hier die spätere Insolvenzmasse durch die Aufrechnungslage zugunsten des Insolvenzschuldners noch nicht benachteiligt ist und somit die Herstellung der Aufrechnungslage, auf die § 96 Abs. 1 Nr. 3 InsO abstellt, noch nicht als Anfechtungsgegenstand in Betracht kommen kann *(vgl. zur Gläubigerbenachteiligung nachf. Seite 256)*.

Obgleich Praktikabilitätserwägungen in gewissem Umfang dagegen sprechen mögen[21], kommt man nach dem Vorstehenden aus dogmatischer Warte nicht umhin,

19 Vgl. *v. Olshausen*, KTS 2001, 45, 48.

20 *Windel*, in: Jaeger, InsO, § 96 Rn. 50.

21 So der Einwand von *Windel*, in: Jaeger, InsO, § 96 Rn. 50 gegen die nachfolgend vertretene Auffassung.

im Hinblick auf eine einseitige Aufrechnungserklärung seitens des Insolvenzschuldners sowohl bei der hier in Rede stehenden Aufrechnung kraft vertraglicher Vereinbarung als auch bei der Aufrechnung kraft Gesetzes für die Anwendbarkeit des § 96 Abs. 1 Nr. 3 InsO danach zu differenzieren, ob die vertraglich oder gesetzlich geschaffene Aufrechnungslage auch den anderen Teil zur Aufrechnung berechtigt hätte. Wenn und soweit eine beiderseitige Aufrechnungslage besteht, kann unmittelbar auf § 96 Abs. 1 Nr. 3 InsO abgestellt werden, da hier die Insolvenzmasse bereits ab Herstellung dieser Aufrechnungslage mit dem Aufrechnungsrecht des Insolvenzgläubigers belastet ist und es damit nicht darauf ankommen kann, ob der nachmalige Insolvenzschuldner diesem mit seiner Aufrechnungserklärung zuvorkommt oder nicht[22]. Dem gegenüber muss bei einer alleinigen Aufrechnungsbefugnis des Schuldners eine anfechtbare Begründung der Aufrechnungslage i.S.d. § 96 Abs. 1 Nr. 3 InsO von vornherein ausscheiden, weil hier allein die Aufrechnungserklärung selbst der Anfechtung unterliegen kann, für welche alsdann aber auf die allgemeinen Anfechtungsvorschriften der §§ 129 ff. InsO mit der Anfechtungsfolge des § 143 Abs. 1 InsO zurückgegriffen werden muss[23].

IV. Analoge Anwendung auf Aufrechnungen durch Vertrag sowie Verrechnungen im Kontokorrent

Offen bleibt nach den bisherigen Ausführungen noch, ob das Aufrechnungsverbot des § 96 Abs. 1 Nr. 1 InsO über die anfechtbare Herstellung einer Aufrechnungslage im Wege eines Aufrechnungsvoraussetzungsvertrages hinaus auch auf die Aufrechnung durch Vertrag Anwendung finden kann. Da noch nicht vollzogene Aufrechnungsverträge – wie bereits dargelegt – mit Eröffnung des Insolvenzverfahrens ohnehin nach § 91 Abs. 1 InsO ihre Wirksamkeit verlieren *(s.o. Seite 148)1*, kommt eine Anwendung des § 96 Abs. 1 Nr. 3 InsO auf die Aufrechnung durch Vertrag – anders als bei den vorstehend erörterten Aufrechnungsbefugnissen aufgrund einer Vereinbarung über Aufrechnungsvoraussetzungen – grundsätzlich nur im Hinblick auf vor Verfahrenseröffnung abgeschlossene Aufrechnungsverträge mit Sofortvollzug, bedingte Aufrechnungsverträge über bereits bestehende Forderungen sowie antizipierte Aufrechnungsverträge, deren Forderungen bis dahin entstanden sind, in Betracht. Die ganz h.L. erachtet im Hinblick auf die eben genannten

22 *Klinck*, Die Grundlagen der besonderen Insolvenzanfechtung, S. 421.

23 *Klinck*, Die Grundlagen der besonderen Insolvenzanfechtung, S. 421; *v. Olshausen*, KTS 2001, 45, 47 f.; *Ries*, ZInsO 2005, 848, 850; so – allerdings ohne nähere Begründung – auch *Brandes/Lohmann*, in: MünchKomm InsO, § 96 Rn. 37; *Hirte/Ede*, in: Uhlenbruck/Hirte/Vallender, InsO, § 129 Rn. 59; *Kayser*, in: MünchKomm InsO, § 129 Rn. 15; *Kreft*, in: HK-InsO, § 129 Rn. 17; *Thole*, in: K. Schmidt, InsO, § 96 Rn. 13. In dieselbe Richtung zudem *Häsemeyer*, Insolvenzrecht Rn. 19.01a und *Zenker*, NZI 2006, 16, 19, wobei Letztgenannter nicht zwischen einseitiger und zweiseitiger Aufrechnungslage differenziert.

Aufrechnungsverträge die Regelung des § 96 Abs. 1 Nr. 3 InsO ohne Weiteres für unmittelbar einschlägig[24], was aber in jedem Fall einer Begründung bedurft hätte. Denn diese Annahme erscheint schon insoweit zweifelhaft, als die §§ 94 ff. InsO die konsensuale Aufrechnung nach zutreffender herrschender Ansicht an sich gar nicht erfassen, womit nur schwerlich einzusehen ist, weshalb eine Bestimmung aus diesem Normenkomplex dann dennoch isoliert anwendbar sein soll. Des Weiteren lässt sich eine unmittelbare Anwendung des § 96 Abs. 1 Nr. 3 InsO auch kaum mit dem Wortlaut der Vorschrift in Einklang bringen, da der Aufrechnungsvertrag dem Insolvenzgläubiger gerade keine eigenständige „Möglichkeit der Aufrechnung" vermittelt, sondern bereits selbst den vollständigen Aufrechnungstatbestand – wenngleich auch gegebenenfalls unter Aufschiebung seiner Wirkungen in die Zukunft – erfüllt.

Man muss allerdings auf Basis der vorstehenden Einwände nicht so weit gehen, den Insolvenzverwalter bei Anfechtbarkeit eines Aufrechnungsvertrages unmittelbar auf den allgemeinen Anfechtungsanspruch aus § 143 InsO verweisen zu wollen[25], vielmehr erscheint es vorzugswürdig, die Unwirksamkeitsfolge des § 96 Abs. 1 Nr. 3 InsO in diesen Fällen analog zur Anwendung zu bringen[26]. Für einen Analogieschluss spricht dabei im Wesentlichen die Vergleichbarkeit der zu schützenden Interessenlagen, da im Grunde auch einer anfechtbaren Aufrechnung durch Vertrag eine gläubigerbenachteiligende Aufrechnungslage i.S.d. § 96 Abs. 1 Nr. 3 InsO zugrunde liegt, die sich als solche nur deshalb nicht vom Aufrechnungsvollzug trennen lässt, weil hier – anders als bei einer vertraglich oder gesetzlich begründeten Aufrechnungsbefugnis – kein eigenständiger Vollzugsakt mehr erfolgt. Hinzu kommt, dass die Aufrechnung durch Vertrag und die Vereinbarungen über Aufrechnungsvoraussetzungen als konsensuale Erweiterungen der gesetzlichen Aufrechnung in ihren Voraussetzungen nahezu völlig gleich sind *(so bereits oben Seite 110)*, weshalb es schwer verständlich ist, warum sich der jeweilige Anfechtungsanspruch nach unterschiedlichen Normen bestimmen sollte. Des Weiteren bietet die vorgenannte Auffassung aber auch den Vorteil, dass damit § 96 Abs. 1 Nr. 3 InsO, entsprechend dem Willen des Gesetzgebers, durch diese Vorschrift eine allgemeine Regelung für die Insolvenzanfechtung von Aufrechnungslagen zu schaffen[27], tatsächlich die Bedeutung einer

---

24 BGH ZInsO 2004, 1028, 1029; ZInsO 2007, 813, 813; NZI 2008, 547, 549; *Bork*, in: FS Fischer, S. 37, 39; *Eckert*, Bestimmung des für die Insolvenzanfechtung relevanten Zeitpunktes, S. 59; *Jacoby*, in: HambKomm InsO, § 96 Rn. 9; *ders.*, in: Bork, Handbuch der Insolvenzanfechtung, Teil 7, Kap. 16 Rn. 9; *Hofmann*, in: Graf-Schlicker, InsO, § 96 Rn. 20; *Kroth*, in: Braun, InsO, § 96 Rn. 15; *Sinz*, in: Uhlenbruck/Hirte/Vallender, InsO, § 96 Rn. 50; *Stapper/Jacobi*, BB 2007, 2017, 2018.

25 So aber *Peschke*, Die Insolvenz des Girokonteninhabers, S. 185 f.

26 So auch *Brandes/Lohmann*, in: MünchKomm InsO, § 96 Rn. 28; *Windel*, in: Jaeger, InsO, § 96 Rn. 50.

27 Vgl. Begr. RegE BT-Drs. 12/2443, S. 141 f. = *Uhlenbruck*, Das neue Insolvenzrecht, S. 413.

weitestgehend umfassenden Unwirksamkeitsnorm für die anfechtbare Aufrechnung in der Insolvenz beigemessen werden kann. Denn bei einer Auslegung im Sinne dieser Ansicht vermag die Vorschrift – mit Ausnahme der oben erörterten Begründung einer Aufrechnungsbefugnis zugunsten des Schuldners, welche die Gläubiger als solche gerade noch nicht benachteiligt – alsdann tatsächlich alle Konstellationen der anfechtbaren Herbeiführung eines Aufrechnungsrechts zu erfassen.

Zu beachten bleibt allerdings, dass sich genau besehen für den Bereich der analogen Anwendung des § 96 Abs. 1 Nr. 3 InsO auf die Aufrechnung durch Vertrag nicht von einer „Herstellung der Aufrechnungslage" im Sinne dieser Vorschrift sprechen lässt. Vielmehr erfolgt hier – wie bereits angeführt – der Aufrechnungsvollzug und damit der Eintritt der wechselseitigen Tilgung der betroffenen Forderungsrechte gerade uno actu mit der Schaffung der Aufrechnungsmöglichkeit durch den (ggf. bedingten) Aufrechnungsvertrag über bestehende Forderungen oder die Entstehung der antizipiert zur Aufrechnung gestellten Forderungen, weshalb insoweit keine Aufrechnungsbefugnis entsteht, welche dem Gläubiger eine selbständig gläubigerbenachteiligende Rechtsposition vermitteln würde. Aus diesem Grund erscheint es sinnvoll, beide Konstellationen auch terminologisch weitgehend auseinander zu halten und für die Aufrechnung durch Vertrag im Rahmen des § 96 Abs. 1 Nr. 3 InsO nicht von der „Herstellung der Aufrechnungsmöglichkeit" – die es nach dem Vorstehenden für sich genommen gar nicht gibt –, sondern von der „Herbeiführung der vertraglichen Aufrechnung bzw. der Aufrechnung durch Vertrag" zu sprechen.

Der eben befürwortete Analogieschluss lässt sich dabei über die Aufrechnung durch Vertrag hinaus ebenfalls für die Verrechnung im Kontokorrent heranziehen, da dieser mit dem Verrechnungsvertrag eine antizipierte Vereinbarung über die wechselseitige Tilgung künftiger Forderungsrechte zugrunde liegt, welche mit einem Aufrechnungsvertrag zumindest aufs engste verwandt ist *(vgl. hierzu Seite 134)*. Eine bis zur Eröffnung des Insolvenzverfahrens erfolgte Verrechnung von in das Kontokorrent eingestellten Forderungen – mit Insolvenzeröffnung erlischt das Kontokorrent ohnehin, sodass von da an grundsätzlich keine wirksamen Verrechnungen mehr vorgenommen werden können *(s.o. Seiten 136, 148)* – unterfällt mithin gleichfalls dem analog anzuwendenden Aufrechnungsverbot des § 96 Abs. 1 Nr. 3 InsO, soweit die Möglichkeit der Verrechnung in anfechtbarer Weise erlangt wurde.

Entsprechend den oben dargelegten terminologischen Einwänden lässt sich allerdings für den Bereich der Kontokorrentverrechnung lediglich hinsichtlich des Periodenkontokorrents von einer anfechtbaren „Herstellung der Verrechnungslage" sprechen. Denn nur dann erlangt die Verrechnungslage insoweit eine eigenständige Bedeutung, als diese dem Gläubiger die Sicherheit vermittelt, seine Forderung am Ende der vereinbarten Rechnungsperiode durch Verrechung mit eigenen Verbindlichkeiten tilgen zu können. Bei einem – in praxi allerdings deutlich weniger bedeutsamen – Staffelkontokorrent erfolgt die Verrechnung hingegen unmittelbar mit der Erlangung einer neuen Verrechnungslage durch Einstellen einer Kontokorrentforderung, sodass auch hier in Bezug auf § 96 Abs. 1 Nr. 3 InsO von der anfechtbaren „Herbeiführung der Kontokorrentverrechnung" gesprochen werden sollte.

B. Verhältnis von § 96 Abs. 1 Nr. 3 InsO zu den Vorschriften der Insolvenzanfechtung

Nachdem mit den eben getätigten Ausführungen festgestellt wurde, dass – mit Ausnahme der vertraglichen Begründung einer alleinigen Aufrechnungsbefugnis des Schuldners – die vertragliche Aufrechnung in all ihren Varianten gleichfalls dem Aufrechnungsverbot des § 96 Abs. 1 Nr. 3 InsO unterfällt, ist nunmehr in Bezug auf diese Vorschrift noch zu eruieren, in welchem Verhältnis diese zu den Regelungen des Insolvenzanfechtungsrechts nach den §§ 129 ff. InsO steht. In ihrem Tatbestand knüpft die Norm mit dem Erfordernis einer durch eine anfechtbare Rechtshandlung erlangten Aufrechnungsmöglichkeit des Insolvenzgläubigers an die Voraussetzungen der Insolvenzanfechtung nach den §§ 129 ff. InsO an und stellt daher systematisch betrachtet eine Rechtsgrundverweisung in das Recht der Insolvenzanfechtung dar[28]. Da die Regelung des § 96 Abs. 1 Nr. 3 InsO keine weiteren Tatbestandsmerkmale aufweist, gehen das dort normierte Aufrechnungsverbot und die allgemeine Insolvenzanfechtung somit letztlich von identischen Voraussetzungen aus, weshalb die Erlangung einer Aufrechnungsmöglichkeit i.S.d. § 96 Abs. 1 Nr. 3 InsO alle Merkmale eines Anfechtungstatbestandes erfüllen muss[29], was dann der Fall ist, wenn umgekehrt eine allgemeine Insolvenzanfechtung erfolgreich wäre, sofern die Verbotsnorm des § 96 Abs. 1 Nr. 3 InsO nicht bestünde[30]. Grundsätzlich sind für die Anfechtung der Herbeiführung einer Aufrechnungsmöglichkeit sämtliche Anfechtungsnormen in Betracht zu ziehen[31], wobei der jeweilige Anfechtungstatbestand alsdann zur Gänze inzident durchgeprüft werden muss[32]. Es ist diesbezüglich allerdings ausreichend, aber auch erforderlich, dass irgendeine Voraussetzung der Aufrechnungsmöglichkeit durch eine anfechtbare Rechtshandlung geschaffen wurde[33]. Insgesamt hat die Regelung des § 96 Abs. 1 Nr. 3 InsO insoweit keinerlei Einfluss auf die Voraussetzungen der Anfechtbarkeit der Herbeiführung

---

28 *Baier/Huber*, DB 2015, 1889, 1890; *Bernsau*, in: FK-InsO, § 96 Rn. 17; *Sinz*, in: Uhlenbruck/Hirte/Vallender, InsO, § 96 Rn. 47; ähnlich auch *Lüke*, in: B. Kübler/Prütting/Bork, InsO, § 96 Rn. 53; *Ch. Paulus*, ZIP 1997, 569, 576; *Windel*, in: Jaeger, InsO, § 96 Rn. 50: Die Vorschrift „inkorporiert" die Insolvenzanfechtung als Aufrechnungsverbot in die §§ 94–96 InsO.

29 *Brandes/Lohmann*, in: MünchKomm InsO, § 96 Rn. 29; *Jacoby*, in: HambKomm InsO, § 96 Rn. 10; *ders.*, in: Bork, Handbuch der Insolvenzanfechtung, Teil 7, Kap. 16 Rn. 18; *Kayser*, in: HK-InsO, § 96 Rn. 34; *ders.*, WM 2008, 1525, 1534.

30 Vgl. *Kayser*, in: HK-InsO, § 96 Rn. 34; *dens.*, WM 2008, 1525, 1534.

31 BGH NZI 2009, 103, 104; *Bernsau*, in: FK-InsO, § 96 Rn. 17; *Brandes/Lohmann*, in: MünchKomm InsO, § 96 Rn. 29d; *Sinz*, in: Uhlenbruck/Hirte/Vallender, InsO, § 96 Rn. 47.

32 BGH NZI 2007, 31, 33; *Fischer*, WM 2008, 1, 4; *Kayser*, WM 2008, 1525, 1531; *Sinz*, in: Uhlenbruck/Hirte/Vallender, InsO, § 96 Rn. 46.

33 *Baier/Huber*, DB 2015, 1889, 1890; *Hofmann*, in: Graf-Schlicker, InsO, § 96 Rn. 15; *Sinz*, in: Uhlenbruck/Hirte/Vallender, InsO, § 96 Rn. 46.

einer Aufrechnungsmöglichkeit. Vielmehr erfolgt durch die Norm lediglich eine Modifikation der Rechtsfolgen der Anfechtbarkeit dahingehend, dass die allgemeine Rückgewährpflicht aus § 143 Abs. 1 InsO durch das Fortbestehen der materiellen Leistungspflicht gegenüber dem Schuldner ersetzt wird und die Forderung weiterhin eingezogen werden darf, sofern die Herbeiführung der Aufrechnungsmöglichkeit die Tatbestandserfordernisse irgendeines Anfechtungstatbestandes erfüllt[34].

In seinen Rechtsfolgen führt Aufrechnungsverbot des § 96 Abs. 1 Nr. 3 InsO aufgrund der mit ihm angeordneten Unzulässigkeit der Aufrechnung im Ergebnis automatisch zur Unwirksamkeit der einem Insolvenzgläubiger durch die Herstellung der Aufrechnungsbefugnis gewährten Deckung für seine Forderung, d.h. der mit Eintritt der Aufrechnungslage begründeten Sicherung und – falls die Aufrechnung auch vollzogen wurde – der darauf beruhenden Befriedigung für selbige. Wenn und soweit sich die Benachteiligung der Gläubigergesamtheit in dieser dem Insolvenzgläubiger vermittelten Deckung erschöpft, ist daneben die Geltendmachung eines Anfechtungsanspruchs aus § 143 InsO weder in Bezug auf die Herstellung der Aufrechnungslage – etwa durch Anfechtung des Aufrechnungsvoraussetzungsvertrages oder eines Forderungsrechte zugrundeliegenden Verpflichtungsgeschäfts – noch in Bezug auf den Aufrechnungsvollzug zulässig. Hierfür kann wegen der ipso iure eintretenden Unwirksamkeit der Aufrechnung kein Rechtsschutzbedürfnis bestehen, sodass insofern dem Insolvenzverwalter auch kein Wahlrecht zukommen kann[35]. Für eine ausdrückliche Insolvenzanfechtung nach den §§ 129 ff. InsO mit der Rechtsfolge des § 143 InsO bleibt in der Konsequenz nur dann Raum, wenn die Benachteiligung der Insolvenzmasse über die durch die Begründung der Aufrechnungslage oder den Aufrechnungsvollzug erlangte Deckung – beispielsweise wegen einer nachteiligen Wertdifferenz zwischen den im zugrundeliegenden Verpflichtungsgeschäft vereinbarten Leistungen mit der Konsequenz einer Anfechtbarkeit nach den §§ 132 oder 133 InsO – hinausreicht[36].

---

34 Vgl. *Gerhard*, in: FS Brandner, S. 605, 612; *Ch. Paulus*, ZIP 1997, 569, 576.

35 *Fischer*, WM 2008, 1, 4; *Kayser*, in: HK-InsO, § 96 Rn. 34; *ders.*, WM 2008, 1525, 1534; *Sinz*, in: Uhlenbruck/Hirte/Vallender, InsO, § 96 Rn. 57f.. Ähnlich *Gerhard*, in: FS Brandner, S. 605, 612; *Lüke*, in: B. Kübler/Prütting/Bork, InsO, § 96 Rn. 83; *Windel*, in: Jaeger, InsO, § 96 Rn. 49; *Wittkowski/Kruth*, in: Nerlich/Römermann, InsO, § 96 Rn. 19, welche eine allgemeinen Insolvenzanfechtung mit der Rechtsfolge des § 143 Abs. 1 InsO daneben jedenfalls für nicht erforderlich halten. A.A. *Huber*, in: Haarmeyer/Huber/Schmittmann, Praxis der Insolvenzanfechtung, Teil I Rn. 40; *Ries*, ZInsO 2004, 1231, 1235; *ders.*, ZInsO 2005, 848, 850; *Thole*, in: K. Schmidt, InsO, § 96 Rn. 12; *Zenker*, NZI 2006, 16, 20.

36 *Brandes/Lohmann*, in: MünchKomm InsO, § 96 Rn. 29c; *Huber*, in: Gottwald, Insolvenzrechts-Handbuch, § 46 Rn. 14; *ders.*, ZInsO 2009, 566, 568; *Sinz*, in: Uhlenbruck/Hirte/Vallender, InsO, § 96 Rn. 58.

C. Resümee mit Folgerungen für den weiteren Fortgang der Untersuchung

Insgesamt ist im Hinblick auf das Aufrechnungsverbot bei anfechtbarer Erlangung einer Aufrechnungsmöglichkeit in § 96 Abs. 1 Nr. 3 InsO festzustellen, dass dieses nicht allein für die gesetzliche Aufrechnung, sondern auch für die Herbeiführung einer Aufrechnungsbefugnis durch einen Aufrechnungsvoraussetzungsvertrag Anwendung findet. Anders als es der Wortlaut der Vorschrift vermuten lassen könnte, gilt dies auch unabhängig davon, ob bis zum Zeitpunkt der Verfahreneröffnung lediglich die jeweilige Aufrechnungslage zur Entstehung gelangt ist oder die Aufrechnung auch bereits durch einseitige Erklärung vollzogen wurde. Nicht erfasst wird dabei allerdings die Begründung einer ausschließlich zugunsten des Schuldners bestehenden Aufrechnungsbefugnis, da hierdurch die spätere Insolvenzmasse noch nicht nachteilig beeinflusst wird.

Diese Erkenntnisse erlangen allerdings erst im Rahmen der Rechtsfolgen der Anfechtbarkeit vertraglich vereinbarter Aufrechnungen Bedeutung, da die Regelung des § 96 Abs. 1 Nr. 3 InsO abweichend von den allgemeinen Anfechtungsfolgen des § 143 Abs. 1 InsO ipso iure zur Unwirksamkeit einer bereits vollzogenen oder noch zu erklärenden Aufrechnung führt. In ihren tatbestandlichen Voraussetzungen rekurriert § 96 Abs. 1 Nr. 3 InsO hingegen als Rechtsgrundverweisung auf die Anfechtungstatbestände der InsO, weshalb das Aufrechnungsverbot bei anfechtbarer Herstellung einer Aufrechnungslage und die allgemeine Insolvenzanfechtung grundsätzlich von identischen Voraussetzungen ausgehen. Für die Untersuchung der Anfechtbarkeit konsensualer Aufrechnungen innerhalb und außerhalb der Insolvenz, welche nunmehr in den nächsten Kapiteln vorgenommen wird, gelten daher in Bezug auf die Anfechtung nach der InsO keinerlei Besonderheiten, womit auch dort von den allgemeinen Anfechtungsvoraussetzungen auszugehen und zu klären ist, inwieweit diese durch vertraglich vereinbarte Aufrechnungen erfüllt werden.

Kapitel 4. Die anfechtbare Rechtshandlung bei vertraglichen Aufrechnungen nach der InsO und dem AnfG

Nachdem in den vorangegangenen Kapiteln der dogmatische Boden für die Untersuchung der Anfechtbarkeit vertraglich vereinbarter Aufrechnungen bereitet wurde, wendet sich die Arbeit nunmehr dieser Thematik als solcher zu. Hierzu gilt es als Erstes die allgemeinen, d.h. für alle Anfechtungstatbestände gleichermaßen geltenden Anfechtungserfordernisse der §§ 129 Abs. 1 InsO und 1 Abs. 1 AnfG in den Blick zu nehmen und entsprechend den in diesen Bestimmungen festgelegten Voraussetzungen danach zu fragen, worin bei konsensualen Aufrechnungen eine Rechtshandlung sowie eine durch diese bewirkte objektive Gläubigerbenachteiligung gesehen werden kann. Die folgenden Ausführungen befassen sich insofern mit der Einordnung der vertraglichen Aufrechung unter das erstgenannte Tatbestandsmerkmal der Rechtshandlung, wobei diese Einordnung nach dem bereits im ersten Kapitel festgestellten Erfordernis einer weitgehend identischen Auslegung beider Anfechtungsinstitute *(s.o. Seite 81)* zunächst für den Bereich des Insolvenzrechts erfolgt *(hierzu A.)* und alsdann untersucht wird, inwieweit sich die jeweiligen Ergebnisse auf das Recht der Gläubigeranfechtung übertragen lassen *(hierzu B.)*.

Die Arbeit gelangt damit in diesem Kapitel zugleich zu einem ihrer Hauptprobleme, denn während in Bezug auf das Recht der Insolvenzanfechtung weit überwiegend jede einzelne Rechtshandlung für anfechtbar gehalten und in der Konsequenz eine isolierte Anfechtbarkeit der Herbeiführung einer Aufrechnungsmöglichkeit bejaht wird, geht die h.L. für die Gläubigeranfechtung davon aus, dass dort nur der Gesamtvorgang der Schmälerung des Schuldnervermögens die anzufechtende Rechtshandlung darstelle, weshalb im Bereich des Aufrechnungsrechts eine eigenständige Anfechtung der Schaffung einer Aufrechnungsbefugnis ausscheiden müsse. Aufgrund dieser Diskrepanz erscheint es wichtig, im Rahmen der zunächst erfolgenden Einordnung der vertraglichen Aufrechnung unter den Rechtshandlungsbegriff des Insolvenzanfechtungsrechts die herrschende These der isolierten Anfechtbarkeit jeder einzelnen Rechtshandlung nochmals einer kritischen Überprüfung zu unterziehen und zu klären, ob nicht auch dort zumindest in manchen Konstellationen der vertraglichen Aufrechnung lediglich der Gesamtvorgang der Vermögensminderung der Anfechtung unterliegen muss.

A. Die Rechtshandlung i.S.d § 129 InsO bei vertraglich geschaffenen Aufrechnungsbefugnissen und bei Herbeiführung einer Aufrechnung durch Vertrag

I. Allgemeines

1. Begriff der Rechtshandlung

Eine Definition des Tatbestandsmerkmals der Rechtshandlung findet sich weder in der InsO oder den zugrundeliegenden Materialien noch in der KO als Vorläuferregelung des geltenden Insolvenzrechts mit den ihr zugrundeliegenden Motiven[1]. Wie schon zur identischen Anfechtungsvoraussetzung des § 29 KO besteht Einigkeit darüber, dass das Tatbestandserfordernis der Rechtshandlung einen spezifisch anfechtungsrechtlichen Begriff darstellt und insoweit in einem weitesten Sinn zu interpretieren ist, damit das Anfechtungsrecht grundsätzlich alle Arten von rechtlich erheblichen Maßnahmen erfassen und so den vielfältigen Möglichkeiten, welche die Rechtsordnung einem Schuldner zur Herbeiführung einer Benachteiligung der Gläubiger eröffnet, gerecht werden kann[2]. Gemeinhin wird dabei der Begriff der Rechtshandlung interpretiert als jedes von einem Willen getragene Handeln, das rechtliche Wirkungen auslöst und die Insolvenzmasse zum Nachteil der Gläubiger beeinflussen kann, gleichgültig, ob diese Folge tatsächlich gewollt ist oder nicht[3].

Das Tatbestandsmerkmal ist damit in einem weiteren Sinn zu verstehen als die in den §§ 132, 133 Abs. 2, 134 und 140 Abs. 2 InsO gebrauchten Termini des Rechtsgeschäfts, des Vertrages bzw. der unentgeltlichen Leistung[4] und erfasst neben Willenserklärungen als Bestandteile obligatorischer oder dinglicher Rechtsgeschäfte

1 So auch (zur KO) *Niemöller*, Über den Begriff der Rechtshandlung im § 29 KO, S. 1.

2 BGH ZInsO 2012, 241, 241; *Ehricke*, in: B. Kübler/Prütting/Bork, InsO, § 129 Rn. 36; *ders.*, in: Bork, Handbuch der Insolvenzanfechtung, Teil 2, Kap. 3 Rn. 2; *Rogge/Leptien*, in: HambKomm InsO, § 129 Rn. 3; vgl. ebenfalls Begr. RegE BT-Drs. 12/2443, S. 157 = *Uhlenbruck*, Das neue Insolvenzrecht, S. 469; *Henckel*, in: Jaeger, InsO, § 129 Rn. 10; *Huber*, in: Gottwald, Insolvenzrechts-Handbuch, § 46 Rn. 19; *Kreft*, in: HK-InsO, § 129 Rn. 11; *K. Schmidt*, in: K. Schmidt, InsO, § 129 Rn. 26; *Zeuner*, Die Anfechtung in der Insolvenz, Rn. 17; so überdies bereits auch die Motive zu dem Entwurf einer Konkursordnung, S. 114 f. = *Hahn*, Materialien zur Konkursordnung, S. 125.

3 So – mit bisweilen geringfügigen Modifikationen – RGZ 59, 53, 57; BGH WM 1975, 1182, 1184; BGH NZI 2004, 314, 314; NZI 2004, 374, 374; NZI 2007, 158, 158; *Dauernheim*, in: FK-InsO, § 129 Rn. 21; *De Bra*, in: Braun, InsO, § 129 Rn. 10; *Ehricke*, in: B. Kübler/Prütting/Bork, InsO, § 129 Rn. 36; *ders.*, in: Bork, Handbuch der Insolvenzanfechtung, Teil 2, Kap. 3 Rn. 2; *Hirte/Ede*, in: Uhlenbruck/Hirte/Vallender, InsO, § 129 Rn. 86; *Huber*, in: Gottwald, Insolvenzrechts-Handbuch, § 46 Rn. 19; *Kayser*, in: MünchKomm InsO, § 129 Rn. 7; *Kreft*, in: HK-InsO, § 129 Rn. 11; *Niemöller*, Über den Begriff der Rechtshandlung im § 29 KO, S. 4; *Rogge/Leptien*, in: HambKomm InsO, § 129 Rn. 3; *K. Schmidt*, in: K. Schmidt, InsO, § 129 Rn. 26.

4 *Dauernheim*, in: FK-InsO, § 129 Rn. 21; *Henckel*, in: Jaeger, InsO, § 129 Rn. 10.

auch rechtsgeschäftsähnliche Handlungen und Realakte – sofern ihnen das Gesetz Rechtswirkungen beimisst – sowie Handlungen auf prozessrechtlichem Gebiet[5]. Die h.L. ist dabei grundsätzlich der Auffassung, dass die anfechtbare Rechtshandlung aufgrund einer Einzelbetrachtung festzulegen sei, derzufolge jeder Rechtsakt selbständig auf seine Ursächlichkeit für die gläubigerbenachteiligenden Rechtswirkungen zu prüfen und gegebenenfalls der Anfechtung zu unterwerfen ist[6]. Soweit nicht der jeweilige Anfechtungstatbestand explizit eine Rechtshandlung des Schuldners fordert (so die §§ 132 Abs. 1 und 2, 133 Abs. 1 und 2, 134 Abs. 1 InsO), ist es überdies unerheblich, ob die betreffende Rechtshandlung durch den Schuldner, den Insolvenzgläubiger oder einen Dritten vorgenommen wurde[7].

2. Wirtschaftliche Betrachtungsweise der zugrundeliegenden Vorgänge

Bei der Beurteilung der zugrundeliegenden Vorgänge soll nach Auffassung des BGH und der hierauf rekurrierenden Teile der Literatur weniger eine formal-juristische denn eine „wirtschaftliche Betrachtungsweise" angezeigt sein[8], was allerdings ebenso richtig wie missverständlich ist. Zuzustimmen ist dieser Ansicht sicherlich insofern, als bei Anwendung der Anfechtungsbestimmungen die von den Beteiligten vorgenommenen Handlungen in ihrer wirtschaftlichen Bedeutung zutreffend erfasst

5 *Dauernheim*, in: FK-InsO, § 129 Rn. 21; *Ehricke*, in: B. Kübler/Prütting/Bork, InsO, § 129 Rn. 41; *ders.*, in: Bork, Handbuch der Insolvenzanfechtung, Teil 2, Kap. 3 Rn. 7; *Henckel*, in: Jaeger, InsO, § 129 Rn. 10; *Hirte/Ede*, in: Uhlenbruck/Hirte/Vallender, InsO, § 129 Rn. 100 ff.; *Huber*, in: Gottwald, Insolvenzrechts-Handbuch, § 46 Rn. 19; *ders.*, in: Graf-Schlicker, InsO, § 129 Rn. 2; *Kreft*, in: HK-InsO, § 129 Rn. 12; *Nerlich*, in: Nerlich/Römermann, InsO, § 129 Rn. 38 ff.

6 BGHZ 170, 276, 278; 174, 228, 234; BGH NJW 1987, 1812, 1813; NZI 2000, 310, 310; NJW 2002, 1574, 1575; NZI 2004, 82, 83; NZI 2005, 553, 554; NZI 2006, 583, 584; NZI 2007, 452, 454; NZI 2007, 718, 718; NZI 2009, 67, 69; *Dauernheim*, in: FK-InsO, § 129 Rn. 21; *Ehricke*, in: B. Kübler/Prütting/Bork, InsO, § 129 Rn. 38; *ders.*, in: Bork, Handbuch der Insolvenzanfechtung, Teil 2, Kap. 3 Rn. 4; *Gehrlein*, WM 2009, Sonderbeilage 1, 1, 11; *Henckel*, in: Jaeger, InsO, § 129 Rn. 12; *Hirte/Ede*, in: Uhlenbruck/Hirte/Vallender, InsO, § 129 Rn. 93; *Huber*, in: Gottwald, Insolvenzrechts-Handbuch, § 46 Rn. 19; *ders.*, in: Graf-Schlicker, InsO, § 129 Rn. 4; *Kayser*, in: MünchKomm InsO, § 129 Rn. 55; *Kreft*, in: HK-InsO, § 129 Rn. 13; *K. Schmidt*, in: K. Schmidt, InsO, § 129 Rn. 43.

7 *Henckel*, in: Jaeger, InsO, § 129 Rn. 30; *Hirte/Ede*, in: Uhlenbruck/Hirte/Vallender, InsO, § 129 Rn. 136; *Huber*, in: Gottwald, Insolvenzrechts-Handbuch, § 46 Rn. 28; *ders.*, in: Graf-Schlicker, InsO, § 129 Rn. 11; *Kayser*, in: MünchKomm InsO, § 129 Rn. 34 ff.; *Kreft*, in: HK-InsO, § 129 Rn. 25 ff.; *Nerlich*, in: Nerlich/Römermann, InsO, § 129 Rn. 41 ff.; *K. Schmidt*, in: K. Schmidt, InsO, § 129 Rn. 36; *Zeuner*, in: Leonhardt/Smid/Zeuner, InsO, § 129 Rn. 34; vgl. auch OLG Frankfurt/Main ZInsO 2015, 1270, 1272.

8 BGHZ 41, 298, 300; 72, 39, 41; 128, 184, 187; BGH WM 1955, 404, 406; WM 1955, 407, 409; WM 1960, 381, 382; WM 1971, 908, 909; ZIP 1981, 1229, 1231; ZIP 1983, 334, 335; ZIP 1985, 816, 817; NZI 2006, 700, 701; *Kayser*, in: MünchKomm InsO, § 129 Rn. 8; *Nerlich*, in: Nerlich/Römermann, InsO, § 129 Rn. 35; vgl. auch *Dauernheim*, in: FK-InsO, § 129 Rn. 1; *Huber*, in: Gottwald, Insolvenzrechts-Handbuch, § 46 Rn. 3.

und verstanden werden müssen, da ansonsten eine sinnvolle Subsumtion gar nicht möglich wäre[9]. Dies gilt insbesondere im Hinblick auf solche Vorgehensweisen der Vertragsschließenden, mit welchen sie gläubigerbenachteiligende Rechtsgeschäfte zu verschleiern suchen, da das Anfechtungsrecht in dieser Hinsicht den Rechtsvorgängen in ihren tatsächlichen wirtschaftlichen Folgen für die Masse Rechnung tragen muss[10].

Eine völlig andere Frage ist hingegen, ob sich im Wege einer „wirtschaftlichen Betrachtungsweise" darüber hinaus auch Inhalt und Reichweite der anfechtungsrechtlichen Tatbestandsvoraussetzungen modifizieren lassen und auf dieser Basis etwa – was im Folgenden noch eingehend zu erörtern sein wird – der Rechtshandlungsbegriff des § 129 Abs. 1 InsO mitunter so extensiv interpretiert werden darf, dass mehrere, im Grunde selbständige Rechtsakte als einheitlicher anfechtungsrechtlicher Rechtsvorgang darunter subsumiert werden können. Ein solcher Ansatz erscheint aber insoweit etwas bedenklich, als „wirtschaftliche Gesichtspunkte" als solche keine subsumtionsfähigen Regelungen darstellen, weshalb Grund und Grenzen der Anfechtbarkeit eines in seinen wirtschaftlichen Dimensionen zutreffend erfassten Geschehens an sich allein nach den durch Auslegung zu ermittelnden Regelungen des Insolvenzanfechtungsrechts bestimmt werden können[11]. Die wirtschaftliche Betrachtungsweise darf damit nicht dazu führen, dass der eigentliche Regelungsgehalt der Anfechtungsnormen preisgegeben und durch andere, außerrechtliche Wertungen modifiziert oder gar ersetzt wird[12]. Die Bedeutung der „wirtschaftlichen Betrachtungsweise" sollte daher zumindest für den Regelfall darauf beschränkt bleiben, als Hilfsmittel auf eine korrekte Erfassung der realen Geschehensabläufe hinzuwirken und damit eine zutreffende Tatsachenbasis für die Subsumtion unter das nachfolgend in seinem Regelungsgehalt darzustellende Tatbestandsmerkmal der Rechtshandlung sowie die übrigen Anfechtungsvoraussetzungen zu schaffen[13].

3. *Rechtshandlung und Gegenstand der Insolvenzanfechtung*

In Bezug auf das in § 129 Abs. 1 InsO statuierte Anfechtungserfordernis der Rechtshandlung wird überdies von der h.L. geltend gemacht, dass diese selbst nicht Gegenstand der Insolvenzanfechtung sei; vielmehr ziele die Anfechtung lediglich darauf ab, die durch die jeweilige Rechtshandlung ausgelösten gläubigerbenachteiligenden

---

9 *Henckel*, in: Jaeger, InsO, § 129 Rn. 8.

10 Vgl. *Thole*, Gläubigerschutz durch Insolvenzrecht, S. 328.

11 *Henckel*, in: Jaeger, InsO, § 129 Rn. 8; vgl. auch *Hirte/Ede*, in: Uhlenbruck/Hirte/Vallender, InsO, § 129 Rn. 3.

12 Vgl. allgemein zur methodischen Fragwürdigkeit einer so verstandenen wirtschaftlichen Betrachtungsweise im Bereich des Zivilrechts *Jahr*, Schriften des Vereins für Socialpolitik n.F. 33 (1964), 14, 15 ff.

13 Vgl. *Henckel*, in: Jaeger, InsO, § 129 Rn. 8; *Hirte/Ede*, in: Uhlenbruck/Hirte/Vallender, InsO, § 129 Rn. 3; *Ch. Paulus*, in: B. Kübler/Prütting/Bork, InsO, Lfg. 8/01, § 129 Rn. 14.

Wirkungen zu beseitigen[14]. Dies erscheint mit Blick auf die Rechtsfolgen der Anfechtung unmittelbar einleuchtend, da das Anfechtungsrecht einmal vorgenommene Handlungen freilich nicht als solche beseitigen oder rückgängig machen kann und ihnen damit lediglich ihre rechtlichen Wirkungen und Folgen zu nehmen vermag[15]. Bestätigt wird diese Auffassung zudem durch die Regelung des § 140 Abs. 1 InsO, welche für die Bestimmung des Zeitpunkts der Vornahme einer Rechtshandlung gerade nicht deren Ausführung, sondern den Eintritt ihrer rechtlichen Wirkungen für maßgeblich erklärt[16].

Die Feststellung, dass nicht die Rechtshandlung als solche, sondern die durch sie herbeigeführten gläubigerbenachteiligenden Wirkungen Gegenstand der Anfechtung sind, besagt allerdings nicht, dass auf das Erfordernis der Rechtshandlung in tatbestandlicher Hinsicht gänzlich verzichtet werden könnte[17]. In diese Richtung wird zunächst einmal schon die oben angeführte herrschende Ansicht nicht zu verstehen sein, die explizit auf die gläubigerbenachteiligenden Wirkungen abstellt, welche „durch die“ Rechtshandlung verursacht wurden. Eine völlige Abkehr vom Tatbestandserfordernis der Rechtshandlung wäre überdies schwerlich mit dem Wortlaut der §§ 129 ff. InsO in Einklang zu bringen, die – wie auch schon ihre konkursrechtlichen Vorgängerregelungen – ausdrücklich von einer „Rechtshandlung“

---

14 BGHZ 147, 233, 236; BGH NJW 1995, 1668, 1670 f.; NZI 1999, 152, 153; ZIP 2009, 1674, 1676; ZIP 2010, 793, 793; ZIP 2010, 1702, 1704; BFH ZIP 2011, 181, 181; OLG Hamm WM 2003, 2115, 2116; *Allgayer*, Rechtsfolgen und Wirkungen der Gläubigeranfechtung, Rn. 240; *Dauernheim*, in: FK-InsO, § 129 Rn. 21; *Eckardt*, in: FS Gerhardt, S. 145, 166f.; *Ehricke*, in: B. Kübler/Prütting/Bork, InsO, § 129 Rn. 35; *ders.*, in: Bork, Handbuch der Insolvenzanfechtung, Teil 2, Kap. 3 Rn. 1; *Henckel*, in: Leipold, Insolvenzrecht im Umbruch, S. 239, 240f.; *Kayser*, in: MünchKomm InsO, § 129 Rn. 6; *ders.*, ZIP 2015, 449, 451; *Kreft*, in: HK-InsO, § 129 Rn. 6; *K. Schmidt*, in: K. Schmidt, InsO, § 129 Rn. 4; *Zeuner*, in: Leonhardt/Smid/Zeuner, InsO, § 129 Rn. 31; so überdies schon *Cosack*, Anfechtungsrecht der Gläubiger eines zahlungsunfähigen Schuldners, S. 46; *Krasnopolski*, Das Anfechtungsrecht der Gläubiger nach österreichischem Recht, S. 13 f.; *Riehl*, Gruchot 53 (1909), 161, 177 f. Widersprüchlich *Eckert*, Bestimmung des für die Insolvenzanfechtung relevanten Zeitpunktes, welcher an sich auf S. 20 der h.L. folgt, indes auf S. 60 alsdann in Bezug auf die Kontokorrentverrechnung den Verrechnungsvertrag selbst für den Anfechtungsgegenstand hält.

15 Vgl. *Klinck*, Die Grundlagen der besonderen Insolvenzanfechtung, S. 167; *Zeuner*, in: Leonhardt/Smid/Zeuner, InsO, § 129 Rn. 31.

16 Vgl. *Huber*, in: Gottwald, Insolvenzrechts-Handbuch, § 46 Rn. 20; *dens.*, in: Graf-Schlicker, InsO, § 140 Rn. 2; *Zeuner*, Die Anfechtung in der Insolvenz, Rn. 30.

17 So aber *Cosack*, Anfechtungsrecht der Gläubiger eines zahlungsunfähigen Schuldners, S. 46; *Riehl*, Gruchot 53 (1909), 161, 177 f.; in neuerer Zeit *Jensen*, Grundfragen des Rechts der Gläubiger- und Insolvenzanfechtung, S. 51 sowie in Bezug auf die Herstellung einer Aufrechnungslage nach § 96 Abs. 1 Nr. 3 InsO auch *Windel*, in: Jaeger, InsO, § 96 Rn. 53. In diese Richtung wohl auch *Henckel*, in: Leipold, Insolvenzrecht im Umbruch, S. 239, 240 f., der davon ausgeht, dass § 129 Abs. 1 InsO insofern falsch formuliert sei.

sprechen[18]. Dies gilt insbesondere auch im Hinblick auf das hier interessierende Aufrechnungsverbot bei anfechtbarer Herstellung der Aufrechnungslage nach § 96 Abs. 1 Nr. 3 InsO, welches explizit auf die „durch eine anfechtbare Rechtshandlung" herbeigeführte Rechtswirkung, die Möglichkeit der Aufrechnung, Bezug nimmt[19]. Zudem darf nicht übersehen werden, dass dieses Tatbestandsmerkmal keineswegs funktionslos innerhalb der Anfechtungstatbestände steht, sondern dem Zweck dient, zufällig eingetretene Vermögenseinbußen von der Anfechtbarkeit auszunehmen und den Urheber einer Beeinträchtigung der Insolvenzmasse erfassen zu können[20].

Des Weiteren hat die Bestimmung der zugrundeliegenden Rechtshandlung mitunter auch ganz erheblichen Einfluss auf Art und Umfang der konkret eingetretenen nachteiligen Rechtswirkungen und damit auf den jeweiligen Gegenstand der Insolvenzanfechtung. Dies gilt zum einen dann, wenn ein Rechtsakt für sich genommen andere nachteilige Wirkungen zeitigt als im Zusammenspiel mit anderen Rechtshandlungen der Beteiligten oder überhaupt nur in Verbindung mit einem anderen Rechtsakt eine Gläubigerbenachteiligung herbeiführt, da hier ohne genauere Bestimmung der ursächlichen Rechtshandlung gar nicht zu ermitteln ist, worin die konkret anfechtbare Rechtswirkung liegen soll. Zum anderen wird mit dem Umfang der ursächlichen Rechtshandlung zugleich auch die Art der eingetretenen Gläubigerbenachteiligung, d.h. deren Mittelbarkeit bzw. Unmittelbarkeit vorgeprägt, weil eine unmittelbare Gläubigerbenachteiligung umso leichter zu bejahen ist, je weiter man die zugrundeliegende Rechtshandlung fasst[21].

Im Ergebnis sollte daher aus den eben dargestellten Gründen in tatbestandlicher Hinsicht am Erfordernis einer Rechtshandlung festgehalten werden, obgleich diese nach der oben bejahten Auffassung der h.L. richtigerweise nicht selbst den Gegenstand der Insolvenzanfechtung bildet, sondern ausschließlich die durch sie herbeigeführten Rechtswirkungen. Man mag es damit zwar durchaus als missverständlich oder unpräzise ansehen, wenn in der Literatur dennoch häufig nicht von „anfechtbaren Wirkungen" bzw. einer „anfechtbaren Gläubigerbenachteiligung", sondern von einer „anfechtbaren Rechtshandlung" gesprochen wird – falsch ist dies allerdings nicht zwingend, da sich die Anfechtung nach den vorstehenden Ausführungen zumindest mittelbar auch gegen die jeweilige Rechtshandlung als Ursache der gläubigerbenachteiligenden Rechtswirkungen richtet[22].

---

18 Vgl. *Schmidt*, Begriff der anfechtbaren Rechtshandlung, S. 78.

19 Dies verkennt *Windel*, in: Jaeger, InsO, § 96 Rn. 53.

20 *Kayser*, in: MünchKomm InsO, § 129 Rn. 6; vgl. auch *K. Schmidt*, Insolvenzgesetze, § 30 KO Anm. 13, § 55 KO Anm. 8.

21 Vgl. *Jensen*, Grundfragen des Rechts der Gläubiger- und Insolvenzanfechtung, S. 88.

22 In diese Richtung auch *Klinck*, Die Grundlagen der besonderen Insolvenzanfechtung, S. 167.

II. Die anfechtungsrelevante Rechtshandlung bei vertraglicher Herstellung einer Aufrechnungsmöglichkeit

1. Überblick

Für einen Teil der Literatur gestaltet sich die Bestimmung der anfechtungsrelevanten Rechtshandlung im Hinblick auf das Aufrechnungsrecht weitestgehend unproblematisch, da nach der dort vertretenen Auffassung im Hinblick auf das Aufrechnungsrecht die maßgebliche Rechtshandlung pauschal in der „Herstellung der Aufrechnungslage" i.S.d. § 96 Abs. 1 Nr. 3 InsO selbst zu sehen sein soll[23]. Dieser Ansatz muss jedoch schon insofern zweifelhaft erscheinen, als der Begriff der „Herstellung der Aufrechnungslage" gar keine Rechtshandlung als solche bezeichnet, sondern vielmehr die rechtlichen Wirkungen einer Rechtshandlung, welche es im Wege der Anfechtung zu beseitigen gilt und damit – entsprechend den oben zum Anfechtungsgegenstand getätigten Ausführungen – ausschließlich den Gegenstand der Insolvenzanfechtung, nicht die Rechtshandlung als deren tatbestandliche Voraussetzung betrifft[24]. Dies zeigt sich – wie ebenfalls schon in Bezug auf den Anfechtungsgegenstand erwähnt – deutlich im Wortlaut des § 96 Abs. 1 Nr. 3 InsO, der die Aufrechnung für unzulässig erklärt, wenn die „Möglichkeit der Aufrechnung durch eine anfechtbare Rechtshandlung erlangt" wurde und damit ersichtlich zwischen der anfechtbaren Rechtshandlung und der durch sie bewirkten Begründung einer Aufrechnungslage differenziert. Hinzu kommt, dass bei der Aufrechnung durch Vertrag, auf welche nach den obigen Ausführungen die Regelung des § 96 Abs. 1 Nr. 3 InsO analog anwendbar ist *(s.o. Seite 171 f.)*, die Schaffung der Aufrechnungsmöglichkeit uno actu mit dem Aufrechnungsvollzug vorgenommen wird und in diesen Fällen daher gar keine eigenständige Herstellung einer Aufrechnungslage auszumachen wäre.

Überdies gilt es zu bedenken, dass sich im Zusammenhang mit der Anfechtung von Aufrechnungslagen – seien sie konsensual oder gesetzlich begründet – bezüglich des Tatbestandsmerkmals der Rechtshandlung eine Reihe von Fragen stellt, die allein durch ein pauschales Abstellen auf die Herstellung der Aufrechnungsmöglichkeit in keiner Weise beantwortet werden können. So ist zunächst einmal nicht unumstritten, ob die anfechtungsrelevante Rechtshandlung auch für diesen Bereich mit der h.L. in einem einzelnen Rechtsakt gesehen werden kann oder ob diese im Aufrechnungsrecht nicht vielmehr als Gesamtvorgang mehrerer Rechtshandlungen zu begreifen ist, was – wie in den obigen Ausführungen bereits angemerkt – im Hinblick auf die Art der herbeigeführten Gläubigerbenachteiligung und das im Bereich der §§ 132 ff. InsO erforderliche Handeln des Schuldners zu differierenden

23 *Dampf*, KTS 1998, 145, 156; *Dauernheim*, in: FK-InsO, § 129 Rn. 25; *Heublein*, ZIP 2000, 161, 164; *Klinck*, Die Grundlagen der besonderen Insolvenzanfechtung, S. 442; *Wischemeyer*, Insolvenzanfechtung der Rückführung debitorischer Konten, S. 8.

24 Vgl. zum Anfechtungsgegenstand *Huber*, in: Gottwald, Insolvenzrechts-Handbuch, § 46 Rn. 14; *dens.*, ZInsO 2009, 566, 567.

Ergebnissen führen kann. Eng mit dieser Problematik ist alsdann auch die Frage verbunden, inwieweit die Herstellung der Aufrechnungslage nicht selbst wiederum in einen Gesamtvorgang eingebunden sein kann, mit der Folge, dass die Begründung der Aufrechnungslage womöglich als solche gar nicht anfechtbar wäre.

Des Weiteren gilt es auch zu klären, ob die Wirkungen der Anfechtung auch dann auf die Aufrechnungslage beschränkt werden können, wenn sich deren Begründung als nur eine von mehreren Wirkungen einer einzigen Rechtshandlung oder – soweit man dieser Auffassung folgt – eines einheitlichen Gesamtvorganges darstellt, oder ob hier nur eine einheitliche Anfechtung statthaft ist, wobei das erstgenannte Ergebnis seit Einführung des § 96 Abs. 1 Nr. 3 InsO zumindest dem Grunde nach naheliegend erscheinen dürfte. Soweit man die Herstellung der Aufrechnungslage nicht als Gesamtvorgang begreift, ist schließlich noch fraglich, in welchen einzelnen Rechtsakten im Rahmen dieses Vorganges die „herstellende“ Rechtshandlung liegen kann, auf die es für die weitere Prüfung der Anfechtbarkeit ankommt. Gerade in diesem Punkt ist es aber wenig hilfreich, zur Bestimmung der anfechtungsrelevanten Rechtshandlung auf die Herstellung der Aufrechnungslage abzustellen, da sich die Herstellung einer Aufrechnungslage zumeist aus mehreren Rechtsakten konstituiert und sich damit nicht feststellen ließe, welche Rechtshandlung als solche die gläubigerbenachteiligende Aufrechnungsmöglichkeit begründet hat[25]. So verwundert es denn auch nicht, dass der eingangs erwähnte Teil der Literatur seine Sichtweise nicht durchzuhalten vermag und bisweilen dann doch eine differenziertere Betrachtung der einzelnen Rechtshandlungen vornimmt[26]. Aus diesen Gründen kann es für das Tatbestandsmerkmal der Rechtshandlung nicht einfach bei einem pauschalen Verweis auf die Herstellung der Aufrechnungslage belassen werden. Vielmehr gilt es, die vorstehend skizzierten Fragestellungen im Wege einer genaueren Betrachtung dieses Tatbestandsmerkmals zu ergründen.

2. Die Gesamtvorgangslehre im Aufrechnungsrecht

a) Der Gesamtvorgang der Forderungstilgung als anfechtbare Rechtshandlung

Zur KO wurde bezüglich des Tatbestandsmerkmals der Rechtshandlung zurückgehend auf einen Aufsatz von *Jäger*[27] in der Rechtsprechung und den ihr folgenden Teilen des Schrifttums überwiegend die Auffassung vertreten, dass für den Bereich der Aufrechnung kein Einzelakt, sondern vielmehr der „Gesamtvorgang“,

---

25 Vgl. für den Typus der Aufrechnungsvereinbarungen *Ch. Paulus*, in: Festgabe 50 Jahre BGH, Bd. III, S. 765, 779.

26 Vgl. hierzu insbesondere *Wischemeyer*, Insolvenzanfechtung der Rückführung debitorischer Konten, S. 16, der im Widerspruch zu seinen Ausführungen aus S. 8 hinsichtlich der Scheckeinreichung explizit kritisiert, dass in der Literatur häufig nicht zwischen den einzelnen Rechtshandlungen unterschieden würde, welche die gläubigerbenachteiligende Verrechnungslage verursacht haben können. Vgl. überdies *Dampf*, KTS 1998, 145, 156; *Dauernheim*, in: FK-InsO, § 129 Rn. 26; *Heublein*, ZIP 2000, 161, 164.

27 KuT 1929, 147 ff.

bestehend aus den Rechtsgeschäften, welche die Aufrechnungslage herstellen und der darauf beruhenden Aufrechnungserklärung als Rechtshandlung i.S.d. § 29 KO (heute § 129 Abs. 1 InsO) anzusehen sei[28], sofern dieser insgesamt von einem einheitlichen Willen des Schuldners getragen ist[29]. Diesem Ansatz wird auch gegenwärtig noch von einzelnen Ansichten in der insolvenzrechtlichen Literatur Geltung beigemessen, wobei eine Auffassung[30] trotz des Umstandes, dass die Regelung des § 96 Abs. 1 Nr. 3 InsO nunmehr mit ihrer Rechtsfolge bereits an die Begründung der Aufrechnungslage anknüpft, die anfechtbare Rechtshandlung weiterhin in der „Herstellung der Aufrechnungslage nebst Aufrechnung oder Verrechnung“ sehen will, während eine andere Literaturmeinung[31] mit Blick auf ebenjene Regelung die konkursrechtliche Interpretation leicht modifiziert und nur das Herbeiführen der Aufrechnungslage als einheitlichen Rechtsvorgang begreift, mithin den nachfolgenden Aufrechnungsvollzug ausnimmt.

Die eben genannte Definition der anfechtbaren Rechtshandlung als Gesamtvorgang ließe sich dabei dem Grunde nach auch auf die verschiedenen Typen der hier zu untersuchenden konsensualen Aufrechnung übertragen, sodass auch dort nicht ein einzelner Rechtsakt, sondern der gesamte Vorgang der Herstellung der Aufrechnungs- bzw. Verrechnungslage – bei der vertraglichen Aufrechnung der Gesamtvorgang der Herbeiführung der Aufrechnung durch Vertrag – als anfechtbare Rechtshandlung anzusehen wäre und nach den erstgenannten Ansichten ggf. auch noch der jeweilige Vollzugsakt in diesen Gesamttatbestand einbezogen werden müsste[32].

Der Gesamtvorgangslehre liegt dabei im Wesentlichen die – auch hier bereits angeführte – Erkenntnis zugrunde, dass Schmälerungen der Insolvenzmasse im Wege der Aufrechnung zumeist nicht durch eine einzelne Rechtshandlung herbeigeführt werden, sondern auf einer Mehrheit von Rechtshandlungen der Beteiligten beruhen[33]. Des Weiteren soll mit der Annahme eines Gesamttatbestandes, insbesondere mit der früher vorgenommenen Einbeziehung der Aufrechnungserklärung, die Vollendung der Rechtshandlung näher an den Zeitpunkt der Verfahrenseröffnung herangerückt und damit verhindert werden, dass die für die Benachteiligung der Gläubiger ursächliche Rechtshandlung bei einem Abstellen auf die jeweiligen Einzelakte womöglich aus dem Anfechtungszeitraum der insolvenzrechtlichen Krise herausgefallen wäre und nicht nach den erleichterten Anforderungen der besonderen Konkursanfechtung hätte angefochten werden können[34]. Überdies konnte unter

---

28 BGHZ 58, 108, 113; 86, 349, 353 f.; 129, 336, 343; 145, 245, 255; OLG Hamm ZIP 1988, 253, 254; OLG München NZI 1999, 201, 201; *Kümpel*, Bank-Betrieb 1967, 342, 345; *Lent*, in: Jaeger, KO, 8. Aufl., § 53 Rn. 27; so wohl auch *K. Schmidt*, Insolvenzgesetze, § 30 KO Anm. 19b.

29 *R. Schmidt*, Begriff der anfechtbaren Rechtshandlung, S. 83.

30 *Ganter*, in: FS Görg, S. 169, 179; so wohl auch *Kreft*, in: FS Fischer, S. 297, 302.

31 *Kayser*, in: MünchKomm InsO, § 129 Rn. 67.

32 Vgl. auch *Tinnefeld*, Auf- und Verrechnungsmöglichkeit von Kreditinstituten, S. 167.

33 *Jaeger*, KuT 1929, 147, 147; *Windel*, in: Jaeger, InsO, § 96 Rn. 53.

34 *Bork*, in: FS Ishikawa, S. 31, 39; vgl. auch *Schmitz*, ZIP 2000, 2211, 2213.

Geltung der KO aufgrund der Gesamtvorgangstheorie bezüglich der Anfechtungsfristen an die Vollendung des gesamten Handlungskomplexes durch den Vollzug der Aufrechnung angeknüpft und damit für bei Verfahrenseröffnung noch nicht erklärte Aufrechnungen die Gefahr einer Verjährung des Anfechtungsanspruchs binnen der Jahresfrist des § 41 Abs. 1 S. 1 KO verringert werden, da diese ansonsten ebenfalls mit der Verfahrenseröffnung zu laufen begonnen hätte[35].

b) Der Gesamtvorgang der Vermögensübertragung bei Begründung einer aufzurechnenden Forderung durch die Veräußerung von Schuldnervermögen

Im Hinblick auf das eben dargestellte Verständnis der anfechtbaren Rechtshandlung im Aufrechnungsrecht als einheitliche Rechtshandlung aus Forderungsbegründung, Schaffung der Aufrechnungslage und mitunter sogar noch darauf gestütztem Aufrechnungsvollzug bleibt allerdings zu berücksichtigen, dass dies bei Begründung einer aufzurechnenden Forderung im Wege einer Veräußerung von Gegenständen der nachmaligen Insolvenzmasse an einen Insolvenzgläubiger keineswegs der einzige in Betracht kommende Gesamtvorgang ist. Ausgeklammert bleiben kann dabei allerdings die noch unter Geltung der KO von *Berger*[36] zur vertraglichen Aufrechnung vertretene Auffassung, derzufolge in der eben genannten Konstellation eine Aufrechnung durch Vertrag nur gemeinsam mit dem forderungsbegründenden Geschäft anzufechten sein soll, sofern dieses Geschäft lediglich mit Blick auf die spätere Aufrechnung abgeschlossen wurde. Diese Ansicht stützt sich gerade nicht auf eine hier thematisierte Einordnung als Gesamtvorgang, sondern auf das Vorliegen einer Geschäftseinheit i.S.d. § 139 BGB, welche aber bereits an anderer Stelle abgelehnt wurde *(s.o. Seite 100 f.)*.

Ein Gesamtvorgang wurde im Konkursrecht für die Begründung einer gesetzlichen Aufrechnungslage durch die Veräußerung von Vermögensgegenständen des Schuldners bisweilen dahingehend angenommen, dass die anfechtbare Rechtshandlung hier nicht allein die Aufrechnung seitens des Gläubigers oder der Abschluss des Kaufvertrages, sondern der gesamte Geschäftsvorgang zwischen den Parteien, d.h. das Verpflichtungsgeschäft und die Übereignung der verkauften Ware sei, welcher das Ausscheiden eines Vermögenswerts aus der späteren Konkursmasse bewirke[37]. Dabei sei allerdings darauf hingewiesen, dass diese Annahme eines Gesamtvorgangs noch nichts mit der unter Geltung der KO überwiegend verneinten und im Folgenden noch zu erörternden Frage zu tun hat, ob die Herstellung einer Aufrechnungsmöglichkeit auch als isolierte Wirkung einer Rechtshandlung der Anfechtung unterliegen kann, da dieses Problem erst im Anschluss an die Bestimmung der anfechtungsrelevanten Rechtshandlung Bedeutung erlangen kann und sich zudem

---

35 *Tinnefeld*, Auf- und Verrechnungsmöglichkeit von Kreditinstituten, S. 167; *Wischemeyer*, Insolvenzanfechtung der Rückführung debitorischer Konten, S. 9 f.

36 Der Aufrechnungsvertrag, S. 295.

37 OLG Braunschweig NdsRpfl 1952, 165; *Lent*, in: Jaeger, KO, 8. Aufl., § 30 Rn. 51, § 53 Rn. 27; *Lutter*, in: FS Werner, S. 477, 489; *Skrotzki*, KTS 1961, 6, 7.

auch dann stellen würde, wenn man die anfechtungsrelevante Rechtshandlung lediglich in dem die Aufrechnungslage herstellenden Kaufvertragsschluss erblickte *(s. hierzu Seite 204 f.)*.

Der eben genannte Ansatz ließe sich für die konsensuale Aufrechnung jedenfalls auf die antizipierte Aufrechnung durch Vertrag und die Aufrechnungsvoraussetzungsvereinbarungen über künftige Forderungen übertragen, weil dort die Aufrechnungsmöglichkeit ähnlich der vorgenannten Konstellation gleichfalls erst durch eine spätere Entstehung der aufzurechnenden Forderungen herbeigeführt wird. Entsprechend der oben angeführten Auffassung wurde auch seitens des BGH in einem obiter dictum im Jahre 1971 für die vertragliche Aufrechnung in Erwägung gezogen, dass bei Schaffung einer Aufrechnungsmöglichkeit durch eine Aufrechnungsvereinbarung nicht diese isoliert die anfechtbare Rechtshandlung darstellen könne, sondern bei wirtschaftlicher Betrachtungsweise womöglich nur der Gesamtvorgang aus zugrundeliegendem Kaufvertrag, Aufrechnungsvereinbarung und Übereignung, also der einheitliche Rechtsvorgang der Übertragung des Kaufgegenstandes als anfechtbare Rechtshandlung anzusehen sein könnte[38]. Diese Interpretation der anfechtbaren Rechtshandlung als Einheit von kausalem Rechtsgeschäft, Begründung der Aufrechnungsmöglichkeit und nachfolgendem dinglichem Vollzug durch Übereignung hat für das geltende Insolvenzrecht umso mehr deshalb wieder an Bedeutung gewonnen, weil der BGH selbige in einer jüngeren Entscheidung zum Gläubigeranfechtungsrecht bezüglich der InsO wiederum für die Fälle als möglichen Lösungsansatz angeführt hatte, in denen durch das Verpflichtungsgeschäft oder einen nachfolgenden Aufrechnungsvertrag eine Aufrechnungslage hergestellt wurde, aber für die Gläubiger zu keiner Zeit eine Vollstreckungsmöglichkeit in die Forderung aus dem Grundgeschäft bestand, wobei er diese Frage aber letztlich – mangels Relevanz im konkreten Rechtsstreit – erneut offen ließ[39].

Die Annahme eines derart definierten Gesamtvorganges bei Veräußerung von Gegenständen des Schuldnervermögens wäre dabei ungleich bedeutsamer als die oben dargestellte Interpretation der Forderungstilgung als einheitlich anfechtbares Geschehen. Denn während mit einer Anfechtung der gesamten Forderungstilgung dennoch lediglich die Aufrechnungswirkungen beseitigt würden und damit einer Anwendung des § 96 Abs. 1 Nr. 3 InsO an sich nichts im Wege stünde, würden die Aufrechnungswirkungen im erstgenannten Fall im Gesamtvorgang der Vermögensübertragung aufgehen, soweit man nicht ausnahmsweise eine separate Anfechtbarkeit einzelner Wirkungen einer Rechtshandlung bejaht. Die Folge wäre alsdann nicht die Unwirksamkeit der Aufrechnung gemäß § 96 Abs. 1 Nr. 3 InsO, sondern die Rückabwicklung der Vermögensübertragung als solcher mit der Konsequenz einer Rückführung des erworbenen Gegenstandes in die Insolvenzmasse

38 BGH WM 1971, 908, 909; s. hierzu ebenfalls *Güther*, Die Insolvenzanfechtung der Deckung von Altverbindlichkeiten, S. 152.

39 BGH NZI 2009, 67, 70 m. Anm. *Huber*.

nach § 143 Abs. 1 InsO[40], womit hier von einer Anfechtung der Aufrechnung gar keine Rede mehr sein könnte.

c) *Andere Fälle einer Verbindung mehrerer Rechtshandlungen zu einem einheitlichen anfechtungsrechtlichen Gesamtvorgang*

Die von den eben erörterten Auffassungen für den Bereich der Aufrechnung angenommene Zusammenfassung mehrerer, an sich selbständiger Rechtshandlungen zu einem einheitlichen Rechtsvorgang i.S.d. § 129 Abs. 1 InsO stellt allerdings im Grunde keine aufrechnungsrechtliche Besonderheit des Anfechtungsrechts dar. Vielmehr ging insbesondere die h.L. zum Konkursrecht auch in anderen Konstellationen unter Verweis auf das bereits oben angeführte Erfordernis einer wirtschaftlichen Betrachtungsweise *(s.o. Seite 179 f.)* vom Vorliegen eines entsprechenden Gesamttatbestandes aus, was bisweilen auch noch vom gegenwärtigen insolvenzrechtlichen Schrifttum angenommen wird. So ist die letztgenannte Variante der Gesamtvorgangslehre, welche das die Aufrechnungslage begründende Verpflichtungsgeschäft und die darauf basierende Übereignung als einheitliche Rechtshandlung begreift, letztlich nur eine Ausprägung der zu § 29 KO herrschenden und heute noch vereinzelt vertretenen Einheitstheorie. Nach dieser Theorie sollen Grund- und Erfüllungsgeschäft zumindest in der Regel als einheitlicher Zuwendungsvorgang der Anfechtung unterliegen, da nur beide Verträge gemeinsam den beabsichtigten, nicht rechtsgrundlosen Erwerb des Anfechtungsgegners realisieren würden[41].

Über die Einordnung von kausalem und dinglichem Rechtsgeschäft als einheitlichen Gesamtvorgang hinaus wurde im Konkursrecht mitunter aber sogar ganz generell angenommen, dass eine Rechtshandlung i.S.d. § 29 KO nicht nur ein einzelner Rechtsakt, sondern auch eine Mehrheit von Handlungen der Beteiligten sein könne, welche insgesamt die Vermögensverschlechterung bewirken[42] und damit etwa auch die Verschaffung eines Vollstreckungstitels mit den darauf beruhenden Vollstreckungshandlungen als eine einzige Rechtshandlung angesehen[43]. Der Grund für diese Zusammenfassung von Grund- und Erfüllungsgeschäft oder auch anderer Rechtshandlungen zu einem Gesamttatbestand dürfte über den bereits oben genannten Vorteil einer näheren Heranrückung des Vollendungszeitpunktes an die Verfahrenseröffnung vor allem darin zu sehen sein, dass zum einen bei denjenigen Tatbeständen, welche eine Rechtshandlung des Schuldners fordern, diese auch dann

---

40 OLG Braunschweig NdsRpfl 1952, 165; *Lent*, in: Jaeger, KO, 8. Aufl., § 30 Rn. 51, § 53 Rn. 27; *Skrotzki*, KTS 1961, 6, 7; vgl. auch BGH NZI 2009, 67, 69 f. m. Anm. *Huber*.

41 So ausdrücklich *R. Schmidt*, Begriff der anfechtbaren Rechtshandlung, S. 45, 71; siehe hierzu überdies RGZ 116, 134, 136; BGHZ 41, 298, 300; 128, 184, 187; BGH WM 1955, 404, 406; NJW 1979, 102, 103; *Jaeger*, KuT 1929, 147, 147; *Mauer*, Der Anfechtungsprozess Rn. 34; *Nerlich*, in: Nerlich/Römermann, InsO, § 129 Rn. 52 f.

42 *Jaeger*, KuT 1929, 147, 147; *R. Schmidt*, Begriff der anfechtbaren Rechtshandlung, S. 85.

43 *Jaeger*, in: Jaeger, KO, 6./7. Aufl., § 29 Anm. 29; *R. Schmidt*, Begriff der anfechtbaren Rechtshandlung, S. 85; vgl. auch RGZ 126, 307; RG JW 1897, 188.

ohne großen Begründungsaufwand angenommen werden kann, wenn der konkret vermögensmindernde Akt nicht durch den Schuldner selbst vorgenommen wurde und dass zum anderen auch die in den §§ 132 Abs. 1, 133 Abs. 2 InsO geforderte unmittelbare Gläubigerbenachteiligung leichter zu bejahen war[44].

In der heute h.L. wird die Konstruktion eines Gesamtvorganges hingegen zumeist noch dann für nötig befunden, wenn die Beteiligten eine Vermögensverschiebung dergestalt in an sich selbständige Einzelakte zerlegen, dass erst in ihrem Zusammenwirken eine Benachteiligung der Insolvenzgläubiger eintritt. Zur Begründung wird diesbezüglich angeführt, dass es zulässig und geboten sei, den gesamten die Masseminderung bewirkenden Vorgang unter wirtschaftlichen Gesichtspunkten als einheitliche Rechtshandlung zu begreifen, wenn und soweit dieser Gesamttatbestand auf einem zielgerichteten Willen des Schuldners beruht, welcher die Einzelakte zu einer Einheit verklammert[45]. Hauptanwendungsfall sind hierbei die sog. („echten"[46]) mittelbaren Zuwendungen, bei welchen der Insolvenzschuldner zwar nicht selbst in eine unmittelbare Rechtsbeziehung zum Empfänger tritt, sondern die Leistung durch eine Mittelsperson – etwa unter Zwischenerwerb eines Treuhänders – erbringt, der Gesamtvorgang aber gleichwohl unter wirtschaftlichen Gesichtspunkten als unmittelbarer Erwerb des Begünstigten vom Schuldner angesehen werden kann, wenn letztlich dieser den wirtschaftlichen Vorteil aus der Transaktion erhalten hat[47]. Überdies soll ein Gesamtvorgang im eben genannten Sinne beispielsweise auch dann in Betracht zu ziehen sein, wenn der nachmalige Insolvenzschuldner ein Grundstück außerhalb der insolvenzrechtlichen Krise zugunsten eines Gläubigers wertausschöpfend belastet und dieses alsdann im Vorfeld der Insolvenz auf selbigen überträgt. Die Übereignung wäre damit zwar an sich wegen der vorherigen wertausschöpfenden Belastung des Grundstücks mangels Gläubigerbenachteiligung als solche unanfechtbar, kann aber bei wirtschaftlicher Betrachtungsweise dennoch als Zuwendung eines unbelasteten Grundstücks im Wege einer einheitlichen Rechtshandlung angesehen werden, soweit dem Gesamtvorgang ein zielgerichteter Erfolgswille des Schuldners zugrundeliegt[48].

---

44 Vgl. zum letztgenannten Aspekt *Jensen*, Grundfragen des Rechts der Gläubiger- und Insolvenzanfechtung, S. 88 ff.

45 RG LZ 1909, 557, 558 f.; BGH WM 1955, 407, 409 f.; NJW 1992, 834, 835; *Kayser*, in: MünchKomm InsO, § 129 Rn. 65; *Rogge/Leptien*, in: HambKomm InsO, § 129 Rn. 117; vgl. auch *Hirte/Ede*, in: Uhlenbruck/Hirte/Vallender, InsO, § 129 Rn. 265f.

46 Vgl. hierzu *Hirte/Ede*, in: Uhlenbruck/Hirte/Vallender, InsO, § 129 Rn. 266; *Kayser*, in: MünchKomm InsO, § 129 Rn. 53.

47 BGHZ 174, 228, 236 f.; BGH NJW 2002, 1574, 1575; *Hirte/Ede*, in: Uhlenbruck/Hirte/Vallender, InsO, § 129 Rn. 265; *Kayser*, in: MünchKomm InsO, § 129 Rn. 68; *Rogge/Leptien*, in: HambKomm InsO, § 129 Rn. 117. Eingehend zur Anfechtung mittelbarer Zuwendungen *Hirte/Ede*, in: Uhlenbruck/Hirte/Vallender, InsO, § 129 Rn. 265 f.; *Huber*, in: Graf-Schlicker, InsO, § 129 Rn. 38 f.; *ders.*, in: Haarmeyer/Huber/Schmittmann, Praxis der Insolvenzanfechtung, Teil I Rn. 66 ff.

48 Vgl. hierzu *Kayser*, in: MünchKomm InsO, § 129 Rn. 66.

d) *Kritik*

aa) Die Problematik der Gesamtvorgangslehre im Allgemeinen

Die vorstehend in ihren verschiedenen Ausprägungen ausführlich dargestellte Gesamtvorgangslehre stößt schon im Allgemeinen auf eine Vielzahl von Bedenken und ist daher weitestgehend abzulehnen. Soweit selbige auf das Erfordernis einer wirtschaftlichen Betrachtungsweise gestützt wird, wurde allerdings hierzu bereits im Eingang zu diesem Abschnitt das Notwendige gesagt *(s.o. Seite 179 f.)*. Die Gesamtvorgangslehre krankt aber überdies ersichtlich daran, dass sie letztlich vom im konkreten Fall gewünschten Ergebnis her gedacht wird. Deutlich wird dies etwa in den Fällen, in denen ein außerhalb der Krise abgeschlossenes und damit an sich nur nach §§ 133 und 134 InsO anfechtbare gläubigerbenachteiligende Rechtshandlung unter Zusammenfassung mit einer nach Eintritt der Zahlungsunfähigkeit vorgenommenen weiteren Rechtshandlung als Gesamttatbestand nach den günstigeren Voraussetzungen der besonderen Insolvenzanfechtung angefochten werden soll. Ein Ähnliches gilt zudem dort, wo nur über den Umweg der Gesamtvorgangslehre eine unmittelbare Benachteiligung der Insolvenzgläubiger oder im Dreipersonenverhältnis ein Erwerb vom Schuldner trotz Fehlens einer unmittelbaren Leistungsbeziehung bejaht werden kann.

Sehr pointiert drückt diesen Umstand *Hirte*[49] aus, indem er feststellt, der BGH interpretiere „ein und denselben Vorgang unter Umständen einmal als selbständige Rechtshandlung, einmal als Gesamtvorgang, um jeweils ein massefreundliches Ergebnis zu erreichen". Dass eine derartige Interpretation einen gewissen Anschein der Beliebigkeit erweckt und deshalb nicht so ganz überzeugen kann, dürfte nahezu auf der Hand liegen. Zugleich wird damit aber übersehen, dass das Anfechtungsrecht nicht nur massebegünstigende, sondern – mit Blick auf den Anfechtungsgegner – stets auch belastende Rechtswirkungen zeitigt und in Bezug auf diesen das Erfordernis der Rechtssicherheit erheblich verletzt würde, wenn man die anfechtbare Rechtshandlung in solch differierender Weise bestimmen wollte.

Überdies ist anzumerken, dass es schon mit dem Wortsinn des Terminus „Rechtshandlung" schwer zu vereinbaren ist, darunter sowohl eine einzelne Rechtshandlung als auch ein Bündel von selbständigen Rechtshandlungen zu begreifen, womit eine derartige Interpretation ebenfalls im Hinblick auf die Rechtsklarheit Zweifeln begegnen muss[50]. Nicht unbedenklich erscheint zudem, dass in manchen Konstellationen auch mehrere Möglichkeiten in Betracht kommen können, den Gesamtvorgang der Vermögensverschiebung zu bestimmen und es damit im Grunde dem Ermessen des jeweils entscheidenden Gerichts überlassen bliebe, welche Einzelakte insgesamt die Rechtshandlung im anfechtungsrechtlichen Sinn bilden[51]. Dies wird

---

49 In: Uhlenbruck/Hirte/Vallender, InsO, 13. Aufl., 2010, § 129 Rn. 75.

50 Vgl. *Ch. Paulus*, in: B. Kübler/Prütting/Bork, InsO, Lfg. 8/01, § 129 Rn. 14, der insofern die „Exaktheit der Rechtsordnung" bedroht sieht.

51 Ähnliche Kritik in Bezug auf die Gesamtbetrachtung von Grund- und Erfüllungsgeschäft bei *Thole*, Gläubigerschutz durch Insolvenzrecht, S. 329.

vor allem im Bereich des Aufrechnungsrechts erkennbar, wo die früher überwiegend vertretene Lehre das Geschehen von der Begründung der Aufrechnungslage bis zum Aufrechnungsvollzug als Einheit zusammenfasste, wohingegen zur InsO überwiegend nurmehr die Einzelakte der Herstellung der Aufrechnungslage als Gesamtvorgang angesehen werden. Es wurde allerdings – wie schon erwähnt – kürzlich seitens des BGH nun doch erneut die bereits vereinzelt zur KO vertretene Auffassung in Erwägung gezogen, bei einer Veräußerung von Vermögensgegenständen des Schuldners nicht mehr auf die damit einhergehende Begründung einer Aufrechnungsmöglichkeit, sondern auf den Gesamttatbestand aus Grundgeschäft und dinglicher Erfüllung abzustellen, soweit die Kaufpreisforderung für die Insolvenzgläubiger niemals als Zugriffsobjekt zur Verfügung stand.

Insbesondere ist aber an der Gesamtvorgangslehre zu bemängeln, dass diese letztlich auf einer nicht zwingenden und auch gänzlich unnötigen Gleichsetzung der Rechtshandlung auf der einen und dem durch sie verursachten benachteiligenden Rechtserfolg auf der anderen Seite beruht, d.h. sie versucht, die Rechtshandlung dergestalt zu definieren, dass sie den kompletten Vorgang, welcher die Gläubigerbenachteiligung herbeigeführt hat, zu umfassen vermag[52]. Dies ist aber deshalb nicht unbedingt notwendig, weil die jeweilige Rechtshandlung zwar eine Bedingung für den Eintritt der Gläubigerbenachteiligung im Sinne der conditio-sine-qua-non-Formel sein muss, jedenfalls aber nicht die alleinige Ursache derselben zu sein braucht, wenn die Gläubigerbenachteiligung nach dem einschlägigen Anfechtungstatbestand nur mittelbarer Natur sein muss[53].

In jedem Fall zu verwerfen ist schließlich die mit der früher herrschenden Einheitstheorie vorgenommene Verbindung von Grund- und Erfüllungsgeschäft zu einer einheitlichen Rechtshandlung, da diese mit dem Abstraktionsprinzip des bürgerlichen Rechts unvereinbar ist[54]. Zwar ist der Einheitstheorie zuzugeben, dass der Gesetzgeber der KO, aus deren Zeit sie ja stammt, seine Regelungen nicht am Abstraktionsprinzip ausgerichtet hat[55]. Für die InsO kann dieser Einwand allerdings nicht mehr greifen, da nicht ernstlich davon ausgegangen werden kann, dass der Insolvenzgesetzgeber mit Übernahme der wesentlichen Anfechtungsnormen des Konkursrechts auch die Bindung an das seit Erlass des BGB geltende Trennungsprinzip lockern wollte. Hinzu

---

52 So zur einheitlichen Beurteilung von Grund- und Erfüllungsgeschäft auch *Kayser*, in: MünchKomm InsO, § 129 Rn. 58.

53 Vgl. *Kayser*, in: MünchKomm InsO, § 129 Rn. 169, 171; *K. Schmidt*, in: K. Schmidt, InsO, § 129 Rn. 53.

54 So schon RGZ 27, 130, 132; in neuerer Zeit BGH NZI 2007, 452, 454; ZInsO 2007, 658, 660; *Dauernheim*, in: FK-InsO, § 129 Rn. 37; *Ehricke*, in: B. Kübler/Prütting/Bork, InsO, § 129 Rn. 38; *ders.*, in: Bork, Handbuch der Insolvenzanfechtung, Teil 2, Kap. 3 Rn. 4; *Hirte/Ede*, in: Uhlenbruck/Hirte/Vallender, InsO, § 129 Rn. 103; *Huber*, in: Gottwald, Insolvenzrechts-Handbuch, § 46 Rn. 42; *ders.*, in: Graf-Schlicker, InsO, § 129 Rn. 5; *Kayser*, in: MünchKomm InsO, § 129 Rn. 57; *Kreft*, in: HK-InsO, § 129 Rn. 13; *Lind*, Zur Auslegung von § 133 InsO, S. 52 f.; *K. Schmidt*, in: K. Schmidt, InsO, § 129 Rn. 42.

55 *Henckel*, in: Jaeger, InsO, § 129 Rn. 109.

kommt, dass die Tatbestände der besonderen Insolvenzanfechtung – etwa die §§ 130 und 131 InsO, welche allein auf Deckungshandlungen abstellen – ersichtlich von einer Differenzierung zwischen Grund- und Erfüllungsgeschäft ausgehen[56].

Des Weiteren wird mit der Einheitstheorie übersehen, dass durch die beiden Einzelakte zwei gänzlich verschiedene Zuwendungen erfolgen, denn während mit dem Grundgeschäft ein schuldrechtlicher Anspruch zugewandt wird, erhält der Anfechtungsgegner durch das Erfüllungsgeschäft den versprochenen Gegenstand selbst[57]. Gegen die hier vorgebrachte Kritik spricht auch nicht, dass etwa im Rahmen der Schenkungsanfechtung nach § 134 InsO die Unentgeltlichkeit einer für sich genommen abstrakten Erfüllungshandlung ohne das zugrundeliegende Kausalgeschäft gar nicht festgestellt werden kann, da die Trennung von Grund- und Erfüllungsgeschäft nicht bedeutet, dass das Grundgeschäft nicht zur Beurteilung des Erfüllungsgeschäft herangezogen werden könnte, sondern nur dazu führt, dass diese nicht gemeinsam der Anfechtung unterliegen, womit beispielsweise ein außerhalb der Anfechtungsfrist des § 134 Abs. 1 InsO abgegebenes Schenkungsversprechen wirksam bleibt und als nachrangige Insolvenzforderung (§ 39 Abs. 1 Nr. 4 InsO) unter den Voraussetzungen des § 174 Abs. 3 InsO an der Masseverteilung teilnehmen kann[58].

In Anbetracht der vorstehenden Einwände spricht einiges dafür, auf die Gesamtvorgangslehre weitestgehend zu verzichten und folglich die Anfechtungsvoraussetzung der Rechtshandlung in § 129 Abs. 1 InsO nicht dahingehend zu interpretieren, dass darunter ebenfalls eine Mehrheit von selbständigen Rechtshandlungen zu fassen wäre. Dennoch ist bei aller berechtigten Kritik zuzugeben, dass man in Einzelfällen nicht umhin kommt, bisweilen eine Gesamtbetrachtung mehrerer Einzelakte anzustellen, sofern man in Randbereichen des Insolvenzanfechtungsrechts nicht dessen Funktionsfähigkeit und Durchsetzungskraft zur Disposition stellen möchte. Da die Tatbestände der Insolvenzanfechtung nicht auf Rechtshandlungen des Schuldners begrenzt sind, besteht allerdings nur in besonders gelagerten Ausnahmefällen ein Anlass, unter dieser Prämisse einen Gesamtvorgang anzunehmen, um überhaupt einen Anfechtungstatbestand bejahen zu können[59]. Richtigerweise ist die nahezu einhellig für die bereits dargestellte Gruppe der mittelbaren Zuwendungen anerkannt, da sich ansonsten ein Erwerb des Dritten aus der nachmaligen Insolvenzmasse gar nicht feststellen ließe[60].

---

56 *Kayser*, in: MünchKomm InsO, § 129 Rn. 58.

57 *Dauernheim*, in: FK-InsO, § 129 Rn. 37; *Hirte/Ede*, in: Uhlenbruck/Hirte/Vallender, InsO, § 129 Rn. 103; *K. Schmidt*, Insolvenzgesetze, § 30 KO Anm. 13, § 55 KO Anm. 10; vgl. auch *Thole*, Gläubigerschutz durch Insolvenzrecht, S. 329.

58 Vgl. *Kayser*, in: MünchKomm InsO, § 129 Rn. 60 f.

59 S. hierzu *Ch. Paulus*, in: B. Kübler/Prütting/Bork, InsO, Anh. I: AnfG, § 1 Rn. 6 f.

60 Vgl. auch *Thole*, Gläubigerschutz durch Insolvenzrecht, S. 330.

bb) Folgerungen für die Annahme eines Gesamtvorganges bei Veräußerung von Gegenständen des Schuldnervermögens

Mit den oben dargelegten Einwänden gegen die Einheitstheorie sind zugleich die wesentlichen Argumente gegen die vereinzelt in Betracht gezogene Auffassung dargetan, dass bei Begründung einer aufzurechnenden Forderung durch Veräußerung von Gegenständen der späteren Insolvenzmasse die anfechtbare Rechtshandlung nicht in der Schaffung der Aufrechungsmöglichkeit, sondern in dem einheitlichen Gesamtvorgang der Vermögensübertragung zu sehen sei. Wie die Einheitstheorie ist auch diese Ansicht schon nicht mit dem das bürgerliche Recht prägenden Abstraktionsgrundsatz zu vereinen, da hier letztlich ebenfalls Grund- und Erfüllungsgeschäft zu einem einheitlichen Rechtsakt verbunden und insgesamt im Wege der Übertragung des Vermögensgegenstandes in die Insolvenzmasse rückabgewickelt werden.

Des Weiteren spricht gegen diese Interpretation auch der bereits oben fruchtbar gemachte Einwand, dass durch die Annahme eines Gesamtvorganges die Verschiedenheit der durch die jeweiligen Einzelakte bewirkten Zuwendungen übersehen würde, wobei insofern allerdings erschwerend hinzukommt, dass neben der Zuwendung eines schuldrechtlichen Anspruchs und Zuwendung des versprochenen Vermögenswerts vorliegend sogar noch eine dritte Zuwendung – die einer Sicherung bzw. Befriedigung für ein gegenläufiges Forderungsrecht – vorgenommen wird. Jedenfalls seit Einführung der InsO dürfte der Annahme eines Gesamtvorgangs der Vermögensübertragung, in welchem die durch das Verpflichtungsgeschäft oder einen darauf bezogenen Aufrechnungsvertrag erfolgte Begründung einer Aufrechnungsmöglichkeit als nicht mehr selbständig anfechtbare Rechtshandlung einbezogen ist, zudem schon deshalb der Boden entzogen sein, weil sie mit der § 96 Abs. 1 Nr. 3 InsO zugrundeliegenden Systematik nicht in Einklang zu bringen wäre. Denn diese Norm stellt gerade auf die Aufrechnungsmöglichkeit als solche ab und erklärt die darauf gestützte Aufrechnung für unzulässig, womit aber für eine Anfechtung des Transfers von Vermögenswerten des Schuldners – sei es als Gesamtvorgang, sei es als isolierte Rechtshandlung – nur dann Raum verbleibt, wenn dieser darüber hinaus die Gläubiger benachteiligt. Etwas anderes kann allerdings dann gelten, wenn der Wille der Parteien des Kaufvertrags in Wahrheit auf eine Hingabe der schuldnerischen Vermögensgegenstände an Erfüllungs Statt gerichtet war, denn hier liegt in Ermangelung eines wirksamen Kaufvertragsschlusses schon keine Aufrechnungslage vor, die im Wege der Anfechtung zu beseitigen wäre. Anfechtbar ist hier vielmehr die Übereignung der Vermögensgegenstände selbst, wobei sich die Anfechtungsfolgen alsdann auch nicht nach § 96 Abs. 1 Nr. 3 InsO, sondern nach § 143 InsO richten[61].

---

61 BGHZ 147, 233, 237; BGH NJW 1999, 359, 360; *Dauernheim*, in: FK-InsO, § 130 Rn. 32; *Kayser*, in: MünchKomm InsO, § 129 Rn. 148; *Schoppmeyer*, in: B. Kübler/Prütting/Bork, InsO, § 131 Rn. 138; *ders.*, in: Bork, Handbuch der Insolvenzanfechtung, Teil 4, Kap. 8 Rn. 128.

Soweit der BGH neuerdings in der bereits erwähnten Entscheidung zum AnfG dennoch eine „Renaissance" dieses Ansatzes dergestalt erwogen hat, dass womöglich auch im Insolvenzrecht nur der Gesamtvorgang der Vermögensübertragung als anfechtbare Rechtshandlung anzusehen sei, wenn der Schuldner auf die Kaufpreisforderung niemals hätte zugreifen können, ist dem über die vorgenannten Argumente hinaus bereits insofern deutlich zu widersprechen, als damit an sich auf das falsche Tatbestandsmerkmal abgestellt wird. Denn es kommt hier an sich in keiner Weise auf eine engere oder weitere Definition der zugrundeliegenden Rechtshandlung an, sondern darauf, ob die Herstellung der Aufrechnungslage oder aber die Veräußerung des Vermögensgegenstandes die Insolvenzgläubiger benachteiligt, d.h. worin in einer derartigen Konstellation die konkrete Gläubigerbenachteiligung zu sehen ist *(s. zu dieser Frage Seite 252)*. Freilich darf bereits an dieser Stelle erwähnt werden, dass der BGH die Annahme eines derartigen Gesamtvorgangs für das Insolvenzanfechtungsrecht überhaupt nur deshalb in Betracht nehmen muss, weil er ohne Not im Gläubigeranfechtungsrecht einen solchen bejaht hat, anstatt auch dort auf die Frage der Gläubigerbenachteiligung abzuheben *(eingehend zu dieser Problematik nachf. Seite 208 ff.)*.

cc) Einwände gegen die Definition der Aufrechnung als Gesamtvorgang

Die Gesamtvorgangslehre begegnet für das Aufrechnungsrecht schließlich auch dann Bedenken, wenn man in anderen Fällen als der Veräußerung von Vermögensgegenständen durch den Schuldner den Gesamtvorgang der Forderungstilgung als einheitliche Rechtshandlung begreifen will. So kann der Gesamtvorgangslehre in dieser Hinsicht jedenfalls insofern nicht gefolgt werden, als nach der Judikatur des BGH zum Konkursrecht auch ein nach Verfahrenseröffnung vorgenommener Aufrechnungsvollzug in die Gesamttransaktion einbezogen wurde, da der Insolvenzanfechtung wie auch an sich schon der früheren Konkursanfechtung gemäß § 129 Abs 1 InsO bzw. § 29 KO nur vor dem Eröffnungszeitpunkt vorgenommene Rechtshandlungen unterliegen[62].

Überdies muss unter Geltung der InsO zumindest diese weite Fassung des Gesamtvorgangs, wonach auch der Aufrechnungsvollzug als Teil des einheitlichen Vorganges der Forderungstilgung anzusehen wäre, schon dem Grunde nach abgelehnt werden, weil das Aufrechnungsverbot des § 96 Abs. 1 Nr. 3 InsO nunmehr ausdrücklich auf die Aufrechnungslage abstellt und diese Regelung überwiegend sinnlos wäre, wenn es anfechtungsrechtlich auf den nachfolgenden Aufrechnungsvollzug ankäme *(so bereits Seite 174)*. Dabei sei aber angemerkt, dass eine Einbeziehung des Aufrechnungsvollzuges indes schon nach altem Recht unbedingt erforderlich gewesen wäre, da man auch dort die Anfechtung nur auf die Herbeiführung der Aufrechnungsmöglichkeit beschränken hätte können, womit zugleich die Grundlage für den nachfolgenden Vollzug entfallen wäre[63]. Soweit vereinzelt über die

62 *Honsdorf*, Zur Aufrechnung im Konkurs, S. 94.
63 *Bork*, in: FS Ishikawa, S. 31, 39; *Honsdorf*, Zur Aufrechnung im Konkurs, S. 100 ff.

Ablehnung eines Gesamtvorganges im obigen weiten Sinne hinaus auf Grundlage des § 96 Abs. 1 Nr. 3 InsO ganz allgemein eingewandt wird, dass mit dieser Norm der Lehre von der Anfechtbarkeit des Gesamtvorganges endgültig der Boden entzogen sei[64], vermag dies allerdings nicht zu überzeugen, denn die Regelung stellt lediglich auf eine Aufrechnungslage ab, die durch eine anfechtbare Rechtshandlung herbeigeführt wurde, und modifiziert insofern die Rechtsfolgen der Anfechtung, sie definiert diese Rechtshandlung allerdings nicht und besagt folglich nichts darüber, ob diese nicht auch als Gesamtvorgang interpretiert werden kann.

Die eben erörterte Frage einer Einbeziehung des Aufrechnungsvollzuges in den Gesamttatbestand der Forderungstilgung stellt sich jedoch dann schon dem Grunde nach nicht, wenn eine Aufrechnung durch Vertrag gegeben ist, da hier die Begründung der Aufrechenbarkeit und der Aufrechnungsvollzug in einem Rechtsakt zusammenfallen, weshalb es hier – wie an anderer Stelle bereits dargelegt – stets nur auf die Herbeiführung der vertraglichen Verrechnung ankommen kann. Nach den aus allgemeiner Warte bereits ausführlich dargestellten Kritikpunkten ist die Gesamtvorgangslehre für den Bereich des Aufrechnungsrechts aber auch dann abzulehnen, wenn man mit Rücksicht auf die Regelung des § 96 Abs. 1 Nr. 3 InsO einen selbständigen Aufrechnungsvollzug aus dem Gesamttatbestand herausnimmt und lediglich die Herstellung der Aufrechnungsmöglichkeit bzw. die Herbeiführung der Aufrechnung durch Vertrag als einheitliche Rechtshandlung begreift. Insbesondere liegt darin kein spezifisch gelagerter Sonderfall im oben genannten Sinne, der ausnahmsweise die Annahme eines Gesamtvorganges rechtfertigen könnte, da die Tatbestände der vertraglichen oder gesetzlichen Aufrechnung nicht mit den von der h.L. zu Recht anerkannten Konstellationen vergleichbar sind. Des Weiteren ist bei Heranziehung der dort angeführten Einwände festzustellen, dass es, abgesehen von den dargelegten Bedenken gegen die Gesamtvorgangslehre in Bezug auf die Vereinbarkeit mit dem Terminus der Rechtshandlung sowie den Erfordernissen der Rechtssicherheit und Rechtsklarheit, auch an sich gar nicht erforderlich ist, die anfechtbare Begründung einer Aufrechnungslage in ihrer Gesamtheit als Rechtshandlung zu definieren, da es für die Anwendbarkeit des § 96 Abs. 1 Nr. 3 InsO genügt, wenn irgendeine Voraussetzung der Aufrechnungsmöglichkeit bzw. der vertraglichen Aufrechnung durch eine anfechtbare Rechtshandlung geschaffen wurde *(so bereits oben Seite 173)*.

Daneben ist die Gesamtvorgangslehre im Aufrechnungsrecht aber auch deshalb abzulehnen, weil die für diesen Bereich zu ihrer Begründung vorgetragenen Argumente nicht zu überzeugen vermögen. So kann für das geltende Insolvenzrecht nicht mehr vertreten werden, dass die Gesamtvorgangslehre erforderlich sei, um eine drohende Verjährung des Anfechtungsanspruchs zu verhindern, da diese Problematik aufgrund der nunmehr geltenden Dreijahresfrist nach § 146 Abs. 1 InsO i.V.m. § 195 BGB weitestgehend beseitigt ist und nach altem Recht auch nur dann eine günstigere Frist in Lauf gesetzt werden konnte, wenn der Aufrechnungsvollzug

64 So *Windel*, in: Jaeger, InsO, § 96 Rn. 53.

in den Gesamtvorgang einbezogen wurde, was indes – wie bereits erläutert – wegen der allein auf die Schaffung der Aufrechnungslage abstellenden Regelung des § 96 Abs 1 Nr. 3 InsO nunmehr von vornherein ausgeschlossen ist. Ebensowenig lässt sich die Gesamtvorgangslehre schließlich damit rechtfertigen, dass ansonsten womöglich die anzufechtende Rechtshandlung außerhalb der insolvenzrechtlichen Krise liegen würde. Vielmehr ist es von Rechts wegen hinzunehmen, wenn die Herstellung der Aufrechnungslage weit vor Verfahrenseröffnung erfolgt ist und damit nur nach den erschwerten Voraussetzungen der §§ 133 und 134 InsO der Anfechtung unterliegt.

3. *Die Einzelbetrachtung der heute h.M. als zutreffender Ansatz zur Bestimmung der anzufechtenden Rechtshandlung*

Die vorstehenden Ausführungen haben deutlich gemacht, dass der Gesamtvorgangslehre allenfalls in besonders gelagerten Ausnahmefällen zu folgen ist, ihr aber jedenfalls für den Bereich des Aufrechnungsrechts keinerlei Bedeutung zukommen kann. Aus diesem Grund geht die heute ganz h.L. völlig zutreffend davon aus, dass die anfechtbare Rechtshandlung aufgrund einer Einzelbetrachtung festzulegen sei, derzufolge jeder Rechtsakt selbständig auf seine Ursächlichkeit für die gläubigerbenachteiligenden Rechtswirkungen zu prüfen und gegebenenfalls der Anfechtung zu unterwerfen ist[65], wobei die Rechtshandlungen auch dann isoliert zu beurteilen sind, wenn sie sich gegenseitig ergänzen oder gleichzeitig vorgenommen wurden oder wenn mehrere Rechtsgeschäfte in einer einheitlichen Urkunde zusammengefasst wurden[66]. Die Bestimmung der anfechtbaren Rechtshandlung hat damit danach zu fragen, welche der im jeweiligen Lebenssachverhalt auszumachenden Rechtshandlungen als Ursache für die im Wege der Anfechtung zu beseitigende Gläubigerbenachteiligung anzusehen ist[67]. In Bezug auf die hier zu untersuchende

---

65 BGHZ 170, 276, 278; 174, 228, 234; BGH NJW 1987, 1812, 1813; NZI 2000, 310, 310; NJW 2002, 1574, 1575; NZI 2004, 82, 83; NZI 2005, 553, 554; NZI 2006, 583, 584; NZI 2007, 452, 454; NZI 2007, 718, 718; NZI 2009, 67, 69; *Dauernheim*, in: FK-InsO, § 129 Rn. 21; *Ehricke*, in: B. Kübler/Prütting/Bork, InsO, § 129 Rn. 38; *ders.*, in: Bork, Handbuch der Insolvenzanfechtung, Teil 2, Kap. 3 Rn. 4; *Gehrlein*, WM 2009, Sonderbeilage 1, 1, 11; *Henckel*, in: Jaeger, InsO, § 129 Rn. 12; *Hirte/Ede*, in: Uhlenbruck/Hirte/Vallender, InsO, § 129 Rn. 93; *Huber*, in: Gottwald, Insolvenzrechts-Handbuch, § 46 Rn. 19; *ders.*, in: Graf-Schlicker, InsO, § 129 Rn. 4; *Kayser*, in: MünchKomm InsO, § 129 Rn. 55; *Kreft*, in: HK-InsO, § 129 Rn. 13.

66 *Hirte/Ede*, in: Uhlenbruck/Hirte/Vallender, InsO, § 129 Rn. 93, 106; *Kirchhof*, in: MünchKomm InsO, § 129 Rn. 55; vgl. auch BGH ZIP 2002, 489, 490; ZIP 2003, 2370, 2371; ZIP 2005, 1521, 1523; NZI, 2004, 82, 82; *Ehricke*, in: B. Kübler/Prütting/Bork, InsO, § 129 Rn. 39; *ders.*, in: Bork, Handbuch der Insolvenzanfechtung, Teil 2, Kap. 3 Rn. 5; *Gehrlein*, WM 2009, Sonderbeilage 1, 1, 11; *K. Schmidt*, in: K. Schmidt, InsO, § 129 Rn. 42.

67 *Kayser*, in: MünchKomm InsO, § 129 Rn. 55.

Anfechtbarkeit der im Konsens bewirkten Aufrechnung ergibt sich daraus, dass auch insofern grundsätzlich nur eine einzelne Rechtshandlung, nicht aber ein Gesamtvorgang die anfechtbare Rechtshandlung darstellen kann, womit aus dem Kreis der Einzelakte, aus welchen sich der Aufrechnungsvorgang zusammensetzt, diejenige Rechtshandlung herauszufiltern ist, welche die nachteilige Rechtswirkung der Aufrechnungslage bzw. der vertraglichen Aufrechung herbeigeführt hat[68].

III. Das Spektrum der als Rechtshandlung in Betracht kommenden Einzelakte bei Aufrechnungen auf vertraglicher Grundlage und bei Verrechnungen im Kontokorrent

Nachdem mit den vorstehenden Ausführungen festgestellt wurde, dass im Hinblick auf die konsensuale Aufrechnung die anfechtungsrelevante Rechtshandlung nicht in einem Gesamtvorgang liegen kann, sondern entsprechend der herrschenden Einzelaktstheorie auch hier jede Rechtshandlung für sich auf ihre nachteiligen Rechtswirkungen zu überprüfen ist, gilt es nunmehr zu klären, aus welchen Rechtshandlungen die Begründung einer Aufrechnungs- bzw. Verrechnungsmöglichkeit sowie die Herbeiführung einer Aufrechnung durch Vertrag jeweils bestehen und welche dieser Einzelakte den Rechtshandlungsbegriff i.S.d. § 129 Abs. 1 InsO erfüllen.

1. Aufrechnung durch Vertrag

Im Rahmen der vertraglichen Aufrechnung bereits bestehender Forderungen – also der Aufrechnung durch einen Aufrechnungsvertrag mit Sofortvollzug oder einen aufschiebend bedingten Aufrechnungsvertrag – kann eine anfechtbare Rechtshandlung dabei zunächst in einem derjenigen Rechtsgeschäfte zu sehen sein, mit welchen die aufzurechnenden Forderungen begründet oder – etwa im Wege der Zession – erworben wurden. Des Weiteren stellt vor allem auch der Aufrechnungsvertrag selbst eine Rechtshandlung i.S.d. § 129 Abs. 1 InsO dar und wird insbesondere dann als anfechtbare Rechtshandlung in Betracht zu ziehen sein, wenn durch diesen eine Aufrechnung unter erleichterten Voraussetzungen als nach den §§ 387 ff. BGB ermöglicht wird. Die oben bejahte Einzelbetrachtung greift dabei ebenfalls dann, wenn eine der aufzurechnenden Forderungen aus einem Verkauf von Gegenständen der

---

68 Vgl. auch *Bork*, in: FS Ishikawa, S. 31, 38. Anders hingegen die Vorgehensweise von *Tinnefeld*, Auf- und Verrechnungsmöglichkeit von Kreditinstituten, S. 161 ff., der über das Erfordernis einer Vermögensbezogenheit der Rechtshandlung bereits unter diesem Tatbestandsmerkmal alle Handlungen aussondert, die zu keiner Übertragung von Vermögensgegenständen des Schuldners führen, was aber dogmatisch insoweit nicht überzeugen kann, als die Vermögensbezogenheit an sich nicht den Begriff der Rechtshandlung betrifft, sondern vielmehr dem Merkmal der Gläubigerbenachteiligung zuzurechnen ist. Vgl. hierzu *Hirte/Ede*, in: Uhlenbruck/Hirte/Vallender, InsO, § 129 Rn. 169; *Rogge/Leptien*, in: HambKomm InsO, § 129 Rn. 40.

nachmaligen Insolvenzmasse an den Insolvenzgläubiger herrührt, womit letztlich drei separate Rechtshandlungen auszumachen sind: der Abschluss des die Forderung begründenden Verpflichtungsgeschäftes, die schuldrechtliche Verfügung im Wege der Vereinbarung der vertraglichen Aufrechnung und die dingliche Übereignung des schuldnerischen Vermögenswertes.

Ein Ähnliches gilt auch in Bezug auf die antizipierte Aufrechnung durch Vertrag, wobei allerdings insofern zu berücksichtigen ist, dass sich hier im Vergleich zu den vorigen Konstellationen die zeitliche Reihenfolge von Forderungsbegründung und Vertragsschluss umkehrt. Die anfechtbare Rechtshandlung kann hier zunächst im vorweggenommenen Abschluss des Aufrechnungsvertrages liegen. Dieser unterscheidet sich jedoch insofern von den übrigen Aufrechnungsverträgen, als er zwar bereits selbst die wechselseitige Verfügung über die aufzurechnenden Forderungen beinhaltet, aber noch nicht die aufrechnungsmäßige Tilgung der vertragsgegenständlichen Forderungsrechte herbeiführt, da die Erlöschenswirkung erst durch den Eintritt der vereinbarten aufschiebenden Bedingung der künftigen Forderungsentstehung vermittelt wird. Als anfechtbare Rechtshandlung ist daher im Rahmen der antizipierten Aufrechnung insbesondere dasjenige Rechtsgeschäft in Betracht zu ziehen, welches das Vorliegen zweier gegenseitiger Forderungsrechte begründet und damit zum Eintritt der bis dahin aufschiebend bedingten Tilgungswirkung führt. Dies gilt nach der im Insolvenzrecht anzustellenden Einzelbetrachtung auch in den Fällen, in denen die Forderung des Schuldners durch die Veräußerung eines ihm gehörenden Vermögensgegenstandes begründet wurde, wobei aber alsdann neben die antizipierte Aufrechnungsvereinbarung und das Kausalgeschäft entsprechend der Ausführungen zur Aufrechnung mit Sofortvollzug als weitere im Grunde anfechtungsrelevante Rechtshandlung die Übereignung des Vermögensgegenstandes tritt. Die mit Bedingungseintritt erfolgende Verrechnung der wechselseitigen Forderungsrechte selbst muss dem gegenüber als mögliche Rechtshandlung grundsätzlich ausscheiden, was sich allerdings weniger damit erklärt, dass § 96 Abs. 1 Nr. 3 InsO alleinig auf die Aufrechnungslage abstellt, da diese Vorschrift – wie bereits festgestellt – nicht die Voraussetzungen der Insolvenzanfechtung determiniert. Vielmehr erklärt sich dies zum einen damit, dass die Verrechnung im Regelfall mit der Entstehung zweier wechselseitiger Forderungsrechte zusammenfällt und deshalb schon keine eigenständige Rechtshandlung darstellt. Zum anderen wird die Verrechnung aufgrund der antizipierten Vereinbarung mit Entstehung der aufzurechnenden Forderungen ohne weiteres Tätigwerden der Beteiligten automatisch vollzogen und ist folglich auch aus diesem Grunde nicht als Rechtshandlung im anfechtungsrechtlichen Sinne anzusehen.

2. *Aufrechnung aufgrund eines Aufrechnungsvoraussetzungsvertrages*

Die eben in Bezug auf die Aufrechnung durch Vertrag genannten Rechtshandlungen lassen sich in gleicher Weise im Rahmen der Aufrechnung aufgrund eines Aufrechnungsvoraussetzungsvertrages ausmachen. Als anfechtungsrelevante Rechtshandlungen sind daher auch hier in erster Linie sowohl die den Forderungen zugrundeliegenden Kausalgeschäfte als auch der Abschluss der Aufrechnungsvereinbarung anzusehen, was unabhängig davon gilt, ob der Aufrechnungsvoraussetzungsvertrag über bereits bestehende oder über künftige Forderungen abgeschlossen wird, da sich insoweit lediglich die Reihenfolge der einzelnen Rechtsgeschäfte umkehrt. Sofern die vereinbarte Aufrechnung bei Insolvenzeröffnung bereits vollzogen war, kommt im Unterschied zur Aufrechnung durch Vertrag dem Grunde nach als weitere Rechtshandlung allerdings noch der Aufrechnungsvollzug durch einseitige Erklärung des jeweils Berechtigten hinzu, wobei diesem jedoch für den Bereich der Insolvenzanfechtung regelmäßig keine große Bedeutung beizumessen sein wird, da die Anfechtungsfolgen nach § 96 Abs. 1 Nr. 3 InsO ja bereits an die vorgelagerte Herstellung der Aufrechnungslage anknüpfen.

3. *Das Bewirken der Fälligkeit der Gläubigerforderung und das Werthaltigmachen der Schuldnerforderung als weitere anfechtungsrelevante Rechtshandlungen*

Für die gesetzliche Aufrechnung wird überdies angenommen, dass eine selbständige anfechtbare Rechtshandlung ebenfalls in einem Bewirken der Fälligkeit der Aktivforderung des Insolvenzgläubigers – beispielsweise durch Kündigung eines Kredits – oder in der Herstellung der Erfüllbarkeit der Passivforderung liegen kann, da dem Gläubiger vorher noch keinerlei Aufrechnungsrecht zusteht, vermöge dessen er sich befriedigen könnte[69]. Dies gilt im Bereich der vertraglichen Aufrechnung allerdings nur dann, wenn die Vertragspartner am Fälligkeitserfordernis festgehalten haben; soweit hingegen – was in praxi regelmäßig der Fall sein wird – durch eine Aufrechungsvereinbarung auch die Fälligkeit der aufzurechnenden Forderungsrechte abbedungen wurde, kommt dem Bewirken einer Fälligkeit keinerlei Bedeutung mehr zu, da die Aufrechnungsmöglichkeit alsdann unabhängig von der Fälligkeit herbeigeführt wird.

Des Weiteren soll nach der wohl h.L.[70] auch die Herstellung einer Aufrechnungslage im Wege des sog. Werthaltigmachens der Passivforderung durch den Schuldner die Anfechtbarkeit begründen können, d.h. die Handlung, mit welcher er die

---

69 *Klinck*, Die Grundlagen der besonderen Insolvenzanfechtung, S. 424 f.

70 BGHZ 145, 245, 254 f.; 147, 28, 35; 174, 297, 309; 184, 101, 106; 189, 1, 9; 190, 201, 203; BGH NZI 2002, 35, 36; *Gehrlein*, WM 2009, Sonderbeilage 1, 1, 12; *ders.*, ZInsO 2010, 1857, 1858 f. (zur Verrechnung); *Jacoby*, in: HambKomm InsO, § 96 Rn. 11; *ders.*, in: Bork, Handbuch der Insolvenzanfechtung, Teil 7, Kap. 16 Rn. 16 f.; *Kayser*, in: MünchKomm InsO, § 129 Rn. 56a, 104, 148; *Stapper/Jacobi*, BB 2007, 2017, 2019; *Thole*, in: K. Schmidt, InsO, § 96 Rn. 16; anders *Klinck*, Die Grundlagen der besonderen Insolvenzanfechtung, S. 425, 430 ff., der das Werthaltigmachen nur für die Bestimmung des anfechtungsrelevanten Zeitpunkts nach § 140 Abs. 1 InsO für maßgeblich erachten will, wobei indes nicht so ganz einsichtig ist, weshalb das Werthaltigmachen zwar nicht als eigenständige Rechtshandlung angesehen wird, aber im Rahmen des § 140 Abs. 1 dennoch gerade auf dessen Wirkungen abzustellen sein soll. Zu Beweislastverteilung bei Anfechtung des Werthaltigmachens *Baier/Huber*, DB 2015, 1889, 1891.

ihm aufgrund eines gegenseitigen Vertrages obliegende Gegenleistung erbringt und damit den Wert der eigenen Forderung erhöht, indem in Bezug auf diese die Einrede aus § 320 BGB entfällt. Die Anfechtbarkeit des Werthaltigmachens ist indes entgegen einer vereinzelt vertretenen Ansicht kaum damit zu begründen, dass der nachmalige Insolvenzgläubiger aus wirtschaftlichen Gründen nicht aufrechnen würde, solange die Passivforderung noch nicht fällig und werthaltig ist[71], da ein bloßer Wandel in der subjektiven Motivation des Aufrechnungsberechtigten ersichtlich keine Benachteiligung der Insolvenzgläubiger hervorruft. Vielmehr lässt sich allenfalls darauf abstellen, dass der Insolvenzgläubiger durch das Werthaltigmachen für seine minderwertige Insolvenzforderung eine Sicherung durch eine vollwertige wirtschaftliche Leistung aus dem Schuldnervermögen erlangt[72].

Das Werthaltigmachen der schuldnerischen Forderung vermag zudem nur in der Phase zwischen der Begründung der Aufrechnungsmöglichkeit und dem späteren Aufrechnungsvollzug selbständige Bedeutung zu erlangen, weil bei einem Werthaltigmachen vor Eintritt der Aufrechenbarkeit die nachteilige Aufrechnungslage von vornherein mit der in ihrem Wert gestiegenen Schuldnerforderung entsteht, während nach dem Aufrechnungsvollzug gar keine Forderung mehr existiert, die in ihrem Wert erhöht werden könnte. Dies bedeutet für die hier zu untersuchende konsensuale Aufrechnung, dass sich ein Werthaltigmachen der Passivforderung für die Begründung der Anfechtbarkeit allenfalls im Hinblick auf die Aufrechnung aufgrund eines Aufrechnungsvoraussetzungsvertrages, nicht aber bei der Aufrechnung durch Vertrag in Betracht ziehen lässt. Denn dort werden die betroffenen Forderungsrechte mit Ausnahme des aufschiebend bedingten Aufrechnungsvertrages bereits unmittelbar mit Herstellung der Aufrechnungsmöglichkeit durch den Vertragsschluss oder die spätere Entstehung der auszurechnenden Forderungen getilgt, weshalb es das oben genannte Stadium zwischen Begründung der Aufrechenbarkeit und nachmaligem Vollzug gar nicht gibt, in welchem es auf die Werthaltigkeit der Passivforderung ankommen würde.

Unabhängig davon erscheint allerdings schon dem Grunde nach etwas zweifelhaft, inwiefern man überhaupt von einer Begründung der Aufrechnungslage durch das Werthaltigmachen der Forderung des Schuldners sprechen kann, da diese Aufrechnungslage nach allgemeinen zivilrechtlichen Grundsätzen an sich unabhängig von der Werthaltigkeit der Passivforderung eintritt[73]. Diese Zweifel gelten umso mehr für die vertragliche Aufrechnung, denn dort ist die Aufrechnung nicht einmal mehr von den Erfordernissen der §§ 387 ff. BGB, sondern allein von denjenigen Voraussetzungen abhängig, welche die Parteien in der Aufrechnungsvereinbarung festgelegt

71 So aber *Jacoby*, in: Bork, Handbuch der Insolvenzanfechtung, Teil 7, Kap. 16 Rn. 16.

72 Vgl. *Kayser*, in: MünchKomm InsO, § 129 Rn. 148.

73 In diese Richtung auch *Klinck*, Die Grundlagen der besonderen Insolvenzanfechtung, S. 425, allerdings mit den unter Fn. 70 genannten Abweichungen. Ersichtlich verfehlt insofern die a.A. von *Fischer*, ZIP 2004, 1679, 1683; *ders.*, WM 2008, 1, 4, der erst mit diesem Zeitpunkt die Aufrechnungslage eintreten lassen will; vgl. hierzu auch *Klinck*, Die Grundlagen der besonderen Insolvenzanfechtung, S. 425 Fn. 45.

haben, weshalb jedenfalls für die konsensuale Aufrechnung das Werthaltigmachen einer Forderung ausgeklammert bleiben sollte. Hinzu kommt, dass bei anfechtbarem Werthaltigmachen auch gar nicht die Rechtsfolgen der § 96 Abs. 1 Nr. 3 InsO Anwendung finden könnten, da diese Vorschrift ausschließlich auf die Herstellung der Aufrechnungslage durch eine anfechtbare Rechtshandlung abstellt und demgemäß nachfolgende Rechtshandlungen grundsätzlich aus ihrem Anwendungsbereich ausnimmt. Etwas anderes kann im Bereich der konsensualen Aufrechnung freilich dann gelten, wenn nach dem Willen der Vertragspartner der Bestand der Aufrechnungsmöglichkeit gerade auch von der Erbringung der Gegenleistung des Schuldners abhängen soll, wobei es dabei allerdings weniger um ein Werthaltigmachen der Schuldnerforderung geht als um den Eintritt einer rechtsgeschäftlich vereinbarten Bedingung für die Entstehung der Aufrechnungslage, welche insoweit vor der Erfüllungshandlung des Schuldners noch gar nicht gegeben war.

4. *Kontokorrentverrechnung*

Der Kreis möglicher Rechtshandlungen gestaltet sich im Bereich der Verrechnung im Kontokorrent weitgehend ähnlich der antizipierten Aufrechnung durch Vertrag *(vgl. o. Seite 198)*, weil beide vorweggenommenen Verfügungsgeschäfte aufs engste miteinander verwandt sind. Für Zwecke der Insolvenzanfechtung von vornherein auszuscheiden sind die übrigen Rechtsgeschäfte, aus welchen sich das Kontokorrentverhältnis konstituiert – d.h. der Geschäftsvertrag, die antizipiert getroffene Kontokorrentabrede und der nach Ermittlung des Saldo vereinbarte Feststellungs- und Anerkenntnisvertrag *(s. hierzu Seite 127)* –, da diese zwar dem Grunde nach ebenfalls Rechtshandlungen i.S.d § 129 Abs. 1 InsO darstellen, aber als solche nicht die Basis der Verrechnung bilden und folglich nicht die wechselseitige Tilgung der in das Kontokorrent eingestellten Forderungsrechte herbeiführen.

Entsprechend der antizipierten Aufrechnung bilden den Gegenstand der anfechtungsrechtlichen Betrachtung damit lediglich die der Verrechnung zugrundeliegenden Rechtsakte, womit als anfechtbare Rechtshandlung zum einen der für gewöhnlich antizipiert abgeschlossene Verrechnungsvertrag und zum anderen diejenigen nachfolgenden Handlungen, durch welche alsdann die Verrechnungsmöglichkeit geschaffen wird, infrage kommen können. Da der Abschluss der antizipierten Verrechnungsvereinbarung noch keine Tilgung der kontokorrentgebundenen Forderungsrechte bewirkt, wird auch hier für die Feststellung der anfechtbaren Rechtshandlung insbesondere auf die Herstellung der Verrechnungslage abzustellen sein[74], also auf diejenigen Rechtsakte, durch die der Insolvenzgläubiger eine Forderung gegen den Kontokorrentpartner erwirbt, welche er mit einer bereits bestehenden Verbindlichkeit saldieren kann und umgekehrt.

---

74 *Dampf*, KTS 1998, 145, 156; *Henckel*, in: Jaeger, InsO, § 130 Rn. 86; *Klinck*, Die Grundlagen der besonderen Insolvenzanfechtung, S. 442; *Rogge/Leptien*, in: HambKomm InsO, § 129 Rn. 85 f.

Für das Bankkontokorrent als Hauptanwendungsfall des Kontokorrentverhältnisses kann insofern jede Gutschrift auf dem Konto des Verfahrensschuldners und jede Belastung desselben eine anfechtbare Rechtshandlung darstellen. Hierbei können im Hinblick auf Kontogutschriften sowohl die Deckungsverschaffung zugunsten der Bank des Insolvenzschuldners, mit welcher dessen Anspruch auf Gutschrift des eingegangenen Betrages auf seinem Konto entsteht, als auch die nachfolgende Gutschrift der Bank zugunsten des Schuldners, mit welcher eine vom Deckungsverhältnis unabhängige Verpflichtung der Bank begründet wird, als anfechtbare Rechtshandlung angesehen werden können[75]. Für die Erlangung von Ansprüchen gegen den Schuldner kann es hingegen von vornherein nur auf die Forderungsentstehung und nicht die Belastungsbuchung als solche ankommen, da selbige nur deklaratorischer Natur ist[76]. Wie im Bereich der antizipierten Aufrechnung durch Vertrag stellt aber auch hier die Verrechnung selbst keine Rechtshandlung im anfechtungsrechtlichen Sinn dar. Dies gilt auch insofern, als die Verrechnung – wie beim Periodenkontokorrent – nicht unmittelbar mit Entstehung der Verrechnungslage, sondern erst am Ende der vereinbarten Rechnungsperiode vorgenommen wird, denn auch dann entsteht die Saldoforderung in diesem Moment automatisch, d.h. ohne das Erfordernis weiterer Erklärungen *(so bereits Seite 131)*, womit die Verrechnung lediglich den Zeitpunkt bezeichnet, in welchem sich der Forderungsausgleich zwischen den Kontokorrentparteien vollzieht[77].

Nicht gefolgt werden kann überdies einer bisweilen vertretenen Auffassung, derzufolge auch die „Verrechnung" zu einem Tagessaldo als anfechtbare Rechtshandlung anzusehen sein soll, weil dem späteren Insolvenzschuldner auf dessen Basis immerhin bei Guthaben oder nicht ausgeschöpftem Kreditrahmen ein Auszahlungsanspruch zustehe[78]. Im Gegensatz zum eben Ausgeführten geht es hier allerdings nicht darum, dass die Verrechnung im Kontokorrent automatisch erfolgt

---

75 Vgl. *Tinnefeld*, Auf- und Verrechnungsmöglichkeit von Kreditinstituten, S. 169; allgemein hierzu *Mayen*, in: Schimansky/Bunte/Lwowski, Bankrechts-Handbuch, § 47 Rn. 10 ff., 52 f.

76 Vgl. BGHZ 107, 192, 197; 150, 122, 128; *Mayen*, in: Schimansky/Bunte/Lwowski, Bankrechts-Handbuch, § 47 Rn. 51; a.A. *Ganter*, NZI 2010, 835, 837, der auch dort auf die Buchung abstellen will, da hierdurch die Bank ihren Ersatzanspruch realisiere.

77 Im Endergebnis ähnlich *Klinck*, Die Grundlagen der besonderen Insolvenzanfechtung, S. 442, der dies allerdings damit begründen will, dass nach § 96 Abs. 1 Nr. 3 InsO analog allein auf die Verrechnungslage abgestellt werden dürfe. Vgl. überdies *Tinnefeld*, Auf- und Verrechnungsmöglichkeit von Kreditinstituten, S. 169, welcher zwar unzutreffend von einer „Durchführung der Verrechnung" als Rechtshandlung spricht, aber jedenfalls insoweit zu einem richtigen Ergebnis gelangt, als er zumindest eine eigenständige Rechtswirkung der Verrechnung in Bezug auf das Schuldnervermögen verneint. A.A. hingegen OLG Celle ZInsO 2005, 377, 378; NZI 2005, 334, 335; OLG Köln ZIP 2005, 222, 223; *Kayser*, in: MünchKomm InsO, § 129 Rn. 15; *Kirchhof*, in: FS Uhlenbruck, S. 269, 273; *K. Schmidt*, in: K. Schmidt, InsO, § 129 Rn. 66.

78 So aber OLG Frankfurt/Main ZIP 2008, 2326; *Obermüller*, Insolvenzrecht in der Bankpraxis Rn. 6.480.

und deshalb keine anfechtungsrelevante Rechtshandlung darstellen kann. Denn der Tagessaldo resultiert aus einer rein rechnerischen Ermittlung eines Postensaldos der Tagesbuchungen, ohne dass dabei endgültige Saldierung der Forderungsrechte eintreten würde, womit schon gar keine Verrechnung im eigentlichen Sinn gegeben ist[79]. Diese Ansicht ist vielmehr deshalb abzulehnen, weil die hier maßgebliche Herstellung der Verrechnungslage bereits mit dem Erwerb der zu verrechnenden Forderungen eingetreten ist und durch die spätere „Verrechnung" der Buchungsposten zu einem Tagessaldo nicht mehr beeinflusst wird. Dies gilt auch dann, wenn dem Insolvenzschuldner nach dem jeweiligen Tagessaldo ein Auszahlungsanspruch zukommen würde, da insoweit erst die tatsächliche Verfügung über den ihm zustehenden Betrag eine neue Kontokorrentforderung und damit eine neue Verrechnungsmöglichkeit begründen würde. Keine Rechtshandlung i.S.d. § 129 Abs. 1 InsO stellt überdies die Valutierung (Wertstellung) der Einzelbuchungen im Kontokorrent dar, weil diese lediglich den Zeitpunkt bestimmt, welcher der Zinsberechnung bei Gutschriften oder Belastungen zugrundegelegt wird (vgl. § 675t Abs. 1 S. 2 BGB), aber darüber hinaus keine weiteren Rechtswirkungen zeitigt[80].

5. Begrenzung der Anfechtung auf separate Rechtsfolgen einer einzigen Rechtshandlung

Eine mit der Ablehnung der Gesamtvorgangslehre und der eben erfolgten Ermittlung der im Rahmen vertraglich vereinbarter Aufrechnungen in Betracht zu ziehenden Rechtshandlungen noch nicht geklärte Frage ist, ob im Hinblick auf ein und dieselbe Rechtshandlung auch lediglich einzelne Rechtsfolgen der Anfechtung unterworfen werden können. Die h.L. vertritt diesbezüglich die Auffassung, dass Rechtshandlungen und insbesondere Rechtsgeschäfte grundsätzlich nur einheitlich angefochten werden können, es sei denn, dass sich diese in selbständige, voneinander unabhängige Teile zerlegen lassen[81]. Diese Formulierung ist aber insofern etwas unpräzise, als Gegenstand der Anfechtung gar nicht die Rechtshandlung selbst, sondern die durch sie herbeigeführten Rechtswirkungen sind *(vgl. hierzu Seite 180 f.)*,

79 So hingegen – wenngleich im Ergebnis dennoch richtig – BGH NJW 2005, 3213, 3214; *Heublein*, ZIP 2000, 161, 162; *Klinck*, Die Grundlagen der besonderen Insolvenzanfechtung, S. 441 f.

80 *Tinnefeld*, Auf- und Verrechnungsmöglichkeit von Kreditinstituten, S. 166 f.; vgl. auch BGHZ 70, 177, 181; 106, 259, 264; *Mayen*, in: Schimansky/Bunte/Lwowski, Bankrechts-Handbuch, § 47 Rn. 63.

81 RGZ 114, 206, 210; RG JW 1937, 3241, 3241; BGHZ 30, 238, 241; 77, 250, 255 f.; 124, 76, 84 f.; BGH NJW 1999, 359, 359; NJW 2007, 2325, 2328; ZIP 2008, 1028, 1029; OLG Hamburg ZIP 1984, 1373, 1376; *Hirte/Ede*, in: Uhlenbruck/Hirte/Vallender, InsO, § 129 Rn. 105–108; *Huber*, in: Gottwald, Insolvenzrechts-Handbuch, § 46 Rn. 41; *ders.*, in: Graf-Schlicker, InsO, § 129 Rn. 6; *Nerlich*, in: Nerlich/Römermann, InsO, § 129 Rn. 54; *Zeuner*, in: Leonhardt/Smid/Zeuner, InsO, § 129 Rn. 36; *ders.*, Die Anfechtung in der Insolvenz, Rn. 22.

weshalb die Frage der Teilanfechtung richtigerweise nicht unter Bezugnahme auf die Einheitlichkeit der Rechtshandlung, sondern nur nach der Einheitlichkeit ihrer Rechtsfolgen beantwortet werden kann[82]. Damit können einheitliche Rechtsfolgen ein und derselben Rechtshandlung grundsätzlich nur als Ganzes angefochten werden. Soweit eine einheitliche Rechtshandlung einzelne, abtrennbare Wirkungen zeitigt, die eine Gläubigerbenachteiligung begründen, ist hingegen eine isolierte Anfechtung derselben zulässig, unabhängig davon, ob die Rechtshandlung auch andere, für sich unanfechtbare Folgen hat[83].

Für den Bereich des Aufrechnungsrechts wird die eben dargestellte Frage einer möglichen Teilanfechtung dann relevant, wenn die Aufrechnungslage durch Abschluss eines gegenseitigen Vertrages herbeigeführt wird. Unter Geltung der KO ging dabei die h.L. für die gesetzliche Aufrechnung lange Zeit davon aus, dass der Konkursverwalter die Anfechtung des Vertragsschlusses nicht auf die Herstellung der Aufrechnungslage beschränken und die gegen den Gläubiger gerichtete Forderung zugunsten der Masse einziehen könne, vielmehr sei er nur berechtigt, die Rückgewähr der vom Schuldner erbrachten Leistung zu fordern.

Während dieses Ergebnis vereinzelt aus der bereits dargestellten Annahme eines Gesamtvorgangs abgeleitet wurde[84], wurde diesbezüglich überwiegend als Begründung angeführt, dass es nicht angehe, das Kausalgeschäft unangefochten zu lassen und lediglich seine gesetzlichen Rechtsfolgen anfechten zu wollen[85]. Diese Ansicht wurde indes seitens des BGH in einer späten Entscheidung zum Konkursrecht[86] in Anlehnung an eine durch ihn bislang abgelehnte Meinung von *Henckel*[87] explizit aufgegeben und nunmehr vertreten, dass nicht das Rechtsgeschäft als solches, sondern nur die Begründung der Aufrechnungsmöglichkeit der Anfechtung unterliege, mit der Folge, dass sich der Gläubiger nicht auf die Aufrechnung berufen dürfe[88].

Diese letztgenannte Auffassung überzeugt, lässt sich aber freilich nicht damit begründen, dass die Vornahme des Rechtsgeschäfts und die hierdurch geschaffene

---

82 *Kirchhof*, in: MünchKomm InsO, § 143 Rn. 17; *K. Schmidt*, in: K. Schmidt, InsO, § 129 Rn. 6, 60.

83 BGHZ 147, 233, 236; *Dauernheim*, in: FK-InsO, § 129 Rn. 38; *Kreft*, in: HK-InsO, § 129 Rn. 81; *Onusseit*, ZInsO 2010, 2022, 2023; vgl. auch *K. Schmidt*, in: K. Schmidt, InsO, § 129 Rn. 6.

84 OLG Braunschweig NdsRpfl 1952, 165; *Lent*, in: Jaeger, KO, 8. Aufl., § 30 Rn. 51, § 53 Rn. 27.

85 RGZ 26, 81, 84; RG JW 1895, 82, 82 f.; BGH WM 1971, 908, 909; NZI 1999, 25, 26; OLG Jena ZIP 2000, 2124, 2125; *K. Schmidt*, Insolvenzgesetze, § 30 KO Anm. 19.

86 BGHZ 147, 233, 236 f.; sowie nachfolgend BGH ZIP 2001, 2055, 2056 f.; NZI 2005, 553, 553; in diese Richtung vorher auch bereits BGHZ 145, 245, 255.

87 In: Jaeger, KO, 9. Aufl., § 30 Rn. 284 ff.; so überdies bereits auch *Honsdorf*, Zur Aufrechnung im Konkurs, S. 99.

88 S. zur diesbezüglichen Entwicklung der Rechtsprechung auch *Huber*, ZInsO 2009, 566, 567.

Aufrechnungsmöglichkeit zwei selbständig anfechtbare Rechtshandlungen seien[89], denn es liegt vielmehr lediglich eine Rechtshandlung – der Abschluss des gegenseitigen Vertrages – vor, welche allerdings zweierlei Rechtswirkungen hervorruft. Gerade in diesem Aspekt ist alsdann auch der rechtfertigende Grund für eine isolierte Anfechtung der Aufrechnungsmöglichkeit zu sehen, da diese eine zusätzliche, die Forderung des Gläubigers sichernde und nur bei Bestehen eines entgegengerichteten Forderungsrechts eintretende mittelbare Rechtswirkung des Vertragsschlusses darstellt, die über die mit diesem unmittelbar herbeigeführte Rechtswirkung der Forderungsbegründung hinausreicht und von dieser zu unterscheiden ist[90]. Hinzu kommt, dass dieses bereits zur KO entwickelte Ergebnis jedenfalls vom Grundsatz her nunmehr exakt der Regelung des § 96 Abs. 1 Nr. 3 InsO entspricht, der die Unwirksamkeit einer anfechtbar erlangten Aufrechnungslage anordnet und damit die isolierte Anfechtbarkeit einer Aufrechnungsmöglichkeit zumindest implizite voraussetzt, weshalb sich unter Geltung der InsO auch kaum mehr etwas anderes vertreten lässt[91].

In Bezug auf die konsensuale Aufrechnung kann die eben dargestellte Problematik einer isolierten Anfechtung der Aufrechnungsmöglichkeit zunächst dann eine gewisse Bedeutung erlangen, wenn eine Aufrechnung durch Vertrag vereinbart wird, obwohl bereits vorher durch ein Verpflichtungsgeschäft eine einseitige Aufrechnungsmöglichkeit i.S.d. §§ 387 ff. BGB begründet wurde und damit neben einer Anfechtung der konsensualen Aufrechnung zugleich auch eine Anfechtung der gesetzlichen Aufrechnungsbefugnis in Betracht zu ziehen ist, was aber in praxi nur sehr selten vorkommen wird. Eine weitaus größere Relevanz kommt dieser Frage allerdings dann zu, wenn die Beteiligten einen antizipierten Aufrechnungsvertrag oder einen Aufrechnungsvoraussetzungsvertrag über künftige Forderungen geschlossen haben und die Herbeiführung der vertraglich vereinbarten Aufrechnung bzw. die Herstellung der Aufrechnungslage mit dem Entstehen einer Forderung durch Abschluss eines gegenseitigen Vertrages bewirkt wird. Nach den vorstehenden Ausführungen bedarf es auch insoweit einer Anfechtung des gesamten Kausalgeschäftes nicht, vielmehr lässt sich die Anfechtung schon nach den dargestellten allgemeinen Grundsätzen auf die Aufrechnungsmöglichkeit beschränken.

In den übrigen Fällen der konsensualen Aufrechnung kann sich die Frage einer isolierten Anfechtung hingegen nur dann stellen, wenn man die jeweilige Aufrechnungsvereinbarung entgegen der hier vertretenen Auffassung als Teil eines

89 So aber *Kirchhof*, in: MünchKomm InsO, § 143 Rn. 53; *Rogge/Leptien*, in: HambKomm InsO, § 143 Rn. 96 (unter unzutreffender Berufung auf BGH ZInsO 2004, 1028).

90 So explizit BGHZ 147, 233, 236; vgl. auch *Windel*, in: Jaeger, InsO, § 96 Rn. 54.

91 Vgl. BGH ZIP 2003, 2370, 2371; WM 2004, 1966, 1967; NZI 2004, 580, 582; ZIP 2005, 1521, 1523; NZI 2006, 345, 347; *Bork*, in: FS Ishikawa, S. 31, 45; *Huber*, ZInsO 2009, 566, 567; *Lüke*, in: B. Kübler/Prütting/Bork, InsO, § 96 Rn. 85; *Windel*, in: Jaeger, InsO, § 96 Rn. 54. Unverständlich ist daher mit Blick auf die Vorschrift des § 96 Abs. 1 Nr. 3 InsO die a.A. von *Hess*, Insolvenzrecht, § 143 Rn. 78, der auch gegenwärtig weiterhin auf die ehemals zur KO vertretene Auffassung abhebt.

einheitlichen Gesamtvorgangs einordnet. Sie ist hingegen von vornherein bedeutungslos, sofern man die Aufrechnungsvereinbarung richtigerweise entsprechend der Einzelaktstheorie als separate Rechtshandlung begreift, weil die Herstellung der Aufrechnungslage alsdann ohnehin durch einen selbständigen Rechtsakt erfolgt und damit ohne Weiteres der Anfechtung unterliegen kann, soweit sie die Insolvenzgläubiger benachteiligt[92].

IV. Zwischenergebnis

Insgesamt ist damit nach den Ausführungen dieses Abschnitts festzustellen, dass das Tatbestandsmerkmal der Rechtshandlung i.S.d. § 129 Abs. 1 InsO entgegen der früher ganz überwiegenden Ansicht nicht als Gesamtvorgang der Weggabe eines Vermögenswertes aus dem Schuldnervermögen zu interpretieren ist, sondern vielmehr mit der heute h.L. grundsätzlich jeder einzelne Rechtsakt für sich auf seine anfechtbaren Rechtswirkungen überprüft werden muss. Darüber hinaus können auch lediglich einzelne rechtliche Wirkungen einer einzigen Rechtshandlung isoliert der Insolvenzanfechtung unterworfen werden, sofern diese voneinander abtrennbare rechtliche Wirkungen zeitigt.

Bezüglich der vertraglichen Aufrechnung gilt insoweit nichts anderes, weshalb auch dort grundsätzlich jeder einzelne Rechtsakt des gesamten Aufrechnungsvorganges eine eigenständige Rechtshandlung im anfechtungsrechtlichen Sinn darstellt. Als anfechtungsrelevante Rechtshandlungen kommen im Rahmen der konsensualen Aufrechnung der Abschluss der betreffenden Aufrechnungsvereinbarung, jede Begründung bzw. jeder Erwerb einer aufzurechnenden Forderung sowie bei einer vor Insolvenzeröffnung vollzogenen Aufrechnung zusätzlich die einseitige Aufrechnungserklärung in Betracht. In ähnlicher Weise ist auch in der Kontokorrentverrechnung sowohl der Abschluss des Verrechnungsvertrages als auch jeder Erwerb einer kontokorrentgebundenen Forderung als jeweils eigenständige Rechtshandlung anzusehen, nicht aber die Verrechnung selbst, da diese automatisch vollzogen wird. Eine selbständige Prüfung der anfechtbaren Rechtswirkungen jeder einzelnen Rechtshandlung hat dabei in Bezug auf das Aufrechnungsrecht auch dann zu erfolgen, wenn die aufzurechnende Forderung des Schuldners auf der Veräußerung von Wertgegenständen des Schuldnervermögens beruht. Soweit dabei die betreffende Aufrechnungsvereinbarung auf künftige Forderungsrechte bezogen war und durch die Veräußerung des Gegenstandes die vertraglich verabredete Aufrechnungsbefugnis herbeigeführt wurde, kann sich die Anfechtung nach den Grundsätzen zur isolierten Anfechtbarkeit einzelner Rechtswirkungen einer Rechtshandlung auch allein auf die Herstellung der Aufrechnungsmöglichkeit beschränken.

92 So bereits RGZ 26, 81, 84.

B. Das Vorliegen einer Rechtshandlung des Schuldners i.S.d. § 1 Abs. 1 AnfG bei vertraglich vereinbarten Aufrechnungen

Ausgehend von dem im ersten Kapitel dargelegten Erfordernis einer weitgehend identischen Auslegung der Normen des Insolvenz- und Gläubigeranfechtungsrechts ist nunmehr im Folgenden zu klären, inwieweit sich die eben für das Tatbestandsmerkmal der Rechtshandlung aus § 129 Abs. 1 InsO gefundenen Ergebnisse auf die Anfechtung nach dem AnfG übertragen lassen. Fraglich ist hierzu insbesondere, ob auch im Rahmen des § 1 Abs. 1 AnfG jeder einzelne Rechtsakt der vertraglichen Aufrechnung als anfechtungsrelevante Rechtshandlung anzusehen ist oder ob diesbezüglich Differenzierungen zwischen beiden Rechtsinstituten geboten sind und dort lediglich der gesamte Rechtsvorgang der Vermögensminderung der Anfechtung unterworfen werden kann.

I. Die Rechtshandlung im Rahmen der Gläubigeranfechtung

Wie für den insolvenzanfechtungsrechtlichen Begriff der Rechtshandlung in § 129 Abs. 1 InsO findet sich auch für das gleichlautende Tatbestandmerkmal in § 1 Abs. 1 AnfG keine Definition in den Normen des AnfG oder den entsprechenden Materialien. Nach ganz h.L. ist dieser Terminus im Rahmen des AnfG ebenfalls weit zu fassen, damit alle Formen von Beeinträchtigungen des Einzelgläubigerzugriffs auf das Schuldnervermögen von der Anfechtung erfasst werden können[93]. Gemeinhin wird die Rechtshandlung im Gläubigeranfechtungsrecht gleich der Rechtshandlung i.S.d. § 129 Abs. 1 InsO definiert als jede von einem Willen getragene Handlung mit rechtlichen Wirkungen, die den Vollstreckungszugriff eines Gläubigers nachteilig beeinflusst, unabhängig davon, ob diese Wirkungen selbst gewollt sind oder nicht *(vgl. zur InsO o. Seite 178 f.)*[94]. Darunter sind grundsätzlich auch hier sowohl Willenserklärungen als Bestandteile von obligatorischen oder dinglichen Rechtsgeschäften als auch Realakte und prozessuale Handlungen zu subsumieren[95].

---

93 Vgl. *Baur/Stürner/Bruns*, Zwangsvollstreckungsrecht, Rn. 26.12; *Kirchhof*, in: MünchKomm AnfG, § 1 Rn. 5; *Nerlich/Niehus*, AnfG, § 1 Rn. 23; *Ch. Paulus*, in: B. Kübler/Prütting/Bork, InsO, Anh. I: AnfG, § 1 Rn. 5.

94 *Gaul/Schilken/Becker-Eberhard*, Zwangsvollstreckungsrecht, § 35 Rn. 29; *Huber*, AnfG, § 1 Rn. 5; vgl. auch BGH WM 1975, 1182, 1184; *Jaeger*, Die Gläubigeranfechtung außerhalb des Konkursverfahrens, § 1 Anm. 36; *Kirchhof*, in: MünchKomm AnfG, § 1 Rn. 5; *Nerlich/Niehus*, AnfG, § 1 Rn. 24; *Ch. Paulus*, in: B. Kübler/Prütting/Bork, InsO, Anh. I: AnfG, § 1 Rn. 5.

95 *Baur/Stürner/Bruns*, Zwangsvollstreckungsrecht, Rn. 26.12; *Huber*, AnfG, § 1 Rn. 8 ff.; *Nerlich/Niehus*, AnfG, § 1 Rn. 24 ff.

Gegenstand der Anfechtung ist allerdings im Rahmen der Anfechtung nach dem AnfG wiederum nicht die Rechtshandlung als solche, sondern die durch sie verursachten Wirkungen *(vgl. zur Insolvenzanfechtung o. Seite 180 f.)*[96], was seit Neufassung des AnfG ebenfalls durch den Wortlaut des § 8 Abs. 1 AnfG bestätigt wird[97]. Die Funktion des Tatbestandsmerkmals der Rechtshandlung liegt insoweit auch für die Gläubigeranfechtung in erster Linie darin, rein zufällige Vermögensverschiebungen von der Anfechtbarkeit auszunehmen und den Urheber einer Schmälerung des zugriffsfähigen Schuldnervermögens bestimmen zu können[98].

Nach überwiegender Ansicht soll für die Bestimmung der anfechtungsrelevanten Rechtshandlung i.S.d. § 1 Abs. 1 AnfG ebenfalls weniger eine formal-juristische denn eine wirtschaftliche Betrachtungsweise der zugrunde liegenden Vorgänge maßgeblich sein[99]. In Bezug auf diese wirtschaftliche Betrachtungsweise gelten allerdings dieselben Feststellungen, wie sie bereits zur Insolvenzanfechtung getroffen wurden *(s.o. Seite 179 f.)*: Ihre Bedeutung kann nur darin liegen, den entscheidungserheblichen Sachverhalt zum Zwecke der Subsumtion unter die Tatbestandsmerkmale der Gläubigeranfechtung zutreffend und in seiner vollständigen wirtschaftlichen Tragweite zu erfassen[100]. Wirtschaftliche Gesichtspunkte dürfen aber auch für den Bereich der Gläubigeranfechtung nicht dazu führen, dass der Regelungsinhalt der anfechtungsrechtlichen Normen durch wertende wirtschaftliche Betrachtungen überspielt wird, da diesen keine normative Bedeutung zukommen kann[101].

II. Das Hauptproblem der Gläubigeranfechtung: Die Bestimmung der anfechtungsrelevanten Rechtshandlung bei vertraglich vereinbarten Aufrechnungen

Wie bereits im Eingang zu diesem Kapitel erwähnt ist für den Bereich der Gläubigeranfechtung umstritten, ob zur Bestimmung der anfechtungsrelevanten Rechtshandlung mit der für das Insolvenzanfechtungsrecht herrschenden Einzelbetrachtungslehre auf jeden einzelnen Rechtsakt abgestellt werden darf oder ob hier nicht vielmehr der

---

96 RGZ 14, 311, 312 f.; BGH WM 2010, 772, 773; *Kirchhof*, in: MünchKomm AnfG, § 1 Rn. 4; a.A. *Falkmann*, Die Anfechtung außerhalb des Konkurses, S. 4; *Jaeger*, Die Gläubigeranfechtung außerhalb des Konkursverfahrens, § 1 Anm. 35; *Warneyer/Bohnenberg*, AnfG, S. 45.

97 Vgl. *Huber*, AnfG, § 8 Rn. 7; *Kirchhof*, in: MünchKomm AnfG, § 8 Rn. 1; *Nerlich/Niehus*, AnfG, § 8 Rn. 5.

98 *Kirchhof*, in: MünchKomm AnfG, § 1 Rn. 4.

99 BGHZ 128, 184, 187; BGH NZI 1999, 73, 75; WM 2010, 772, 774; *Baur/Stürner/Bruns*, Zwangsvollstreckungsrecht, Rn. 26.12; *Zeuner*, Die Anfechtung in der Insolvenz, Rn. 377; vgl. auch *Huber*, AnfG, § 1 Rn. 14; *Kirchhof*, in: MünchKomm AnfG, § 1 Rn. 6; *Nerlich/Niehus*, AnfG, § 1 Rn. 40.

100 *Henckel*, JZ 1995, 731, 731; ähnlich zudem *Kirchhof*, in: MünchKomm AnfG, § 1 Rn. 6.

101 *Henckel*, JZ 1995, 731, 731; krit. auch *Gaul/Schilken/Becker-Eberhard*, Zwangsvollstreckungsrecht, § 35 Rn. 34.

Gesamtvorgang maßgeblich ist, welcher die Schmälerung des schuldnerischen Vermögens bewirkt. Diese Frage stellt insoweit das Kernproblem der Anfechtung vertraglich vereinbarter Aufrechnungsmöglichkeiten nach dem AnfG dar, da es nach überwiegender Ansicht bei der Gläubigeranfechtung nicht auf eine isolierte Rechtshandlung, sondern auf den gesamten, die Gläubigerbenachteiligung auslösenden Rechtsvorgang ankommen soll, womit man für den Bereich der konsensualen Aufrechnung – wie nachfolgend noch zu zeigen sein wird – in manchen Konstellationen zu signifikant anderen Ergebnissen als im Insolvenzanfechtungsrecht gelangen würde.

1. *Die bisherige Judikatur des BGH zur anfechtbaren Rechtshandlung bei Anfechtung von vertraglich geschaffenen Aufrechnungsmöglichkeiten sowie zu diesem Tatbestandsmerkmal im Allgemeinen*

Zunächst erscheint es sinnvoll, den Blick auf die Judikatur des BGH zum Tatbestandmerkmal der anfechtbaren Rechtshandlung zu lenken, welcher bislang in vier Entscheidungen zur Anfechtbarkeit von vertraglich vereinbarten Aufrechnungen und zu der in diesem Bereich anfechtungsrelevanten Rechtshandlung i.S.d. § 1 Abs. 1 AnfG Stellung genommen hat.

a) *Urteil vom 2. Juni 1959 – VIII ZR 182/58: Erlangung einer Aufrechnungsmöglichkeit durch Veräußerung von Vermögensgegenständen an den Schuldner*

Die erste Entscheidung des BGH zur Anfechtung von Aufrechnungen nach dem AnfG vom 2. Juni 1959[102] betraf die vertragliche Aufrechnung der Darlehensforderung einer GmbH – der Zwangsvollstreckungsschuldnerin – mit der Kaufpreisforderung einer OHG – der späteren Anfechtungsgegnerin –, die diese durch eine im selbem Zeitpunkt vorgenommene Veräußerung ihres Warenlagers an die Schuldnerin erlangt hatte. Der BGH sah die anfechtbare Rechtshandlung in diesem Fall sowohl im Abschluss des Kausalgeschäfts, das die Kaufpreisforderung und damit das Gegenseitigkeitsverhältnis begründete, als auch in der Vereinbarung der Aufrechnung durch Vertrag zwischen Schuldnerin und Anfechtungsgegnerin, welche nach seiner Ansicht als Gesamttatbestand der Anfechtung unterliegen sollten[103]. In den Anfechtungsfolgen unterschied sich diese Konstellation allerdings kaum von der für das heutige Insolvenzanfechtungsrecht geltenden Rechtsfolge des § 96 Abs. 1 Nr. 3 InsO, da sich der Anfechtungsgegner hier ebenfalls so behandeln lassen musste, als ob die Forderung der Schuldnerin noch in dem Umfang bestanden hätte, in dem durch die vertragliche Aufrechnung getilgt wurde[104].

---

102 BGH WM 1959, 888 ff.
103 BGH WM 1959, 888, 890.
104 BGH WM 1959, 888, 890.

b) *Urteil vom 16. Mai 1979 – VIII ZR 156/78: Begründung einer Aufrechnungsmöglichkeit zugunsten eines Dritten durch Verkauf eines Vermögensgegenstands des Schuldners*

Mit der umgekehrten Konstellation, also der Begründung einer Aufrechnungsmöglichkeit durch Verkauf von Gegenständen der Zwangsvollstreckungsmasse befasste sich erstmals die Entscheidung des BGH vom 16. Mai 1979[105]. In dem dortigen Fall hatte der Schuldner zum Nachteils seines Gläubigers ein Grundstück an einen Dritten veräußert und mit diesem gleichzeitig einen Aufrechnungsvoraussetzungsvertrag dahingehend abgeschlossen, dass die Kaufpreisforderung in Teilen mit einer ebenfalls in diesem Zeitpunkt begründeten Darlehensforderung des Dritten gegen die Ehefrau des Schuldners aufgerechnet werden könne, was später auch erfolgte. Der Erkenntniswert dieser Entscheidung ist für die hier zu untersuchende Anfechtbarkeit vertraglich vereinbarter Aufrechnungen allerdings eher gering, da seitens des Anfechtungsgläubigers in diesem Fall nicht die Aufrechnung gegenüber dem Dritten, sondern die Ermöglichung der Aufrechnung gegenüber der Ehefrau angefochten war und damit gar nicht geltend gemacht wurde, der Dritte müsse sich infolge der Anfechtung so behandeln lassen, als bestünde die Kaufpreisforderung noch in Höhe der Aufrechnung noch fort. Vielmehr war der Antrag des anfechtenden Gläubigers darauf gerichtet, die Ehefrau im Umfang der Aufrechnung auf Wertersatz gemäß § 7 Abs. 1 AnfG a.F. (nunmehr § 11 Abs. 1 AnfG) zu verpflichten[106]. Insbesondere lässt diese Entscheidung auch keinerlei Schluss auf die im Rahmen der vertraglichen Aufrechnung anfechtbare Rechtshandlung zu, da es der BGH mangels Entscheidungserheblichkeit ausdrücklich offen ließ, ob die Gläubigeranfechtung lediglich die konkrete Aufrechnungsvereinbarung oder die wirtschaftlich zusammenhängenden Rechtsvorgänge in ihrer Gesamtheit erfasst[107].

c) *Urteil vom 19. November 1998 – IV ZR 116/97: Aufrechnung durch Vertrag bezüglich einer Forderung des Vollstreckungsschuldners aus der gleichzeitigen Veräußerung eines Vermögenswerts der späteren Vollstreckungsmasse*

Während das vorgenannte Urteil eine mit der Veräußerung von Gegenständen der späteren Vollstreckungsmasse verbundene Einräumung einer Aufrechnungsmöglichkeit an einen Dritten behandelte, betraf die Entscheidung des BGH vom 19. November 1998 alsdann eine durch den Schuldner selbst im Wege der Aufrechnung durch Vertrag vorgenommene Tilgung ein ihm zustehenden Kaufpreisverbindlichkeit[108]. Der Schuldner hatte in dem dortigen Fall einen ihm gehörenden Anteil an einer Erbschaft, die sich im Wesentlichen in einem bebauten Grundstück erschöpfte, an seine langjährige Lebenspartnerin veräußert und mit dieser in demselben Vertrag die

105 BGH WM 1979, 776 ff.
106 Vgl. BGH WM 1979, 776, 777.
107 BGH WM 1979, 776, 778.
108 BGH NZI 1999, 73 ff.

Aufrechnung des Kaufpreises mit einer in gleicher Höhe bestehenden und zur sofortigen Rückzahlung fälligen Darlehensforderung vereinbart, welche der Lebenspartnerin ihm gegenüber zustand. Die Kinder des Schuldners, welche eine titulierte Unterhaltsforderung innehatten, fochten die Veräußerung gegenüber der Lebenspartnerin des Schuldners an und verlangten von dieser Duldung der Zwangsvollstreckung in den aufgegebenen Erbteil. Der BGH sah in diesem Fall die Anfechtungsvoraussetzungen aus § 3 Abs. 1 Nr. 2 AnfG a.F. (nunmehr § 3 Abs. 2 AnfG) als gegeben an. Die anfechtbare Rechtshandlung stellte dabei nach seiner Auffassung nicht allein die Aufrechnungsvereinbarung zwischen Schuldner und Anfechtungsgegnerin dar, sondern der Gesamtvorgang der Überlassung des Erbteils zur Erfüllung der Darlehensverbindlichkeit, was ohne nähere Ausführungen damit begründet wurde, dass der Geschehensablauf bei wirtschaftlicher Betrachtungsweise in Wahrheit als Leistung an Erfüllungs Statt interpretiert werden müsse[109].

d) Urteil vom 23. Oktober 2008 – IX ZR 202/07: Zweite Entscheidung zur Anfechtbarkeit von seitens des Schuldners vereinbarten vertraglichen Aufrechnungen einer Forderung aus der zugleich erfolgten Veräußerung ihm gehörender Vermögenswerte

Eine eingehendere Befassung mit der Frage der Anfechtbarkeit einer vertraglichen Aufrechnung von Forderungen des Schuldners aus der Veräußerung von Wertgegenständen der späteren Vollstreckungsmasse erfolgte schließlich in der Entscheidung des BGH vom 23. Oktober 2008[110]. Diese Entscheidung ist aber vor allem deshalb von erheblicher Bedeutung für die vorliegende Untersuchung, weil sich diese erstmals auch mit den grundlegenden Unterschieden zwischen der Anfechtung vertraglicher Aufrechnungen innerhalb und außerhalb der Insolvenz befasst, weshalb diese im Folgenden auch etwas ausführlicher wiedergegeben werden soll.

In dem dort zu entscheidenden Fall hatte die Schuldnerin – eine damals schon im Liquidationsstadium befindliche und später im Handelsregister gelöschte Bauträgergesellschaft – zwei ihr gehörende Eigentumswohnungen an den Ehegatten ihrer Alleingesellschafterin und Geschäftsführerin veräußert, welcher für die Schuldnerin Architektenleistungen in den von ihr durchgeführten Bauvorhaben erbrachte und zudem faktisch ihre Geschäftstätigkeit bestimmte. In der notariellen Kaufvertragsurkunde wurde zugleich vereinbart, dass der Kaufpreis durch Verrechnung mit fälligen – in Wahrheit aber durch diesen Vertrag vorzeitig fällig gestellten[111] – Forderungen des Käufers aus seinen Architektenleistungen getilgt werden sollte. Die Anfechtungsgläubiger, welche wegen Baumängeln gegen die Schuldnerin ein rechtskräftiges Urteil erstritten hatten, fochten gemäß § 3 AnfG diese Aufrechnungsvereinbarung gegenüber den Erben als Gesamtrechtsnachfolger

109 BGH NZI 1999, 73, 75.
110 BGH NZI 2009, 67 ff. (m. Anm. *Huber*).
111 *Ganter*, in: FS Görg, S. 169, 181.

(§ 15 Abs. 1 AnfG) des mittlerweile verstorbenen Architekten im Wege der Einrede (§ 9 AnfG) an und verlangten nach Pfändung und Überweisung eines Teils der durch die Anfechtung fortbestehenden Forderung der Schuldnerin von diesen Zahlung des Kaufpreises in entsprechender Höhe.

Während die Vorinstanzen dem klägerischen Begehren entsprochen hatten, hat der BGH die isolierte Anfechtbarkeit einer Aufrechnungsvereinbarung für das Gläubigeranfechtungsrecht anders als im Bereich der Insolvenzanfechtung verneint und dies im Wesentlichen wie folgt begründet: Die Anfechtung nach der InsO solle für eine bestimmte Zeit vor Insolvenzeröffnung den Grundsatz der Gläubigerbenachteiligung durchsetzen und zugleich die Masse anreichern, weshalb das durch die anfechtbare Handlung aus dem Schuldnervermögen Weggegebene nach § 143 Abs. 1 S. 1 InsO zur Insolvenzmasse zurückzugewähren sei[112]. Die Anfechtung nach dem Anfechtungsgesetz solle zwar ebenfalls Vermögensverschiebungen rückgängig machen, die Gleichbehandlung der Gläubiger sei indes nicht ihr Ziel, vielmehr habe diese lediglich den Zweck, dem Anfechtenden den durch die anfechtbare Rechtshandlung beeinträchtigten Vollstreckungszugriff zu eröffnen und diesem den ursprünglichen Vorsprung vor den übrigen Gläubigern wieder zu verschaffen[113]. Die Rechtsfolge der Anfechtung liege daher nur in der Beseitigung des dem Gläubigerzugriff entgegenstehenden Hindernisses, weshalb sich der Anfechtungsgegner so behandeln lassen müsse, als gehöre der ihm zugewendete Vermögenswert noch dem Schuldner und daher die Zwangsvollstreckung in diesen zu dulden habe[114].

Die unterschiedlichen Intentionen beider Rechtsinstitute würden sich dabei auch in der Auslegung des Tatbestandsmerkmals der „Rechtshandlung“ niederschlagen. Da die Gläubigeranfechtung lediglich die Zugriffslage auf den weggegebenen Vermögenswert wiedererschließen solle, könne sie – anders als im Bereich der Insolvenzanfechtung – nicht für sich betrachtet werden, sondern lediglich im Rahmen des Gesamtvorgangs der Weggabe dieses Vermögenswerts aus dem Schuldnervermögen[115]. Sofern der Schuldner Gegenstände der Vollstreckungsmasse an einen Gläubiger veräußere und den Kaufpreis mit dessen Forderung verrechne, könne die Verrechnungsvereinbarung jedenfalls dann nicht isoliert von diesem Gesamtvorgang angefochten werden, wenn der Anfechtungsgläubiger zu keiner Zeit erfolgreich in die Kaufpreisforderung hätte vollstrecken können[116]. Da der Kaufpreis in dem der Entscheidung zugrundeliegenden Fall in demselben Vertrag zur Verrechnung gestellt wurde, war nach Ansicht des BGH eine isolierte Anfechtbarkeit der Verrechnungsabrede unzulässig, weil die Forderung niemals als Vollstreckungsobjekt zur Verfügung gestanden hätte. Vielmehr sei eine Gläubigeranfechtung lediglich in Bezug auf den Gesamtvorgang der Übertragung der Eigentumswohnungen auf den Erblasser

112 BGH NZI 2009, 67, 69 (Rz. 22).
113 BGH NZI 2009, 67, 69 (Rz. 23).
114 BGH NZI 2009, 67, 69 (Rz. 23).
115 BGH NZI 2009, 67, 69 (Rz. 24).
116 BGH NZI 2009, 67, 69 (Rz. 24).

möglich, mit der Folge, dass die Anfechtungsgläubiger ausschließlich Duldung der Zwangsvollstreckung in diese verlangen könnten[117].

e) Die Interpretation der anfechtbaren Rechtshandlung als Gesamtvorgang durch die Judikatur in anderen Bereichen

Die in den oben erörterten Entscheidungen vorgenommene Interpretation des Rechtshandlungsbegriffs i.S.d. § 1 Abs. 1 AnfG durch den BGH als Gesamtvorgang der Weggabe eines Wertgegenstandes aus dem Vermögen des Vollstreckungsschuldners entspricht dabei insgesamt auch der steten höchstrichterlichen Rechtsprechung zur Auslegung dieses Tatbestandsmerkmals und stellt damit auch für das Gläubigeranfechtungsrecht keine Besonderheit der Anfechtung von vertraglich verabredeten Aufrechnungen dar. Bereits das RG hatte in mehreren Urteilen zur Anfechtung nach dem AnfG festgestellt, dass die Rechtshandlung nicht in einem einzelnen Rechtsakt zu sehen sei, sondern dass alle die anzufechtende Vermögensminderung beim Schuldner bewirkenden Rechtshandlungen in ihrer Gesamtheit bzw. als einheitliches Ganzes der Anfechtung unterliegen würden[118].

In ähnlicher Weise hat nachfolgend der BGH auch in anderen als Aufrechnungskonstellationen entschieden, dass nach einer für die Gläubigeranfechtung maßgeblichen wirtschaftlichen Betrachtungsweise mehrere Rechtsgeschäfte als einheitliche Rechtshandlung bewertet werden müssten. So wurde seinerseits zum einen ebenfalls für den Bereich der Gläubigeranfechtung angenommen, dass eine mittelbare Zuwendung des Vollstreckungsschuldners eine einheitliche Rechtshandlung darstelle, soweit dieser von Anfang an ein Benachteiligungswille des Schuldners zugrunde lag[119]. Zum anderen sollen im Hinblick auf das Tatbestandsmerkmal des „entgeltlichen Vertrages" nach § 3 Abs. 2 AnfG auch Grund- und Erfüllungsgeschäft bei wirtschaftlicher Betrachtung anfechtungsrechtlich als einheitliches Ganzes zu betrachten sein[120]. Noch weiter ging der BGH alsdann in einer im Anschluss an das Urteil vom 23. Oktober 2008 *(s.o. Seite 211 ff.)* ergangenen Entscheidung im Jahre 2010, in welcher er sogar annahm, dass die Abtretung eines zivilprozessualen Kostenerstattungsanspruch durch den Schuldner an seinen Prozessbevollmächtigten und ein später in Kenntnis dieser Abtretung erfolgter Vergleichsschluss, mit dem der abgetretene Kostenerstattungsanspruch werthaltig wurde, in ihrer Gesamtheit das Tatbestandsmerkmal der „Rechtshandlung" i.S.d. § 1 Abs. 1 AnfG erfüllen würden[121].

---

117 BGH NZI 2009, 67, 69 (Rz. 12, 25 f.).

118 RG JW 1897, 188; JW 1898, 359, 359 f.; LZ 1909, 692, 692 f.; LZ 1919, 730, 730; auf einen Einzelakt bzw. einen Teil eines einheitlichen Vertrages abstellend hingegen RGZ 21, 95, 99.

119 BGH NJW 1992, 834, 835.

120 BGHZ 128, 184, 187.

121 BGH WM 2010, 772, 774. Zustimmend *Huber*, EWiR 2010, 379, 380; die Begründung dieser – im Ergebnis zutreffenden – Entscheidung über die Annahme eines Gesamtvorgangs hingegen zurecht ablehnend *Onusseit*, ZInsO 2010, 2022, 2024 f.

f) Nunmehrige Abweichung des BGH von den bisherigen Grundsätzen in seiner Entscheidung vom 26. Januar 2012 – IX ZR 99/11

Von der bisher seitens der Judikatur angenommnen Definition der anfechtbaren Rechtshandlung als Gesamtvorgang der Vermögensminderung ist der BGH allerdings unlängst in einem Urteil vom 26. Januar 2012[122] abgewichen und hat sich in Bezug auf das Tatbestandmerkmal der Rechtshandlung auch für das Gläubigeranfechtungsrecht der im Insolvenzanfechtungsrecht vorherrschenden Einzelbetrachtungslehre *(s.o. Seite 196 f.)* angeschlossen. In dem dortigen Urteil hat der BGH für die Anfechtung der Änderung einer unwiderruflichen Bezugsberechtigung aus einer Lebensversicherung in ein widerrufliches Bezugsrecht zugunsten derselben begünstigten Personen nunmehr auf die bereits aus dem Insolvenzanfechtungsrecht bekannten Argumente zurückgegriffen und entschieden, dass mehrere Rechtshandlungen des Schuldners auch dann anfechtungsrechtlich selbständig zu betrachten seien, wenn diese gleichzeitig vorgenommen worden seien oder sich wirtschaftlich ergänzen würden[123].

Der Eintritt der Gläubigerbenachteiligung sei damit isoliert mit Bezug auf die konkret angefochtene Minderung des Aktivvermögens zu beurteilen und es seien nur solche Folgen zu berücksichtigen, welche an die betreffende Rechtshandlung selbst anknüpfen[124]. Des Weiteren könnten auch lediglich einzelne, abtrennbare Wirkungen ein und derselben Rechtshandlung angefochten werden, denn einen Rechtsgrundsatz, dass mehreren Rechtswirkungen einer Handlung lediglich ganz oder gar nicht angefochten werden dürften, gebe es nicht[125]. Darüber hinaus äußerste sich der BGH alsdann auch zum Verhältnis dieses Urteils zu seiner oben erörterten – und den nunmehrigen Feststellungen diametral entgegengesetzten – Entscheidung zur isolierten Anfechtbarkeit von Aufrechnungsvereinbarungen vom 23. Oktober 2008 und erklärte diesbezüglich, dass Letztere lediglich einen Sonderfall betroffen habe, in welchem zu keiner Zeit eine Verschlechterung der Zugriffsmöglichkeiten der Gläubiger vorlag[126].

2. Die Interpretation des Tatbestandsmerkmals der anfechtbaren Rechtshandlung in der Literatur

a) Stellungnahmen im Schrifttum zur Anfechtbarkeit konsensualer Aufrechnungen

Während der Judikatur des BGH nach dem oben Dargestellten zumindest einige grundsätzliche Stellungnahmen zur Anfechtbarkeit vertraglich vereinbarter Aufrechnungen zu entnehmen sind und sich dabei – jedenfalls bei Außerachtlassung der eben genannten jüngsten Entscheidung des Gerichts – auch gewisse Leitlinien

122 BGH ZInsO 2012, 485 ff.
123 BGH ZInsO 2012, 485, 487 (Rz. 12).
124 BGH ZInsO 2012, 485, 487 (Rz. 12).
125 BGH ZInsO 2012, 485, 487 (Rz. 12).
126 BGH ZInsO 2012, 485, 487 (Rz. 13).

ausmachen lassen, finden sich in der anfechtungsrechtlichen Literatur bislang nahezu keine spezifischen Ausführungen zu dieser Thematik. Lediglich das zitierte Urteil des BGH aus dem Jahre 2008 ist im Schrifttum noch in gewissem Umfang auf Resonanz gestoßen.

Ein Teil der Literatur ist dabei der Ansicht, dass der seitens des BGH bei Verkauf eines Gegenstandes des Schuldnervermögens mit gleichzeitiger vertraglicher Vereinbarung eines Aufrechnungsrechts angenommene Gesamtvorgang der Veräußerung des Vermögenswerts das an sich zutreffende Ergebnis der Entscheidung nicht tragen könne[127]. Es sei zwar aufgrund der Intention der Insolvenzanfechtung, die Gleichbehandlung aller Gläubiger durchzusetzen, gerechtfertigt, dort einzelne Rechtshandlungen gesondert zu betrachten, womit eine solche Interpretation des Rechtshandlungsbegriffs für die Gläubigeranfechtung jedoch nicht ausgeschlossen sein müsse[128]. Auch im Bereich der Gläubigeranfechtung sei die Herstellung einer Aufrechnungsmöglichkeit als selbständig anfechtbare Rechtshandlung anzusehen und es seien Differenzierungen zwischen beiden Anfechtungsinstituten vielmehr auf der Ebene des Tatbestandsmerkmals der Gläubigerbenachteiligung vorzunehmen, welche in beiden Rechtsgebieten von vornherein unterschiedlich ausgestalten sei und auf die auch zur Begründung der durch den BGH getroffenen Entscheidung abzustellen gewesen wäre[129].

Hiervon abweichend hält eine Einzelmeinung in der Literatur die Entscheidung des BGH aufgrund der unterschiedlichen Rechtsfolgen beider Anfechtungsinstitute zwar grundsätzlich für richtig. Sie wendet allerdings ein, dass dem Wortlaut des § 129 InsO und des § 1 AnfG nicht zu entnehmen sei, dass das Tatbestandsmerkmal der Rechtshandlung für das eine Rechtsinstitut jede einzelne rechtserhebliche Handlung isoliert erfasse, für das andere hingegen nur als Gesamtvorgang zu interpretieren sei und bezweifelt daher, ob auf diese Weise nicht der Rechtshandlungsbegriff des Gläubigeranfechtungsrechts überdehnt werde[130]. Es sei fraglich, ob sich eine unterschiedliche Interpretation allein mit einem Verweis auf die differierenden Zwecke beider Anfechtungsinstitute rechtfertigen lasse, wobei verwunderlich sei, dass der BGH lediglich die Unterschiede zwischen diesen betone, obgleich beide mit den

127 *Kirchhof*, in: MünchKomm AnfG, § 11 Rn. 83; *Onusseit*, ZInsO 2010, 2022, 2025.

128 Vgl. *Onusseit*, ZInsO 2010, 2022, 2025, welcher sich allerdings in seinen Ausführungen zum oben zitierten Urteil des BGH v. 23.10.2008 auf die isolierte Anfechtbarkeit einzelner Wirkungen ein und derselben Rechtshandlung (!) bezieht. Diese Frage stellt sich aber genau besehen in jener Entscheidung gar nicht, da die zugunsten des Erblassers der Anfechtungsgegner begründete Aufrechnungsmöglichkeit nicht schon aus der Veräußerung als solcher resultiert, sondern erst durch die gleichzeitig getroffene Verrechnungsabrede geschaffen wurde, womit es nur darauf ankommen kann, ob diese beiden in ein und demselben Vertrag zusammengefassten Rechtshandlungen selbst isoliert zu betrachten sind oder nicht.

129 *Kirchhof*, in: MünchKomm AnfG, § 11 Rn. 83 sowie hierzu allgemein unter § 1 Rn. 6, 13; *Onusseit*, ZInsO 2010, 2022, 2022, 2025 f.

130 *Völzmann-Stickelbrock*, KTS 2009, 392, 395.

Tatbeständen der Vorsatz- und Schenkungsanfechtung in ihren Zielen vergleichbare Regelungen beinhalten würden, und insofern die Verwandtschaft zwischen diesen Rechtsinstituten unberücksichtigt bliebe[131]. Zur Vermeidung unrichtiger Anträge sei aus den vorgenannten Gründen in Erwägung zu ziehen, die Vorschrift des § 1 AnfG abzuändern und stärker gegenüber der Insolvenzanfechtung abzugrenzen[132].

Der wohl überwiegende Teil der Literatur stimmt mit der oben angeführten Entscheidung des BGH zur Anfechtbarkeit der Herstellung einer Aufrechnungsmöglichkeit hingegen vollumfänglich überein[133]. Das Ergebnis des BGH sei „nicht nur richtig, sondern auch unmittelbar einleuchtend", da die Gläubigeranfechtung dem anfechtenden Gläubiger – welcher im entschiedenen Fall zu keiner Zeit auf die mit der Verrechnungsabrede begründete Kaufpreisforderung hätte zugreifen können – nicht mehr Rechte verschaffen solle, als er vor der anfechtbaren Rechtshandlung hatte, sondern lediglich seine vereitelte Vollstreckungsmöglichkeit wieder zu erschließen habe[134]. In der Insolvenz könne sich der Insolvenzverwalter dabei zwar auf die Unwirksamkeit der Herstellung einer Aufrechnungslage berufen und den als nicht erloschen zu behandelnden Anspruch einklagen, denn die Anfechtung in der Insolvenz diene dem Zweck, Masseverkürzungen zugunsten aller Gläubiger zurückzuführen, weshalb es dort gerechtfertigt sei, nur die gläubigerbenachteiligenden Wirkungen rückgängig zu machen und für die Masse günstige Rechtshandlungen bestehen zu lassen[135]. Diese für das Insolvenzanfechtungsrecht geltende Einzelbetrachtung lasse sich aber nicht auf die Gläubigeranfechtung übertragen, weil diese nur dem anfechtenden Einzelgläubiger, nicht aber der Gläubigergesamtheit diene, weshalb sich dieser sich nicht „die Rosinen herauspicken" können solle, sondern nur den die Vollstreckung konkret vereitelnden Gesamtvorgang anfechten dürfe. Die isolierte Anfechtung einer Aufrechnungsvereinbarung müsse damit im Bereich der Anfechtung nach dem AnfG ausscheiden[136].

b) *Die differierenden Auffassungen zur Reichweite des Rechtshandlungsbegriffs im Allgemeinen*

Die vorstehend dargestellten Auffassungen in Bezug auf die Frage einer isolierten Anfechtbarkeit der Herstellung einer Aufrechnungsmöglichkeit spiegeln dabei zugleich die verschiedenen Ansichten in der Literatur zur Auslegung des Rechtshandlungsbegriffs aus § 1 Abs. 1 AnfG im Allgemeinen wider. So nimmt die eine isolierte Anfechtbarkeit befürwortende Auffassung ganz generell an, dass das Tatbestandsmerkmal der Rechtshandlung in § 129 Abs. 1 InsO und § 1 Abs. 1 AnfG identisch auszulegen sei, weshalb auch in der Einzelgläubigeranfechtung jede

131 *Völzmann-Stickelbrock*, KTS 2009, 392, 395.
132 *Völzmann-Stickelbrock*, KTS 2009, 392, 395.
133 *Huber*, NZI 2009, 70, 71; *Wazlawik*, DZWIR 2009, 79, 80.
134 *Huber*, NZI 2009, 70, 71.
135 *Ganter*, in: FS Görg, S. 169, 183; *Huber*, NZI 2009, 70, 71.
136 *Ganter*, in: FS Görg, S. 169, 183; *Huber*, NZI 2009, 70, 71.

Rechtshandlung selbständig für sich und nicht im Rahmen eines Gesamtvorganges auf ihre Anfechtbarkeit zu überprüfen sei[137]. Dies gelte auch dann, wenn mehrer Rechtshandlungen gleichzeitig vorgenommen oder in einer Urkunde zusammengefasst wurden oder sich wirtschaftlich ergänzen würden[138]. Zur Begründung wird hierbei angeführt, dass die Annahme eines Gesamtvorganges auf einer unrichtigen Gleichsetzung des Tatbestandsmerkmals der Gläubigerbenachteiligung mit dem der Rechtshandlung beruhe. Es komme aber nicht darauf an, ob der gesamte Rechtsvorgang die Gläubigerbenachteiligung ausgelöst habe, sondern nur darauf, ob die betreffende Rechtshandlung zurechenbar eine Benachteiligung der Vollstreckungsgläubiger bewirkt hat[139].

In Abweichung von diesen Grundsätzen soll allerdings auch nach dieser Auffassung ein Übertragungsvorgang als Ganzes die anfechtbare Rechtshandlung darstellen, sofern dieser auf einem einheitlichen Willen des Schuldners beruht[140]. Dies gelte zwar nicht für die Anfechtung von Grund- und Erfüllungsgeschäft, da diese wegen des Abstraktionsgrundsatzes anfechtungsrechtlich gesondert zu betrachten seien[141], greife aber – entsprechend der heute h.L. zur Insolvenzanfechtung *(vgl. o. Seite 189)* – dann, wenn der Schuldner eine Vermögensverschiebung in mehrere rechtlich eigenständige Akte zerlege, sodass erst diese als Gesamtvorgang zu einer Gläubigerbenachteiligung führen[142]. Der Fall sei dies zum einen bei stufenweisen Übertragungsvorgängen, etwa wenn der Schuldner ein Grundstück zunächst wertausschöpfend belaste und alsdann auf einen Dritten übertrage oder wenn der Schuldner einen Vermögenswert zunächst auf einen Angehörigen übertrage und dieser ihn dann planmäßig weiter übereigne[143]. Zum anderen sei ein solcher Gesamtvorgang auch im Gläubigeranfechtungsrecht für den in praxi häufigeren Fall der sog. mittelbaren Zuwendungen anzunehmen, bei welchen eine Vermögensverschiebung durch den Schuldner auf einen Dritten ohne unmittelbare Rechtsbeziehungen zu diesem über eine Mittelsperson erfolge, da hier das schuldnerische Vermögen in Wahrheit wirtschaftlich zugunsten des Dritten verkürzt werde[144].

Die h.L. im Gläubigeranfechtungsrecht ist demgegenüber ganz generell der Ansicht, dass eine Rechtshandlung wegen des Ziels der Gläubigeranfechtung, dem anfechtenden Vollstreckungsgläubiger die Zugriffslage wieder zu erschließen, nicht isoliert der Anfechtung unterliege, sondern vielmehr nur im Rahmen des Gesamtvorganges betrachtet werden dürfe, welcher die Schmälerung des schuldnerischen Vermögens bewirkt, und dass dieser Gesamtvorgang als anfechtbare Rechtshandlung

137 *Kirchhof*, in: MünchKomm AnfG, § 1 Rn. 6, 49; *ders.*, in: FS Haarmeyer, S. 129, 133; vgl. auch *Onusseit*, ZInsO 2010, 2022, 2025.
138 *Kirchhof*, in: MünchKomm AnfG, § 1 Rn. 6.
139 Vgl. *Kirchhof*, in: MünchKomm AnfG, § 1 Rn. 6; *ders.*, in: FS Haarmeyer, S. 129, 133.
140 *Kirchhof*, in: MünchKomm AnfG, § 1 Rn. 51.
141 *Kirchhof*, in: MünchKomm AnfG, § 1 Rn. 53.
142 *Kirchhof*, in: MünchKomm AnfG, § 1 Rn. 55.
143 *Kirchhof*, in: MünchKomm AnfG, § 1 Rn. 56.
144 *Kirchhof*, in: MünchKomm AnfG, § 1 Rn. 58 ff.

i.S.d. § 1 Abs. 1 AnfG anzusehen sei[145]. Darüber hinaus sollen aufgrund der zu Beginn dieses Abschnitts angeführten wirtschaftlichen Betrachtungsweise *(s.o. Seite 208)* auch mehrere Rechtsgeschäfte in ihrer Gesamtheit die anfechtbare Rechtshandlung bilden können, sofern diese nach dem Willen des Schuldners der Herbeiführung eines einheitlichen Erfolgs dienen und in ihrem Zusammenwirken zur Vermögensminderung führen[146], was insbesondere auch hinsichtlich der bereits von vorgenannter Auffassung für einheitlich anfechtbar gehaltenen Rechtsvorgänge der mittelbaren Zuwendungen sowie für gestufte Erwerbsvorgänge gelten soll[147]. Während allerdings die früher h.L. – gleich der h.L. zum Konkursrecht *(s.o. Seite 188 ff.)* – sogar Grund- und Erfüllungsgeschäft als einheitliche Rechtshandlung ansah[148], geht die nunmehr h.L. – insoweit im Einklang mit der oben dargestellten Mindermeinung – bezüglich dieser Rechtsgeschäfte davon aus, dass zumindest diese wegen des Abstraktionsprinzips hinsichtlich ihrer Anfechtbarkeit isoliert zu betrachten seien[149]. Hierbei wird allerdings vereinzelt angenommen, dass diese wegen der im Anfechtungsrecht gebotenen wirtschaftlichen Betrachtungsweise oft gleichwohl eine Einheit darstellen würden[150].

3. *Folgerungen aus der bisherigen Rechtsprechung und h.L. für die Anfechtbarkeit der verschiedenen Varianten von konsensualen Aufrechnungen im Allgemeinen*

Nach der bisher h.L. ist damit die anfechtbare Rechtshandlung i.S.d. § 1 Abs. 1 AnfG für den Bereich der vertraglich vereinbarten Aufrechnung ganz überwiegend nicht

145 *Jaeger*, Die Gläubigeranfechtung außerhalb des Konkursverfahrens, § 1 Anm. 35; *Hess*, Insolvenzrecht, § 1 AnfG Rn. 3 f.: *Huber*, AnfG, § 1 Rn. 12; *Mauer*, Der Anfechtungsprozess Rn. 446; *R. Schmidt*, Begriff der anfechtbaren Rechtshandlung, S. 85; *Warneyer/Bohnenberg*, AnfG, S. 20; krit. *Ch. Paulus*, in: B. Kübler/Prütting/Bork, InsO, Anh. I: AnfG, § 1 Rn. 5.

146 *Baur/Stürner/Bruns*, Zwangsvollstreckungsrecht, Rn. 26.12; *Huber*, AnfG, § 1 Rn. 13; *Nerlich/Niehus*, AnfG, § 1 Rn. 40; *Zeuner*, Die Anfechtung in der Insolvenz, Rn. 377; vgl. auch *Gaul/Schilken/Becker-Eberhard*, Zwangsvollstreckungsrecht, § 35 Rn. 34, welche allerdings eine „wirtschaftliche Betrachtungsweise" ausdrücklich ablehnen.

147 Vgl. hierzu *Gaul/Schilken/Becker-Eberhard*, Zwangsvollstreckungsrecht, § 35 Rn. 32; *Huber*, AnfG, § 1 Rn. 20 ff.; *Nerlich/Niehus*, AnfG, § 1 Rn. 38; *Zeuner*, Die Anfechtung in der Insolvenz, Rn. 377.

148 *Jaeger*, Die Gläubigeranfechtung außerhalb des Konkursverfahrens, § 1 Anm. 35; *Warneyer/Bohnenberg*, AnfG, S. 45.

149 *Baur/Stürner/Bruns*, Zwangsvollstreckungsrecht, Rn. 26.12; *Huber*, AnfG, § 1 Rn. 13.

150 *Huber*, AnfG, § 1 Rn. 13.

in einem einzelnen Rechtsakt, sondern in dem Gesamtvorgang zu sehen, welcher die Schmälerung des dem Vollstreckungsgläubiger zur Verfügung stehenden Schuldnervermögens bewirkt. Wie sich insbesondere aus einer Zusammenschau der Entscheidung des BGH aus dem Jahr 1959 einerseits und der beiden letztgenannten Entscheidungen aus den Jahren 1998 und 2008 sowie der diesbezüglichen Ansichten der Literatur andererseits ergibt, kommt es dabei für die Bestimmung des anfechtungsrelevanten Gesamtvorgangs maßgeblich darauf an, welcher Vermögenswert aus der späteren Vollstreckungsmasse weggegeben wurde.

a) Die Tilgung der Schuldnerforderung als Gesamtvorgang

In der ersten Entscheidung zur Anfechtung konsensualer Aufrechnungen wurde nicht ein Gegenstand aus dem Schuldnervermögen veräußert, sondern an den Vollstreckungsschuldner etwas verkauft und die Kaufpreisforderung zugleich mit einer Forderung des Schuldners im Vertragswege aufgerechnet. Der aus der späteren Vollstreckungsmasse aufgegebene Vermögenswert lag in diesem Fall also in der Forderung des Schuldners gegen den Anfechtungsgegner, mit der Folge, dass der BGH die anfechtbare Rechtshandlung im Gesamtvorgang der Weggabe dieser Forderung, bestehend aus der Begründung der Gegenforderung durch Abschluss des Kaufvertrages und der gleichzeitig vereinbarten Aufrechnung durch Vertrag, gesehen hat. Falls man in dieser Hinsicht der Gesamtvorgangslehre folgen würde, könnte ein entsprechender Gesamtvorgang der Aufgabe einer schuldnerischen Forderung nicht allein dann vorliegen, wenn die Begründung der Gegenforderung und der Abschluss der Aufrechnungsvereinbarung zeitgleich erfolgen, sondern ließe sich vielmehr in allen Varianten der konsensualen Aufrechnung ausmachen.

Dies gilt zunächst einmal für die antizipiert vereinbarte Aufrechnung durch Vertrag, sofern vorher bereits eine Forderung des Schuldners besteht und die vertraglich vorausgesetzte Aufrechnungslage durch Erwerb einer Forderung gegen den Schuldner herbeigeführt wird, da auch dann ein Gesamtvorgang aus schuldrechtlichem Rechtsgeschäft und Tilgung der schuldnerischen Forderung auszumachen wäre. Ein Ähnliches wäre auch für eine mit der Erlangung einer Forderung gegen den Schuldner bewirkte Herstellung einer Aufrechnungsmöglichkeit aufgrund eines Aufrechnungsvoraussetzungsvertrages über künftige Forderungen anzunehmen, wo der anfechtbare Gesamtvorgang ebenfalls in dem Forderungserwerb und der Schaffung einer Aufrechnungsmöglichkeit gesehen werden müsste. Hierbei bleibt allerdings noch offen, ob in dieser Konstellation nicht auch noch die nachfolgende einseitige Aufrechnungserklärung, mit welcher erst die wechselseitigen Tilgungswirkungen herbeigeführt werden, in diesen Gesamtvorgang einzubeziehen wäre.

In beiden vorgenannten Konstellationen bleibt zudem mit Blick auf die Gesamtvorgangslehre offen, ob und inwieweit nicht auch eine vorangegangene antizipierte Aufrechnungsvereinbarung als Teil des Gesamtvorgangs der Forderungstilgung angesehen werden muss. Hierzu gilt es allerdings zu bedenken, dass die h.L. mehrere Rechtsgeschäfte nur dann zu einem Gesamtvorgang zusammenfasst, sofern diese nach dem Willen der Parteien der Bewirkung eines gemeinsamen Ziels dienen und insgesamt die Schmälerung des Schuldnervermögens herbeiführen[151], womit auch auf Basis der h.A. ein Gesamtvorgang lediglich dann vorliegen kann, wenn dieser von einem einheitlichen Erfolgswillen der Beteiligten getragen ist. Für die vorgenannten Konstellationen folgt daraus, dass jedenfalls eine spätere einseitige Aufrechnungserklärung regelmäßig als Bestandteil des Gesamtvorgangs der Forderungstilgung gesehen werden müsste, da ihre Abgabe vom Willen der Aufrechnungsparteien erfasst sein wird, die Forderung des Schuldners zum Erlöschen zu bringen. In Bezug auf die im Voraus getroffene Aufrechnungsvereinbarung wäre hingegen auch auf Basis der h.L. nur dann eine Einbeziehung in den Gesamtvorgang zu bejahen, wenn schon im Zeitpunkt ihres Abschlusses ein entsprechender Wille der Beteiligten zur Tilgung einer Forderung der Vollstreckungsmasse vorlag.

Mit dem eben dargelegten Erfordernis eines einheitlichen Erfolgswillens der Beteiligten ist zugleich für die übrigen Varianten der konsensualen Aufrechnung – also die Aufrechnungsvereinbarungen über bestehende Forderungen – das wesentliche Kriterium für das Vorliegen eines Gesamtvorgangs dargetan. Danach wären die Aufrechnungsvereinbarung sowie – bei Vorliegen eines Aufrechnungsvoraussetzungsvertrages – die nachfolgende einseitige Aufrechnungserklärung mit der vorangegangenen Begründung einer Forderung gegen den Schuldner dann als einheitlicher Gesamtvorgang anzusehen, wenn der Wille der Parteien, dieses Forderungsrecht durch vertragliche Aufrechnung mit einer Forderung des Schuldners zu tilgen, bereits bei Abschluss des Kausalgeschäfts gegeben war. Sofern ein solcher einheitlicher Wille – etwa weil die aufzurechnenden Forderungen in zeitlichem Abstand zum Abschluss des Aufrechnungsvertrages begründet wurden – hingegen nicht festgestellt werden kann, müsste hingegen auch auf Basis der h.L. allein dieser Aufrechnungsvertrag – allenfalls unter Einbeziehung einer nachfolgenden Aufrechnungserklärung – als anfechtbare Rechtshandlung angesehen werden.

Im Ergebnis ist die Frage, ob die anfechtbare Rechtshandlung überhaupt als Gesamtvorgang zu definieren ist und welche Einzelakte jeweils in diesen einzubeziehen sind, für die vorstehend erörterten Konstellationen allerdings nur von untergeordneter Bedeutung, denn unabhängig davon, wie weit man den jeweils anfechtbaren Gesamtvorgang auch fasst, würde stets nur die durch diesen herbeigeführte Tilgung der schuldnerischen Forderung den Gegenstand der Gläubigeranfechtung bilden. Rechtsfolge der Gläubigeranfechtung wäre folglich auch bei Annahme eines Gesamtvorgangs nur, dass der Anfechtungsgegner so zu behandeln ist, als bestünde die Forderung des Vollstreckungsschuldners noch fort, womit der Gläubiger weiterhin in diese vollstrecken könnte und letztlich kaum Unterschiede zur Anfechtung nach der InsO festzustellen wären.

---

151 Vgl. BGH NJW 1992, 834, 835; *Huber*, AnfG, § 1 Rn. 14; *Jaeger*, Die Gläubigeranfechtung außerhalb des Konkursverfahrens, § 1 Anm. 35; *Mauer*, Der Anfechtungsprozess Rn. 446; *Nerlich/Niehus*, AnfG, § 1 Rn. 40; *Zeuner*, Die Anfechtung in der Insolvenz, Rn. 377.

b) Die Veräußerung eines Vermögenswerts des Schuldners als Gesamtvorgang

Weitaus größere Bedeutung erlangt die für das Recht der Gläubigeranfechtung seitens der h.L. vertretene Annahme eines Gesamtvorgangs hingegen in den Fällen, wie sie den beiden letztgenannten Entscheidungen des BGH zugrunde lagen. Dort erwarb nicht der spätere Anfechtungsgegner eine Forderung gegen den Vollstreckungsschuldner, sondern der Schuldner veräußerte an diesen einen ihm gehörenden Vermögenswert und vereinbarte in demselben Vertrag die Aufrechnung der dadurch begründeten Forderung mit einer bereits bestehenden Forderung des Anfechtungsgegners, wodurch der Vollstreckungsgläubiger weder auf den vormaligen Vermögenswert, noch auf die an sich an seine Stelle tretende Forderung des Schuldners zugreifen konnte. Aus der im Jahr 1998 ergangenen Entscheidung des BGH ergibt sich diesbezüglich, dass eine Anfechtung der vertraglichen Aufrechnung grundsätzlich in den Fällen ausgeschlossen ist, in denen die Veräußerung des schuldnerischen Vermögenswerts in Verbindung mit der Aufrechnungsvereinbarung nach dem Willen der Parteien eine bloße Leistung an Erfüllungs Statt für die Forderung des Anfechtungsgegners darstellt, was insoweit auch der h.L. zur Insolvenzanfechtung entspricht *(s.o. Seite 193)*.

Die Annahme eines Gesamtvorgangs ist allerdings nach der jüngsten Entscheidung des BGH aus dem Jahr 2008 für die vertragliche Aufrechnung von Forderungen aus der Veräußerung von Vermögensgegenständen des Schuldners nicht mehr auf das Vorliegen einer Leistung an Erfüllungs Statt beschränkt, sondern soll nach der dort vertretenen Auffassung jedenfalls auch dann vorliegen, wenn der Anfechtungsgläubiger auf die aus der Veräußerung resultierende Forderung niemals hätte zugreifen können. Falls die im Wege der vertraglichen Aufrechnung zum Erlöschen gebrachte Forderung des Schuldners zu keiner Zeit der Vollstreckung offen gestanden hätte, ist also nach Ansicht des BGH nicht der Gesamtvorgang der Forderungstilgung, sondern stets der Gesamtvorgang der Weggabe des Gegenstandes aus dem schuldnerischen Vermögen maßgeblich.

Sofern man ebenfalls diesem Ansatz folgen würde, wäre ein Gesamtvorgang im eben genannten Sinn allerdings wiederum nicht nur in dem der Entscheidung des BGH zugrundeliegenden Fall auszumachen, dass das schuldrechtliche Veräußerungsgeschäft und die vertragliche Aufrechnung in ein und demselben Vertrag vereinbart werden. Ein Gesamtvorgang ließe sich vielmehr zumindest auch dann annehmen, wenn die Forderung aus der Veräußerung eines Gegenstands der späteren Vollstreckungsmasse einem antizipierten Aufrechnungsvertrag unterfällt oder bei einem Aufrechnungsvoraussetzungsvertrag über künftige Forderungen die vereinbarte Aufrechnungslage mit Begründung dieser Forderung hergestellt wird, denn auch hier hätte der Gläubiger in die Forderung des Schuldners zu keiner Zeit erfolgreich vollstrecken können.

Ob und inwieweit darüber hinaus auch der vorangegangene Abschluss der Aufrechnungsvereinbarung sowie – bei einem Aufrechnungsvoraussetzungsvertrag – die spätere einseitige Aufrechnungserklärung als Bestandteil dieses Gesamtvorgangs der Forderungstilgung anzusehen wären, kann sich dabei nach keinen anderen Kriterien bestimmen, wie sie bereits oben für den Gesamtvorgang der Forderungstilgung dargelegt wurden, sodass es auch insoweit auf das Vorliegen eines einheitlichen Willens der Parteien ankommen muss. Für die nachfolgende einseitige Aufrechnungserklärung wird man hiernach regelmäßig davon ausgehen dürfen, dass ein bei Abschluss des Veräußerungsgeschäfts und damit zugleich erfolgter Herstellung der Aufrechnungslage bestehender Wille der Parteien zur Beseitigung des schuldnerischen Gegenstands aus der Vollstreckungsmasse regelmäßig auch noch bei Abgabe der Aufrechnungserklärung durch einen der Beteiligten vorhanden sein wird, weshalb auch diese als Bestandteil des Gesamtvorgangs der Weggabe des Vermögenswerts angesehen werden müsste. Sofern bereits bei Abschluss der antizipierten Aufrechnungsabrede ein einheitlicher Erfolgswille der Parteien dahingehend vorliegt, durch diese eine nachfolgende Tilgung der Forderung aus der Veräußerung von Vermögenswerten des Schuldners zu ermöglichen, müsste auf Basis der h.L. des Weiteren auch diese Vereinbarung in den Gesamtvorgang der Weggabe eines Gegenstandes aus der Vollsteckungsmasse einbezogen werden.

Gänzlich ungeklärt ist hingegen bislang, ob ein Gesamtvorgang der Weggabe eines Vermögenswerts des Vollstreckungsschuldners im eben dargestellten Sinn auch dann angenommen werden kann, wenn der Vollstreckungsgläubiger zunächst auf die Forderung aus dem Veräußerungsgeschäft hätte zugreifen können. Der BGH hat diese Frage in seiner letzten Entscheidung aus dem Jahr 2008 noch offengelassen und – wie oben bereits erwähnt – lediglich festgestellt, dass „jedenfalls dann" von einem Gesamtvorgang auszugehen sein, wenn zu keiner Zeit mit Erfolg in die schuldnerische Forderung hätte vollstreckt werden können. Denkbar ist eine solche Zugriffsmöglichkeit des Vollstreckungsgläubigers allerdings grundsätzlich nur im Bereich der Aufrechnungsvereinbarungen über schon vorher begründete Forderungsrechte oder einer Aufrechnungsvereinbarung über künftige Forderungen, bei welcher zunächst die Veräußerung erfolgt und die Aufrechnungslage erst durch den Erwerb einer Forderung gegen den Schuldner hergestellt wird, da dort im Zeitpunkt der Veräußerung noch keine vollstreckungsfeste Aufrechnungsmöglichkeit entsteht.

Letztlich wird man ausgehend von der Voraussetzung eines einheitlichen Erfolgswillens, wie sie der seitens der h.L. vertretenen Interpretation der anfechtbaren Rechtshandlung als Gesamtvorgang der Vermögensschmälerung zugrunde liegt, auch diese Fälle nicht anders lösen können als die vorstehend erörterten Konstellationen. Von einem Gesamtvorgang der Weggabe eines Gegenstandes aus dem Schuldnervermögen müsste daher auf Basis der h.A. auch dann ausgegangen werden, wenn der Vollstreckungsgläubiger zwischenzeitlich die Forderung aus dem Veräußerungsgeschäft hätte pfänden können, aber bereits der Abschluss des die Forderung begründenden Kausalgeschäfts von dem einheitlichen Willen der Parteien getragen war, diese alsdann im Wege der vertraglich vereinbarten Aufrechnung zum Erlöschen zu bringen, was insbesondere dann anzunehmen sein wird, wenn diese in engem zeitlichem Zusammenhang mit der Forderungsbegründung erfolgt. Soweit dem gegenüber ein solcher einheitlicher Erfolgswille nicht festzustellen ist, müssten indes bei Weggabe von Gegenständen der Vollstreckungsmasse und nachfolgender vertraglicher Verrechnung der daraus resultierenden Forderung auch unter Geltung der Gesamtvorgangstheorie zwei separate Rechtshandlungen im anfechtungsrechtlichen Sinn gegeben sein.

Die eben dargestellte Annahme eines Gesamtvorgangs der Weggabe von Vermögenswerten des Schuldners wäre in ihren anfechtungsrechtlichen Folgen ungleich gravierender als die Annahme eines Gesamtvorgangs der Forderungstilgung, da in diesem Fall die vertragliche Aufrechnung letztlich vom Gesamtvorgang der Veräußerung überlagert würde. Anders als im Rahmen der Insolvenzanfechtung, in welcher sich der Insolvenzverwalter stets nach § 96 Abs. 1 Nr. 3 InsO – ggf. in analoger Anwendung – auf die Unwirksamkeit der Aufrechnung berufen und die Forderung des Schuldners zur Masse ziehen kann, würde in der Gläubigeranfechtung alsdann ausschließlich dieser Gesamtvorgang der Anfechtung unterliegen. Dies hätte zur Folge, dass dem Gläubiger hier nur ein Anspruch auf Duldung der Zwangsvollstreckung in den aufgegebenen Vermögenswert aus § 11 Abs. 1 S. 1 AnfG zukäme und er allein in diesen vollstrecken könnte, was insbesondere für den Bereich der Immobiliarvollstreckung nach §§ 864 ff. ZPO deutlich aufwändiger wäre.

4. *Kritische Stellungnahme*

Bei einem Vergleich der vorstehenden Ausführung mit denen zur anfechtbaren Rechtshandlung i.S.d. § 129 Abs. 1 InsO *(o. Seite 183 ff.)* ist festzustellen, dass für den Bereich des Gläubigeranfechtungsrechts seitens der h.L. nach wie vor die bisherige Interpretation dieses Tatbestandmerkmals als Gesamtvorgang für zutreffend erachtet wird, welche zwar unter Geltung der KO der überwiegenden Auffassung in der Rechtsprechung und der Literatur entsprach, aber für das Recht der Insolvenzanfechtung schon seit geraumer Zeit weitestgehend zugunsten einer Einzelbetrachtung aufgegeben wurde. Im Folgenden wird sich allerdings zeigen, dass der Ansicht der h.L. weder im Hinblick auf die damit verbundene Differenzierung zwischen Insolvenz- und Gläubigeranfechtung noch in Bezug auf die konkrete Auslegung des Tatbestandsmerkmals aus § 1 Abs. 1 AnfG gefolgt werden kann und sich damit auch für die Anfechtung nach dem AnfG die Einzelbetrachtungslehre als der geeignete Maßstab zur Bestimmung der anfechtbaren Rechtshandlung darstellt.

a) *Die par conditio creditorum als untauglicher Differenzierungsgrund zwischen Insolvenz- und Gläubigeranfechtung*

Die seitens der h.L. für das Tatbestandmerkmal der Rechtshandlung in § 1 Abs. 1 AnfG favorisierte Annahme eines Gesamtvorgangs kann zunächst deshalb nicht überzeugen, weil sich bereits die für eine Differenzierung zwischen den Rechtsinstituten der Insolvenz- und Gläubigeranfechtung angeführte Begründung als nicht tragfähig erweist, die Anfechtung nach der InsO diene der Durchsetzung der par conditio creditorum, wohingegen die Anfechtung nach dem AnfG nur einem bestimmten Gläubiger den Vollstreckungszugriff wieder erschließen solle. Die oben im ersten Kapitel vorgenommene Untersuchung des Verhältnisses von Gläubiger- und Insolvenzanfechtung anhand ihrer historischen Entwicklung sowie ihres Sinn und Zwecks hat hierzu gezeigt, dass lediglich die Tatbestände der Deckungsanfechtung aus §§ 130 und 131 InsO auf eine Verwirklichung des Prinzips der par conditio creditorum abzielen und im übrigen beide Anfechtungsinstitute in ihrer generellen Zwecksetzung auf ein identisches Rechtsschutzziel, die Wiederherstellung der Zugriffmöglichkeiten der Gläubiger auf das haftende Vermögen des Schuldners, gerichtet sind, bei welchem die Gläubigergleichbehandlung nur mittelbare Bedeutung dahingehend erlangt, dass diese das nach Rückführung eines Gegenstandes in die Insolvenzmasse zur Anwendung gelangende Verteilungsprinzip darstellt *(s.o. Seiten 60 f., 67 ff.).* Es ist daher nicht so, dass die Insolvenzanfechtung in ihrer Gesamtheit der par conditio creditorum zu dienen bestimmt ist, weshalb dieses Prinzip keine taugliche Rechtfertigungsgrundlage für Differenzierungen in der Auslegung beider Anfechtungsinstitute bilden kann.

Die Ergebnisse des ersten Kapitels der vorliegenden Untersuchung sprechen vielmehr sogar dagegen, in der Auslegung des Tatbestandsmerkmals der Rechtshandlung zwischen den Rechtsgebieten der Gläubiger- und Insolvenzanfechtung zu differenzieren. So war hiernach zum einen festzustellen, dass die Gläubiger- und Insolvenzanfechtung historisch aus einem einheitlichen Anfechtungsinstitut hervorgegangen sind und die den Normen des geltenden AnfG zugrunde liegenden Vorgängerregelungen des Gläubigeranfechtungsrechts stets lediglich im Wege einer im Wesentlichen identischen Regelung beider Anfechtungsinstitute bzw. einer bloßen Übernahme der Anfechtungsbestimmungen der jeweiligen Konkursordnung unter Ausklammerung der besonderen Konkursanfechtung geschaffen wurden, also durchweg mit denen des Konkursrechts weitestgehend identisch waren *(s. hierzu o. Seite 41 ff.).*

Zum anderen beruhen die Vorschriften der Gläubiger- und Insolvenzanfechtung nach den Ausführungen des ersten Kapitels auch auf einem kongruenten Sinn und Zweck, was nicht allein für den bereits oben genannten, generellen Zweck beider Anfechtungsinstitute, sondern auch für die Zielsetzung der in beiden Rechtsgebieten vorgesehenen allgemeinen Anfechtungstatbestände der Vorsatz- und Schenkungsanfechtung gilt *(s. hierzu o. Seite 57 ff., insb. 75 ff.).* Unter Berücksichtigung dieser Feststellungen erscheint es alsdann nicht verständlich, weshalb dem identischen Tatbestandsmerkmal der Rechtshandlung mit der h.L. für den Bereich der Anfechtung nach der InsO eine andere Bedeutung beigemessen werden soll als für diejenige nach dem AnfG, womit es naheliegt, in beiden Rechtsgebieten eine einheitliche Auslegung dieses Tatbestandsmerkmals vorzunehmen. Des Weiteren gilt es diesbezüglich auch zu bedenken, dass – solange die Gesamtbetrachtungslehre auch für das Insolvenz- und Konkursanfechtungsrecht bejaht wurde – dieses Tatbestandsmerkmal ausweislich der bereits dargestellten Ansichten zum früheren Recht in beiden Anfechtungsinstituten auch tatsächlich stets identisch interpretiert wurde. Die nunmehrige Diskrepanz beruht damit an sich lediglich darauf, dass die h.L. hinsichtlich der Dogmatik des Gläubigeranfechtungsrechts den nach hier vertretener Auffassung richtigen Wechsel hin zur Einzelbetrachtung *(vgl. o. Seite 196)* bislang noch nicht mitzuvollziehen bereit war.

Neben diesen generellen Einwänden gegen eine Differenzierung zwischen Gläubiger- und Insolvenzanfechtung kommt hinzu, dass sich mit der seitens der h.L. angeführten Begründung, die Insolvenzanfechtung diene der Verwirklichung der par conditio creditorum, die Gläubigeranfechtung hingegen aber lediglich der

Wiedererschließung der Zugriffslage, auch gar nichts für die hier in Rede stehende Auslegung des Tatbestandsmerkmals der Rechtshandlung gewinnen lässt. Es sagen nämlich weder das Ziel einer Verwirklichung der der par conditio creditorum, noch das der Wiederherstellung einer vereitelten Zugriffsmöglichkeit etwas darüber aus, ob die anfechtbare Rechtshandlung als Einzelakt oder als Gesamtvorgang zu interpretieren ist, vielmehr lässt sich grundsätzlich jede dieser Auslegungsvarianten mit den vorgenannten Zielsetzungen in Einklang bringen. Wenn überhaupt, so ließe sich insoweit noch eher auf das mit dem Tatbestandsmerkmal der Rechtshandlung in der Insolvenz- und Gläubigeranfechtung gleichermaßen verbundene Regelungsziel abstellen, möglichst alle Arten von rechtserheblichen Maßnahmen anfechtungsrechtlich erfassen zu können. Hieraus wird aber allgemein gefolgert, dass dieses Tatbestandsmerkmal der Rechtshandlung grundsätzlich weit zu interpretieren sei *(vgl. hierzu Seiten 178, 207)*, womit allenfalls grundsätzlich auf eine Einschränkung desselben durch die Annahme eines Gesamtvorganges zu verzichten wäre.

Ebenso kann dabei auch das von einem Teil der h.L. vorgebrachte Argument nicht überzeugen, dass die Insolvenzanfechtung der Gläubigergesamtheit zugute komme, weshalb es dort gerechtfertigt sei, die Interessen eines Gläubigers, gegen den sich die Anfechtung richtet, zurücktreten zu lassen und lediglich einzelne gläubigerbenachteiligende Wirkungen anzufechten, wohingegen sich ein Gläubiger in der Einzelanfechtung nicht „die Rosinen herauspicken" dürfen solle, da es dort gerade nicht auf die Befriedigung einer Gruppe von Gläubigern ankomme. Gegen diesen Begründungsansatz spricht zum einen, dass es gar keine Frage des Rechtshandlungsbegriffes, sondern der Gläubigerbenachteiligung ist, gegen welche Beeinträchtigungen der Insolvenz- bzw. Vollstreckungsmasse sich die Anfechtung zu richten hat und daher wenn dann auf dieses Tatbestandsmerkmal abgestellt werden muss. Zum anderen ist es nach einhelliger Auffassung weder Aufgabe der Insolvenz- noch der Gläubigeranfechtung, dem Anfechtenden Vorteile zu verschaffen, die er ohne die anfechtbare Rechtshandlung nicht gehabt hätte[152], weshalb es diesem entgegen der vorgenannten Auffassung im Grunde unter keinem der beiden Anfechtungsinstitute erlaubt werden kann, sich im Rahmen der Anfechtung einer Rechtshandlung lediglich „die Rosinen herauszupicken" und daher auch auf diesen Aspekt keine Differenzierung gestützt werden kann.

b) Einwände gegen eine Auslegung des Tatbestandsmerkmals der Rechtshandlung aus § 1 Abs. 1 AnfG im Sinne eines Gesamtvorgangs

Des Weiteren kann die Interpretation als Gesamtvorgang nicht allein aufgrund der damit verbundenen Abweichung von den Regeln der Insolvenzanfechtung, sondern auch im Hinblick auf das Tatbestandsmerkmal der Rechtshandlung in § 1 Abs. 1 AnfG selbst im Wesentlichen nicht als zutreffend erachtet werden und

152 Vgl. (zur KO bzw. InsO) BGHZ 86, 349, 355; BGH WM 1971, 908, 909; NJW 1983, 1123, 1124; *Kayser*, in: MünchKomm InsO, § 129 Rn. 76; *Kreft*, in: HK-InsO, § 129 Rn. 37; (zum AnfG) *Kirchhof*, in: MünchKomm AnfG, § 1 Rn. 67.

ist daher insgesamt für das Recht der Gläubigeranfechtung abzulehnen. Zunächst einmal sei hierzu nochmals darauf hingewiesen, dass sich die Annahme eines Gesamtvorganges auch im Bereich der Anfechtung nach dem AnfG jedenfalls nicht aus dem seitens der Judikatur und der h.L. mehrfach angesprochenen Kriterium der wirtschaftlichen Betrachtungsweise herleiten lässt, da dieses – wie bereits im Eingang zu diesem Abschnitt festgestellt – den normativen Gehalt der anfechtungsrechtlichen Normen nicht zu determinieren vermag *(s.o. Seite 179 f.)*. Im Übrigen wurden die Argumente gegen die Auslegung des Rechtshandlungsbegriffs als einen aus mehreren Einzelakten bestehenden Gesamtvorgang schon im Rahmen der entsprechenden Ausführungen zum Tatbestandsmerkmal der Rechtshandlung aus § 129 Abs. 1 InsO eingehend dargetan *(s.o. Seite 190 ff.)*, weshalb diese hier lediglich noch einmal in den wesentlichen Aspekten kurz in Erinnerung gerufen werden sollen.

So ist es nach den dortigen Ausführungen bereits mit dem Wortsinn und in der Konsequenz mit den Erfordernissen der Rechtssicherheit und Rechtsklarheit nur schwerlich in Einklang zu bringen, wenn man unter den Begriff der „Rechtshandlung" auch eine Mehrheit von an sich selbständigen Rechtshandlungen zu subsumieren sucht. Hinzu kommt, dass eine Interpretation als Gesamtvorgang auch gar nicht eindeutig wäre, da sich auch im Gläubigeranfechtungsrecht bisweilen ganz verschiedene Einheiten von Rechtshandlungen konstruieren lassen, was sich insbesondere im Hinblick auf den im Jahre 2008 durch den BGH für das Gläubigeranfechtungsrecht entschiedenen Fall der Veräußerung von Gegenständen der späteren Vollstreckungsmasse unter Herstellung einer vertraglichen Aufrechnungsmöglichkeit zugunsten des Vertragspartners des Schuldners zeigt, wo im Grunde sowohl ein Gesamtvorgang der Weggabe des Vermögensgegenstandes als auch ein solcher der konsensualen Aufrechnung in Betracht gezogen werden könnte.

Den eben genannten Einwänden lässt sich dabei entgegen der oben dargestellten Einzelmeinung im Schrifttum freilich auch nicht auf die Weise begegnen, dass man zum Zwecke der Vermeidung einer Überdehnung des Rechtshandlungsbegriffs sowie einer besseren Abgrenzung zu der an sich gleichlautenden, aber nach h.L. anders auszulegenden Vorschrift des § 129 Abs. 1 InsO eine Änderung und Präzisierung des Rechtshandlungsbegriffs in § 1 Abs. 1 AnfG für notwendig hält. Wenn und soweit – wie hier – die Auslegung einer Norm mit deren Wortlaut nurmehr schwer zu vereinen ist, kann es zweifellos nicht richtig sein, hieraus eine Fehlerhaftigkeit bzw. Modifizierungsbedürftigkeit der Rechtsvorschrift selbst herleiten zu wollen, sondern es ist vielmehr darüber nachzudenken, ob nicht vielmehr ebenjene Auslegung als falsch angesehen werden muss und gegebenenfalls von dieser Abstand zu nehmen.

Das Hauptproblem der Gesamtvorgangslehre liegt allerdings auch für das Recht der Gläubigeranfechtung darin, dass diese letztlich das Verhältnis von anfechtbarer Rechtshandlung und durch sie bewirkter Gläubigerbenachteiligung verkennt und von einer Gleichsetzung beider Tatbestandsmerkmale ausgeht[153]. Wie bereits in den

153 So für die Anfechtung nach dem AnfG auch *Kirchhof*, in: MünchKomm AnfG, § 1 Rn. 53; *ders.*, in: FS Haarmeyer, S. 129, 133.

entsprechenden Ausführungen zur Insolvenzanfechtung dargelegt, ist es jedoch dogmatisch unzutreffend, eine Kongruenz beider Begriffe anzunehmen, denn jedenfalls für das Vorliegen einer mittelbaren Gläubigerbenachteiligung genügt es, wenn die jeweilige Rechtshandlung, ohne dessen alleinige Ursache zu sein, mit dem nachteiligen Rechtserfolg derart in Zusammenhang steht, dass sie eine notwendige Bedingung für dessen Eintritt im Sinne der conditio-sine-qua-non-Formel darstellt.

Insgesamt ist damit für das Tatbestandsmerkmal der Rechtshandlung in § 1 Abs. 1 AnfG gleichfalls weitgehend von einer Interpretation als Gesamtvorgang Abstand zu nehmen und auch hier eine Einzelbetrachtung der jeweiligen Rechtshandlungen anzustellen. Entsprechend den Feststellungen zur anfechtbaren Rechtshandlung i.S.d. § 129 Abs. 1 InsO *(s.o. Seite 192)* sowie in Übereinstimmung mit der eine Einzelbetrachtung für das Gläubigeranfechtungsrecht grundsätzlich bejahenden Mindermeinung in der Literatur wird man allerdings auch für die Anfechtung nach dem AnfG in besonders gelagerten Ausnahmefällen, namentlich der Fallgruppe der mittelbaren Zuwendungen, nicht umhin kommen, eine Gesamtbetrachtung mehrerer einzelner Rechtshandlungen gleichwohl zuzulassen, um überhaupt einen Erwerb des Anfechtungsgegners aus dem Vermögen des Vollstreckungsschuldners bejahen zu können.

c) Die Einzelbetrachtung als zutreffender Maßstab zur Bestimmung der anfechtbaren Rechtshandlung bei konsensualen Aufrechnungen

Mit diesen Ausführungen sind zugleich die Argumente gegen eine Gesamtbetrachtung im Hinblick auf die der Anfechtung von im Konsens vorgenommenen Aufrechnungen nach dem AnfG dargetan, da für diesen Bereich nichts anderes gelten kann als für die Auslegung des Tatbestandsmerkmals der Rechtshandlung aus § 1 Abs. 1 AnfG im Allgemeinen. Neben den vorstehend dargelegten Einwänden in Bezug auf die auch für die vertragliche Aufrechnung überwiegend angenommene Interpretation der anfechtbaren Rechtshandlung als Gesamtvorgang spricht dabei in der Fallgruppe der Veräußerung eines Vermögensgegenstandes des Schuldners gegen die Annahme eines Gesamtvorganges des Weiteren das bereits im Rahmen der Ausführungen zum Insolvenzrecht vorgebrachte Argument, dass durch eine Gesamtbetrachtung auch die Verschiedenheit der durch die Einzelakte vorgenommenen Zuwendungen übergangen bzw. eingeebnet würde. Denn der Anfechtungsgegner erhält durch die Weggabe eines Gegenstandes aus dem Schuldnervermögen nicht allein die Zuwendung dieses Vermögensgegenstandes – die sich bei Berücksichtigung des Abstraktionsgrundsatzes ohnehin in zwei Zuwendungen unterteilt: die für die Gläubigeranfechtung mangels Gläubigerbenachteiligung für sich genommen irrelevante Zuwendung eines schuldrechtlichen Anspruchs und die nachfolgende Zuwendung des geschuldeten Vermögenswerts –, sondern er erlangt mit dem vertraglichen Aufrechnungsrecht darüber hinaus auch die Zuwendung einer Sicherung bzw. Befriedigung für ein ihm zustehendes Forderungsrecht gegen den Schuldner, welche sich in ihrem Inhalt deutlich von den vorgenannten Zuwendungen unterscheidet *(vgl. hierzu in Bezug auf die Insolvenzanfechtung o. Seite 92 f.)*.

Hinzu kommt – wie bereits kurz in den Ausführungen zum Insolvenzanfechtungsrecht angemerkt wurde –, dass mit dem Abstellen auf einen Gesamtvorgang der Weggabe eines Gegenstandes aus dem Schuldnervermögen auch die eigentliche anfechtungsrechtliche Problematik dieser Aufrechungskonstellation verkannt wird, denn im Kern betreffen die Differenzen um die Auslegung des Tatbestandsmerkmals der Rechtshandlung in diesem Fall die Frage, welcher Vermögenswert – der veräußerte Gegenstand oder die im Wege der Aufrechnung getilgte Forderung – dem Vollstreckungszugriff des Gläubigers wieder zu Verfügung zu stellen ist. Dieses Problem hat aber im Grunde mit der Interpretation des Rechtshandlungsbegriffs als Einzelakt oder als Gesamtvorgang gar nichts zu tun, sondern ist vielmehr unter dem Tatbestandsmerkmal der Gläubigerbenachteiligung zu beurteilen. Insoweit ist danach zu fragen, ob die Vollstreckungsmöglichkeiten des Gläubigers durch die Weggabe des Vermögenswerts oder durch die Herbeiführung einer Aufrechnungsmöglichkeit in Bezug auf die Forderung aus dem Veräußerungsgeschäft vereitelt wurden *(s. hierzu nachfolgend Seite 287 ff.)*[154].

In diese Richtung geht an sich zum einen schon die Argumentation des BGH in seiner oben dargestellten Entscheidung vom 23. Oktober 2008, in welcher er ausführt, dass die Isolierung einer Verrechnungsabrede von dem Gesamtvorgang der Veräußerung eines Vermögensgegenstandes des Schuldners jedenfalls dann nicht in Betracht komme, wenn der Gläubiger zu keiner Zeit erfolgreich in die Forderung aus der Veräußerung vollstrecken hätte können[155]. Ganz ähnlich äußert sich zum anderen die jüngste Entscheidung des BGH zur anfechtbaren Rechtshandlung im Gläubigeranfechtungsrecht vom 26. Januar 2012, wenn dort erklärt wird, dass die vorgenannte Entscheidung aus dem Jahr 2008 lediglich den Sonderfall betroffen habe, dass die Zugriffsmöglichkeiten der Gläubiger zu keinem Zeitpunkt verschlechtert worden waren[156]. Gerade in diesen beiden Entscheidungen zeigt sich, dass der BGH mit seiner Argumentation schlichtweg beim falschen Tatbestandsmerkmal ansetzt, denn ob und inwieweit ein Vollstreckungsgläubiger überhaupt zu irgendeinem Zeitpunkt auf den aufgegebenen Vermögenswert hätte zugreifen können, ist ersichtlich keine Frage der Definition des Rechtshandlungsbegriffs, sondern eben des Vorliegens einer Gläubigerbenachteiligung.

Jedenfalls mit der jüngsten Entscheidung des BGH vom 26. Januar 2012, in welcher er zur Bestimmung der anfechtbaren Rechtshandlung ebenfalls auf die Einzelbetrachtungslehre abstellt, dürfte nunmehr wohl aber auch im Hinblick auf das Recht der Gläubigeranfechtung der Zeitpunkt gekommen sein, ab dem an der für die Insolvenzanfechtung schon seit geraumer Zeit aufgegebenen Gesamtbetrachtung auch für dieses Rechtsgebiet nicht mehr festzuhalten ist. Bemerkenswert ist dabei an dieser Entscheidung, dass der BGH zur Begründung seiner Auffassung

---

154 Ähnlich *Kirchhof*, in: MünchKomm AnfG, § 11 Rn. 83 sowie in Ansätzen auch *Onusseit*, ZInsO 2010, 2022, 2025.

155 Nachweis unter Fn. 116.

156 Nachweis unter Fn. 126.

ausschließlich auf Urteile zum Insolvenzanfechtungsrecht rekurriert – also genau jenen Gleichlauf in der Interpretation beider Anfechtungsinstitute aufnimmt, wie er in der bisherigen Untersuchung für richtig erachtet wurde. Zumindest ist aber nach dieser Entscheidung für die Anfechtbarkeit vertraglich vereinbarter Aufrechnungen festzuhalten, dass zur Bestimmung der anfechtbaren Rechtshandlung in der Gläubigeranfechtung nach dem gegenwärtigen Stand der Rechtsprechung ebenfalls jede einzelne Rechtshandlung gesondert zu prüfen ist und folglich eine Beurteilung als Gesamtvorgang im oben dargestellten Sinn auch in keiner der verschiedenen Konstellationen der vertraglichen Aufrechnung in Betracht kommen kann.

Insgesamt ergibt sich damit, dass im Bereich der Anfechtung von im Konsens vorgenommenen Aufrechnungen nach dem AnfG ebenfalls nicht auf einen Gesamtvorgang abzustellen ist, sondern auch hier eine Einzelbetrachtung der diesen Gesamtvorgang konstituierenden Rechtshandlungen vorgenommen muss. Hieraus folgt zunächst, dass es für die Anfechtung eines auf vertraglicher Grundlage vorgenommenen Aufrechnungsvorgangs als solchem nicht auf einen Gesamtvorgang der Tilgung der Schuldnerforderung ankommt und vielmehr wie im Rahmen der Insolvenzanfechtung die je nach konkreter Aufrechnungskonstellation vorliegenden Einzelakte – also etwa der Abschluss des Aufrechnungsvertrages, die Herstellung der Aufrechnungsmöglichkeit sowie gegebenenfalls der Vollzug der Aufrechnung – jeweils gesondert auf ihre Anfechtbarkeit zu überprüfen sind. Nichts anderes gilt aber auch in den Konstellationen, wie sie in den letzten beiden der eingangs dargestellten Entscheidungen des BGH zur Anfechtung zu entscheiden waren, also in denen ein Gegenstand des Schuldnervermögens veräußert und die daraus resultierende Forderung des Schuldners im Wege der vertraglichen Aufrechnung mit einer bereits bestehenden Forderung des Vertragspartners getilgt wird. Auch hier ist nach den vorstehenden Ausführungen nicht auf einen Gesamtvorgang der Weggabe des Vermögensgegenstandes des Schuldners im Sinne der h.L. abzustellen, sondern es sind entsprechend der Einzelbetrachtungslehre sowohl die Einzelakte der Veräußerung als auch die der konsensualen Aufrechnung als jeweils eigenständige Rechtshandlungen anzusehen.

An dieser Betrachtung ändert sich dabei im Übrigen auch dann nichts, wenn das Veräußerungsgeschäft und die vertragliche Aufrechnung zugleich oder gar in einem Vertrag vorgenommen wurden, da die Rechtshandlungen nach den Grundsätzen der Einzelbetrachtung auch dann separat auf ihre Anfechtbarkeit hin zu untersuchen sind, wenn diese gleichzeitig erfolgten oder in einer Urkunde zusammengefasst wurden *(vgl. zur InsO o. Seite 196)*[157]. Entsprechend der bereits zum Insolvenzanfechtungsrecht genannten Ausnahme sowie der oben dargestellten Entscheidung des BGH vom 19. November 1998[158] ist in der vereinbarten Aufrechnung allerdings dann keine Rechtshandlung zu sehen, wenn der Wille der Parteien bei Abschluss

157 BGH ZInsO 2012, 485, 487; *Kirchhof*, in: MünchKomm AnfG, § 1 Rn. 49.
158 Nachweis unter Fn. 109.

des Kaufvertrages tatsächlich auf eine Leistung an Erfüllungs Statt auf die bereits bestehende Forderung des Vertragspartners des Schuldners gerichtet war. Denn hier liegt – wie bereits erläutert – in Wahrheit gar keine Aufrechnung vor, gegen welche die Anfechtung gerichtet werden könnte, sodass insoweit nur eine Anfechtung der Veräußerung des Vermögensgegenstandes in Betracht kommen kann *(vgl. zur InsO o. Seite 194)*[159].

III. Die im Rahmen der Gläubigeranfechtung in Betracht kommenden Einzelakte bei vertraglich vereinbarten Aufrechnungen

Nach den eben gefundenen Ergebnissen ist damit das Tatbestandsmerkmal der Rechtshandlung im Rahmen der Anfechtung nach dem AnfG einerseits und der Anfechtung nach der InsO andererseits nach identischen Kriterien zu bestimmen. Für die Anfechtung von konsensualen Aufrechnungen folgt hieraus zugleich, dass der nunmehr noch festzustellende Kreis der Einzelakte, welche dabei den Rechtshandlungsbegriff des § 1 Abs. 1 AnfG erfüllen, jedenfalls dem Grunde nach demjenigen entspricht, wie er in Bezug auf das parallele Tatbestandsmerkmal ermittelt wurde, sodass insoweit überwiegend auf die dortigen Ergebnisse verwiesen werden kann *(s. hierzu o. Seite 197 ff.).*

1. Grundsätzliche Beschränkung der Gläubigeranfechtung auf Rechtshandlungen des Schuldners

Eine Einschränkung ergibt sich aber daraus, dass der Gläubigeranfechtung – mit Ausnahme der Anfechtungstatbestände der §§ 6 und 6a AnfG – nach dem Wortlaut des § 1 Abs. 1 AnfG mit seiner Begrenzung durch das Genitivattribut „des Schuldners“ im Gegensatz zur Vorschrift des § 129 Abs. 1 InsO nur Rechtshandlungen unterliegen, deren Urheber der Vollstreckungsschuldner selbst ist[160]. Aus diesem Grunde sind aus dem Spektrum der den Rechtshandlungsbegriff erfüllenden Einzelakte für den Bereich der Anfechtung nach dem AnfG von vornherein diejenigen Rechtshandlungen als anfechtungsrechtlich irrelevant auszuscheiden, welche nicht vom Schuldner, sondern von einem Dritten vorgenommen wurden.

Grundsätzlich genügt es dabei allerdings, wenn der nachteilige Rechtserfolg durch die Rechtshandlung des Schuldners in irgendeiner Weise mit herbeigeführt wurde[161].

---

159 Vgl. auch *Kirchhof*, in: MünchKomm AnfG, § 1 Rn. 57.

160 *Huber*, AnfG, § 1 Rn. 16 sowie *Baur/Stürner/Bruns*, Zwangsvollstreckungsrecht, Rn. 26.14; *Jaeger*, Die Gläubigeranfechtung außerhalb des Konkursverfahrens, § 1 Anm. 48; *Kirchhof*, in: MünchKomm AnfG, § 1 Rn. 27; *Mauer*, Der Anfechtungsprozess Rn. 446; *Nerlich/Niehus*, AnfG, § 1 Rn. 36; *Ch. Paulus*, in: B. Kübler/Prütting/Bork, InsO, Anh. I: AnfG, § 1 Rn. 6.

161 *Baur/Stürner/Bruns*, Zwangsvollstreckungsrecht, Rn. 26.14; *Kirchhof*, in: MünchKomm AnfG, § 1 Rn. 27; vgl. auch *Nerlich/Niehus*, AnfG, § 1 Rn. 37.

Es ist daher nicht erforderlich, dass die durch den Schuldner vorgenommene Rechtshandlung die einzige Ursache für den Eintritt der gläubigerbenachteiligenden Wirkungen ist, vielmehr reichen auch bloße Mitwirkungs- oder Ermöglichungsbeiträge des Schuldners aus, um eine Anfechtbarkeit begründen zu können[162]. Zu fordern ist hierbei indes, dass der nach dem Normzweck des jeweiligen Anfechtungstatbestandes erforderliche Ursachenzusammenhang zwischen Rechtshandlung und nachteiligem Rechtserfolg gewahrt bleibt[163].

2. *Aufrechnung durch Vertrag über bestehende Forderungen*

Die anfechtungsrelevanten Einzelakte der Aufrechnung durch Vertrag über bereits existierende Forderungsrechte oder einen entsprechenden aufschiebend bedingten Aufrechnungsvertrag decken sich weitgehend mit denjenigen, wie sie für das Insolvenzanfechtungsrecht festgestellt wurden. Eine Rechtshandlung i.S.d. § 1 Abs. AnfG liegt auch hier zunächst mit denjenigen Rechtsgeschäften vor, durch welche die im Vertragswege zur Aufrechnung gestellten Forderungen begründet oder erworben wurden. Soweit der Erwerb einer Aufrechnungsforderung nicht durch ein Rechtsgeschäft zwischen den Partnern des Aufrechnungsvertrages, sondern durch eine Vereinbarung mit einem Dritten – insbesondere eine Zession – erfolgt, gilt es dabei allerdings für das Recht der Gläubigeranfechtung zu bedenken, dass ein solches Rechtsgeschäft wegen der vorgenannten Beschränkung auf Rechtshandlungen des Schuldners nur dann eine anfechtbare Rechtshandlung darstellen kann, wenn der Vollstreckungsschuldner selbst an dieser beteiligt war, womit etwa Zessionen zwischen dem anderen Teil des Aufrechnungsvertrages und einem Dritten ausscheiden. Des Weiteren kann freilich auch der zwischen den Parteien geschlossene Aufrechnungsvertrag selbst, mit welchem die aufrechnungsmäßige Tilgung der wechselseitigen Forderungsrechte – regelmäßig unter Abbedingung der Voraussetzungen der gesetzlichen Aufrechnung – vereinbart wird, eine anfechtbare Rechtshandlung i.S.d. § 1 Abs. 1 AnfG darstellen.

Diese Grundsätze gelten auch dann, wenn die Forderung des Schuldners durch die Veräußerung eines ihm gehörenden Vermögensgegenstandes begründet wurde, da die diesem Vorgang zugrundeliegenden Einzelakte nach den Feststellungen des vorangegangenen Abschnitts gleichfalls isoliert zu betrachten sind. Allerdings ist zu berücksichtigen, dass hier neben die vorgenannten Rechtshandlungen als weitere anfechtungsrelevante Rechtshandlung des Schuldners noch die Verfügung über den ihm gehörenden Vermögensgegenstand hinzutritt.

---

162 *Kirchhof*, in: MünchKomm AnfG, § 1 Rn. 164; *Ch. Paulus*, in: B. Kübler/Prütting/Bork, InsO, Anh. I: AnfG, § 1 Rn. 6; vgl. auch (zur InsO) BGH ZInsO 2015, 2180, 2181.

163 *Kirchhof*, in: MünchKomm AnfG, § 1 Rn. 164.

3. Aufrechnung existenter Forderungen aufgrund eines Aufrechnungsvoraussetzungsvertrages

Die eben dargestellten Einzelakte lassen sich darüber hinaus in gleicher Weise im Rahmen der Aufrechnung aufgrund eines Aufrechnungsvoraussetzungsvertrages über bereits bestehende Forderungen ausmachen. Die in dieser Fallgruppe überdies mit in Betracht zu ziehende einseitige Aufrechnungserklärung stellt allerdings aufgrund der Beschränkung auf Rechtshandlungen des Schuldners für das Gläubigeranfechtungsrecht nur dann eine anfechtungsrelevante Rechtshandlung dar, wenn diese durch den Schuldner selbst vorgenommen wurde.

Anders als in der Insolvenzanfechtung lässt sich eine anfechtungsrechtliche Bedeutung der einseitige Aufrechnungserklärung aber jedenfalls nicht schon mit dem Argument verneinen, dass die Rechtsfolgen der Anfechtbarkeit bereits auf die Herstellung der Aufrechnungslage abstellen würden, da dem Gläubigeranfechtungsrecht eine dem § 96 Abs. 1 Nr. 3 InsO vergleichbare Regelung gerade fehlt. Die Anfechtbarkeit der Aufrechnungserklärung für die Anfechtung der Aufrechung aufgrund eines Aufrechnungsvoraussetzungsvertrages bestimmt sich insoweit vielmehr danach, ob dieser im Hinblick auf das im folgenden Kapitel zu prüfende Tatbestandsmerkmal der Gläubigerbenachteiligung eine eigenständige gläubigerbenachteiligende Wirkung im Verhältnis zur Herstellung der Aufrechnungslage zukommt.

4. Aufrechnungsvereinbarungen über künftige Forderungen

a) Allgemeines

Des Weiteren konstituieren sich auch die antizipierte Aufrechnung durch Vertrag und die Aufrechnung aufgrund eines Aufrechnungsvoraussetzungsvertrages über künftige Forderungen aus demselben Kreis vom Rechtshandlungen, welcher soeben für die vertragliche Aufrechnung bestehender Forderungsrechte festgestellt wurde, da sich diese Varianten – wie schon in den Ausführungen zur Insolvenzanfechtung erwähnt – lediglich in der Reihenfolge von Forderungsbegründung und Abschluss der Aufrechnungsvereinbarung unterscheiden. Als anfechtbare Rechtshandlungen sind damit auch hier grundsätzlich der Abschluss des Aufrechnungsvertrages und die Begründung bzw. der unter Beteiligung des Schuldners erfolgte Erwerb der aufzurechnenden Forderungen – insbesondere derjenigen, durch welche die Aufrechnungslage hergestellt wird – in Betracht zu ziehen, wobei für die Aufrechnung aufgrund eines Aufrechnungsvertrages als weitere anfechtungsrelevante Rechtshandlung noch eine einseitige Aufrechnungserklärung des Schuldners hinzukommen kann. Hierzu sei nochmals darauf hingewiesen, dass bei Herstellung einer Aufrechnungsmöglichkeit durch ein Verpflichtungsgeschäft eine eigenständige Rechtshandlung nach der hier vertretenen Einzelbetrachtung auch dann vorliegt, wenn dieses auf die Veräußerung eines Wertgegenstandes des Schuldnervermögens gerichtet ist. Wie bereits zur Insolvenzanfechtung festgestellt, ist hingegen im Bereich der antizipierten Aufrechnung durch Vertrag die mit Bedingungseintritt der wechselseitigen Forderungsentstehung erfolgende Aufrechnung als solche nicht als weitere anfechtungsrelevante Rechtshandlung anzusehen, da sich diese ohne Zutun der Parteien automatisch vollzieht und zudem ohnehin weit überwiegend mit der Herstellung der Aufrechnungsmöglichkeit zusammenfällt.

b) Die Rechtshandlung des Schuldners bei Herbeiführung einer vorab vereinbarten vertraglichen Aufrechnungsmöglichkeit

Soweit im Bereich der antizipiert getroffenen Aufrechnungsvereinbarungen der gläubigerbenachteiligende Rechtserfolg nicht bereits mit dem Abschluss des jeweiligen Aufrechnungsvertrages, sondern – was weit überwiegend der Fall sein wird – erst mit der Herbeiführung der Aufrechnungslage eintritt, erlangt hier allerdings stärker als in den bisherigen Konstellationen die Beschränkung des Gläubigeranfechtungsrechts auf Rechtshandlungen des Schuldners Bedeutung.

Hier ist eine eigene Rechtshandlung des Schuldners jedenfalls dann gegeben, wenn die Forderung, deren Entstehung die Aufrechnungslage herbeiführt, durch den Abschluss eines gegenseitigen Vertrages zwischen Schuldner und Insolvenzgläubiger begründet wird. Soweit die Herstellung der Aufrechnungsmöglichkeit hingegen nicht aus dem Abschluss eines Kausalvertrages resultiert, sondern etwa – wie bereits oben angeführt – durch eine Zession zwischen dem Anfechtungsgegner und einem Dritten herbeigeführt wurde, kann eine schuldnerische Rechtshandlung allenfalls in der im Voraus getroffenen Aufrechnungsabrede selbst oder in der Begründung der ersten von beiden Aufrechnungsforderungen liegen. Diese wären unter Hinzutreten der späteren Schaffung der Aufrechnungsmöglichkeit grundsätzlich als mittelbar gläubigerbenachteiligende, also die Benachteiligung des Vollstreckungsgläubigers äquivalent kausal mitverursachende Rechtshandlungen des Schuldners anzusehen, die nach den oben dargestellten Grundsätzen an sich zur Begründung einer Anfechtung ausreichen würden.

Im Hinblick auf die im Rahmen der Gläubigeranfechtung von vertraglichen Aufrechnungen primär relevante Vorsatzanfechtung ist allerdings zu bezweifeln, ob es unter Berücksichtigung des Normzwecks, welcher nach den oben allgemein zum Erfordernis der Rechtshandlung des Schuldners getätigten Ausführungen die maßgebliche Grenze für die Bejahung eines Ursachenzusammenhangs darstellt, gerechtfertigt ist, schon aufgrund einer der eben genannten, vorgelagerten Handlungen eine Anfechtung bezüglich der späteren Begründung einer Aufrechnungsmöglichkeit durchgreifen zu lassen. Würde man dies annehmen, so wäre die Herstellung einer im Voraus vereinbarten Aufrechnungsmöglichkeit bereits dann anfechtbar, wenn der Schuldner zwar bei Abschluss des zugrundeliegenden Aufrechnungsvertrages oder bei unter seiner Beteiligung erfolgter Begründung der ersten von beiden aufzurechnenden Forderungen noch gar keinen Gläubigerbenachteiligungsvorsatz hatte, sofern nur dieser Vorsatz mit diesbezüglicher Kenntnis des anderen Teils bis zur Herbeiführung der Aufrechnungslage durch den Anfechtungsgegner hinzutritt.

Gegen eine derart weite Interpretation des objektiven Tatbestandes der Vorsatzanfechtung spricht allerdings, dass damit jede spätere Herbeiführung der Aufrechnungsmöglichkeit schon deshalb als dem Schuldner zurechenbare Rechtshandlung anzusehen wäre, weil der Schuldner zumindest an der vorherigen Aufrechnungsvereinbarung – und ggf. an der Begründung der zuerst entstehenden Aufrechnungsforderung – beteiligt war, womit jedenfalls für den Bereich der im Voraus vereinbarten Aufrechnung letztlich jedes Verhalten des Anfechtungsgegners eine Anfechtung eröffnen könnte und das Tatbestanderfordernis einer nachteiligen Rechtshandlung gerade des Schuldners im Grunde fast völlig aufgegeben würde[164]. Hinzu kommt, dass seitens der h.L. im Hinblick auf die Anfechtbarkeit von Zwangsvollstreckungsmaßnahmen einzelner Gläubiger eine eigene Rechtshandlung des Schuldners nur bei einer selbstbestimmten mitwirkenden Handlung desselben, aber nicht etwa schon deshalb bejaht wird, weil dieser die zu vollstreckende Forderung mitbegründet hat[165], weshalb es wenig einsichtig erschiene, dem gegenüber im Bereich der antizipiert geschlossenen Aufrechnungsvereinbarungen jedwede mittelbar nachteilige Rechtshandlung vor Herstellung der Aufrechnungsmöglichkeit ausreichen zu lassen.

Insbesondere kann aber nicht unberücksichtigt bleiben, dass der Tatbestand der Vorsatzanfechtung nach seinem Sinn und Zweck Schmälerungen der Vollstreckungsmasse zurückführen soll, die auf einer in Bezug auf seine Gläubiger sozial inadäquaten Handlung des späteren Schuldners beruhen und insoweit stets den Vorwurf eines missbilligenswerten Verhaltens gegenüber diesem impliziert *(vgl. o. Seite 76 f.)*[166]. Ein sozial inadäquates Verhalten lässt sich indes hinsichtlich des antizipierten Abschlusses einer Aufrechnungsvereinbarung oder der Begründung eines Forderungsrechts ohne Schaffung einer Aufrechnungsmöglichkeit jedenfalls nicht generell feststellen, da diese Handlungen im Grunde den üblichen Verhaltensweisen im Geschäftsverkehr entsprechen, weshalb es auch aus teleologischer Warte nicht überzeugen kann, allein aufgrund der eben genannten Beiträge des Schuldners eine eigene nachteilige Rechtshandlung desselben annehmen zu wollen.

Insbesondere aufgrund des eben angeführten Normzwecks der Vorsatzanfechtung erscheint es daher erforderlich, als Rechtshandlung des Schuldners nicht jeden mittelbar nachteiligen Verursachungsbeitrag ausreichen zu lassen. Vielmehr ist darauf abzustellen, ob die später eintretenden gläubigerbenachteiligenden Wirkungen insgesamt noch als Resultat eines verantwortungsgesteuerten und insoweit als missbilligenswert vorwerfbaren Handelns gerade des Schuldners angesehen werden

---

164 Vgl. hierzu den Einwand von *Bork*, in: FS Fischer, S. 37, 50 zur Einordnung des Abschlusses des Girovertrages als Rechtshandlung des Schuldners im Hinblick auf die Anfechtbarkeit der Herstellung einer Verrechnungslage im Bankkontokorrent nach § 133 Abs. 1 InsO.

165 Vgl. *Kirchhof*, in: MünchKomm AnfG, § 1 Rn. 29 f. Vgl überdies zur InsO: BGHZ 155, 75, 79, 83; 162, 143, 147 ff.; *Bork*, in: B. Kübler/Prütting/Bork, InsO, § 133 Rn. 10 f.; *dens.*, in: Bork, Handbuch der Insolvenzanfechtung, Teil 3, Kap. 5 Rn. 10 f.; *ders.*, in: FS Fischer, S. 37, 49; *Huber*, in: Gottwald, Insolvenzrechts-Handbuch, § 48 Rn. 5; *dens.*, in: Graf-Schlicker, InsO, § 133 Rn. 8 f.; *Kayser*, in: MünchKomm InsO, § 133 Rn. 9 f.; *Rogge/Leptien*, in: HambKomm InsO, § 133 Rn. 6.

166 Vgl. (zu § 133 InsO) *Bork*, in: FS Fischer, S. 37, 49.

können[167], was nur dann gegeben sein kann, wenn bereits die Mitwirkungshandlung des Schuldners mit dem Vorsatz der Gläubigerbenachteiligung erfolgt[168]. Im Hinblick auf die Herstellung einer im Voraus vereinbarten Aufrechnungsmöglichkeit kann unter dieser Prämisse eine gläubigerbenachteiligende Rechtshandlung gerade des Schuldners allein aufgrund vorgelagerter Handlungen wie dem Abschluss der zugrundeliegenden Aufrechnungsvereinbarung oder der Begründung der ersten von beiden Aufrechnungsforderungen nur dann angenommen werden, wenn dieser bereits im Zeitpunkt des jeweiligen Vertragsschlusses mit dem Vorsatz der Gläubigerbenachteiligung gehandelt hat. Denn die spätere Aufrechnungsmöglichkeit lässt sich nur dann noch als dem Schuldner vorwerfbare Rechtswirkung begreifen, wohingegen im Übrigen eine Vorsatzanfechtung mangels eigener Rechtshandlung des Schuldners ausscheiden muss. Dasselbe muss mit Ausnahme des Bankkontokorrents auch für die Begründung einer Verrechnungsbefugnis im Kontokorrent angenommen werden, da hinsichtlich der diese konstituierenden Rechtshandlungen eine weitgehende Ähnlichkeit zu den eben dargestellten Aufrechnungslagen aufgrund einer im Voraus getroffenen Vereinbarung besteht.

Die eben dargelegten Anforderungen gelten grundsätzlich auch für das Vorliegen einer Rechtshandlung des Schuldners bei Herbeiführung einer antizipiert vereinbarten Aufrechnungsmöglichkeit im Rahmen der Schenkungsanfechtung, obgleich dieser im Rahmen der Anfechtung konsensualer Aufrechnung ohnehin nur geringe Bedeutung zukommt, da eine unentgeltliche Leistung nur dann vorliegt, wenn die auf diesem Wege gesicherte oder befriedigte Forderung des anderen Teils auf eine unentgeltliche Leistung des Schuldners gerichtet ist *(s. hierzu nachf. Seite 377 f.)*. Ein Teil der insolvenzrechtlichen Literatur nimmt zwar an, dass auch rein einseitige Zugriffsakte von Gläubigern auf das schuldnerische Vermögen eine unentgeltliche Leistung darstellen können, da allein die objektiv unentgeltliche Vermögensentäußerung beim Schuldner maßgeblich sei, womit es auf das Vorliegen einer Rechtshandlung des Schuldners gar nicht ankäme[169]. Diese Ansicht ist allerdings mit dem klaren Wortlaut der §§ 134 Abs. 1 InsO, 4 Abs. 1 AnfG nicht zu vereinen[170] und widerspricht in gewissem Maße auch deren Zweck, freigiebige Verfügungen des Schuldners zurückzuführen, da es bei einseitigen Zugriffen an sich gerade an einem freigiebigen Akt des Schuldners mangelt. Aus diesen Gründen ist auch für die Schenkungsanfechtung ein Mitwirkungsakt des Schuldners zu fordern, vermöge dessen die Weggabe eines

167 Ähnlich (zu § 133 InsO) auch *Bork*, in: FS Fischer, S. 37, 49.

168 Vgl. *Kirchhof*, in: MünchKomm AnfG, § 1 Rn. 184; vgl. überdies zur InsO *Kayser*, in: MünchKomm InsO, § 129 Rn. 171.

169 *Dauernheim*, in: FK-InsO, § 134 Rn. 6; *Henckel*, in: Jaeger, InsO, § 134 Rn. 38 f.

170 *Kirchhof*, in: MünchKomm AnfG, § 1 Rn. 184, § 4 Rn. 11 sowie zur InsO: *Bork*, in: B. Kübler/Prütting/Bork, InsO, § 134 Rn. 33 f.; *ders.*, in: Bork, Handbuch der Insolvenzanfechtung, Teil 3, Kap. 6 Rn. 34; *Ede/Hirte*, in: Uhlenbruck/Hirte/Vallender, InsO, § 134 Rn. 16; *Kayser*, in: MünchKomm InsO, § 134 Rn. 11; *Nerlich*, in: Nerlich/Römermann, InsO, § 134 Rn. 36.

Vermögensgegenstandes noch als verantwortungsgesteuerte unentgeltliche Leistung gerade des Schuldners angesehen werden kann[171].

Soweit eine unentgeltliche Verpflichtung des Schuldners gegeben ist, liegt ein die Schenkungsanfechtung eröffnender Mitwirkungsakt zunächst dann vor, wenn die Aufrechnungslage durch Abschluss des unentgeltlichen Vertrages selbst hergestellt wurde, der die damit begründete Sicherung bzw. Befriedigung zu einer unentgeltlichen Leistung werden lässt. Umgekehrt ist jedenfalls bei bereits bestehender unentgeltlicher Forderung des Gläubigers jede Begründung oder jeder anderweitige Erwerb einer Forderung des Vollstreckungsschuldners, mit welcher die Aufrechnungslage eintritt, als unentgeltliche Leistung des Schuldners anfechtbar. In diesen beiden Konstellationen stellt sich indes die Frage nach dem Ausreichen bloßer Mitwirkungsakte schon von vornherein nicht, da der Schuldner hier ohnehin stets an der Herbeiführung der Aufrechnungsmöglichkeit beteiligt ist.

Eine ohne unmittelbare Mitwirkung des Schuldners erfolgte Herstellung einer Aufrechnungsmöglichkeit ist insoweit nur bei Zession einer zugunsten eines Dritten begründeten unentgeltlichen Verbindlichkeit an den Gläubiger bei schon bestehender Forderung des Schuldners denkbar. In diesem Fall kann allerdings weder in der vorab getroffenen Aufrechnungsvereinbarung noch in der Begründung oder dem Erwerb der Schuldnerforderung ein ausreichender Mitwirkungsakt gesehen werden. Denn der Schuldner wollte hier niemals dem Gläubiger unentgeltlich eine Aufrechnungsmöglichkeit verschaffen, sondern dem Dritten unentgeltlich eine Leistung zuwenden, weshalb allein durch diese vorgelagerten Handlungen eine später ohne Beteiligung des Schuldners herbeigeführte Aufrechnungslage noch nicht zu einem von ihm verantwortbaren Akt freigiebiger Vermögensverfügung wird. Im Ergebnis ist daher die Herbeiführung einer Aufrechnungsmöglichkeit in Ermangelung anfechtbarer Mitwirkungsakte des Schuldners als unentgeltliche Leistung grundsätzlich nur bei unmittelbarer Beteiligung desselben anfechtbar.

5. *Die geringe Bedeutung des Herbeiführens der Fälligkeit sowie des Werthaltigmachens der Schuldnerforderung*

Dem bisweilen für die Insolvenzanfechtung gesetzlicher Aufrechnung als eigenständige Rechtshandlung anerkannten Bewirken der Fälligkeit der aufzurechnenden Forderungen kann im Rahmen der Anfechtung vertraglicher Aufrechnungen nach dem AnfG schon deshalb keine große Bedeutung zukommen, weil die darunter gefassten Rechtshandlungen regelmäßig solche des Vertragspartners des Schuldners sind und damit per se als anfechtungsrelevante Rechtshandlungen ausscheiden müssen. Hinzu kommt nach den Ausführungen zur Insolvenzanfechtung, dass die vertraglich festgelegte Aufrechnungslage aufgrund der Vereinbarung der Parteien regelmäßig unabhängig von einer Fälligkeit der Forderungen eintritt und es daher

171 Vgl. *Kirchhof*, in: MünchKomm AnfG, § 4 Rn. 11; (zur InsO) *Bork*, in: B. Kübler/Prütting/Bork, InsO, § 134 Rn. 33; *Kayser*, in: MünchKomm InsO, § 134 Rn. 11.

auf dieses Erfordernis auch nur dann ankommen kann, wenn die Vertragspartner die Fälligkeit der Forderungen auch für die konsensuale Aufrechnung vorausgesetzt haben, ohne die Herstellung der Fälligkeit also noch gar keine Aufrechnungsmöglichkeit besteht.

Ein Ähnliches gilt zudem für das seitens der h.L. zum Insolvenzanfechtungsrecht sowie einer Ansicht zur Gläubigeranfechtung[172] als selbständig anfechtbare Rechthandlung anzusehende Werthaltigmachen der Forderung des Schuldners. Eine eigenständige Relevanz vermag das Werthaltigmachen vergleichbar dem eben erörterten Bewirken der Fälligkeit zwar zunächst dann zu erlangen, wenn die Parteien den Eintritt der Aufrechnungsmöglichkeit von dem Erfordernis der Werthaltigkeit abhängig gemacht haben. Im Übrigen kann das Werthaltigmachen einer Forderung nach den diesbezüglichen Feststellungen zur Insolvenzanfechtung aber nur dann bedeutsam sein, wenn dieses zwischen der Herstellung der Aufrechnungsmöglichkeit und der aufrechnungsmäßigen Tilgung der gegenseitigen Forderungsrechte erfolgt.

In den übrigen Fällen würde hingegen entweder die Aufrechnungslage von vornherein mit der in ihrem Wert gestiegenen Forderung entstehen oder gar kein Forderungsrecht mehr vorliegen, weshalb im Ergebnis das Werthaltigmachen lediglich für die Aufrechnung aufgrund eines Aufrechnungsvoraussetzungsvertrages nach Eintritt der Aufrechnungslage als separate Rechtshandlung in Betracht kommen kann. Wie bereits zur Insolvenzanfechtung festgestellt, erscheint es indes grundsätzlich etwas zweifelhaft, ob das Werthaltigmachen auch ohne eine auf dieses abstellende Vereinbarung der Parteien als anfechtungsrelevante Rechtshandlung angesehen werden kann, da die Aufrechnungslage alsdann unabhängig von diesem Erfordernis eintritt und mit dem Werthaltigmachen insoweit keinerlei Rechtswirkungen verbunden sind. Sofern man dem entgegen im Hinblick auf die Aufrechnung aufgrund eines Aufrechnungsvoraussetzungsvertrages das Werthaltigmachen gleichwohl als eigenständige Rechtshandlung ansehen will, ist die anfechtungsrechtliche Bedeutung des Werthaltigmachens – wie bereits oben zur gleichfalls dem Eintritt der Aufrechnungslage nachfolgenden einseitigen Aufrechnungserklärung dargelegt – dann aber jedenfalls nicht deshalb als gering anzusehen, weil die Rechtsfolgen der Gläubigeranfechtung von vornherein nur an die Herstellung der Aufrechnungslage anknüpfen würden. Vielmehr kommt es auch hier darauf an, ob diesem Werthaltigmachen neben der Aufrechnungslage ein eigenständiger gläubigerbenachteiligender Gehalt zukommt.

6. Kontokorrentverrechnung

a) Die anfechtungsrelevanten Rechtshandlungen im Bereich der Kontokorrentverrechnung

In Bezug auf die Verrechnung im Kontokorrent kann grundsätzlich ebenfalls weitgehend auf die Ausführungen zur Insolvenzanfechtung verwiesen werden. Als für die Anfechtung der Kontokorrentverrechnung unbedeutend auszuscheiden sind

172 *Kirchhof*, in: MünchKomm AnfG, § 1 Rn. 138.

danach zunächst einmal auch hier der Geschäftsvertrag, die Kontokorrentabrede und der Feststellungs- und Anerkenntnisvertrag nach Ermittlung des Saldo, da diese nicht mit der Verrechnung als solcher in Zusammenhang stehen. Für die Anfechtung von Kontokorrentverrechnungen nach dem AnfG kommt es insoweit wiederum auf den antizipiert abgeschlossenen Verrechnungsvertrag sowie insbesondere – da der Verrechnungsvertrag selbst noch nicht die Tilgung der Kontokorrentforderungen herbeiführt – auf diejenigen Rechtshandlungen an, durch welche die konkrete Verrechnungsmöglichkeit hergestellt wird, also jeder Erwerb einer Forderung gegen den Schuldner in einem kreditorischen Kontokorrent und jede Eingehung einer Verbindlichkeit gegenüber dem Schuldner in einem debitorischen Kontokorrent.

Im Hinblick auf den kontokorrentrechtlichen Hauptanwendungsfall des Bankkontokorrents kommen nach den Ausführungen zur Anfechtung nach der InsO bei Gutschriften auf einem im Debet befindlichen Kontokorrent als anfechtungsrelevante Rechtshandlungen sowohl die Deckungsverschaffung zugunsten des Kreditinstituts des Vollstreckungsschuldners als auch die nachfolgende Gutschrifterteilung in Betracht, bei Belastungen eines kreditorischen Kontos hingegen nur die Entstehung des Aufwendungsersatzanspruchs der Bank, nicht aber die Belastungsbuchung als solche, da selbige nur von deklaratorischer Bedeutung ist. Auch für die Kontokorrentverrechnung liegt hingegen wiederum keine anfechtbare Rechtshandlung in der Verrechnung als solcher, da diese mit dem Eintritt der Verrechnungslage – so bei Staffelkontokorrent – oder mit dem Ende der Rechnungsperiode – so beim Periodenkontokorrent – automatisch vollzogen wird. Überdies ist entsprechend den Ausführungen zur Insolvenzanfechtung auch in der „Verrechnung" zu einem Tagessaldo keine anfechtungsrelevante Rechtshandlung zu sehen, denn diese stellt eine bloße rechnerische Ermittlung des Postensaldo der Tagesbuchungen dar und zeitigt damit neben der diesen Postensaldo begründenden Verrechnungslage keine eigenständigen Rechtswirkungen.

b) Auswirkungen des Erfordernisses einer Rechtshandlung des Schuldners

Wesentlich bedeutsamer als für den bereits erörterten Bereich der antizipierten Aufrechnungsvereinbarungen, bei welchen eine Herstellung der Aufrechnungsmöglichkeit ohne Beteiligung des Schuldners nur ausnahmsweise vorliegt, ist in Bezug auf die eben genannte Rechtshandlung der Deckungsverschaffung bzw. Gutschrifterteilung bei einem debitorischen Kontokorrent allerdings das Problem, dass im Rahmen des § 1 Abs. 1 AnfG nur eine Rechtshandlung des Schuldners der Anfechtung unterliegen kann. Die ergibt sich daraus, dass eine Rechtshandlung des Schuldners zwar bei Belastungsbuchungen in einem kreditorischen Kontokorrent fast immer – jedenfalls mit einer unmittelbar vorgelagerten Handlung wie der Erteilung einer Lastschriftermächtigung[173]

173 Vgl. hierzu *Kirchhof*, in: MünchKomm AnfG, § 1 Rn. 28; (zur InsO) BGH NZI 2003, 253, 257; *Bork*, Zahlungsverkehr in der Insolvenz Rn. 315; *Kayser*, in: MünchKomm InsO, § 133 Rn. 8.

oder eines Überweisungsauftrages[174] – bejaht werden kann, sofern man von Belastungen wegen eigener Ansprüche des Vertragspartners – etwa aufgrund von Kosten- oder Zinsansprüchen – absieht. Eine Urheberschaft des Schuldners in Bezug auf die Erlangung einer Deckung bzw. Gutschrift kann dem gegenüber nur bei einer Bareinzahlung sowie der Einreichung eines Schecks oder einer Lastschrift durch den Vollstreckungsschuldner angenommen werden[175], sie fehlt aber gerade bei Überweisungen oder Bareinzahlungen eines Dritten[176].

In Bezug auf die Herstellung einer Verrechnungsmöglichkeit durch Überweisungen oder Bareinzahlungen eines Dritten ist damit wiederum danach zu fragen, inwieweit andere, die Verrechnungslage mit verursachende Rechtshandlungen des Schuldners eine Anfechtung begründen können. Entgegen einer vereinzelt vertretenen Auffassung[177] ginge es dabei aber jedenfalls deutlich zu weit, für die Herbeiführung einer Verrechnungslage im Kontokorrent eine Anfechtbarkeit generell mit dem Argument zu bejahen, dass diese mit der Kontokorrentabrede stets auf einer Rechtshandlung des Schuldners beruhe, welche sich für jede einzelne Kontokorrentposition im Vornahmezeitpunkt aktualisiere, da dies nichts daran zu ändern vermag, dass der Eintritt der konkreten Verrechnungslage nicht durch ein willensgetragenes Verhalten des Schuldners bewirkt wurde. Maßgeblich können vielmehr nur diejenigen Kriterien sein, wie sie bereits oben für die Aufrechnungsvereinbarungen über künftige Forderungen dargestellt wurden, wobei vorliegend aber lediglich die Regeln zur Vorsatzanfechtung in den Blick zu nehmen sind, da die zur Verrechnung gestellten Forderungen des Kreditinstituts gegen den Schuldner stets eine entgeltliche Leistung zum Gegenstand haben und damit eine Schenkungsanfechtung von vornherein nicht in Betracht kommen kann *(s. allgemein hierzu nachf. Seite 377 ff.).*

Nach diesen Grundsätzen kann in der antizipiert getroffenen Kontokorrentabrede oder dem zugleich geschlossenen Verrechnungsvertrag noch keine Rechtshandlung des Schuldners im Sinne der Vorsatzanfechtung gesehen werden, da diese kein missbilligendes Verhalten des Schuldners gegenüber seinen Gläubigern darstellen, es sei denn, der Schuldner hat bereits in diesem Zeitpunkt mit dem Vorsatz gehandelt, seine Gläubiger zu benachteiligen[178]. Aus demselben Grund kann die spätere Begründung

---

174 *Kirstein*, ZInsO 2014, 1921, 1928.

175 (Zur InsO) *Bork*, Zahlungsverkehr in der Insolvenz Rn. 315, 374, 466; *ders.*, in: FS Fischer, S. 37, 48; *Heublein*, ZIP 2000, 161, 165; *Jacoby*, in: Bork, Handbuch der Insolvenzanfechtung, Teil 7, Kap. 16 Rn. 50; *Kirstein*, in: Haarmeyer/Huber/Schmittmann, Praxis der Insolvenzanfechtung, Teil IV Rn. 57; *Peschke*, Die Insolvenz des Girokonteninhabers, S. 209.

176 (Zur InsO) *Tinnefeld*, Auf- und Verrechnungsmöglichkeit von Kreditinstituten, S. 365.

177 BGH NZI 2013, 804, 804; *Kirstein*, ZInsO 2012, 709, 713; *ders.*, ZInsO 2014, 1921, 1928.

178 Anders (zur InsO) *Bork*, in: FS Fischer, S. 37, 50, der nicht auf die Verrechnungslage, sondern allein auf die Entgegennahme der Zahlungseingänge abstellt und daher in Bezug auf die Kontokorrentabrede und den Verrechnungsvertrag – von ihm wohl entsprechend der Terminologie der h.L. als Kontokorrentabrede bezeichnet

der Verrechnungslage auch nicht allein aufgrund des Abschlusses des zu Beginn der Kontokorrentbeziehung geschlossenen Girovertrages, vermöge dessen das Kreditinstitut zur Entgegennahme von Zahlungseingängen zugunsten des Schuldners berechtigt und verpflichtet ist, als Rechtshandlung des Schuldners interpretiert werden[179].

Eine anfechtungsrechtlich relevante Rechtshandlung des Schuldners im Sinne der Vorsatzanfechtung liegt insoweit auch hier nur vor, wenn der Schuldner einen Verursachungsbeitrag zur Herstellung der Verrechnungsmöglichkeit geleistet hat, dessenthalben sich diese insgesamt zumindest auch als missbilligenswertes, weil gegenüber dem Gläubiger sozial inadäquates Verhalten darstellt. Dies ist der Fall, wenn der Schuldner die Überweisung oder Bareinzahlung des Dritten dadurch bewirkt, dass er diesen gerade zur Zahlung auf das sich im Debet befindliche Konto auffordert und damit die Grundlage für die spätere Verrechnungsmöglichkeit der Bank legt[180]. Dabei reicht es allerdings noch nicht aus, wenn der Schuldner lediglich seine Bankverbindung auf einem Briefpapier oder einer Rechnung mitgeteilt hat, da dies für sich genommen der Praxis des üblichen Geschäftsverkehrs entspricht und folglich noch kein missbilligenswertes Verhalten des Schuldners darstellt[181]. Des Weiteren genügt es auch nicht, dass der Schuldner lediglich dadurch zum Entstehen der Verrechnungslage beiträgt, dass er ein im Debet befindliches Konto schlicht weiterführt[182]. Darüber hinaus ist in Bezug auf Überweisungen oder Einzahlungen Dritter eine eigene Rechtshandlung des Schuldners aber auch durch ein – nach § 1 Abs. 2 AnfG der Rechtshandlung gleichgestelltes – Unterlassen desselben denkbar, etwa wenn der Schuldner trotz entsprechender Möglichkeit Zahlungsströme nicht auf ein kreditorisches Konto umleitet[183], wobei in diesen Fällen ein Nachweis

---

(vgl. hierzu Kapitel 2, Fn. 209) – eine ursächliche Rechtshandlung schon deshalb verneint, weil diese Rechtsgeschäfte nicht Grundlage der Entgegennahme von Zahlungseingängen sind. Diese Begründung erscheint aber insofern etwas zweifelhaft, als die Entgegennahme der Zahlungseingänge nur eine von mehreren ursächlichen Rechtshandlungen für den Eintritt der Verrechnungslage ist, zu denen aber jedenfalls dem Grunde nach auch das im Voraus getroffene Verfügungsgeschäft des Verrechnungsvertrages zu rechnen ist.

179 (Zur InsO) *Bork*, in: FS Fischer, S. 37, 50.

180 *Kirchhof*, in: MünchKomm AnfG, § 1 Rn. 28; (zur InsO) *Bork*, Zahlungsverkehr in der Insolvenz Rn. 210; *Heublein*, ZIP 2000, 161, 165; *Kayser*, in: MünchKomm InsO, § 133 Rn. 8; *Kirstein*, in: Haarmeyer/Huber/Schmittmann, Praxis der Insolvenzanfechtung, Teil IV Rn. 57; *ders.*, ZInsO 2012, 709, 710; *Obermüller*, ZInsO 1998, 252, 256; *Peschke*, Die Insolvenz des Girokonteninhabers, S. 208 f.

181 (Zur InsO) BGH ZIP 1996, 2080, 2081; *Bork*, in: FS Fischer, S. 37, 50; *Jacoby*, in: Bork, Handbuch der Insolvenzanfechtung, Teil 7, Kap. 16 Rn. 50; a.A. *Kirstein*, ZInsO 2012, 709, 710.

182 *Kirchhof*, in: MünchKomm AnfG, § 1 Rn. 28; (zur InsO) *Bork*, Zahlungsverkehr in der Insolvenz Rn. 210.

183 (Zur InsO) *Kirstein*, ZInsO 2012, 709, 711.

des subjektiven Tatbestandes im Sinne eines bewussten Nichthandelns zumeist nur sehr schwer zu führen sein wird[184].

7. *Anfechtbarkeit separater Wirkungen einer Rechtshandlung im Rahmen der Gläubigeranfechtung*

Abschließend stellt sich auch für das Gläubigeranfechtungsrecht die Frage, inwieweit lediglich einzelne Rechtsfolgen ein und derselben Rechtshandlung im Wege der Anfechtung beseitigt werden können. Einer derartigen Teilanfechtung kommt entsprechend den diesbezüglichen Ausführungen zum Insolvenzanfechtungsrecht *(s.o. Seiten 203 ff.)* im Hinblick auf die Anfechtbarkeit konsensualer Aufrechnungen dann Bedeutung zu, wenn man diese mit der h.L. als Teil eines einheitlichen Gesamtvorganges betrachtet. Denn hier ließe auf diese Weise womöglich doch noch eine isolierte Anfechtbarkeit der vertraglichen Aufrechnung erreichen, was insbesondere dann zu anderen Ergebnissen führen könnte, wenn die vertragliche Aufrechnung als Teil des oben erörterten Gesamtsvorgangs der Weggabe eines Vermögenswerts des Schuldners anzusehen wäre. Soweit man hingegen mit der hier für zutreffend befundenen Einzelbetrachtungslehre auch für die Anfechtung nach dem AnfG von vornherein die eigenständige Anfechtbarkeit jeder einzelnen Rechtshandlung bejaht, kann diese Problematik nur dann relevant werden, wenn bei einem antizipierten Aufrechnungsvertrag oder einem Aufrechnungsvoraussetzungsvertrag über künftige Forderungen die Aufrechnungsmöglichkeit durch einen gegenseitigen Vertrag herbeigeführt wird, da dieser neben der Verpflichtung des Schuldners auch die aufrechnungsmäßige Sicherung bzw. Befriedigung des anderen Teils bewirkt.

Im Allgemeinen wird für die Möglichkeit einer Teilanfechtung im Rahmen des Gläubigeranfechtungsrechts von der h.L. ähnlich der entsprechenden Ansicht zum Insolvenzanfechtungsrecht vertreten, dass eine Rechtshandlung grundsätzlich nur als Ganzes angefochten werden könne und eine teilweise Anfechtung nur dann zulässig sei, wenn sich die an sich einheitliche Rechtshandlung in mehrere, voneinander unabhängige Teilhandlungen zerlegen lasse[185]. Insbesondere ist es danach regelmäßig ausgeschlossen, nur eine einzelne Vertragsbestimmung der Anfechtung zu unterwerfen, vielmehr soll insoweit nur der Vertrag als Ganzes anfechtbar sein[186]. Dieser Ansatz der h.L. erscheint grundsätzlich richtig, allerdings gilt es hierbei wie bereits zur Insolvenzanfechtung zu bemängeln, dass Gegenstand der Anfechtung auch im Gläubigeranfechtungsrecht nicht die Rechtshandlung als solche, sondern die durch diese bewirkten gläubigerbenachteiligenden Rechtsfolgen sind, weshalb es

---

184 Vgl. (zur InsO) *Bork*, in: FS Fischer, S. 37, 51.

185 RGZ 114, 206, 210; BGHZ 30, 238, 241; 77, 250, 255 f.; *Hess*, Insolvenzrecht, § 11 AnfG Rn. 63; *Huber*, AnfG, § 11 Rn. 33; *Jaeger*, Die Gläubigeranfechtung außerhalb des Konkursverfahrens, § 1 Anm. 35; *Nerlich/Niehus*, AnfG, § 1 Rn. 41; *Warneyer/Bohnenberg*, AnfG, S. 49; *Zeuner*, Die Anfechtung in der Insolvenz, Rn. 377.

186 *Jaeger*, Die Gläubigeranfechtung außerhalb des Konkursverfahrens, § 1 Anm. 35; *Kirchhof*, in: MünchKomm AnfG, § 11 Rn. 25; *Warneyer/Bohnenberg*, AnfG, S. 49.

für eine Teilanfechtung nur darauf ankommen kann, ob die betreffende Rechtshandlung mehrere, voneinander abtrennbare Rechtswirkungen herbeiführt oder nicht[187].

In Bezug auf die Herbeiführung einer Aufrechnungslage durch einen gegenseitigen Vertrag wird dabei bisweilen vertreten, dass das Vertragsgeschäft hier nur in seinem gesamten Umfang der Anfechtung unterworfen werden könne[188]. Diese Ansicht muss allerdings mittlerweile als überholt angesehen werden, denn es spricht nichts dagegen, die einschlägige jüngere Judikatur des BGH zur Insolvenzanfechtung, derzufolge die Herstellung einer Aufrechnungslage isoliert angefochten werden kann, auch auf die Anfechtung nach dem Anfechtungsgesetz übertragen. Vielmehr greift hier in gleicher Weise das seitens des BGH zur Begründung angeführte Argument, dass die Herbeiführung einer Aufrechnungsmöglichkeit eine die Forderung des anderen Teils sichernde und vom Vorliegen eines entgegengerichteten Forderungsrechts abhängige mittelbare Wirkung darstellt, welche zu der unmittelbaren Rechtsfolge der Forderungsbegründung hinzutritt und von dieser als eigenständige Rechtswirkung zu unterscheiden ist. Aus diesem Grunde ist auch für die Anfechtung nach dem AnfG davon auszugehen, dass die Herstellung einer Aufrechnungslage durch den Abschluss eines Kausalgeschäfts als isolierte Rechtswirkung den Gegenstand der Anfechtung bilden kann[189], womit für diese Konstellationen anfechtungsrechtlich im Ergebnis nichts anderes gilt, als wenn die Aufrechnungsmöglichkeit durch eine separate Rechtshandlung herbeigeführt wird.

C. Resümee

Die Untersuchung hat in diesem Kapitel ergeben, dass zur Bestimmung des Tatbestandsmerkmals der Rechtshandlung sowohl für das Insolvenzanfechtungsrecht als auch für das Gläubigeranfechtungsrecht jede Rechtshandlung isoliert in Bezug auf ihre gläubigerbenachteiligenden Wirkungen betrachtet werden muss und nicht auf den Gesamtvorgang der Schmälerung des Schuldnervermögens abgestellt werden darf. Des Weiteren können in beiden Anfechtungsinstituten auch lediglich einzelne Rechtsfolgen einer einzigen Rechtshandlung der Anfechtung unterliegen, soweit die betreffende Rechtshandlung mehrere, voneinander abtrennbare Rechtswirkungen herbeiführt. Die gegenwärtig herrschende Auffassung, derzufolge im Bereich der Anfechtung nach dem AnfG die anzufechtende Rechtshandlung anders als in der Insolvenzanfechtung nur der gesamte die Gläubigerbenachteiligung auslösende Rechtsvorgang sein könne, ist hingegen bereits deshalb abzulehnen, weil die hierzu überwiegend vorgebrachte Begründung, die Anfechtung nach der InsO diene der par conditio creditorum, die Gläubigeranfechtung hingegen nur der Wiedererschließung

187 *Kirchhof*, in: MünchKomm AnfG, § 11 Rn. 25.

188 *Warneyer/Bohnenberg*, AnfG, S. 49; ähnlich für die einheitliche Anfechtung von Verrechnungsabrede und zugrundeliegendem Kaufvertrag auch OLG Köln ZIP 1995, 138, 139; *Nerlich/Niehus*, AnfG, § 1 Rn. 41.

189 *Kirchhof*, in: MünchKomm AnfG, § 11 Rn. 26.

der Zugriffslage eines einzelnen Gläubigers, eine entsprechende Differenzierung nicht zu rechtfertigen vermag. Dies ergibt sich zum einen daraus, dass lediglich die Tatbestände der §§ 130 und 131 InsO auf eine Verwirklichung des Grundsatzes des Gläubigergleichbehandlung gerichtet sind und daher ein Verweis auf dieses Prinzip kein taugliches Differenzierungskriterium darstellt. Zum anderen kann dieser Begründungsansatz auch deshalb nicht überzeugen, weil weder die Verwirklichung der par conditio creditorum noch das Ziel einer Wiederherstellung der Zugriffslage etwas darüber aussagen, ob das Tatbestandsmerkmal der Rechtshandlung als Einzelakt oder als Gesamtvorgang zu interpretieren ist. Darüber hinaus spricht gegen die Auffassung der h.L. auch, dass es schon mit dem Wortsinn des Terminus „Rechtshandlung" nur schwer zu vereinbaren ist, hierunter auch einen aus mehreren Rechtshandlungen konstituierten Gesamtvorgang zu verstehen. Das wesentliche Argument für eine Ablehnung der in Bezug auf das Gläubigeranfechtungsrecht überwiegend vorgenommen Interpretation des Rechtshandlungsbegriffes als Gesamtvorgang ist aber schließlich darin zu sehen, dass dieser Ansatz auf einer unzutreffenden Gleichsetzung der tatbestandsmäßigen Rechtshandlung mit der durch sie bewirkten Gläubigerbenachteiligung beruht, da es genügt, wenn die Rechtshandlung eine Ursache im Sinne der conditio-sine-qua-non-Formel für den Eintritt der Gläubigerbenachteiligung darstellt.

Für die Anfechtung vertraglicher Aufrechnungen ist aus diesen Gründen ebenfalls unter beiden Anfechtungsinstituten davon auszugehen, dass nicht der gesamte Rechtsvorgang der Vermögensminderung, sondern jede Rechtshandlung für sich auf ihre gläubigerbenachteiligenden Wirkungen zu überprüfen ist und gegebenenfalls auch lediglich einzelne, abtrennbare Rechtswirkungen derselben der Insolvenz- oder Gläubigeranfechtung unterworfen werden können. Entgegen der bisherigen Rechtsprechung des BGH zur Anfechtung von Aufrechnungen nach dem AnfG und der ihm folgenden h.L. lässt sich daher eine Ablehnung der isolierten Anfechtbarkeit der Herbeiführung einer Aufrechnungsmöglichkeit jedenfalls nicht aus dem Begriff der Rechtshandlung heraus, sondern allenfalls unter dem im folgenden Kapitel zu erörternden Tatbestandsmerkmal der Gläubigerbenachteiligung erklären. Dies gilt auch dann, wenn die Aufrechnungsforderung des Schuldners durch die Veräußerung von Gegenständen des Schuldnervermögens begründet wurde und der Vollstreckungsgläubiger bis zur Herbeiführung der Aufrechnungsmöglichkeit zu keiner Zeit in die Forderung hätte vollstrecken können, da hier gleichfalls jede einzelne Rechtshandlung sowie gegebenenfalls jede abtrennbare Rechtswirkung für sich auf ihre nachteiligen Wirkungen untersucht werden muss. Dabei kommt in Bezug auf diese Konstellation neben den oben angeführten Einwänden gegen die Annahme eines Gesamtvorgangs als weiteres Argument hinzu, dass dort gerade nicht allein eine Zuwendung eines Vermögensgegenstandes aus dem Schuldnervermögen erfolgt, sondern darüber hinaus dem Vertragspartner auch eine von dieser zu unterscheidende Sicherung bzw. Befriedigung im Wege der konsensualen Aufrechnung zugewendet wird.

Auf Grundlage der hiernach vorzunehmenden Einzelbetrachtung jeder Rechtshandlung ist im Rahmen der vertraglich vereinbarten Aufrechnung grundsätzlich sowohl der Abschluss des jeweiligen Aufrechnungsvertrages als auch jede Begründung und jeder anderweitige Erwerb einer Aufrechnungsforderung als Rechtshandlung i.S.d. §§ 129 Abs. 1 InsO und 1 Abs. 1 AnfG in Betracht zu ziehen, wobei für die bereits vollzogene Aufrechnung aufgrund Vertrages als weitere Rechtshandlung die einseitige Erklärung des aufrechnungsberechtigten Teils hinzukommt. Ein Ähnliches gilt auch für die Verrechnung im Kontokorrent, bei welcher zum einen der regelmäßig im Voraus erfolgende Abschluss des Verrechnungsvertrages und zum anderen jeder Erwerb einer kontokorrentgebundenen Forderung durch den Schuldner oder den Kontokorrentpartner eine anfechtungsrelevante Rechtshandlung darstellen kann.

Im Rahmen der antizipiert vereinbarten Aufrechnung durch Vertrag oder aufgrund eines Aufrechnungsvoraussetzungsvertrages und die Verrechnung im Kontokorrent gilt es allerdings im Hinblick auf die Gläubigeranfechtung zu berücksichtigen, dass dort lediglich Rechtshandlungen des Schuldners der Anfechtung unterliegen können. Soweit die im folgenden Kapitel noch zu untersuchende Gläubigerbenachteiligung allein in der Herbeiführung der Aufrechnungsmöglichkeit bzw. der Verrechnungslage zu sehen ist und diese aber ohne Mitwirkung des Schuldners erfolgt ist, kann für die regelmäßig einschlägige Vorsatzanfechtung eine tatbestandsmäßige Rechtshandlung hier nur in einem vorgelagerten, mit Gläubigerbenachteiligungsvorsatz vorgenommenen Verursachungsbeitrag des Schuldners zu sehen sein, aufgrund dessen sich der nachteilige Rechtserfolg noch Resultat eines verantwortungsgesteuerten, sozial missbilligenswerten Verhaltens darstellt. Insbesondere muss danach bezüglich der Herstellung einer Verrechnungslage in einem debitorischen Kontokorrent durch Überweisungen oder Bareinzahlungen eines Dritten eine Gläubigeranfechtung für gewöhnlich schon in Ermangelung einer Rechtshandlung des Schuldners ausscheiden, falls der Schuldner die Verrechnungsmöglichkeit der Bank nicht ausnahmsweise durch vorsätzliche Anforderung der Zahlung auf das debitorische Konto oder vorsätzliches Unterlassen einer Umleitung der Zahlungsströme mit herbeigeführt hat.

Kapitel 5. Die Gläubigerbenachteiligung durch vertragliche Herbeiführung einer Aufrechnungsmöglichkeit innerhalb und außerhalb der Insolvenz

Die Arbeit hat im vorangegangenen Kapitel gezeigt, dass sich die Anfechtung vertraglicher Aufrechnungen innerhalb und außerhalb der Insolvenz in Bezug auf das Anfechtungserfordernis einer Rechtshandlung nicht voneinander unterscheidet, soweit man von der Beschränkung der Gläubigeranfechtung auf Rechtshandlungen des Schuldners absieht. Im Folgenden gilt es nunmehr die konsensuale Aufrechnung unter das Tatbestandsmerkmal der objektiven Gläubigerbenachteiligung als zweite allgemeine Voraussetzung der Insolvenz- und Gläubigeranfechtung einzuordnen und die nachteiligen Wirkungen der diese Aufrechnungsmöglichkeit begründenden Rechtshandlungen zu untersuchen. Die Gläubigerbenachteiligung stellt dabei nach den Feststellungen des ersten Kapitels aufgrund ihrer unterschiedlichen Reichweite in der Gläubiger- und Insolvenzanfechtung dasjenige Tatbestandsmerkmal dar, welches an sich für eine unterschiedliche Auslegung zwischen beiden Anfechtungsinstituten offen steht. Aus diesem Grund ist in diesem Kapitel insbesondere zu klären, ob für die Anfechtung vertraglicher Aufrechnungen nicht zumindest in Bezug auf das Gläubigerbenachteiligungserfordernis Differenzierungen zwischen der Gläubiger- und Insolvenzanfechtung zulässig und geboten sind und ob sich eine Ablehnung der isolierten Anfechtbarkeit der Herbeiführung einer Aufrechnungsmöglichkeit alsdann womöglich auf diese Weise rechtfertigen lässt. Denn wäre dies zu bejahen, so müsste die entsprechende Ansicht des BGH und der ihm folgenden h.L. wenn auch entgegen deren Begründung nicht aus dem Tatbestandsmerkmal der Rechtshandlung heraus, aber doch jedenfalls im Ergebnis für zutreffend erachtet werden. Ähnlich dem vorangegangenen Kapitel betrachtet die Arbeit diesbezüglich in einem ersten Abschnitt zunächst die Erfüllung des insolvenzrechtlichen Tatbestandsmerkmals der Gläubigerbenachteiligung nach § 129 Abs. 1 InsO durch vertraglich vereinbarte Aufrechnungen *(hierzu A.)* und untersucht dann, inwieweit sich die für das Insolvenzanfechtungsrecht ermittelten Ergebnisse auf die Anfechtung nach dem AnfG übertragen lassen *(hierzu B.)*.

A. Die Benachteiligung der Insolvenzgläubiger durch vertragliche Begründung einer Aufrechnungsbefugnis

I. Die Erfüllung des Gläubigerbenachteiligungserfordernisses aus § 129 Abs. 1 InsO bei vertraglichen Aufrechnungen

1. *Definition der Gläubigerbenachteiligung*

Eine objektive Gläubigerbenachteiligung i.S.d. § 129 Abs. 1 InsO liegt vor, wenn die Befriedigung der (ungesicherten) Insolvenzgläubiger im Wege der insolvenzrechtlichen Haftungsabwicklung durch die jeweilige Rechtshandlung beeinträchtigt, also vereitelt, vermindert, erschwert, gefährdet oder verzögert wird[1]. Die Gläubigerbenachteiligung wird im Wege der der sog. Differenzhypothese ermittelt, d.h. die real aufgrund der zu prüfenden Rechtshandlung gegebene Haftungsabwicklung zugunsten der Insolvenzgläubiger mit derjenigen verglichen, die hypothetisch, also höchst wahrscheinlich ohne die betreffende Handlung bestehen würde und danach gefragt, ob sich Letztere günstiger gestaltet hätte[2]. Wie bereits an anderer Stelle dargelegt, kann dabei für den Bereich der Insolvenzanfechtung eine entsprechende Beeinträchtigung der Befriedigungsoptionen der Insolvenzgläubiger sowohl in einer Verringerung der Aktivmasse als auch in einer Erhöhung der Passivmasse begründet sein *(s.o. Seiten 58 ff., 80)*[3].

Eine Beeinträchtigung der Haftungsverhältnisse durch Verminderung der schuldnerischen Aktiva setzt insofern gerade eine Veräußerung, Weggabe oder Aufgabe oder Belastung von Vermögenswerten der nachmaligen Insolvenzmasse, nicht aber eine Bereicherung des Leistungsempfängers voraus, diese kann vielmehr lediglich hinsichtlich der Reichweite der Rückgewährpflicht aus §§ 143, 144 InsO Bedeutung

---

1 Begr. RegE BT-Drs. 12/2443, S. 157 = *Uhlenbruck*, Das neue Insolvenzrecht, S. 469; *Ehricke*, in: B. Kübler/Prütting/Bork, InsO, § 129 Rn. 64; *ders.*, in: Bork, Handbuch der Insolvenzanfechtung, Teil 2, Kap. 4 Rn. 1; *Hirte/Ede*, in: Uhlenbruck/Hirte/Vallender, InsO, § 129 Rn. 160; *Nerlich*, in: Nerlich/Römermann, InsO, § 129 Rn. 63; *K. Schmidt*, in: K. Schmidt, InsO, § 129 Rn. 50.

2 *Häsemeyer*, Insolvenzrecht Rn. 21.19; *Tinnefeld*, Auf- und Verrechnungsmöglichkeit von Kreditinstituten, S. 177 f.; *Wischemeyer*, Insolvenzanfechtung der Rückführung debitorischer Konten, S. 22; *Zeuner*, Die Anfechtung in der Insolvenz, Rn. 46; vgl. auch BGHZ 86, 349; 90, 207; 141, 96, 106; BGH NZI 2008, 163, 164; NZI 2009, 105, 105; NZI 2010, 439, 440; ZInsO 2015, 2180, 2181; *Dauernheim*, in: FK-InsO, § 129 Rn. 40; *Henckel*, in: Jaeger, InsO, § 129 Rn. 77.

3 BGH ZInsO 2015, 2180, 2181; OLG Frankfurt/Main ZInsO 2015, 1270, 1273; *Ehricke*, in: B. Kübler/Prütting/Bork, InsO, § 129 Rn. 79; *ders.*, in: Bork, Handbuch der Insolvenzanfechtung, Teil 2, Kap. 4 Rn. 16; *Henckel*, in: Jaeger, InsO, § 129 Rn. 77; *Huber*, in: Gottwald, Insolvenzrechts-Handbuch, § 46 Rn. 51; *ders.*, in: Graf-Schlicker, InsO, § 129 Rn. 18; *Kayser*, in: MünchKomm InsO, § 129 Rn. 100; *Nerlich*, in: Nerlich/Römermann, InsO, § 129 Rn. 63; *K. Schmidt*, in: K. Schmidt, InsO, § 129 Rn. 50; *Zeuner*, Die Anfechtung in der Insolvenz, Rn. 42.

erlangen[4]. Erforderlich ist dabei aber für eine Gläubigerbenachteiligung durch eine Weggabe oder Belastung von Vermögenswerten der Aktivmasse, dass der jeweilige Vermögenswert auch tatsächlich den Insolvenzgläubigern als Befriedigungsobjekt zur Verfügung gestanden hätte, was dann zu verneinen ist, wenn der betreffende Wertgegenstand wertlos, unpfändbar oder bereits wertausschöpfend belastet war[5].

2. *Die Benachteiligung der Insolvenzgläubiger bei vertraglicher Aufrechnung*

a) *Generelle Bestimmung der gläubigerbenachteiligenden Wirkungen konsensualer Aufrechnungen*

Die Bestimmung des Tatbestandsmerkmals der Gläubigerbenachteiligung gestaltet sich für den Bereich des Aufrechnungsrechts dem Grunde nach relativ unproblematisch. Gläubigerbenachteiligend wirkt hier nach allgemeiner Meinung die Begründung der Aufrechnungsmöglichkeit, da diese es dem begünstigten Insolvenzgläubiger erlaubt, vollumfängliche Befriedigung für seine Forderung durch Tilgung einer gegen ihn gerichteten Forderung des Schuldnervermögens zu erlangen, wohingegen er bei hypothetischer Betrachtung ohne das Bestehen einer Aufrechnungsmöglichkeit seine Verbindlichkeit voll zur Masse leisten müsste und auf das eigene Forderungsrecht lediglich die Insolvenzquote bekäme[6].

Im Hinblick auf die konsensuale Aufrechnung gilt es allerdings genau besehen etwas zu differenzieren. Für die Aufrechnung aufgrund eines Aufrechnungsvoraussetzungsvertrages und die Verrechnung im Rahmen eines Periodenkontokorrents lässt sich mit dem vorgenannten Ansatz zur Bestimmung der Gläubigerbenachteiligung zutreffend auf die Herstellung der Aufrechnungs- bzw. Verrechnungslage abstellen. Bereits zu diesem Zeitpunkt tritt entsprechend der oben angeführten Definition dieses Tatbestandsmerkmals eine Benachteiligung der Insolvenzgläubiger durch eine Verringerung bzw. Belastung der Aktivmasse ein, da der begünstigte Forderungsinhaber mit der Schaffung der Aufrechnungs- oder Verrechnungsbefugnis eine Deckung

---

4 Vgl. *Kayser*, in: MünchKomm InsO, § 129 Rn. 100.

5 *Ehricke*, in: B. Kübler/Prütting/Bork, InsO, § 129 Rn. 71–77; *ders.*, in: Bork, Handbuch der Insolvenzanfechtung, Teil 2, Kap. 4 Rn. 8–14; *Hirte/Ede*, in: Uhlenbruck/Hirte/Vallender, InsO, § 129 Rn. 184, 186, 199–202; *Huber*, in: Gottwald, Insolvenzrechts-Handbuch, § 46 Rn. 58, 60; a.A. *Brandes/Lohmann*, in: MünchKomm InsO, § 96 Rn. 29c, welche auf die Aufrechnung selbst abstellen sowie *Thole*, in: K. Schmidt, InsO, § 96 Rn. 17, der die Gläubigerbenachteiligung in der Herstellung der Aufrechnungslage und dem Aufrechnungsvollzug sehen will.

6 BGHZ 89, 189, 195; *Bork*, in: FS Ishikawa, S. 31, 40; *Hirte/Ede*, in: Uhlenbruck/Hirte/Vallender, InsO, § 129 Rn. 66; *Kayser*, in: MünchKomm InsO, § 129 Rn. 148; *Wischemeyer*, Insolvenzanfechtung der Rückführung debitorischer Konten, S. 23; vgl. auch *Jacoby*, in: HambKomm InsO, § 96 Rn. 14; *dens.*, in: Bork, Handbuch der Insolvenzanfechtung, Teil 7, Kap. 16 Rn. 21.

auf Kosten der späteren Insolvenzmasse erhält[7], welche darin besteht, dass dem Insolvenzgläubiger die Sicherung vermittelt wird, die eigene Forderung in Höhe der schuldnerischen Forderung zu realisieren[8]. Der nachfolgende Aufrechnungs- bzw. Verrechnungsvollzug wirkt dabei nicht selbständig gläubigerbenachteiligend, weil die Forderung des Schuldnervermögens hier bereits mit dem Aufrechnungsrecht des Gläubigers wie mit einem Absonderungsrecht belastet ist *(vgl. auch Seite 142)* und der spätere Vollzug lediglich dessen Wirkungen vollendet[9], weshalb der Vollzugsakt mangels Gläubigerbenachteiligung auch dann unanfechtbar wäre, wenn die Regelung des § 96 Abs. 1 Nr. 3 InsO nicht bestehen würde, welche die Rechtswirkungen der Anfechtung explizit nur auf die Herstellung der Aufrechnungslage bezieht.

Vereinzelt wird im Schrifttum bezüglich der Deckungswirkungen der vorgenannten Aufrechnungsvarianten auch eine nuanciert andere Auffassung dahingehend vertreten, dass die Aufrechnungs- bzw. Verrechnungslage nicht nur die Sicherheit gewähre, sich wegen einer eigenen Forderung im Wege der Aufrechnung oder Verrechnung mit einer gegenläufigen Forderung des Schuldners befriedigen zu können, sondern zugleich die spätere Befriedigung für seinen Anspruch durch Aufrechnung oder Verrechnung ermögliche[10]. Diese Differenzierung erscheint allerdings allzu fein, denn zum einen ist nicht recht ersichtlich, worin genau der Unterschied zwischen der Sicherung, sich durch Aufrechnung befriedigen zu dürfen und der Ermöglichung dieser späteren Befriedigung liegen soll. Zum anderen besteht im Grunde der Zweck jeder Sicherung darin, für den Eintritt des Sicherungsfalls eine Befriedigung der gesicherten Forderung zu eröffnen, weshalb die eben angeführten Deckungsalternativen kein Spezifikum des Aufrechnungsrechts darstellen, sondern an sich bei jedweder Bestellung einer Sicherheit anzunehmen wären. Unter dieser Prämisse ist davon auszugehen, dass die Gewährung einer Sicherheit den Aspekt des Ermöglichens einer späteren Befriedigung mit erfasst, zumindest aber, dass beide

---

7 Vgl. *Henckel*, in: Jaeger, InsO, § 129 Rn. 121.

8 *Rogge/Leptien*, in: HambKomm InsO, § 129 Rn. 85, vgl. auch *Kayser*, in: MünchKomm InsO, § 130 Rn. 9, § 131 Rn. 17; *Schoppmeyer*, in: B. Kübler/Prütting/Bork, InsO, § 130 Rn. 24, 26; *dens.*, in: Bork, Handbuch der Insolvenzanfechtung, Teil 4, Kap. 7 Rn. 22 ff.

9 *Kayser*, in: MünchKomm InsO, § 129 Rn. 148; *Rogge/Leptien*, in: HambKomm InsO, § 129 Rn. 85; vgl. auch RGZ 26, 81, 84; RG JW 1895, 82, 83; BGHZ 129, 336, 344; *Honsdorf*, Zur Aufrechnung im Konkurs, S. 97a; a.A. *Rafiqpoor/Wilmes*, NZI 2009, 91, 92, die – entgegen dem ganz klaren Wortlaut des § 96 Abs. 1 Nr. 3 InsO – gerade auf die Verrechnung abstellen sowie *Ganter/Weinland*, in: K. Schmidt, InsO, § 130 Rn. 14, denen zufolge auch in dem Aufrechnungsvollzug eine anfechtbare Handlung im Sinne der Deckungsanfechtung liegt. In diese Richtung auch *Obermüller*, Insolvenzrecht in der Bankpraxis Rn. 3.173, welcher für die Verrechnungslage im ungekündigten Kontokorrentkredit eine Sicherungswirkung verneint und die Gläubigerbenachteiligung erst in der späteren Befriedigung durch Verrechnung sehen will.

10 So *Klinck*, Die Grundlagen der besonderen Insolvenzanfechtung, S. 426; *Tinnefeld*, Auf- und Verrechnungsmöglichkeit von Kreditinstituten, S. 183 f., 231.

Deckungsalternativen anfechtungsrechtlich nur im Gleichlauf beurteilt werden können, womit die angeregte Differenzierung jedenfalls überflüssig ist.

Hinsichtlich der Aufrechnung durch Vertrag und die Verrechnung im Staffelkontokorrent macht es hingegen wenig Sinn, auf eine Begründung der Aufrechnungs- bzw. Verrechnungslage abzustellen, da sich diese hier für sich genommen gar nicht ausmachen lässt, sondern uno actu mit dem Aufrechnungsvollzug erfolgt, weshalb schon an anderer Stelle vorgeschlagen wurde, insofern besser von einer „Herbeiführung der vertraglichen Aufrechnung" zu sprechen. Die Gläubigerbenachteiligung ist diesbezüglich gerade in diesem Bewirken der vertraglichen Aufrechnung zu sehen, was sich hier indes nicht unter den oben genannten Aspekten einer Sicherung für den eigenen Anspruch des Insolvenzgläubigers bzw. dem Ermöglichen einer Befriedigung erklären lässt. Vielmehr erhält der Gläubiger mit der Aufrechnung durch Vertrag eine vollständige Erfüllung seiner Forderung unter gleichzeitiger Tilgung einer Forderung des Schuldners, womit ihm hier zu Lasten der Aktivmasse bereits die Befriedigung als solche gewährt wird, die er bei hypothetischer Betrachtung ohne die vertragliche Aufrechnung nicht erlangt hätte[11].

b) Eintritt der Gläubigerbenachteiligung und anfechtungsrelevanter Zeitpunkt i.S.d. § 140 Abs. 1 InsO

Aufgrund der vorstehenden Ausführungen ist zugleich auch der Zeitpunkt festgelegt, in welchem die der vertraglich herbeigeführten Aufrechnung zugrundeliegende Rechtshandlung nach § 140 Abs. 1 InsO im anfechtungsrechtlichen Sinn als vorgenommen gilt, denn maßgeblich ist nach dieser Vorschrift nicht der jeweilige Handlungszeitpunkt, sondern der Eintritt der Wirkungen dieser Rechtshandlung. Für die gesetzliche Aufrechnung wird dabei zwar nach ganz überwiegender Auffassung nicht auf die Aufrechnungslage als solche, sondern wegen der Aufrechnungsregelung des § 95 Ans. 1 InsO auf die Begründung des Gegenseitigkeitsverhältnisses abgestellt, unter deren Voraussetzungen eine Aufrechnungsmöglichkeit auch noch im eröffneten Verfahren zulässig ist, sofern bei Verfahrenseröffnung bereits gegenseitige Forderungen bestanden[12]. Da diese Vorschrift allerdings auf die vertraglich vereinbarte Aufrechnung gerade nicht anwendbar ist, kann es grundsätzlich nur auf die Aufrechnungs- bzw. Verrechnungslage in der Gestalt ankommen, wie sie

11 A.A. hingegen *Kayser*, in: MünchKomm InsO, § 130 Rn. 9; *Schoppmeyer*, in: B. Kübler/Prütting/Bork, InsO, § 130 Rn. 26; *ders.*, in: Bork, Handbuch der Insolvenzanfechtung, Teil 4, Kap. 8 Rn. 23, die generell bereits im Abschluss eines Aufrechnungsvertrages oder einer Verrechnungsabrede eine Sicherung erblicken wollen.

12 BGHZ 159, 388, 395; 174, 297, 299 f.; BGH ZIP 2007, 239; 240; *Huber*, in: Haarmeyer/Huber/Schmittmann, Praxis der Insolvenzanfechtung, Teil I Rn. 40; *Kayser*, in: HK-InsO, § 96 Rn. 37; *ders.*, WM 2008, 1525, 1534; *Schoppmeyer*, in: B. Kübler/Prütting/Bork, InsO, § 130 Rn. 24; *Sinz*, in: Uhlenbruck/Hirte/Vallender, InsO, § 96 Rn. 47; a.A. BGH NZI 2010, 985, 986 f.; *Kirchhof*, in: MünchKomm InsO, § 140 Rn. 11c, welche auf den Eintritt der vollständigen Aufrechnungslage abstellen.

die Parteien in ihrer Vereinbarung für die Aufrechenbarkeit vorausgesetzt haben[13], sodass die dieser zugrundeliegende Rechtshandlung nach § 140 Abs. 1 InsO in dem Zeitpunkt als vorgenommen anzusehen ist, in welchem die in der Vereinbarung der Aufrechnungspartner festgelegten Aufrechnungserfordernisse erfüllt sind.

c) Maßgeblicher Zeitpunkt für das Bestehen der Schuldnerforderung

Im Zusammenhang mit der vorstehend in ihren wesentlichen Zügen dargestellten Gläubigerbenachteiligung durch die Begründung einer Aufrechnungsmöglichkeit ist dabei zunächst kurz zu klären, zu welchem Zeitpunkt in der Aktivmasse die Forderung des nachmaligen Insolvenzschuldners bestanden haben muss, um durch die Belastung bzw. Aufgabe derselben überhaupt eine Benachteiligung der Gläubigergesamtheit begründen zu können. Dieser Aspekt wird allerdings in der insolvenzrechtlichen Literatur in keiner Weise thematisiert; allenfalls wird dort die genau umgekehrte Frage thematisiert, ob § 96 Abs. 1 Nr. 3 InsO – anders, als es der auf einen Insolvenzgläubiger abstellende Wortlaut der Vorschrift nahelegen könnte – auch die im früheren Recht von § 55 S. 1 Nr. 3 KO geregelten Fälle erfasst, in denen ein Schuldner des Insolvenzschuldners sich in kritischer Zeit zu dessen Gläubiger macht und ob auch insofern die Tatbestände der Deckungsanfechtung Anwendung finden könnten. Dies berührt aber die hier aufgeworfene Frage des Zeitpunkts der Massezugehörigkeit der Schuldnerforderung gerade nicht unmittelbar und ist angesichts der gesetzgeberischen Zielsetzung, die Vorgängerregelung um bislang nicht erfasste Konstellationen zu erweitern *(vgl. hierzu Seite 166 f.)*, nach einhelliger Auffassung auch gar nicht zweifelhaft[14].

Das hier aufgeworfene Problem erscheint aber deshalb einer knappen Erörterung würdig, als jedenfalls zum Gläubigeranfechtungsrecht unter Verweis auf dessen Zielsetzung die Auffassung vertreten wird, dass die dem Vermögen des Schuldners zugehörige Forderung spätestens unmittelbar vor (!) der Vermögensminderung verwertbar vorhanden war[15]. Würde – was die identische Zielsetzung sowohl der Gläubiger- und Insolvenzanfechtung als auch der in beiden Instituten vorgesehenen Anfechtungstatbestände *(s.o. Seiten 60 f., 75 ff.)* grundsätzlich nahelegt – diese Ansicht auch für die Insolvenzanfechtung Geltung entfalten, so wäre dies mit beträchtlichen Einschränkungen für die Anfechtbarkeit konsensualer wie auch gesetzlicher

---

13 Vgl. *Ch. Paulus*, in: Festgabe 50 Jahre BGH, Bd. III, S. 765, 779 f.; vgl. für die Verrechnungslage im Kontokorrent überdies *Steinhoff*, ZIP 2000, 1141, 1145; *Tinnefeld*, Auf- und Verrechnungsmöglichkeit von Kreditinstituten, S. 175.

14 Vgl. hierzu *Klinck*, Die Grundlagen der besonderen Insolvenzanfechtung, S. 423 f. sowie überdies *Adam*, WM 1998, 801, 803; *Bork*, in: FS Ishikawa, S. 31, 43 f.; *Brandes/Lohmann*, in: MünchKomm InsO, § 96 Rn. 27; *Sinz*, in: Uhlenbruck/Hirte/Vallender, InsO, § 96 Rn. 46; *Thole*, Gläubigerschutz durch Insolvenzrecht, S. 380; *Windel*, in: Jaeger, InsO, § 96 Rn. 48.

15 *Kirchhof*, in: MünchKomm AnfG, § 1 Rn. 73 (noch weiter gehender § 1 Rn. 137: die Forderung des Schuldners müsse vorher fällig und durchsetzbar gewesen sein); *Onusseit*, ZInsO 2010, 2022, 2025.

Aufrechnungen verbunden: Mangels Gläubigerbenachteiligung wäre insofern jegliche Herstellung einer Aufrechnungslage durch Begründung oder Erwerb einer Forderung des Schuldners – wie sie insbesondere im Bereich der gesetzlichen Aufrechnung, der antizipierten Aufrechnung durch Vertrag und der Verrechnung im Kontokorrent auftreten kann – für unanfechtbar zu erachten, da hier die schuldnerische Forderung erst in dem Moment zur Entstehung gelangt, in dem sie mit der Aufrechnungs- bzw. Verrechnungsmöglichkeit des Gläubigers belastet oder im Wege der im Voraus erklärten Aufrechnung getilgt wird.

Ob diese Auffassung tatsächlich zutreffend ist, muss schon angesichts der Vielzahl von zur KO und zur InsO ergangenen Entscheidungen bezweifelt werden, welche die Anfechtbarkeit der Schaffung einer Aufrechnungslage durch Begründung einer Forderung des nachmaligen Insolvenzschuldners dem Grunde nach gerade bejaht haben und alsdann allesamt für falsch gehalten werden müssten[16]. Hinzu kommt, dass die mit der Insolvenzrechtsreform intendierte Erweiterung des § 96 Abs. 1 Nr. 3 InsO um die hier in Rede stehenden Fälle der Schaffung der Aufrechenbarkeit durch Erwerb einer Schuldnerstellung durch den Insolvenzgläubiger *(vgl. hierzu wiederum Seite 166 f.)*, weitestgehend sinnlos wäre, wenn es insofern ohnehin an einer Gläubigerbenachteiligung fehlen würde. Jedenfalls für den Bereich der Insolvenzanfechtung ist für eine derartige Eingrenzung der Gläubigerbenachteiligung aber auch keine Grundlage ersichtlich, da sich dem Zweck der Insolvenzanfechtung nicht entnehmen lässt, dass die wiederherzustellende Befriedigungsoption der Insolvenzgläubiger bereits vor Wirksamwerden der vermögensmindernden Handlung bestanden haben muss. Vielmehr kann eine Gläubigerbenachteiligung in gleicher Weise darin bestehen, dass zu ihren Lasten eine Zugriffsmöglichkeit vereitelt wird, die gerade bei Wirksamwerden der vermögensmindernden Handlung bestand. Es ist daher für ausreichend zu erachten, wenn der weggegebene Vermögensgegenstand in (!) diesem Zeitpunkt der nachmaligen Insolvenzmasse angehört hat und insoweit dem Zugriff des Insolvenzverwalters zugänglich gewesen wäre[17].

Für die oben angeführten Fälle der Schaffung einer Aufrechnungs- oder Verrechnungsmöglichkeit oder die Herbeiführung einer antizipiert vereinbarten Aufrechnung durch Erwerb einer Forderung zugunsten des Insolvenzschuldners gilt damit, dass auch hierdurch grundsätzlich eine Benachteiligung der Insolvenzgläubiger eintreten kann, da diese Forderung zumindest im Moment des Eintritts der Aufrechnungs- oder Verrechnungslage bzw. der aufrechnungsmäßigen Tilgung zum schuldnerischen Vermögen gehört hätte. Ob hingegen für die Anfechtung nach dem AnfG entsprechend der oben zitierten Auffassung eine abweichende Sichtweise

16 Vgl. hierzu etwa BGHZ 58, 108, 111 f.; 86, 349, 354; 87, 246, 250; 89, 189, 192 f.; 129, 336, 344; 147, 233, 236; BGH NJW-RR 2002, 262, 262 f.; NZI 2004, 82, 82 f.; NZI 2004, 376, 376 f.; WM 2004, 1966, 1967; WM 2005, 1712, 1713.

17 So i.E. auch BGHZ 72, 39, 41; BGH NJW 1980, 1964, 1964; NJW-RR 1990, 142, 144; NJW 1995, 1484, 1485; *Hirte/Ede*, in: Uhlenbruck/Hirte/Vallender, InsO, § 129 Rn. 169; *Kayser*, in: MünchKomm InsO, § 129 Rn. 77 f.

geboten ist, wird im Rahmen der diesbezüglichen Ausführungen noch zu klären sein *(s. hierzu Seite 287 ff.)*.

Damit ist aber jedenfalls für die Insolvenzanfechtung zugleich auch die bereits an anderer Stelle aufgeworfene Frage einer Klärung zugeführt, ob bei Schaffung einer Aufrechnungsmöglichkeit bzw. bei Herbeiführung einer vertraglichen Aufrechnung durch Begründung einer Schuldnerforderung im Wege des Verkaufs von Gegenständen der späteren Insolvenzmasse die Gläubigerbenachteiligung in den aufrechnungsmäßigen Wirkungen oder nur in der Veräußerung als solcher zu sehen ist *(vgl. o. Seite 194)*: Da die schuldnerische Forderung zumindest im Zeitpunkt des Eintritts der Aufrechnungslage bzw. der im Voraus vereinbarten Aufrechnung zum Insolvenzvermögen gehört, ist jedenfalls für die Insolvenzanfechtung kein Fall denkbar, in welchem die Gläubiger zu keiner Zeit auf die Forderung hätten zugreifen können, sodass die mit dem Verkauf eintretende Wirkung der Herstellung einer Aufrechnungsmöglichkeit stets die Insolvenzgläubiger benachteiligt und damit grundsätzlich der Anfechtung unterliegt. Eine Gläubigerbenachteiligung durch das die Forderung begründende Kausalgeschäft selbst oder die Übereignung des veräußerten Gegenstandes kommt in der Konsequenz für alle Varianten der konsensualen Aufrechnung nur dann in Betracht, wenn diese Rechtshandlungen über die – nach § 96 Abs. 1 Nr. 3 InsO (analog) ipso iure unwirksame – Schaffung der Aufrechnungslage bzw. die Herbeiführung der Aufrechnung durch Vertrag hinaus weitere nachteilige Rechtswirkungen zeitigen.

d) Verhältnis der vertraglich vorausgesetzten Aufrechnungslage zu einer Aufrechnungsbefugnis nach § 94 S. 1 InsO und einer „Kernaufrechnungslage" nach § 95 Abs. 1 S. 3 InsO

Offen bleibt nach den bisherigen Ausführungen zum Tatbestandsmerkmal der Gläubigerbenachteiligung noch, ob bzw. inwieweit das Bestehen einer gesetzlichen Aufrechnungslage nach den §§ 387 ff. BGB oder einer Aufrechnungsbefugnis im eröffneten Insolvenzverfahren nach § 95 Abs. 1 InsO die hier zu untersuchende Benachteiligung der Insolvenzgläubiger durch Begründung einer vertraglichen Aufrechnungsmöglichkeit oder Herbeiführung einer Aufrechnung durch Vertrag beeinflusst. Hierzu ist zunächst festzustellen, dass die vereinbarte Aufrechnung die Insolvenzgläubiger dann nicht benachteiligt, wenn bei Schaffung der Aufrechnungsmöglichkeit bzw. bei Bewirken der vertraglichen Aufrechnung bereits eine einseitige gesetzliche Aufrechnungslage zugunsten des Gläubigers oder sogar eine beidseitige gesetzliche Aufrechnungslage besteht, sofern deren Herstellung nicht ihrerseits wiederum der Anfechtung unterliegt[18]. Dies lässt sich dogmatisch damit begründen, dass die Forderung des Insolvenzschuldners bereits mit dem Eintritt der gesetzlichen Aufrechnungslage mit dem absonderungsrechtsähnlichen Aufrechnungsrecht des Insolvenzgläubigers belastet ist, womit eine nachfolgende konsensuale Aufrechnung

18 Vgl. BGH WM 1971, 908, 909; *Windel*, in: Jaeger, InsO, § 96 Rn. 71.

die Befriedigungsaussichten der Insolvenzgläubiger nicht mehr nachteilig verändern kann. Denkbar ist ein Ausschluss der Gläubigerbenachteiligung durch das Bestehen eines gesetzlichen Aufrechnungsrechts indes nur im Hinblick auf Aufrechnungsvereinbarungen über bereits existierende Forderungsrechte – also die Aufrechnung durch Vertrag und die Aufrechnung aufgrund eines Aufrechnungsvoraussetzungsvertrages –, denn nur dort kann bereits vorher eine gesetzliche Aufrechnungslage entstanden sein. Bei Aufrechnungsvereinbarungen über künftige Forderungen kann die gesetzliche Aufrechnungsbefugnis hingegen erst dann entstehen, wenn sich die betroffenen Forderungen aufrechenbar gegenübertreten, also im selben Zeitpunkt, in dem auch die Voraussetzungen der antizipiert vereinbarten Aufrechnung eintreten. Ein Ausschluss der Gläubigerbenachteiligung käme insoweit nur dann in Betracht, wenn die gesetzliche Aufrechnungsmöglichkeit im Verhältnis zur vertraglich vorausgesetzten unter erschwerten Bedingungen anfechtbar wäre, was aber nicht zutrifft, da die Schaffung einer im Voraus vertraglich vereinbarten Aufrechnungsmöglichkeit – wie sich in den Ausführungen des folgenden Kapitels noch zeigen wird – ohnehin nur unter den strengeren Voraussetzungen des § 130 InsO der Anfechtung unterliegt *(s. nachf. Seite 326 ff.).*

Falls die aufzurechnenden Forderungsrechte bei vertraglicher Begründung der Aufrechenbarkeit zwar bereits bestanden, aber dem Insolvenzgläubiger in diesem Zeitpunkt mangels Fälligkeit oder Einredefreiheit der Aktivforderung noch kein gesetzliches Aufrechnungsrecht zustand, kann die im Wege der konsensualen Aufrechnung bewirkte Gläubigerbenachteiligung darüber hinaus auch im Nachhinein wieder entfallen, wenn nachträglich bis zur Eröffnung des Insolvenzverfahrens zu seinen Gunsten eine Aufrechnungslage gemäß §§ 387 ff. BGB entsteht[19] oder er nach § 95 Abs. 1 InsO im eröffneten Verfahren eine Aufrechnungsbefugnis erlangt[20]. Dies gilt aber wiederum nur, sofern die Herstellung der Aufrechnungsmöglichkeit für den Insolvenzgläubiger bzw. die Begründung einer „werdenden Aufrechnungslage" i.S.d. § 95 Abs. 1 InsO – also das Bewirken der Gegenseitigkeit[21] – nicht ihrerseits ebenfalls in anfechtbarer Weise geschaffen wurden[22].

In Bezug auf den nachträglichen Eintritt der Fälligkeit vor Eröffnung des Insolvenzverfahren wird die eben dargestellte Frage allerdings bisweilen gar nicht unter dem Topos des Gläubigerbenachteiligungserfordernisses thematisiert, sondern vielmehr angenommen, dass die ursprünglich inkongruente Deckung durch vertragliche Ermöglichung einer vorzeitigen Aufrechnung jedenfalls bei Fälligkeitseintritt aufgrund Gesetzes oder einer unanfechtbaren Fälligkeitsvereinbarung zu einer kongruenten Deckung mutieren würde[23]. Dem kann aber insofern nicht gefolgt werden, als nicht

---

19 Vgl. *v. Olshausen*, KTS 2001, 45, 51 f.

20 Vgl. BGH ZIP 2000, 757, 759; *Windel*, in: Jaeger, InsO, § 96 Rn. 57.

21 So wohl *Windel*, in: Jaeger, InsO, § 96 Rn. 57.

22 *Peschke*, Die Insolvenz des Girokonteninhabers, S. 177 ff.; *v. Olshausen*, KTS 2001, 45, 52; *Windel*, in: Jaeger, InsO, § 96 Rn. 57.

23 OLG Koblenz ZInsO 2001, 967, 968; *Henckel*, in: Jaeger, InsO, § 131 Rn. 6; *Kayser*, in: MünchKomm InsO, § 131 Rn. 41, 45.

so recht verständlich ist, wie eine „nicht zu der Zeit“ zu erbringende Deckungshandlung später zu einer doch „zu dieser Zeit“ zu beanspruchenden Leistung werden soll; dies insbesondere deshalb, weil der nachträgliche Fälligkeitseintritt nichts daran ändert, dass die Deckung im Leistungszeitpunkt genau nicht gefordert werden konnte[24]. Hinzu kommt, dass es für die Fälle eines späteren Eintritts einer unanfechtbaren Aufrechnungslage i.S.d. §§ 387 ff. BGB bzw. § 95 Abs. 1 InsO zugunsten des Insolvenzgläubigers gerade schon an einer Benachteiligung der Insolvenzgläubiger durch die vorangegangene konsensuale Aufrechnung mangelt, da die Insolvenzmasse ohne diese Aufrechnung in gleicher Weise auf Kosten der Gläubigergemeinschaft geschmälert worden wäre – dann allerdings durch die einseitige Aufrechnungserklärung des Insolvenzgläubigers auf Grundlage seiner anfechtungsfrei erworbenen Aufrechnungsbefugnis[25].

Bedenken gegen die hier propagierte Lösung könnten sich indes daraus ergeben, dass nach h.L. für die Beurteilung der Gläubigerbenachteiligung stets nur die realen Gegebenheiten maßgeblich sind und hypothetische Geschehensabläufe eine bestehende Gläubigerbenachteiligung nicht zu beseitigen vermögen[26]. Darum geht es hier allerdings nicht, denn mit dem nachmaligen Eintritt der Aufrechnungsmöglichkeit des Insolvenzgläubigers wird kein hypothetischer Umstand hinzugedacht, bei dessen Vorliegen eine Gläubigerbenachteiligung abzulehnen wäre. Vielmehr wird lediglich die Rechtslage aufgrund desjenigen tatsächlichen Geschehensverlaufs betrachtet, der sich bei einem Nichtbestehen der anfechtbaren vertraglichen Herstellung einer Aufrechnungsmöglichkeit ergeben hätte[27]. Die real eingetretene Reserveursache der nachträglichen Entstehung einer Aufrechnungslage, auf deren Basis die Insolvenzmasse unanfechtbar um die Aufrechnungsforderung geschmälert worden wäre, rechtfertigt es allerdings im Gegensatz zu rein gedachten Kausalverläufen sehr wohl, eine Gläubigerbenachteiligung durch die tatsächlich masseschmälernde konsensuale Aufrechnung auszuschließen, weshalb die Erfüllung dieses Tatbestanderfordernisse insoweit richtigerweise zu verneinen ist[28].

---

24 *v. Olshausen*, KTS 2001, 45, 51.

25 *v. Olshausen*, KTS 2001, 45, 52; vgl. auch *Lang*, Das Aufrechnungsrecht nach bürgerlichem Recht, S. 117.

26 BGHZ 104, 355, 360; 121, 179, 187; 123, 83, 90, f.; 123, 320, 326; 124, 76, 79 ff.; 128, 184, 192; 159, 397, 400 f.; *Dauernheim*, in: FK-InsO, § 129 Rn. 46; *Ehricke*, in: B. Kübler/Prütting/Bork, InsO, § 129 Rn. 87; *ders.*, in: Bork, Handbuch der Insolvenzanfechtung, Teil 2, Kap. 4 Rn. 24; *Gehrlein*, WM 2009, Sonderbeilage 1, 1, 24; *Hirte/Ede*, in: Uhlenbruck/Hirte/Vallender, InsO, § 129 Rn. 230; *Huber*, in: Gottwald, Insolvenzrechts-Handbuch, § 46 Rn. 73; *ders.*, in: Graf-Schlicker, InsO, § 129 Rn. 24; *Kreft*, in: HK-InsO, § 129 Rn. 66; *Nerlich*, in: Nerlich/Römermann, InsO, § 129 Rn. 70; *Rogge/Leptien*, in: HambKomm InsO, § 129 Rn. 111; *Zeuner*, in: Leonhardt/Smid/Zeuner, InsO, § 129 Rn. 46; *ders.*, Die Anfechtung in der Insolvenz, Rn. 48.

27 *v. Olshausen*, KTS 2001, 45, 52 f.

28 In diese Richtung auch *Hirte*, in: Uhlenbruck/Hirte/Vallender, InsO, 13. Aufl., 2010, § 129 Rn. 123; *Ch. Paulus*, in: B. Kübler/Prütting/Bork, InsO, Lfg. 8/01, § 129 Rn. 26.

e) *Die Erfüllung des Gläubigerbenachteiligungserfordernisses in den einzelnen Varianten der konsensualen Aufrechnung*

Nachdem mit den vorstehenden Ausführungen in Bezug auf die vertragliche Aufrechnung die Grundsätze für die Bestimmung des Tatbestandsmerkmals der Gläubigerbenachteiligung dargestellt wurden, ist nunmehr die oben allgemein als gläubigerbenachteiligend festgelegte Rechtswirkung der Herstellung der Aufrechnungslage bzw. Herbeiführung der vertraglichen Aufrechnung auf die einzelnen Typen der konsensualen Aufrechnung zu übertragen, um zu klären, worin jeweils konkret diese Rechtsfolge zu sehen ist und durch welchen Rechtsakt sie herbeigeführt wird.

aa) Aufrechnungsvertrag mit Sofortvollzug und bedingter Aufrechnungsvertrag über bestehende Forderungsrechte

Relativ einfach lässt sich der gläubigerbenachteiligende Akt im Hinblick auf den Aufrechnungsvertrag mit Sofortvollzug sowie den bedingten Aufrechnungsvertrag über schon existierende Forderungen feststellen. Eine Benachteiligung der Insolvenzgläubiger wird bei einem Aufrechnungsvertrag mit Sofortvollzug durch den Vertragsschluss als solchen bewirkt, soweit erst dieser zugunsten des einzelnen Gläubigers eine Aufrechnungsmöglichkeit herbeiführt. Wenn der Aufrechnungsvertrag hingegen trotz einer bereits für den Insolvenzgläubiger oder beide Parteien gegebenen Aufrechnungsbefugnis gemäß §§ 387 ff. BGB oder einer Kernaufrechnungslage i.S.d. § 95 Abs. 1 InsO abgeschlossen wird und damit etwa lediglich der Ausräumung von Zweifeln über das Bestehen des Aufrechnungsrechts oder der Bestimmung der Tilgungsreihenfolge bei mehreren Forderungsrechten dient, benachteiligt der Vertragsschluss selbst nach den obigen Ausführungen die Insolvenzgläubiger nicht. Gläubigerbenachteiligend und somit anfechtbar ist insofern ausschließlich diejenige Rechtshandlung, mit der die bestehende Aufrechnungslage hergestellt wurde, d.h. der Erwerb einer Forderung durch den Schuldner bzw. den Gläubiger, durch welchen sich die Forderungen der Beteiligten aufrechenbar gegenübertreten oder zumindest die Voraussetzungen für eine Aufrechnungsbefugnis aus des § 95 Abs. 1 InsO geschaffen werden.

Wie an anderer Stelle bereits angeführt *(s.o. Seite 169 f.)* ist allerdings die Schaffung einer gesetzlichen Aufrechnungsmöglichkeit nur zugunsten des Insolvenzschuldners für sich noch nicht als gläubigerbenachteiligend anzusehen, weil hierdurch noch nicht die schuldnerische Forderung, sondern allein die des Insolvenzgläubigers mit einem Aufrechnungsrecht belastet wird. Eine anfechtungsrelevante Benachteiligung der Gläubiger tritt vielmehr erst durch eine alsdann nach § 143 Abs. 1 InsO anfechtbare Aufrechnungserklärung des Insolvenzschuldners ein, weshalb insoweit ein von den Voraussetzungen der §§ 387 ff. BGB abweichender Aufrechnungsvertrag sehr wohl eine Benachteiligung der Insolvenzgläubiger bewirkt.

Die eben dargestellten Grundsätze gelten dabei in gleicher Weise auch für den Abschluss einer bedingten Aufrechnungsvereinbarung über bereits existierende Forderungsrechte, da die beigefügte Bedingung nach § 140 Abs. 3 InsO für die Bestimmung der Gläubigerbenachteiligung außer Betracht bleibt und lediglich auf den „Abschluss der rechtsbegründenden Tatumstände"[29] – hier also den zugrundeliegenden Vertragsschluss als solchen – abzustellen ist, womit der bedingte Aufrechnungsvertrag anfechtungsrechtlich nach denselben Kriterien zu beurteilen ist wie der Aufrechnungsvertrag mit Sofortvollzug.

bb) Vertragliche Vereinbarung einer Aufrechnungsbefugnis

Bei vertraglicher Begründung einer Aufrechnungsbefugnis ist bei Aufrechnungsvereinbarungen über bestehende Forderungen der Abschluss des Aufrechnungsvoraussetzungsvertrages selbst, durch welchen abweichend von den Voraussetzungen der §§ 387 ff. BGB eine Aufrechnungslage geschaffen wird, als gläubigerbenachteiligend anzusehen. Soweit – was in praxi weitaus bedeutsamer ist – der Aufrechnungsvoraussetzungsvertrag allerdings in Bezug auf künftige Forderungsrechte geschlossen wird, benachteiligt der Vertragsschluss als solcher die Gläubigergesamtheit noch nicht, weil hierdurch noch keine Aufrechnungslage zugunsten des späteren Insolvenzgläubigers herbeigeführt wird. Gläubigerbenachteiligend wirkt damit erst der nachfolgende Forderungserwerb durch oder gegen den Schuldner, mit dem sich tatsächlich zwei Forderungsrechte aufrechenbar gegenübertreten und der Gläubiger damit zu Lasten der Masse die Sicherheit erlangt, sich fortan jederzeit im Wege der Aufrechnung befriedigen zu können. Wie oben bereits erwähnt, ist indes Herstellung einer allein dem Schuldner zukommenden gesetzlichen Aufrechnungsbefugnis grundsätzlich nicht als gläubigerbenachteiligend anzusehen, weshalb jedenfalls der Abschluss eines Aufrechnungsvoraussetzungsvertrages, durch welchen allein für den späteren Insolvenzschuldner eine Aufrechnungsmöglichkeit geschaffen wird, für sich keinerlei Beeinträchtigung der nachmaligen Insolvenzmasse bewirkt. Vielmehr unterliegt in diesem Fall ausschließlich die spätere einseitige Aufrechnungserklärung des Schuldners der Insolvenzanfechtung, die allerdings auch hier nicht zur Rechtsfolge des § 96 Abs. 1 Nr. 3 InsO, sondern der des § 143 Abs. 1 InsO führt.

Das eben Ausgeführte gilt allerdings nach den zur Wirksamkeit der vertraglichen Aufrechnung in der Insolvenz getroffenen Feststellungen nur dann, wenn die vertraglich vorausgesetzte Aufrechnungslage zumindest die Erfordernisse der Gegenseitigkeit und Gleichartigkeit wahrt, denn die Herstellung einer von diesen Erfordernissen abweichenden Aufrechnungslage bewirkt für sich genommen noch keine Gläubigerbenachteiligung, da der Insolvenzgläubiger hier noch gar keine insolvenzfeste Aufrechnungslage erlangt hat *(vgl. o. Seite 145 f.)*. Soweit die Aufrechnungsvoraussetzungsvereinbarung eine Aufrechnung auch ohne Erfüllung dieser Erfordernisse zulässt – wobei bei einer Abweichung vom Merkmal der Gleichartigkeit

29 Begr. RegE BT-Drs. 12/2443, S. 167 = *Uhlenbruck*, Das neue Insolvenzrecht, S. 495; *Ehricke*, in: B. Kübler/Prütting/Bork, InsO, § 140 Rn. 18; *ders.*, in: Bork, Handbuch der Insolvenzanfechtung, Teil 2, Kap. 3 Rn. 46; *Kreft*, in: HK-InsO, § 140 Rn. 13; *Zeuner*, in: Leonhardt/Smid/Zeuner, InsO, § 140 Rn. 15; *ders.*, Die Anfechtung in der Insolvenz, Rn. 39; vgl. auch *Huber*, in: Gottwald, Insolvenzrechts-Handbuch, § 46 Rn. 21; *dens.*, in: Graf-Schlicker, InsO, § 140 Rn. 13.

an sich auch gar keine vertragliche Aufrechnung im eigentlichen Sinn vorliegt *(vgl. o. Seite 115 f.)* –, ist in zweierlei Weise eine Benachteiligung der Insolvenzgläubiger denkbar: Zum einen können die Beteiligten nach Herstellung der vertraglich vorausgesetzten Aufrechnungslage auch noch die Gegenseitigkeit und Gleichartigkeit der aufzurechnenden Forderungsrechte herstellen und auf diese Weise eine insolvenzfeste Aufrechnungslage begründen. Zum anderen kann der aufrechnungsberechtigte Gläubiger aber auch ohne Herbeiführung der Gegenseitigkeit bzw. Gleichartigkeit vor Verfahrenseröffnung auf Basis seiner vertraglichen Aufrechnungsbefugnis die einseitige Aufrechnung erklären und damit die Forderung des Schuldners schon vor Anwendbarkeit des § 94 Alt. 2 InsO zum Erlöschen bringen, womit es auf die Insolvenzfestigkeit der Aufrechnungslage gar nicht mehr ankommt.

Gläubigerbenachteiligend und anfechtbar kann in erstgenannter Konstellation nicht schon die Herstellung der vertraglichen Aufrechnungslage, sondern erst die Begründung der insolvenzfesten Aufrechnungsbefugnis sein, wobei sich allerdings darüber hinaus keinerlei Unterschiede zu den übrigen Fällen der Herbeiführung einer Aufrechnungslage ergeben. Insbesondere kann hinsichtlich der Rechtsfolgen ebenfalls das Aufrechnungsverbot des § 96 Abs. 1 Nr. 3 InsO herangezogen werden, da hier ebenfalls eine anfechtbare Sicherung durch eine Aufrechnungsbefugnis vorliegt. Im Gegensatz hierzu führt in der letztgenannten Konstellation aber erst die einseitige Aufrechnungserklärung zu einer anfechtbaren Benachteiligung der Insolvenzgläubiger, deren Anfechtungsfolgen sich dabei allerdings in Ermangelung der anfechtbaren Herstellung einer Aufrechnungslage nach der hier vertretenen Ansicht alsdann nicht nach dem Aufrechnungsverbot des § 96 Abs. 1 Nr. 3 InsO richten können, weshalb wie im oben genannten Fall einer alleinigen Aufrechnungsbefugnis des Schuldners auf den allgemeinen Anfechtungsanspruch aus § 143 Abs. 1 InsO zurückgegriffen werden muss. Im Übrigen gelten in Bezug auf die weiteren Voraussetzungen der Anfechtbarkeit hier dieselben Regeln wie für diejenigen Varianten der konsensualen Aufrechnung, in welchen keine selbständig gläubigerbenachteiligende Aufrechnungslage auszumachen ist und daher eine Benachteiligung der Insolvenzgläubiger ebenfalls erst durch die Befriedigung des anderen Teils aufgrund des tatsächlichen Aufrechnungsvollzugs eintritt, weshalb diese Konstellation in den folgenden Ausführungen nicht eigens thematisiert wird.

cc) Antizipierte Aufrechnung durch Vertrag über künftige Forderungsrechte

In Bezug auf die antizipierte Aufrechnung durch Vertrag könnte es zunächst naheliegend erscheinen, dass hier bereits der vorweggenommene Vertragsschluss eine Benachteiligung der Insolvenzgläubiger bewirkt, weil schon in diesem Zeitpunkt der vollständige Aufrechnungstatbestand erfüllt ist und lediglich der Eintritt der Aufrechnungswirkungen der aufschiebenden Bedingung künftiger Forderungsentstehung unterliegt *(vgl. o. Seiten 99, 147)*[30]. Diese Annahme trifft allerdings

30 So *Eckert*, Bestimmung des für die Insolvenzanfechtung relevanten Zeitpunktes, S. 82 f.

jedenfalls für den Bereich der Insolvenzanfechtung nicht zu, denn auch wenn die im antizipierten Aufrechnungsvertrag getroffene Verfügung der Vertragspartner außerhalb der Insolvenz nicht mehr durch spätere Verfügungs- oder Vollstreckungshandlungen beeinträchtigt werden kann *(so bereits Seite 108)*, vermittelt er in der Insolvenz für sich noch keine gesicherte Rechtsposition, sondern verliert vielmehr nach § 91 Abs. 1 InsO mit Eröffnung des Insolvenzverfahrens seine Wirksamkeit, sofern bis zu diesem Zeitpunkt mangels Entstehung eines der aufzurechnenden Forderungsrechte der Eintritt der aufschiebenden Bedingung und damit der Aufrechnungsvollzug noch nicht erfolgt ist *(vgl. hierzu Seite 148)*.

Der antizipiert vorgenommene Abschluss des Aufrechnungsvertrages benachteiligt in der Konsequenz als solcher noch nicht die Gesamtheit der Insolvenzgläubiger, weil dieser anders als der oben bereits erörterte Aufrechnungsvertrag über existierende Forderungsrechte noch keinerlei Schmälerung der Insolvenzmasse herbeiführt. Ebensowenig lässt sich mit Blick auf die Regelung des § 140 Abs. 3 InsO, derzufolge eine gläubigerbenachteiligende Rechtshandlung bei Vereinbarung einer Bedingung oder Befristung ohne Rücksicht auf deren Eintritt bereits mit „Abschluss der rechtsbegründenden Tatumstände" als vorgenommen gilt, ein Abstellen auf den antizipierten Vertragsschluss begründen. Denn die Bedingung künftiger Forderungsentstehung stellt keine Bedingung im Sinne dieser Vorschrift dar, auf welche es für die Bestimmung der gläubigerbenachteiligenden Wirkungen einer Rechtshandlung nicht ankäme, da das zugrundeliegende Vertragsgeschäft dem Insolvenzgläubiger noch keine gesicherte Rechtsstellung gewährt[31]. Gläubigerbenachteiligend wirkt damit im Rahmen der antizipierten Aufrechnung durch Vertrag noch nicht der Vertragsschluss als solcher, sondern diejenige Rechtshandlung, welche zum Bestehen zweier aufrechenbarer Forderungen und damit zum Eintritt der aufschiebenden Bedingung künftiger Forderungsentstehung führt, weil erst hierdurch der Aufrechnungserfolg herbeigeführt wird und der Gläubiger eine Deckung zu Lasten der nachmaligen Insolvenzmasse erhält.

dd) Verrechnung im Kontokorrent

Die eben zur antizipierten Aufrechnung durch Vertrag dargestellten Grundsätze gelten in ähnlicher Weise in Bezug auf die Verrechnung im Rahmen eines Kontokorrentverhältnisses. Demgemäß kann auch hier der für gewöhnlich antizipiert erfolgende Abschluss des Verrechnungsvertrages für sich noch nicht als gläubigerbenachteiligend anzusehen sein, da dieser selbst noch keine Verrechnungslage

---

31 Vgl. zum insoweit ähnlichen Fall einer Abtretung künftiger Forderungen *Rogge/Leptien*, in: HambKomm InsO, § 140 Rn. 35. Zum Erfordernis einer gesicherten Rechtsposition vgl. überdies BGHZ 156, 350, 357; BGH ZIP 2008, 1488, 1488; *Ehricke*, in: B. Kübler/Prütting/Bork, InsO, § 140 Rn. 23; *dens.*, in: Bork, Handbuch der Insolvenzanfechtung, Teil 2, Kap. 3 Rn. 51; *Fischer*, ZIP 2004, 1679, 1680; *Huber*, in: Gottwald, Insolvenzrechts-Handbuch, § 46 Rn. 21; *dens.*, in: Graf-Schlicker, InsO, § 140 Rn. 13; *Kreft*, in: HK-InsO, § 140 Rn. 13.

und damit auch keinerlei Sicherung des Kontokorrentpartners mit einer entsprechenden Belastung der späteren Insolvenzmasse herbeiführt[32]. Eine Benachteiligung der Insolvenzgläubiger bewirkt folglich auch im Kontokorrentverhältnis erst diejenige Rechtshandlung, mit welcher eine tatsächliche Verrechnungsmöglichkeit hergestellt wird, die dem Insolvenzgläubiger die Sicherheit gewährt, für seine Forderung im Wege der Verrechnung befriedigt zu werden, d.h. jeder Erwerb einer Schuldner- oder Gläubigerstellung durch den Kontokorrentpartner, mit der ein Rechnungsposten des späteren Insolvenzschuldners korrespondiert[33]. Im Hinblick auf die hier zu untersuchende Anfechtbarkeit von konsensualen Verrechnungen im Kontokorrent sind insoweit auch solche Forderungserwerbe von vornherein als unerheblich auszuscheiden, die keinerlei Verrechnungsmöglichkeit begründen, also die Begründung einer Schuldnerposition bei einem kreditorischen Kontokorrent und der Erwerb einer Forderung gegen den Schuldner bei einem bereits im Debet befindlichen Kontokorrent[34].

aaa) Erwerb einer Forderung durch den Schuldner bei einem debitorischen Kontokorrent

Gläubigerbenachteiligend wirkt nach dem oben Ausgeführten zunächst die Herstellung einer Verrechnungsmöglichkeit durch Begründung einer Schuldnerstellung gegenüber dem Schuldner bei einem debitorischen Kontokorrent[35]. Im Rahmen

---

32 *Bork*, in: FS Kirchhof, S. 57, 61; i.E. auch *Tinnefeld*, Auf- und Verrechnungsmöglichkeit von Kreditinstituten, S. 165; a.A. OLG Brandenburg NZI 2000, 325, 325 f.; *Eckert*, Bestimmung des für die Insolvenzanfechtung relevanten Zeitpunktes, S. 60 (unter unzutreffendem Verweis auf *Kirchhof*, ZInsO 2003, 149, 152 f.).

33 *Dampf*, KTS 1998, 145, 156; *Tinnefeld*, Auf- und Verrechnungsmöglichkeit von Kreditinstituten, S. 170. A.A. hingegen *Kirstein*, in: Haarmeyer/Huber/Schmittmann, Praxis der Insolvenzanfechtung, Teil IV Rn. 35; *ders.*, ZInsO 2014, 1921, 1926 ff., der nicht auf die Verrechnungslage, sondern auf die Kontokorrentverstrickung und die Verrechnung der Einzelforderungen abstellen will (anders hingegen *ders.*, in: Haarmeyer/Huber/Schmittmann, Praxis der Insolvenzanfechtung, Teil IV Rn. 51; *ders.*, ZInsO 2014, 1921, 1928, wo nurmehr die Kontokorrentbindung als gläubigerbenachteiligende Wirkung qualifiziert wird). Dies kann aber schon insofern nicht richtig sein, als die bloße Kontokorrentbindung noch zu keiner Vermögensminderung führt und die spätere Verrechnung aufgrund der bereits mit der Verrechnungslage eingetretenen Belastung des Schuldnervermögens keinerlei Gläubigerbenachteiligung mehr bewirkt, weshalb auch allein die Herstellung der Verrechnungslage maßgeblich sein kann (so zum letztgenannten Aspekt schon o. Seite 247 f.).

34 Vgl. zu den entsprechenden Einzelfällen im Bankkontokorrentverhältnis *Bork*, Zahlungsverkehr in der Insolvenz Rn. 130 f., 270, 307, 365, 371, 387, 419, 462.

35 A.A. teilweise *Obermüller*, Insolvenzrecht in der Bankpraxis Rn. 3.172, der eine Gläubigerbenachteiligung insoweit verneinen will, als die Bank den Schuldner über die Verrechnungsbeträge wieder verfügen ließ. Dies ist indes mit der im Anfechtungsrecht gebotenen Einzelbetrachtung nicht zu vereinen, weshalb allenfalls eine Anwendung des § 142 InsO in Betracht kommen kann *(s. hierzu Seite 342 ff.)*.

des Bankkontokorrents bewirkt damit bei einem bestehenden Debetsaldo des Insolvenzschuldners jeder Zahlungseingang auf dem schuldnerischen Konto eine Benachteiligung der Insolvenzgläubiger, also jede Gutschrift, sei es aufgrund einer Überweisung Dritter, der Einlösung einer Lastschrift, der Einreichung eines Schecks oder einer Bareinzahlung durch den Schuldner oder einen Dritten[36].

Fraglich ist allerdings in dieser Hinsicht, ob für die Bestimmung der Gläubigerbenachteiligung auf die Verschaffung einer Deckung bei der kontoführenden Bank oder auf die Gutschrift des entsprechenden Betrages auf dem Konto des Insolvenzschuldners abzustellen ist. Der BGH hatte hierzu in einer früheren Entscheidung zum Konkurs des Lastschriftgläubigers die dem Grunde nach auch auf andere Arten von Zahlungseingängen übertragbare Ansicht[37] vertreten, dass die gläubigerbenachteiligende Rechtshandlung in der Erteilung der Gutschrift durch die kontoführende Bank zu sehen sei, da dieser rechtsbegründende Kraft zukomme, indem sie ein abstraktes Schuldanerkenntnis der Bank gegenüber dem Zahlungsempfänger beinhalte[38]. Dieser Ansicht – von welcher der BGH in einer späteren Entscheidung auch zu Recht wieder abgerückt ist[39] – kann indes nicht gefolgt werden, denn die gläubigerbenachteiligende Sicherung der Bank für ihre Saldoforderung entsteht nicht in dem Moment, in welchem diese eine erhaltene Zahlung auf dem Konto des Insolvenzschuldners gutschreibt, sondern dann, wenn die Bank eine entsprechende Deckung erlangt, der jeweilige Zahlungsbetrag also bei ihr eingeht[40]. Auch wenn sich allein mit dem Zahlungseingang nicht unmittelbar zwei Forderungsrechte verrechenbar gegenübertreten, da nur der Anspruch aus der Gutschrift der Verrechnung im Kontokorrent unterliegen kann[41], erlangt der Bankkunde bereits durch den Zahlungseingang – entsprechend dem im früheren Recht angenommenen Anspruch auf Gutschrift aus §§ 675 Abs. 1, 667 BGB bzw. §§ 675f Abs. 1 S. 1, 675g Abs. 1 S. 1 BGB – nach § 675t Abs. 1 BGB (bei Bareinzahlungen des Kunden nach Abs. 2) einen Anspruch auf Verfügbarmachung des zugeflossenen

---

36 *Henckel*, in: Jaeger, InsO, § 130 Rn. 86.

37 *Tinnefeld*, Auf- und Verrechnungsmöglichkeit von Kreditinstituten, S. 173.

38 BGHZ 70, 177, 181; so gegenwärtig noch *Obermüller*, Insolvenzrecht in der Bankpraxis Rn. 3.800; *Kirstein*, ZInsO 2012, 709, 713 und wohl auch *Heublein*, ZIP 2000, 161, 166.

39 BGHZ 118, 171, 176 f.

40 *Dampf*, KTS 1998, 145, 157; *Heublein*, ZIP 2000, 161, 164; *Lwowski*, in: FS Uhlenbruck, S. 299, 300; *Peschke*, Die Insolvenz des Girokonteninhabers, S. 187; teilweise übereinstimmend auch *Windel*, in: Jaeger, InsO, § 96 Rn. 75, 93 ff.; *Wischemeyer*, Insolvenzanfechtung der Rückführung debitorischer Konten, S. 14 ff., die allerdings in Bezug auf eingereichte Lastschriften und Schecks bereits auf die Erteilung der (vorläufigen) Gutschrift abstellen wollen (hierzu sogleich).

41 *Peschke*, Die Insolvenz des Girokonteninhabers, S. 187, Fn. 904; *Tinnefeld*, Auf- und Verrechnungsmöglichkeit von Kreditinstituten, S. 171; a.A. *Wischemeyer*, Insolvenzanfechtung der Rückführung debitorischer Konten, S. 14.

Betrages[42]. Diesen Anspruch des Zahlungsempfängers kann die Bank aber dadurch erfüllen, dass sie den Zahlungsbetrag seinem Konto gutschreibt und damit zu ihren Gunsten eine Verrechnungsmöglichkeit herbeiführt, da die in § 675f Abs. 1 BGB geforderte Verfügbarmachung einer Einstellung in ein debitorisches Kontokorrentkonto nicht entgegensteht[43].

Hinzu kommt, dass der Schuldner über den erhaltenen Betrag bis zu dessen Gutschrift faktisch auch gar nicht anderweitig verfügen kann, da der Zahlungseingang bereits als solcher von der Kontokorrentbindung erfasst ist und folglich schon im Zeitpunkt der Deckungserlangung durch die Bank zur Verrechnung im Kontokorrent bestimmt ist[44]. Obgleich erst mit der Gutschrifterteilung eine tatsächliche Verrechnungslage eintritt, erlangt das kontoführende Kreditinstitut nach dem Vorstehenden somit schon mit dem Eingang des Zahlungsbetrages die Sicherheit, sich für ihre Forderungen im Wege der Verrechnung befriedigen zu können, welche durch die nachfolgende Gutschrift nicht mehr verändert wird[45]. Dies gilt auch dann, wenn die Gutschrift – wie etwa beim Scheck- oder Lastschriftinkasso – bereits vorab unter Vorbehalt erteilt wird, da dem Bankkunden zu diesem Zeitpunkt noch gar kein Anspruch auf Verfügbarmachung gegen das Kreditinstitut zusteht und damit noch kein Forderungsrecht des Schuldners existiert, vermöge dessen die Bank eine Sicherung für ihre Forderungsrechte erlangen könnte[46]. Eine Benachteiligung der Insolvenzgläubiger wird damit bei Gutschriften auf einem debitorischen Konto nicht erst mit Erteilung derselben, sondern mit dem Zahlungseingang bei der kontoführenden Bank bewirkt[47], bei Bareinzahlungen also in diesem Zeitpunkt, bei innerbetrieblichem Zahlungsverkehr mit Belastung des Kontos des Zahlungspflichtigen und bei

---

42 Vgl. *Sprau*, in: Palandt, BGB, § 675t Rn. 4. Zum früheren Recht vgl. *Bork*, Zahlungsverkehr in der Insolvenz Rn. 311; *Dampf*, KTS 1998, 145, 157; *Peschke*, Die Insolvenz des Girokonteninhabers, S. 187; *Tinnefeld*, Auf- und Verrechnungsmöglichkeit von Kreditinstituten, S. 171; *Wischemeyer*, Insolvenzanfechtung der Rückführung debitorischer Konten, S. 15. A.A. *Mayen*, in: Schimansky/Bunte/Lwowski, Bankrechts-Handbuch, § 47 Rn. 9, 52, der den Anspruch aus § 675t Abs. 1 BGB mit dem Anspruch aus der Gutschrift, also dem Anerkenntnis gleichsetzt.

43 Vgl. Bt-Drs. 16/11643, S. 112; *Sprau*, in: Palandt, BGB, § 675t Rn. 4; vgl. überdies *Peschke*, Die Insolvenz des Girokonteninhabers, S. 187.

44 Vgl. *Dampf*, KTS 1998, 145, 157; *Brandes/Lohmann*, in: MünchKomm InsO, § 96 Rn. 33a; *Kirchhof*, ZInsO 2003, 149, 152; *Tinnefeld*, Auf- und Verrechnungsmöglichkeit von Kreditinstituten, S. 171.

45 *Tinnefeld*, Auf- und Verrechnungsmöglichkeit von Kreditinstituten, S. 173.; *Wischemeyer*, Insolvenzanfechtung der Rückführung debitorischer Konten, S. 15.

46 *Bork*, Zahlungsverkehr in der Insolvenz Rn. 311; *Heublein*, ZIP 2000, 161, 164; a.A. *Windel*, in: Jaeger, InsO, § 96 Rn. 93 ff.; *Wischemeyer*, Insolvenzanfechtung der Rückführung debitorischer Konten, S. 14 ff.

47 I.E. ebenso BGHZ 74, 129, 132; 118, 171, 176; *Brandes/Lohmann*, in: MünchKomm InsO, § 96 Rn. 33a; *Kirchhof*, ZInsO 2003, 149, 155; *Henckel*, in: Jaeger, InsO, § 130 Rn. 92.

überbetrieblichem Zahlungsverkehr mit Gutschrift des Betrages auf dem Konto der Empfängerbank[48].

bbb) Erwerb einer Forderung durch den Gläubiger bei einem kreditorischen Kontokorrent

Im Hinblick auf den umgekehrten Fall der Schaffung einer Verrechnungslage durch Erwerb einer Gläubigerstellung bei einem kreditorischen Kontokorrent verneint die h.L. hingegen jedenfalls für das Bankkontokorrent weit überwiegend eine Anfechtbarkeit gegenüber dem Kontokorrentpartner. Vielmehr soll, soweit die Forderung gegen den Schuldner auf einer Leistung an einen Dritten beruht, allenfalls eine Anfechtung gegenüber diesem in Betracht kommen[49]. Die hierfür angebrachten Begründungen variieren indes deutlich: Während vereinzelt bereits eine Benachteiligung der Insolvenzgläubiger abgelehnt wird[50], scheitert die Anfechtung nach überwiegender Ansicht entweder am Fehlen eines Anfechtungsgrundes nach §§ 130, 131 InsO, da es dem Kreditinstitut bis zum Erwerb seiner Forderung an einer Gläubigerstellung fehle[51], oder am Eingreifen des Bargeschäftsprivilegs[52]. Nicht zu überzeugen vermag dabei aber jedenfalls der Verweis auf die mangelnde Gläubigereigenschaft i.S.d. §§ 130, 131 InsO, da bei der anfechtbaren Herstellung einer Aufrechnungslage gemeinhin angenommen wird, dass es für die Anwendbarkeit der Tatbestände der Deckungsanfechtung unerheblich sei, ob die Aufrechnungsmöglichkeit erst durch Begründung einer Schuldner- oder einer Gläubigerstellung geschaffen worden ist[53] und damit für die Kontokorrentverrechnung nichts anderes gelten kann.

---

48 Vgl. hierzu auch *Tinnefeld*, Auf- und Verrechnungsmöglichkeit von Kreditinstituten, S. 172.

49 A.A. indes *Tinnefeld*, Auf- und Verrechnungsmöglichkeit von Kreditinstituten, S. 174, 366.

50 *Peschke*, Die Insolvenz des Girokonteninhabers, S. 261 ff.; in diese Richtung für § 133 InsO – allerdings mit anderem Ergebnis – auch *Ganter*, NZI 2010, 835, 837.

51 *Bork*, Zahlungsverkehr in der Insolvenz Rn. 129 (zur Überweisung), 386 (zur Barauszahlung); *Henckel*, in: Jaeger, InsO, § 130 Rn. 40 (zur Überweisung); *Obermüller*, Insolvenzrecht in der Bankpraxis Rn. 3.17 (zur Überweisung), 3.356 (zur Scheckeinlösung) Rn. 3.722 (zur Lastschrift).

52 RGZ 48, 148, 149 (zur Überweisung); *Bork*, Zahlungsverkehr in der Insolvenz Rn. 269 (zur Lastschrift), 422 (zur Scheckeinlösung); *ders.*, in: FS Gerhardt, S. 69, 84 (zur Lastschrift); *Obermüller*, Insolvenzrecht in der Bankpraxis Rn. 3.17 (zur Überweisung), 3.356 (zur Scheckeinlösung), 3.722 (zur Lastschrift); so wohl auch *Kirstein*, in: Haarmeyer/Huber/Schmittmann, Praxis der Insolvenzanfechtung, Teil IV Rn. 49, 82; *ders.*, ZInsO 2014, 1921, 1927, 1931, welcher eine Gläubigerbenachteiligung explizit bejaht, aber ein Eingreifen das Bargeschäftsprivilegs zumindest für möglich hält.

53 Begr. RegE BT-Drs. 12/2443, S. 141 = *Uhlenbruck*, Das neue Insolvenzrecht, S. 412 f.; BGHZ 159, 388, 393; *Bork*, in: FS Ishikawa, S. 31, 43 f.; *Brandes/Lohmann*, in: MünchKomm InsO, § 96 Rn. 27; *Klinck*, Die Grundlagen der besonderen Insolvenzanfechtung, S. 423 f.; *Ch. Paulus*, ZIP 1997, 569, 576; *Sinz*, in: Uhlenbruck/Hirte/Vallender, InsO, § 96

Für den Bereich des Bankkontokorrents wird man vielmehr davon ausgehen dürfen, dass sich die Unanfechtbarkeit der Schaffung einer Verrechnungsmöglichkeit bei einem kreditorischen Saldo des Schuldners nicht erst aus dem Vorliegen eines Bargeschäfts nach § 142 InsO, sondern bereits aus dem Fehlen einer Gläubigerbenachteiligung ergibt. Dies gilt in Bezug auf Barauszahlungen vom schuldnerischen Konto schon deshalb, weil das Kreditinstitut damit lediglich gegenüber dem Schuldner dessen Rückforderungsanspruch aus dem Vertragsverhältnis der unregelmäßigen Verwahrung[54] erfüllt, wodurch die schuldnerischen Vermögensverhältnisse aber im Ergebnis noch nicht beeinträchtigt werden[55]. Ein anderes kann nur ausnahmsweise unter dem Aspekt der mittelbaren Gläubigerbenachteiligung anzunehmen sein, wenn der Schuldner den ausgezahlten Barbetrag verbraucht hat und dafür dessen Vermögen kein gleichwertiges Surrogat zugeflossen ist[56]. Soweit die Forderung des Kreditinstituts hingegen auf einer Leistung an einen Dritten im Auftrag des Schuldners beruht, die Bank also aus der Ausführung einer Überweisung oder der Einlösung einer Lastschrift oder eines Schecks einen Aufwendungsersatzanspruch gemäß §§ 675c Abs. 1 bzw. 675 Abs. 1, 670 BGB erwirbt[57], scheidet eine Benachteiligung der Insolvenzgläubiger im Verhältnis zur ausführenden Bank deshalb aus, weil dieser nur die Funktion eines Leistungsmittlers zukommt, dessen sich der Bankkunde bedient, um den ansonsten erforderlichen Zahlungsvorgang bestehend aus der Abhebung des geschuldeten Betrages und der nachfolgenden Direktzahlung bzw. Direktüberweisung an seinen Gläubiger abzukürzen[58]. Die Leistung des Kreditinstituts an den Überweisungs-, Lastschrift- oder Scheckgläubiger ist damit nach den Grundsätzen zur Anfechtbarkeit mittelbarer Zuwendungen so zu sehen, als hätte der Insolvenzschuldner unmittelbar an diesen Gläubiger geleistet, weshalb eine Benachteiligung der Insolvenzgläubiger und damit eine anfechtungsrechtliche Rückabwicklung nur im Valutaverhältnis zwischen Schuldner und Zahlungsempfänger, nicht aber im Deckungsverhältnis zur ausführenden Bank in Betracht kommen kann[59].

Rn. 46; *Thole*, Gläubigerschutz durch Insolvenzrecht, S. 380 f.; *Windel*, in: Jaeger, InsO, § 96 Rn. 48, 58 f.

54 BGHZ 131, 60, 64; BGH WM 1993, 1585, 1586; OLG Düsseldorf WM 2009, 1560, 1561; *Kümpel*, Bank- und Kapitalmarktrecht Rn. 3.36.

55 *Peschke*, Die Insolvenz des Girokonteninhabers, S. 261 f.; vgl. überdies *Bork*, Zahlungsverkehr in der Insolvenz Rn. 386 (zur Barauszahlung); *Obermüller*, Insolvenzrecht in der Bankpraxis Rn. 3.902, 3.908.

56 BGH WM 1988, 799, 801; *Bork*, Zahlungsverkehr in der Insolvenz Rn. 386.

57 Vgl. BGH WM 1991, 797, 798; *Mayen*, in: Schimansky/Bunte/Lwowski, Bankrechts-Handbuch, § 50 Rn. 37 (zur Überweisung); *Obermüller*, Insolvenzrecht in der Bankpraxis Rn. 3.9 (zur Überweisung); 3.352 (zum Scheck); 3.673 ff. (zur Lastschrift); *dens.*, ZInsO 2010, 8, 9 (zur Überweisung).

58 *Peschke*, Die Insolvenz des Girokonteninhabers, S. 262.

59 BGH ZInsO 1998, 89, 89; ZIP 1999, 1764, 1765; ZInsO 2008, 106, 106; ZIP 2009, 769, 769; ZInsO 2007, 1216, 1216; *Bork*, in: FS Fischer, S. 37, 47; *Obermüller*, Insolvenzrecht in

An diesem Ergebnis sollte entgegen der jüngeren Judikatur des BGH, derzufolge eine Vorsatzanfechtung bei mittelbaren Zuwendungen auch gegenüber der Mittelsperson erfolgen kann und die Anfechtungsansprüche gegenüber dem Leistungsempfänger und dem Leistungsmittler dabei zueinander im Verhältnis der Gesamtschuld stehen[60], für den Bereich des Bankkontokorrents auch weiterhin festgehalten werden. Denn auch dann bleibt zu berücksichtigen, dass die Bank ihrem Kunden gegen den Verlust der Guthabenforderung in gleichem Umfang Liquidität zur Verfügung stellt und damit im Deckungsverhältnis keine Veränderung der schuldnerischen Vermögenslage eintritt[61]. Hingewiesen sei dabei allerdings darauf, dass sich auch bei Anwendung der vom BGH entwickelten Grundsätze zur Vorsatzanfechtung mittelbarer Zuwendungen auf das Bankkontokorrent insgesamt weniger an der Anfechtbarkeit der Herstellung einer Verrechnungslage nach § 133 Abs. 1 InsO ändern würde, als

---

der Bankpraxis Rn. 3.23 (zur Überweisung), 3.680, 3.722 (zur Lastschrift); *Peschke*, Die Insolvenz des Girokonteninhabers, S. 262.

60 BGHZ 174, 314, 317 ff.; 193, 129, 132 ff.; BGH ZInsO 2013, 384, 385 ff.; ZInsO 2013, 1077, 1078 ff.; ausführlich hierzu *Huber*, in: Graf-Schlicker, InsO, § 129 Rn. 39 ff.; *ders.*, in: Haarmeyer/Huber/Schmittmann, Praxis der Insolvenzanfechtung, Teil I Rn. 67 ff.

61 Vgl. hierzu *Ganter*, NZI 2010, 835, 837, wobei *Ganter* und diesem folgend *Huber*, in: Graf-Schlicker, InsO, § 142 Rn. 11 dann die nachfolgende Belastungsbuchung für gläubigerbenachteiligend erachten wollen, diesbezüglich jedoch eine Vorsatzanfechtung bereits in Ermangelung einer Rechtshandlung des Schuldners verneinen. Dieser Ansatz kann zunächst aber schon deshalb nicht so recht überzeugen, weil die isolierte Betrachtung der Belastungsbuchung nichts daran zu ändern vermag, dass dieser mit einem vorangegangenen Überweisungsauftrag, der Erteilung einer Lastschriftermächtigung oder der Hingabe eines Schecks stets ein Handeln des Schuldners zugrunde liegt und damit für die Gläubigerbenachteiligung gleichwohl eine Rechtshandlung des Schuldners zumindest mitursächlich ist. Überdies kann durch die Belastungsbuchung als solche auch gar keine Benachteiligung der Insolvenzgläubiger eintreten, weil derselben lediglich deklaratorische Bedeutung zukommt und Grundlage des Verlustes der Guthabenforderung deshalb nur der aus der Ausführung des Zahlungsauftrages resultierende und zur Verrechung gestellte Aufwendungsersatzanspruch des Kreditinstitutes sein kann. Des Weiteren werden mit dem vorgenannten Ansatz der Sache nach zwei Minderungen des schuldnerischen Vermögens angenommen: nämlich zunächst der Verlust der Guthabenforderung durch Ausführung der Überweisung und alsdann die Minderung der Aktivmasse durch Realisierung des Aufwendungsersatzanspruches im Wege der Vornahme der Belastungsbuchung. Dies erscheint aber deshalb nicht nachvollziehbar, weil durch die Ausführung der Überweisung selbst noch gar keine Verringerung des schuldnerischen Guthabens bewirkt wird, sondern diese erst im Wege der Verrechnung mit dem Aufwendungsersatzanspruch der Bank eintritt. Maßgeblich kann daher allein der Erwerb des Aufwendungsersatzanspruchs durch die Ausführung des Zahlungsauftrages sein, welcher indes aus dem oben genannten Grund nicht als nachteilig anzusehen ist. A.A. *Obermüller*, Insolvenzrecht in der Bankpraxis Rn. 3.25; *ders.*, ZInsO 2010, 8, 12, der die vorgenannte Judikatur des BGH auch auf das Kontokorrent anwenden will.

dies prima facie vielleicht scheinen mag. Dies ergibt sich daraus, dass der BGH nunmehr zwar dem Grunde nach die Vorsatzanfechtung gegenüber dem Leistungsmittler zulässt, es aber im Rahmen des Bankkontokorrents für das Vorliegen einer nach § 133 Abs. 1 InsO erforderlichen Kenntnis des Gläubigerbenachteiligungsvorsatzes nicht als ausreichend erachtet, dass die Bank im Bewusstsein der Zahlungsunfähigkeit des Schuldners nur zahlungstechnisch dessen Aufträge erledigt, sondern die Erfüllung des subjektiven Tatbestandes der Vorsatzanfechtung nur dann bejaht, wenn die Bank ihre Funktion als Zahlstelle verlässt und sich an einer selektiven Begünstigung einzelner Gläubiger beteiligt[62].

Außerhalb des Bankkontokorrents kann bei Erwerb einer Forderung gegen den nachmaligen Insolvenzschuldner – zu denken ist hier insbesondere an Forderungen aus Kauf-, Dienst- oder Werkverträgen mit dem Schuldner, die im Rahmen einer dauerhaften Geschäftsbeziehung im Wege des Kontokorrents abgewickelt werden – hingegen mit der vorgenannten Judikatur des BGH eine Benachteiligung der Insolvenzgläubiger durch die Herstellung einer Verrechnungsmöglichkeit mit einem positiven Saldo des Schuldners durchaus bejaht werden, da dieser der Sache nach nicht mehr eine bloße Erfüllung der Guthabenforderung des Schuldners mit einer entsprechenden Vermittlung von Liquidität, sondern eine tatsächliche Forderungsbegründung gegenüber diesem zugrunde liegt. Freilich kann allerdings hier – ungeachtet der an sich gegebenen Gläubigerbenachteiligung i.S.d. § 129 Abs. 1 InsO – die Anfechtbarkeit alsdann dennoch auf der Grundlage des Bargeschäftsprivilegs nach § 142 InsO ausgeschlossen sein, dessen man nach hier vertretener Ansicht für den Bereich des Bankkontokorrents gerade nicht bedarf.

f) Die durch vertragliche Aufrechnungen herbeigeführten Arten der Gläubigerbenachteiligung

Die vorstehenden Ausführungen lassen bislang noch offen, welcher Art die jeweils bewirkte Gläubigerbenachteiligung ist, ob also durch die konsensuale Begründung einer Aufrechnungsmöglichkeit eine unmittelbare oder nur eine mittelbare Benachteiligung der Insolvenzgläubiger herbeigeführt wird. Bedeutsam ist dies allerdings nur in Bezug auf den Anfechtungstatbestand des § 132 Abs. 1 InsO und die Beweislastumkehr nach § 133 Abs. 2 InsO, da bei den übrigen Tatbeständen eine nur mittelbare Benachteiligung der Insolvenzgläubiger genügt, weshalb der Frage auch nur in gebotener Kürze nachgegangen werden soll. *Henckel*[63] vertritt dabei für die Herstellung einer Aufrechnungslage durch Abschluss eines gegenseitigen Vertrages die Auffassung, dass eine unmittelbare Gläubigerbenachteiligung vorliege, da dieser Vertrag eine absonderungsrechtsähnliche Deckung herbeiführe, ohne dass der Masse

62 BGH ZInsO 2013, 384, 386 f.; ZInsO 2013, 1898, 1900; *Huber*, in: Graf-Schlicker, InsO, § 129 Rn. 40; *ders.*, in: Haarmeyer/Huber/Schmittmann, Praxis der Insolvenzanfechtung, Teil I Rn. 70; *Kirstein*, in: Haarmeyer/Huber/Schmittmann, Praxis der Insolvenzanfechtung, Teil IV Rn. 59; *ders.*, ZInsO 2014, 1921, 1929.

63 In: Jaeger, InsO, § 130 Rn. 95.

eine entsprechende Gegenleistung zufließe. Träfe diese These zu, so wäre jedwede Begründung und jedweder Erwerb eines Forderungsrechts, durch welche bzw. welchen zugleich eine Aufrechnungsmöglichkeit eröffnet wird – und damit der praktische Regelfall der anfechtbaren Herstellung einer Aufrechnungslage – stets als unmittelbar nachteilig anzusehen, was nicht nur die Anwendbarkeit der oben genannten Normen erlaubt, sondern überdies von vornherein zum Ausschluss des Bargeschäftsprivilegs i.S.d. § 142 InsO führen würden, weil ein solches bei einer unmittelbaren Gläubigerbenachteiligung grundsätzlich nicht vorliegen kann[64].

Diese Ansicht verkennt allerdings, dass die unmittelbare Folge des Abschlusses eines gegenseitigen Vertrages oder eines anderweitigen Forderungserwerbs allein in der Erlangung des Forderungsrechts liegt. Die Herstellung der Aufrechnungslage wird hingegen nicht durch die im Kausalgeschäft getroffene Abrede, sondern kraft Gesetzes oder kraft einer eigenständigen vertraglichen Vereinbarung begründet und resultiert dabei aus dem Umstand, dass dieses Forderungsrecht zugleich einem bereits bestehenden Forderungsrecht des anderen Teils gegenübertritt. Die Schaffung einer Aufrechnungsmöglichkeit durch Erwerb eines Forderungsrechts – wie sie im Regelfall bei der gesetzlichen Aufrechnung sowie bei der antizipierten Aufrechnung durch Vertrag, einer vorgreiflichen Erweiterungsvereinbarung und der Verrechnung im Kontokorrent gegeben ist – ist damit grundsätzlich nicht unmittelbarer, sondern nur mittelbarer Natur[65]. Eine unmittelbare Benachteiligung der Insolvenzgläubiger ist damit lediglich im Hinblick auf den Aufrechnungsvertrag mit Sofortvollzug, die bedingte Aufrechnung durch Vertrag und den Aufrechnungsvoraussetzungsvertrag über schon existierende Forderungen zu bejahen, da hier die aufzurechnenden Forderungsrechte bereits entstanden sind und die Aufrechnungslage also nicht durch Begründung einer Forderung, sondern durch eine eigenständige vertragliche Vereinbarung hergestellt wird, deren Inhalt genau auf diese Rechtsfolge gerichtet ist.

g) Sonderfall: Die Gläubigerbenachteiligung bei Vorliegen einer Leistungswertdifferenz

Fraglich ist überdies, inwiefern sich das Vorliegen einer Wertdifferenz zwischen Leistung und Gegenleistung in einem der den aufzurechnenden Forderungsrechten zugrundeliegenden Kausalgeschäfte auf eine an sich gegebene Gläubigerbenachteiligung durch Herstellung einer Aufrechnungsmöglichkeit bzw. Herbeiführung der vertraglichen Aufrechnung auswirkt, also etwa dann, wenn der Schuldner einen Gegenstand der nachmaligen Insolvenzmasse zu einem höheren oder niedrigeren

---

64 Allgemein hierzu *Kirchhof*, in: MünchKomm InsO, § 142 Rn. 22; vgl. auch *Huber*, in: Gottwald, Insolvenzrechts-Handbuch, § 46 Rn. 79; *dens.*, in: Graf-Schlicker, InsO, § 142 Rn. 2.

65 So (zur gesetzlichen Aufrechnung) auch BGHZ 89, 189, 195; 147, 233, 236; *Bork*, in: FS Ishikawa, S. 31, 40; *Honsdorf*, Zur Aufrechnung im Konkurs, S. 70; *Kayser*, in: MünchKomm InsO, § 129 Rn. 149; *Skrotzki*, KTS 1961, 6, 7; *Windel*, in: Jaeger, InsO, § 96 Rn. 63.

Preis an einen Gläubiger veräußert und die Kaufpreisverbindlichkeit alsdann auf Grundlage eines vertraglichen oder gesetzlichen Aufrechnungsrechts getilgt wird. Relativ einfach stellt sich dabei die Rechtslage in Bezug auf eine negative Leistungswertdifferenz dar: Diese benachteiligt die Gläubiger zusätzlich; da die Regelung des § 96 Abs. 1 Nr. 3 InsO – ggf. in analoger Anwendung – indes lediglich die dem Insolvenzgläubiger für seine Forderung verschaffte Deckung, d.h. die Belastung des schuldnerischen Forderungsrechts mit der Aufrechnungsmöglichkeit des Gläubigers erfasst, darüber hinausreichende Benachteiligungen der Insolvenzgläubiger durch eines der den Forderungen zugrundeliegenden Verpflichtungsgeschäfte aber nicht zu beseitigen vermag, bedarf es insoweit einer Anfechtung des nachteiligen Kausalgeschäfts nach den §§ 132 Abs. 1 oder 133 InsO mit der Rechtsfolge des § 143 Abs. 1 InsO *(vgl. hierzu o. Seite 174 f.)*[66].

Problematisch erscheint hingegen die Bestimmung der Gläubigerbenachteiligung bei Vorliegen einer positiven Leistungswertdifferenz, wenn also beispielsweise der Schuldner an einen Gläubiger einen Vermögensgegenstand zu einem überhöhten Preis veräußert, um zu dessen Gunsten eine Verrechnungslage in Bezug auf dessen in gleicher Höhe bestehende Forderung zu schaffen. Hier führt die anfechtungsrechtliche Unzulässigkeit der Aufrechnung nach § 96 Abs. 1 Nr. 3 InsO dazu, dass der Insolvenzgläubiger den überhöhten Forderungsbetrag in die Insolvenzmasse zu leisten hat und dieser damit ein größerer Vermögenswert zufließt, als er ihr ohne die getätigte Veräußerung zugestanden hätte. Dies muss insbesondere in den Fällen bedenklich stimmen, in denen Gläubiger und Schuldner einvernehmlich zur Ermöglichung einer vertraglichen oder gesetzlichen Aufrechnung einen höheren Preis festsetzen, etwa um eine in der Krise ohnehin wirtschaftlich überwiegend wertlose Forderung des Gläubigers aus der Bilanz des Schuldners zu tilgen. Insoweit stellt sich alsdann mit Blick auf den Zweck der Insolvenzanfechtung, eine Befriedigungsmöglichkeit der Insolvenzgläubiger wiederherzustellen, die Frage, ob eine Benachteiligung der Insolvenzgläubiger nicht lediglich in Höhe des Werts des ursprünglichen Vermögensgegenstandes des Schuldners gegeben ist und die Anfechtungsfolgen bzw. die Unzulässigkeit der Aufrechnung nicht hierauf beschränkt werden müssen.

Dieses Problem würde sich von vornherein nicht stellen, wenn man entsprechend der zum Konkursrecht herrschenden Einheitstheorie eine Anfechtbarkeit des Gesamtvorganges aus dem die Aufrechnungsforderung begründenden Verpflichtungsgeschäft und darauf basierender Übereignung bejahen würde, wobei jedoch die Anfechtung hier alsdann grundsätzlich zu keiner Zahlungspflicht des Gläubigers, sondern zur Rückführung des erworbenen Gegenstandes in die Insolvenzmasse führen würde. Die Zahlungspflicht des Gläubigers würde zudem auch dann entfallen, wenn man das Kausalgeschäft und die nachfolgende konsensuale Aufrechnung zwar nicht als anfechtungsrechtlichen Gesamtvorgang, aber als Geschäftseinheit i.S.d. § 139 BGB

66 *Huber*, in: Haarmeyer/Huber/Schmittmann, Praxis der Insolvenzanfechtung, Teil I Rn. 44.

begreifen würde, da dieses einheitliche Rechtsgeschäft alsdann ebenfalls nur insgesamt anzufechten wäre *(vgl. hierzu o. Seite 100 f.)*[67].

Soweit man hingegen mit der heute h.L. richtigerweise annimmt, dass jede Rechtshandlung gesondert auf ihren gläubigerbenachteiligenden Gehalt zu überprüfen ist, kommt eine (Mit-)Anfechtung des für die Gläubigergesamtheit günstigen Kausalgeschäftes und damit eine Beseitigung der überhöhten Forderung des Schuldners nicht in Betracht. Vielmehr ist allein auf die nachteiligen Wirkungen der Herstellung der Aufrechnungslage abzustellen, wohingegen sonstige Vorteile für die Beurteilung der Gläubigerbenachteiligung und damit für die Anfechtbarkeit unberücksichtigt bleiben[68]. Etwas anderes könnte allenfalls dann gelten, wenn man die Wirksamkeit der Aufrechnung in den Fällen, in denen das Kausalgeschäft gerade zu dem Zweck einer Ermöglichung der Aufrechnung abgeschlossen wurde, als subjektive Geschäftsgrundlage des forderungsbegründenden Vertrags interpretieren und bei Anfechtung der Aufrechnung bzw. deren Unwirksamkeit nach § 96 Abs. 1 Nr. 3 InsO dem aus der überhöhten Forderung Verpflichteten ein Rücktrittsrecht aus § 313 Abs. 3 S. 1 BGB oder zumindest einen Anspruch auf Vertragsanpassung nach § 313 Abs. 1 BGB zubilligen würde. Die Anwendbarkeit der Regelungen über die Störung der Geschäftsgrundlage wird allerdings für gewöhnlich an der Vorhersehbarkeit der Anfechtbarkeit im Zeitpunkt des Vertragsschlusses scheitern[69], da die Beteiligten das die Ermöglichung einer Befriedigung durch Aufrechnung bezweckende Kausalgeschäft gerade im Hinblick auf die anderweitige Uneinbringlichkeit der Gläubigerforderung aufgrund der wirtschaftlichen Krise des Schuldners abschließen und insoweit mit einer Anfechtung des Aufrechnungsgeschäfts rechnen mussten[70].

Im Ergebnis wird damit der Eintritt einer Gläubigerbenachteiligung aufgrund der Herstellung einer Aufrechnungsmöglichkeit durch das Vorliegen einer positiven Leistungswertdifferenz grundsätzlich nicht beeinflusst, auch dann nicht, wenn die Parteien die überhöhte Forderung gerade mit Rücksicht auf die beabsichtigte Aufrechnung festgelegt haben[71]. Der Insolvenzgläubiger muss sich vielmehr entsprechend dem Grundsatz „pacta sunt servanda" an der getroffenen Vereinbarung festhalten lassen

---

67 So *Berger*, Der Aufrechnungsvertrag, S. 295.

68 Vgl. BGHZ 154, 190, 196; BGH WM 1984, 1194, 1195; ZIP 1994, 40, 42; *Ehricke*, in: B. Kübler/Prütting/Bork, InsO, § 129 Rn. 88; *dens.*, in: Bork, Handbuch der Insolvenzanfechtung, Teil 2, Kap. 4 Rn. 25; *Fischer*, WM 2008, 1, 4; *Huber*, in: Gottwald, Insolvenzrechts-Handbuch, § 46 Rn. 71; *dens.*, in: Graf-Schlicker, InsO, § 129 Rn. 21; *Kayser*, in: MünchKomm InsO, § 129 Rn. 175 f.; abl. *K. Schmidt*, in: K. Schmidt, InsO, § 129 Rn. 49.

69 Vgl. zu diesem Kriterium BGH NJW 2002, 3695, 3698; *Grüneberg*, in: Palandt, BGB, § 313 Rn. 23.

70 I.E. eine Anwendbarkeit des § 313 BGB ebenfalls ablehnend BGH ZInsO 2004, 1028, 1030.

71 BGH ZInsO 2004, 1028, 1030; *Jacoby*, in: HambKomm InsO, § 96 Rn. 15; *ders.*, in: Bork, Handbuch der Insolvenzanfechtung, Teil 7, Kap. 16 Rn. 22; *Thole*, in: K. Schmidt, InsO, § 96 Rn. 17.

und seine überhöhte Verbindlichkeit zugunsten der Insolvenzmasse erfüllen[72]. Ein anderes soll nach überwiegender Ansicht allerdings für den Ausnahmefall gelten, dass die Vertragspartner die überhöhte Forderung nur zum Zweck der „Debitorenbereinigung" – also einer Entlastung der schuldnerischen Bilanz um die Forderung des Insolvenzgläubigers – vereinbaren und die Aufrechnung auf den überhöhten Forderungsteil beschränkt wird, da insoweit – trotz anderer Bezeichnung – der Sache nach ein Erlass der Gläubigerforderung in Höhe des überschießenden Betrages vorliegt, welcher die Insolvenzmasse nicht benachteiligt, sondern begünstigt[73].

II. Die Auswirkungen von bereits bestehenden Sicherungsrechten für das Vorliegen einer Gläubigerbenachteiligung i.S.d. § 129 Abs. 1 InsO

Eine Gläubigerbenachteiligung durch die Herstellung einer Aufrechnungslage bzw. das Bewirken der vertraglich vereinbarten Verrechnung kann allerdings dann ausscheiden, sofern die dadurch der Insolvenzmasse entzogene Forderung bereits mit einem zur abgesonderten Befriedigung berechtigenden Sicherungsrecht des anderen Teils belastet war. Denn die anfechtungsrechtliche Beseitigung der Aufrechnungswirkungen würde hier die Befriedigungsmöglichkeiten der Gläubigergesamtheit in keiner Weise verbessern, da die Forderung gleichfalls nicht zugunsten der Masse realisiert werden könnte, was aber freilich nur dann gilt, wenn das Sicherungsrecht des Gläubigers nicht seinerseits anfechtbar begründet wurde[74]. Bedeutsam sind derartige Sicherungsrechte insbesondere im Hinblick auf die Verrechnung im Kontokorrent, sie können aber auch bei der Aufrechnung durch Vertrag und der Aufrechnung aufgrund eines Aufrechnungsvoraussetzungsvertrages zu einem Ausschluss der Gläubigerbenachteiligung führen[75]. Als Rechtsgrund eines zur abgesonderten Befriedigung berechtigenden Sicherungsrechts kommt dabei für die konsensuale Aufrechnung vor

72 *Brandes/Lohmann*, in: MünchKomm InsO, § 96 Rn. 29c, 38; *Huber*, in: Haarmeyer/Huber/Schmittmann, Praxis der Insolvenzanfechtung, Teil I Rn. 44; *ders.*, ZInsO 2009, 566, 568; *Sinz*, in: Uhlenbruck/Hirte/Vallender, InsO, § 96 Rn. 60.

73 BGH ZInsO 2004, 1028, 1029; *Brandes/Lohmann*, in: MünchKomm InsO, § 96 Rn. 29c, 38; *Huber*, in: Haarmeyer/Huber/Schmittmann, Praxis der Insolvenzanfechtung, Teil I Rn. 44; *ders.*, ZInsO 2009, 566, 568; *Fischer*, WM 2008, 1, 4; *Jacoby*, in: HambKomm InsO, § 96 Rn. 15; *ders.*, in: Bork, Handbuch der Insolvenzanfechtung, Teil 7, Kap. 16 Rn. 23; *Sinz*, in: Uhlenbruck/Hirte/Vallender, InsO, § 96 Rn. 60.

74 *Baier/Huber*, DB 2015, 1889, 1890; *Tinnefeld*, Auf- und Verrechnungsmöglichkeit von Kreditinstituten, S. 238 f.; vgl. allgemein hierzu auch RGZ 136, 152, 160; BGHZ 123, 320, 327; BGH ZIP 1985, 816, 819; ZIP 1991, 1014, 1017; ZIP 1995, 630, 634; ZIP 1998, 793, 800; NZI 2014, 72, 73; *Eckardt*, ZIP 1999, 1417, 1418; *Henckel*, in: Jaeger, InsO, § 129 Rn. 79; *Heublein*, ZIP 2000, 161, 169; *Huber*, in: Gottwald, Insolvenzrechts-Handbuch, § 46 Rn. 60; *dens.*, in: Graf-Schlicker, InsO, § 129 Rn. 26; *Kayser*, in: MünchKomm InsO, § 129 Rn. 109; *Thole*, in: K. Schmidt, InsO, § 96 Rn. 17.

75 *Windel*, in: Jaeger, InsO, § 96 Rn. 96.

allem eine Verpfändung oder eine zur Sicherung erfolgte Zession der Schuldnerforderung an den Gläubiger in Betracht. Des Weiteren kann ein solches Absonderungsrecht auch aus einem sog. Sicherheitentausch resultieren, was dann gegeben ist, wenn die aufzurechnende oder zu verrechnende Forderung des Schuldners lediglich das Surrogat für eine vorher bereits dem Gläubiger verpfändete oder sicherungsübereignete Sache oder eine dem Gläubiger im Wege der Einzel- oder Globalzession übertragene andere Forderung darstellt.

Bedenken gegen einen Ausschluss der Gläubigerbenachteiligung durch das Bestehen von Ansonderungsrechten des Aufrechnungsbegünstigten könnten sich jedoch daraus ergeben, dass der Insolvenzmasse im Falle der Aufrechnung bzw. Verrechnung mit einem belasteten Forderungsrecht die Kostenbeiträge für die Feststellung und Verwertung nach §§ 170 Abs. 1, 171 InsO entgehen könnten. Soweit bei Verwertung des Absonderungsrechts ein solcher Anspruch auf Kostenbeiträge bestünde, wäre der nachmaligen Insolvenzmasse durch die Aufrechnung womöglich trotz Vorliegens eines Sicherungsrechts eine selbständig geschützte Rechtsposition genommen und daher dennoch eine Benachteiligung der Insolvenzgläubiger zu bejahen[76], weil man ansonsten letztlich dem stärkeren Aufrechnungsrecht durch Berufung auf ein in seinen insolvenzrechtlichen Wirkungen schwächeres Absonderungsrecht zur Geltung verhelfen würde[77].

Ein nachteiliger Entzug von Kostenbeiträgen kommt hinsichtlich der Aufrechnung von Forderungsrechten, welche zugunsten des Gläubigers mit einem Absonderungsrecht belastet sind, allerdings nur bei einer Sicherungszession der schuldnerischen Forderung, nicht aber bei einer Verpfändung derselben in Betracht, da diese vom Verwertungsrecht des Insolvenzverwalters aus § 166 Abs. 2 InsO nicht erfasst wird und somit auch keine Feststellungs- und Verwertungskosten nach §§ 170 f. InsO zu begleichen sind[78]. Doch erscheint auch in Bezug auf die aufrechnungsmäßige Tilgung sicherungszedierter Forderungen des Schuldners zweifelhaft, ob sich eine Benachteiligung der Insolvenzgläubiger allein mit einem Verlust der Kostenbeiträge aus §§ 170 Abs. 1, 171 InsO rechtfertigen lässt, da für die Gläubigerbenachteiligung weniger allein der Umstand maßgeblich ist, dass die Insolvenzmasse um diese Beträge verkürzt ist, als vielmehr, ob selbige auch zum haftenden Vermögen gehört hätten, den Insolvenzgläubigern also zur Befriedigung zugewiesen wären[79]. Gerade dies ist indes für die Beiträge zu den Feststellungs- und Verwertungskosten zu verneinen, denn ihre Erhebung ist nicht in der Generierung einer zusätzlichen Haftungsmasse, sondern in dem

76 So BGHZ 147, 233, 239; BGH NZI 2006, 345, 347; *Häsemeyer*, Insolvenzrecht Rn. 21.20; *Huber*, in: Graf-Schlicker, InsO, § 129 Rn. 29; *ders.*, in: Haarmeyer/Huber/Schmittmann, Praxis der Insolvenzanfechtung, Teil I Rn. 43; *ders.*, ZInsO 2009, 566, 567.

77 Vgl. *Windel*, in: Jaeger, InsO, § 96 Rn. 96.

78 Begr. RegE BT-Drs. 12/2443, S. 180 = *Uhlenbruck*, Das neue Insolvenzrecht, S. 538; *Becker*, in: Nerlich/Römermann, InsO, § 170 Rn. 3; *Büchler*, in: HambKomm InsO, § 170 Rn. 2; vgl. auch *Peschke*, Die Insolvenz des Girokonteninhabers, S. 211 sowie *Dithmar*, in: Braun, InsO, § 166 Rn. 23, § 171 Rn. 3.

79 Allgemein hierzu BGHZ 72, 39, 42 f.; *Kayser*, in: MünchKomm InsO, § 129 Rn. 78.

Zweck begründet, eine als unbillig empfundene Kürzung der Quote der ungesicherten Gläubiger um solche Kosten zu verhindern, die allein den absonderungsberechtigten Gläubigern zugute kommen[80]. An der fehlenden Zuweisung der Kostenbeiträge als Haftungsobjekt an die Gläubiger ändert im Hinblick auf die Feststellungskostenpauschale auch der Umstand nichts, dass diese der Insolvenzmasse anders als die Verwertungskostenpauschale ohne Rücksicht auf die tatsächlich entstandenen Kosten zusteht[81], da die Erhebung nach der gesetzgeberischen Intention gleichwohl auf dem Grundsatz der Auferlegung der tatsächlichen Kosten beruht und lediglich aus Gründen der Praktikabilität in pauschalisierter Form vorgenommen wird[82].

Ein bloßer Verlust der Kostenbeiträge für die Verwertung von Absonderungsrechten ist aus den eben genannten Gründen prinzipiell nicht geeignet, eine Benachteiligung der Befriedigungsmöglichkeiten der Insolvenzgläubiger zu begründen und kann damit umgekehrt in Bezug auf die Herstellung einer Aufrechnungsmöglichkeit auch einem Ausschluss der Gläubigerbenachteiligung durch das Bestehen von Sicherungsrechten des anderen Teils nicht entgegenstehen[83]. Die Richtigkeit der hier vertretenen Ansicht bestätigt dabei überdies auch ein Vergleich mit der Anfechtbarkeit einer Verwertung von Absonderungsrechten vor Insolvenzeröffnung, welche nach herrschender Ansicht ebenfalls nicht allein auf den Entzug der Kostenbeiträge nach §§ 170 Abs. 1, 171 InsO gestützt werden kann[84].

1. *Verpfändung der Forderung des Schuldners an den Aufrechnungsgegner*

a) *Allgemeines*

Eine Gläubigerbenachteiligung durch Begründung einer Aufrechnungslage bzw. Herbeiführung der vertraglichen Aufrechnung kann zunächst einmal deshalb zu verneinen sein, weil die aufzurechnende Forderung des Schuldners mit einem Pfandrecht des anderen Teils belastet ist. Dies setzt aber nahezu selbstverständlich voraus, dass das Pfandrecht nicht seinerseits der Insolvenzanfechtung unterliegt, da dieses die Insolvenzmasse ansonsten gar nicht gegen sich gelten lassen müsste. Soweit allerdings ein anfechtungsfestes Pfandrecht des Aufrechnungsgegners an der Forderung des Schuldners besteht – dem Gläubiger also mit anderen Worten ein Pfandrecht an der eigenen Schuld bestellt wurde – erklärt sich ein Ausschluss der

---

80 Begr. RegE BT-Drs. 12/2443, S. 180 = *Uhlenbruck*, Das neue Insolvenzrecht, S. 537; *Eckardt*, ZIP 1999, 1734, 1739.

81 So aber *Kayser*, in: MünchKomm InsO, § 129 Rn. 109a.

82 Vgl. Begr. RegE BT-Drs. 12/2443, S. 181 = *Uhlenbruck*, Das neue Insolvenzrecht, S. 539; vgl. auch *Eckardt*, ZIP 1999, 1734, 1739.

83 So auch BGH NZI 2004, 82, 82 f.; NZI 2004, 620, 620; *Eckardt*, ZIP 1999, 1734, 1739 f.; *Thole*, in: K. Schmidt, InsO, § 96 Rn. 17.

84 BGH NZI 2004, 137, 137; NZI 2005, 165, 166; OLG Düsseldorf ZInsO 2006, 154, 154 f.; *Becker*, in: Nerlich/Römermann, InsO, § 170 Rn. 7; a.A. *Gundlach/Frenzel/Schmidt*, NZI 2002, 20, 21; *dies.*, NZI 2004, 305, 307 f.

Gläubigerbenachteiligung in Bezug auf die Herstellung einer Aufrechnungsmöglichkeit bzw. den Aufrechnungsvollzug daraus, dass der hierdurch begünstigte Gläubiger eine nahezu identische Rechtsposition bereits durch seine Pfandrechtsgläubigerstellung innehat. Denn das Pfandrecht an der eigenen Schuld vermittelt ihm die Befugnis, bei Pfandreife die verpfändete Forderung gemäß § 1282 Abs. 1 BGB durch einfache Erklärung gegenüber dem Verpfänder einzuziehen, wodurch ebenfalls beide Forderungen – die Forderung des Schuldners durch die Einziehung, die Forderung des Insolvenzgläubigers nach §§ 1288 Abs. 2, 1282 Abs. 1 BGB – getilgt werden[85]. In Praxi bedeutsam ist dabei insbesondere das AGB-Pfandrecht der Kreditinstitute an gegen sie gerichtete Forderungen des Schuldners, welches im Folgenden in seinem Verhältnis zur Gläubigerbenachteiligung durch Herstellung einer Verrechnungslage dargestellt wird. Ein Ausschluss der Gläubigerbenachteiligung aufgrund des Bestehens eines AGB-Pfandrechts kann dabei allerdings grundsätzlich nur im Hinblick auf die Herstellung einer Verrechnungslage durch Erwerb einer – dem AGB-Pfandrecht unterliegenden – Forderung gegen die Bank bei einem debitorisch geführten Konto in Betracht kommen, nicht aber bei Erwerb einer Forderung durch die Bank, die einem pfandrechtsbelasteten Guthaben des Schuldners verrechenbar gegenübertritt, weil die dadurch begründete Verrechnungslage nach hier vertretener Auffassung schon als solche die Insolvenzgläubiger nicht benachteiligt *(s. hierzu Seite 263 f.)*.

b) Das AGB-Pfandrecht der Kreditinstitute

aa) Bestellung des AGB-Pfandrechts

Die Bestellung eines Pfandrechts der Bank erfolgt im Wege der Einbeziehung der Allgemeinen Geschäftsbedingungen der Banken oder Sparkassen in das Vertragsverhältnis zwischen Bank und Kunde im Rahmen der Kontoeröffnung, welche in Nr. 14 Abs. 1 S. 2 AGB der Banken bzw. Nr. 21 Abs. 1 S. 3 AGB der Sparkassen vorsehen, dass die Bank ein Pfandrecht an allen Ansprüchen erwirbt, die dem Kunden gegen die Bank aus der bankmäßigen Geschäftsverbindung zustehen bzw. zustehen werden, namentlich also den Ansprüchen des Kunden auf und aus der Gutschrift bei Zahlungseingängen zu dessen Gunsten[86]. Die Einräumung des AGB-Pfandrechts zugunsten der Bank stellt dabei für den Regelfall eine antizipierte Verfügung dar, da die Ansprüche des Kontoinhabers im Zeitpunkt des Vertragsschlusses noch nicht existieren. Ähnlich dem antizipierten Verrechnungsvertrag wird beim AGB-Pfandrecht

---

85 *Wischemeyer*, Insolvenzanfechtung der Rückführung debitorischer Konten, S. 28 f.; so auch *Windel*, in: Jaeger, InsO, § 96 Rn. 97, der allerdings daraus folgern will, dass sich das Pfandrecht letztlich in der Aufrechnungslage auflöse. Vgl. überdies BGH WM 1996, 2250, 2251; *Tinnefeld*, Auf- und Verrechnungsmöglichkeit von Kreditinstituten, S. 239. Allgemein zur Einziehung eines Pfandrechts an der eigenen Schuld OLG Düsseldorf WM 1992, 1937, 1939; *Bassenge*, in: Palandt, BGB, § 1282 Rn. 4; *Damrau*, in: MünchKomm BGB, § 1282 Rn. 2.

86 Vgl. *Tinnefeld*, Auf- und Verrechnungsmöglichkeit von Kreditinstituten, S. 240; *Wischemeyer*, Insolvenzanfechtung der Rückführung debitorischer Konten, S. 24 f.

der Banken der Verfügungstatbestand folglich bereits bei vertraglicher Einbeziehung der zugrundeliegenden Allgemeinen Geschäftsbedingungen erfüllt, die Verfügungswirkungen und damit die Erstarkung des Pfandrechts zum Vollrecht treten aber erst in dem Zeitpunkt ein, in dem auch tatsächlich Anspruch des Kunden gegen die Bank besteht[87]. Im Hinblick auf die hier interessierenden Guthabenansprüche des Kontoinhabers gelangt das AGB-Pfandrecht somit im Zeitpunkt des Deckungseingangs bei der Bank, mit welchem der Anspruch auf Gutschrift begründet wird, und folglich im selben Moment wie die Verrechnungslage zur Entstehung[88]; nach Gutschrifterteilung setzt sich dieses an der Forderung aus der Gutschrift fort[89]. Dabei ist die Wirksamkeit der Pfandrechtsbestellung nicht von einer Verpfändungsanzeige nach § 1280 BGB abhängig, da es bei dem hier vorliegenden Pfandrecht an eigener Schuld an der entsprechenden Beteiligung eines Dritten fehlt[90].

bb) Vereinbarkeit mit den Abreden des Kontokorrentverhältnisses

Fraglich ist allerdings, ob das AGB-Pfandrecht im Hinblick auf kontokorrentgebundene Ansprüche wie die Guthabenforderung des Schuldners überhaupt wirksam bestellt werden kann, denn diese verlieren aufgrund der Kontokorrentabrede ihre rechtliche Selbständigkeit, weshalb an sich ihre Zession und damit gemäß § 1274 Abs. 2 BGB auch ihre Verpfändung ausgeschlossen sind *(s. hierzu Seite 129)*[91]. Gegen eine solche Annahme spricht allerdings bereits, dass die Regelungen über das Kontokorrentverhältnis in den §§ 355–357 HGB nur dispositiver Natur sind und es den Kontokorrentpartnern insoweit frei steht, abweichende Vereinbarungen zu treffen[92]. Des Weiteren ist der Ausschluss der Abtretbarkeit und Pfändbarkeit kontokorrentgebundener Forderungen im Grunde auf das Außenverhältnis – also die Beziehung der Kontokorrentpartner zu Dritten – bezogen und soll sicherstellen, dass die Aussicht

---

87 *Eckardt*, ZIP 1999, 1417, 1420; *Tinnefeld*, Auf- und Verrechnungsmöglichkeit von Kreditinstituten, S. 240; *Wischemeyer*, Insolvenzanfechtung der Rückführung debitorischer Konten, S. 25.

88 *Kirchhof*, ZInsO 2003, 149, 153; *Tinnefeld*, Auf- und Verrechnungsmöglichkeit von Kreditinstituten, S. 245.

89 BGH WM 1996, 2250, 2252; *Peschke*, Die Insolvenz des Girokonteninhabers, S. 211f.; *Stiller*, ZInsO 2002, 651, 652; *Tinnefeld*, Auf- und Verrechnungsmöglichkeit von Kreditinstituten, S. 250.

90 BGHZ 93, 71, 76; BGH WM 1996, 2250, 2252; ZIP 1998, 793, 798; ZIP 2004, 620, 622; *Bassenge*, in: Palandt, BGB, § 1280 Rn. 1; *Tinnefeld*, Auf- und Verrechnungsmöglichkeit von Kreditinstituten, S. 241; *Wischemeyer*, Insolvenzanfechtung der Rückführung debitorischer Konten, S. 25.

91 So BGH NZI 2010, 443, 443; *Kirstein*, in: Haarmeyer/Huber/Schmittmann, Praxis der Insolvenzanfechtung, Teil V Rn. 30; in diese Richtung auch *Feuerborn*, ZIP 2002, 290, 292.

92 *Tinnefeld*, Auf- und Verrechnungsmöglichkeit von Kreditinstituten, S. 242; *Wischemeyer*, Insolvenzanfechtung der Rückführung debitorischer Konten, S. 26; vgl. auch BGH WM 1991, 495, 497.

der Beteiligten, sich durch Verrechnung befriedigen zu können, nicht durch Verfügungen zugunsten Dritter oder Zwangsvollstreckungsmaßnahmen eines Drittgläubigers unterminiert wird[93].

Diese Sicherungsfunktion des Kontokorrents *(vgl. hierzu Seite 124)* wird hingegen durch die Bestellung eines Pfandrechts im Innenverhältnis der Kontokorrentparteien nicht beeinträchtigt, da die Saldierung der wechselseitigen Forderungen in gleichem Umfang erhalten bleibt[94], vielmehr erlangt lediglich einer der Beteiligten eine zusätzliche, über die Aussicht auf Befriedigung im Wege der Kontokorrentverrechnung hinausreichende Sicherheit. Im Ergebnis widerspricht damit die Verpfändung einer kontokorrentgebundenen Forderung nicht den in Bezug auf das Kontokorrent getroffenen Vereinbarungen. Dies lässt sich dogmatisch dahingehend begründen, dass die Kontokorrentpartner bei Einräumung eines AGB-Pfandrechts zugunsten der Bank ein „modifiziertes Kontokorrent" vereinbart haben, bei welchem trotz grundsätzlicher Unabtretbarkeit und Unpfändbarkeit der ins Kontokorrent eingestellten Forderungen eine Verpfändung im Innenverhältnis zulässig bleibt[95].

cc) Anfechtbarkeit des AGB-Pfandrechts

Wie schon eingangs erwähnt vermag das Bestehen eines AGB-Pfandrechts einen Ausschluss der Gläubigerbenachteiligung indes nur dann zu rechtfertigen, wenn die Einräumung dieses Sicherungsrechts nicht ihrerseits der Insolvenzanfechtung unterliegt. Hierzu wurde ebenfalls bereits festgestellt, dass die Bestellung des AGB-Pfandrechts und die Schaffung der Verrechnungslage durch ein und dieselbe Rechtshandlung und in ein und demselben Zeitpunkt zur Entstehung gelangen, d.h. mit Begründung des Anspruchs auf Gutschrift durch Herbeiführung der buchmäßigen Deckung bei der Bank. Eine Besserstellung des Kreditinstituts kann deshalb im Hinblick auf das Tatbestandsmerkmal der Gläubigerbenachteiligung nur dann vorliegen, wenn die zu seinen Gunsten erfolgte Pfandrechtsbestellung unter erschwerten Bedingungen anfechtbar wäre als die im selben Moment erfolgte Herstellung der Verrechnungslage. Ein Teil der Literatur vertritt diesbezüglich die Auffassung, dass das AGB-Pfandrecht stets eine kongruente Deckung i.S.d. § 130 InsO bewirken würde, da die kontoführende Bank auf Grundlage der einbezogenen Allgemeinen Geschäftsbedingungen einen schuldrechtlichen Anspruch auf Einräumung des Pfandrechts erlangt habe[96].

---

93 *Tinnefeld*, Auf- und Verrechnungsmöglichkeit von Kreditinstituten, S. 242; *Wischemeyer*, Insolvenzanfechtung der Rückführung debitorischer Konten, S. 26 f.

94 *Tinnefeld*, Auf- und Verrechnungsmöglichkeit von Kreditinstituten, S. 242; *Wischemeyer*, Insolvenzanfechtung der Rückführung debitorischer Konten, S. 27.

95 *Windel*, in: Jaeger, InsO, § 96 Rn. 97; *Wischemeyer*, Insolvenzanfechtung der Rückführung debitorischer Konten, S. 28.

96 *Eckardt*, ZIP 1999, 1417, 1419; *Klinck*, Die Grundlagen der besonderen Insolvenzanfechtung, S. 352 ff.; *Wischemeyer*, Insolvenzanfechtung der Rückführung debitorischer Konten, S. 37, 41 f.

Dem gegenüber ist die wohl überwiegende Lehre der Ansicht, dass die Bestimmungen der Nr. 14 Abs. 1 S. 2 AGB der Banken bzw. Nr. 21 Abs. 1 S. 3 AGB der Sparkassen nicht hinreichend bestimmt seien, um einen Anspruch des Kreditinstituts auf Bestellung des Pfandrechts begründen zu können, weshalb die Deckung durch das AGB-Pfandrecht grundsätzlich als inkongruent anzusehen sei[97]. Des Weiteren ergebe sich die Inkongruenz der Deckung auch daraus, dass die Bank aus der AGB-Klausel heraus keinen Anspruch auf Zuwendung der buchmäßigen Deckung durch einen Dritten oder eine Bareinzahlungen durch den Bankkunden und damit auf die Entstehung des verpfändeten Anspruchs habe[98]. Nicht überzeugen kann dabei in jedem Fall der Verweis auf eine fehlende Bestimmtheit des Anspruchs auf Einräumung des Pfandrechts zur Begründung einer Inkongruenz. Denn wäre dies zutreffend, so müsste angesichts des sachenrechtlichen Bestimmtheitsgrundsatzes von vornherein die Wirksamkeit der Pfandrechtsbestellung verneint werden, womit es aber auf eine Anfechtbarkeit derselben gar nicht mehr ankäme[99].

Überdies ist eine Unbestimmtheit der Pfandrechtsbestellung auch nicht so recht ersichtlich, da die Pfandrechtsklausel der Allgemeinen Geschäftsbedingungen entsprechend dem Willen der Parteien dahingehend ausgelegt werden kann, dass sämtliche gegenwärtigen sowie insbesondere zukünftigen Forderungen, welche dem Schuldner im Rahmen der bankmäßigen Geschäftsbeziehung gegen das Kreditinstitut erwachsen, vom Pfandrecht erfasst sein sollen[100]. Gewichtiger erscheint hingegen prima facie der Einwand, dass dem Kreditinstitut kein Anspruch auf Vornahme der deckungsbegründenden Rechtshandlung zukomme, jedoch wird damit übersehen, dass es für die Anfechtbarkeit nicht auf die Rechtshandlung als solche, sondern auf die hierdurch herbeigeführte Deckung zugunsten der Bank als mittelbare Rechtswirkung dieser Handlung ankommt. Auf diese Deckung im Wege des AGB-Pfandrechts hat das Kreditinstitut aber durchaus einen Anspruch, da es nach Nr. 14 Abs. 1 S. 2 AGB

---

97 BGHZ 33, 389, 393 f.; 150, 122, 126; BGH WM 1969, 888, 890; ZIP 1999, 76, 77 f.; ZIP 2005, 1651, 1652; *Bork*, in: FS Kirchhof, S. 57, 71; *Ede/Hirte*, in: Uhlenbruck/Hirte/Vallender, InsO, § 131 Rn. 30; *Ganter/Weinland*, in: K. Schmidt, InsO, § 131 Rn. 66; *Gehrlein*, ZInsO 2010, 1857, 1858; *Huber*, in: Graf-Schlicker, InsO, § 131 Rn. 7; *Kayser*, in: MünchKomm InsO, § 131 Rn. 39a; *Kirstein*, in: Haarmeyer/Huber/Schmittmann, Praxis der Insolvenzanfechtung, Teil III § 131 Rn. 26; *Nerlich*, in: Nerlich/Römermann, InsO, § 130 Rn. 54; *Schoppmeyer*, in: B. Kübler/Prütting/Bork, InsO, § 131 Rn. 100; *ders.*, in: Bork, Handbuch der Insolvenzanfechtung, Teil 4, Kap. 8 Rn. 93; *Thole*, in: HK-InsO, § 131 Rn. 22.

98 BGHZ 150, 122, 126; *Bork*, in: FS Kirchhof, S. 57, 71; *Feuerborn*, ZIP 2002, 290, 293; *Peschke*, Die Insolvenz des Girokonteninhabers, S. 213; *Schoppmeyer*, in: B. Kübler/Prütting/Bork, InsO, § 131 Rn. 100; *ders.*, in: Bork, Handbuch der Insolvenzanfechtung, Teil 4, Kap. 8 Rn. 93.

99 *Eckardt*, ZIP 1999, 1417, 1419; *Wischemeyer*, Insolvenzanfechtung der Rückführung debitorischer Konten, S. 34.

100 BGH WM 1996, 2250, 2252; *Eckardt*, ZIP 1999, 1417, 1418; *Tinnefeld*, Auf- und Verrechnungsmöglichkeit von Kreditinstituten, S. 249; *Wischemeyer*, Insolvenzanfechtung der Rückführung debitorischer Konten, S. 34.

der Banken bzw. Nr. 21 Abs. 1 S. 3 AGB der Sparkassen ein Anrecht darauf hat, an jedem aufgrund eines Zahlungseinganges zu seinen Lasten entstehenden Anspruch auf Gutschrift eine Sicherung für die eigenen Forderungen aus der Geschäftsbeziehung zu erhalten[101], weshalb das AGB-Pfandrecht der Banken grundsätzlich als kongruente Deckung angesehen werden muss[102]. Dafür spricht überdies ein Vergleich mit der Anfechtung von Sicherheitenbestellungen aufgrund antizipierter Einzel- und Globalzessionen, welche von der ganz überwiegenden Lehre ebenfalls als kongruente Deckungen eingestuft werden, ohne dass insofern Bedenken im Hinblick auf die Bestimmtheit oder das Bestehen eines Anspruches auf Begründung der vorab zedierten Forderung erhoben würden *(vgl. hierzu Seite 277 f.)*[103].

In der Konsequenz scheidet eine Benachteiligung der Insolvenzgläubiger durch die Herstellung einer Verrechnungslage aus, sofern diese als inkongruente Deckung einzuordnen wäre und zwar deren Voraussetzungen erfüllt wären, aber durch dieselbe Handlung zugleich die Wirkungen der antizipiert vereinbarten Pfandrechtsbestellung nach Nr. 14 Abs. 1 S. 2 AGB der Banken bzw. Nr. 21 Abs. 1 S. 3 AGB der Sparkassen eintreten, da diese ihrerseits nur unter den erhöhten Voraussetzungen des § 130 InsO anfechtbar ist[104]. Keine Vorteile bietet das AGB-Pfandrecht der Kreditinstitute hingegen dann, wenn die Schaffung der Verrechnungsmöglichkeit ebenfalls lediglich als kongruente Deckung der Anfechtung unterliegen würde, denn hier wäre bei Anfechtbarkeit der Verrechnungslage in gleiche Weise auch eine Anfechtbarkeit der Pfandrechtbestellung gegeben. Falls die Herbeiführung der Verrechnungslage insolvenzrechtlich eine inkongruente Deckung darstellen würde, wäre allerdings der h.L. zuzugeben, dass ihr Ansatz jedenfalls unter dem Aspekt der Masseanreicherung vorzugswürdig erscheinen müsste, weil mit der hier vertretenen Auffassung aufgrund der Tatsache, dass nahezu kein Bank- oder Kreditvertrag ohne Einbeziehung der AGB der Kreditinstitute abgeschlossen wird, zweifellos eine deutliche Erschwerung

101 *Tinnefeld*, Auf- und Verrechnungsmöglichkeit von Kreditinstituten, S. 248.

102 A.A. *Feuerborn*, ZIP 2002, 290, 293 f.; *Tinnefeld*, Auf- und Verrechnungsmöglichkeit von Kreditinstituten, S. 248, die eine Kongruenz nur dann bejahen wollen, wenn die gesicherte Forderung des Kreditinstituts bereits fällig ist, da nur dann die Sicherung auch „zu der Zeit" i.S.d. § 131 InsO zu beanspruchen sei, damit aber übersehen, dass es für die Beurteilung der Inkongruenz einer Sicherung gar nicht auf die gesicherte Forderung, sondern auf den Sicherungsanspruch selbst ankommt. Wie hier auch *Wischemeyer*, Insolvenzanfechtung der Rückführung debitorischer Konten, S. 38 f.

103 Vgl. auch *Klinck*, Die Grundlagen der besonderen Insolvenzanfechtung, S. 354.

104 Vgl. die unter Fn. 96 Genannten; a.A. *Kirchhof*, ZInsO 2003, 149, 153 f.; *Windel*, in: Jaeger, InsO, § 96 Rn. 97, die von einem Gleichlauf der Anfechtungsvoraussetzungen ausgehen wollen, was zwar mit Blick auf die weitestgehend ähnlichen Rechtswirkungen der Aufrechnung und des Pfandrechts an der eigenen Schuld naheliegend erscheinen mag, aber nach den vorstehenden Ausführungen jedenfalls nicht generell angenommen werden kann.

der Anfechtbarkeit von Verrechnungen im Bankkontokorrent verbunden wäre[105]. Da sich eine Inkongruenz der Pfandrechtsbestellung nach den vorstehenden Ausführungen indes dogmatisch nicht rechtfertigen lässt, ist dieses Ergebnis aber letztlich hinzunehmen.

2. *Sicherungs- und Globalzessionen zugunsten des aufrechnungsberechtigten Gläubigers*

a) Allgemeines

Die Herstellung der Aufrechnungslage bzw. das Bewirken der vertraglichen Aufrechnung benachteiligt die Insolvenzgläubiger ebenfalls dann nicht, wenn die aufzurechnende Forderung des nachmaligen Insolvenzschuldners dem anderen Teil zur Sicherheit abgetreten ist. Wie schon bei der vorstehend erörterten Verpfändung der Schuldnerforderung an den Gläubiger stünde die schuldnerische Forderung auch ohne die Aufrechnungsmöglichkeit nicht den übrigen Gläubigern zur Verfügung, da sie aufgrund der Sicherungszession ohnehin dem Aufrechnungsgegner zugewiesen ist. Dieser kann bei Eintritt des Sicherungsfalles die Forderung ähnlich dem Pfandrecht an der eigenen Schuld durch einseitige Erklärung einziehen, wodurch beide Forderungen infolge von Konfusion erlöschen und damit ein den Aufrechnungswirkungen weitgehend gleiches Ergebnis herbeigeführt wird.

Ein Erlöschen der Forderungen im Wege der Konfusion ist allerdings dann nicht möglich, wenn die Einziehung der Forderung noch nicht bis zur Verfahrenseröffnung erfolgte, da bei einer sicherungszedierten Forderung – anders als bei Bestehen eines Pfandrechts – das Einziehungs- und Verwertungsrecht an der sicherungszedierten Forderung nach § 166 Abs. 2 InsO in diesem Zeitpunkt auf den Insolvenzverwalter übergeht[106]. Auch hier bleibt allerdings eine Benachteiligung der Insolvenzgläubiger durch die Aufrechnung aufgrund der Zuweisung der Schuldnerforderung an den Sicherungszessionar ausgeschlossen, da der Verwertungserlös gleichwohl nicht der Masse gebührt, sondern an den Absonderungsberechtigten auszukehren ist.

Der Ausschluss der Gläubigerbenachteiligung aufgrund eines Absonderungsrechts setzt aber freilich auch für die Sicherungszession der aufzurechnenden Forderung des Schuldners voraus, dass diese selbst insolvenzfest ist und nicht ebenfalls die Voraussetzungen eines Anfechtungstatbestandes erfüllt. Wenn das Sicherungseigentum innerhalb der insolvenzrechtlichen Krise erlangt wurde, richtet sich die Anfechtung dabei primär nach den Tatbeständen der Deckungsanfechtung, deren Anwendbarkeit sich danach unterscheidet, ob dem Kreditinstitut im Zeitpunkt des Wirksamwerdens der Zession ein Anspruch auf Bestellung dieser Sicherheit zustand oder nicht. Ein derartiger Anspruch besteht allerdings nach mittlerweile nahezu einhelliger Auffassung immer, sofern das Absonderungsrecht bereits vor Existenz der

---

105 Vgl. hierzu auch *Feuerborn*, ZIP 2002, 290, 291; *Wischemeyer*, Insolvenzanfechtung der Rückführung debitorischer Konten, S. 57 f.

106 BGH NZI 2009, 425, 425.

aufzurechnenden Forderung im Wege einer antizipierten Einzelzession oder einer Globalzession vereinbart wurde und damit erst mit Entstehung dieser Forderung zum Vollrecht erstarkt, da hier das Kreditinstitut aufgrund des im Voraus geschlossenen Abtretungsvertrages ein Anrecht auf Einräumung des Sicherungseigentums an der Forderung hat, welches damit stets als kongruente Deckung anzusehen ist und nur nach § 130 InsO der Anfechtung unterliegt[107].

Ein Ausschluss der gläubigerbenachteiligenden Wirkungen der Schaffung einer Aufrechnungslage bzw. des Bewirkens einer vertraglich vereinbarten Aufrechnung kommt allerdings nicht allein aufgrund einer Sicherungszession der aufzurechnenden Schuldnerforderung selbst in Betracht, vielmehr kann ein solcher auch darin begründet sein, dass die im Wege der konsensualen Aufrechnung erlangte Deckung lediglich an die Stelle der Sicherungszession einer anderen Forderung tritt und insoweit lediglich gleichwertige Sicherheiten ausgetauscht werden. Ein derartiger Sicherheitentausch erlangt in erster Linie im Bereich des Bankkontokorrents für die im Folgenden näher dargestellte Konstellation Bedeutung, dass ein zur Verrechnung gestellter Zahlungseingang zugunsten des Schuldners auf der Erfüllung einer Valutaforderung beruht, die dem Kreditinstitut als Sicherheit abgetreten war.

b) Ausschluss der Gläubigerbenachteiligung bei Zession der Valutaforderung

Nach h.L. benachteiligt die Herstellung einer Verrechnungslage im Kontokorrent die Gesamtheit der Gläubiger nicht, wenn die Bank an der mit der Zahlung beglichenen Valutaforderung ein Absonderungsrecht aufgrund einer Einzel- oder Globalzession innehatte. Dies wird damit begründet, dass aufgrund der Leistung des Drittschuldners zwar das Sicherungsrecht des Kreditinstituts erlösche, dieses aber zugleich nach Nr. 14 Abs. 1 S. 2 AGB der Banken bzw. Nr. 21 Abs. 1 S. 3 AGB ein Pfandrecht – oder nach bisweilen vertretener Ansicht ein Ersatzabsonderungsrecht nach § 48 InsO[108] – am eingegangenen Geld erwerbe[109]. Da das Kreditinstitut mit der

---

107 BGHZ 174, 297, 309; BGH ZInsO 2008, 209, 209; ZInsO 2008, 803, 805; ZInsO 2011, 778, 780; *Baier/Huber*, DB 2015, 1889, 1890; *Ede/Hirte*, in: Uhlenbruck/Hirte/Vallender, InsO, § 131 Rn. 33; *Ganter/Weinland*, in: K. Schmidt, InsO, § 130 Rn. 19; *Ganter/Weinland*, in: K. Schmidt, InsO, § 131 Rn. 70; *Gehrlein*, ZInsO 2010, 1857, 1858; *Huber*, in: Gottwald, Insolvenzrechts-Handbuch, § 47 Rn. 21; *ders.*, in: Graf-Schlicker, InsO, § 130 Rn. 10; *Kirstein*, in: Haarmeyer/Huber/Schmittmann, Praxis der Insolvenzanfechtung, Teil V Rn. 44; *Rogge/Leptien*, in: HambKomm InsO, § 130 Rn. 40; *Schoppmeyer*, in: B. Kübler/Prütting/Bork, InsO, § 131 Rn. 97; *Thole*, in: HK-InsO, § 131 Rn. 23; a.A. *Mitlehner*, ZIP 2007, 1925, 1927 ff.; *ders.*, ZIP 2008, 189, 189.

108 BGH ZIP 2000, 244, 245 f.; *Bork*, Zahlungsverkehr in der Insolvenz Rn. 222.

109 BGH ZIP 1983, 961, 965; ZIP 2002, 2182, 2183 f.; ZIP 2006, 959, 960; *Baier/Huber*, DB 2015, 1889, 1890; *Gehrlein*, ZInsO 2010, 1857, 1858; *Heublein*, ZIP 2000, 161, 169; *Huber*, in: Gottwald, Insolvenzrechts-Handbuch, § 47 Rn. 21; *ders.*, in: Graf-Schlicker, InsO, § 130 Rn. 9; *Jacoby*, in: Bork, Handbuch der Insolvenzanfechtung, Teil 7, Kap. 16 Rn. 44; *Kirchhof*, ZInsO 2003, 149, 153; *Stapper/Jacobi*, BB 2007, 2017, 2021; *Steinhoff*, ZIP 2000, 1141, 1148.

späteren Verrechnung nur das erhalte, was ihm wegen der Sicherungszession der zugrundeliegenden Valutaforderung ohnehin zugestanden habe, bestehe insoweit eine Gläubigerbenachteiligung nicht[110].

Hiergegen wird von Teilen der Literatur eingewendet, dass bei einer stillen Zession – wie sie hier für gewöhnlich vorliege – mit Erfüllung der Forderung durch die Zahlung auf das schuldnerische Konto das Sicherungsrecht selbst nach § 407 Abs. 1 BGB erlösche und ein Ausschluss der Gläubigerbenachteiligung nur dann in Betracht kommen könne, wenn dem Kreditinstitut ein Ersatzaussonderungsrecht i.S.d. § 48 InsO an dem jeweiligen Kontokorrentposten zustehen würde[111]. Ein solches Ersatzabsonderungsrecht sei aber regelmäßig nicht gegeben, denn zum einen erfolge die Einziehung der Forderung durch den Schuldner nicht unberechtigt, soweit nicht die ihm im Rahmen der stillen Zession erteilte Einzugsermächtigung seitens des Zessionars widerrufen wurde[112]. Zum anderen könne ein Ersatzaussonderungsrecht mit Blick auf das Erfordernis der Unterscheidbarkeit der Gegenleistung nur bis zur Höhe des niedrigsten positiven Tagessaldos bestehen, was aber bei einem debitorischen Konto naturgemäß ausscheide[113]. Hinzu komme, dass die Auffassung der h.L. letztlich nur Ausdruck einer sehr großzügigen wirtschaftlichen Betrachtungsweise sei. Bei der im Bereich der Insolvenzanfechtung gebotenen Einzelbetrachtung müsse genau besehen aber eine Gläubigerbenachteiligung durch das Herstellen der Verrechnungsmöglichkeit bejaht werden, weil insoweit nur auf die Herstellung der Verrechnungslage als anfechtbare Rechtshandlung abzustellen sei und den Insolvenzgläubigern bei hypothetischem Wegdenken derselben die schuldnerische Forderung auf bzw. aus der Gutschrift sehr wohl zur Befriedigung offengestanden hätte[114].

Den vorgenannten Einwänden ist dahingehend zuzustimmen, dass dem Kreditinstitut des Schuldners bei Zession der Valutaforderung kein Ersatzaussonderungsrecht nach § 48 InsO an dem eingegangenen Zahlungsbetrag zukommen kann, weshalb jedenfalls denjenigen Vertretern der h.L. zu widersprechen ist, welche auf dieser Basis eine Gläubigerbenachteiligung durch die Herstellung einer Verrechnungslage verneinen wollen. Soweit man hingegen mit der übrigen h.A. den Ausschluss einer Gläubigerbenachteiligung nicht auf das Vorliegen eines Ersatzabsonderungsrechts, sondern auf den Austausch des Sicherungsrechts durch ein AGB-Pfandrecht zugunsten der Bank stützt, muss aber jedenfalls dem zweiten

110 *Baier/Huber*, DB 2015, 1889, 1890; *Bork*, Zahlungsverkehr in der Insolvenz Rn. 222; *Feuerborn*, ZIP 2002, 290, 293; *Gehrlein*, ZInsO 2010, 1857, 1858; *Obermüller*, ZInsO 1998, 252, 257; vgl. auch BGH ZIP 1983, 961, 965; *Steinhoff*, ZIP 2000, 1141, 1148.

111 *Windel*, in: Jaeger, InsO, § 96 Rn. 98; *Wischemeyer*, Insolvenzanfechtung der Rückführung debitorischer Konten, S. 46 f.

112 *Wischemeyer*, Insolvenzanfechtung der Rückführung debitorischer Konten, S. 50.

113 *Windel*, in: Jaeger, InsO, § 96 Rn. 98; *Wischemeyer*, Insolvenzanfechtung der Rückführung debitorischer Konten, S. 52 f.; allgemein hierzu BGH ZInsO 2006, 493, 495; *Bäuerle*, in: Braun, InsO, § 48 Rn. 28; *Büchler*, in: HambKomm InsO, § 48 Rn. 26; *Ganter*, in: MünchKomm InsO, § 48 Rn. 34.

114 *Wischemeyer*, Insolvenzanfechtung der Rückführung debitorischer Konten, S. 44 ff.

Einwand widersprochen werden, dass die Forderung des Schuldners auf bzw. aus der Gutschrift ohne die Verrechnungsmöglichkeit dem Zugriff des Insolvenzverwalter unterlegen hätte und insoweit durchaus eine Benachteiligung der Insolvenzgläubiger gegeben sei. Es wird dabei zum einen übersehen, dass diese Forderung ab dem Zeitpunkt ihrer Entstehung ebenfalls mit dem AGB-Pfandrecht des Kreditinstituts belastet ist und damit gleichwohl nicht zur Masse hätte gezogen werden können. Zum anderen bleibt damit auch unberücksichtigt, dass das AGB-Pfandrecht an der Forderung des Schuldners an bzw. aus der Gutschrift lediglich das vorherige Sicherungseigentum an der Valutaforderung ersetzt und insoweit der wirtschaftliche Wert dieser Forderungen haftungsrechtlich bereits vorher dem Kreditinstitut zugewiesen war, wobei es diesbezüglich entgegen der oben genannten Ansicht nicht auf eine großzügige wirtschaftliche Betrachtungsweise ankommt, sondern darauf, durch welchen Einzelakt die Haftungszuweisung an die Bank erfolgt ist.

Genau besehen kommt es allerdings für den Ausschluss der Gläubigerbenachteiligung aber auch gar nicht auf das Vorliegen eines AGB-Pfandrechts zugunsten des Kreditinstitutes an, da dieses mit dem Zahlungseingang nicht nur ein Sicherungsrecht in Form des AGB-Pfandrechts, sondern zugleich gerade auch eine Verrechnungsmöglichkeit erwirbt, die damit ebenfalls im Wege des Sicherheitentausches an die Stelle des Sicherungseigentums an der Valutaforderung tritt. Insgesamt ist damit aber aus den vorstehenden Gründen festzustellen, dass der durch die Guthabenforderung verkörperte Vermögenswert bereits mit der Sicherungszession der Valutaforderung aus dem schuldnerischen Vermögen ausgeschieden ist, weshalb die Herstellung einer Verrechnungslage zugunsten der Bank durch Zahlung auf die zedierte Valutaforderung keine Minderung der nachmaligen Insolvenzmasse mehr bewirkt[115] und deshalb mit der h.L. im Ergebnis nicht als gläubigerbenachteiligend anzusehen ist.

Anders als die Bestellung eines AGB-Pfandrechts an der Forderung des Schuldners gegen das Kreditinstitut oder eine Sicherungszession dieser selbst kann die Sicherungs- oder Globalzession der Valutaforderung insoweit aber unabhängig von der Deckungsqualität der Herstellung der Verrechnungslage zu einer anfechtungsrechtlichen Besserstellung des Kontokorrentpartners führen, da diese Zession bereits vor dem Eintritt der Verrechnungsmöglichkeit erfolgt und damit eine Anfechtung nur dann in Betracht kommen kann, wenn dieser vorangegangene Rechtsakt gleichfalls der Anfechtung unterliegt. Für die Anfechtbarkeit der Verrechnungsmöglichkeit der Bank ist damit entscheidend, ob die benachteiligungsausschließende Sicherungszession der Valutaforderung ihrerseits anfechtbar ist, wobei

115 Vgl. hierzu BGH ZIP 1983, 961, 965; *Peschke*, Die Insolvenz des Girokonteninhabers, S. 216. I.E. zustimmend auch *Tinnefeld*, Auf- und Verrechnungsmöglichkeit von Kreditinstituten, S. 257, der die Grundlage für den Ausschluss der Gläubigerbenachteiligung allerdings nicht in einem Sicherheitentausch, sondern in einer Fortsetzung der Sicherungszession am Anspruch aus der Gutschrift erblicken will, die dazu führe, dass im Zeitpunkt der Herstellung der Verrechnungslage eine Zuordnung dieses Anspruchs an das Kreditinstitut vorliege.

hinsichtlich der primär einschlägigen Tatbestände der Deckungsanfechtung nach den allgemeinen Regeln wiederum darauf abzustellen ist, ob dem Kreditinstitut bei Wirksamwerden der Zession bereits ein fälliger Anspruch auf Bestellung derselben zustand oder nicht. Entsprechend der bereits zur Anfechtbarkeit einer Sicherungszession der aufzurechnenden Schuldnerforderung dargestellten h.L. folgt hieraus jedenfalls für den Bereich einer antizipierten Sicherungs- und Globalzession der Valutaforderung, dass diese wiederum nur als kongruente Deckungen anfechtbar sein können *(s.o. Seite 277)*[116].

c) *Benachteiligung der Insolvenzgläubiger bei Veräußerung eines sicherungsübereigneten Gegenstands an den Sicherungsnehmer bzw. einen Dritten*

Über die vorstehend erörterten Fälle einer Verpfändung oder Sicherungszession der aufzurechnenden Forderung des nachmaligen Insolvenzschuldners selbst bzw. der dieser Forderung zugrundeliegenden Valutaforderung hinaus kann sich ein Ausschluss der Gläubigerbenachteiligung auch daraus ergeben, dass die aufzurechnende Forderung des Schuldners aus der Veräußerung eines Gegenstandes resultiert, welchen der Schuldner bereits vorher an den aufrechnungsberechtigten Gläubiger als Sicherheit übereignet hatte. Nicht gläubigerbenachteiligend ist dabei die Begründung einer Aufrechnungsmöglichkeit durch Veräußerung eines sicherungsübereigneten Gegenstandes an den Sicherungsnehmer selbst, soweit die gesicherte Forderung den Wert der gekauften Sache voll ausschöpft, da auch insoweit lediglich ein sog. Sicherheitentausch vorliegt, indem das Sicherungseigentum an dem schuldnerischen Vermögensgegenstand durch die absonderungsrechtsähnliche Sicherung aufgrund der Aufrechnungslage ersetzt wird[117]. Eine Benachteiligung der Insolvenzgläubiger kann damit in dieser Konstellation wiederum nur dann bestehen, wenn die frühere Sicherungsübereignung ihrerseits nicht insolvenzfest ist, also selbst die Voraussetzungen eines Anfechtungstatbestandes erfüllt[118].

---

116 A.A. *Feuerborn*, ZIP 2002, 290, 295; *Stiller*, ZInsO 2002, 651, 653; *Tinnefeld*, Auf- und Verrechnungsmöglichkeit von Kreditinstituten, S. 262 f., die auch hier eine Kongruenz der Sicherungszession nur annehmen, wenn dem Kreditinstitut bei Wirksamwerden der Zession ein fälliger Anspruch gegen den Insolvenzschuldner zusteht, wobei *Tinnefeld* eine Inkongruenz immer dann bejahen will, wenn die zedierte Forderung innerhalb von drei Monaten vor Fälligkeit der Forderung des Kreditinstituts entsteht, aber wohl die Stellung des Insolvenzantrages i.S.d. § 131 InsO meint. Zur Kritik an dieser Ansicht vgl. Fn. 102.

117 BGH NZI 2004, 620, 621 f.; *Huber*, in: Haarmeyer/Huber/Schmittmann, Praxis der Insolvenzanfechtung, Teil I Rn. 43; *ders.*, ZInsO 2009, 566, 568; *Kayser*, in: MünchKomm InsO, § 129 Rn. 148.

118 *Huber*, in: Haarmeyer/Huber/Schmittmann, Praxis der Insolvenzanfechtung, Teil I Rn. 43; *ders.*, ZInsO 2009, 566, 568; *Kayser*, in: MünchKomm InsO, § 129 Rn. 148.

Voraussetzung für einen Sicherheitentausch durch die Veräußerung einer sicherungsübereigneten Sache ist allerdings, dass die Aufrechnungsmöglichkeit unmittelbar an die Stelle des bisherigen Sicherungseigentums an der Kaufsache tritt, weshalb ein solcher nur im Hinblick auf die gesetzliche Aufrechnung sowie Aufrechnungsverträge bzw. Aufrechnungsvoraussetzungsverträge über künftige Forderungen und die Kontokorrentverrechnung in Betracht kommen kann. Soweit hingegen eine vertragliche Aufrechnung über bestehende Forderungen vorliegt, die Aufrechnung mithin nicht durch den Kaufvertrag selbst, sondern erst durch eine nachfolgende Aufrechnung durch Vertrag oder aufgrund einer Aufrechnungsvereinbarung ermöglicht wird, muss ein Sicherheitentausch grundsätzlich ausscheiden, da hier das neue Sicherungsrecht erst durch einen späteren Akt begründet wird und der durch die Sicherungsübereignung ausgeschiedene Vermögenswert mit der Forderung zunächst in die schuldnerische Vermögensmasse zurückfällt. Eine Gläubigerbenachteiligung bleibt des Weiteren auch dann grundsätzlich bestehen, wenn der Sicherungsnehmer den sicherungsübereigneten Gegenstand nicht selbst erwirbt, sondern diesen zur Veräußerung an einen Dritten freigibt, damit dieser eigene Forderungen mit der Kaufpreisforderung aufrechnen kann, denn nach der im Insolvenzanfechtungsrecht gebotenen Einzelbetrachtung ist in Bezug auf die Nachteiligkeit der Aufrechnungsmöglichkeit ausschließlich auf die Rechtshandlung im Verhältnis zwischen dem Schuldner und dem Dritten abzustellen, womit das Sicherungseigentum des an dieser Rechtshandlung nicht beteiligten Sicherungsnehmers unberücksichtigt bleiben muss[119].

III. Zwischenergebnis

Zusammenfassend ist hinsichtlich des Vorliegens einer Gläubigerbenachteiligung durch vertraglich vereinbarte Aufrechnungen in der Insolvenz festzustellen, dass die anfechtbare Benachteiligung der Insolvenzgläubiger hier grundsätzlich in der Herbeiführung der Aufrechnungsmöglichkeit zu sehen ist, mit welcher der begünstigte Insolvenzgläubiger die Sicherheit erlangt, sich für seine Forderung jederzeit im Wege der Aufrechnung befriedigen zu können. Es ist allerdings insofern zu berücksichtigen, dass im Rahmen der Aufrechnung durch Vertrag sowie der Verrechnung im Staffelkontokorrent keine eigenständige Aufrechnungslage eintreten kann, vielmehr geht mit diesen immer zugleich der Vollzug der Aufrechnung einher, weshalb es hier nicht auf eine gläubigerbenachteiligende Sicherung eines Insolvenzgläubigers durch eine vertragliche Aufrechnungsmöglichkeit, sondern auf dessen Befriedigung als solche ankommt. Für den Eintritt einer Gläubigerbenachteiligung ist dabei jedenfalls im Insolvenzanfechtungsrecht grundsätzlich unerheblich, ob die Forderung des Schuldners bereits vorher bestand und welche der Forderungen

---

119 BGH NZI 2004, 82, 82 f.; *Huber*, in: Haarmeyer/Huber/Schmittmann, Praxis der Insolvenzanfechtung, Teil I Rn. 43; *ders.*, ZInsO 2009, 566, 568; vgl. auch *Kayser*, in: MünchKomm InsO, § 129 Rn. 148.

früher zur Entstehung gelangt ist, vielmehr liegt eine Benachteiligung der Insolvenzgläubiger ebenfalls dann vor, wenn die Aufrechnungslage erst durch den Erwerb der Schuldnerforderung herbeigeführt wurde. Gläubigerbenachteiligend wirkt danach insbesondere auch die Begründung einer Aufrechnungsmöglichkeit durch die Veräußerung von Gegenständen des Schuldnervermögens, weshalb hier ebenfalls nur die Schaffung der Aufrechnungslage bzw. die Herbeiführung der vertraglichen Aufrechnung, nicht aber der Abschluss des Veräußerungsgeschäftes oder die Übereignung des Vermögensgegenstandes der Anfechtung unterliegt, soweit nicht das Kausalgeschäft durch eine negative Leistungswertdifferenz die Gläubiger zusätzlich benachteiligt.

Eine Benachteiligung der Insolvenzgläubiger durch die Herbeiführung einer Aufrechnungsmöglichkeit ist allerdings dann ausgeschlossen, wenn die Forderung des Schuldners mit einem selbst unanfechtbaren Pfandrecht des anderen Teils belastet ist oder diesem im Wege der Singular- oder Globalzession unanfechtbar zur Sicherheit abgetreten wurde. Dies gilt insbesondere für den Bereich des Bankkontokorrents, da dort dem Kreditinstitut für seine Forderungen ein antizipiert bestelltes AGB-Pfandrecht an den eigenen Verbindlichkeiten gegenüber dem Schuldner zusteht. Dieses für gewöhnlich antizipiert bestellte Pfandrecht ist nur nach den Regeln der Kongruenzanfechtung anfechtbar und entsteht in demselben Moment, in dem auch die Verrechnungslage eintritt, weshalb sich daraus eine anfechtungsrechtliche Privilegierung des Kreditinstituts letztlich nur ergibt, wenn die Verrechnungslage nicht auch ihrerseits lediglich als kongruente Deckung der Anfechtung unterliegt. Eine Benachteiligung der Insolvenzgläubiger kann des Weiteren auch bei Herbeiführung einer Aufrechnungsmöglichkeit durch Veräußerung eines Gegenstandes des Schuldnervermögens ausgeschlossen sein, sofern der weggegebene Vermögensgegenstand dem Anfechtungsgegner bereits vorher verpfändet oder sicherungsübereignet worden war, da alsdann durch die Schaffung der Aufrechnungsmöglichkeit ein bloßer Sicherheitentausch herbeigeführt wird.

B. Die Benachteiligung der Befriedigungsmöglichkeiten des Vollstreckungsgläubigers bei im Konsens vorgenommenen Aufrechnungen

Im Anschluss an die in vorstehendem Abschnitt vorgenommene Untersuchung des Tatbestandsmerkmals der Gläubigerbenachteiligung aus § 129 Abs. 1 InsO wird die Aufrechnung durch Vertrag oder aufgrund Vertrages nunmehr unter das Anfechtungserfordernis einer Benachteiligung der Befriedigungsaussichten des Vollstreckungsgläubigers im Sinne des § 1 Abs. 1 AnfG eingeordnet. Hier ist zu klären, inwieweit entsprechend den eben gefundenen Erkenntnissen zum Insolvenzanfechtungsrecht die nachteilige Wirkung auch hier in der Begründung einer Aufrechnungsmöglichkeit oder der Herbeiführung der vertraglichen Aufrechnung zu sehen ist. Insbesondere ist dabei aber der Frage nachzugehen, ob die Forderung des Vollstreckungsgläubigers in der Gläubigeranfechtung ebenfalls erst im Zeitpunkt des Eintritts der nachteiligen Wirkungen bestanden haben muss, da ansonsten die Herstellung einer Aufrechnungsmöglichkeit durch Begründung einer Forderung zugunsten des Schuldners – obgleich diese grundsätzlich isoliert der Anfechtung unterworfen werden kann – mangels Gläubigerbenachteiligung für sich genommen als unanfechtbar angesehen werden müsste.

I. Die Erfüllung des Gläubigerbenachteiligungserfordernisses i.S.d § 1 Abs. 1 AnfG bei vertraglicher Aufrechnung

1. Das Tatbestandsmerkmal der Gläubigerbenachteiligung nach § 1 Abs. 1 AnfG

Da die Anfechtung nach dem Anfechtungsgesetz nicht in ein gemeinschaftliches Vollstreckungsverfahren eingebunden ist, sondern allein die Befriedigungsmöglichkeiten im Rahmen der Einzelzwangsvollstreckung wieder erschließen soll, kommt es für die Bestimmung des Tatbestandsmerkmals der Gläubigerbenachteiligung – anders als es der Wortlaut des § 1 Abs. 1 AnfG vielleicht nahelegen mag – im Gegensatz zur Insolvenzanfechtung nicht auf die Gesamtheit der Gläubiger des Vollstreckungsschuldners, sondern allein auf den Standpunkt des anfechtenden Vollstreckungsgläubigers an[120]. Eine Gläubigerbenachteiligung im Sinne des AnfG liegt vor, wenn sich die Befriedigungsmöglichkeit des Gläubigers aus dem Schuldnervermögen im Wege der Zwangsvollstreckung ohne das anfechtbare Verhalten günstiger gestaltet hätte, also der Vollstreckungszugriff des Gläubigers vereitelt, erschwert oder verzögert wurde[121]. Wegen der Ausrichtung der Gläubigeranfechtung auf das Verfahren der Einzelzwangsvollstreckung kann anders als in der Insolvenzanfechtung eine Beeinträchtigung der Befriedigungsmöglichkeiten des Gläubigers regelmäßig nur durch eine Minderung des Aktivvermögens des Schuldners aufgrund der Veräußerung, Weggabe oder Aufgabe eines Vermögenswerts, nicht aber durch den bloßen Abschluss eines Verpflichtungsgeschäftes oder eine anderweitige Mehrung der schuldnerischen Passiva beeinträchtigt werden, da sich allein hierdurch die Zugriffslage eines einzelnen Gläubigers auf das schuldnerische Vermögen nicht

---

120 *Huber*, AnfG, § 1 Rn. 33; *Jaeger*, Die Gläubigeranfechtung außerhalb des Konkursverfahrens, § 1 Anm. 62; *Kirchhof*, in: MünchKomm AnfG, § 1 Rn. 92; *Mauer*, Der Anfechtungsprozess Rn. 438; *Warneyer/Bohnenberg*, AnfG, S. 38; vgl. auch *Gaul/Schilken/Becker-Eberhard*, Zwangsvollstreckungsrecht, § 35 Rn. 40; *Zeuner*, Die Anfechtung in der Insolvenz, Rn. 386.

121 RGZ 163, 82, 84, 86; BGHZ 12, 238, 240; BGH NJW 1983, 1738, 1739; ZIP 1989, 1611, 1613; WM 1990, 1981, 1983; ZIP 1999, 196, 197; *Hess*, Insolvenzrecht, § 1 AnfG Rn. 26; *Jaeger*, Die Gläubigeranfechtung außerhalb des Konkursverfahrens, § 1 Anm. 64; *Nerlich/Niehus*, AnfG, § 1 Rn. 42; vgl. auch *Baur/Stürner/Bruns*, Zwangsvollstreckungsrecht, Rn. 26.16; *Gaul/Schilken/Becker-Eberhard*, Zwangsvollstreckungsrecht, § 35 Rn. 41; *Huber*, AnfG, § 1 Rn. 32; *Jaeger*, Die Gläubigeranfechtung außerhalb des Konkursverfahrens, § 1 Anm. 52.

verändert[122]. Reine Kausalgeschäfte sind allerdings jedenfalls dann der Anfechtung zugänglich, wenn durch diese bereits eine dingliche Einwirkung auf einen Vermögenswert des Schuldners erfolgt, wie dies etwa bei Herstellung einer Aufrechnungslage der Fall ist[123], und können überdies dann für eine Anfechtung in Betracht zu ziehen sein, sofern diese tatsächlich die Entfernung eines Gegenstandes aus dem Schuldnervermögen zur Folge haben[124].

2. Die Benachteiligung der Befriedigungsmöglichkeiten des Vollstreckungsgläubigers bei konsensualer Aufrechnung

a) Allgemeine Einordnung der vertraglichen Aufrechnungen unter das Tatbestandserfordernis der Gläubigerbenachteiligung

Ähnlich der Insolvenzanfechtung bildet im Bereich der vertraglich vereinbarten Aufrechnung auch für die Anfechtung nach dem AnfG die Rechtswirkung der Herstellung der Aufrechnungslage den Kern der anfechtungsrechtlichen Betrachtung zur Bestimmung des Tatbestandsmerkmals der Gläubigerbenachteiligung, wobei es allerdings auch hier für die einzelnen Varianten der konsensualen Aufrechnung zu differenzieren gilt *(vgl. insgesamt für die Insolvenzanfechtung o. Seite 247 ff.)*. Entgegen einem vereinzelt angeführten Ansatz lässt sich ein Abstellen auf die Herstellung der Aufrechnungsmöglichkeit für die Gläubigeranfechtung aber jedenfalls nicht dahingehend begründen, dass sich aus der Vorschrift des § 96 Abs. 1 Nr. 3 InsO der auf das Recht der Gläubigeranfechtung übertragbare Rechtsgedanke ergebe, dass bereits vor dem eigentlichen Aufrechnungsvollzug mit der Aufrechnungslage eine Ermöglichung der Tilgung eintrete, welche als solche eine Minderung des Aktivvermögens herbeiführen könne, denn ein entsprechender Rechtsgedanke lässt sich schon der vorgenannten Bestimmung des Insolvenzaufrechnungsrechts nicht entnehmen[125]. Dies folgt daraus, dass die Regelung des § 96 Abs. 1 Nr. 3 InsO nicht selbst die Voraussetzungen der Anfechtung normiert, sondern – wie bereits an anderer Stelle erwähnt *(s.o. Seite 173)* – eine Rechtsgrundverweisung in das Recht der Insolvenzanfechtung darstellt und damit lediglich mit seinen Rechtsfolgen an die in den §§ 129 ff. InsO normierten Anfechtungstatbestände der InsO anknüpft. So wird

---

122 RGZ 10, 5, 8; 13, 298, 301; 27, 130, 133; *Baur/Stürner/Bruns*, Zwangsvollstreckungsrecht, Rn. 26.16; *Huber*, AnfG, § 1 Rn. 25; *Jaeger*, Die Gläubigeranfechtung außerhalb des Konkursverfahrens, § 1 Anm. 56; *Kirchhof*, in: MünchKomm AnfG, § 1 Rn. 7, 95; *Mauer*, Der Anfechtungsprozess Rn. 438; *Nerlich/Niehus*, AnfG, § 1 Rn. 42.

123 Vgl. *Kirchhof*, in: MünchKomm AnfG, § 1 Rn. 7, 137.

124 *Huber*, AnfG, § 1 Rn. 25; *Kirchhof*, in: MünchKomm AnfG, § 1 Rn. 7.

125 So aber *Kirchhof*, in: MünchKomm AnfG, § 1 Rn. 13, welcher sich in seinen dortigen Ausführungen zwar an sich auf das Tatbestandsmerkmal der Rechtshandlung bezieht, allerdings mit seinem konkreten Abstellen auf die Herstellung der Aufrechnungslage zugleich die Bestimmung der gläubigerbenachteiligenden Wirkungen vorwegnimmt.

der für das Insolvenzanfechtungsrecht von Literatur und Judikatur einhellig bejahte Fokus auf die Aufrechnungslage alsdann auch nicht aus dem Aufrechnungsverbot des § 96 Abs. 1 Nr. 3 InsO, sondern aus dem Tatbestandsmerkmal der Gläubigerbenachteiligung in § 129 Abs. 1 InsO hergeleitet, wobei diese Sichtweise überdies gar kein Novum des Insolvenzrechts darstellt, sondern der bereits zuletzt herrschenden Ansicht zum Konkursrecht entspricht, welches eine dem § 96 Abs. 1 Nr. 3 InsO vergleichbare Vorschrift noch gar nicht kannte.

Die gläubigerbenachteiligenden Wirkungen der Herstellung der Aufrechnungslage i.S.d. § 1 Abs. 1 AnfG begründen sich insoweit nicht aus einem vermeintlich aus § 96 Abs. 1 Nr. 3 InsO herzuleitenden Rechtsgedanken, sondern liegen vielmehr ähnlich dem Insolvenzanfechtungsrecht darin, dass der aufrechnungsberechtigte Gläubiger des Vollstreckungsschuldners durch die Anfechtungsmöglichkeit für ein ihm zustehendes Forderungsrecht eine sich gegenüber nachmaligen Forderungspfändungen durchsetzende Sicherung an einer gegen ihn gerichteten Forderung des Schuldners erlangt. Denn der aufrechnungsberechtigte Gläubiger kann sich auf Basis der Aufrechnungslage jederzeit für sein Forderungsrecht durch Tilgung der Schuldnerforderung befriedigen, wodurch der anfechtende Gläubiger nicht mehr erfolgreich in die Forderung vollstrecken kann und der Vollstreckungsmasse auch keinerlei Gegenwerte zufließen, auf welche anstelle der Forderung zugegriffen werden könnte[126]. Im nachfolgenden Aufrechnungsvollzug kann hingegen auch für das Gläubigeranfechtungsrecht keine Benachteiligung des Vollstreckungsgläubigers mehr gesehen werden, da sich hierdurch lediglich die nachteiligen Wirkungen der vorher begründeten Aufrechnungsmöglichkeit vollenden[127]. Obgleich der Abschluss eines Verpflichtungsgeschäfts für sich genommen noch nicht der Gläubigeranfechtung unterfallen würde, ist die Herstellung der Aufrechnungsmöglichkeit dabei grundsätzlich auch dann als gläubigerbenachteiligend anzusehen, wenn diese im Wege der Begründung einer Forderung durch ein Kausalgeschäft über die Veräußerung von Gegenständen des Schuldnervermögens herbeigeführt wird, da der Vertragspartner des Schuldners in diesem Zeitpunkt eine Sicherung für seine Forderung erhält und damit bereits hierdurch entsprechend der oben angeführten Ausnahme eine dingliche Einwirkung auf die Forderung des Schuldners erfolgt[128].

Wie im Rahmen der Insolvenzanfechtung gelten diese Grundsätze indes unmittelbar nur in Bezug auf die Aufrechnung aufgrund eines Aufrechnungsvoraussetzungsvertrages und die Verrechnung im Rahmen eines Periodenkontokorrents, weil lediglich in diesen Konstellationen die Begründung der nachteiligen Aufrechnungs- oder Verrechnungsmöglichkeit und der nachmalige nicht mehr selbständig gläubigerbenachteiligende Vollzug der Aufrechnung bzw. Verrechnung auseinanderfallen. Hiervon zu unterscheiden ist die Aufrechnung durch Vertrag sowie die Verrechnung im Staffelkontokorrent, denn hier erfolgt bereits im Zeitpunkt des Eintritts der

126 Vgl. auch *Kirchhof*, in: MünchKomm AnfG, § 1 Rn. 136 f.
127 *Kirchhof*, in: MünchKomm AnfG, § 1 Rn. 136.
128 *Kirchhof*, in: MünchKomm AnfG, § 1 Rn. 137.

Aufrechnungs- bzw. Verrechnungslage der Vollzug der Aufrechnung oder Verrechnung. Gläubigerbenachteiligend ist daher hier nicht eine mit der Begründung der Aufrechnungs- oder Verrechnungslage gewährte Sicherung, sondern die mit der Herbeiführung der vertraglichen Aufrechnung oder Verrechnung zugleich bewirkte Befriedigung des Vertragspartners.

b) Gläubigerbenachteiligung durch vertragliche Aufrechnungen und Vornahmezeitpunkt der anfechtbaren Rechtshandlung i.S.d. § 8 Abs. 1 AnfG

Ähnlich der Insolvenzanfechtung sind Rechtshandlungen nach § 8 Abs. 1 AnfG in dem Zeitpunkt als vorgenommen anzusehen, in dem ihre rechtlichen Wirkungen eintreten. Mit der Feststellung, dass es auch im Rahmen der Gläubigeranfechtung für das Vorliegen einer Gläubigerbenachteiligung durch vertragliche Aufrechnungen grundsätzlich auf die Herstellung der Aufrechnungslage bzw. die Herbeiführung der vertraglichen Aufrechnung ankommt, ist insoweit auch der maßgebliche Zeitpunkt festgelegt, in welchem die zugrundeliegende Rechtshandlung i.S.d. § 8 Abs. 1 AnfG anfechtungsrechtlich als vorgenommen gilt *(vgl. zur Insolvenzanfechtung Seite 249)*. Dies ist ausgehend von den eben genannten nachteiligen Wirkungen der konsensualen Aufrechnung der Zeitpunkt, zu welchem die von den Parteien vertraglich festgelegten Erfordernisse für das Entstehen der Aufrechenbarkeit oder – bei der Aufrechnung durch Vertrag – für den Eintritt der Aufrechnungswirkungen erfüllt sind.

c) Das eigentliche Problem für das Vorliegen einer Gläubigerbenachteiligung bei konsensualen Aufrechnungen nach dem AnfG: Der für die Vermögenszugehörigkeit der Schuldnerforderung relevante Zeitpunkt

Offen blieb allerdings in den bisherigen allgemeinen Ausführungen zu den gläubigerbenachteiligenden Wirkungen konsensualer Aufrechnungen noch, bis zu welchem Zeitpunkt die Forderung des Schuldners entstanden sein muss, damit deren aufrechnungsmäßige Tilgung zu einer Benachteiligung der Befriedigungsmöglichkeiten des Vollstreckungsgläubigers im Sinne der Einzelgläubigeranfechtung führen kann. Für die Insolvenzanfechtung wurde diesbezüglich festgestellt, dass es für das Vorliegen einer Benachteiligung der Insolvenzgläubiger unerheblich ist, in welcher Reihenfolge die aufzurechnenden Forderungen begründet wurden, insbesondere auch, ob die Forderung des nachmaligen Insolvenzschuldners erst in dem Zeitpunkt zur Entstehung gelangt ist, in welchem zugleich ihre für die Insolvenzgläubiger nachteilige Tilgung eintritt *(s.o. Seite 250 f.)*.

aa) Das von Teilen der Literatur angenommene Erfordernis einer vorherigen Zugehörigkeit des weggegebenen Gegenstandes zum Schuldnervermögen

In Bezug auf die Anfechtung nach dem AnfG wird – wie bereits kurz im Rahmen der Ausführungen zum maßgeblichen Zeitpunkt des Bestehens der Schuldnerforderung im Insolvenzrecht angesprochen – bisweilen die Auffassung vertreten, dass der weg- bzw. aufgegebene Vermögenswert des Schuldners anders als in der Insolvenzanfechtung spätestens unmittelbar vor dem Eintritt der rechtlichen Wirkungen der anzufechtenden Handlung i.S.d. § 8 Abs. 1 AnfG zum Schuldnervermögen gehört haben muss und dem Zugriff des Vollstreckungsgläubigers offen gestanden hätte[129]. Zur Begründung wird diesbezüglich angeführt, dass die Gläubigeranfechtung nur den Zweck habe, die Wirkungen der Vereitelung von schon bestehenden Zugriffsmöglichkeiten des Vollstreckungsgläubigers zu beseitigen, weshalb die Gläubigerbenachteiligung nur in dem Entzug einer konkret gegebenen Vollstreckungsoption liegen könne. Es gebe insoweit keinen Anlass, diesem eine vor dem für die Anfechtung maßgeblichen Zeitpunkt noch gar nicht gegebene Vollstreckungsmöglichkeit wieder zu eröffnen, da die Anfechtung hier nicht zur Beseitigung eines Vollstreckungshindernisses, sondern zu einer Besserstellung des Anfechtungsgläubigers führen würde[130]. Vereinzelt gehen die Vertreter dieser Auffassung allerdings in Bezug auf die Anfechtung der Aufgabe eines Forderungsrechts des Schuldners unter Bezugnahme auf das bereits erörterte Urteil des BGH vom 23. Oktober 2008 *(s.o. Seite 211 f.)* sogar noch über das Erfordernis des bloßen Bestehens des Vermögenswerts hinaus und verlangen zusätzlich, dass die Forderung des Schuldners vorher bereits fällig und durchsetzbar gewesen sein müsse, damit dessen Gläubiger überhaupt mit Erfolg in diese hätten vollstrecken können[131].

bb) Folgerungen für die Anfechtbarkeit vertraglicher Aufrechnungen

Die Frage nach dem maßgeblichen Zeitpunkt, in welchem die Zugriffslage auf den Vermögenswert des Schuldners bestanden haben muss, stellt dabei zugleich das eigentliche Problem der in der Entscheidung des BGH vom 23. Oktober 2008 betroffenen Anfechtbarkeit der Weggabe eines Gegenstandes aus dem Schuldnervermögen unter gleichzeitiger vertraglicher Aufrechnung des Kaufpreises im Recht der Gläubigeranfechtung dar. Denn falls für die Gläubigeranfechtung mit der eben erörterten Ansicht tatsächlich zu fordern ist, dass der Vermögenswert spätestens unmittelbar vor der als gläubigerbenachteiligend angesehenen Rechtshandlung dem Schuldner gehört haben muss, würde in der dort gegebenen Konstellation, in welcher die dem Schuldner zustehende Kaufpreisforderung aus der Veräußerung des Vermögenswerts erst in dem Moment zur Entstehung gelangte, in dem auch deren Belastung mit dem Aufrechnungsrecht des Vertragspartners eintrat, eine Benachteiligung des Vollstreckungsgläubigers durch die Aufrechnungsmöglichkeit grundsätzlich zu verneinen sein. Die Entscheidung des BGH müsste alsdann

---

129 *Kirchhof*, in: MünchKomm AnfG, § 1 Rn. 73 (anders allerdings unter Fn. 68, wo es als ausreichend angesehen wird, dass der Vermögenswert in (!) dem Moment des anfechtungsrechtlichen Wirksamwerdens der Rechtshandlung zum Vermögen des Schuldners gehört hätte); *Onusseit*, ZInsO 2010, 2022, 2025.

130 *Onusseit*, ZInsO 2010, 2022, 2025.

131 *Kirchhof*, in: MünchKomm AnfG, § 1 Rn. 137.

zumindest im Ergebnis für zutreffend erachtet werden, da die Herstellung einer Aufrechnungslage entgegen der Ansicht des BGH zwar nicht deshalb unanfechtbar wäre, weil diese als Teil eines Gesamtvorganges zu betrachten wäre und daher nicht isoliert der Anfechtung unterliegen könnte, wohl aber deshalb, weil hierdurch keine Benachteiligung der Befriedigungsmöglichkeiten des Vollstreckungsgläubigers bewirkt wurde[132].

Soweit die oben dargestellte Ansicht tatsächlich als richtig anzusehen wäre, würden sich deren Auswirkungen allerdings nicht allein auf die seitens des BGH entschiedene Konstellation beschränken, sondern auch die Anfechtbarkeit anderer Gestaltungsvarianten der konsensualen Aufrechnung erheblich einengen. So müsste zunächst jede Begründung einer Forderung zugunsten des Schuldners mit gleichzeitigem Abschluss eines Aufrechnungsvertrages oder Aufrechnungsvoraussetzungsvertrages über diese Forderung im Hinblick auf die dadurch geschaffene Aufrechnungsmöglichkeit als nicht gläubigerbenachteiligend gelten, da das Forderungsrecht des Schuldners hier erst in dem Moment besteht, ab dem es auch dem Aufrechnungsrecht des anderen Teils unterliegt.

Eine Gläubigerbenachteiligung wäre zudem bezüglich der Herstellung einer Aufrechnungslage durch Begründung der Forderung des Schuldners im Rahmen eines Aufrechnungsvoraussetzungsvertrages über künftige Forderungen sowie einer durch die Entstehung der Forderung erfolgten Herbeiführung der vertraglichen Aufrechnung bei einem antizipierten Aufrechnungsvertrag ausgeschlossen, denn auch hier gelangt die Forderung des Schuldners in demselben Moment zur Entstehung, in welchem auch die Aufrechnungsmöglichkeit des Gläubigers oder die antizipiert vereinbarten Aufrechnungswirkungen eintreten. Ausgeschlossen wäre schließlich auch eine Gläubigerbenachteiligung durch Verrechnungen von Gutschriften in einem debitorischen Kontokorrent, soweit diese nicht ohnehin bereits am Fehlen einer Rechtshandlung des Schuldners scheitern *(s. hierzu o. Seite 238 ff.)*. Dies ergibt sich daraus, dass der Vollstreckungsgläubiger im Wege der Pfändung in das Kontokorrent nach den hierzu im zweiten Kapitel getätigten Ausführungen *(s.o. Seite 158 ff.)*, nicht auf einzelne Zahlungseingänge, sondern lediglich auf positive Kontokorrentsalden sowie etwaige Tagesguthaben zugreifen kann und ihm eine Pfändung von Zahlungseingängen daher erst nach deren Gutschrift möglich ist. Insbesondere vermittelt auch eine grundsätzlich mögliche separate Pfändung des schon mit Deckungserlangung durch das Kreditinstitut entstehenden Anspruchs des Schuldners auf Verfügbarmachung des zugeflossenen Betrages aus § 675t BGB (früher: Anspruch auf Gutschrift) keinen Zahlungsanspruch, sondern lediglich einen Anspruch auf Vornahme der Gutschrift zugunsten des schuldnerischen Kontos[133]. Da mit der insofern für eine Pfändung maßgeblichen Gutschrifterteilung aber zugleich die Verrechnungslage bezüglich des bereits bestehenden Debetsaldos eintritt,

132 So die Ansicht von *Kirchhof*, in: MünchKomm AnfG, § 11 Rn. 83 und *Onusseit*, ZInsO 2010, 2022, 2025.

133 *Brehm*, in: Stein/Jonas, ZPO, § 829 Rn. 12; *Stöber*, in: Zöller, ZPO, § 829 Rn. 33.

wäre aber alsdann auch hier eine Gläubigerbenachteiligung zu verneinen, da vor diesem Zeitpunkt keine Zugriffsmöglichkeit des vollstreckenden Gläubigers bestanden hätte.

cc) Kritische Würdigung

Der eingangs erörterten Literaturansicht kann jedenfalls insoweit nicht gefolgt werden, als vereinzelt vertreten wird, dass eine Gläubigerbenachteiligung dann nicht vorliege, wenn die Forderung des Schuldners bei Wirksamwerden der anzufechtenden Rechtshandlung nicht bereits fällig und durchsetzbar war, da der Vollstreckungsgläubiger nur dann erfolgreich in diese hätte vollstrecken können. Es wird diesbezüglich übersehen, dass die Pfändung einer Forderung nur deren Bestehen sowie ihre Zugehörigkeit zum Schuldnervermögen voraussetzt – bei Pfändung künftiger Forderungen genügt sogar nur deren hinreichende Individualisierbarkeit auf Grundlage eines bereits bestehenden Rechtsverhältnisses[134] –, nicht aber die Fälligkeit und Durchsetzbarkeit derselben[135]. Vielmehr ist dies lediglich für eine spätere Einziehung der Forderung von Bedeutung, da dem Drittschuldner im Verhältnis zum Vollstreckungsgläubiger die ihm gegen den Schuldner zustehenden Einreden erhalten bleiben[136]. Darüber hinaus beruht diese vereinzelt vertretene Annahme wohl auf einem gewissen Fehlverständnis der als Beleg herangezogenen Entscheidung des BGH vom 23. Oktober 2008, denn dort ging es gerade nicht um eine mangelnde Fälligkeit oder Durchsetzbarkeit der durch die Veräußerung des Vermögenswerts begründeten Schuldnerforderung, sondern um die mangelnde Fälligkeit der Forderung des anderen Teils, aufgrund derer überhaupt erst eine Aufrechnungsabrede erforderlich war.

Die oben dargestellte Auffassung vermag allerdings auch im Übrigen nicht zu überzeugen, denn es ist kein Grund ersichtlich, weshalb das Gläubigerbenachteiligungserfordernis für das AnfG insofern eingeschränkt sein soll, als dort der aufgegebene Vermögenswert vor (!) Wirksamwerden der anzufechtenden Rechtshandlung zugriffsfähiger Bestandteil des Schuldnervermögens gewesen sein müsste, wohingegen es für die Insolvenzanfechtung genügt, wenn der Vermögenswert in (!) diesem Moment dem Schuldner gehört hat und der Befriedigung der Insolvenzgläubiger offen gestanden hätte. Es ist zwar so, dass das Tatbestandsmerkmal der Gläubigerbenachteiligung aufgrund unterschiedlicher Modalitäten der Gläubigerbefriedigung im Insolvenz- und Einzelzwangsvollstreckungsverfahren prinzipiell Differenzierungen zugänglich ist. Wie bereits oben im ersten Kapitel ausgeführt, bestehen Unterschiede in Bezug

134 BGHZ 20, 127, 131; *Becker*, in: Musielak/Voit, ZPO, § 829 Rn. 6; *Brehm*, in: Stein/Jonas, ZPO, § 829 Rn. 4; *Smid*, in: MünchKomm ZPO, § 829 Rn. 12 f.; *Stöber*, in: Zöller, ZPO, § 829 Rn. 2.

135 *Brehm*, in: Stein/Jonas, ZPO, § 829 Rn. 3; *Smid*, in: MünchKomm ZPO, § 829 Rn. 12; *Stöber*, in: Zöller, ZPO, § 829 Rn. 2.

136 *Becker*, in: Musielak/Voit, ZPO, § 835 Rn. 13; *Brehm*, in: Stein/Jonas, ZPO, § 835 Rn. 34; *Smid*, in: MünchKomm ZPO, § 835 Rn. 20; *Stöber*, in: Zöller, ZPO, § 836 Rn. 6.

auf das Benachteiligungserfordernis zwischen beiden Anfechtungsinstituten dabei aber lediglich insofern, als in der Insolvenz auch eine Vermehrung der Passivmasse zu einer Schmälerung der Befriedigungsmöglichkeiten der Insolvenzgläubiger führen kann, während für eine Beeinträchtigung der Zugriffsoptionen des einzelnen Vollstreckungsgläubigers nur eine Verringerung der Aktivmasse ausreichen kann *(s.o. Seite 60 und Seite 80)*[137], sofern man von dem Sonderfall einer dinglichen Einwirkung auf einen Vollstreckungsgegenstand durch ein Verpflichtungsgeschäft absieht *(s. hierzu o. Seite 285)*. Durch die vertragliche Aufrechnung wird aber stets ein Vermögenswert der Aktivmasse betroffen, weshalb die vorgenannte Differenzierung über die an sich bestehenden Unterschiede im Erfordernis der Gläubigerbenachteiligung hinausgeht und daher nicht auf diesem Wege zu rechtfertigen ist.

Überdies sind beide Anfechtungsinstitute auf ein identisches Rechtsschutzziel dahingehend ausgerichtet, das Hindernis zu beseitigen, das dem Zugriff der Gläubiger auf das Vermögen des Schuldners in den Weg gelegt wurde und damit die Befriedigungsmöglichkeit wiederherzustellen, welche ohne die anfechtbare Rechtshandlung bestanden hätte *(s. hierzu wiederum o. Seite 60 und Seite 80)*. Die Befriedigungsoptionen der Insolvenz- und Vollstreckungsgläubiger sind dabei aber nicht nur in dem Umfang beeinträchtigt, als ein bereits vorher bestehender Vermögenswert nicht mehr deren Zugriff zur Verfügung steht, sondern auch dann, wenn ihnen die Befriedigung aus einem Vermögensgegenstand verwehrt wird, auf welchen sie jedenfalls in bzw. ab dem Zeitpunkt hätten zugreifen können, in dem dieser durch eine Rechtshandlung aus dem schuldnerischen Vermögen weg- bzw. aufgegeben wurde, da sich insoweit die Befriedigungsaussichten der Gläubiger mit der betreffenden Rechtshandlung gleichfalls schlechter darstellen, als sie ohne selbige gewesen wären. Angesichts dieses identischen Rechtsschutzziels beider Anfechtungsinstitute ist kein rechtfertigender Grund für eine weitergehende Differenzierung dahingehend ersichtlich, dass die sowohl im Rahmen der Insolvenzanfechtung als auch in der Gläubigeranfechtung geschützte Aktivmasse des Schuldners auch zu unterschiedlichen Zeitpunkten bestanden haben müsste, weshalb auch für die Gläubigeranfechtung davon ausgegangen werden muss, dass es für das Vorliegen einer Gläubigerbenachteiligung genügt, wenn der weggegebene Vermögensgegenstand erst bei Wirksamwerden der anzufechtenden Rechtshandlung i.S.d. § 8 Abs. 1 AnfG in das Schuldnervermögen gelangt ist.

Neben den eben ausgeführten dogmatischen Gründen sprechen für diese Auffassung auch praktische Erwägungen. So mag man es für den Fall der Herbeiführung einer Aufrechnungsmöglichkeit durch Veräußerung eines Vermögensgegenstands des Schuldners unter Umständen noch für angemessen halten, ihm mit der eingangs dargestellten Literaturansicht eine Pfändung der erst bei Eintritt der Aufrechnungslage entstandenen Forderung zu versagen, da dieser alsdann gegebenenfalls noch die Weggabe des Vermögensgegenstandes anfechten und die Duldung der Zwangsvollstreckung in diesen verlangen könnte. Eine Gläubigerbenachteiligung durch die Herstellung einer Aufrechnungsmöglichkeit wäre aber etwa auch dann nicht

137 *Kirchhof*, in: FS Haarmeyer, S. 129, 130.

gegeben, wenn die Aufrechnungslage durch Begründung einer Entgeltforderung des Schuldners aus einem Dienstvertrag herbeigeführt wird, da die Forderung dann gleichfalls erst im Zeitpunkt der Entstehung der Aufrechnungslage in das Schuldnervermögen gelangt wäre. Hier könnte der Vollstreckungsgläubiger aber auch nicht auf einen alternativen Vermögenswert zugreifen, womit er bei Verneinung einer Gläubigerbenachteiligung durch die Aufrechnungsmöglichkeit von vornherein von jeder Befriedigung aus der vom Schuldner erwirtschafteten Entgeltforderung ausgeschlossen wäre und dieser einzige Vermögenswert des Vollstreckungsschuldners von vornherein ausschließlich einem anderen Gläubiger zugewiesen würde, was schwerlich richtig sein kann. Darüber hinaus würde die Gegenauffassung auch in anderen als Aufrechnungsfällen zu wenig überzeugenden Ergebnissen führen, denn bei Zugrundelegung des von dieser aufgestellten Erfordernisses eines vorherigen Bestehens der Schuldnerforderung müsste etwa auch eine antizipierte Abtretung durch den Schuldner grundsätzlich für nicht gläubigerbenachteiligend erachtet werden, da dort die Forderung gleichfalls erst in dem Moment zur Entstehung gelangt, in welchem auch die Abtretungswirkungen eintreten.

Insgesamt ist daher für die Anfechtung vertraglicher Aufrechnungen nach dem AnfG davon auszugehen, dass es auch dort für das Vorliegen einer Gläubigerbenachteiligung genügt, wenn die Forderung des Schuldners erst in dem Zeitpunkt in sein Vermögen eingegangen ist, in welchem zugleich die vertraglich vorausgesetzte Aufrechnungslage oder die Voraussetzungen für den Eintritt der vertraglichen Aufrechnung gegeben sind, womit diesbezüglich für die Gläubigeranfechtung keine anderen Regeln als im Rahmen der Insolvenzanfechtung gelten. Insbesondere ist damit auch für die in dieser Untersuchung bereits mehrfach angeführte Konstellation der Herbeiführung einer Aufrechnungsmöglichkeit durch Veräußerung eines Vermögensgegenstandes des Schuldners festgestellt, dass die Gläubigerbenachteiligung für das Recht der Gläubigeranfechtung hier ebenfalls nicht in der Veräußerung als Solcher, sondern stets in deren aufrechnungsmäßigen Wirkungen zu sehen ist. Denn die Forderung des Schuldners hätte jedenfalls immer in dem Moment zum Vermögen des Vollstreckungsschuldners gehört, in welchem die jeweilige Aufrechnungslage eingetreten ist, sodass der Vollstreckungsgläubiger zumindest dann auf diese zugreifen hätte können und insoweit durch das Bestehen der Aufrechnungsmöglichkeit in seinen Befriedigungsaussichten beeinträchtigt ist.

Die eben dargelegte Sichtweise zur Anfechtbarkeit der Herbeiführung einer Aufrechnungsmöglichkeit durch Veräußerung eines Gegenstandes des Schuldnervermögens erscheint dabei im Übrigen auch nicht unbillig, denn sie bewirkt mit ihrer Beschränkung der Anfechtung auf die Aufgabe der Forderung des Schuldners aus dem Veräußerungsgeschäft, dass die Anfechtung nur in dem Umfang eingreift, als es die Befriedigung des Vollstreckungsgläubigers unbedingt erfordert und im Übrigen – d.h. in Bezug auf die Veräußerung als Solche – die von den Parteien getroffenen vertraglichen Vereinbarungen bestehen bleiben können. Des Weiteren gilt es insoweit zu bedenken, dass der Anfechtungsgegner im Hinblick auf die Forderung aus dem Veräußerungsgeschäft unter Geltung des AnfG auch in keiner Weise schutzwürdiger als in der dasselbe rechtliche Ergebnis vorsehenden Anfechtung nach der InsO ist.

Denn die Gläubigeranfechtung kann insgesamt nur dann eingreifen, wenn auch die besonderen Voraussetzungen der Vorsatzanfechtung – oder ausnahmsweise der Schenkungsanfechtung – gegeben sind, weshalb für eine Eingrenzung der Anfechtbarkeit auf der Ebene der allgemeinen Anfechtungsvoraussetzungen auch gar kein Bedürfnis ersichtlich ist.

Mit den vorstehenden Ausführungen ist alsdann ebenfalls festzustellen, dass der bereits mehrfach angeführten Entscheidung des BGH vom 23. Oktober 2008 zur Anfechtbarkeit der Veräußerung eines Vermögensgegenstandes aus dem Schuldnervermögen unter gleichzeitiger Vereinbarung eines vertraglichen Aufrechnungsrechts nicht nur aufgrund der dort getätigten Annahme eines Gesamtvorganges, sondern auch im Ergebnis nicht zuzustimmen ist. Die Befriedigungsmöglichkeiten des anfechtenden Gläubigers wurden nach den obigen Grundsätzen sehr wohl dahingehend beeinträchtigt, dass dieser aufgrund der zwischen den Kaufvertragsparteien geschlossenen Aufrechnungsvereinbarung nicht mehr auf die ansonsten pfändbare Kaufpreisforderung des Schuldners hatte zugreifen können, weshalb der seinerseits eingeschlagene Weg der Pfändung und Überweisung der Kaufpreisforderung mit einredeweiser Abwehrung des Aufrechnungseinwands nach § 9 AnfG zuzulassen gewesen wäre und dieser nicht auf eine Anfechtung des Veräußerungsgeschäftes hätte verwiesen werden dürfen. Nichts anderes ergibt sich diesbezüglich auch aus dem Umstand, dass die Veräußerung des Vermögensgegenstandes und die Aufrechnungsabrede in ein und demselben Vertrag vereinbart wurden[138], denn diese Vereinbarungen stellen gleichwohl zwei Rechtshandlungen mit eigenständigen Rechtswirkungen dar, deren gleichzeitige und unter bloßer äußerlicher Zusammenfassung in einem Vertragswerk erfolgte Vornahme nach Grundsätzen der Einzelbetrachtung an ihrer isolierten Anfechtbarkeit nichts zu ändern vermag *(vgl. o. Seite 229)*.

d) Wegfall der Gläubigerbenachteiligung bei Bestehen eines gesetzlichen Aufrechnungsrechts oder einer „werdenden Aufrechnungsbefugnis" i.S.d. § 392 BGB

Wie im Bereich der Insolvenzanfechtung gilt es für das generelle Vorliegen einer Gläubigerbenachteiligung durch vertragliche Aufrechnungen zuletzt ebenfalls zu klären, in welchem Verhältnis diese zu dem Bestehen einer gesetzlichen Aufrechnungsbefugnis oder einer zumindest im Kern begründeten Aufrechnungslage steht *(vgl. zur InsO o. Seite 252 ff.)*. Maßgeblich ist hierbei die Regelung des § 392 BGB, welche für die im Rahmen der Anfechtung nach dem AnfG maßgebliche Einzelzwangsvollstreckung anordnet, dass die Beschlagnahme einer Forderung des Schuldners die Aufrechnung durch einen Gläubiger nur dann ausschließt, wenn der Schuldner seine Forderung erst nach der Beschlagnahme erworben hat oder die Forderung des anderen Teils erst nach der Beschlagnahme und später als die Forderung des Schuldners fällig wurde. Aus dieser – negativ formulierten – Regelung folgt für die gesetzliche Aufrechnung

138 So aber *Kirchhof*, in: MünchKomm AnfG, § 11 Rn. 83.

als Ausdruck der Sicherungsfunktion der Aufrechnungslage, dass einem Gläubiger eine bereits im Zeitpunkt der Pfändung zustehende Aufrechnungsbefugnis nach den §§ 387 ff. BGB erhalten bleibt und er daher trotz Pfändung der Passivforderung weiterhin die Aufrechnung erklären kann *(vgl. hierzu auch o. Seite 90)*[139].

Die Herstellung einer im Konsens begründeten Aufrechungsmöglichkeit bzw. die Herbeiführung der vertraglichen Aufrechnung bewirkt damit dann keine Benachteiligung des Vollstreckungsgläubigers, wenn eine einseitige gesetzliche Aufrechnungslage zugunsten des Gläubigers oder eine beidseitige gesetzliche Aufrechnungsbefugnis gegeben ist, denn dieser würde aufgrund der aus § 392 BGB resultierende Erhaltung einer gesetzlichen Aufrechnungsbefugnis in der Zwangsvollstreckung ohne die vertraglich vereinbarte Aufrechnung gleichwohl nicht erfolgreich in die Forderung des Schuldners vollstrecken können[140]. Gelten kann dies aber freilich nur, sofern die Herstellung der gesetzlichen Aufrechnung nicht ihrerseits der Anfechtung unterliegt, da ansonsten jedenfalls noch die konsensuale Aufrechnung eine Vollstreckung in die Forderung des Schuldners hindern würde und damit ebenfalls im Wege der Anfechtung mit beseitigt werden muss. Wie bereits zur Insolvenzanfechtung angemerkt, kann ein Ausschluss der Gläubigerbenachteiligung durch das Bestehen einer gesetzlichen Aufrechnungslage aber im Grunde nur in den Aufrechnungsvarianten Bedeutung erlangen, in denen das gesetzliche Aufrechnungsrecht nicht ebenfalls in demjenigen Moment entsteht, in welchem auch die vertraglich festgelegten Aufrechnungsvoraussetzungen eintreten, da beide ansonsten regelmäßig in gleicher Weise der Anfechtung unterliegen würden. Ein entsprechender Ausschluss der Gläubigerbenachteiligung kommt daher nur für die Aufrechnungsvereinbarungen über bereits bestehende Forderungen, nicht aber im Hinblick auf die Aufrechnung durch einen vorweggenommenen Aufrechnungsvertrag in Betracht.

Über die Erhaltung einer bereits eingetretenen gesetzlichen Aufrechnungsbefugnis hinaus ist ein Gläubiger – ähnlich der insolvenzrechtlichen Regelung des § 95 Abs. 1 InsO – nach § 392 BGB trotz bereits erfolgter Pfändung auch dann zur Aufrechnung befugt, wenn im Zeitpunkt der Beschlagnahme zwar mangels Fälligkeit der Aktivforderung des Gläubigers noch keine Aufrechnungslage bestand, aber die Aufrechnungsmöglichkeit zumindest insoweit begründet war, dass die Aktivforderung bei Pfändung der Passivforderung ihrem Rechtsgrund nach bereits bestand und die Aktivforderung alsdann nach erfolgter Beschlagnahme der Passivforderung, aber vor dieser fällig und durchsetzbar wird[141]. Eine Benachteiligung des Vollstreckungsgläubigers durch eine vertraglich vereinbarte Aufrechnung kann folglich aufgrund dieser

---

139 *Brüggemeier*, in: Wassermann, AK-BGB, § 392 Rn. 3; *Grüneberg*, in: Palandt, BGB, § 392 Rn. 1; *Gursky*, in: Staudinger, BGB, § 392 Rn. 3; *Weber*, in: RGRK BGB, § 392 Rn. 1.

140 So – allerdings ohne nähere Begründung – auch *Kirchhof*, in: MünchKomm AnfG, § 1 Rn. 139.

141 BGH WM 1980, 83, 84; *Brüggemeier*, in: Wassermann, AK-BGB, § 392 Rn. 3; *Grüneberg*, in: Palandt, BGB, § 392 Rn. 1; *Gursky*, in: Staudinger, BGB, § 392 Rn. 3; *Stürner*, in: Jauernig, BGB, § 392 Rn. 1; *Weber*, in: RGRK BGB, § 392 Rn. 1.

Regelung auch nachträglich wieder entfallen, wenn im Zeitpunkt der Entstehung der vertraglichen Aufrechnungsmöglichkeit schon eine „werdende Aufrechnungslage" im vorgenannten Sinn bestanden hat und später die Fälligkeit und Durchsetzbarkeit der Aktivforderung des Gläubigers vor der Forderung des Schuldners eintritt. Denn dann hätte der Vollstreckungsgläubiger auch ohne Schaffung der konsensualen Aufrechnungsmöglichkeit wegen der aus § 392 BGB resultierenden Aufrechnungsbefugnis des Gläubigers zu keiner Zeit erfolgreich in die Forderung des Schuldners vollstrecken können. Erforderlich ist allerdings hier wiederum, dass diese nachträglich eingetretene Aufrechnungsbefugnis nicht ihrerseits in anfechtbarer Weise begründet wurde.

Wie bereits zur Gläubigerbenachteiligung im Rahmen der Insolvenzanfechtung dargelegt, ist in diesem nachträglichen Wegfall der Gläubigerbenachteiligung keine auch für die Anfechtung nach dem AnfG unzulässige Berücksichtigung von Reserveursachen[142] zu sehen, da mit dem Eintritt der Aufrechnungsmöglichkeit aus § 392 BGB keine hypothetische Ursache hinzugedacht, sondern lediglich der real bei Wegfall der anfechtbaren Handlung gegebene Geschehensablauf betrachtet wird *(vgl. o. Seite 253 f.)*. Im Gegensatz zur Insolvenzanfechtung kann es aber für einen nachträglichen Wegfall der Gläubigerbenachteiligung durch eine vertragliche Aufrechnung nicht genügen, wenn später auch eine gesetzliche Aufrechnungsbefugnis eingetreten wäre, ohne dass bei Herbeiführung der konsensualen Aufrechnungsmöglichkeit die Voraussetzungen der vorgenannten Regelung des § 392 BGB erfüllt waren *(vgl. zur InsO Seite 253)*. Dies ergibt sich daraus, dass in der Einzelzwangsvollstreckung anders als im Insolvenzverfahren, in welchem nach § 94 Alt. 1 InsO bis zur Verfahrenseröffnung begründete Aufrechnungslagen insolvenzfest sind, keinen festen Zeitpunkt gibt, bis zu welchem Aufrechnungsrechte wirksam begründet werden können und daher der nachträgliche Eintritt der gesetzlichen Aufrechnungslage nichts daran zu ändern vermag, dass der Vollstreckungsgläubiger ohne die konsensual geschaffene Aufrechnungsbefugnis jedenfalls bis dahin in die Schuldnerforderung hätte vollstrecken können[143].

e) Einordnung der verschiedenen Varianten der vertraglichen Aufrechnung unter das Gläubigerbenachteiligungserfordernis aus § 1 Abs. 1 AnfG

Im Anschluss an die vorstehenden Ausführungen, mit welchen die Voraussetzungen für das Vorliegen einer Gläubigerbenachteiligung durch konsensuale Aufrechnungen i.S.d. § 1 Abs. 1 AnfG im Allgemeinen bestimmt wurden, gilt es nunmehr unter

---

142 Vgl. hierzu *Baur/Stürner/Bruns*, Zwangsvollstreckungsrecht, Rn. 26.18; *Gaul/Schilken/Becker-Eberhard*, Zwangsvollstreckungsrecht, § 35 Rn. 47; *Hess*, Insolvenzrecht, § 1 AnfG Rn. 25, 41; *Huber*, AnfG, § 1 Rn. 56 f.; *Kirchhof*, in: MünchKomm AnfG, § 1 Rn. 172; *Nerlich/Niehus*, AnfG, § 1 Rn. 54; *Zeuner*, Die Anfechtung in der Insolvenz, Rn. 393.

143 Allgemein zur Unbeachtlichkeit eines späteren Wegfalls der Befriedigungsmöglichkeit *Kirchhof*, in: MünchKomm AnfG, § 1 Rn. 114; a.A. *Nerlich/Niehus*, AnfG, § 1 Rn. 53.

diese die verschiedenen Typen der vertraglich vereinbarten Aufrechnung einzuordnen, um konkrete Aussagen über deren Anfechtbarkeit treffen zu können. Da – wie bereits festgestellt – die Gläubigerbenachteiligung im Rahmen der vertraglichen Aufrechnung im Wesentlichen nach denselben Kriterien bestimmt wird, wie sie auch für die Insolvenzanfechtung Anwendung finden, kann sich Untersuchung dabei überwiegend auf einen Verweis auf die zur Anfechtung nach der InsO gewonnenen Erkenntnisse beschränken *(s. hierzu o. Seite 255 ff.)*.

aa) Aufrechnungsvertrag mit Sofortvollzug und bedingter Aufrechnungsvertrag über bestehende Forderungsrechte

Für die Aufrechnung durch einen Aufrechnungsvertrag mit Sofortvollzug folgt aus den bisherigen Feststellungen, dass eine Benachteiligung des Vollstreckungsgläubigers wie in der der Insolvenzanfechtung durch den Abschluss des Aufrechnungsvertrages selbst eintritt, da mit diesem unmittelbar die Herbeiführung der vertraglich vereinbarten Aufrechnungswirkungen erfolgt. Eine Benachteiligung des Vollstreckungsgläubigers liegt allerdings nach dem hierzu oben Ausgeführten dann nicht vor, wenn bei Abschluss des Aufrechnungsvertrages bereits eine einseitige gesetzliche Aufrechnungsmöglichkeit des Gläubigers, eine beiderseitige Aufrechnungslage oder zumindest eine „werdenden Aufrechnungslage“ i.S.d. § 392 BGB bestand. Gläubigerbenachteiligend und anfechtbar kann insoweit lediglich der Erwerb einer Forderung durch oder gegen den Schuldner sein, mit welchem diese bereits bestehende gesetzliche oder „werdende“ Aufrechungslage hergestellt wurde. Im Hinblick auf den bedingten Aufrechnungsvertrag über bereits existierende Forderungsrechte gilt dabei nichts anderes als für die eben erörterte vertragliche Aufrechnung mit Sofortvollzug, da die für den Eintritt der Aufrechnungswirkungen vereinbarte Bedingung nach § 8 Abs. 3 AnfG außer Betracht zu bleiben hat und damit auch in der Gläubigeranfechtung auf den zugrundeliegenden Abschluss des Aufrechnungsvertrages abzustellen ist.

bb) Vertragliche Vereinbarung einer Aufrechnungsbefugnis

Die Aufrechnung aufgrund eines Aufrechnungsvoraussetzungsvertrages folgt in Bezug auf das Vorliegen einer Gläubigerbenachteiligung im Wesentlichen denselben Regeln, wie sie hierzu für die Insolvenzanfechtung dargestellt wurden. Soweit die Aufrechnungsvoraussetzungsvereinbarung bereits bestehende Forderungsrechte betrifft, bewirkt auch hier deren Abschluss als solcher eine Benachteiligung des Vollstreckungsgläubigers, da schon durch diese das vereinbarte Aufrechnungsrecht unmittelbar zur Entstehung gelangt, welches sich alsdann nach den Feststellungen im zweiten Kapitel dieser Untersuchung analog § 392 BGB gegenüber nachfolgenden Pfändungen durchsetzt *(vgl. hierzu o. Seite 156 f.)*.

Bei einem Aufrechnungsvoraussetzungsvertrag über künftige Forderungen ist hingegen der Vertragsschluss selbst noch nicht als gläubigerbenachteiligend anzusehen, weil allein hierdurch die Befriedigungsmöglichkeiten des Vollstreckungsgläubigers noch in keiner Weise tangiert werden. Nachteilig wirkt sich hier vielmehr erst diejenige Rechtshandlung aus, mit welcher durch oder gegen den Schuldner eine Forderung erworben und die vertraglich festgelegten Voraussetzungen des Eintritts der Aufrechnungslage erfüllt werden, denn erst ab diesem Zeitpunkt ist die Forderung des Schuldners mit einem Aufrechnungsrecht belastet, welches sich gegenüber Pfändungen des Vollstreckungsgläubigers durchsetzt. Zu berücksichtigen ist dabei allerdings, dass diese die Herstellung der Aufrechnungslage bewirkende Rechtshandlung nicht zwingend eine solche des Schuldners sein muss, sondern auch etwa durch die Zession der Forderung eines Drittgläubigers an den aufrechnungsberechtigten Gläubiger erfolgen kann. In diesem Fall ist zwar die Gläubigerbenachteiligung gleichfalls in der Herbeiführung der Aufrechnungsmöglichkeit zu sehen; eine diese Rechtswirkung zurechenbar verursachende Rechtshandlung des Schuldners kann aber alsdann nur im Abschluss der vorweggenommenen Aufrechnungsvereinbarung oder in der Begründung der ersten von beiden Aufrechnungsforderungen liegen. Nach den Ausführungen zur anfechtbaren Rechtshandlung i.S.d. § 1 Abs. 1 AnfG beruht diese Gläubigerbenachteiligung allerdings nur im Rahmen der Vorsatzanfechtung und lediglich dann zurechenbar auf den eben genannten Rechtshandlungen, wenn der Schuldner bereits bei ihrer Vornahme mit dem Vorsatz der Gläubigerbenachteiligung gehandelt hat *(s.o. Seite 233 ff.)*, weshalb nur insoweit eine Anfechtung in Betracht kommen kann.

Abweichend von den eben dargestellten Grundsätzen ist jedoch die Herbeiführung der Aufrechnungsmöglichkeit sowohl bei Aufrechnungsvoraussetzungsvereinbarungen über bestehende Forderungen als auch bei solchen über künftige Forderungen dann nicht als gläubigerbenachteiligend anzusehen, wenn hierdurch alleine für den Schuldner eine Aufrechnungsbefugnis begründet wird, da diese die Befriedigungsmöglichkeiten des Vollstreckungsgläubigers noch in keiner Weise berührt. Gläubigerbenachteiligend und anfechtbar kann hier vielmehr nur eine spätere einseitige Aufrechnungserklärung des Vollstreckungsschuldners sein, durch welche die aufrechnungsmäßige Tilgung der wechselseitigen Forderungsrechte herbeigeführt und damit die bis dahin für eine Pfändung zur Verfügung stehende Forderung des Schuldners zum Erlöschen gebracht wird.

Wie im Rahmen der Insolvenzanfechtung so gelten allerdings die eben getätigten Ausführungen zur Gläubigerbenachteiligung durch Herstellung einer vertraglichen Aufrechnungsmöglichkeit für die Gläubigeranfechtung nur dann, wenn diese Aufrechnungsmöglichkeit zumindest die Erfordernisse der Gegenseitigkeit und Gleichartigkeit erfüllt, da ansonsten keine analog § 392 BGB vollstreckungsfeste Aufrechnungsbefugnis besteht und folglich durch diese noch nicht die Befriedigungsmöglichkeiten des Vollstreckungsgläubigers beeinträchtigt werden *(s.o. Seite 157 f.)*. Sofern der Aufrechnungsvoraussetzungsvertrag eine Aufrechnung ohne Beachtung dieser Erfordernisse zulässt, kann folglich auch hier eine Gläubigerbenachteiligung nicht schon in der Begründung der vertraglich vorausgesetzten Aufrechnungslage zu sehen sein. Vielmehr kann hier eine Benachteiligung der Befriedigungsaussichten des Vollstreckungsgläubigers nur durch die Herstellung der Gegenseitigkeit bzw. Gleichartigkeit der aufzurechnenden Forderungen und die damit erfolgte Begründung einer vollstreckungsfesten Aufrechnungsbefugnis oder durch den ohne vorherige Schaffung einer vollstreckungsfesten Aufrechnungsmöglichkeit vorgenommenen Vollzug der vertraglichen Aufrechnung aufgrund einer einseitigen Erklärung des aufrechnungsberechtigten Teils und der hierdurch bewirkten Tilgung der Schuldnerforderung eintreten. Die übrigen Voraussetzungen der Anfechtbarkeit entsprechen dabei alsdann aber denjenigen, wie sie für die anfechtbare Sicherung oder Befriedigung durch eine vertragliche Aufrechnung gelten, sodass sich darüber hinaus keinerlei Unterschiede ergeben. Insbesondere gilt bei Herbeiführung der jeweiligen Gläubigerbenachteiligung durch eine Rechtshandlung des Gläubigers wiederum, dass eine die Benachteiligung zurechenbar verursachende Rechtshandlung i.S.d. § 1 Abs. 1 AnfG nur in einem vorgelagerten Verhalten des Schuldners liegen kann.

cc) Antizipierte Aufrechnung durch Vertrag über künftige Forderungsrechte

Ähnlich der Aufrechnung aufgrund eines Aufrechnungsvoraussetzungsvertrages über künftige Forderungen ist auch bei der antizipierten Aufrechnung durch Vertrag der Vertragsschluss als solcher noch nicht als gläubigerbenachteiligend anzusehen, denn allein durch eine vorweggenommene Verfügung über ein künftig entstehendes Forderungsrecht werden die Befriedigungsaussichten des Vollstreckungsgläubigers noch nicht berührt. Dies ergibt sich insbesondere aus einem Vergleich mit anderen Fällen von Vorausverfügungen über künftige Forderungsrechte, wie etwa der vorweggenommenen Abtretung, in welcher die Gläubigerbenachteiligung gleichfalls erst mit der Entstehung der betreffenden Forderung eintritt[144], da insoweit für die antizipierte Aufrechnung nichts anderes gelten kann. Wie bereits in den entsprechenden Ausführungen zur Insolvenzanfechtung dargelegt, spricht gegen diese Annahme auch nicht die mit § 140 Abs. 3 InsO übereinstimmende Regelung des § 8 Abs. 3 AnfG, denn der Abschluss des antizipierten Aufrechnungsvertrages vermittelt dem anderen Teil mangels Entstehung der ihm unterworfenen Forderungsrechte für sich noch keine gesicherte Rechtsposition, sodass nicht schon auf den „Abschluss der rechtsbegründenden Tatumstände" abzustellen ist *(vgl. hierzu o. Seite 257 f.)*. Nichts anderes ergibt sich zudem aus der im zweiten Kapitel zur Aufrechterhaltung noch nicht vollzogener antizipierter Aufrechnungen getroffenen Feststellung, dass der Vollstreckungsgläubiger bereits ab dem im Voraus erfolgten Vertragsschluss keine wirksame antizipierte Pfändung in die Schuldnerforderung mehr vorzunehmen vermag, da die antizipierte Aufrechnung schon ab diesem Zeitpunkt dem Anwartschaftsschutz aus § 161 Abs. 1 S. 2 BGB unterfällt und damit allen späteren Pfändungen vorgeht *(s.o. Seite 155 f.)*. Die Unwirksamkeit der Pfändung in die Forderung des Schuldners tritt nach dem hierzu im zweiten Kapitel Ausgeführten erst mit dem Wirksamwerden der vorrangigen antizipierten Verfügung, also dem Entstehen der Aufrechnungslage ein, sodass sich auch erst in diesem Moment die gläubigerbenachteiligenden Wirkungen der im Voraus vereinbarten Aufrechnung konkretisieren und es auch

---

144 Vgl. zur antizipierten Abtretung *Kirchhof*, in: MünchKomm AnfG, § 8 Rn. 20; *Nerlich/Niehus*, AnfG, § 8 Rn. 6.

insoweit für die Gläubigerbenachteiligung nicht schon auf den Abschluss des Aufrechnungsvertrages ankommen kann.

Obgleich die antizipierte Aufrechnung mit dem Schutz der Aufrechnungsanwartschaft ab dem Abschluss der Aufrechnungsvereinbarung in der Zwangsvollstreckung einen gegenüber der Insolvenz verstärkten Schutz genießt, da diese dort aufgrund der Sonderregelung des § 91 Abs. 1 InsO nur dann anerkannt wird, wenn bis zum Zeitpunkt der Verfahrenseröffnung beide Forderungen entstanden und damit bereits die Bedingung für die wechselseitige Tilgung eingetreten ist, kann folglich auch für die Gläubigeranfechtung nur das Bewirken der vertraglichen Aufrechnung und damit diejenige Rechtshandlung, welche zum Bestehen zweier aufrechenbarer Forderungen führt, maßgeblich sein. Für diese Annahme spricht zum einen das bereits eben angeführte Argument, dass erst in diesem Moment gemäß § 161 Abs. 1 S. 2 BGB die Voraussetzungen für die Unwirksamkeit seit dem Vertragsschluss erfolgter Pfändungen eintreten und daher erst hierdurch die Befriedigungsmöglichkeiten des Vollstreckungsgläubigers nachteilig beeinträchtigt werden. Zum anderen wird auch erst in diesem Zeitpunkt der aufschiebend bedingte Aufrechnungserfolg der wechselseitigen Tilgung beider Forderungsrechte bewirkt. Soweit die Herbeiführung der vertraglichen Aufrechnung nicht durch eine Rechtshandlung des Schuldners erfolgt, gilt dabei nichts anderes, als bereits oben zur Aufrechnung aufgrund eines Aufrechnungsvoraussetzungsvertrages über künftige Forderungen ausgeführt wurde. Auch hier kann daher nur dann eine Anfechtung in Betracht kommen, wenn der Schuldner bereits bei Abschluss des Aufrechnungsvertrages oder bei Begründung der ersten von beiden Aufrechnungsforderungen mit dem Vorsatz der Gläubigerbenachteiligung gehandelt hat.

dd) Verrechnung im Kontokorrent

Für das Vorliegen einer Gläubigerbenachteiligung i.S.d. § 1 Abs. 1 AnfG durch Verrechnungen im Kontokorrent können ebenfalls im Wesentlichen diejenigen Grundsätze Anwendung finden, wie sie diesbezüglich zur Insolvenzanfechtung ermittelt wurden. Eine Benachteiligung der Befriedigungsmöglichkeiten des Vollstreckungsgläubigers kann auch für die Gläubigeranfechtung nicht bereits im regelmäßig antizipiert erfolgten Abschluss des Verrechnungsvertrages liegen, da hierdurch die Zugriffsmöglichkeiten auf etwaige Guthabenforderungen noch in keiner Weise beeinträchtigt werden. Des Weiteren sind in Bezug auf die hier zu klärende Anfechtbarkeit vertraglicher Aufrechnungen nach dem AnfG wiederum solche Rechtsakte als irrelevant auszuscheiden, welche per se keine Verrechnungsmöglichkeit herbeiführen, sondern die Befriedigungsmöglichkeiten des Gläubigers allenfalls anderweitig beeinträchtigen, wie der Erwerb einer Forderung gegen den Schuldner in einem debitorischen Kontokorrent oder die Begründung einer Forderung durch den Schuldner in einem kreditorischen Kontokorrent.

Da es nach den eben getroffenen Feststellungen nicht schon auf den Abschluss des Verrechnungsvertrages ankommen kann, ist eine Benachteiligung des Vollstreckungsgläubigers für die Anfechtung nach dem AnfG wiederum erst in der Herstellung der Verrechnungslage, also jedem Erwerb einer Schuldner- oder Gläubigerstellung durch den Kontokorrentpartner zu sehen, welchem ein entsprechendes Debet oder Guthaben des Vollstreckungsschuldners gegenübersteht[145], wodurch der Kontokorrentpartner eine Sicherung dahingehend erlangt, sich für seine Forderung durch Verrechnung mit einer Guthabenforderung des Vollstreckungsschuldners befriedigen zu können. Die Beeinträchtigung der Befriedigungsmöglichkeiten des Vollstreckungsgläubigers durch die Sicherung des Kontokorrentpartners besteht dabei darin, dass dieser ohne die Belastung der in einem debitorischen Kontokorrent erworbenen Guthabenforderung oder ohne die Belastung des in einem kreditorischen Kontokorrent bestehenden Guthabens mit einer Verrechnungslage im Wege der Vollstreckung in das Kontokorrent auf ein entsprechend höheres Guthaben oder sogar überhaupt erst auf ein Guthaben zugreifen könnte. Entgegen einer vereinzelt vertretenen Auffassung kommt es insoweit für das Vorliegen einer Gläubigerbenachteiligung durch das Einstellen von Forderungen in das Kontokorrent auch nicht darauf an, ob die Saldoforderung aufgrund des Anerkenntnisses des Saldos entstanden ist. Denn Gegenstand der Vollstreckung in das Kontokorrent ist nicht die von einem Anerkenntnis betroffene Saldoforderung am Ende der Rechnungsperiode, sondern das Guthaben im maßgeblichen Pfändungszeitpunkt, weshalb sich auch bereits in diesem Moment eine das Guthaben mindernde Verrechnungsmöglichkeit als nachteilig auswirkt[146]. Nichts anderes ergibt sich auch aus dem im zweiten Kapitel dargelegten Umstand, dass die Vollstreckung in das Kontokorrent zu keiner Unterbrechung der Rechnungsperiode führt und daher die Auszahlung des gepfändeten Guthabens erst nach ihrer Beendigung zu erfolgen hat *(s.o. Seite 158 f.)*, da der Auszahlungsanspruch gleichwohl das im Pfändungszeitpunkt bestehende Guthaben betrifft und überdies sowohl die Pfändung als auch die spätere Auszahlung des Guthabens von einem etwaigen Anerkenntnis des Schuldners unabhängig sind.

aaa) Erwerb einer Forderung durch den Schuldner bei einem debitorischen Kontokorrent

Wie im Rahmen der Insolvenzanfechtung kann damit eine gläubigerbenachteiligende Herstellung einer Aufrechnungsmöglichkeit zunächst in der Begründung einer

---

145 *Kirchhof*, in: MünchKomm AnfG, § 8 Rn. 16.

146 So aber *Kirchhof*, in: MünchKomm AnfG, § 8 Rn. 16 unter unzutreffender Berufung auf BGH NZI 2009, 888, 890, wo aber ein gänzlich anderer Fall betroffen war, denn in dieser Entscheidung ging es nicht um die Anfechtung der Herstellung einer Verrechnungslage, sondern die der antizipierten Abtretung einer Forderung aus dem Kontokorrentverhältnis. Abtretbar kann wegen der Kontokorrentbindung der Einzelforderungen freilich nur die Saldoforderung am Ende der Rechnungsperiode sein, weshalb dort im Hinblick auf die Anfechtbarkeit einer vorweggenommenen Abtretung nur deren Entstehung maßgeblich sein konnte. Für die Anfechtung der Herstellung einer Aufrechnungslage gilt dies indes nicht, da die Pfändung nicht auf den Schlusssaldo beschränkt ist.

Forderung zugunsten des Vollstreckungsschuldners bei einem im Debet befindlichen Kontokorrent liegen. Bezogen auf das Bankkontokorrent als Hauptanwendungsfall des Kontokorrentverhältnisses ist damit bei einem bestehenden Debetsaldo an sich auch hier jeder Zahlungseingang zugunsten des schuldnerischen Kontos als gläubigerbenachteiligend anzusehen. Dabei gilt es allerdings zu berücksichtigen, dass nach den Feststellungen zur anfechtbaren Rechtshandlung i.S.d. § 1 Abs. 1 AnfG eine Rechtshandlung des Schuldners im Grunde nur bei Bareinzahlungen durch den Schuldner sowie Scheck- oder Lastschrifteinreichungen desselben vorliegt. Bei Überweisungen oder Bareinzahlungen Dritter kann eine solche nach den hierzu bereits getätigten Ausführungen hingegen lediglich dann ausnahmsweise angenommen werden, wenn sich die Herstellung der Verrechnungsmöglichkeit aufgrund eines Verursachungsbeitrages des Schuldners – wie etwa der Aufforderung an einen Schuldner, auf ein bestimmtes debitorisches Konto zu leisten – insgesamt zumindest auch als missbilligenswertes, weil gegenüber dem Gläubiger sozial inadäquates Verhalten darstellt, weshalb insoweit eine Anfechtung regelmäßig schon mangels Vorliegen einer Rechtshandlung nicht gegeben ist *(vgl. hierzu o. Seite 238 ff.).*

Soweit danach überhaupt eine schuldnerische Rechtshandlung i.S.d. § 1 Abs. 1 AnfG gegeben ist, kann es für den Eintritt der Gläubigerbenachteiligung durch Herstellung einer Aufrechnungsmöglichkeit im Bankkontokorrent auch im Rahmen der Gläubigeranfechtung nur auf die vorherige Deckungsverschaffung bei dem Kreditinstitut des Vollstreckungsschuldners und nicht erst auf die Gutschrift des eingegangenen Betrages auf dem Konto des Vollstreckungsschuldners ankommen. Wie bereits zur Gläubigerbenachteiligung in der Insolvenz dargelegt *(s.o. Seite 259 ff.),* erhält der Vollstreckungsschuldner schon mit der Deckungserlangung einen Anspruch gegen das Kreditinstitut auf Verfügbarmachung des zugeflossenen Betrages aus § 675t Abs. 1 (bzw. bei Bareinzahlungen Abs. 2) BGB, welcher als solcher bereits von der Kontokorrentbindung erfasst wird und daher schon zur Verrechnung bestimmt ist. Damit ist aber zugleich der Rechtsboden für die spätere Verrechnung gelegt, denn zum einen kann die Bank diesen Anspruch auf Verfügbarmachung durch Gutschrift des Betrages auf das Konto des Schuldners erfüllen und damit die Verrechnungslage herstellen. Zum anderen vermögen auch etwaige Vollstreckungsgläubiger den Eintritt der Verrechnungslage nicht mehr zu verhindern, da diese zwar – wie bereits an anderer Stelle erwähnt – nach h.L. den Anspruch auf Verfügbarmachung pfänden lassen können, diese Pfändung allerdings keinen Zahlungsanspruch begründet, sondern lediglich zur Folge hat, dass der eingegangene Betrag dem Konto des Schuldners gutgeschrieben werden muss und auf diese Weise in die Verrechnung eingeht[147].

Wenngleich die Verrechnungsmöglichkeit des Kreditinstituts als solche erst mit der Gutschrift des Zahlungsbetrages hergestellt wird, erlangt dieses insoweit schon mit der vorherigen Deckungsverschaffung eine Sicherung an einem Forderungsrecht des Schuldners, welche durch Pfändungsmaßnahmen des Vollstreckungsgläubigers nicht mehr beeinträchtigt werden kann, sodass bereits mit Entstehung des

147 Nachweise unter Fn. 133.

Anspruchs auf Verfügbarmachung eine Benachteiligung der Befriedigungsmöglichkeiten des Vollstreckungsgläubigers eintritt. Auch im Rahmen der Anfechtung nach dem AnfG wird folglich die Gläubigerbenachteiligung schon mit dem Zahlungseingang bei der Bank des Vollstreckungsschuldners, also bei Bareinzahlungen unmittelbar mit diesen, bei innbetrieblichen Zahlungsvorgängen mit der Belastung des Kontos des Zahlungspflichtigen und bei überbetrieblichen Zahlungsvorgängen mit Eingang der Gutschrift bei der Empfängerbank, bewirkt.

bbb) Erwerb einer Forderung gegen den Schuldner in einem kreditorischen Kontokorrent

Die Herstellung einer Verrechnungslage durch Begründung einer Forderung gegen den Schuldner in einem kreditorischen Kontokorrent ist hingegen entsprechend den zur Insolvenzanfechtung getätigten Ausführungen zumindest im Hinblick auf das Bankkontokorrent nicht als gläubigerbenachteiligend anzusehen *(vgl. hierzu o. Seite 262ff.)*. Für Barauszahlungen an den Schuldner gilt danach, dass diese schon deshalb nicht als gläubigerbenachteiligend anzusehen sind, weil sich hierdurch die Vermögensverhältnisse des Schuldners in keiner Weise verändern, es sei denn, dass der Schuldner den ihm ausbezahlten Betrag später verbraucht hat, ohne dass hierdurch dem Vermögen ein entsprechende Gegenwert zugeflossen wäre.

Soweit man mit der hier zur Insolvenzanfechtung vertretenen Ansicht eine Anwendung der neueren Judikatur des BGH zur Vorsatzanfechtung bei mittelbaren Zuwendungen, derzufolge eine Anfechtung auch gegenüber dem Leistungsmittler zulässig sein soll, auf den Bereich des Bankkontokorrents ablehnt, muss des weiteren auch bei Herstellung einer Verrechnungsmöglichkeit durch im Auftrag des Schuldners erfolgte Leistungen seines Kreditinstituts an einen Dritten – also bei Ausführung einer Überweisung oder bei Einreichung eines Schecks bzw. einer Lastschrift – eine Gläubigerbenachteiligung ausscheiden. Dies ergibt sich daraus, dass die Leistung der Bank an den Dritten, aufgrund derer sie einen verrechenbaren Aufwendungsersatzanspruch gegen den Schuldner erlangt, eine mittelbare Zuwendung darstellt, die anfechtungsrechtlich als unmittelbare Leistung des Vollstreckungsschuldners an seinen Gläubiger anzusehen ist, weshalb nur in dem zwischen diesen bestehenden Valutaverhältnis eine Benachteiligung des Vollstreckungsgläubigers vorliegen kann[148].

Ähnlich den bereits zur Gläubigerbenachteiligung i.S.d § 129 Abs. 1 InsO getätigten Ausführungen ist allerdings außerhalb des Bankkontokorrents auch für die Anfechtung nach dem AnfG in der Herstellung einer Verrechnungsmöglichkeit durch Erwerb einer Forderung gegen den Schuldner in einem kreditorischen Kontokorrent – etwa durch Abschluss eines Kaufvertrages – eine Gläubigerbenachteiligung zu sehen, denn hier liegt im Gegensatz zum Bereich des Bankkontokorrents in der Leistung des Kontokorrentpartners keine bloße Erfüllung der Guthabenforderung

148 Allgemein zur Anfechtbarkeit mittelbarer Zuwendungen nach dem AnfG die in Kapitel 4 Fn. 144, 147 Genannten.

des Schuldners, sondern die Einstellung einer neuen verrechenbaren Leistungspflicht in das Kontokorrent vor.

f) Abgrenzung zwischen mittelbarer und unmittelbarer Gläubigerbenachteiligung

In Bezug auf die Zuordnung der vertraglichen Aufrechnung zu den beiden Arten der Gläubigerbenachteiligung wird vereinzelt vertreten, dass diese regelmäßig nur mittelbarer Natur sei, da die Aufrechnung als allgemein zulässiges Erfüllungssurrogat eine ausgleichende Schuldtilgung auf Seiten des Schuldners bewirke und nur dessen Zahlungsschwäche dazu führe, dass der Aufrechnungsbefugte mehr erhalte als der Gläubiger[149]. Dieser Ansatz ist zwar im Ergebnis im Wesentlichen zutreffend, erscheint indes in der Begründung doch etwas schief geraten, denn der Umfang der Passivmasse des Schuldners und damit der Eintritt einer Schuldtilgung sind für das Vorliegen einer Gläubigerbenachteiligung im Rahmen des AnfG an sich unerheblich. Die Benachteiligung des Vollstreckungsgläubigers durch Herstellung einer Aufrechnungsmöglichkeit bzw. durch Herbeiführung der vertraglichen Aufrechnung resultiert daraus, dass der Aufrechnungsberechtigte Gläubiger durch diese eine Sicherung an einer Forderung des Schuldners bzw. eine Befriedigung aus einer Forderung des Schuldners erlangt, ohne dass dem Schuldnervermögen eine der Vollstreckung zugängliche Gegenleistung zugeflossen wäre, wobei aber eine bloße Schuldtilgung mangels Pfändbarkeit von vornherein ausscheiden muss.

Maßgeblich kann für die Abgrenzung zwischen mittelbarer und unmittelbarer Gläubigerbenachteiligung entsprechend den zur Insolvenzanfechtung getroffenen Feststellungen nur sein, ob der die Herbeiführung der Aufrechnungsmöglichkeit bewirkende Rechtsakt seinem Inhalt nach genau auf diesen Rechtserfolg gerichtet ist oder ob dieser unmittelbar nur die Begründung oder den Erwerb eines Forderungsrechts bezweckt und die Aufrechnungslage dabei aus dem Umstand resultiert, dass diesem Forderungsrecht zugleich ein bereits bestehendes Forderungsrecht des anderen Teils gegenübertritt *(s.o. Seite 265 f.)*. Die Herstellung einer Aufrechnungsmöglichkeit ist damit auch für die Anfechtung nach dem AnfG im Bereich der Aufrechnungsverträge über künftige Forderungen sowie der Verrechnung im Kontokorrent als mittelbar gläubigerbenachteiligend anzusehen, da hier die Aufrechnungsmöglichkeit stets im Wege der Begründung oder des Erwerbs eines Forderungsrechts bewirkt wird. Im Hinblick auf die Aufrechnung durch Aufrechnungsverträge mit Sofortvollzug oder bedingte Aufrechnungsverträge sowie die Aufrechnung aufgrund von Aufrechnungsvoraussetzungsverträgen über bestehende Forderungen ist dem gegenüber grundsätzlich eine unmittelbare Gläubigerbenachteiligung gegeben, weil diese Rechtsgeschäfte unmittelbar die Herbeiführung der Aufrechnungsbefugnis intendieren.

---

149 So *Kirchhof*, in: MünchKomm AnfG, § 1 Rn. 140.

g) Der Sonderfall des Vorliegens einer Leistungswertdifferenz in der Gläubigeranfechtung

Auch für das Recht der Gläubigeranfechtung stellt sich in Bezug auf eine Gläubigerbenachteiligung durch konsensuale Aufrechnungen die Frage, inwieweit diese durch eine Wertdifferenz zwischen Leistung und Gegenleistung in einem der den Aufrechnungsforderungen zugrundeliegenden Kausalgeschäfte, insbesondere bei Veräußerung eines Gegenstandes der Vollstreckungsmasse zu einem von dessen tatsächlichem Verkehrswert abweichenden Preis, beeinflusst wird. Soweit eine negative Leistungswertdifferenz gegeben ist, kann anders als im Rahmen der Insolvenzanfechtung *(s. hierzu o. Seite 266 f.)* jedenfalls keine Anfechtung des zugrundeliegenden Verpflichtungsgeschäfts in Betracht kommen, da die Begründung einer Forderung gegen den Schuldner, selbst wenn diese den Wert der zu erbringenden Gegenleistung übersteigt, über die Herstellung der Aufrechnungslage hinaus keine Beeinträchtigung der Befriedigungsmöglichkeiten des Vollstreckungsgläubigers bewirken kann. Anfechtbar ist damit in der Anfechtung nach dem AnfG erst die spätere Erfüllungshandlung, also die auf dem Verpflichtungsgeschäft beruhende Übereignung des versprochenen Vermögensgegenstands durch den Schuldner, denn hierdurch tritt insofern eine zusätzliche Schmälerung der Zugriffsmöglichkeiten des Vollstreckungsgläubigers ein, als dem Schuldnervermögen aufgrund der Leistungswertdifferenz auch ohne die Aufrechnungsmöglichkeit keine wertmäßig ausgleichende Gegenleistung für den weggegebenen Gegenstand zugeflossen wäre.

Im Hinblick auf die Erfüllung des Gläubigerbenachteiligungserfordernisses bei Vorliegen einer positiven Leistungswertdifferenz gilt hingegen für die vertragliche Aufrechnung nichts anderes, als hierzu bereits oben zur Anfechtung nach der InsO ausgeführt wurde *(s. hierzu o. Seite 266 ff.)*. Da für das Recht der Gläubigeranfechtung die Annahme eines Gesamtvorganges gleichfalls abzulehnen ist und nach den zur Insolvenzanfechtung getroffenen Feststellungen auch weder die Annahme einer Geschäftseinheit nach § 139 BGB noch eine Störung der Geschäftsgrundlage nach § 313 BGB in Betracht kommt, verbleibt es nach der Einzelbetrachtungslehre dabei, dass die Herstellung der Aufrechnungslage unabhängig vom Vorliegen einer Leistungswertdifferenz eine Benachteiligung des Vollstreckungsgläubigers herbeiführt.

Der Anfechtungsgegner hat sich daher auch im Rahmen der Anfechtung nach dem AnfG nach dem Grundsatz „pacta sunt servanda" an dem Vertragsschluss festhalten zu lassen und die überhöhte Forderung des Schuldners nach deren Pfändung und Überweisung an den Anfechtungsgläubiger zu erfüllen, was auch dann gilt, wenn das die positive Leistungswertdifferenz begründende Rechtsgeschäft gerade in Bezug auf die beabsichtigte Aufrechnung vorgenommen worden war. Dieses Ergebnis erscheint entsprechend den bereits oben zum relevanten Zeitpunkt für das Bestehen der Schuldnerforderung angeführten Argumenten auch nicht unangemessen, denn zum einen werden die Parteien weitgehend genau an der Vereinbarung festgehalten, welche sie auch getroffen haben. Zum anderen ist zu berücksichtigen, dass der Vertragspartner des Vollstreckungsschuldners insgesamt nur dann der Anfechtung ausgesetzt sein wird, wenn er aufgrund des Eingreifens der Tatbestände der Vorsatz- oder Schenkungsanfechtung als minder schutzwürdig anzusehen ist, weshalb eine Eingrenzung der Anfechtbarkeit schon im Bereich der allgemeinen Anfechtungsvoraussetzungen insoweit nicht erforderlich erscheint *(vgl. hierzu o. Seite 292 f.)*. Ausnahmsweise kann eine Anfechtung allerdings auch hier ausgeschlossen sein, wenn die überhöhte Forderung nur zum Zweck der „Debitorenbereinigung" begründet wurde und die Aufrechnung auf den überhöhten Forderungsteil beschränkt wurde, da insoweit in Wahrheit ein die Zugriffsmöglichkeiten des Vollstreckungsgläubigers von vornherein nicht tangierender Erlass einer Gläubigerforderung gegeben ist.

II. Ausschluss der Gläubigerbenachteiligung durch das Bestehen von Sicherungsrechten

Im Rahmen der Anfechtung konsensualer Aufrechnungen nach dem AnfG liegt jedoch ähnlich wie in der Insolvenzanfechtung eine Benachteiligung des Vollstreckungsgläubigers dann nicht vor, wenn die Forderung des Schuldners im Zeitpunkt der Schaffung der Aufrechnungsmöglichkeit bereits mit einem Sicherungsrecht des Anfechtungsgegners belastet war, da der Vollstreckungsgläubiger alsdann auch ohne die vertraglich vereinbarte Aufrechnung nicht erfolgreich in das Forderungsrecht vollstrecken könnte[150]. Etwas anderes gilt nur dann, wenn das Sicherungsrecht des anderen Teils seinerseits der Anfechtung unterliegt, weshalb es für die Anfechtbarkeit insgesamt maßgeblich darauf ankommt, ob bereits diese Sicherung anfechtbar hergestellt wurde. Im Rahmen der Gläubigeranfechtung kommt dabei als Rechtsgrund für einen entsprechenden Ausschluss der Gläubigerbenachteiligung ebenfalls die Verpfändung oder die Sicherungszession der Schuldnerforderung an den Anfechtungsgegner sowie die Ersetzung einer bereits vorher durch den Schuldner verpfändeten oder sicherungsübereigneten anderen Forderung oder Sache im Wege des Sicherheitentausches in Betracht.

1. *Verpfändung der Schuldnerforderung an den nachmaligen Anfechtungsgegner*

Die Herstellung einer vertraglich vereinbarten Aufrechnungsmöglichkeit führt danach dann keine Benachteiligung der Zugriffsmöglichkeiten eines Vollstreckungsgläubigers herbei, wenn die zur Aufrechnung gestellte Forderung des Schuldners bereits an den Anfechtungsgegner verpfändet wurde und die Bestellung dieses Pfandrechts nicht selbst der Gläubigeranfechtung unterliegt. Wie bereits oben zur Gläubigerbenachteiligung in der Insolvenz ausgeführt, kann der Anfechtungsgegner die gegen ihn gerichtete Forderung bei Pfandreife durch einfache Erklärung

150 Vgl. hierzu die Ausführungen zur ähnlichen Fallgruppe der wertausschöpfenden Belastungen bei *Gaul/Schilken/Becker-Eberhard*, Zwangsvollstreckungsrecht, § 35 Rn. 41; *Huber*, AnfG, § 1 Rn. 39 f.; *Kirchhof*, in: MünchKomm AnfG, § 1 Rn. 104.

gemäß § 1282 Abs. 1 BGB einziehen und damit die Schuldnerforderung im Wege der Einziehung und die Forderung des Anfechtungsgegners nach §§ 1288 Abs. 2, 1282 Abs. 1 BGB zum Erlöschen bringen *(s.o. Seite 271 f.)*. Der Anfechtungsgegner kann dabei aufgrund seines früher begründeten Pfandrechts gegenüber nachmaligen Pfändungspfandrechten zwar nicht klageweise einen Anspruch auf vorzugsweise Befriedigung nach § 805 Abs. 1 ZPO gelten machen, da diese Regelung nach ganz überwiegender Ansicht auf Pfandrechte an Forderungen keine Anwendung findet[151]. Das ihm eingeräumte Forderungspfandrecht stellt aber ein die Veräußerung hinderndes Recht i.S.d. § 771 Abs. 1 ZPO dar, weshalb der Gläubiger die Zwangsvollstreckung in die ihm verpfändete Forderung im Wege der Drittwiderspruchsklage für unzulässig erklären lassen kann[152]. Das Forderungspfandrecht des Anfechtungsgegners an der eigenen Schuld setzt sich damit auch gegenüber späteren Pfändungen dieser Forderung durch andere Gläubiger durch, sodass der Anfechtungsgläubiger auch dann nicht mehr wirksam in die Forderung vollstrecken könnte, wenn die Aufrechnungsmöglichkeit nicht bestünde und daher eine Benachteiligung durch die Herstellung der Aufrechnungslage abzulehnen ist.

Wie bereits eingehend zur Gläubigerbenachteiligung in der Insolvenz erörtert, ist ein Ausschluss der Gläubigerbenachteiligung durch eine Verpfändung der Schuldnerforderung insbesondere im Rahmen der Verrechnung im Bankkontokorrent aufgrund eines Pfandrechts des Kreditinstituts aus Nr. 14 Abs. 1 S. 2 AGB der Banken bzw. Nr. 21 Abs. 1 S. 3 AGB der Sparkassen in Betracht zu ziehen *(s. hierzu o. Seite 272 ff.)*, dessen Einräumung nach den dort getroffenen Feststellungen grundsätzlich als Vereinbarung eines „modifizierten Kontokorrents" mit den Regelungen des Kontokorrentrechts vereinbar ist. Da nach der hier vertretenen Auffassung allerdings im Bereich der Gläubigeranfechtung eine Benachteiligung des Vollstreckungsgläubigers durch die Herstellung einer Verrechnungslage ebenfalls nur aufgrund von Zahlungseingängen zugunsten eines debitorischen Kontokorrents vorliegen kann, vermag ein Ausschluss der Gläubigerbenachteiligung auch hier lediglich wegen eines Pfandrechts an den Forderungen des Schuldners aus der entsprechenden Deckungserlangung Bedeutung zuzukommen.

Wenn und soweit bei Herstellung einer Verrechnungsmöglichkeit in einem debitorischen Kontokorrent überhaupt eine gläubigerbenachteiligende Rechtshandlung i.S.d. § 1 Abs. 1 AnfG vorliegt und damit dem Grunde nach die allgemeinen Anfechtungsvoraussetzungen gegeben sind *(s. hierzu o. Seite 238 ff.)*, kann die

---

151 RGZ 87, 321, 322; *Baur/Stürner/Bruns*, Zwangsvollstreckungsrecht, Rn. 46.30; *Becker*, in: Musielak/Voit, ZPO, § 805 Rn. 2; *Gaul/Schilken/Becker-Eberhard*, Zwangsvollstreckungsrecht, § 42 Rn. 8; *Gruber*, in: MünchKomm ZPO, § 805 Rn. 7; *Münzberg*, in: Stein/Jonas, ZPO, § 805 Rn. 1; *Stöber*, in: Zöller, ZPO, § 805 Rn. 2; a.A. *Bassenge*, in: Palandt, BGB, § 1290 Rn. 2.

152 *Baur/Stürner/Bruns*, Zwangsvollstreckungsrecht, Rn. 46.10; *Gaul/Schilken/Becker-Eberhard*, Zwangsvollstreckungsrecht, § 41 Rn. 88; *Lackmann*, in: Musielak/Voit, ZPO, § 771 Rn. 23; *K. Schmidt/Brinkmann*, in: MünchKomm ZPO, § 771 Rn. 34; *Münzberg*, in: Stein/Jonas, ZPO, § 771 Rn. 24.

Bestellung eines AGB-Pfandrechts aber auch im Rahmen der Anfechtung nach dem AnfG nur dann eine anfechtungsrechtliche Besserstellung des Kreditinstituts begründen, wenn die Herstellung der Verrechnungslage selbst eine inkongruente Deckung darstellt. Die Bestellung eines AGB-Pfandrechts ist nach den zur Insolvenzanfechtung getroffenen Feststellungen als kongruente Deckung anzusehen, da das Vorliegen einer kongruenten Deckung ohne besondere entgegenstehende Anhaltspunkte ein Beweisanzeichen gegen das Bestehen eines Gläubigerbenachteiligungsvorsatzes des Schuldners darstellt *(s. hierzu nachf. Seite 369 ff.)*, weshalb diese im Rahmen der Gläubigeranfechtung regelmäßig unanfechtbar wäre und folglich einen Ausschluss der Gläubigerbenachteiligung bewirken würde. Da allerdings die in demselben Zeitpunkt wie das AGB-Pfandrecht zur Entstehung gelangende Verrechnungsmöglichkeit aus dem eben genannten Grund bei Kongruenz schon für sich genommen unanfechtbar wäre, kann die in der Gläubigeranfechtung unanfechtbare Bestellung eines AGB-Pfandrechts nur bei Inkongruenz der Verrechnungslage zu einem ansonsten nicht gegebenen Ausschluss der Anfechtbarkeit führen, denn hier würde die Herstellung der Verrechnungslage aufgrund des aus der Inkongruenz folgenden Beweisanzeichens für das Vorliegen eines Gläubigerbenachteiligungsvorsatzes sowie die entsprechende Kenntnis des Anfechtungsgegners unter erleichterten Voraussetzungen der Vorsatzanfechtung unterliegen *(s. hierzu nachf. Seite 357 ff.)*.

2. *Sicherungs- und Globalzessionen zugunsten des aufrechnungsberechtigten Gläubigers*

Des Weiteren kann die Herbeiführung einer Aufrechnungs- oder Verrechnungsbefugnis auch in der Anfechtung nach dem AnfG dann keine Benachteiligung der Zugriffsmöglichkeiten des Vollstreckungsgläubigers bewirken, wenn die Schuldnerforderung dem aufrechnungsberechtigten Gläubiger bereits im Wege der Sicherungs- oder Globalzession als Sicherheit übertragen wurde. Der Gläubiger kann nach den diesbezüglichen Ausführungen zur Insolvenzanfechtung aufgrund der Sicherungszession der gegen ihn gerichteten Forderung ähnlich dem Pfandrecht an der eigenen Schuld die Forderung bei Eintritt des Sicherungsfalles durch einseitige Erklärung einziehen, wodurch beide Forderungsrechte im Wege der Konfusion getilgt werden *(s.o. Seite 277)*. Diese Rechtsposition bleibt dem Gläubiger dabei auch gegenüber späteren Pfändungen eines Vollstreckungsgläubigers in die Forderung erhalten, denn zum einen geht eine nachmalige Vollstreckung in die Forderung durch Gläubiger des Zedenten bereits aufgrund dessen mangelnder Rechtsinhaberschaft ins Leere[153], zum anderen stellt die Sicherungszession ebenfalls ein die Veräußerung hinderndes Recht dar, aufgrund dessen der Sicherungszessionar zumindest zur Beseitigung des Rechtsscheins einer gültigen Pfändung mit der Drittwiderspruchsklage aus § 771 Abs. 1 ZPO gegen

153 *Becker*, in: Musielak/Voit, ZPO, § 829 Rn. 6; 17; *Münzberg*, in: Stein/Jonas, ZPO, § 771 Rn. 32.

die Vollstreckung des anderen Gläubigers vorgehen kann[154]. Die Sicherungszession der Schuldnerforderung führt damit auch in der Gläubigeranfechtung dazu, dass die spätere Herstellung einer Aufrechnungslage keine Benachteiligung des Vollstreckungsgläubigers mehr bewirkt, da diese ohne selbige gleichfalls nicht erfolgreich in die Forderung hätte vollstrecken können.

Soweit bei Zahlungseingängen in einem debitorischen Kontokorrent überhaupt eine Rechtshandlung des Schuldners gegeben ist, kommt ähnlich der Insolvenzanfechtung eine Beeinträchtigung der Befriedigungsaussichten des Vollstreckungsgläubigers des Weiteren dann nicht in Betracht, wenn die der Zahlung zugrundeliegende Valutaforderung bereits aufgrund einer Einzel- oder Globalzession an das Kreditinstitut abgetreten wurde. Entsprechend den für die Gläubigerbenachteiligung in der Insolvenz getätigten Ausführungen *(s.o. Seite 278 ff.)* treten die mit Erfüllung der Valutaforderung entstehende Verrechnungslage an dem Zahlungseingang sowie das zugleich wirksam werdende AGB-Pfandrecht des Kreditinstituts unmittelbar an die Stelle der sicherungsübereigneten Valutaforderung, weshalb lediglich ein auch in der Anfechtung nach dem AnfG nicht als gläubigerbenachteiligend anzusehender Sicherheitentausch vorliegt[155]. Der Sicherungszession der Valutaforderung kommt damit für die Gläubigeranfechtung gleichfalls eine eigenständige Bedeutung zu, denn entscheidend für die Eröffnung der Anfechtbarkeit der Herstellung der Verrechnungslage ist hier, ob schon die vorherige Bestellung des Sicherungseigentums an der Forderung der Anfechtung unterliegt, da ansonsten mangels Gläubigerbenachteiligung auch die spätere Herstellung der Verrechnungslage als unanfechtbar anzusehen ist.

Im Rahmen der Anfechtung nach dem AnfG kann ein Ausschluss der Gläubigerbenachteiligung aufgrund eines Sicherheitentausches schließlich ebenfalls dann gegeben sein, wenn die Forderung des Schuldners aus der Veräußerung eines Vermögensgegenstandes resultiert, welcher dem aufrechnungsberechtigten Gläubiger bereits vorab anfechtungsfest als Sicherheit übereignet wurde. Wie bereits zur Insolvenzanfechtung dargelegt, liegt ein Sicherheitentausch insofern allerdings nur dann vor, wenn die Aufrechnungsbefugnis unmittelbar das bisherige Sicherungseigentum ersetzt, sodass ein entsprechender Ausschluss der Gläubigerbenachteiligung nur im Bereich der Aufrechnungsverträge oder Aufrechnungsvoraussetzungsvereinbarungen über künftige Forderungsrechte gegeben sein kann *(vgl. hierzu o. Seite 281 f.)*. Des Weiteren muss ähnlich der Gläubigerbenachteiligung in der Insolvenz auch hier ein Sicherheitentausch ausscheiden, wenn der sicherungsübereignete Gegenstand nach Freigabe durch den Sicherungsnehmer an einen Dritten veräußert und im Verhältnis zu diesem eine Aufrechnungsmöglichkeit geschaffen wird, da es nach

---

154 *Lackmann*, in: Musielak/Voit, ZPO, § 771 Rn. 20; *Münzberg*, in: Stein/Jonas, ZPO, § 771 Rn. 24, 32.

155 Vgl. hierzu *Jaeger*, Die Gläubigeranfechtung außerhalb des Konkursverfahrens, § 1 Anm. 63; *Kirchhof*, in: MünchKomm AnfG, § 1 Rn. 102; *Warneyer/Bohnenberg*, AnfG, S. 36.

der für die Anfechtung nach dem AnfG gleichfalls geltenden Einzelbetrachtung nur auf die Rechtsbeziehungen zwischen den Aufrechnungsparteien ankommen kann.

C. Resümee

Für die Anfechtung im Konsens vorgenommener Aufrechnungen ist im Hinblick auf die allgemeinen Anfechtungsvoraussetzungen festzustellen, dass die in § 129 Abs. 1 InsO bzw. § 1 Abs. 1 AnfG geforderte Gläubigerbenachteiligung entweder in der Begründung einer Aufrechnungsmöglichkeit zu sehen ist, aufgrund derer die spätere Insolvenz- oder Vollstreckungsmasse mit dem Recht eines Gläubigers belastet wird, jederzeit für seine Forderung im Wege der Tilgung einer gegen ihn gerichteten Forderung Befriedigung zu erlangen oder – sofern der Aufrechnungsvollzug gleichzeitig mit der Herstellung der Aufrechnungslage erfolgt – im Bewirken der vertraglichen Aufrechnung, durch welche die Forderung des Gläubiger unter gleichzeitigem Erlöschen der Forderung der Insolvenzmasse erfüllt wird. Entgegen einer bisweilen vertretenen Literaturmeinung lässt sich dabei eine Differenzierung zwischen Gläubiger- und Insolvenzanfechtung nicht dahingehend vornehmen, dass im Rahmen der Anfechtung nach dem AnfG das Forderungsrecht des Schuldners schon vorher bestanden haben muss, während es für die Insolvenzanfechtung genügen soll, dass die Schuldnerforderung erst durch diejenige Rechtshandlung zur Entstehung gelangt ist, die zugleich die vorgenannten gläubigerbenachteiligenden Wirkungen herbeiführt. Vielmehr ist innerhalb wie außerhalb der Insolvenz davon auszugehen, dass es für den Eintritt einer Gläubigerbenachteiligung genügt, wenn die Forderung des Schuldners erst in dem Moment begründet wird, in dem auch die nachteilige Aufrechnungslage entsteht, weshalb der Ansicht des BGH und der h.L., die eine isolierte Anfechtung der Herstellung einer Aufrechnungslage für die Anfechtung nach dem AnfG jedenfalls dann ausschließen wollen, wenn der Vollstreckungsgläubiger zu keiner Zeit auf die Forderung des Schuldners hätte zugreifen können, nicht nur wegen der diesbezüglich vorgebrachten Begründung über das Tatbestandsmerkmal der Rechtshandlung, sondern auch im Ergebnis nicht gefolgt werden kann.

Dies ergibt sich zunächst daraus, dass das in beiden Anfechtungsinstituten vorgesehene Tatbestandsmerkmal der Gläubigerbenachteiligung zwar an sich einer differenzierten Auslegung offen steht, die Abweichungen sich allerdings darauf beschränken, dass in der Insolvenz auch eine bloße Mehrung der Passivmasse eine Benachteiligung der Gläubiger bewirkt und diese Unterschiede in der vertraglichen Aufrechnung gar nicht tangiert werden, da hier stets ein Vermögenswert der Aktivmasse geschmälert wird. Abgesehen von der unterschiedlichen Reichweite des Gläubigerbenachteiligungserfordernisses kann es aber aufgrund des im Übrigen gebotenen Gleichlaufs in der Auslegung der allgemeinen Anfechtungsvoraussetzungen nicht überzeugen, nur in der Insolvenz eine Entstehung der Schuldnerforderung im Moment des Eintritts der Aufrechnungsmöglichkeit ausreichen zu lassen. Des Weiteren spricht hierfür auch die Zielsetzung der Gläubiger- und Insolvenzanfechtung, die Befriedigungsoptionen wiederherzustellen, welche ohne die anfechtbare Rechtshandlung bestanden hätten, denn die Möglichkeiten, sich aus dem Schuldnervermögen zu befriedigen, sind auch dann beeinträchtigt, wenn die Forderung des Schuldners erst in dem Zeitpunkt zur Entstehung gelangt, in welcher diese zugleich mit dem Aufrechnungsrecht des anderen Teils belastet wird, da die Forderung ohne die anfechtbare Rechtshandlung zumindest in diesem Moment zur Befriedigung der Gläubigergesamtheit hätte verwendet werden können.

In Bezug auf die unterschiedlichen Varianten der vertraglichen Aufrechnung ergibt sich aus diesen Feststellungen, dass bei einer Aufrechnung durch einen Aufrechnungsvertrag mit Sofortvollzug oder einen bedingten Aufrechnungsvertrag über bestehende Forderungsrechte der jeweilige Vertragsschluss selbst die gläubigerbenachteiligende Rechtshandlung darstellt. In ähnlicher Weise liegt bei einem Vertrag über Aufrechnungsvoraussetzungen bezüglich bestehender Forderungsrechte die Gläubigerbenachteiligung ebenfalls bereits im eigentlichen Vertragsschluss. Etwas anderes ist allerdings dann anzunehmen, wenn die Aufrechnungsbefugnis auf einer Modifikation des Gegenseitigkeits- oder des Gleichartigkeitserfordernisses beruht, da diese nach hier vertretener Auffassung nicht als insolvenz- bzw. vollstreckungsfest anzusehen ist, sodass insofern erst die nachfolgende Aufrechnungserklärung oder die spätere Herstellung einer insolvenz- bzw. vollstreckungsfesten Aufrechnungslage die Gläubiger benachteiligt. Bei einem antizipierten Aufrechnungsvertrag oder einem Aufrechnungsvoraussetzungsvertrag über künftige Forderungsrechte kommt hingegen dem Vertragsschluss selbst noch keine nachteilige Wirkung zu. Vielmehr tritt eine Benachteiligung der Gläubiger erst durch die Rechtshandlung ein, die zum Bestehen zweier, sich im Sinne der vertraglichen Vereinbarungen aufrechenbar gegenüberstehender Forderungsrechte führt, also durch diejenige, mit welcher die letzte der aufzurechnenden Forderungen entsteht oder auf andere Weise erworben wird. Dies gilt auch im Hinblick auf die Verrechnung im Kontokorrent, wo gleichfalls nicht der Abschluss des Verrechnungsvertrages, sondern erst die Herstellung einer Verrechnungslage durch Erwerb einer Gläubiger- oder Schuldnerstellung eine Gläubigerbenachteiligung bewirkt.

Für das Bankkontokorrent als Hauptanwendungsfall des Kontokorrents ist diesbezüglich die Besonderheit zu beachten, dass zwar die Herbeiführung einer Verrechnungsmöglichkeit im Wege der Begründung einer Schuldnerstellung der Bank bei einem debitorischen Konto, also jeder Zahlungseingang zugunsten des Schuldners durch welchen dieser einen kontokorrentgebundenen Anspruch auf Gutschrift des eingegangenen Betrages erwirbt, als nachteilige Rechtshandlung anzusehen ist. Nicht nachteilig ist dem gegenüber der umgekehrte Fall der Begründung einer Gläubigerstellung in einem kreditorischen Kontokorrent aufgrund von Auszahlungen oder Leistungen der Bank an einen Dritten, da hier die Bank nur gegenüber dem Schuldner dessen Auszahlungsanspruch erfüllt bzw. lediglich als Leistungsmittlerin der Zuwendung des Schuldners an einen Dritten fungiert.

Soweit der Anfechtung lediglich eine Rechtshandlung des Schuldners unterliegt – was in der Gläubigeranfechtung stets, in der Insolvenzanfechtung hingegen nur für die Tatbestände der Vorsatz- und Schenkungsanfechtung gilt – und bei der antizipierten Aufrechnung durch Vertrag, dem Aufrechnungsvoraussetzungsvertrag oder der Kontokorrentverrechnung die Aufrechnungs- oder Verrechnungsmöglichkeit ohne

Mitwirkung des Schuldners erlangt wurde, kann allerdings auch auf den vorherigen Vertragsschluss selbst sowie andere vorgelagerte Verursachungsbeiträge als zumindest mittelbar gläubigerbenachteiligende Rechtshandlungen abgestellt werden, sofern der Schuldner bereits diese mit dem Vorsatz der Gläubigerbenachteiligung vorgenommen hat. Die Benachteiligung der Gläubiger als solche wird jedoch hier gleichwohl erst mit der der Begründung der Aufrechnungs- bzw. Verrechnungslage bzw. dem Bewirken der vertraglichen Verrechnung herbeigeführt.

Eine Gläubigerbenachteiligung scheidet allerdings dann aus, wenn dem Gläubiger oder beiden Seiten im Zeitpunkt der Herstellung der Aufrechnungslage bzw. des Bewirkens der vertraglichen Aufrechnung bereits eine anfechtungsfeste gesetzliche Aufrechnungsmöglichkeit i.S.d. §§ 387 ff. BGB zustand und sie entfällt in der Insolvenz auch im Nachhinein, wenn bis zur Insolvenzeröffnung später zugunsten des Gläubigers ein solches Aufrechnungsrecht entsteht. Des Weiteren entfällt eine Gläubigerbenachteiligung auch dann, wenn der Gläubiger nach § 95 Abs. 1 InsO im eröffneten Verfahren bzw. nach § 392 BGB trotz Beschlagnahme der Schuldnerforderung zur Aufrechnung befugt ist, sofern nicht die zugrundeliegende „Kernaufrechnungslage" ebenfalls der Anfechtung unterliegt. Eine Benachteiligung der Insolvenzgläubiger bzw. des Vollstreckungsgläubigers ist zudem in den Fällen ausgeschlossen, in denen dem aufrechnungsberechtigten Dritten an der Forderung des Schuldners ein insolvenzfestes Absonderungsrecht zusteht, da die Forderung hier ohnehin nicht zugunsten der Insolvenzmasse eingezogen werden kann. So liegt es vornehmlich im Bereich des Bankkontokorrents, wenn der Bank ein unanfechtbares AGB-Pfandrecht an der gegen sie gerichteten Schuldnerforderung eingeräumt wurde oder ihr diese als Sicherheit abgetreten war. Des Weiteren ist das Gläubigerbenachteiligungserfordernis regelmäßig auch dann nicht erfüllt, wenn die einem kontokorrentgebundenen Anspruch auf bzw. aus der Gutschrift zugrundeliegende Valutaforderung dem Kreditinstitut anfechtungsfest sicherungszediert wurde oder die Aufrechnungsforderung aus der Veräußerung eines Gegenstandes des Schuldners resultiert, an welchem dem Gläubiger ein unanfechtbares Sicherungseigentum zustand. Denn hier treten die Aufrechnungslage bzw. die vertragliche Aufrechnung unmittelbar an die Stelle des vormaligen Sicherungseigentums, sodass lediglich ein nicht nachteiliger Sicherheitentausch vorliegt.

Kapitel 6. Die Erfüllung der besonderen Anfechtungsvoraussetzungen durch vertraglich vereinbarte Aufrechnungsmöglichkeiten

Nachdem mit den vorstehenden Ausführungen die Herstellung einer Aufrechnungsmöglichkeit bzw. das Bewirken der vertraglichen Verrechnung unter die allgemeinen Anfechtungsvoraussetzungen der §§ 129 Abs. 1 und 1 Abs. 1 AnfG eingeordnet wurde, gilt es im folgenden Kapitel zu klären, aus welchem der Anfechtungstatbestände der Gläubiger- und Insolvenzanfechtung sich für die verschiedenen Konstellationen der konsensualen Aufrechnung eine Anfechtbarkeit ergeben kann, da nur dann die Frage der Anfechtbarkeit konsensualer Aufrechnung abschließend zu beantworten ist. In Bezug auf die Anfechtung von Aufrechnungen nach der InsO legt die wissenschaftliche Diskussion – welche sich im Übrigen nahezu ausschließlich mit der gesetzlichen Aufrechnung und der Kontokorrentverrechnung befasst – ihren Fokus vornehmlich auf die Tatbestände der insolvenzrechtlichen Deckungsanfechtung. Dies trifft dem Grunde nach sicherlich insofern den „nervus rerum“, als die Erlangung einer Aufrechnungsmöglichkeit bzw. einer Befriedigung im Wege der vertraglichen Aufrechnung dem betroffenen Insolvenzgläubiger stets eine Deckung für seine Forderung vermittelt, womit innerhalb der insolvenzrechtlichen Krise freilich in erster Linie auf diese Tatbestände abgestellt werden kann. Auch die in diesem Kapitel zunächst erfolgende Subsumtion der vertraglichen Aufrechnung unter die Tatbestände der Insolvenzanfechtung *(hierzu A.)* wendet sich aus diesen Gründen schwerpunktmäßig den Voraussetzungen der Anfechtung konsensualer Aufrechnungen nach den Vorschriften der Kongruenz- und Inkongruenzanfechtung zu *(hierzu I.)*, nimmt aber anschließend ebenfalls die Tatbestände der Vorsatzanfechtung *(hierzu II.)* und der Schenkungsanfechtung *(hierzu III.)* in den Blick. Die Ausführungen zur Vorsatz- und Schenkungsanfechtung lassen alsdann zugleich eine Parallelziehung zur Anfechtbarkeit der vertraglich vereinbarten Aufrechnung nach den Tatbeständen des AnfG zu, mit welcher sich die Untersuchung in einem weiteren Abschnitt befassen wird *(hierzu B.)*.

A. Einordnung unter die einzelnen Tatbestände der Insolvenzanfechtung

I. Anfechtbarkeit nach den §§ 130 und 131 InsO

Im Bereich der Deckungsanfechtung ist in erster Linie fraglich, ob die Begründung einer Aufrechnungslage bzw. die Herbeiführung der vertraglichen Verrechnung als kongruente oder als inkongruente Deckung anzusehen sind. Die Klärung dieser

Problematik wird häufig auch die zentrale Weichenstellung für die Anfechtbarkeit der Herstellung einer Aufrechnungsmöglichkeit sowie die Unwirksamkeit der konsensualen Aufrechnung nach § 96 Abs. 1 Nr. 3 InsO darstellen. Denn die Anfechtung inkongruenter Deckungen ist lediglich mit der in § 131 Abs. 1 Nr. 3 geforderten Kenntnis von der gläubigerbenachteiligenden Wirkung der Rechtshandlung an subjektive Voraussetzungen gebunden und im Übrigen bereits dann anfechtbar, wenn die Rechtshandlung im letzten Monat vor dem Eröffnungsantrag bzw. nach diesem (§ 131 Abs. 1 Nr. 1) oder im zweiten oder dritten Monat vor Antragstellung bei zur Zeit der Handlung bestehender Zahlungsunfähigkeit (§ 131 Abs. 1 Nr. 2) vorgenommen wurde. Die kongruente Deckung setzt dem gegenüber stets die Kenntnis des Anfechtungsgegners von der Zahlungsunfähigkeit bzw. dem Insolvenzantrag voraus und ist damit nur unter deutlich strengeren Voraussetzungen anfechtbar[1].

Jedenfalls im Hinblick auf die gesetzliche Aufrechnung und die Kontokorrentverrechnung ist im insolvenzrechtlichen Schrifttum allerdings nach wie vor umstritten, welchem Tatbestand der Deckungsanfechtung die Herbeiführung einer Aufrechnungs- bzw. Verrechnungslage zuzurechnen ist. Die hierzu vertretenen Ansätze variieren dabei zwischen einer grundsätzlich kongruenten Deckung, einer regelmäßig inkongruenten Deckung und einer differenzierenden Lösung, derzufolge danach abzugrenzen ist, ob der begünstigte Gläubiger einen Anspruch auf das damit gewährte Sicherungsrecht hatte oder nicht. Für die Verrechnung im Bankkontokorrent stellt sich diese Frage allerdings ausgehend von der hier vertretenen Auffassung, dass das AGB-Pfandrecht der Kreditinstitute stets eine kongruente Deckung darstellt *(s.o. Seite 275 f.)*, nur dann, wenn der Bank ganz ausnahmsweise kein AGB-Pfandrecht eingeräumt wurde, da ansonsten eine Anfechtung der zugleich mit dem Pfandrecht entstehenden Verrechnungslage ohnehin nur unter den Voraussetzungen des § 130 InsO in Betracht kommt. Gleichwohl erscheint es sinnvoll, im Folgenden auch die verschiedenen Ansätze zur Einordnung der Verrechnungslage im Kontokorrent mit zu behandeln, weil für die Aufrechnungsverträge im Allgemeinen an sich keine anderen Regeln gelten können, als für diesen antizipierten Sonderfall derselben.

1. *Einordnung der Begründung einer vertraglichen Aufrechnungsmöglichkeit als kongruente bzw. inkongruente Deckung*

a) *Die von weiten Teilen der Literatur grundsätzlich angenommene Kongruenz erlangter Aufrechnungslagen*

Ein großer Teil des insolvenzrechtlichen Schrifttums ist der Auffassung, dass die Herstellung einer gesetzlichen Aufrechnungsmöglichkeit grundsätzlich als kongruente Deckung i.S.d. § 130 InsO einzuordnen sei[2]. Eine Anfechtung wegen Inkongruenz der

1 *Bork*, in: FS Ishikawa, S. 31, 40.

2 So mit unterschiedlichen Differenzierungen OLG Frankfurt/Main ZIP 2005, 2325, 2326; *Häsemeyer*, Insolvenzrecht Rn. 19.15; *ders.*, in: Kölner Schrift zur Insolvenzordnung, S. 500; *Klinck*, Die Grundlagen der besonderen Insolvenzanfechtung, S. 426 ff.;

erlangten Deckung soll dabei allerdings nach vereinzelt vertretener Ansicht dann in Betracht kommen, wenn die Aufrechnungslage das Ergebnis einer irregulären, d.h. von den bisherigen Geschäftsgepflogenheiten abweichenden Vermögensverwaltung darstellt[3], wenn sich der begünstigte Insolvenzgläubiger über vorherige Abreden mit dem Insolvenzschuldner hinwegsetzt oder die Aufrechnungsmöglichkeit aufgrund von Rechtsgeschäften mit Dritten erlangt hat[4].

Als Begründung für die Subsumtion unter die kongruenten Deckungen wird dabei zumeist angeführt, dass die Aufrechnung ein Erfüllungssurrogat sei und daher wie eine effektive Erfüllung angesehen werden müsse[5]. Des Weiteren lasse sich die Kongruenz der Begründung einer Aufrechnungsmöglichkeit auch auf die Gesetzgebungsgeschichte stützen, denn die Vorgängerregelung des § 55 S. 1 Nr. 3 KO sei dem Tatbestand der Kongruenzanfechtung nach § 30 Nr. 1 Var. 2 KO nachgebildet gewesen und der Gesetzgeber habe an dieser Einordnung festhalten wollen, weshalb auch im Rahmen des § 96 Abs. 1 Nr. 3 InsO eine Inkongruenzanfechtung nicht in Betracht komme[6]. Einen etwas anderen Begründungsansatz führt demgegenüber *Klinck*[7] in Feld, nach dessen Ansicht die Aufrechnungslage die Ermöglichung einer Befriedigung beinhalte, die aber deshalb kongruent sei, weil der Gläubiger i.S.d. § 131 Abs. 1 InsO immer einen Anspruch auf selbige habe, wenn die Anfechtungsvoraussetzungen der §§ 387 ff. BGB erfüllt seien. Des Weiteren werde dem Gläubiger mit der Aufrechnungsmöglichkeit zugleich eine Sicherung gewährt, auf welche dieser an sich keinen Anspruch habe, sodass zwar dem Wortlaut nach eine Anfechtung nach § 131 InsO einschlägig sei. Eine Inkongruenz müsse gleichwohl ausscheiden, da eine solche nur dann vorliege, wenn die Abweichung von Deckung und Anspruch den Verdacht nahelege, dass sich der Schuldner bereits in einer wirtschaftlichen Krise befunden habe, was aber bei Herstellung einer Aufrechnungslage nicht gegeben sei.

Auch die Begründung einer Verrechnungslage im Kontokorrent soll nach großen Teilen des Schrifttums grundsätzlich als kongruente Deckung anzusehen sein, da diese wie die gesetzliche Aufrechnung ein ganz normales Deckungsverfahren darstelle und zwar unabhängig davon, ob die zu verrechnende Forderung des Kontokorrentpartners fällig ist oder nicht[8]. Etwas anderes soll nach der bereits oben angeführten abweichenden Ansicht aber dann gelten, wenn die Verrechnung von

Ch. Paulus, ZIP 1997, 569, 576; vgl. hierzu auch *Lüke*, in: B. Kübler/Prütting/Bork, InsO, § 96 Rn. 60.

3 *Windel*, in: Jaeger, InsO, § 96 Rn. 61.

4 *Häsemeyer*, Insolvenzrecht Rn. 19.15.

5 KG ZInsO 2004, 744, 745; *Häsemeyer*, Insolvenzrecht Rn. 19.15; *Windel*, in: Jaeger, InsO, § 96 Rn. 60.

6 *Häsemeyer*, in: Kölner Schrift zur Insolvenzordnung, S. 500; *Klinck*, Die Grundlagen der besonderen Insolvenzanfechtung, S. 428; vgl. hierzu auch *Lüke*, in: B. Kübler/Prütting/Bork, InsO, § 96 Rn. 60.

7 Die Grundlagen der besonderen Insolvenzanfechtung, S. 427 f.

8 *Klinck*, Die Grundlagen der besonderen Insolvenzanfechtung, S. 443; *Windel*, in: Jaeger, InsO, § 96 Rn. 82. In diese Richtung auch *Leithaus*, NZI 2002, 188, 190.

den üblichen Geschäftspraktiken der Kontokorrentpartner abweicht, wobei insoweit auf die Absprachen im Geschäftsvertrag abzustellen sei, sodass jedenfalls mit diesem nicht vereinbare Verrechnungen als inkongruent angesehen werden müssten[9].

Die Vertreter der primär auf eine kongruente Deckung abstellenden Literaturansicht lassen allerdings offen, inwieweit auch im Hinblick auf die übrigen Varianten der konsensualen Aufrechnung eine Kongruenz anzunehmen ist. Da der Aufrechnungsvertrag sowie die Aufrechnung aufgrund eines Aufrechnungsvoraussetzungsvertrages jeweils die an sich geschuldete Erfüllung der wechselseitigen Forderungsrechte durch ein gesetzlich nicht normiertes Schuldtilgungsinstrument ersetzen und damit ebenfalls den Erfüllungssurrogaten zuzurechnen sind, wird man dem Grunde nach annehmen dürfen, dass diese in gleicher Weise als kongruente Deckungen eingeordnet werden können[10]. Zu einer abweichenden Einschätzung gelangt man jedoch in Teilen dann, wenn man mit obiger Einzelauffassung annimmt, dass Aufrechnungen insoweit inkongruente Deckungen darstellen, als sie das Ergebnis einer irregulären Vermögensverwaltung sind. Denn hier wäre jedenfalls die vertragliche Aufrechnung bereits existierender Forderungsrechte, also der Aufrechnungsvollzugsvertrag, der bedingte Aufrechnungsvertrag und der auf bestehende Forderungen bezogene Aufrechnungsvoraussetzungsvertrag, als nicht den üblichen Geschäftsgepflogenheiten entsprechend und damit inkongruent anzusehen[11].

b) Die vereinzelt zur Kontokorrentverrechnung vertretene Gegenauffassung einer regelmäßigen Inkongruenz

Eine andere Ansicht in der Literatur stellt dem gegenüber für die Begründung einer Verrechnungsmöglichkeit im Kontokorrent mit dem Wortlaut des § 131 InsO darauf ab, ob der hierdurch begünstigte Insolvenzgläubiger einen Anspruch auf die Aufrechnungsmöglichkeit bzw. die Vornahme der diese herbeiführenden Rechtshandlung hatte. Da dem Kontokorrentpartner selbst bei einer fälligen Zahlungsforderung nur ein Anspruch auf Befriedigung durch den Schuldner, nicht aber auf Schaffung einer Verrechnungsmöglichkeit gegenüber dem Schuldner oder gegenüber dem auf das Konto des Schuldners zahlenden Dritten zustehe, sei die Begründung einer Verrechnungsmöglichkeit im Kontokorrent grundsätzlich als inkongruent anzusehen, soweit nicht die Verrechnungslage auf einer eigenen Zahlung des Insolvenzschuldners auf einen fälligen Anspruch der Bank beruhe. Damit könne im Ergebnis lediglich eine Bareinzahlung oder Überweisung von einem eigenen Konto des Schuldners auf fällige Forderungen eine kongruente Deckung bewirken, bei

---

9 So *Windel*, in: Jaeger, InsO, § 96 Rn. 78, 82, der aber diesbezüglich gemäß der Terminologie der h.L. von der „Kontokorrentabrede" spricht.

10 A.A. *Häsemeyer*, in: Kölner Schrift zur Insolvenzordnung, S. 502.

11 Vgl. hierzu für die Variante des Aufrechnungsvollzugsvertrages *Windel*, in: Jaeger, InsO, § 96 Rn. 71.

Zahlungen Dritter liege aber grundsätzlich eine inkongruente Deckung vor[12]. Für die übrigen Varianten der konsensualen Aufrechnung kann nach diesem Ansatz nichts anderes gelten, da der Insolvenzgläubiger – soweit nicht ausnahmsweise ein entsprechender Vorvertrag abgeschlossen wurde – bei schon existierenden Forderungen ebenfalls keinen Anspruch auf Abschluss eines Aufrechnungsvertrages oder eines Aufrechnungsvoraussetzungsvertrages und in Bezug auf antizipiert getroffene Aufrechnungsvereinbarungen kein Anrecht auf Herbeiführung der vertraglich vorausgesetzten Aufrechnungslage hat, sodass auch insofern stets von einer inkongruenten Deckung auszugehen wäre.

c) Die differenzierte Lösung der h.L.

Die h.L. stellt für die gesetzliche Aufrechnung ebenfalls in Anlehnung an den Wortlaut des § 131 InsO darauf ab, ob dem Insolvenzgläubiger ein Anspruch auf die Herstellung der Aufrechnungslage bzw. auf Vornahme der diese begründenden Rechtshandlung zustand oder nicht, hält aber insoweit dem Grunde nach beide Tatbestände der Deckungsanfechtung für anwendbar[13]. Wenn nicht ausnahmsweise eine entsprechende Einzelabrede – etwa ein Aufrechnungsvorvertrag oder ein Vorvertrag über den Abschluss eines Kausalgeschäftes, das seinerseits die Aufrechnungslage entstehen lässt[14] – gegeben ist, soll dabei für die Frage des Bestehens eines Anspruchs auf Schaffung einer Aufrechnungsmöglichkeit nach überwiegend vertretener Ansicht danach zu differenzieren sein, welche der aufzurechnenden Forderungen früher zur Entstehung gelangt ist. Sofern der aufrechnende Insolvenzgläubiger zunächst Gläubiger des

12 *Bork*, Zahlungsverkehr in der Insolvenz Rn. 215 ff., 317, 467; *ders.*, in: FS Kirchhof, S. 57, 62 (anders hingegen *ders.*, in: FS Fischer, S. 37, 42 ff.); *Jacoby*, in: Bork, Handbuch der Insolvenzanfechtung, Teil 7, Kap. 16 Rn. 48 (anders nunmehr *ders.*, in: HambKomm InsO, § 96 Rn. 21); *Peschke*, Die Insolvenz des Girokonteninhabers, S. 194 ff. Zur Kongruenz von Bareinzahlungen durch den Schuldner vgl. *Bork*, Zahlungsverkehr in der Insolvenz Rn. 378; *Peschke*, Die Insolvenz des Girokonteninhabers, S. 194.

13 BGHZ 147, 233, 240; 159, 388, 396; NZI 2004, 82, 82 f.; NZI 2004, 376, 378 f.; NZI 2006, 345, 346; ZIP 2007, 1507, 1510; ZInsO 2009, 1294, 1294; ZIP 2010, 682, 684; *Brandes/Lohmann*, in: MünchKomm InsO, § 96 Rn. 31; *Bork*, in: FS Ishikawa, S. 31, 42; *Dauernheim*, in: FK-InsO, § 130 Rn. 31; *Ede/Hirte*, in: Uhlenbruck/Hirte/Vallender, InsO, § 131 Rn. 51; *Fischer*, WM 2008, 1, 5; *Ganter/Weinland*, in: K. Schmidt, InsO, § 130 Rn. 13, § 131 Rn. 30; *Gehrlein*, WM 2009, Sonderbeilage 1, 1, 32; *Henckel*, in: Jaeger, InsO, § 131 Rn. 18; *Heublein*, ZIP 2000, 161, 166; *Huber*, in: Haarmeyer/Huber/Schmittmann, Praxis der Insolvenzanfechtung, Teil I Rn. 42; *Kayser*, in: HK-InsO, § 96 Rn. 39; *ders.*, WM 2008, 1525, 1534; *Kayser*, in: MünchKomm InsO, § 131 Rn. 17; *Rogge/Leptien*, in: HambKomm InsO, § 130 Rn. 43; *Schoppmeyer*, in: B. Kübler/Prütting/Bork, InsO, § 131 Rn. 136; *Sinz*, in: Uhlenbruck/Hirte/Vallender, InsO, § 96 Rn. 47; *Thole*, in: K. Schmidt, InsO, § 96 Rn. 18.

14 Vgl. diesbezüglich *Klinck*, Die Grundlagen der besonderen Insolvenzanfechtung, S. 427; *Thole*, Gläubigerschutz durch Insolvenzrecht, S. 381; *Windel*, in: Jaeger, InsO, § 96 Rn. 60.

späteren Insolvenzschuldners war und erst mit Herstellung der Aufrechnungslage zu dessen Schuldner wurde, sei eine inkongruente Deckung gegeben, da dieser keinen Anspruch auf die Aufrechnungslage habe. Im umgekehrten Fall, also bei vorheriger Schuldnerstellung des Aufrechnenden, handle es sich hingegen von vornherein um eine kongruente Deckung, da hier im Zeitpunkt der Begründung der Forderung des Insolvenzgläubigers damit zu rechnen sei, dass die Forderung durch Aufrechnung getilgt werde und dieser daher seine Forderung von vornherein mit dem Aufrechnungsrecht erhalte[15].

Während nach den eben getätigten Ausführungen für die Anfechtbarkeit der Herstellung einer gesetzlichen Aufrechnungslage seitens der h.L. primär auf den Aspekt ihrer Sicherungsfunktion abgestellt wird, weicht sie für die Begründung einer Verrechnungslage im Kontokorrent von diesen Kriterien ab und erfasst selbige in erster Linie unter dem Blickwinkel ihrer Befriedigungswirkungen. Anders als in Bezug auf eine Kraft Gesetzes entstandene Aufrechnungsmöglichkeit soll es dabei weder darauf ankommen, welche der zu verrechenden Forderungsrechte früher entstanden ist, noch darauf, ob der Insolvenzgläubiger einen Anspruch auf Herstellung der Verrechnungslage hatte. Vielmehr ist nach Auffassung der h.M. für die Kongruenz der herbeigeführten Deckung allein der zugrundeliegende Anspruch auf die Befriedigung maßgeblich, d.h. ob dem Gläubiger ein fälliger Anspruch gegen den Insolvenzschuldner auf Rückführung des bestehenden Debet zustand oder nicht[16].

---

15 BGHZ 147, 233, 240; *Bork*, in: FS Ishikawa, S. 31, 42 f.; *Henckel*, in: Jaeger, InsO, § 131 Rn. 18; *Huber*, ZInsO 2009, 566, 567; *Jacoby*, in: Bork, Handbuch der Insolvenzanfechtung, Teil 7, Kap. 16 Rn. 31; *ders.*, in: HambKomm InsO, § 96 Rn. 20 ff.; *Thole*, in: K. Schmidt, InsO, § 96 Rn. 19 f.; abl. *Brandes/Lohmann*, in: MünchKomm InsO, § 96 Rn. 31; *Hofmann*, in: Graf-Schlicker, InsO, § 96 Rn. 20. Anders hingegen *Kayser*, in: MünchKomm InsO, § 131 Rn. 17, *Schoppmeyer*, in: B. Kübler/Prütting/Bork, InsO, § 131 Rn. 136 ff., die nicht auf die Reihenfolge der Forderungsbegründung abstellen, sondern das Bestehen eines Anspruchs auf Herstellung einer Aufrechnungslage in erster Linie danach abgrenzen, ob die Aufrechnungslage in einem abgeschlossenen Vertrag angelegt war oder auf einem pflichtgemäßen Verhalten des Gläubigers beruht (dann Kongruenz) oder ob die gegenläufige Verpflichtung des Gläubigers erst in der kritischen Zeit und nur mit Mitwirkung des Schuldners begründet werden konnte (dann Inkongruenz), wobei sich deren Ausführungen allerdings kaum allgemein handhabbare Abgrenzungskriterien entnehmen lassen.

16 BGHZ 150, 122, 127; BGH ZIP 1999, 1271, 1272; *Bork*, in: FS Fischer, S. 37, 40; *Brandes/Lohmann*, in: MünchKomm InsO, § 96 Rn. 32; *Canaris*, in: FS 100 Jahre KO, S. 73, 81; *Dampf*, KTS 1998, 145, 158; *Gehrlein*, ZInsO 2010, 1857, 1861; *Henckel*, in: Jaeger, InsO, § 131 Rn. 19; *Heublein*, ZIP 2000, 161, 16; *Hofmann*, in: Graf-Schlicker, InsO, § 96 Rn. 20; *Jacoby*, in: HambKomm InsO, § 96 Rn. 21; *Kayser*, in: HK-InsO, § 96 Rn. 49; *ders.*, in: MünchKomm InsO, § 131 Rn. 44; *ders.*, WM 2008, 1525, 1535; *Kirstein*, ZInsO 2014, 1921, 1931; *Lwowski*, in: FS Uhlenbruck, S. 299, 304; *Rogge/Leptien*, in: HambKomm InsO, § 130 Rn. 43; *Schoppmeyer*, in: B. Kübler/Prütting/Bork, InsO, § 131 Rn. 71; *Steinhoff*, ZIP 2000, 1141, 1144; *Stiller*, ZInsO 2002, 651, 655; *Thole*, in:

Die Giro- oder Kontokorrentabrede soll dabei in den Grenzen des eingeräumten Kredits als solche keine Kongruenz vermitteln können, da das Kreditinstitut insoweit verpflichtet sei, den Schuldner über den Verrechnungsbetrag wieder verfügen zu lassen[17]. Vielmehr ist die Begründung einer Verrechnungslage auf Grundlage dieser Ansicht in einem Bankkontokorrent nur dann als kongruent anzusehen, wenn der Schuldner ohne entsprechende Erweiterungsvereinbarung mit der Bank die ihm eingeräumte Kreditlinie überschritten hat oder ein Kontokorrentkredit vor Eintritt der Verrechnungslage seitens der Bank wirksam gekündigt wurde oder dieser ausgelaufen ist[18]. Soweit der Schuldner hingegen das ihm gewährte Kreditvolumen noch nicht ausgeschöpft hat oder der ihm eingeräumter Kontokorrentkredit noch nicht gekündigt bzw. – womöglich konkludent – erhöht wurde, stellt die Herstellung einer Verrechnungslage trotz eines bestehenden Debet stets eine inkongruente Deckung dar. Die Inkongruenz soll nach Auffassung des BGH und der ihm folgenden Teile der Literatur jedoch in dem Umfang entfallen, in dem die Bank den späteren Insolvenzschuldner über die eingegangenen sowie zur Verrechnung gestellten Beträge wieder verfügen lässt, und zwar auch dann, wenn der Schuldner ohne die Verrechnung die Kreditlinie überschritten hätte, da darin keine Rückführung der Forderungen der Bank, sondern nur eine vertragsgemäße Fortführung des Giroverkehrs liege, zu welchem die Bank vertraglich verpflichtet sei[19]. Der Sache nach bleibt damit die Inkongruenzanfechtung bei einem ungekündigten und nicht überschrittenen Kontokorrentkredit auf den Betrag beschränkt, welchen das Kreditinstitut tatsächlich zur Tilgung der Verbindlichkeiten des Schuldners verwendet hat, d.h. um den der bislang in Anspruch genommene Kontokorrentkredit vermindert wurde[20].

In Bezug auf die übrigen Varianten der konsensualen Aufrechnung finden sich auch im Bereich der h.L. nur vereinzelte knappe Stellungnahmen zur Einordnung derselben unter die beiden Tatbestände der Deckungsanfechtung. Diesen zufolge sollen Aufrechnungsvereinbarungen, mit welchen nach allgemeinen – also nicht nur für den

---

K. Schmidt, InsO, § 96 Rn. 24; *Tinnefeld*, Auf- und Verrechnungsmöglichkeit von Kreditinstituten, S. 188.

17 BGHZ 150, 122, 127; BGH ZIP 1271, 1272; *Ganter/Weinland*, in: K. Schmidt, InsO, § 131 Rn, 43.

18 *Bork*, in: FS Fischer, S. 37, 40; *Canaris*, in: FS 100 Jahre KO, S. 73, 81; *Dampf*, KTS 1998, 145, 158 f.; *De Bra*, NZI 1999, 249, 250; *Ganter/Weinland*, in: K. Schmidt, InsO, § 131 Rn. 43; *Henckel*, in: Jaeger, InsO, § 131 Rn. 19 ff.

19 BGHZ 150, 122, 129; BGH ZIP 1999, 665, 667; ZIP 2001, 524, 525 f.; *Ede/Hirte*, in: Uhlenbruck/Hirte/Vallender, InsO, § 131 Rn. 78; *Ganter/Weinland*, in: K. Schmidt, InsO, § 130 Rn. 16, § 131 Rn. 44; *Jacoby*, in: HambKomm InsO, § 96 Rn. 21; *Kayser*, in: MünchKomm InsO, § 131 Rn. 44a; *Rogge/Leptien*, in: HambKomm InsO, § 130 Rn. 43; *Schoppmeyer*, in: B. Kübler/Prütting/Bork, InsO, § 131 Rn. 75; a.A. OLG Rostock WM 2007, 980, 981; *Bork*, in: FS Kirchhof, S. 57, 67 f.; *Windel*, in: Jaeger, InsO, § 96 Rn. 81.

20 BGH ZIP 2002, 812, 813; *Ede/Hirte*, in: Uhlenbruck/Hirte/Vallender, InsO, § 131 Rn. 79; *Gehrlein*, ZInsO 2010, 1857, 1861; *Schoppmeyer*, in: B. Kübler/Prütting/Bork, InsO, § 131 Rn. 76; *Windel*, in: Jaeger, InsO, § 96 Rn. 80.

Krisenfall geltenden – und vorab feststehenden Regeln abweichend von den Voraussetzungen der §§ 387 ff. BGB eine Auf- oder Verrechenbarkeit ermöglicht wird, eine kongruente Deckung bewirken, soweit sie nicht innerhalb der Fristen des § 131 InsO abgeschlossen wurden und damit schon ihrerseits als inkongruente Deckungen der Anfechtung unterliegen, da die Kongruenz einer Deckung nicht nur durch gesetzliche, sondern auch durch vertragliche Ansprüche herbeigeführt werden könne[21]. Hiernach begründen Aufrechnungsverträge und Aufrechnungsvoraussetzungsverträge über bereits bestehende Forderungen stets eine inkongruente Deckung, weil es insofern an einer vorherigen Abrede fehlt, aus welcher sich ein Anspruch auf die Aufrechnungsmöglichkeit ergeben könnte. Demgegenüber liegt bei Aufrechnungen aufgrund eines antizipierten Aufrechnungsvertrages sowie bei Aufrechnungslagen aufgrund eines Aufrechnungsvoraussetzungsvertrages über künftige Forderungen grundsätzlich eine kongruente Deckung vor, wenn nicht die jeweilige Vereinbarung selbst nach § 131 InsO anfechtbar ist.

d) Abwägung der unterschiedlichen Auffassungen und eigener Ansatz

aa) Inkonsistenzen der h.L.

Die eben dargestellte Ansicht der h.L. vermag zunächst insoweit nicht zu überzeugen, als sie die Abgrenzung zwischen kongruenten und inkongruenten Deckungen nach keinen einheitlichen Kriterien vornimmt, sondern in Bezug auf die gesetzliche Aufrechnung nicht auf den zugrundeliegenden Zahlungsanspruch, sondern darauf abstellt, ob dem begünstigten Gläubiger ein Anspruch auf Herstellung der Aufrechnungslage zustand, während die Kongruenz der Schaffung einer Verrechnungsmöglichkeit im Kontokorrent gerade danach beurteilt wird, ob der Kontokorrentpartner einen fälligen Zahlungsanspruch gegen den Insolvenzschuldner hatte. Dies muss deshalb zweifelhaft erscheinen, weil es sich aus dogmatischer Warte nicht erklären lässt, warum es beim Institut der gesetzlichen Aufrechnung für die Kongruenz allein auf das Bestehen eines Anspruchs auf Bestellung der durch die Aufrechnungsbefugnis vermittelten Sicherheit ankommen soll, dieser Anspruch hingegen für die Kongruenz einer Verrechnungslage gänzlich außer Acht gelassen wird und allein das Bestehen eines fälligen Anspruchs auf Befriedigung für maßgeblich erachtet wird.

Hinzu kommt, dass seitens der h.L. die eigenen Maßstäbe mitunter selbst nicht konsequent durchgehalten werden. Dies gilt zunächst im Bereich der Herstellung einer gesetzlichen Aufrechnungslage, wo diese zwar bei vorheriger Gläubigerstellung des begünstigten Insolvenzgläubigers mangels eines Anspruchs auf Schaffung einer Aufrechnungsmöglichkeit als inkongruent eingestuft wird, bei vorheriger Schuldnerstellung aber eine Kongruenz mit dem Argument bejaht wird, dass in dieser Konstellation die Forderung der späteren Insolvenzmasse von vornherein mit dem Aufrechnungsrecht des Gläubigers belastet sei. Denn an sich wäre ein Anspruch auf

21 *Kayser*, in: MünchKomm InsO, § 131 Rn. 43a; *Schoppmeyer*, in: B. Kübler/Prütting/Bork, InsO, § 131 Rn. 135a.

Begründung der Aufrechnungslage bei vorheriger Schuldnerstellung ebensowenig gegeben, sodass vielmehr insgesamt von einer inkongruenten Deckung ausgegangen werden müsste. Dabei ist hinsichtlich dieser Auffassung ergänzend anzumerken, dass die hiernach maßgebliche Abgrenzung nach der Reihenfolge der Forderungsbegründung schon deshalb nicht überzeugen kann, weil auf diesem Weg quasi „durch die Hintertür" die im Konkursrecht aufgrund der Regelung des § 55 S. 1 Nr. 3 KO erforderliche Differenzierung nach der vorherigen Schuldner- oder Gläubigerstellung des aufrechnungsbefugten Insolvenzgläubigers wieder eingeführt würde, obgleich diese durch § 96 Abs. 1 Nr. 3 InsO gerade aufgegeben werden sollte[22].

Noch deutlicher offenbart sich die Inkonsequenz der Ansicht des BGH und der ihm folgenden Teile der Literatur in Bezug auf Verrechnungslagen im Bankkontokorrent, da diese dort die Kongruenz einer Deckung zwar grundsätzlich vom Bestehen eines fälligen Anspruchs auf Kreditrückführung abhängig machen, eine kongruente Deckung aber auch dann annehmen wollen, sofern die Bank den Insolvenzschuldner über die verrechneten Beträge wieder verfügen lässt, was allerdings mit dem dieser Ansicht nach eigentlich relevanten Kriterium des Vorliegens einer fälligen Zahlungsforderung nichts zu tun hat[23]. Nur nebenbei sei hierzu angemerkt, dass dieser Ansatz auch deshalb äußerst zweifelhaft erscheinen muss, weil im Zeitpunkt des Eintritts der Verrechnungslage noch gar nicht zu ersehen ist, ob der betroffene Zahlungseingang zugunsten des Insolvenzschuldners später wieder für Verfügungen desselben in Anspruch genommen wird oder nicht, sodass die Herstellung der Verrechnungslage zunächst mit Blick auf etwaige Verfügungen als kongruent eingestuft werden müsste und bei einem Unterlassen derselben dann erst nachträglich zu einer inkongruenten Deckung würde, was ersichtlich wenig plausibel ist[24]. Hinzu kommt, dass die These des BGH, das Kreditinstitut habe bei erneuter Auszahlung des Verrechnungsbetrages einen Anspruch auf die Verrechnungslage, weil sie in diesem Umfang vertragsgemäß handle, auch schlichtweg unzutreffend ist. Denn diese erfüllt insoweit lediglich ihre Pflichten aus dem vereinbarten Kreditvertrag, was aber für die Frage eines Anspruchs auf die Verrechnungslage nichts besagt, vielmehr kann sich ein solcher nur aus den

22 *Windel*, in: Jaeger, InsO, § 96 Rn. 60; zustimmend hingegen *Bork*, in: FS Ishikawa, S. 31, 43.

23 In diese Richtung auch *Bork*, in: FS Kirchhof, S. 57, 67 sowie *Windel*, in: Jaeger, InsO, § 96 Rn. 81, der sogar meint, der BGH verstoße mit der Annahme einer Kongruenz von saldoneutralen Verrechnungen bei einem ungekündigten und nicht überzogenen Kontokorrentkredit „so eklatant gegen den eigenen Ansatz, dass er in Wahrheit als aufgegeben angesehen werden muss".

24 *Bork*, in: FS Kirchhof, S. 57, 67 f.; vgl. auch *Rigol/Homann*, ZIP 2003, 15, 16; a.A. *Kayser*, in: FS Fischer, S. 267, 272, der diesen Kritikpunkt zwar eingesteht, ihn aber angesichts der Judikatur des BGH zum Bargeschäft, derzufolge es auf die Reihenfolge der erbrachten Leistungen nicht ankommt, für unvermeidbar hält, was sich aber insofern nicht recht erschließt, als die Frage der Anwendbarkeit des Bargeschäftsprivilegs der hier zu klärenden Deckungsqualität der Verrechnungslage nachgelagert ist.

kontokorrentrechtlichen Absprachen ergeben[25]. Zugleich ist damit aber auch festzustellen, dass sich entgegen der h.L. eine Kongruenz auf Basis der Kontokorrentabrede innerhalb der Grenzen eines eingeräumten Kontokorrentkredits nicht schon mit dem Argument verneinen lässt, dass das Kreditinstitut den Schuldner insoweit wieder über den Verrechnungsbetrag verfügen lassen müsse, da diese Verpflichtung gar nicht Gegenstand der Kontokorrentabrede ist.

Verständlich wird die Auffassung des BGH im Grunde nur dann, wenn man die durch ihn begründete und gegenwärtig herrschende Ansicht zur Privilegierung von Bargeschäften mit in den Blick nimmt, derzufolge Bargeschäfte prinzipiell nur bei kongruenten Deckungen in Betracht kommen können, sodass durch diese Vorschrift eine Anfechtung nach § 131 InsO nicht ausgeschlossen wird[26]. Bezogen auf die Anfechtbarkeit der Herstellung einer Verrechnungslage im Kontokorrent würde diese Beschränkung der Bargeschäftsausnahme dazu führen, dass ein Kreditinstitut Zahlungseingänge auf einem im Debet befindlichen, aber ungekündigten und nicht überzogenen Kontokorrent aufgrund ihrer Einordnung als inkongruente Deckungen auch dann nicht insolvenzfest verrechnen könnte, wenn es diese dem Insolvenzschuldner wieder zur Verfügung stellt. Vielmehr würde das Ausfallrisiko des Kreditinstituts um die in der Krise zugelassenen Kontoverfügungen erhöht und diesem die Haftung für eine fortgesetzte wirtschaftliche Tätigkeit des Schuldners einseitig auferlegt[27]. Da sich die Kreditinstitute insoweit genötigt sehen müssten, einen eingeräumten Kontokorrentkredit umgehend zu kündigen oder im Wege einer Kontosperre weitere Verfügungen des Schuldners zu unterbinden[28], denkt der BGH mit der Annahme einer Kongruenz der Verrechnung von saldoneutralen Ein- und Ausgängen letztlich vom Ergebnis her: Um Nachteile für den gewöhnlichen Geschäftsverkehr zwischen Bank und Schuldner in der Krise zu vermeiden, erachtet er es für notwendig, für derartige Verrechnungslagen eine Privilegierung nach § 142 InsO offen zu halten, was ihm aufgrund seiner Judikatur zum Bargeschäft aber nur dann gelingen kann, wenn er vorher die Weichen in Richtung kongruenter Deckung stellt[29]. Vor diesem

25 *Bork*, in: FS Kirchhof, S. 57, 67; vgl. auch *Leithaus*, NZI 2002, 188, 190.

26 Vgl. diesbezüglich BGHZ 123, 320, 328 f.; 150, 122, 130; BGH ZIP 2002, 812, 814; ZIP 2004, 1509, 1510; NZI 2007, 456, 457; *Dauernheim*, in: FK-InsO, § 142 Rn. 1; *Ede/Hirte*, in: Uhlenbruck/Hirte/Vallender, InsO, § 142 Rn. 6; *Ehricke*, in: B. Kübler/Prütting/Bork, InsO, § 142 Rn. 12; *dens.*, in: Bork, Handbuch der Insolvenzanfechtung, Teil 2, Kap. 4 Rn. 48; *Huber*, in: Gottwald, Insolvenzrechts-Handbuch, § 46 Rn. 78; *dens.*, in: Graf-Schlicker, InsO, § 142 Rn. 13; *Kreft*, in: HK-InsO, § 142 Rn. 8 f.; *Kirchhof*, in: MünchKomm InsO, § 142 Rn. 7, 21; *Rogge/Leptien*, in: HambKomm InsO, § 142 Rn. 4; a.A. *Bork*, in: FS Kirchhof, S. 57, 67; *Eckardt*, ZIP 1999, 1417, 1424; *Henckel*, in: Jaeger, InsO, § 142 Rn. 8 ff.; *Tinnefeld*, Auf- und Verrechnungsmöglichkeit von Kreditinstituten, S. 270 ff.

27 Vgl. *Tinnefeld*, Auf- und Verrechnungsmöglichkeit von Kreditinstituten, S. 266; vgl. auch BGH ZIP 1999, 665, 667.

28 BGHZ 150, 122, 132; BGH ZIP 1999, 665, 667; *Zuleger*, ZInsO 2002, 49, 52 f.

29 Vgl. hierzu auch *Bork*, in: FS Fischer, S. 37, 41 f.; *dens.*, in: FS Kirchhof, S. 57, 65.

Hintergrund erscheint es zwar nachvollziehbar, dass der BGH für Verrechnungen im vorgenannten Sinn von seiner Grundthese einer Inkongruenz von Verrechnungen bei nicht fälligem Rückzahlungsanspruch der Bank abrücken will, die fehlende dogmatische Begründung für diese Abweichung kann dadurch aber gleichwohl nicht ersetzt werden.

bb) Die nur partiell zutreffende Gleichsetzung des Eintritts der Aufrechnungs- bzw. Verrechnungslage mit der Gewährung einer Befriedigung

Des Weiteren kann der h.L. schon dem Grunde nach nicht darin gefolgt werden, dass die Kongruenz der Herstellung einer Verrechnungslage im Kontokorrent danach zu bemessen ist, ob dem Kontokorrentpartner ein fälliger Anspruch auf Rückführung eines entstandenen Debets zusteht oder nicht. Die h.L. übersieht mit diesem Ansatz, dass die anfechtungsrechtlich allein maßgebliche Verrechnungsmöglichkeit nur eine Sicherung zugunsten des Kontokorrentpartners – also etwa des Kreditinstituts – bewirkt, aber noch keine Befriedigung für dessen Forderungen darstellt. Es kann damit für die Abgrenzung der Deckungsalternativen nicht darauf ankommen, ob dem anderen Teil ein fälliger Anspruch auf Erfüllung seiner Forderungen zusteht, sondern nur darauf, ob die gewährte Sicherung zu der Zeit und der gegebenen Art nach zu beanspruchen war.

Ein Ähnliches gilt auch für die zuerst dargestellte Ansicht aus der Literatur, welche die Aufrechnung grundsätzlich als kongruente Deckung interpretieren will und dabei zur Begründung auf die Einordnung der Aufrechnung als Erfüllungssurrogat verweist. Denn mit dieser Bestimmung der Deckungsqualität nach der Funktion der Aufrechnung als Befriedigungsinstrument wird gleichfalls außer Acht gelassen, dass bereits mit dem vorherigen Eintritt der Aufrechnungslage eine Sicherung zugunsten des aufrechnungsberechtigten Gläubigers bewirkt wird. Dieser Ansatz kann dabei auch dann nicht aufrechterhalten werden, wenn man mit der oben ebenfalls angeführten abweichenden Auffassung annimmt, dass die Aufrechnungslage nicht nur eine Sicherung gewähre, sondern daneben zugleich auch die Ermöglichung einer Befriedigung bewirke, da hierzu bereits an anderer Stelle festgestellt wurde, dass eine derartige Trennung nach verschiedenen Deckungsaspekten nicht überzeugen kann *(s.o. Seite 248).*

Ebensowenig kann dem von einigen Vertretern dieser Literaturmeinung zusätzlich ins Feld geführten Argument gefolgt werden, dass die Entstehungsgeschichte des § 96 Abs. 1 Nr. 3 InsO für die Annahme einer kongruenten Deckung spreche, denn auch wenn die Vorgängerregelung dieser Vorschrift richtigerweise einen Paralleltatbestand zur kongruenten Deckung darstellte, sind zum einen – abgesehen von einem Verweis der Begründung zu § 108 RegE auf eine Entscheidung des BGH, in welcher tatsächlich lediglich die Kongruenzanfechtung in Betracht kam[30] – keine

30 Begr. RegE BT-Drs. 12/2443, S. 141 = *Uhlenbruck*, Das neue Insolvenzrecht, S. 412 f. (unter Verweis auf BGHZ 58, 108 ff.); kritisch zu diesem Ansatz auch *Bork*, in: FS Ishikawa, S. 31, 41; *Brandes/Lohmann*, in: MünchKomm InsO, § 96 Rn. 30.

Anhaltspunkte dafür festzustellen, dass auch der Gesetzgeber der InsO lediglich den Tatbestand der kongruenten Deckung im Auge gehabt hätte. Zum anderen stellt die Vorschrift auch lediglich eine Rechtsgrundverweisung in das Insolvenzanfechtungsrecht dar, welche aber die Voraussetzungen der Anfechtbarkeit nicht beeinflusst, weshalb kein Grund ersichtlich ist, die Anfechtung von vornherein auf einen einzelnen Anfechtungstatbestand zu beschränken. Die Einwände gegen die erstgenannte Literaturansicht bleiben dabei uneingeschränkt auch dann bestehen, wenn man mit einer dort vereinzelt vertretenen Auffassung die Herstellung einer Aufrechnungslage jedenfalls in dem Umfang den inkongruenten Deckungen zuschlägt, als sie das Ergebnis einer irregulären Vermögensverwaltung darstellen, da diese Differenzierung an der grundsätzlichen Gleichsetzung der Aufrechnungslage mit einem Erfüllungssurrogat nichts ändert. Erschwerend kommt dabei hinzu, dass sich dieses Kriterium nur mit Mühe aus dem geltenden Recht ableiten lässt und zudem viel zu vage ist, um daraus praktikable und operationalisierbare Differenzierungsmaßstäbe zwischen beiden Deckungsvarianten ableiten zu können.

Darüber hinaus spricht gegen die prinzipiell auf eine kongruente Deckung abhebende Ansicht auch schon dem Grunde nach, dass die von ihr vorgenommene Gleichsetzung des Eintritts der Aufrechnungsmöglichkeit mit einer Erfüllung der Gläubigerforderung auch nur schwer mit dem geltenden Recht vereinbar ist, da es für die Anfechtbarkeit gerade nicht auf die spätere Aufrechnungserklärung, sondern auf die Herstellung der Aufrechnungslage ankommt, die aber eben selbst noch keinerlei Erfüllung herbeiführt[31]. Diesen Vorwurf wird man zumindest im Ansatz zugleich auch der oben angeführten Auffassung der h.L. zur Deckungsqualität des Eintritts der Verrechnungslage im Kontokorrent machen dürfen. Denn obgleich diese insofern nicht explizit auf die Verrechnung als solche abstellt, behandelt sie mit ihrer Abgrenzung nach dem Bestehen eines fälligen Anspruchs auf Rückzahlung des aufgelaufenen Debet die Verrechnungsmöglichkeit doch der Sache nach so, als wäre bereits mit ihrem Eintritt die Verrechnung erfolgt.

Ungeachtet der eben geltend gemachten Einwände ist eine Interpretation der Begründung einer Aufrechnungslage als Erfüllung der wechselseitigen Forderungsrechte allerdings in den von den vorstehend erörterten Auffassungen gerade nicht in Bezug genommenen Varianten der vertraglichen Aufrechnung bestehender Forderungen zutreffend, in denen der Vollzug der Aufrechnung oder Verrechnung und folglich die Befriedigung der wechselseitigen Forderungsrechte uno actu mit der Herstellung der Aufrechnungs- bzw. Verrechnungsmöglichkeit eintreten, also im Hinblick auf die Aufrechnung durch Vertrag von bestehenden Forderungen, die Aufrechnung aufgrund eines antizipiert geschlossenen Aufrechnungsvertrages und die Verrechnung im Staffelkontokorrent. Da es für diese Aufrechnungsvarianten mangels selbständiger Aufrechnungs- oder Verrechnungslage an einer Sicherungswirkung fehlt, kann insoweit für die Feststellung der Deckungsqualität nur auf das Gewähren der zugleich bewirkten Befriedigung abgestellt werden, wobei aber im Folgenden noch zu klären

---

31 *Bork*, in: FS Ishikawa, S. 31, 41.

sein wird, unter welchen Voraussetzungen in diesen Fällen ein die Kongruenz begründender Anspruch auf Befriedigung gegeben ist.

cc) Der Anspruch auf die Aufrechnungs- oder Verrechnungsmöglichkeit als dem Grunde nach zutreffender Ausgangspunkt für die Abgrenzung der Deckungsalternativen

Abgesehen von den eben genannten Konstellationen ist für die Abgrenzung zwischen den Tatbeständen der §§ 130 und 131 InsO aufgrund der Sicherungswirkung der Aufrechnungslage nicht auf einen Anspruch auf Befriedigung, sondern prinzipiell darauf abzuheben, ob dem Insolvenzgläubiger ein Anspruch auf die Aufrechnungsmöglichkeit zustand oder nicht, womit der h.L. – freilich mit Ausnahme ihrer Auffassung zur Kontokorrentverrechnung – sowie der oben dargestellten Gegenauffassung, welche für das Kontokorrent vornehmlich eine inkongruente Deckung annehmen will, jedenfalls vom Grundansatz her zuzustimmen ist. Dabei kann die Abgrenzung entgegen der diesbezüglich zumeist gebräuchlichen Formulierung allerdings nicht danach zu entscheiden sein, ob der Gläubiger einen Anspruch auf Vornahme der die Aufrechnung begründenden Rechtshandlung hatte, denn zum einen ergibt sich schon aus den allgemeinen Anfechtungsvoraussetzungen, dass es für die anfechtungsrechtliche Beurteilung gerade nicht auf die Rechtshandlung als solche, sondern auf die durch sie herbeigeführten gläubigerbenachteiligenden Wirkungen ankommt, da diese allein den Gegenstand der Insolvenzanfechtung bilden *(so schon Seite 180 f.)*. Zum anderen stellt auch der Wortlaut des § 131 InsO gerade nicht auf einen Anspruch auf eine Rechtshandlung ab, sondern darauf, ob der Insolvenzgläubiger eine Deckung, welche durch eine Rechtshandlung herbeigeführt wurde, nicht, nicht zu der Zeit oder nicht der Art nach zu beanspruchen hatte, weshalb auch die Deckungsqualität einer Aufrechnungs- oder Verrechnungslage nur danach zu bemessen sein kann, ob dem Insolvenzgläubiger ein Anspruch auf die durch diese bewirkte Sicherung zustand oder nicht[32]. Als Grundprämisse ist dabei vorauszuschicken, dass ein solches Recht auf Gewährung einer Sicherung jedenfalls nicht durch den Leistungsanspruch des Insolvenzgläubigers vermittelt wird, weil es eben noch nicht auf die Befriedigung als solche ankommt, vielmehr muss sich dieses aus einem anderen Rechtsgrund ergeben.

Da sich – wie diejenigen Vertreter der h.L., welche sich auch mit der vertraglichen Aufrechnung befassen, zutreffend feststellen – ein die Kongruenz begründender Anspruch grundsätzlich sowohl aus Gesetz als auch aus Vertrag ergeben kann[33], kann für die konsensuale Aufrechnung zur Abgrenzung der beiden Tatbestände der Deckungsanfechtung nur danach zu fragen sein, ob eine entsprechende Aufrechnungsvereinbarung bestand, welche dem Insolvenzgläubiger ein Anrecht darauf gewährt, sich für seine Forderung im Wege der Aufrechnung befriedigen zu dürfen. Es ist

32 Insofern zutreffend *Klinck*, Die Grundlagen der besonderen Insolvenzanfechtung, S. 426, der allerdings – wie schon erwähnt – zusätzlich auf einen Anspruch auf Ermöglichung einer Befriedigung abstellen will.

33 S. hierzu Nachweise unter Fn. 21.

daher bei der konkreten Aufrechnungsvereinbarung anzusetzen: Was ihr entspricht, ist i.S.d. § 131 InsO „dem Grunde nach", „zu der Zeit" und auch „der Art nach" zu beanspruchen und stellt mithin eine kongruente Deckung dar, was ihr nicht entspricht, ist hingegen als inkongruent anzusehen[34]. Dies gilt allerdings nur dann, wenn die Aufrechnungsvereinbarung nicht ihrerseits der Insolvenzanfechtung unterliegt, da alsdann kein insolvenzfester Anspruch auf die Aufrechnungsmöglichkeit bestünde und folglich in Ermangelung eines die konsensuale Aufrechnung legitimierenden Rechtsgrunds von vornherein nur eine inkongruente Deckung vorliegen würde. Erforderlich ist folglich, dass die zugrundeliegende Abrede nicht selbst erst innerhalb der Fristen der Inkongruenzanfechtung getroffen wurde, denn auf den Abschluss einer Aufrechnungsvereinbarung hat der Insolvenzgläubiger niemals einen Anspruch, womit diese stets als eine die kongruente Deckung ermöglichende Rechtshandlung nach § 131 InsO anfechtbar wäre[35].

dd) Folgerungen für die Deckungsqualität der einzelnen Varianten der konsensualen Aufrechnung

In der Konsequenz ist für die Gewährung einer Sicherung auf der Grundlage eines für sich unanfechtbaren Aufrechnungsvoraussetzungsvertrages insofern von einer kongruenten Deckung auszugehen, als vorab eine Aufrechnungsvereinbarung über künftige Forderungsrechte geschlossen wurde und die Aufrechnungsbefugnis mithin erst durch das spätere Entstehen der wechselseitigen Forderungsrechte herbeigeführt wird. Denn hier hat der Insolvenzgläubiger aus der antizipiert geschlossenen Aufrechnungsvereinbarung ein Anrecht auf die Bestellung der Sicherheit für die eigene Forderung, wenn die vertraglich festgelegten Voraussetzungen für den Eintritt der Aufrechnungsmöglichkeit gegeben sind. Eine inkongruente Deckung liegt hingegen vor, wenn erst durch den Aufrechnungsvoraussetzungsvertrag eine Aufrechnungslage begründet wird, dieser also bereits bestehende Forderungen betrifft, weil es in diesem Fall gerade an einer vorherigen Abrede fehlt, auf welche sich ein Anspruch auf Herstellung der Aufrechnungsmöglichkeit stützen ließe. Nichts anderes kann auch dann gelten, wenn der Aufrechnungsvoraussetzungsvertrag gleichzeitig mit der Begründung einer der aufzurechnenden Forderungen abgeschlossen wird, da hier vor Schaffung der Aufrechnungslage ebenfalls noch kein Anspruch des Gläubigers auf die Einräumung dieser Sicherheit bestand.

Obgleich die Herstellung einer Verrechnungslage im Kontokorrent für den Hauptanwendungsfall des Kontokorrentverhältnisses, den Bankkontokorrent, für gewöhnlich aufgrund der gleichzeitigen Entstehung eines nach hier vertretener Auffassung kongruenten AGB-Pfandrechts ohnehin nur bei Vorliegen der Voraussetzungen des § 130 InsO der Anfechtung unterliegen kann *(vgl. hierzu o. Seite 275 f.)*,

---

34 In diese Richtung für die Kontokorrentverrechnung auch *Windel*, in: Jaeger, InsO, § 96 Rn. 78.

35 *Kayser*, in: MünchKomm InsO, § 131 Rn. 43a; *Schoppmeyer*, in: B. Kübler/Prütting/Bork, InsO, § 131 Rn. 135a.

ist bei einem Blick auf die Deckungsqualität derselben davon auszugehen, dass im Rahmen des dort gegebenen Periodenkontokorrents ebenfalls die oben dargestellten Grundsätze zur Anwendung gebracht werden können. Denn auch hier haben die Parteien mit der Verrechnungsabrede – sofern diese nicht selbst erst im Zeitraum des § 131 InsO getroffen wurde – im Voraus eine insolvenzfeste Vereinbarung über die Verrechnungsbefugnis des Kontokorrentpartners und damit über dessen Recht auf Gewährung einer Sicherheit durch die Verrechnungslage abgeschlossen. Insoweit kommt es für die Frage, ob dem Kontokorrentpartner ein Anspruch auf die Verrechnungslage zustand, nicht auf die Fälligkeit eines Rückzahlungsanspruchs und noch weniger auf erneute Inanspruchnahme des Verrechnungsbetrages durch den Schuldner an, sondern allein darauf, was nach den vorab getroffenen kontokorrentrechtlichen Absprachen zulässig ist, womit entgegen der h.L. auch eine Verrechnung von Zahlungseingängen mit noch nicht fälligen Forderungen des anderen Teils als kongruent – weil „zu der Zeit" zu beanspruchen – angesehen werden muss, sofern der Verrechnungsvertrag eine ebensolche Verrechnung erlaubt.

Sofern der Verrechnungsvertrag eine Verrechnung ohne Fälligkeit der kontokorrentgebundenen Forderungsrechte nicht zulässt, mangelt es bereits am Eintritt einer Verrechnungslage und damit an der Gewährung einer Deckung, sodass sich insoweit die Frage nach einer Kongruenz oder Inkongruenz derselben noch nicht stellt. Die Verrechnungslage tritt hier vielmehr erst mit der Fälligkeit der betreffenden Forderung ein, wobei aber dann wiederum eine kongruente Deckung gegeben ist, weil diese bei ihrer Entstehung den Bestimmungen des Verrechnungsvertrages entspricht. Nichts anderes gilt auch dann, wenn die Beteiligten gar keine Absprache über die Verrechenbarkeit nicht fälliger Forderungen getroffen haben, da nach den Ausführungen zum Kontokorrentverhältnis im zweiten Teil dieser Arbeit hier entsprechend dem mutmaßlichen Willen der Parteien davon auszugehen ist, dass eine Verrechnung erst bei Vollgültigkeit der kontokorrentgebundenen Forderungen erfolgen darf *(s.o. Seite 130)*.

Im Bereich des Bankkontokorrents ist damit nach hier vertretener Auffassung wegen stets gegebener Kongruenz der Verrechnungslage von einem Gleichlauf der jeweils von den Voraussetzungen des § 130 InsO abhängigen Anfechtbarkeit der Herstellung einer Verrechnungslage einerseits und der gleichzeitigen Entstehung eines bereits die Gläubigerbenachteiligung ausschließenden AGB-Pfandrechts der Banken andererseits auszugehen, womit die Bestellung eines AGB-Pfandrechts dem Kreditinstitut letztlich anfechtungsrechtlich keinerlei Vorteile verschafft[36]. Ein Blick auf die im Rahmen der Gläubigerbenachteiligung erörterten Sicherungsrechte offenbart aber zugleich einen zusätzlichen Anhaltspunkt für die Richtigkeit der soeben vertretenen Auffassung zur Anfechtung von Verrechnungslagen im Kontokorrent, denn es müsste wahrlich ungereimt erscheinen, wenn zwar die antizipierte Vereinbarung eines AGB-Pfandrechts der Banken oder einer Globalzession der Forderung des Schuldners für ausreichend erachtetet würde, einen Anspruch der Bank und damit eine kongruente

36 So auch *Kirchhof*, ZInsO 2003, 149, 153 f., der allerdings mit der h.L. die Inkongruenzanfechtung für einschlägig erachtet.

Deckung zu begründen, für die Sicherung der Bank durch Herstellung einer Verrechnungslage der ebenfalls im Voraus getroffene Verrechnungsvertrag hingegen eine kongruente Deckung nicht vermitteln könnte. Die eben dargelegten Grundsätze gelten dabei in gleicher Weise auch in Bezug auf Kontokorrentverhältnisse außerhalb eines Bankkontokorrents, soweit diese als Periodenkontokorrent vereinbart wurden, weshalb auch hier aufgrund des regelmäßig im Voraus abgeschlossenen Verrechnungsvertrages von einer kongruenten Deckung auszugehen ist.

Nur nebenbei sei erwähnt, dass für die in vorliegender Untersuchung an sich nicht relevante gesetzliche Aufrechnung nichts wesentlich anderes gelten kann, als in den eben erörterten Konstellationen. Wenn man entsprechend den obigen Ausführungen in Bezug auf diesen Aufrechnungstypus ebenfalls die Frage nach dem Bestehen eines Anspruchs auf die mit der Aufrechnungslage gewährte Deckung stellt und nicht wie die überwiegende h.L. sowie die stets eine inkongruente Deckung annehmende Mindermeinung einen Anspruch auf Vornahme der zugrundeliegenden Rechtshandlung für maßgeblich erachtet, welcher als solcher freilich nur ausnahmsweise bei Vorliegen eines entsprechenden Vorvertrages bestehen könnte, wird man auch hier grundsätzlich eine kongruente Deckung bejahen dürfen. Denn der Insolvenzgläubiger hat zwar keinen vertraglichen, wohl aber einen gesetzlichen Anspruch auf die Sicherung, sich jederzeit durch Aufrechnung befriedigen zu können, soweit die Voraussetzungen des § 387 BGB gegeben sind[37]. Im Ergebnis ist damit der erstgenannten Ansicht, welche bei Herstellung einer Aufrechnungslage generell eine kongruente Deckung gegeben sieht, jedenfalls für die gesetzliche Aufrechnung zuzustimmen, wenngleich mit einer anderen Begründung als von dieser angenommen.

Für die übrigen Varianten der konsensualen Aufrechnung, d.h. die Aufrechnung durch Vertrag und die im Rahmen eines Bankkontokorrents oder eines anderen Kontokorrentverhältnisses vorgenommene Verrechnung im Staffelkontokorrent, für welche es nach den obigen Ausführungen nicht auf einen Sicherungsanspruch, sondern nur auf einen Anspruch auf Befriedigung ankommen kann, gilt es nunmehr ebenfalls noch festzustellen, wann ein solcher Anspruch und damit eine kongruente Deckung gegeben ist. Ein die Kongruenz begründender Anspruch lässt sich dabei auch hier in jedem Fall nicht schon aus der Forderung des Gläubigers selbst herleiten, denn eine Befriedigung im Wege der Aufrechnung bzw. Verrechnung

---

37 So wohl dem Grunde nach auch *Kayser*, in: MünchKomm InsO, § 131 Rn. 43a. Vgl. hierzu auch *Klinck*, Die Grundlagen der besonderen Insolvenzanfechtung, S. 426 f., welcher – ausgehend von der seinerseits vertretenen Differenzierung zwischen der Ermöglichung einer Befriedigung und der Gewährung einer Sicherung *(s.o. Seite 248)* – wegen der bei § 387 BGB stets gegebenen Fälligkeit der Forderung des Gläubigers einen Anspruch auf Ermöglichung einer Befriedigung bejaht und dabei die Aufrechnungsbefugnis aus § 387 BGB zwar genügen lassen will, um einen Anspruch auf Befriedigung „der Art nach“ zu vermitteln. Diese Aufrechnungsbefugnis soll aber nicht ausreichen, um einen Anspruch auf die Gewährung einer Sicherung zu begründen, obgleich diese an sich im selben Moment, durch dieselbe Rechtshandlung und auf derselben rechtlichen Grundlage entsteht.

hat der Gläubiger allein auf dieser Grundlage „der Art nach“ niemals, auch nicht bei Fälligkeit zu beanspruchen, womit eine kongruente Deckung nur dann vorliegen kann, wenn eine entsprechende Abrede der Beteiligten eine Befriedigung der Gläubigerforderung durch das Erfüllungssurrogat der vertraglichen Aufrechnung oder Verrechnung zulässt.

Für die Abgrenzung zwischen kongruenten und inkongruenten Deckungen kann im Hinblick auf die Gewährung einer Befriedigung im Wege der Aufrechnung durch Vertrag und der Verrechnung im Staffelkontokorrent auf diejenigen Kriterien zurückgegriffen werden, welche bereits oben bezüglich der Gewährung einer Sicherung durch Herstellung einer Aufrechnungslage zur Anwendung gebracht wurden: Wenn und soweit eine für sich unanfechtbare Vereinbarung besteht, welche dem Insolvenzgläubiger für seine Forderung eine Befriedigung durch Aufrechnung oder Verrechnung ermöglicht, ist jede dieser Vereinbarung entsprechende Befriedigung sowohl „der Art nach“ als auch „zu der Zeit“ zu beanspruchen und stellt folglich eine kongruente Deckung dar. Wenn es an einer solchen Abrede fehlt oder die Aufrechung bzw. Verrechnung nicht von dieser Abrede erlaubt wird, ist hingegen von einer Inkongruenz auszugehen, sofern alsdann überhaupt schon eine Deckung eingetreten ist.

In der Konsequenz sind die Aufrechnung aufgrund eines antizipierten Aufrechnungsvertrages und die Verrechnung im Staffelkontokorrent, also diejenigen Konstellationen, in welchen die jeweilige Vereinbarung in Bezug auf künftige Forderungen geschlossen wird, als kongruente Deckungen anzusehen, da der Gläubiger vermöge der vorherigen Aufrechnungs- bzw. Verrechnungsvereinbarung ein Anrecht darauf hat, für seine Forderung anstelle der an sich geschuldeten Leistung durch Aufrechnung oder Verrechnung befriedigt zu werden. Dies gilt dabei auch dann, wenn die Forderung des Gläubigers im Aufrechnungszeitpunkt noch gar nicht fällig war, sofern die im Voraus getroffene Aufrechnungs- oder Verrechnungsabrede auch eine Befriedigung nicht fälliger Forderungen zulässt, weil die Aufrechnung auf dieser Grundlage schon vorher „zu der Zeit“ zu beanspruchen war. Demgegenüber bewirken der Aufrechnungsvertrag mit Sofortvollzug und der bedingte Aufrechnungsvertrag über existierende Forderungen stets nur eine inkongruente Deckung, weil es hier bis zum vertraglichen Aufrechnungsvollzug gerade an einer Vereinbarung fehlt, welche dem Insolvenzgläubiger einen Anspruch auf Befriedigung im Wege der Aufrechnung vermitteln würde. Ähnlich den oben bereits zur Aufrechnung aufgrund Vertrages getroffenen Feststellungen ist des Weiteren auch dann von einer inkongruenten Deckung auszugehen, wenn der Aufrechnungsvertrag mit Sofortvollzug oder der bedingte Aufrechnungsvertrag gleichzeitig mit der Begründung einer der aufzurechnenden Forderungen abgeschlossen werden, denn hier liegt bis zur Schaffung der Aufrechnungsmöglichkeit ebenfalls noch kein Anspruch auf diese vor.

Zusammenfassend lässt sich nach den vorstehenden Ausführungen für die Abgrenzung der Tatbestände der insolvenzrechtlichen Deckungsanfechtung im Bereich der konsensualen Aufrechnung als Grundsatz festhalten, dass eine kongruente Deckung immer dann gegeben ist, wenn die Herstellung der Aufrechnungslage bzw. das Bewirken der vertraglichen Aufrechnung der entsprechenden Aufrechnungsvereinbarung nachfolgt und diese nicht selbst nach § 131 InsO anfechtbar ist, wohingegen stets von einer inkongruenten Deckung auszugehen ist, wenn die Aufrechnungsmöglichkeit oder der Aufrechnungsvollzug erst im Nachhinein oder zeitgleich mit der Aufrechnungsvereinbarung herbeigeführt werden[38].

2. Die Anwendbarkeit des Bargeschäftsprivilegs nach § 142 InsO auf vertraglich begründete Aufrechnungsbefugnisse

Für den Bereich der Deckungsanfechtung gilt es des Weiteren zu klären, wann bzw. unter welchen Voraussetzungen die konsensuale Herstellung einer Aufrechnungsmöglichkeit dem Bargeschäftsprivileg des § 142 InsO unterfällt, da insoweit jedenfalls eine Anfechtung kongruenter Deckungen ausgeschlossen wäre.

a) Definition des Bargeschäfts

Ein Bargeschäft liegt nach § 142 InsO vor, wenn für die Leistung des Schuldners unmittelbar eine gleichwertige Gegenleistung in dessen Vermögen gelangt ist, im Ergebnis also eine bloße Umschichtung des Schuldnervermögens vorgenommen wurde[39]. Der anfechtungsrechtliche Privilegierungstatbestand des Bargeschäfts setzt insofern zunächst eine Leistung des Schuldners voraus, d.h. eine Rechtshandlung, durch welche dessen Vermögen i.S.d. § 35 InsO vermindert wurde, sodass in jedem Fall sämtliche Verfügungsgeschäfte im eigentlichen Sinn erfasst sind[40]. Mit Blick auf die Deckungsanfechtung – in deren Rahmen die Bargeschäftsausnahme allein Bedeutung erlangen kann – erscheint es allerdings naheliegend, den Leistungsbegriff des § 142 InsO im Gleichlauf mit dem Deckungsbegriff der §§ 130, 131 InsO zu interpretieren und über das Vorliegen eines eigentlichen Verfügungsgeschäftes hinaus eine Leistung im Sinne dieser Vorschrift immer anzunehmen, wenn ein Insolvenzgläubiger zulasten des Schuldnervermögens eine Sicherung oder Befriedigung erlangt hat[41]. Der Leistungsbegriff ist im Übrigen grundsätzlich weit zu auszulegen weshalb es weniger darauf ankommt, ob tatsächlich auch eine Rechtshandlung des Schuldners vorliegt,

---

38 So auch *Ch. Paulus*, in: Festgabe 50 Jahre BGH, Bd. III, S. 765, 780 f.

39 BGHZ 123, 320, 323; *Huber*, in: Gottwald, Insolvenzrechts-Handbuch, § 46 Rn. 75; *ders.*, in: Graf-Schlicker, InsO, § 142 Rn. 2; *Kreft*, in: HK-InsO, § 142 Rn. 2; *Raschke*, Funktionen und Abgrenzung des Bargeschäftstatbestandes in § 142 InsO, S. 102.

40 *Ehricke*, in: B. Kübler/Prütting/Bork, InsO, § 142 Rn. 35.; *ders.*, in: Bork, Handbuch der Insolvenzanfechtung, Teil 2, Kap. 4 Rn. 39; *Nerlich*, in: Nerlich/Römermann, InsO, § 142 Rn. 4.

41 *Bräuer*, Ausschluss der Insolvenzanfechtung bei Bargeschäften, S. 48 f.; *Rogge/Leptien*, in: HambKomm InsO, § 142 Rn. 2; *Wischemeyer*, Insolvenzanfechtung der Rückführung debitorischer Konten, S. 65; ähnlich auch *Lwowski/Wunderlich*, in: FS Kirchhof, S. 301, 302: „Unter den Begriff der Leistung fallen sowohl Erfüllungs- und Befriedigungshandlungen als auch Sicherungsmaßnahmen."; vgl. hierzu überdies *Dauernheim*, in: FK-InsO, § 142 Rn. 1; *Raschke*, Funktionen und Abgrenzung des Bargeschäftstatbestandes in § 142 InsO, S. 102 f.

maßgeblich ist vielmehr, ob ein Abfluss aus dem Schuldnervermögen im vorgenannten Sinn vorliegt oder nicht[42].

Des Weiteren verlangt der Bargeschäftstatbestand, dass in das Vermögen des nachmaligen Insolvenzschuldners eine Gegenleistung gelangt ist, das Aktivvermögen also tatsächlich und effektiv vermehrt wurde, weshalb eine bloße Verringerung der schuldnerischen Verbindlichkeiten als Gegenleistung nicht ausreichend ist[43]. Entsprechend der Intention der insolvenzrechtlichen Privilegierung von Bargeschäften, wertäquivalente Rechtsgeschäfte von der Anfechtbarkeit auszunehmen und dem Schuldner insoweit auch in der wirtschaftlichen Krise eine Teilnahme am Rechtsverkehr zu ermöglichen[44], erfordert § 142 InsO mit der Formulierung „für die" zudem eine rechtsgeschäftliche, d.h. durch eine Abrede zwischen Verfahrensschuldner und Anfechtungsgegner vermittelte Verknüpfung von Leistung und Gegenleistung, ein bloßer ursächlicher oder wirtschaftlicher Zusammenhang genügt damit nicht[45]. Neben gegenseitig verpflichtenden Verträgen i.S.d. §§ 320 ff. BGB reichen dabei allerdings auch weniger enge vertragliche Vereinbarungen aus, wohingegen die Erfüllung gesetzlicher Verpflichtungen oder Entstehung gesetzlicher Sicherheiten grundsätzlich nicht geeignet ist, ein Bargeschäft zu begründen[46].

Die aufgrund der eben genannten Parteivereinbarung erbrachte Gegenleistung des Anfechtungsgegners muss nach dem Wortlaut des § 142 InsO überdies auch unmittelbar in das Vermögen des späteren Insolvenzschuldners gelangt sein, es ist also über die rechtsgeschäftliche Verbindung von Leistung und Gegenleistung hinaus zugleich eine enge zeitliche Verknüpfung derselben erforderlich[47]. Das Tatbestandsmerkmal

---

42 *Bork*, in: FS Kirchhof, S. 57, 66; enger wohl *Klinck*, Die Grundlagen der besonderen Insolvenzanfechtung, S. 433.

43 *Kirchhof*, in: MünchKomm InsO, § 142 Rn. 4a; *Kreft*, in: HK-InsO, § 142 Rn. 3; vgl. auch *Raschke*, Funktionen und Abgrenzung des Bargeschäftstatbestandes in § 142 InsO, S. 84 f.

44 Begr. RegE BT-Drs. 12/2443, S. 167 = *Uhlenbruck*, Das neue Insolvenzrecht, S. 496; *Dauernheim*, in: FK-InsO, § 142 Rn. 1; *Ede/Hirte*, in: Uhlenbruck/Hirte/Vallender, InsO, § 142 Rn. 1,3; *Kirchhof*, in: MünchKomm InsO, § 142 Rn. 1; *Kreft*, in: HK-InsO, § 142 Rn. 2; *Nerlich*, in: Nerlich/Römermann, InsO, § 142 Rn. 2; *Wischemeyer*, Insolvenzanfechtung der Rückführung debitorischer Konten, S. 60.

45 *Ehricke*, in: B. Kübler/Prütting/Bork, InsO, § 142 Rn. 9 f.; *ders.*, in: Bork, Handbuch der Insolvenzanfechtung, Teil 2, Kap. 4 Rn. 45 f.; *Ganter/Weinland*, in: K. Schmidt, InsO, § 142 Rn. 21; *Huber*, in: Graf-Schlicker, InsO, § 142 Rn. 2; *ders.*, in: FS Haarmeyer, S. 111, 112; *Kirchhof*, in: MünchKomm InsO, § 142 Rn. 5; *Rogge/Leptien*, in: HambKomm InsO, § 142 Rn. 3.

46 *Kirchhof*, in: MünchKomm InsO, § 142 Rn. 5, 5b; a.A. zu Letzterem in Teilen *Ede/Hirte*, in: Uhlenbruck/Hirte/Vallender, InsO, § 142 Rn. 18; *Klinck*, Die Grundlagen der besonderen Insolvenzanfechtung, S. 405.

47 *Ehricke*, in: B. Kübler/Prütting/Bork, InsO, § 142 Rn. 13; *ders.*, in: Bork, Handbuch der Insolvenzanfechtung, Teil 2, Kap. 4 Rn. 49; *Ede/Hirte*, in: Uhlenbruck/Hirte/Vallender, InsO, § 142 Rn. 27; *Ganter/Weinland*, in: K. Schmidt, InsO, § 142 Rn. 26; *Huber*, in: Gottwald, Insolvenzrechts-Handbuch, § 46 Rn. 81; *ders.*, in: Graf-Schlicker, InsO,

der Unmittelbarkeit setzt jedoch nicht unbedingt einen Zug-um-Zug-Austausch der wechselseitigen Leistungen voraus, vielmehr stehen auch geringe Zeitabstände der Annahme eines Bargeschäftes nicht entgegen[48]. Die zulässige Zeitspanne lässt sich allerdings nicht allgemeingültig, sondern nur nach den Umständen des jeweiligen Einzelfalles bestimmen, wobei als entscheidendes Abgrenzungskriterium darauf abzustellen ist, ob der Rechtsvorgang nach der Verkehrsauffassung unter Berücksichtigung der konkreten Erfüllungsmöglichkeiten und etwaiger Leistungsbräuche noch als einheitliche Bardeckung oder bereits als Kredit anzusehen ist[49]. Als Höchstfrist wird bei gegenseitigen Verträgen – abgesehen von Grundstücksgeschäften, welche durchaus längere Fristen in Anspruch nehmen können – in jüngster Zeit unter Orientierung an der Verzugsregelung in § 286 Abs. 3 S. 1 BGB[50] überwiegend ein Zeitraum von etwa 30 Tagen zwischen der Erbringung beider Leistungen für noch angemessen erachtet[51].

Als weiteres Tatbestandsmerkmal verlangt § 142 InsO schließlich noch die Gleichwertigkeit von Leistung und Gegenleistung. Da im Wege der Bargeschäftsausnahme nur Vermögensumschichtungen der Anfechtung entzogen werden sollen,

---

§ 142 Rn. 4; *Kirchhof*, in: MünchKomm InsO, § 142 Rn. 15; *Nerlich*, in: Nerlich/Römermann, InsO, § 142 Rn. 11; *Rogge/Leptien*, in: HambKomm InsO, § 142 Rn. 5; *Zeuner*, in: Leonhardt/Smid/Zeuner, InsO, § 129 Rn. 6.

48 Begr. RegE BT-Drs. 12/2443, S. 167 = *Uhlenbruck*, Das neue Insolvenzrecht, S. 496; *Ede/Hirte*, in: Uhlenbruck/Hirte/Vallender, InsO, § 142 Rn. 28; *Ehricke*, in: B. Kübler/Prütting/Bork, InsO, § 142 Rn. 15; *ders.*, in: Bork, Handbuch der Insolvenzanfechtung, Teil 2, Kap. 4 Rn. 50; *Huber*, in: Gottwald, Insolvenzrechts-Handbuch, § 46 Rn. 81; *Kirchhof*, in: MünchKomm InsO, § 142 Rn. 16; *Lwowski/Wunderlich*, in: FS Kirchhof, S. 301, 307; *Nerlich*, in: Nerlich/Römermann, InsO, § 142 Rn. 11.

49 Begr. RegE BT-Drs. 12/2443, S. 167 = *Uhlenbruck*, Das neue Insolvenzrecht, S. 496; BGH ZInsO 2006, 712; *Bräuer*, Ausschluss der Insolvenzanfechtung bei Bargeschäften nach Maßgabe des § 142 InsO, S. 60 f.; *Dauernheim*, in: FK-InsO, § 142 Rn. 6; *Ehricke*, in: B. Kübler/Prütting/Bork, InsO, § 142 Rn. 16; *ders.*, in: Bork, Handbuch der Insolvenzanfechtung, Teil 2, Kap. 4 Rn. 51; *Ganter/Weinland*, in: K. Schmidt, InsO, § 142 Rn. 43; *Kirchhof*, in: MünchKomm InsO, § 142 Rn. 16; *Lwowski/Wunderlich*, in: FS Kirchhof, S. 301, 308; *Nerlich*, in: Nerlich/Römermann, InsO, § 142 Rn. 11; *Rogge/Leptien*, in: HambKomm InsO, § 142 Rn. 5.

50 *Huber*, in: FS Haarmeyer, S. 111, 116.

51 BGH ZInsO 2012, 241; BGH ZInsO 2014, 1602, 1606; *Ganter/Weinland*, in: K. Schmidt, InsO, § 142 Rn. 29; *Rogge/Leptien*, in: HambKomm InsO, § 142 Rn. 5; vgl. überdies die Darstellung der bedeutsamsten Einzelfälle bei *Ede/Hirte*, in: Uhlenbruck/Hirte/Vallender, InsO, § 142 Rn. 29; *Ehricke*, in: B. Kübler/Prütting/Bork, InsO, § 142 Rn. 17; *dems.*, in: Bork, Handbuch der Insolvenzanfechtung, Teil 2, Kap. 4 Rn. 52; *Huber*, in: Gottwald, Insolvenzrechts-Handbuch, § 46 Rn. 82; *dems.*, in: Graf-Schlicker, InsO, § 142 Rn. 5 f.; *Kirchhof*, in: MünchKomm InsO, § 142 Rn. 17 ff. A.A. BGH NJW 1980, 1961, 1962; *Bräuer*, Ausschluss der Insolvenzanfechtung bei Bargeschäften nach Maßgabe des § 142 InsO, S. 60 f., die bei einfacheren Geschäften nur zwei Wochen genügen lassen. Gänzlich a.A. BAG ZInsO 2012, 37, welches bei Zahlung rückständigen Arbeitslohns auch eine Zeitspanne von 3 Monaten noch für zulässig ansieht, was allerdings deutlich überzogen erscheint; eingehend hierzu *Huber*, in: FS Haarmeyer, S. 111, 118 ff.

ist unter dem Gesichtspunkt der Gleichwertigkeit erforderlich, dass die Leistung des Anfechtungsgegners den Wert der aus dem Schuldnervermögen erbrachten Zuwendung nach objektiven Maßstäben vollumfänglich ausgleicht, wobei maßgeblicher Zeitpunkt für die Bestimmung der Gleichwertigkeit derjenige ist, in dem die erste Vertragsleistung erfolgt[52]. Wichtigste Folge des Tatbestandsmerkmals der Gleichwertigkeit ist, dass bei den Anfechtungstatbeständen, die eine unmittelbare Gläubigerbenachteiligung voraussetzen – also den §§ 132 Abs. 1 und 133 Abs. 2 InsO – ein Bargeschäft schon begrifflich nicht vorliegen kann, da es hier gerade an einer äquivalenten Gegenleistung fehlt[53].

b) Geltungsumfang der Bargeschäftsausnahme

Umstritten ist indes seit langem, ob die Bargeschäftsausnahme des § 142 InsO auch auf inkongruente Deckungen i.S.d. § 131 InsO Anwendung findet oder ob insoweit eine Anfechtung trotz Vorliegens eines unmittelbaren und gleichwertigen Leistungsaustauschs zulässig bleibt. Diese Frage ist auch für die vorliegende Untersuchung der Anfechtbarkeit im Konsens begründeter Aufrechnungsmöglichkeiten durchaus von einiger Relevanz, da bei Verneinung einer Privilegierung inkongruenter Deckungen durch die Regelung des § 142 InsO für den Bereich der Aufrechnungsvereinbarungen über schon existente Forderungsrechte aufgrund der dort stets gegebenen Inkongruenz eine Anfechtung nach § 131 InsO immer vollumfänglich durchgreifen würde *(eingehend zur Deckungsqualität dieser Aufrechnungsvereinbarungen o. Seite 328 f.)*. Noch weitaus drängender wäre diese Problematik aber dann, wenn man entgegen der hier vertretenen Ansicht auch die Aufrechnung aufgrund einer Vereinbarung über künftige Forderungen – insbesondere die Verrechnung im Kontokorrent – ganz oder zumindest bei noch nicht eingetretener Fälligkeit der Forderung des Insolvenzgläubigers der Inkongruenzanfechtung zuordnet, weil dann mitunter sogar dem üblichen Geschäftsverkehr völlig entsprechende Rechtshandlungen der Anfechtung unterlägen.

aa) Gegenwärtiger Meinungsstand

Die mittlerweile h.M. in Literatur und Judikatur vertritt bezüglich der Anwendbarkeit des § 142 InsO auf inkongruente Deckungen die Ansicht, dass eine Anfechtung nach § 131 InsO nicht durch das Bargeschäft ausgeschlossen sei, was in Teilen mit einer „teleologischen Reduktion" des § 142 InsO[54], überwiegend aber damit begründet wird,

---

52 *Dauernheim*, in: FK-InsO, § 142 Rn. 2; *Ehricke*, in: B. Kübler/Prütting/Bork, InsO, § 142 Rn. 5 f.; *ders.*, in: Bork, Handbuch der Insolvenzanfechtung, Teil 2, Kap. 4 Rn. 41 f.; *Lwowski/Wunderlich*, in: FS Kirchhof, S. 301, 306; *Rogge/Leptien*, in: HambKomm InsO, § 142 Rn. 11 f.

53 *Huber*, in: Gottwald, Insolvenzrechts-Handbuch, § 46 Rn. 80; *ders.*, in: Graf-Schlicker, InsO, § 142 Rn. 12; *Kirchhof*, in: MünchKomm InsO, § 142 Rn. 9, 22; *Rogge/Leptien*, in: HambKomm InsO, § 142 Rn. 13.

54 *Kreft*, in: HK-InsO, § 142 Rn. 8.

dass es bei einer inkongruenten Deckung von vornherein an der Erbringung einer Leistung „für die" Gegenleistung fehle[55]. Die Gegenauffassung wendet diesbezüglich ein, dass eine solche Einschränkung des Bargeschäftsprivilegs bereits mit dem Wortlaut des § 142 InsO nicht zu vereinen sei,[56] da dieser eine Anfechtung nur unter den Voraussetzungen des § 133 Abs. 1 InsO zulasse. Gegen die Ansicht der h.L. spreche auch die Entstehungsgeschichte des § 142 InsO, da der Gesetzgeber ausweislich der Gesetzesmaterialien[57] mit dieser Vorschrift die zum Konkursrecht herrschende Auffassung übernehmen habe wollen, dass „Bargeschäfte nicht der Anfechtung kongruenter und inkongruenter Deckungen unterliegen"[58]. Zudem lege auch die systematische Stellung der Bargeschäftsregelung im Anschluss an die Vorschriften über die Voraussetzungen der Insolvenzanfechtung nahe, dass kongruente Deckungen nicht von deren Geltungsbereich ausgeschlossen sein sollen, weil diese anderenfalls als weiterer Absatz innerhalb des Tatbestands der Kongruenzanfechtung oder als eigenständige Norm nach § 130 InsO zu regeln gewesen wäre[59]. Des Weiteren sei die Ansicht der h.L. auch mit Sinn und Zweck des Bargeschäftsprivilegs schwerlich in Einklang zu bringen, da es für das Gesetzesziel, gleichwertige, masseneutrale Austauschgeschäfte anfechtungsfrei zu stellen, keinen Unterschied machen könne, ob der Vertragspartner eine kongruente oder eine inkongruente Deckung erhalten habe[60].

bb) Kritische Betrachtung

Die vorgenannten Kritikpunkte der Gegenansicht vermögen insgesamt nicht zu überzeugen. Zunächst einmal lassen sich Einwände gegen die h.L. nur vermeintlich auf den

---

55 BGHZ 123, 320, 328 f.; BGH NJW 1999, 645, 646; ZInsO 2007, 662, 663; *Bräuer*, Ausschluss der Insolvenzanfechtung bei Bargeschäften, S. 54 ff.; *Dauernheim*, in: FK-InsO, § 142 Rn. 1; *Ganter/Weinland*, in: K. Schmidt, InsO, § 142 Rn. 8; *Ede/Hirte*, in: Uhlenbruck/Hirte/Vallender, InsO, § 142 Rn. 6; *Ehricke*, in: B. Kübler/Prütting/Bork, InsO, § 142 Rn. 12; *ders.*, in: Bork, Handbuch der Insolvenzanfechtung, Teil 2, Kap. 4 Rn. 48; *Huber*, in: Gottwald, Insolvenzrechts-Handbuch, § 46 Rn. 78; *ders.*, in: Graf-Schlicker, InsO, § 142 Rn. 2, 13; *Kirchhof*, in: MünchKomm InsO, § 142 Rn. 7; *Rogge/Leptien*, in: HambKomm InsO, § 142 Rn. 4; *Raschke*, Funktionen und Abgrenzung des Bargeschäftstatbestandes in § 142 InsO, S. 103 f.

56 *Henckel*, in: Jaeger, InsO, § 142 Rn. 8; *Jacoby*, in: Bork, Handbuch der Insolvenzanfechtung, Teil 7, Kap. 16 Rn. 48; *Tinnefeld*, Auf- und Verrechnungsmöglichkeit von Kreditinstituten, S. 272.

57 Begr. RegE BT-Drs. 12/2443, S. 167 = *Uhlenbruck*, Das neue Insolvenzrecht, S. 495 f.

58 *Klinck*, Die Grundlagen der besonderen Insolvenzanfechtung, S. 399; *Lwowski/Wunderlich*, in: FS Kirchhof, S. 301, 305; *Tinnefeld*, Auf- und Verrechnungsmöglichkeit von Kreditinstituten, S. 272 f.

59 *Lwowski/Wunderlich*, in: FS Kirchhof, S. 301, 305; *Tinnefeld*, Auf- und Verrechnungsmöglichkeit von Kreditinstituten, S. 277.

60 *Bork*, in: FS Kirchhof, S. 57, 67; *Jacoby*, in: Bork, Handbuch der Insolvenzanfechtung, Teil 7, Kap. 16 Rn. 48; *Lwowski/Wunderlich*, in: FS Kirchhof, S. 301, 305 f.; *Tinnefeld*, Auf- und Verrechnungsmöglichkeit von Kreditinstituten, S. 277.

Wortlaut des § 142 InsO stützen. Denn zum einen sagt die recht offene Formulierung dieser Vorschrift, welche dem Grunde nach mit Ausnahme des § 133 Abs. 1 InsO auf sämtliche Anfechtungstatbestände Bezug nimmt, noch nichts darüber aus, ob auch bei all diesen Tatbeständen die Voraussetzungen eines Bargeschäfts gegeben sein können – was die h.L. für die inkongruenten Deckungen ja gerade mit dem Argument, es fehle an der Erbringung einer Leistung „für die Gegenleistung" verneint[61]. Zum anderen wird das Wortlautargument schon dadurch deutlich relativiert, dass nach zutreffender allgemeiner Ansicht auch bei den §§ 132 Abs. 1, 133 Abs. 2 und 134 InsO eine Anwendung des Bargeschäftsprivilegs von vornherein ausgeschlossen ist, ohne dass dies als mit dem Wortlaut des § 142 InsO unvereinbar angesehen würde. Aus demselben Grund verfängt auch der Verweis auf die systematische Stellung der Bargeschäftsregelung nicht, wobei insofern hinzukommt, dass systematische Erwägungen eher dagegen sprechen, die Bargeschäftsausnahme unmittelbar im Anschluss an die Regelung der Kongruenzanfechtung zu normieren, da diese im Gegensatz zu den §§ 130 bis 140 InsO gerade keine tatbestandliche Voraussetzung der Anfechtung darstellt und als Ausschlussvorschrift unmittelbar vor den Rechtsfolgen der Insolvenzanfechtung genau zutreffend verortet ist[62]. Der Einwand der Gegenauffassung stellt sich überdies auch deshalb als unzutreffend dar, weil bei konsequenter Fortsetzung ihrer Argumentation die danach auf die Tatbestände der kongruenten und der inkongruenten Deckung anzuwendende Bargeschäftsregelung an sich unmittelbar nach § 131 InsO einzuordnen wäre und die gegenwärtige systematische Stellung des § 142 InsO folglich auch dann als falsch angesehen werden müsste.

Des Weiteren greifen auch die angeführten entstehungsgeschichtlichen Einwände nicht durch. Denn auch wenn die Anwendbarkeit der Bargeschäftsgrundsätze auf die Inkongruenzanfechtung der h.M. in der konkursrechtlichen Literatur entspricht, war sie doch bis zur Abfassung des Regierungsentwurfs zur InsO zu keinem Zeitpunkt Gegenstand der höchstrichterlichen Judikatur, sodass von einem „Grundsatz des geltenden Konkursrechts"[63] gar nicht ohne Weiteres gesprochen werden kann[64]. Hinzu kommt, dass das der heute h.L. zugrundeliegende Urteil des BGH[65] erst während des laufenden Gesetzgebungsverfahrens zur InsO erging und vom Gesetzgeber nicht mehr berücksichtigt wurde. Nun wäre es zwar höchst spekulativ anzunehmen, der Gesetzgeber hätte die betreffende Entscheidung berücksichtigt, wenn ihm dies möglich gewesen wäre[66], wie es auch gleichsam spekulativ wäre, in der Gegenrichtung aus dem Schweigen der Materialien auf eine bewusste gesetzgeberische Entscheidung zugunsten einer Privilegierung inkongruenter Deckungen schließen

61 Insoweit zustimmend *Klinck*, Die Grundlagen der besonderen Insolvenzanfechtung, S. 398.
62 *Bräuer*, Ausschluss der Insolvenzanfechtung bei Bargeschäften, S. 58.
63 So Begr. RegE BT-Drs. 12/2443, S. 167 = *Uhlenbruck*, Das neue Insolvenzrecht, S. 495.
64 Vgl. *Bräuer*, Ausschluss der Insolvenzanfechtung bei Bargeschäften, S. 56.
65 BGHZ 123, 320 ff. (v. 30.9.1993).
66 So zu Recht *Klinck*, Die Grundlagen der besonderen Insolvenzanfechtung, S. 399.

zu wollen[67]. In jedem Fall hindert der Verweis des Regierungsentwurfs auf einen vermeintlichen „Grundsatz des geltenden Konkursrechts“ nicht daran, das schon zur KO anerkannte Erfordernis einer Verknüpfung von Leistung und Gegenleistung durch Parteivereinbarung im Wege der Auslegung weiter zu präzisieren, womit es alsdann letztlich nur konsequent ist, nicht dieser Parteiabrede entsprechende inkongruente Deckungen aus dem Anwendungsbereich des § 142 InsO auszuscheiden[68].

Nicht zu folgen ist zuletzt auch den in teleologischer Hinsicht vorgebrachten Argumenten, da es diesbezüglich zu berücksichtigen gilt, dass § 142 InsO eine Abweichung von der sonst geltenden insolvenzrechtlichen Haftungsverteilung statuiert, indem dort der individuellen Sicherung bzw. Befriedigung eines einzigen Gläubigers Vorrang vor der quotalen Befriedigung aller Insolvenzgläubiger eingeräumt wird und diese Funktion einer Ausnahmeregelung vom Prinzip der par conditio creditorum grundsätzlich für eine restriktive Handhabung spricht[69]. Dies gilt insbesondere für die Anfechtung nach § 131 InsO, deren Zweck es ist, dem Grundsatz der Gläubigergleichbehandlung unter erleichterten Voraussetzungen zur Durchsetzung zu verhelfen, weil der Anfechtungsgegner bei Erlangung einer inkongruenten Deckung weniger schutzwürdig erscheint, weshalb nicht so recht einzusehen wäre, warum dieser alsdann im Bereich der Bargeschäftsausnahme nach denselben Maßstäben privilegiert werden soll wie der Empfänger einer kongruenten Deckung. Dabei verfängt auch der Verweis auf das Gesetzesziel nicht, masseneutrale Austauschgeschäfte der Anfechtung zu entziehen, da dieses nur sicherstellen will, dass der Schuldner in der Krise nicht gänzlich (!) vom Geschäftsverkehr ausgeschlossen wird, was aber nicht unbedingt bedeutet, dass dieser weiterhin fast vollumfänglich am Geschäftsverkehr teilhaben soll[70]. Hinzu kommt, dass – mit Ausnahme der Verrechnung im Kontokorrent, für welche sich die Frage einer Anwendbarkeit des § 142 InsO auf die Anfechtung nach § 131 InsO ohnehin nur dann stellt, wenn man entgegen der hier vertretenen Ansicht *(s.o. Seite 326 f.)* nicht generell von einer kongruenten Deckung ausgeht – weder rechtlich noch wirtschaftlich ein Grund erkennbar ist, weshalb ein nicht der Parteivereinbarung entsprechender Leistungsaustausch in der Krise des Schuldners zu privilegieren wäre[71].

Insgesamt ist daher mit der h.L. davon auszugehen, dass inkongruente Deckungen grundsätzlich vom Anwendungsbereich des § 142 InsO ausgeschlossen sind. Zur Begründung bedarf es dabei allerdings keiner „teleologischen Reduktion“ der

---

67 In diese Richtung aber *Tinnefeld*, Auf- und Verrechnungsmöglichkeit von Kreditinstituten, S. 273 ff.

68 *Kreft*, in: HK-InsO, § 142 Rn. 9.

69 *Bräuer*, Ausschluss der Insolvenzanfechtung bei Bargeschäften, S. 43, 59; vgl. auch *Huber*, in: Gottwald, Insolvenzrechts-Handbuch, § 46 Rn. 78; *dens.*, in: Graf-Schlicker, InsO, § 142 Rn. 2: „strenger Maßstab“.

70 *Kayser*, in: FS Fischer, S. 267, 272.

71 *Ede/Hirte*, in: Uhlenbruck/Hirte/Vallender, InsO, § 142 Rn. 6; *Huber*, in: Graf-Schlicker, InsO, § 142 Rn. 13; hiergegen *Klinck*, Die Grundlagen der besonderen Insolvenzanfechtung, S. 400.

Vorschrift[72], vielmehr ist es deutlich naheliegender, mit der ganz überwiegenden Ansicht davon auszugehen, dass es bei einer nicht wie vereinbart erbrachten Leistung von vornherein an einer durch eine Parteivereinbarung vermittelten Verknüpfung von Leistung und Gegenleistung fehlt und ein Bargeschäft damit schon „rein begrifflich" ausscheiden muss[73]. Für die hier zu untersuchende konsensuale Aufrechnung folgt aus dem eben formulierten Ergebnis, dass eine Privilegierung durch § 142 InsO im Hinblick auf Deckungen, die auf einer Aufrechnungsvereinbarung über schon existente oder gleichzeitig begründete Forderungen beruhen, schon dem Grunde nach nicht in Betracht kommt, womit als potentielle Anwendungsbereiche lediglich die Aufrechnung durch einen antizipierten Aufrechnungsvertrag oder aufgrund eines Aufrechnungsvoraussetzungsvertrages über künftige Forderungen oder sowie die Verrechnung im Kontokorrent verbleiben.

c) Einordnung der verbleibenden Varianten der konsensualen Aufrechnungen unter die Voraussetzungen des § 142 InsO

aa) Keine Erfüllung des Bargeschäftstatbestandes durch die antizipiert vereinbarte Aufrechnungsmöglichkeit als solche

Für die nach den vorstehenden Ausführungen verbleibenden Varianten der vertraglichen Aufrechnung ist zunächst festzustellen, dass es in den Fällen, in denen nicht unmittelbar mit dem Eintritt der Aufrechnungslage eine Tilgung der wechselseitigen Forderungsrechte eintritt – also dem Aufrechnungsvoraussetzungsvertrag über künftige Forderungen und der Verrechnung im Periodenkontokorrent – auch für die Beurteilung des Bargeschäftscharakters nicht auf die spätere Verrechnung, sondern auf die Herstellung der Aufrechnungs- bzw. Verrechnungsmöglichkeit abzustellen ist, denn nur diese ist die im Bereich des Aufrechnungsrechts relevante Deckung, deren Anfechtbarkeit gegebenenfalls nach § 142 InsO ausgeschlossen sein kann[74]. Es kommt folglich entgegen einer bisweilen zur gesetzlichen Aufrechnung vertretenen Auffassung[75] in diesen Fällen nicht darauf an, ob für die spätere Befriedigung des Insolvenzgläubigers und den damit einhergehenden Verlust der massezugehörigen Forderung eine gleichwertige Leistung in das schuldnerische Vermögen gelangt ist, sondern darauf, ob die Belastung der Schuldnerforderung mit dem durch die Aufrechnungs- bzw. Verrechnungslage begründeten Sicherungsrecht des Insolvenzgläubigers durch eine solche kompensiert wurde. Abgesehen vom insoweit unterschiedlichen Bezugspunkt des Unmittelbarkeitskriteriums ändert sich hierdurch für die grundsätzliche Anwendbarkeit des Bargeschäftsprivilegs allerdings wenig, da die Gewährung

72 So aber *Kreft* (Fn. 54).

73 S. hierzu Nachweise unter Fn. 55.

74 Vgl. *Klinck*, Die Grundlagen der besonderen Insolvenzanfechtung, S. 432.

75 BGH NZI 2010, 985, 988; vgl. auch OLG Dresden DZWIR 2001, 470, 471; *Ganter/Weinland*, in: K. Schmidt, InsO, § 142 Rn. 13; *Kirchhof*, in: MünchKomm InsO, § 142 Rn. 4a.

einer Sicherheit – wie oben im Rahmen der einzelnen Tatbestandsmerkmale dargelegt – aufgrund der damit verbundenen Belastung des schuldnerischen Vermögens in gleicher Weise eine Leistung i.S.d § 142 InsO darstellen kann wie die Herbeiführung einer Befriedigung.

Wenngleich damit nach dem weit zu interpretierenden Leistungsbegriff des § 142 InsO für die Herstellung einer Aufrechnungslage aufgrund einer Aufrechnungsvoraussetzungsvereinbarung über künftige Forderungen bzw. die Herbeiführung der im Voraus vereinbarten Aufrechnung eine Leistung des Schuldners ohne Weiteres bejaht werden kann[76], ist bereits die daran anschließende Frage weitaus schwieriger zu beantworten, worin in diesen Fällen die Gegenleistung des Insolvenzgläubigers zu sehen ist, die in das Vermögen des Schuldners gelangt ist. Soweit bei Herstellung einer Aufrechnungsmöglichkeit aufgrund einer vorweggenommenen Vereinbarung über Aufrechnungsvoraussetzungen auch eine Aufrechnungsbefugnis für den Schuldner entsteht, ließe sich zunächst daran denken, dass die Gegenleistung bereits in der Gewährung einer Sicherung für eine Forderung gegen den Insolvenzgläubiger liegen könnte, welche der Schuldner mit der Aufrechnungslage erlangt. Eine solche Betrachtungsweise wäre jedenfalls mit den Tatbestandserfordernissen des Vorliegens einer Parteivereinbarung und der Unmittelbarkeit in Einklang zu bringen, da das Sicherungsrecht des Schuldners zugleich mit dem des Insolvenzgläubigers zur Entstehung gelangen würde und beide durch die zugrundeliegende Aufrechnungsvereinbarung rechtsgeschäftlich verbunden wären. Es fehlt hier indes bereits an einer ausreichenden Gegenleistung, weil die spätere Insolvenzmasse auf Basis des erworbenen Sicherungsrechts allenfalls eine Befreiung von einer Verbindlichkeit, aber keinen tatsächlichen Vermögenszuwachs erlangen würde[77]. Überdies könnte die erbrachte Gegenleistung nicht als gleichwertig angesehen werden, denn während die Forderung des Insolvenzgläubigers durch ein vollwertiges Forderungsrecht der Masse gesichert wäre, bestünde die Sicherung der massezugehörigen Forderung nur aus einem Forderungsrecht, für welches aufgrund der bereits eingetretenen wirtschaftlichen Krise des Schuldners lediglich die Insolvenzquote zu beanspruchen wäre.

Des Weiteren sprechen auch teleologische Erwägungen gegen einen derartigen Ansatz, da auf dessen Basis nahezu jede Herstellung einer vertraglich vereinbarten Aufrechnungsmöglichkeit – oder auch einer gesetzlichen Aufrechnungslage – der Deckungsanfechtung entzogen wäre, was ersichtlich nicht der Intention des

---

76 Anders *Klinck*, Die Grundlagen der besonderen Insolvenzanfechtung, S. 433 und *v. Usslar*, BB 1980, 916, 919, die eine Leistung des Schuldners nur dann annehmen wollen, wenn dieser an der die Aufrechnungsmöglichkeit begründenden Rechtshandlung mitgewirkt hat.

77 Ähnlich zur gesetzlichen Aufrechnung BGH NZI 2010, 985, 988; OLG Dresden DZWIR 2001, 470, 471; *Kirchhof*, in: MünchKomm InsO, § 142 Rn. 4a, die aber unmittelbar auf die Aufrechung selbst und die damit eintretende Verringerung der schuldnerischen Verbindlichkeiten abstellen.

§ 96 Abs. 1 Nr. 3 InsO entsprechen kann[78]. Aus denselben Gründen kann im Bereich der Aufrechnung aufgrund eines antizipierten Aufrechnungsvertrages ebenfalls nicht bereits die zugleich eintretende Befriedigung des Insolvenzschuldners für seine gegen den Gläubiger gerichtete Forderung eine Anwendbarkeit des Bargeschäftsprivilegs begründen. Zum einen wird auch hier das schuldnerische Vermögen lediglich von einer Verbindlichkeit befreit, was aber als Gegenleistung i.S.d. § 142 InsO nicht ausreicht; zum anderen wäre diese Gegenleistung auch nicht als gleichwertig anzusehen, weil die Forderung gegen den Schuldner im Vorfeld der Insolvenz bereits wirtschaftlich entwertet ist.

Im Ergebnis ist damit sowohl bei Herstellung einer Aufrechnungslage aufgrund eines Aufrechnungsvoraussetzungsvertrages als auch bei einer antizipiert vereinbarten vertraglichen Aufrechnung eine Gegenleistung des Insolvenzgläubigers erforderlich, die über eine Sicherung des Insolvenzschuldners für seine Forderung oder eine Befreiung von der gegen ihn gerichteten Forderung hinausreicht[79]. Dabei kann allerdings im Bereich der vertraglich verabredeten Aufrechnungsmöglichkeit entgegen einer vereinzelt vertretenen Ansicht[80] eine weitergehende Gegenleistung noch nicht darin gesehen werden, dass der Insolvenzgläubiger wegen der ihm eingeräumten Aufrechnungsbefugnis für einen gewissen Zeitraum darauf verzichtet, die eigene Forderung einzuziehen, und dem Schuldner damit Liquidität belässt, weil auf diese Weise dem Schuldner noch kein neuer Vermögenswert zugeführt wird[81].

bb) Die Aufrechnung aufgrund vorheriger Vereinbarung als Leistung des Schuldners im Rahmen eines gegenseitigen Vertrages

Ein tatsächlicher und effektiver Vermögenszufluss und damit eine ausreichende Gegenleistung ist in beiden vorgenannten Varianten der konsensualen Aufrechnung im Grunde nur dann vorstellbar, wenn der Insolvenzschuldner eine noch nicht aufrechenbare Forderung besitzt und alsdann ein gegenseitiger Vertrag geschlossen wird, aufgrund dessen zum einen der Insolvenzgläubiger eine Forderung gegen den Insolvenzschuldner erhält und somit die vertraglich vereinbarte Aufrechnungsmöglichkeit zur Entstehung gelangt, zum anderen der Insolvenzgläubiger aufgrund dieses gegenseitigen Vertrages unmittelbar eine Leistung in das schuldnerische Vermögen erbringt[82]. Hiergegen lässt sich in Bezug auf die Begründung einer

78 So zur Begründung einer gesetzlichen Aufrechnungslage *Klinck*, Die Grundlagen der besonderen Insolvenzanfechtung, S. 433.

79 Vgl. zur gesetzlichen Aufrechnung auch *Klinck*, Die Grundlagen der besonderen Insolvenzanfechtung, S. 433.

80 *Klinck*, Die Grundlagen der besonderen Insolvenzanfechtung, S. 434 in Bezug auf eine einseitige gesetzliche Aufrechnungsbefugnis des Insolvenzgläubigers.

81 BGHZ 174, 297, 311; BGH NZI 2009, 436, 437.

82 Im Ergebnis für die gesetzliche Aufrechnung ähnlich OLG Dresden DZWIR 2001, 470, 471; *Kirchhof*, in: MünchKomm InsO, § 142 Rn. 4a; *Klinck*, Die Grundlagen der besonderen Insolvenzanfechtung, S. 436, wobei letzterer allerdings die Sicherung

vertraglich verabredeten Aufrechnungslage auch nicht einwenden, dass die Leistung des Insolvenzgläubigers ihre Gegenleistung in dem finde, was der Insolvenzschuldner aufgrund des gegenseitigen Vertrages schulde, und die Sicherung des Gläubigers demgegenüber einen Mehrwert darstelle, der von der erbrachten Leistung des Gläubigers nicht gedeckt sei[83]. Denn die Begründung einer Verbindlichkeit stellt für sich genommen überhaupt keine Leistung i.S.d. § 142 InsO dar, da auf deren Basis weder ein Vermögenszufluss noch ein Vermögensabfluss erfolgt[84]. Hinzu kommt, dass die Sicherung des Insolvenzgläubigers im vorliegenden Fall den Gegenwert der in das schuldnerische Vermögen erbrachten Leistung auch nicht übersteigt, da sie nicht mehr als eine Herbeiführung der geschuldeten Befriedigung erlaubt.

Die Anwendung des Bargeschäftsprivilegs scheitert dabei in der eben dargestellten Konstellation auch nicht an den übrigen Tatbestandsvoraussetzungen des § 142 InsO. So liegt hier zum einen mit dem gegenseitigen Vertrag eine Parteivereinbarung vor, aufgrund derer eine rechtsgeschäftliche Verbindung von Leistung und Gegenleistung besteht. Zum anderen ist auch grundsätzlich eine objektive Gleichwertigkeit derselben gegeben, soweit der aufzurechnende Zahlungsanspruch des Insolvenzgläubigers der seinerseits erbrachten Gegenleistung entspricht. Das Kriterium der Unmittelbarkeit wird man nach der überwiegend angenommenen Höchstfrist für gegenseitige Verträge *(s.o. Seite 332)* dann noch als gewahrt ansehen dürfen, wenn zwischen Begründung der Aufrechnungsmöglichkeit und Erbringung der Gegenleistung nicht mehr als 30 Tage liegen.

Da es nach h.L. für die Anwendbarkeit des § 142 InsO auf die Reihenfolge von Leistung und Gegenleistung grundsätzlich nicht ankommt[85], ist im Hinblick auf die vorstehend erörterte Konstellation das Vorliegen eines Bargeschäfts an sich auch dann denkbar, wenn zunächst der Abschluss eines gegenseitiges Vertrages erfolgt, aufgrund dessen der Insolvenzgläubiger eine Leistung in das schuldnerische Vermögen erbringt und nachfolgend durch Begründung einer Forderung des Insolvenzschuldners eine Aufrechnungsmöglichkeit geschaffen wird, soweit dabei die Voraussetzungen des Unmittelbarkeitskriteriums gewahrt sind[86]. Die Annahme eines Bargeschäfts würde in diesem Fall jedenfalls nicht daran scheitern, dass nach

durch Herstellung einer Aufrechnungslage nur in ganz eingeschränktem Umfang für privilegierungswürdig erachtet und deshalb für die eben erörterte Konstellation auf die spätere Aufrechnung selbst abstellt, auf welche er alsdann § 142 InsO analog zur Anwendung bringen will. In dieselbe Richtung auch *Rafiqpoor/Wilmes*, NZI 2009, 91, 94.

83 So aber *Klinck*, Die Grundlagen der besonderen Insolvenzanfechtung, S. 433 f.

84 Vgl. *Bräuer*, Ausschluss der Insolvenzanfechtung bei Bargeschäften, S. 86; *Raschke*, Funktionen und Abgrenzung des Bargeschäftstatbestandes in § 142 InsO, S. 118.

85 BGH WM 1999, 781, 784; WM 2001, 689, 691; *Bräuer*, Ausschluss der Insolvenzanfechtung bei Bargeschäften, S. 65; *Ganter/Weinland*, in: K. Schmidt, InsO, § 142 Rn. 17; *Kreft*, in: HK-InsO, § 142 Rn. 3.

86 Von vornherein ablehnend *Klinck*, Die Grundlagen der besonderen Insolvenzanfechtung, S. 435.

den eingangs getätigten Ausführungen die bloße Sicherung des Schuldners mit einer gegen ihn gerichteten Verbindlichkeit oder die Befreiung von selbiger nicht als Gegenleistung i.S.d. § 142 InsO ausreicht, weil der Schuldner seine darüber hinausreichende Gegenleistung ja bereits vorab empfangen hat. Allerdings wird es regelmäßig an einer rechtsgeschäftlichen Verknüpfung zwischen Leistung und Gegenleistung mangeln, da die Aufrechnungsbefugnis und der Anspruch auf die Gegenleistung hier nicht schon durch den Abschluss eines einzigen gegenseitigen Vertrages begründet sind und darin ihre gemeinsame Grundlage finden. Ein Bargeschäft kann insoweit nur dann vorliegen, wenn bereits in dem der Leistung des Gläubigers zugrundeliegenden gegenseitigen Vertrag oder in einer nachfolgenden, bis zur Erbringung der ersten Leistung geschlossenen Vereinbarung, die Befriedigung des Insolvenzgläubigers für seine Leistung durch Aufrechnung mit dem in Aussicht genommenen Anspruch des Schuldners verabredet wird.

Abgesehen von den vorstehend erörterten Fallkonstellationen kommt alsdann eine Privilegierung konsensualer Aufrechnungen durch die Bargeschäftsregelung grundsätzlich nicht in Betracht. Dies gilt – soweit nicht die Voraussetzungen des eben genannten Ausnahmefalles gegeben sind – insbesondere dann, wenn der Insolvenzgläubiger einen Gegenstand aus dem Schuldnervermögen erwirbt und hierdurch ein Recht zur Aufrechnung mit einer schon bestehenden Forderung erlangt. Hier wird weder eine Anfechtung der Aufrechnungsmöglichkeit noch eine Anfechtung der Erfüllungshandlung des Schuldners durch § 142 InsO ausgeschlossen, denn zum einen bestünde in diesem Fall die Gegenleistung gerade nur in einer Besicherung der Schuldnerforderung mit der bestehenden Forderung des Insolvenzgläubigers oder in der Befreiung von dieser, welche aber nach dem oben Ausgeführten nicht als Gegenleistung ausreicht[87]. Zum anderen dient die Zuwendung aus dem Schuldnervermögen nur der nachträglichen Deckung einer Altforderung, welche der Bargeschäftsausnahme aber grundsätzlich nicht unterfallen kann[88].

Die eben dargestellten Grundsätze zur Privilegierung konsensual begründeter Aufrechnungsmöglichkeiten gelten dabei nicht allein für die Aufrechnung aufgrund eines Aufrechnungsvoraussetzungsvertrages und die antizipierte Aufrechnung durch Vertrag, sondern lassen sich in gleicher Weise auf die Herstellung einer Verrechnungslage im Kontokorrent außerhalb des Bankkontokorrentverhältnisses übertragen. Für die Begründung einer Verrechnungslage im Bankkontokorrent ist hingegen in Judikatur und Literatur seit Langem hoch umstritten, inwieweit die Bargeschäftsausnahme auch hier zur Anwendung kommen kann, weshalb die hierzu vertretenen Ansichten nachfolgend in einem eigenen Abschnitt erörtert werden.

87 Vgl. auch BGHZ 89, 189, 195; *Windel*, in: Jaeger, InsO, § 96 Rn. 55.
88 Vgl. *Kirchhof*, in: MünchKomm InsO, § 142 Rn. 6; *Klinck*, Die Grundlagen der besonderen Insolvenzanfechtung, S. 434, 436.

d) Der Bargeschäftscharakter von Verrechnungen im Bankkontokorrent bei Zulassung von Verfügungen über den Verrechnungsbetrag

aa) Die unterschiedlichen Auffassungen zum Vorliegen eines Bargeschäfts

Einigkeit besteht hier zumindest insofern, als ein Ausschluss der Anfechtbarkeit nach § 142 InsO jedenfalls dann nicht in Betracht kommt, wenn es durch die Verrechnung von eingegangenen Gutschriften im Anfechtungszeitraum zu einer Reduzierung des bisherigen Debetsaldo kommt, weshalb dieser Betrag stets als „anfechtungsrechtliches Minimum" in die Insolvenzmasse zu erstatten ist[89]. Sofern das Kreditinstitut hingegen in Bezug auf den Verrechnungsbetrag in demselben Zeitraum auch Verfügungen des Schuldners zugelassen hat, wird nach ganz überwiegender Auffassung dem Grunde nach ein Anfechtungsausschluss bejaht, wobei allerdings die Ansichten, unter welchen Voraussetzungen und in welchem Umfang in diesen Fällen eine Anwendung des § 142 InsO möglich ist, ganz erheblich differieren. Im Ausgangspunkt stimmen die verschiedenen Ansätze grundsätzlich insoweit ganz überwiegend überein, als sie das Tatbestandserfordernis einer Leistung des Schuldners hauptsächlich in der Gutschrift der zugunsten des schuldnerischen Kontos eingegangenen Zahlungseingänge erfüllt sehen[90]. Des Weiteren ist auch fast ausnahmslos anerkannt, dass in der Zulassung weiterer Verfügungen durch das Kreditinstitut und der damit verbundenen erneuten Kreditgewährung an den späteren Insolvenzschuldner eine Gegenleistung in das schuldnerische Vermögen gelangt ist[91].

---

89 BGH ZInsO 2009, 1054, 1056; *Ganter/Weinland*, in: K. Schmidt, InsO, § 142 Rn. 48; *Heublein*, ZIP 2000, 161, 171; *Stiller*, ZInsO 2002, 651, 659; *Wischemeyer*, Insolvenzanfechtung der Rückführung debitorischer Konten, S. 95 f.; vgl. auch *Windel*, in: Jaeger, InsO, § 96 Rn. 83; teilweise a.A. KG ZInsO, 2002, 324, 325 f.; krit. *Obermüller*, Insolvenzrecht in der Bankpraxis Rn. 3.176.

90 BGHZ 150, 122, 130; *Ede/Hirte*, in: Uhlenbruck/Hirte/Vallender, InsO, § 142 Rn. 51; *Ganter/Weinland*, in: K. Schmidt, InsO, § 142 Rn. 18; *Kayser*, in: FS Fischer, S. 267, 277; *Spliedt*, ZInsO 2002, 208, 210; *Wischemeyer*, Insolvenzanfechtung der Rückführung debitorischer Konten, S. 73. Etwas anders *Bräuer*, Ausschluss der Insolvenzanfechtung bei Bargeschäften, S. 117 sowie *Tinnefeld*, Auf- und Verrechnungsmöglichkeit von Kreditinstituten, S. 281 f., denen zufolge das Zulassen von Zahlungseingängen auf das debitorische Konto bzw. die Zuweisung des Anspruchs auf Gutschrift an das Kreditinstitut durch den Schuldner die Leistung des Schuldners darstellen sollen. Wenig überzeugend zudem *Gehrlein*, ZInsO 2010, 1857, 1861, der die Leistung des Schuldners in der Rückführung seiner Verbindlichkeit gegenüber der Bank erblicken will und damit nicht auf die an sich anfechtungsrechtlich maßgebliche Verrechnungslage, sondern auf die Verrechnung selbst abstellt.

91 BGHZ 150, 122, 130; BGH NZI 2008, 175, 176; *Ede/Hirte*, in: Uhlenbruck/Hirte/Vallender, InsO, § 142 Rn. 51; *Gehrlein*, ZInsO 2010, 1857, 1861; *Kayser*, in: FS Fischer, S. 267, 277; *Kirchhof*, in: MünchKomm InsO, § 142 Rn. 13a; *Spliedt*, ZInsO 2002, 208, 210; *Tinnefeld*, Auf- und Verrechnungsmöglichkeit von Kreditinstituten, S. 282 ff.; *Wischemeyer*, Insolvenzanfechtung der Rückführung debitorischer Konten, S. 73; krit. *Windel*, in: Jaeger, InsO, § 96 Rn. 83.

Der BGH und die ihm folgende h.L. gehen insgesamt von einem weitgehenden Ausschluss der Anfechtbarkeit von Verrechnungen im Bankkontokorrent nach § 142 InsO aus, soweit das Kreditinstitut den Insolvenzschuldner die verrechneten Gutschriftsbeträge für weitere Verfügungen in Anspruch nehmen lässt. Dieser Ansicht nach stellt bereits der Kontokorrentvertrag eine Parteivereinbarung i.S.d. § 142 InsO dar, aufgrund derer eine rechtsgeschäftliche Verknüpfung der Zahlungseingänge und Zahlungsausgänge vom Konto des Schuldners gegeben sei; eine besondere individuelle Vereinbarung in Bezug auf jede einzelne Gut- und Lastschrift sei hierzu nicht erforderlich[92]. Für das Vorliegen eines Bargeschäfts soll es insoweit unerheblich sein, ob der Schuldner den vereinbarten Kreditrahmen vollumfänglich ausschöpft und ob er ohne die Verrechnungen die Kreditlinie überschritten hätte[93]. Ebensowenig soll es darauf ankommen, ob die Bank nicht alle, sondern nur einzelne Zahlungsaufträge des Schuldners ausgeführt hat[94] und in welcher zeitlichen Reihenfolge die zu verrechnenden Gut- und Lastschriften zu Entstehung gelangt sind[95], wobei nach einer Ansicht im Schrifttum ein unmittelbarer Zusammenhang allerdings dann ausscheiden soll, wenn die Verrechnung den letzten Akt vor Schließung des Kontos darstellt[96].

---

92 BGHZ 150, 122, 130; BGH ZIP 1999, 665, 668; *Brandes/Lohmann*, in: MünchKomm InsO, § 96 Rn. 33; *Bräuer*, Ausschluss der Insolvenzanfechtung bei Bargeschäften, S. 120; *Ede/Hirte*, in: Uhlenbruck/Hirte/Vallender, InsO, § 142 Rn. 51; *Ganter/Weinland*, in: K. Schmidt, InsO, § 142 Rn. 19; *Huber*, in: Gottwald, Insolvenzrechts-Handbuch, § 46 Rn. 88; *Kayser*, in: FS Fischer, S. 267, 277; *Kirchhof*, in: MünchKomm InsO, § 142 Rn. 5; *ders.*, ZInsO 2003, 149, 154; *Zuleger*, ZInsO 2002, 49, 52; unentschieden *Gehrlein*, ZInsO 2010, 1857, 1861: Girovertrag oder Kontokorrentabrede".

93 BGHZ 150, 122, 131; *Ede/Hirte*, in: Uhlenbruck/Hirte/Vallender, InsO, § 142 Rn. 51; *Huber*, in: Gottwald, Insolvenzrechts-Handbuch, § 46 Rn. 88; *ders.*, in: Graf-Schlicker, InsO, § 142 Rn. 10; *Kirchhof*, in: MünchKomm InsO, § 142 Rn. 13a; *ders.*, ZInsO 2003, 149, 154; *Kreft*, in: HK-InsO, § 142 Rn. 10; *Rogge/Leptien*, in: HambKomm InsO, § 142 Rn. 5.

94 BGH NJW 2003, 360, 362; *Bräuer*, Ausschluss der Insolvenzanfechtung bei Bargeschäften, S. 128; *Ganter/Weinland*, in: K. Schmidt, InsO, § 142 Rn. 19; *Huber*, in: Gottwald, Insolvenzrechts-Handbuch, § 46 Rn. 88; *ders.*, in: Graf-Schlicker, InsO, § 142 Rn. 10; *Kirchhof*, in: MünchKomm InsO, § 142 Rn. 13a; *Obermüller*, Insolvenzrecht in der Bankpraxis Rn. 3.176; *Rogge/Leptien*, in: HambKomm InsO, § 142 Rn. 5.

95 BGHZ 150, 122, 131; BGH ZIP 2001, 524, 526; *Bork*, Zahlungsverkehr in der Insolvenz Rn. 226; *Huber*, in: Gottwald, Insolvenzrechts-Handbuch, § 46 Rn. 88; *ders.*, in: Graf-Schlicker, InsO, § 142 Rn. 10; *Kirchhof*, in: MünchKomm InsO, § 142 Rn. 13a; *ders.*, ZInsO 2003, 149, 154; *Kreft*, in: HK-InsO, § 142 Rn. 10; *Rogge/Leptien*, in: HambKomm InsO, § 142 Rn. 5; *Spliedt*, ZInsO 2002, 208, 212; vgl. auch *Tinnefeld*, Auf- und Verrechnungsmöglichkeit von Kreditinstituten, S. 321 f.

96 *Ganter/Weinland*, in: K. Schmidt, InsO, § 142 Rn. 19; *Gehrlein*, ZInsO 2010, 1857, 1861; *Huber*, in: Gottwald, Insolvenzrechts-Handbuch, § 46 Rn. 88; *ders.*, in: Graf-Schlicker, InsO, § 142 Rn. 10; *Kirchhof*, in: MünchKomm InsO, § 142 Rn. 13a; *Kirstein*, ZInsO 2014, 1921, 1932.

Grundsätzlich ist nach der Literatur ein unmittelbarer Zusammenhang jedenfalls dann zu bejahen, wenn der zeitliche Abstand zwischen den einzelnen Verfügungen nicht mehr als zwei Wochen beträgt[97]. Des Weiteren erachtet die h.L. die erneute Ermöglichung von Kontoverfügungen auch als gleichwertige Gegenleistung für die Begründung der Verrechnungslage und sieht die Gleichwertigkeit lediglich dann nicht als gegeben an, wenn das Kreditinstitut die Verrechnungsbeträge zur Tilgung eigener Forderungen einsetzt, also das eingangs genannte „anfechtungsrechtliche Minimum" unterschreitet[98]. Hierbei soll aber nicht der Debetsaldo nach jeder einzelnen Ein- oder Auszahlung maßgeblich sein, sondern das rechnerische Verhältnis von Anfangs- und Endsaldo im gesamten von der Anfechtung erfassten Zeitraum, soweit innerhalb desselben die eben genannten Voraussetzungen des Unmittelbarkeitskriteriums gewahrt wurden[99].

Der Ansatz der h.L. begegnet im übrigen Schrifttum einer Vielzahl von Einwänden. So wird von einer Ansicht bereits das Vorliegen einer ausreichenden rechtsgeschäftlichen Verknüpfung von Leistung und Gegenleistung verneint, da der Kontokorrentvertrag keine Zuordnung der Leistung des Schuldners zu einer bestimmten Leistung des Kreditinstituts treffe und daher keine sachliche Verknüpfung der wechselseitigen Ansprüche begründen könne; vielmehr sei insoweit eine individuelle Absprache über den konkret vorzunehmenden Leistungsaustausch erforderlich[100]. Die Meinungen divergieren anschließend allerdings etwas dahingehend, welche rechtlichen Folgerungen aus dieser Feststellung zu ziehen sein sollen. Während in Teilen, abgesehen vom Vorliegen einer individuellen Parteivereinbarung, eine Anwendbarkeit des § 142 InsO

---

97 BGH NJW 1999, 3264, 3266; WM 2001, 689, 691; NJW 2002, 1722, 1724; NZI 2008, 175, 176; *Huber*, in: Gottwald, Insolvenzrechts-Handbuch, § 46 Rn. 88; *ders.*, in: Graf-Schlicker, InsO, § 142 Rn. 10 („zwei bis höchstens vier Wochen"); *Kirchhof*, in: MünchKomm InsO, § 142 Rn. 18a; *ders.*, ZInsO 2003, 149, 154; *Kreft*, in: HK-InsO, § 142 Rn. 10; *Obermüller*, Insolvenzrecht in der Bankpraxis Rn. 3.176; *Rogge/Leptien*, in: HambKomm InsO, § 142 Rn. 5; vgl. auch *Stiller*, ZInsO 2002, 651, 658; *Tinnefeld*, Auf- und Verrechnungsmöglichkeit von Kreditinstituten, S. 360 f.; *Wischemeyer*, Insolvenzanfechtung der Rückführung debitorischer Konten, S. 73, die dies aber als Höchstfrist begreifen.

98 BGHZ 150, 122, 128, 130; BGH NJW 2003, 360, 361 f.; NZI 2005, 630, 630; *Dauernheim*, in: FK-InsO, § 130 Rn. 33; *Ede/Hirte*, in: Uhlenbruck/Hirte/Vallender, InsO, § 142 Rn. 52; *Huber*, in: Gottwald, Insolvenzrechts-Handbuch, § 46 Rn. 88; *ders.*, in: Graf-Schlicker, InsO, § 142 Rn. 10; *Kirchhof*, in: MünchKomm InsO, § 142 Rn. 13b; *Kreft*, in: HK-InsO, § 142 Rn. 10; vgl. auch *Gehrlein*, ZInsO 2010, 1857, 1861 f.

99 BGH NJW 2001, 1650, 1651 f.; *Ede/Hirte*, in: Uhlenbruck/Hirte/Vallender, InsO, § 142 Rn. 53; *Kirchhof*, ZInsO 2003, 149, 155; *Obermüller*, Insolvenzrecht in der Bankpraxis Rn. 3.176; vgl. auch *Thole*, in: K. Schmidt, InsO, § 96 Rn. 24.

100 *Dampf*, KTS 1998, 145, 166 f.; *Raschke*, Funktionen und Abgrenzung des Bargeschäftstatbestandes in § 142 InsO, S. 105 f.; *Tinnefeld*, Auf- und Verrechnungsmöglichkeit von Kreditinstituten, S. 292; *v. Usslar*, BB 1980, 916, 919; *Wischemeyer*, Insolvenzanfechtung der Rückführung debitorischer Konten, S. 83; krit. auch *Windel*, in: Jaeger, InsO, § 96 Rn. 87.

grundsätzlich abgelehnt wird[101], befürworten einige jüngere Stellungnahmen eine analoge Anwendung der Bargeschäftsregelung[102], wobei sie alsdann im Ergebnis weitgehend zu ähnlichen Ergebnissen gelangen wie die h.L. Einen ganz anderen Ansatz verfolgt demgegenüber eine einzelne Auffassung in der Literatur, welche das Vorliegen einer rechtsgeschäftlichen Verbindung von Leistung und Gegenleistung zwar nicht prinzipiell verneint, diese aber nicht im Kontokorrentvertrag begründet sehen will, sondern in der Vereinbarung des Kontokorrentkredits, da der dem Zahlungsausgang zugrunde liegende Darlehensauszahlungsanspruch infolge der Verrechnung von Zahlungseingängen in höherem Umfang zur Verfügung stehe[103].

Überwiegend wird allerdings von den der h.L. widersprechenden Teilen der Literatur die Tauglichkeit des Kontokorrentvertrages zur rechtsgeschäftlichen Verknüpfung von Leistung und Gegenleistung nicht grundsätzlich bestritten, sondern dem gegenüber geltend gemacht, dass es in dem Umfang an der Gleichwertigkeit derselben fehlen würde, in welchem der Kreditrahmen des späteren Insolvenzschuldners ohne die Verrechnungen noch nicht überschritten worden wäre. Denn das Kreditinstitut sei auch ohne die zur Verrechnung gestellten Zahlungseingänge schon aufgrund des Kreditvertrages verpflichtet, weitere Zahlungsausgänge zugunsten des Schuldners zuzulassen und deshalb dem Schuldner für seine Leistung keine zusätzliche Liquidität gewährt werde[104]. Bisweilen wird dabei allerdings eine Gleichwertigkeit und folglich die Anwendbarkeit des Bargeschäftsprivilegs ausnahmsweise dann bejaht, wenn die Voraussetzungen eines außerordentlichen Kündigungsrechts der Bank nach § 490 Abs. 1 BGB wegen einer die Kreditrückzahlung gefährdenden Verschlechterung der Vermögensverhältnisse gegeben sind[105].

Des Weiteren wird von einigen Vertretern der Literatur in Bezug auf die Unmittelbarkeit der erbrachten Leistungen eingewandt, dass dieses Erfordernis dann nicht als erfüllt angesehen werden könne, wenn das Kreditinstitut in Vorleistung getreten ist, d.h. seine Leistung vor Entstehung der Verrechnungslage erbracht hat, da dieses insoweit seine vorab erbrachte Leistung nur im Vertrauen auf die spätere Rückführung des Debet vorgenommen und dem Schuldner damit in Wahrheit zusätzlich

---

101 *Dampf*, KTS 1998, 145, 166 f.; *v. Usslar*, BB 1980, 916, 919.

102 *Tinnefeld*, Auf- und Verrechnungsmöglichkeit von Kreditinstituten, S. 281 f., *Wischemeyer*, Insolvenzanfechtung der Rückführung debitorischer Konten, S. 73.

103 *Peschke*, Die Insolvenz des Girokonteninhabers, S. 240.

104 OLG Hamm ZIP 2001, 1683, 1686; LG Bochum ZIP 2001, 87, 89; *Heublein*, ZIP 2000, 161, 172; *Peschke*, Die Insolvenz des Girokonteninhabers, S. 241; *Steinhoff*, ZIP 2000, 1141, 1150; *Stiller*, ZInsO 2002, 651, 659; *v. Usslar*, BB 1980, 916, 919; *Wischemeyer*, Insolvenzanfechtung der Rückführung debitorischer Konten, S. 89 f.; vgl. zudem *Dampf*, KTS 1998, 145, 166 f.; *Thole*, in: K. Schmidt, InsO, § 96 Rn. 24. So überdies auch *Bork*, Zahlungsverkehr in der Insolvenz Rn. 227; *ders.*, in: FS Kirchhof, S. 57, 68 f.; *Jacoby*, in: Bork, Handbuch der Insolvenzanfechtung, Teil 7, Kap. 16 Rn. 49, welche dies allerdings nicht als Problem der Gleichwertigkeit, sondern der Unmittelbarkeit des Leistungsaustausches ansehen.

105 *Wischemeyer*, Insolvenzanfechtung der Rückführung debitorischer Konten, S. 90 ff.

Kredit gewährt habe. Die spätere Verrechnung bewirke daher keinen masseneutralen Leistungsaustausch, sondern eine tatsächliche Masseminderung, weshalb entgegen der h.L. die Reihenfolge der Zahlungseingänge und Zahlungsausgänge gerade nicht unerheblich sei[106].

Diesem Ansatz folgt dem Grunde nach auch eine andere Einzelauffassung in der Literatur, welche dabei allerdings auf das Erfordernis eines inneren Erwartungszusammenhanges dergestalt abstellt, dass das Kreditinstitut die vorab gewährte Auszahlung in der Erwartung weiterer Zahlungseingänge vorgenommen haben muss, wobei allerdings diese Erwartungshaltung der Bank für den Bereich des üblichen Zahlungsverkehrs regelmäßig als gegeben angesehen wird und damit jedenfalls im Ergebnis keine Unterschiede zur h.L. bestehen[107]. Zusätzlich zu den eben genannten Kritikpunkten wird schließlich vereinzelt geltend gemacht, dass für die Bestimmung des sog. „anfechtungsrechtlichen Minimums", also einer stets der Anfechtung unterliegenden Debetsaldoreduzierung, nicht mit der h.M. auf den Anfangs- und Endsaldo im Anfechtungszeitraum abgestellt werden könne, vielmehr sei entsprechend der im Insolvenzanfechtungsrecht geltenden Einzelbetrachtungslehre jeder Zahlungseingang isoliert auf seine Anfechtbarkeit zu untersuchen. Maßgeblich sei deshalb nicht der Anfangssaldo, sondern der höchste Schuldensaldo im Anfechtungszeitraum, welcher durch die weiteren Verrechnungen zurückgeführt werde und daher in seinem Verhältnis zum Endsaldo den Mindestumfang der Anfechtbarkeit festlege[108].

bb) Bewertung der differierenden Ansätze

Die eben dargestellten Einwände gegen die h.L. erweisen sich insgesamt als unzutreffend. Mit Blick auf die einzelnen Tatbestandsmerkmale des Bargeschäftsprivilegs gilt es indes zunächst darauf hinzuweisen, dass die Leistung des Schuldners entgegen einer diesbezüglich zumeist gebräuchlichen Formulierung nicht in der in das Kontokorrent eingestellten Gutschrift, sondern in der Gewährung einer Sicherheit für die Forderungen des Kontokorrentpartners zu sehen ist, welche mit der durch den Zahlungseingang entstehenden Verrechnungslage begründet wird, denn dies ist die Deckung, welche auf Grundlage des § 142 InsO privilegiert werden soll[109]. Die Gegenleistung des Kreditinstituts wird dem gegenüber zutreffend in der Ermöglichung weiterer Verfügungen des Schuldners und der damit verbundenen Einräumung eines erneuten Kredits verortet. Dabei ist allerdings dahingehend eine Präzisierung erforderlich, dass eine Gegenleistung des Kreditinstituts nicht schon darin liegt, dass dem Schuldner die Option erneuter Verfügungen über das Konto eröffnet wird, sondern nur dann angenommen werden kann, wenn der Schuldner

---

106 *Peschke*, Die Insolvenz des Girokonteninhabers, S. 243 ff.; vgl. auch *Raschke*, Funktionen und Abgrenzung des Bargeschäftstatbestandes in § 142 InsO, S. 96 f.; *Windel*, in: Jaeger, InsO, § 96 Rn. 86.

107 *Steinhoff*, ZIP 2000, 1141, 1150.

108 *Bork*, in: FS Kirchhof, S. 57, 68 f.; *Rigol/Homann*, ZIP 2003, 15, 17.

109 Vgl. auch *Klinck*, Die Grundlagen der besonderen Insolvenzanfechtung, S. 450 f.

den Kreditbetrag tatsächlich in Anspruch nimmt bzw. das Kreditinstitut die Kontoverfügung durchführt, da mit einem nicht valutierten Kreditanspruch als solchem der Masse noch kein Vermögenswert zugeflossen ist[110].

Deutlich zu widersprechen ist der Ansicht in der Literatur, welche den vorab geschlossenen Kontokorrentvertrag nicht als Parteivereinbarung gemäß § 142 InsO ansieht und ein Bargeschäft nur bei einer individuellen Vereinbarung bezüglich jedes einzelnen Zahlungseinganges und Zahlungsausganges zulassen will. Diese Auffassung verkennt, dass der Bargeschäftstatbestand nicht notwendig eine synallagmatische Verbindung im Sinne eines „do, ut des" erfordert, sondern auch weniger enge Absprachen als Grundlage einer rechtsgeschäftlichen Verknüpfung von Leistung und Gegenleistung ausreichen können *(s.o. Seite 331)*. Eine solche weniger enge Vereinbarung liegt allerdings mit dem Kontokorrentvertrag vor, denn mit diesem sind Bank und Bankkunde bereits vorab in generalisierender Weise überein gekommen, die zwischen ihnen entstehenden wechselseitigen Ansprüche im Rahmen des Bankkontokorrents zu verrechnen, was aber implizit gerade voraussetzt, dass eingehende Zahlungen in das Kontokorrent eingestellt und bei ausreichender Deckung Auszahlungen zulasten desselben ausgeführt werden. Die mit dem Zahlungseingang aufgrund der damit verbundenen Herstellung einer Verrechnungslage erbrachte Leistung des Schuldners und mit der Zulassung weiterer Verfügungen erbrachte Gegenleistung des Kreditinstituts finden folglich ihren gemeinsamen Rechtsgrund schon in dem bei Kontoeröffnung abgeschlossenen Kontokorrentvertrag. Einer individuellen Vereinbarung bedarf es insoweit nicht, obgleich eine solche ohne Weiteres möglich wäre und freilich ebenfalls eine rechtsgeschäftliche Verknüpfung beider Leistungen herstellen könnte[111].

In der Konsequenz kann auch dem Ansatz nicht gefolgt werden, welcher im Bereich des Kontokorrents die Regelung des § 142 InsO lediglich analog zur Anwendung bringen möchte, da für einen solchen Analogieschluss keinerlei Bedürfnis besteht[112]. Hierbei erscheint es angesichts des Charakters der Vorschrift als Ausnahmebestimmung aber auch schon dem Grunde nach zweifelhaft, ob der Anwendungsbereich der Vorschrift überhaupt im Wege der Analogie erweitert werden kann[113]. Erst recht kann der Einzelmeinung nicht gefolgt werden, welche die dem Leistungsaustausch zugrundeliegende Parteivereinbarung nicht im Kontokorrentvertrag, sondern in der Vereinbarung des Kontokorrentkredits erblicken will. Denn abgesehen davon, dass der Kontokorrentvertrag nach dem eben Ausgeführten durchaus die Voraussetzungen einer Parteivereinbarung i.S.d. § 142 InsO erfüllt und ein Abstellen auf

---

110 *Tinnefeld*, Auf- und Verrechnungsmöglichkeit von Kreditinstituten, S. 283 f.; vgl. i.E. auch *Bräuer*, Ausschluss der Insolvenzanfechtung bei Bargeschäften, S. 127.

111 Vgl. hierzu *Tinnefeld*, Auf- und Verrechnungsmöglichkeit von Kreditinstituten, S. 289 f.

112 So auch *Bräuer*, Ausschluss der Insolvenzanfechtung bei Bargeschäften, S. 120.

113 Vgl. diesbezüglich auch *Huber*, in: Gottwald, Insolvenzrechts-Handbuch, § 46 Rn. 78; *ders.*, in: Graf-Schlicker, InsO, § 142 Rn. 2; *Kayser*, in: FS Fischer, S. 267, 274, die eine Anwendung des Bargeschäftsgedankens auf „bargeschäftsähnliche Handlungen" zutreffend ablehnen.

den Kreditvertrag folglich unnötig ist, folgt aus diesem lediglich ein Anspruch auf Auszahlung des eingeräumten Kredits bei nicht ausgeschöpftem Kreditrahmen, aber keine rechtsgeschäftliche Verknüpfung der wechselseitig erbrachten Leistungen. Dies gilt entgegen dieser Auffassung auch dann, wenn durch die Verrechnung die Kreditlinie wieder für Auszahlungen frei wurde, da zum einen für die Insolvenzanfechtung nur die Deckung durch die Verrechnungslage aber gerade nicht die spätere Verrechnung in den Blick zu nehmen ist und zum anderen hierdurch allenfalls ein bloßer ursächlicher Zusammenhang hergestellt würde, welcher aber für die Anwendung des Bargeschäftsprivilegs nicht genügt[114].

Nicht gefolgt werden kann auch denjenigen Ansichten im Schrifttum, welche eine Gleichwertigkeit der erbrachten Leistungen insoweit als nicht gegeben ansehen, als durch die späteren Verrechnungen der vereinbarte Kreditrahmen noch nicht ausgeschöpft worden wäre. Die Vertreter dieses Ansatzes verkennen, dass es in Bezug auf das Kriterium der Gleichwertigkeit nicht auf die den Leistungen zugrundeliegenden Ansprüche, sondern nur auf das objektive Wertverhältnis der wechselseitig zugewandten Vermögensgegenstände ankommt, weshalb es schon dem Grunde nach gänzlich unerheblich ist, ob eine der Leistungen auch aus einem anderen Rechtsgrund zu erbringen gewesen wäre. Eine danach für die Verneinung der Gleichwertigkeit maßgebliche objektive Leistungswertdifferenz lässt sich mit Blick auf die konkret erbrachten Leistungen aber gerade nicht feststellen. Vielmehr entspricht der Wert der gewährten Verrechnungslage genau dem des erneut zur Verfügung gestellten Darlehensbetrages, sofern die Verrechnung nicht auch der Rückführung von Altverbindlichkeiten dient. Der Umstand eines zusätzlich bestehenden Anspruchs ließe sich insoweit allenfalls bei Prüfung der zugrundeliegenden Parteivereinbarung berücksichtigen, wobei aber auch unter diesem Blickwinkel das bisweilen angeführte Argument nicht überzeugen kann, das Kreditinstitut ermögliche die Verfügung nicht „für die" erlangte Verrechnungslage, sondern auf Grundlage des Kreditvertrages[115], da dies nicht mehr als eine bloße Spekulation über die innere Leistungsmotivation der Bank darstellt.

Ebensowenig trifft es zu, dass dem nachmaligen Insolvenzschuldner durch die Eröffnung von Verfügungsoptionen im Rahmen der vereinbarten Kreditlinie keine zusätzliche Liquidität zufließen würde. Denn allein durch das Bestehen einer schuldrechtlichen Verpflichtung zur Gewährung eines Kontokorrentkredits erlangt der Schuldner noch keine liquiden Mittel, sondern gerade erst mit der nachfolgenden tatsächlichen Valutierung des Darlehensanspruchs und der damit verbundenen Gewährung weiterer Verfügungsmöglichkeiten[116]. Gegen den oben angeführten Ansatz spricht zudem auch der Zweck der Bargeschäftsausnahme, den Schuldner auch

114 Vgl. *Kirchhof*, in: MünchKomm InsO, § 142 Rn. 5; *Rogge/Leptien*, in: HambKomm InsO, § 142 Rn. 3.

115 So *Bork*, in: FS Kirchhof, S. 57, 69.

116 Vgl. hierzu *Tinnefeld*, Auf- und Verrechnungsmöglichkeit von Kreditinstituten, S. 334 f.

innerhalb der Krise weiterhin am Wirtschaftsverkehr teilhaben zu lassen. Denn das Kreditinstitut wäre bei einer vorbehaltlosen Anfechtbarkeit von Verrechnungen unterhalb einer offenen Kreditlinie im eigenen Interesse gezwungen, keine weiteren Verfügungen zuzulassen und den Kreditvertrag umgehend zu kündigen, womit jede Aussicht auf eine eventuelle Sanierung vertan und dem Schuldner regelmäßig der „Todesstoß" versetzt würde[117].

Insgesamt ist aus den vorstehenden Gründen mit der h.L. davon auszugehen, dass es für die Anwendbarkeit des Bargeschäftsprivilegs auf Verrechnungslagen im Kontokorrent unerheblich ist, ob der Schuldner ohne die Verrechnungsmöglichkeit durch das Zulassen weiterer Verfügungen die Kreditlinie überschritten hätte oder innerhalb des vereinbarten Verfügungsrahmens geblieben wäre. Für die Erfüllung des Gleichwertigkeitserfordernisses kann es damit erst recht nicht darauf ankommen, ob das Kreditinstitut zur außerordentlichen Kündigung des Kreditvertrages berechtigt gewesen wäre, zumal dieses zusätzliche Kriterium schon insoweit etwas überflüssig erscheint, als bei Erfüllung der Tatbestandsmerkmale des § 130 InsO die Voraussetzungen eines solchen Kündigungsrechts ohnehin meist gegeben sein dürften.

Des Weiteren erweist sich auch der in Bezug auf das Unmittelbarkeitskriterium erhobene Einwand als unzutreffend, dass ein Bargeschäft jedenfalls dann nicht gegeben sein könne, wenn der Zahlungseingang dem Eintritt der Verrechnungslage vorausging, da in diesem Fall in Wahrheit eine echte Kreditgewährung gegeben sei. Recht besehen kann auch dies nur eine Frage der Parteivereinbarung sein[118], da es innerhalb der zeitlichen Grenzen des Unmittelbarkeitskriteriums nach ganz h.M. für das Vorliegen eines Bargeschäfts gänzlich unerheblich ist, welcher der Beteiligten seine Leistung zuerst erbracht hat, sofern nur im Zeitpunkt der ersten Leistungshandlung eine rechtsgeschäftliche Verknüpfung mit der später erfolgenden besteht. Gerade darin unterscheidet sich die vorherige Ermöglichung von Zahlungsausgängen aber von der im Rahmen der allgemeinen Ausführungen zum Vorliegen eines Bargeschäfts dargestellten Konstellation der vorherigen Erbringung einer Leistung durch den Gläubiger mit anschließender Herstellung einer Verrechnungslage *(s.o. Seite 340)*. Denn hier fehlt es aufgrund des Kontokorrentvertrages bei Erbringung der Gegenleistung des Insolvenzgläubigers gerade nicht an einer rechtsgeschäftlichen Verbindung mit der nachfolgenden Leistung des Schuldners in Form der Herstellung einer Verrechnungslage. Die Ansicht, dass es für die Anwendbarkeit der Bargeschäftsregelung nicht auf die zeitliche Reihenfolge der Leistungserbringung ankommen kann, entspricht dabei auch der Intention des § 142 InsO, masseneutrale Vermögensumschichtungen von der Deckungsanfechtung auszunehmen, da eine solche Masseneutralität auch dann vorliegen kann, wenn zunächst die Gegenleistung in das schuldnerische Vermögen gelangt ist.

---

117 *Bräuer*, Ausschluss der Insolvenzanfechtung bei Bargeschäften, S. 127 f.; *Kirchhof*, ZInsO 2003, 149, 154 f.; *Zuleger*, ZInsO 2002, 49, 52 f.

118 So wohl ohnehin *Steinhoff*, ZIP 2000, 1141, 1150.

Hinzu kommt, dass der Ansatz der Gegenauffassung überhaupt nur dann sinnvoll durchgehalten werden könnte, wenn sich im Rahmen eines Kontokorrentverhältnisses jeder Zahlungseingang einem konkreten Zahlungsausgang zuweisen ließe. Dies ist aber – anders als in den übrigen Bargeschäftskonstellationen – angesichts der Vielzahl von Zahlungseingängen und Zahlungsausgängen, wie sie in praxi in einem Kontokorrentverhältnis erfolgen, nicht möglich und mit Blick auf den Schutz der Insolvenzmasse auch nicht erforderlich, solange sich diese insgesamt die Waage halten[119], womit der vorgenannte Ansatz allenfalls am Anfang und am Ende des Anfechtungszeitraumes zur Anwendung kommen könnte, ansonsten aber zum Scheitern verurteilt wäre. Entgegen der oben angeführten Einzelauffassung innerhalb der h.L. ist die Unmittelbarkeit daher auch nicht insoweit zu verneinen, als die Verrechnung den letzten Akt vor Schließung des Kontos darstellt, da dies etwas inkonsequent erscheint. Denn wenn und soweit Vorleistungen des Kreditinstituts innerhalb der zeitlichen Grenzen des Unmittelbarkeitskriteriums für unschädlich gehalten werden, kann auch am Ende des Anfechtungszeitraumes nichts anderes gelten, sofern die zuletzt entgegengenommenen Zahlungseingänge in ihrem Volumen den vorab zugelassenen Kontoverfügungen des Schuldners entsprechen[120].

Nicht zu folgen ist schließlich auch derjenigen Ansicht in der Literatur, welche für die Bestimmung des anfechtungsrechtlichen Mindestbetrags nicht auf den Schuldenstand zu Beginn des Anfechtungszeitraums, sondern auf den höchsten Schuldenstand innerhalb desselben abstellen will. Dieser Ansatz verkennt zunächst, dass es für die Beurteilung eines Bargeschäfts gar nicht auf eine isolierte Leistungshandlung ankommen kann, sondern diese in ihrem Verhältnis zur Leistung des anderen Teils zu betrachten ist, weshalb die Frage einer eventuellen Masseminderung nicht einfach anhand etwaiger das Debet erhöhender Zahlungsausgänge unter Ausschluss der mit diesen verknüpften Zahlungseingänge beantwortet werden kann[121]. Hinzu kommt, dass diese Auffassung zur Folge hätte, dass Vorleistungen des Kreditinstituts entgegen den eben getätigten Ausführungen grundsätzlich von einer Privilegierung durch § 142 InsO ausgenommen wären, da diese bei isolierter Betrachtung stets zu einer kurzfristigen Erhöhung des Debetsaldos führen[122]. Gerade in diesem Punkt wäre die Gegenansicht aber auch nur schwerlich mit der ratio des § 142 InsO zu vereinen, da die Banken in der Konsequenz keine weiteren Kreditgewährungen mehr zulassen dürften, sofern sie nicht das Risiko eingehen wollen, nachfolgende Verrechnungen in diesem Umfang wieder an die Masse abführen zu müssen, womit der Schuldner aber zwangsläufig weitgehend vom Wirtschaftsleben ausgeschlossen würde[123].

---

119 *Tinnefeld*, Auf- und Verrechnungsmöglichkeit von Kreditinstituten, S. 318 ff.; vgl. auch OLG Köln ZIP 2005, 222, 224 sowie BGHZ 150 122, 130.

120 *Tinnefeld*, Auf- und Verrechnungsmöglichkeit von Kreditinstituten, S. 322.

121 Vgl. auch *Tinnefeld*, Auf- und Verrechnungsmöglichkeit von Kreditinstituten, S. 325.

122 *Tinnefeld*, Auf- und Verrechnungsmöglichkeit von Kreditinstituten, S. 326.

123 *Kirchhof*, ZInsO 2003, 149, 155; *Tinnefeld*, Auf- und Verrechnungsmöglichkeit von Kreditinstituten, S. 325.

Insgesamt ist daher mit der h.L. davon auszugehen, dass im Bankkontokorrent die Verrechnung von Zahlungseingängen auf Grundlage der Kontokorrentabrede dann als nach § 142 InsO zu privilegierende Bardeckung anzusehen ist, wenn innerhalb des Anfechtungszeitraumes in demselben Umfang Verfügungen des Schuldners zugelassen wurden und dabei zwischen den einzelnen Kontobewegungen die zeitlichen Grenzen des Unmittelbarkeitskriteriums gewahrt wurden. In zeitlicher Hinsicht kommt es insofern grundsätzlich darauf an, ob die Kontobewegungen insgesamt noch dem Gesamteindruck eines laufend wiederkehrenden Zahlungsverkehrs entsprechen[124], wobei man angesichts des Umstands, dass die Zahlungsausgänge bedarfsabhängige und mitunter nach den Geschäftsgepflogenheiten des Schuldners auch nur turnusmäßig erfolgende Leistungen an Dritte betreffen, auch hier entsprechend der allgemein angenommenen Höchstfrist die Zeitgrenze bei etwa einem Monat ziehen können wird[125].

3. *Verhältnis zur Anfechtung nach § 132 InsO*

Der Vollständigkeit halber sei am Ende dieses Abschnitts über die Anfechtbarkeit der Herbeiführung einer vertraglich verabredeten Aufrechnungsmöglichkeit darauf hingewiesen, dass neben den eben erörterten Tatbeständen der Deckungsanfechtung eine Anfechtung nach § 132 InsO in den hier erörterten Konstellationen nicht in Betracht kommt. Im Hinblick auf § 132 Abs. 1 InsO ergibt sich dies für die Aufrechnung aufgrund eines Aufrechnungsvoraussetzungsvertrages über künftige Forderungen, die antizipierte Aufrechnung durch Vertrag und die Verrechnung im Kontokorrent schon daraus, dass es in diesen Varianten an der erforderlichen unmittelbaren Gläubigerbenachteiligung fehlt *(vgl. hierzu Seite 265 f.)*.

Im Übrigen scheitert eine Anwendung des § 132 InsO aber jedenfalls daran, dass die Begründung einer Aufrechnungsmöglichkeit nach den vorstehenden Ausführungen bereits den Tatbeständen der Deckungsanfechtung unterfällt, die einen Rückgriff auf den subsidiären Anfechtungstatbestand des § 132 InsO ausschließt *(zum Verhältnis der Vorschrift zu den übrigen Anfechtungstatbeständen s.o. Seite 78 f.)*. Eine Anfechtung nach § 132 InsO steht damit allenfalls für das Vorliegen einer negativen Leistungswertdifferenz bei einem der den Aufrechnungsforderungen zugrundeliegenden Kausalgeschäfte, nicht aber in Bezug auf die Herstellung einer Aufrechnungsmöglichkeit offen, wobei die Anfechtung des Kausalgeschäfts alsdann auch nicht nur zur Unzulässigkeit der Aufrechnung nach § 96 Abs. 1 Nr. 3 InsO, sondern auf Grundlage

---

124 *Kirchhof*, in: MünchKomm InsO, § 142 Rn. 18a; *Rogge/Leptien*, in: HambKomm InsO, § 142 Rn. 15.

125 So überzeugend *Kirchhof*, in: MünchKomm InsO, § 142 Rn. 18a; ähnlich auch *Huber*, in: Gottwald, Insolvenzrechts-Handbuch, § 46 Rn. 88; *ders.*, in: Graf-Schlicker, InsO, § 142 Rn. 10, welcher von maximal vier Wochen ausgeht. A.A. BGHZ 150, 122, 131; 167, 190, 201; *Ganter/Weinland*, in: K. Schmidt, InsO, § 142 Rn. 8; *Kreft*, in: HK-InsO, § 142 Rn. 10, die lediglich zwei Wochen genügen lassen wollen.

des § 143 Abs. 1 InsO zur Beseitigung der betreffenden Aufrechnungsforderung als solcher führen würde[126].

II. Vorsatzanfechtung nach § 133 InsO bei Begründung einer vertraglichen Aufrechnungsmöglichkeit

Obgleich der Tatbestand der Vorsatzanfechtung in Bezug auf die konsensuale Aufrechnung seitens der insolvenzrechtlichen Literatur kaum behandelt wird, was vor allem daran liegen mag, dass die subjektiven Voraussetzungen desselben zumeist für nicht gegeben oder nicht beweisbar erachtet werden[127], sollte deren Bedeutung und Notwendigkeit für diesen Bereich nicht unterschätzt werden. Dies gilt insbesondere in den Fällen, in denen die Herstellung der Aufrechnungslage bzw. die Herbeiführung der vertraglich vereinbarten Aufrechnung außerhalb der Anfechtungsfristen der §§ 130 und 131 InsO erfolgte und damit – abgesehen von der äußerst selten einschlägigen Schenkungsanfechtung nach § 134 InsO – nur eine Anfechtung auf Grundlage des § 133 InsO offen steht. Doch auch innerhalb der insolvenzrechtlichen Krise kann die Vorsatzanfechtung ungeachtet der Deckungsanfechtung zumindest in Betracht zu ziehen sein – so etwa dann, wenn der Insolvenzschuldner einem seiner Gläubiger auf dem Vertragsweg eine Aufrechnungsmöglichkeit verschafft und dabei mit dessen Kenntnis eine Schmälerung der Befriedigungsmöglichkeiten der Gläubigergesamtheit um den Wert seines Forderungsrechts billigend in Kauf nimmt[128].

1. Die Voraussetzungen der Vorsatzanfechtung im Allgemeinen

Gemäß § 133 Abs. 1 S. 1 InsO unterliegt eine Rechtshandlung – genauer gesagt, deren gläubigerbenachteiligenden Wirkungen *(vgl. o. Seite 180 f.)* – der Insolvenzanfechtung, die der Schuldner innerhalb von zehn Jahren vor der Insolvenzeröffnung mit dem Vorsatz vorgenommen hat, seine Gläubiger zu benachteiligen, sofern dieser Vorsatz dem Anfechtungsgegner bekannt war. Der Tatbestand der Vorsatzanfechtung verlangt mithin in objektiver Hinsicht eine gläubigerbenachteiligende Rechtshandlung, welche allerdings – anders als bei den Tatbeständen der Deckungsanfechtung – vom Schuldner selbst vorgenommen worden sein muss; eine Rechtshandlung des Insolvenzgläubigers oder Dritter genügt daher nicht. Nicht erforderlich ist allerdings, dass der nachmalige Insolvenzschuldner die betreffende Rechtshandlung alleine vorgenommen hat, vielmehr genügt es, wenn dieser lediglich an der Rechtshandlung beteiligt war, weshalb auch Rechtshandlungen eines Gläubigers oder anderer Personen als Rechtshandlungen des Schuldners i.S.d. § 133 Abs. 1 S. 1 InsO zu qualifizieren sind, sofern diese im einverständlichen Zusammenwirken

126 Vgl. *Brandes/Lohmann*, in: MünchKomm InsO, § 96 Rn. 31; *Windel*, in: Jaeger, InsO, § 96 Rn. 63.

127 So *Bork*, in: FS Fischer, S. 37, 45.

128 Vgl. *Thole*, Gläubigerschutz durch Insolvenzrecht, S. 382.

mit dem Schuldner erfolgten[129]. Im Hinblick auf das Tatbestandsmerkmal der Gläubigerbenachteiligung ist dabei im Rahmen der Vorsatzanfechtung mit Ausnahme der Beweislastregelung in § 133 Abs. 2 S. 1 InsO grundsätzlich eine nur mittelbare Gläubigerbenachteiligung ausreichend[130]. Eine die Vorsatzanfechtung auslösende Rechtshandlung des Schuldners kann damit grundsätzlich auch dann vorliegen, wenn der gläubigerbenachteiligende Rechtserfolg als solcher erst durch eine Handlung des Gläubigers bzw. Dritter oder durch einen anderen zusätzlichen Umstand herbeigeführt wurde, zu diesem Erfolg aber eine Rechtshandlung des Schuldners im Sinn einer conditio-sine-qua-non ursächlich beigetragen hat[131]. Der Vornahmezeitpunkt bestimmt sich dabei wie im gesamten Insolvenzanfechtungsrecht nach § 140 InsO, sodass die Rechtshandlung folglich erst in dem Zeitpunkt als vorgenommen gilt, in dem ihre nachteiligen Rechtswirkungen eintreten[132].

In subjektiver Hinsicht erfordert der Tatbestand der Vorsatzanfechtung zunächst den Vorsatz des Schuldners, durch die Vornahme der Rechtshandlung die Insolvenzgläubiger in ihrer Gesamtheit zu benachteiligen. Die Gläubigerbenachteiligung muss hierbei nicht unbedingt die vorrangige Intention des Schuldners sein, vielmehr genügt es, dass dieser eine Benachteiligung der Gläubiger als mögliche Konsequenz seiner Rechtshandlung erkannt und billigend in Kauf genommen hat, sei es sogar auch nur als unerwünschte Nebenfolge um eines erstrebten anderen Vorteils willen[133]. Maßgeblicher Zeitpunkt für das Vorliegen des Gläubigerbenachteiligungsvorsatzes ist der vorerwähnte Zeitpunkt der Vornahme der Rechtshandlung i.S.d. § 140 InsO, weshalb bei einem ursprünglich gutgläubig handelnden Schuldner auch ein nachträglich eingetretener Vorsatz noch eine Erfüllung der Voraussetzungen des § 133 Abs. 1 S. 1 InsO herbeiführen kann, wenn dieser noch bis zum Eintritt des nachteiligen Erfolgs der Rechtshandlung entstanden ist[134]. In Bezug auf lediglich

129 BGHZ 72, 39, 44; 173, 129, 141 f.; *Ede/Hirte*, in: Uhlenbruck/Hirte/Vallender, InsO, § 133 Rn. 9 f.; *Nerlich*, in: Nerlich/Römermann, InsO, § 133 Rn. 8; *Rogge/Leptien*, in: HambKomm InsO, § 133 Rn. 3; *Thole*, in: HK-InsO, § 133 Rn. 8.

130 BGHZ 124, 76, 79; BGH NJW-RR 2004, 1130, 1131; NZI 2005, 692, 693; *Ede/Hirte*, in: Uhlenbruck/Hirte/Vallender, InsO, § 133 Rn. 32; *Huber*, in: Gottwald, Insolvenzrechts-Handbuch, § 48 Rn. 13; *ders.*, in: Graf-Schlicker, InsO, § 133 Rn. 14; *Kayser*, in: MünchKomm InsO, § 133 Rn. 11; *Rogge/Leptien*, in: HambKomm InsO, § 133 Rn. 10; *Thole*, in: HK-InsO, § 133 Rn. 7.

131 Vgl. *Kayser*, in: MünchKomm InsO, § 133 Rn. 8; *Nerlich*, in: Nerlich/Römermann, InsO, § 133 Rn. 14.

132 *Henckel*, in: Jaeger, InsO, § 133 Rn. 46; *Kayser*, in: MünchKomm InsO, § 133 Rn. 10; *Rogge/Leptien*, in: HambKomm InsO, § 133 Rn. 9; *Thole*, in: HK-InsO, § 133 Rn. 11; a.A. *Lind*, Zur Auslegung von § 133 InsO, S. 91, der auf den Zeitpunkt der letzten Ausführungshandlung des Schuldners abstellen will.

133 BGHZ 167, 190, 194; *Ede/Hirte*, in: Uhlenbruck/Hirte/Vallender, InsO, § 133 Rn. 35; *Henckel*, in: Jaeger, InsO, § 133 Rn. 22 f.; *Kayser*, in: MünchKomm InsO, § 133 Rn. 13 f.; *Nerlich*, in: Nerlich/Römermann, InsO, § 133 Rn. 34; *Thole*, in: HK-InsO, § 133 Rn. 12.

134 *Kayser*, in: MünchKomm InsO, § 133 Rn. 17.

mittelbar gläubigerbenachteiligende Rechtshandlungen des Schuldners ist es folglich unerheblich, dass dieser bei tatsächlicher Vornahme der Rechtshandlung noch keinen Benachteiligungsvorsatz hatte, sofern der Schuldner bis zum Hinzutreten der letzten weiteren Voraussetzung für den Eintritt der nachteiligen Rechtswirkungen Kenntnis von der Gläubigerbenachteiligung erlangt und selbige wenigstens billigend in Kauf genommen hat.

Über den Benachteiligungsvorsatz des Schuldners hinaus verlangt § 133 Abs. 1 S. 1 InsO des Weiteren, dass dieser Vorsatz dem anderen Teil auch bekannt gewesen sein muss; eine fahrlässige oder grob fahrlässige Unkenntnis genügt diesbezüglich nicht[135]. Maßgeblich für das Vorliegen der Kenntnis des Anfechtungsgegners ist dabei die „Zeit der Handlung", also wiederum der Zeitpunkt ihrer Vornahme i.S.d. § 140 InsO, sodass auch insoweit eine erst nachträgliche Kenntniserlangung bis zum Eintritt des gläubigerbenachteiligenden Erfolgs ausreicht. Die erforderliche Kenntnis des Anfechtungsgegners vom Gläubigerbenachteiligungsvorsatz des Schuldners wird nach der Beweislastregelung des § 133 Abs. 1 S. 2 InsO widerleglich vermutet, sofern dieser wusste, dass die Zahlungsunfähigkeit des Schuldners drohte und dass dessen Handlung die Gläubiger benachteiligt. In Bezug auf unmittelbar nachteilige, entgeltliche Verträge mit nahestehenden Personen i.S.d. § 138 InsO begründet § 133 Abs. 2 InsO darüber hinaus sogar eine Vermutung der Erfüllung des gesamten subjektiven Anfechtungstatbestandes, welche allerdings durch den Gegenbeweis widerlegt werden kann, dass im Vornahmezeitpunkt kein Gläubigerbenachteiligungsvorsatz des Schuldners bestand oder dass der Anfechtungsgegner keine Kenntnis von diesem Vorsatz hatte[136].

Im Bereich der hier zu untersuchenden konsensualen Aufrechnung ist hinsichtlich der eben dargestellten Tatbestandsmerkmale der Vorsatzanfechtung vor allem problematisch, für welche der unterschiedlichen Varianten und unter welchen Voraussetzungen das Erfordernis einer eigenen Rechtshandlung des Schuldners als gegeben angesehen werden kann. Des Weiteren gilt es zu klären, inwieweit sich in Bezug auf die Anfechtbarkeit der Sicherung oder Befriedigung durch eine vertraglich geschaffene Aufrechnungsmöglichkeit der stets schwierig zu führende Nachweis der subjektiven Anfechtungsvoraussetzungen dahingehend erleichtern lässt, dass man der Kongruenz bzw. Inkongruenz der mit der Aufrechnungsmöglichkeit gewährten Sicherung oder Befriedigung mit der h.L. eine Indizwirkung für bzw. gegen das Vorliegen eines Gläubigerbenachteiligungsvorsatzes des Schuldners sowie der entsprechenden Kenntnis des anderen Teils entnimmt. Schließlich ist alsdann zu untersuchen, in

135 *Henckel*, in: Jaeger, InsO, § 133 Rn. 47; *Kayser*, in: MünchKomm InsO, § 133 Rn. 19 f.; *Nerlich*, in: Nerlich/Römermann, InsO, § 133 Rn. 39.

136 Darüber hinaus begründet § 133 Abs. 2 InsO die durch einen Gegenbeweis des Anfechtungsgegners ebenfalls widerlegbare Vermutung, dass der entgeltliche Vertrag auch innerhalb der bei dieser Sonderregelung verkürzten Anfechtungsfrist von zwei Jahren abgeschlossen wurde, was allerdings für die vorliegende Untersuchung als unerheblich ausgeklammert bleiben kann.

welchem Umfang darüber hinaus die Beweislastregelung für unmittelbar nachteilige, entgeltliche Verträge in § 133 Abs. 2 InsO Anwendung finden kann.

2. Die gläubigerbenachteiligende Rechtshandlung des Schuldners bei im Konsens geschaffenen Aufrechnungsmöglichkeiten

Für die Frage des Vorliegens einer gläubigerbenachteiligenden Rechtshandlung des Schuldners i.S.d § 133 Abs. 1 InsO kann im Wesentlichen auf die allgemeinen Ausführungen zum Kreis der anfechtungsrelevanten Rechtshandlungen im Hinblick auf das gleichlautende Tatbestandsmerkmal des § 1 Abs. 1 AnfG zurückgegriffen werden, in welchen auch bereits auf die Vorsatzanfechtung der Herstellung einer Aufrechnungsmöglichkeit eingegangen wurde *(s.o. Seite 230 ff.)*. Soweit die Aufrechnungslage nicht unmittelbar durch eine Rechtshandlung des Schuldners herbeigeführt wird, gilt nach den dortigen Feststellungen, dass zwar nicht jeder mittelbare Verursachungsbeitrag ausreichen kann, eine für die Vorsatzanfechtung erforderliche Rechtshandlung des Schuldners bei bloßen Mitwirkungsakten aber dann anzunehmen ist, wenn die später eintretenden gläubigerbenachteiligenden Wirkungen insgesamt noch als Resultat eines verantwortungsgesteuerten und damit als missbilligenswert vorwerfbaren Handelns des Schuldners angesehen werden können *(s.o. Seite 233 ff.)*.

a) Aufrechnung durch Vertrag und aufgrund Vertrages

Relativ einfach lässt sich eine eigene nachteilige Rechtshandlung des Insolvenzschuldners i.S.d. § 133 Abs. 1 S. 1 InsO noch im Hinblick auf die Begründung einer Aufrechnungsmöglichkeit durch eine Aufrechnungsvoraussetzungsvereinbarung über bestehende Forderungsrechte und die Aufrechnung durch einen Aufrechnungsvertrag mit Sofortvollzug oder einen aufschiebend bedingten Aufrechnungsvertrag bezüglich schon existierender Forderungen feststellen. Diese ist hier stets im Abschluss der jeweiligen Aufrechnungsvereinbarung zwischen den Aufrechnungsparteien – genauer gesagt in der auf diesen Vertragsschluss gerichteten Willenserklärung des Schuldners – zu sehen, mit welcher unmittelbar die gläubigerbenachteiligende Aufrechnungsmöglichkeit herbeigeführt wird.

Im Rahmen der vorab getroffenen Aufrechnungsvereinbarungen über künftige Forderungen liegt eine Herstellung der Aufrechnungsmöglichkeit aufgrund einer Rechtshandlung des Schuldners zunächst dann vor, wenn diese durch Begründung einer Forderung im Wege eines gegenseitigen Vertrages zwischen dem Schuldner und dem aufrechnungsbefugten Insolvenzgläubiger erfolgt ist. Soweit die Aufrechnungslage hingegen ohne unmittelbare Beteiligung des Schuldners herbeigeführt wurde, können alsdann zwar der Abschluss des jeweiligen Aufrechnungsvertrages oder die Begründung der ersten von beiden Aufrechnungsforderungen als Mitwirkungsakte des Schuldners in Betracht kommen. Diese reichen aber nach den oben zu § 1 Abs. 1 AnfG getroffenen Feststellungen nur dann als Verursachungsbeiträge aus, wenn der Schuldner bereits im Zeitpunkt des jeweiligen Vertragsschlusses mit dem Vorsatz der Gläubigerbenachteiligung gehandelt hat, da sich die Schmälerung der Insolvenzmasse nur unter diesen Voraussetzungen noch als verantwortungsgesteuertes Handeln des Schuldners darstellt. Abgesehen vom Bankkontokorrent gilt dies über die Herstellung einer vorab vereinbarten Aufrechnungslage hinaus auch für die Herbeiführung einer Verrechungsmöglichkeit im Kontokorrent, weil die dort auszumachenden Rechtshandlungen weitgehend denen der antizipierten Aufrechnung entsprechen.

b) Herstellung einer Verrechnungslage im Bankkontokorrent

Im Bereich der Begründung einer Verrechnungslage im Bankkontokorrent ließe sich eine gläubigerbenachteiligende Rechtshandlung des Schuldners jedenfalls dann noch ohne Schwierigkeiten feststellen, sofern man mit Teilen der Literatur und der Judikatur bei Zahlungsausgängen zugunsten Dritter eine Vorsatzanfechtung nicht nur gegenüber dem Leistungsempfänger, sondern auch gegenüber dem Kreditinstitut bejahen würde, da alsdann bei einem kreditorischen Kontokorrent die mit dem Zahlungsausgang hergestellte Verrechnungslage aufgrund des vorherigen Überweisungsauftrages oder der vorangegangenen Lastschriftermächtigung bzw. Scheckausstellung stets durch ein Handeln des Schuldners mit verursacht wurde. Wenn man hingegen mit der hier vertretenen Auffassung eine Übertragung der Rechtsprechung des BGH zur Vorsatzanfechtung im Dreiecksverhältnis auf das Bankkontokorrent mangels Gläubigerbenachteiligung ablehnt und damit bei Zahlungsausgängen grundsätzlich nur eine Anfechtung gegenüber dem Zahlungsempfänger zulässt *(vgl. hierzu Seite 262 ff.)*, kann eine nach § 133 Abs. 1 InsO anfechtbare Begründung einer Verrechnungsmöglichkeit von vornherein nur im Hinblick auf Zahlungseingänge bei einem sich im Debet befindlichen Kontokorrent gegeben sein.

Wie bereits zur anfechtbaren Rechtshandlung i.S.d § 1 Abs. 1 AnfG ausgeführt, liegt eine Rechtshandlung des späteren Insolvenzschuldners bei Herstellung einer Verrechnungslage durch Gutschriften auf einem im Debet befindlichen Kontokorrent nur bei Bareinzahlungen des Kontoinhabers oder der Einreichung eines Schecks oder einer Lastschrift, nicht aber bei der Entgegennahme von Zahlungseingängen aufgrund von Überweisungen oder Bareinzahlungen eines Dritten vor *(s.o. Seite 238 ff.)*. Eine Rechtshandlung des Schuldners kann in diesen Fällen nur in einem der Überweisung oder Bareinzahlung vorgelagerten Verursachungsbeitrag des Schuldners zu sehen sein, vermöge dessen sich die Verrechnungslage als missbilligenswertes Verhalten des Insolvenzschuldners gegenüber der Gläubigergemeinschaft darstellt. Nach den zu § 1 Abs. 1 AnfG getroffenen Feststellungen reicht in dieser Hinsicht der Abschluss des vorab geschlossene Verrechnungsvertrages aber nur für den seltenen Fall aus, dass der Insolvenzschuldner bereits in diesem Moment mit Gläubigerbenachteiligungsvorsatz gehandelt hat. Ebensowenig genügen hiernach der Abschluss des Girovertrages sowie die bloße Fortführung eines im Debet befindlichen Kontokorrents als Mitwirkungsakt für die Annahme eine Rechtshandlung des Schuldners i.S.d § 133 Abs. 1 InsO.

Regelmäßig ist daher für die Vorsatzanfechtung der Herstellung einer Verrechnungslage durch Überweisungen oder Bareinzahlungen von Dritten keine

Rechtshandlung des Schuldners gegeben, da es an einem ausreichenden Verursachungsbeitrag des Schuldners mangelt. Soweit nicht ausnahmsweise bereits der Abschluss des Verrechnungsvertrages oder des Girovertrages mit dem Vorsatz der Gläubigerbenachteiligung erfolgte, kann nach den Ausführungen zur anfechtbaren Rechtshandlung im Sinne des Gläubigeranfechtungsrechts lediglich dann gelten, wenn der spätere Insolvenzschuldner die Überweisung oder Bareinzahlung dadurch veranlasst hat, dass er den Dritten gerade zur Leistung auf das debitorische Konto auffordert oder trotz bestehender Möglichkeit die Umleitung von Zahlungsströmen auf ein kreditorisches Konto unterlässt.

3. *Die Kongruenz bzw. Inkongruenz der mit einer vertraglichen Aufrechnungsmöglichkeit erlangten Deckung als Beweisanzeichen für die Erfüllung des subjektiven Anfechtungstatbestandes*

Die Schwierigkeiten der Vorsatzanfechtung liegen allerdings in praxi grundsätzlich weniger im eben erörterten Vorliegen einer Rechtshandlung des Schuldners, sondern im Nachweis der Voraussetzungen des subjektiven Anfechtungstatbestandes, also des Gläubigerbenachteiligungsvorsatzes des Schuldners und der diesbezüglichen Kenntnis des anderen Teils, da diese als sog. „innere Tatsachen" naturgemäß nur sehr schwer festzustellen sind[137].

a) Die Inkongruenz als starkes Beweisanzeichen für das Vorliegen eines Benachteiligungsvorsatzes

Der BGH hat hierzu bereits unter Geltung der KO in stetiger Rechtsprechung die Auffassung vertreten, dass eine inkongruente Deckung im Allgemeinen als starkes Beweisanzeichen für den Vorsatz des Schuldners, seine Gläubiger zu benachteiligen und die Kenntnis des Anfechtungsgegners davon zu werten sei, sofern beiden die Inkongruenz bekannt ist[138]. Diese Ansicht wird damit begründet, dass ein Schuldner für gewöhnlich nicht gewillt ist, ein anderes, mehr oder früher zu leisten, als er vertraglich verpflichtet ist. Aus diesem Grund könne bei einer gleichwohl erfolgten Leistungserbringung von einem entsprechenden Benachteiligungswillen ausgegangen werden, der dem anderen Teil auch bekannt sein müsse, da dieser die Tatsachen kenne, aus denen auf den Vorsatz des Schuldners zu schließen ist[139]. Während die h.L.

---

137 *Huber*, in: FS Kirchhof, S. 247, 249; *ders.*, ZInsO 2003, 1025, 1026; *ders.*, ZInsO 2012, 53, 57.

138 BGHZ 123, 320, 326; 124, 76, 81 f.; 138, 291, 308; BGH NJW 1984, 1893, 1899; ZIP 1985, 1008, 1010; NJW 1995, 1093, 1094; NJW 1995, 2348, 2350; ZIP 1997, 423, 426; ZIP 1997, 1509, 1510.

139 BGH ZIP 1997, 513, 515; ZIP 1998, 2008, 2011; NJW 2014, 467, 468; *Bork*, in: B. Kübler/Prütting/Bork, InsO, § 133 Rn. 30; *ders.*, in: Bork, Handbuch der Insolvenzanfechtung, Teil 3, Kap. 5 Rn. 30; *ders.*, ZIP 2004, 1684, 1688; *Dauernheim*, in: FK-InsO, § 133 Rn. 15; *Ganter/Weinland*, in: K. Schmidt, InsO, § 133 Rn. 41; *Huber*,

diesen Grundsatz auch im Rahmen des § 133 Abs. 1 InsO für anwendbar erachtet[140], wird von Teilen der Literatur eingewendet, dass diese Beweiserleichterung zum einen wegen der Vermutungsregel des § 133 Abs. 1 S. 2 InsO überflüssig sei und zum anderen neben der in § 131 Abs. 1 Nr. 3 InsO normierten zusätzlichen Beweiserleichterung nicht mehr gewährt werden dürfe[141].

Die vorgebrachten Kritikpunkte vermögen allerdings nicht zu überzeugen. Grundsätzlich ist zunächst festzustellen, dass die §§ 131 Abs. 1 Nr. 3 und 133 Abs. 1 S. 2 InsO nur die Kenntnis des Anfechtungsgegners und damit nur einen Teil der Vermutungsregel betreffen, weshalb von vorneherein auch nur insoweit eine Kollision vorliegen kann und in Bezug auf die Bestimmung des Gläubigerbenachteiligungsvorsatzes schon daher nichts gegen die zusätzliche Annahme eines Beweisanzeichens spricht[142]. Im Hinblick auf § 133 Abs. 1 S. 2 InsO kommt hinzu, dass der hierauf gestützte Einwand schon deshalb fehl geht, weil diese Vorschrift auf einer völlig anderen dogmatischen Grundlage beruht als das Beweisanzeichen, denn die Norm schreibt eine Beweislastumkehr vor, wohingegen das Beweisanzeichen nicht die Beweislast, sondern die Beweiswürdigung betrifft[143]. Des Weiteren ist aber auch zweifelhaft, ob die Beweislastregelung überhaupt eine Anwendung des Beweisanzeichens entbehrlich macht, da der in § 133 Abs. 1 S. 2 InsO erforderliche Nachweis der positiven Kenntnis des Anfechtungsgegners von der Zahlungsunfähigkeit häufig nicht gelingen wird

in: Gottwald, Insolvenzrechts-Handbuch, § 48 Rn. 15; *ders.*, in: Graf-Schlicker, InsO, § 133 Rn. 19, 25; *ders.*, in: FS Kirchhof, S. 247, 250; *ders.*, ZInsO 2003, 1025, 1026; *ders.*, ZInsO 2012, 53, 57; *Kayser*, in: MünchKomm InsO, § 133 Rn. 29; *ders.*, WM 2013, 293, 296; *Thole*, in: HK-InsO, § 133 Rn. 20.

140 BGHZ 157, 242, 251 f.; BGH NZI 2010, 439, 440 f.; *Bork*, in: B. Kübler/Prütting/Bork, InsO, § 133 Rn. 27 ff.; *ders.*, in: Bork, Handbuch der Insolvenzanfechtung, Teil 3, Kap. 5 Rn. 27 ff.; *ders.*, ZIP 2004, 1684, 1688; *Dauernheim*, in: FK-InsO, § 133 Rn. 15; *Ede/Hirte*, in: Uhlenbruck/Hirte/Vallender, InsO, § 133 Rn. 99; *Ganter*, WM 2009, 1441, 1442; *ders./Weinland*, in: K. Schmidt, InsO, § 133 Rn. 39, 41; *Huber*, in: Gottwald, Insolvenzrechts-Handbuch, § 48 Rn. 15; *ders.*, in: Graf-Schlicker, InsO, § 133 Rn. 19; *ders.*, in: FS Kirchhof, S. 247, 250 ff.; *ders.*, NZI 2003, 536, 536; *ders.*, ZInsO 2003, 1025, 1026 ff.; *Kayser*, in: MünchKomm InsO, § 133 Rn. 30 ff.; *ders.*, WM 2013, 293, 294; *ders.*, NJW 2014, 422, 425; *Nerlich*, in: Nerlich/Römermann, InsO, § 133 Rn. 25; *Rogge/Leptien*, in: HambKomm InsO, § 133 Rn. 32; *Thole*, in: HK-InsO, § 133 Rn. 21; kritisch hingegen *Guski*, WM 2009, 1071, 1072.

141 *Henkel*, in: Kölner Schrift zur Insolvenzordnung, S. 836 ff.; *ders.*, in: Festgabe 50 Jahre BGH, Bd. III, S. 785, 790; *Ch. Paulus*, WM 2000, 2225, 2230; *ders./Schröder*, WM 1999, 253, 254; vgl. auch *Ch. Paulus*, ZInsO 1999, 242, 249; krit. zudem *Lind*, Zur Auslegung von § 133 InsO, S. 122 ff., der zusätzlich das Vorliegen eines unlauteren Verhaltens des Schuldners fordert.

142 *Bork*, in: B. Kübler/Prütting/Bork, InsO, § 133 Rn. 28; *ders.*, in: Bork, Handbuch der Insolvenzanfechtung, Teil 3, Kap. 5 Rn. 28; *Huber*, in: FS Kirchhof, S. 247, 255; *ders.*, ZInsO 2003, 1025, 1028.

143 *Huber*, in: FS Kirchhof, S. 247, 252 f.; *ders.*, ZInsO 2003, 1025, 1027.

und die Vorschrift daher regelmäßig gar nicht weiterhilft[144]. Unzutreffend ist alsdann auch das Argument, dass neben § 131 Abs. 1 Nr. 3 InsO, welcher für im zweiten oder dritten Monat vor Insolvenzeröffnung vorgenommene Rechtshandlungen eine Anfechtung wegen Inkongruenz schon bei bloßer Kenntnis der Gläubigerbenachteiligung zulässt, eine zusätzliche Beweiserleichterung nicht mehr anwendbar sei. Denn aus der Vorschrift ist nicht mehr zu schließen, als dass außerhalb des Dreimonatszeitraums eine ausschließlich auf die Kenntnis der Gläubigerbenachteiligung gestützte Beweiserleichterung unzulässig ist, womit aber nichts dafür dargetan ist, dass außerhalb der Krise ein Rückgriff auf die Rechtsprechungsregel zum Beweiswert der Inkongruenz ausgeschlossen wäre[145].

Nach den vorstehenden Ausführungen ist folglich auch unter Geltung des § 133 Abs. 1 InsO davon auszugehen, dass eine inkongruente Deckung ein starkes Beweisanzeichen für einen Gläubigerbenachteiligungsvorsatz des Schuldners und die diesbezügliche Kenntnis des Anfechtungsgegners darstellt. In Bezug auf die Herbeiführung einer Aufrechnungsmöglichkeit wird dabei allerdings bisweilen seitens des BGH und der ihm folgenden Teile der Literatur die Ansicht vertreten, dass die Inkongruenz einer Aufrechnungslage für sich genommen noch kein Indiz für das Vorliegen eines Gläubigerbenachteiligungsvorsatzes darstellen könne, vielmehr müsse der Schuldner durch das zugrundeliegende Geschäft selbst den Vorsatz verfolgt haben, die Gläubiger zu benachteiligen[146]. Diese Einschränkung erscheint für die gesetzliche Aufrechnung sowie die vertragliche Aufrechnung künftiger Forderungen – die jedoch nach hier vertretener Auffassung ohnehin als kongruente Deckungen einzuordnen sind – gerechtfertigt, da in diesen Aufrechnungsvarianten die Aufrechnungsmöglichkeit stets nur die mittelbare Folge des Erwerbs eines Forderungsrechts darstellt *(vgl. hierzu o. Seite 265 f.)* und insoweit noch keinen Rückschluss auf ein Handeln mit Gläubigerbenachteiligungsvorsatz zulässt. Dem gegenüber lässt sich die vorgenannte Ansicht nicht auf die Aufrechnung durch oder aufgrund Vertrages von bereits existierenden Forderungen übertragen, denn hier ist das zugrundeliegende Rechtsgeschäft unmittelbar auf die Herbeiführung der nachteiligen Aufrechnungswirkungen gerichtet, weshalb deren Inkongruenz durchaus ein gewichtiges Beweisanzeichen für einen Gläubigerbenachteiligungsvorsatz des Schuldners zu begründen vermag. Entsprechend den oben getätigten Ausführungen zum Beweiswert der Inkongruenz im Rahmen der Vorsatzanfechtung ist daher auch bei Aufrechnungsverträgen und Aufrechnungsvoraussetzungsverträgen über bereits bestehende oder gleichzeitig begründete Forderungen davon auszugehen, dass allein aufgrund der durch sie herbeigeführten inkongruenten Sicherung bzw. Befriedigung ein gewichtiger Anhaltspunkt für die Erfüllung des subjektiven Tatbestands der Vorsatzanfechtung besteht.

---

144 *Bork*, in: B. Kübler/Prütting/Bork, InsO, § 133 Rn. 28; *ders.*, in: Bork, Handbuch der Insolvenzanfechtung, Teil 3, Kap. 5 Rn. 28; *Ganter/Weinland*, in: K. Schmidt, InsO, § 133 Rn. 39; *Huber*, in: FS Kirchhof, S. 247, 251 f.; *ders.*, ZInsO 2003, 1025, 1027.

145 *Huber*, in: FS Kirchhof, S. 247, 254; *ders.*, ZInsO 2003, 1025, 1028.

146 BGH NZI 2004, 376, 377; *Ganter/Weinland*, in: K. Schmidt, InsO, § 133 Rn. 44.

Das aus der Inkongruenz folgende Beweisanzeichen kann für sich genommen schon ausreichen, um eine Vorsatzanfechtung zu begründen, soweit es nicht durch andere Umstände entkräftet wird, deren Nachweis indes dem Anfechtungsgegner obliegt[147].

Allerdings darf dabei aus einer Inkongruenz auch nicht streng schematisch auf das Vorliegen eines Vorsatzes der Gläubigerbenachteiligung mit entsprechender Kenntnis des anderen Teils geschlossen werden, vielmehr hängt der tatsächliche Beweiswert der Inkongruenz von ihrer Art, ihrem Ausmaß und den Umständen des Einzelfalles ab[148]. Bedeutsam ist in dieser Hinsicht namentlich der zeitliche Abstand der Deckungshandlung – also des Abschlusses der Aufrechnungsvereinbarung – zur Krise. Denn der Beweiswert ist umso geringer, je weiter diese vor der Krise vorgenommen wurde[149] und ist sogar regelmäßig gar nicht mehr gegeben, wenn in diesem Zeitpunkt noch keine ernsthaften Zweifel an der Liquidität des Schuldners bestehen oder aus Sicht des anderen Teil bestehen konnten, da dann davon ausgegangen werden durfte, dass dieser trotz des Verlustes seiner Forderung noch sämtliche Gläubiger befriedigen können wird[150]. Für Aufrechnungsvereinbarungen über bestehende Forderungsrechte, welche in engem zeitlichen Zusammenhand mit der insolvenzrechtlichen Krise geschlossen wurden, wird man aber insoweit von einer Erfüllung des subjektiven Anfechtungstatbestandes des § 133 Abs. 1 S. 1 InsO ausgehen dürfen, wenn nicht ausnahmsweise besondere Umstände die Indizwirkung der Inkongruenz entkräften.

b) Die Erfordernisse an den Nachweis eines Benachteiligungsvorsatzes trotz Kongruenz

Schwieriger ist die Feststellung eines Benachteiligungsvorsatzes hingegen für die übrigen Varianten der konsensualen Aufrechnung, also die Aufrechnung durch oder aufgrund von Aufrechnungsvereinbarungen über künftige Forderungen und die Verrechnung im Kontokorrent, bei welchen nach den zur besonderen Insolvenzanfechtung getroffenen Feststellungen lediglich eine kongruente Deckung vorliegt *(s.o. Seite 326 ff.)*. In Bezug auf kongruente Deckungen ist umstritten, inwieweit trotz Kongruenz eine Anfechtung wegen vorsätzlicher Gläubigerbenachteiligung gemäß § 133 Abs. 1 InsO in Betracht kommen kann.

---

147 *Kayser*, in: MünchKomm InsO, § 133 Rn. 29.

148 BGHZ 157, 242, 254; *Bork*, in: B. Kübler/Prütting/Bork, InsO, § 133 Rn. 31; *ders.*, in: Bork, Handbuch der Insolvenzanfechtung, Teil 3, Kap. 5 Rn. 31; *Ganter/Weinland*, in: K. Schmidt, InsO, § 133 Rn. 43; *Huber*, in: FS Kirchhof, S. 247, 255 f.; *ders.*, ZInsO 2003, 1025, 1028 f.; *Kayser*, in: MünchKomm InsO, § 133 Rn. 31b; *ders.*, WM 2013, 293, 294; *Thole*, in: HK-InsO, § 133 Rn. 22.

149 *Dauernheim*, in: FK-InsO, § 133 Rn. 15; *Ganter/Weinland*, in: K. Schmidt, InsO, § 133 Rn. 43; *Huber*, in: FS Kirchhof, S. 247, 256; *ders.*, ZInsO 2003, 1025, 1029.

150 BGH ZIP 1999, 405, 407; ZIP 2004, 1160, 1161; NJW 2014, 467, 468; *Bork*, in: B. Kübler/Prütting/Bork, InsO, § 133 Rn. 31; *ders.*, in: Bork, Handbuch der Insolvenzanfechtung, Teil 3, Kap. 5 Rn. 31; *Dauernheim*, in: FK-InsO, § 133 Rn. 16; *Huber*, in: Gottwald, Insolvenzrechts-Handbuch, § 48 Rn. 15; *ders.*, in: Graf-Schlicker, InsO, § 133 Rn. 19.

aa) Gegenwärtiger Meinungsstand in Schrifttum und Judikatur

Im Ausgangspunkt besteht zwischen den unterschiedlichen Auffassungen seit Langem dahingehend Einigkeit, dass auch eine kongruente Deckung den Tatbestand der Vorsatzanfechtung erfüllen kann[151]. Die Rechtsprechung zur KO ging dabei im Einklang mit den auf eine „alienatio in fraudem creditorum", eine vorsätzliche betrügerische Vermögensaufgabe zu Lasten der Gläubiger, abstellenden römischrechtlichen und gemeinrechtlichen Grundlagen der Vorsatzanfechtung *(s. hierzu o. Seite 44 ff.)*[152] davon aus, dass die in § 31 Nr. 1 KO geforderte Absicht der Gläubigerbenachteiligung stets ein „unlauteres"[153] – bisweilen auch als „fraudulös"[154] oder „betrüglich"[155] bezeichnetes – Verhalten des Konkursschuldners erfordere und nur unter diesen Voraussetzungen eine Anfechtung kongruenter Deckungen möglich sei.

Der BGH und die ihm folgende h.L. haben sich von diesen Grundsätzen für die insolvenzrechtliche Vorsatzanfechtung mittlerweile distanziert und vertreten nunmehr die Auffassung, dass ein „unlauteres Zusammenwirken" zwischen Gläubiger und Schuldner nicht mehr erforderlich sei[156]. Zur Begründung wird dabei zum

---

151 Motive zu dem Entwurf einer Konkursordnung, S. 131 = *Hahn*, Materialien zur Konkursordnung, S. 139; RGZ 23, 9, 12; 33, 120, 124; 57, 161, 163; *Ede/Hirte*, in: Uhlenbruck/Hirte/Vallender, InsO, § 133 Rn. 41, 89; *Kayser*, in: MünchKomm InsO, § 133 Rn. 33; *Plander*, BB 1972, 1480, 1480; anders noch RGZ 6, 44, 45; 9, 100, 102; *Cosack*, Anfechtungsrecht der Gläubiger eines zahlungsunfähigen Schuldners, S. 82. A.A. in jüngerer Zeit wiederum *Jensen*, Grundfragen des Rechts der Gläubiger- und Insolvenzanfechtung, S. 266 f.; *ders.*, NZI 2011, 798, 799, 801; *ders.*, NZI 2013, 471, 475, welcher Deckungshandlungen generell nicht vom Anwendungsbereich des § 133 InsO erfasst sieht. Hiergegen spricht indes deutlich, dass zum einen alsdann selbst kollusives Verhalten nicht mehr anfechtbar wäre (*Bork*, ZIP 2014, 797, 804) und zum anderen eine Haftungsvereitelung i.S.d. § 133 InsO dem Grunde nach auch durch bloße Befriedigung oder Besicherung eines Gläubigers erfolgen kann (*Thole*, ZIP 2013, 2081, 2082).

152 *Plander*, BB 1972, 1480, 1483; vgl. auch Motive zu dem Entwurf einer Konkursordnung, S. 96 = *Hahn*, Materialien zur Konkursordnung, S. 110.

153 BGHZ 121, 179, 185; BGH NJW 1956, 337, 337; MDR 1965, 379, 379; NJW 1991, 2144, 2145; BAG KTS 1967, 238, 243; vgl. auch BGH WM 1993, 738, 739.

154 RGZ 26, 1, 3; 27, 130, 135; 38, 102, 103; 45, 23, 26 f.; RG JW 1901, 9, 9 f.; JW 1902, 590, 590.

155 RGZ 4, 28, 32; 6, 44, 45; 21, 420, 425; 47, 223, 225; 57, 161, 163; so auch Motive zu dem Entwurf einer Konkursordnung, S. 131 = *Hahn*, Materialien zur Konkursordnung, S. 138.

156 BGH NZI 2003, 597, 598; NZI 2005, 692, 693; OLG Dresden ZIP 2003, 1716, 1719; *Dauernheim*, in: FK-InsO, § 133 Rn. 11, 16; *Ede/Hirte*, in: Uhlenbruck/Hirte/Vallender, InsO, § 133 Rn. 40; *Fischer*, NZI 2008, 588, 591; *Gehrlein*, ZInsO 2010, 1857, 1862; *Kayser*, in: MünchKomm InsO, § 133 Rn. 33; *ders.*, WM 2013, 293, 296; *ders.*, NJW 2014, 422, 425; *Kirchhof*, in: FS Fischer, S. 285, 295; *Thole*, in: HK-InsO, § 133 Rn. 19; *ders.*, ZIP 2013, 2081, 2086; *Zeuner*, in: Leonhardt/Smid/Zeuner, InsO, § 133 Rn. 33. Etwas anders *Bork*, in: B. Kübler/Prütting/Bork, InsO, § 133 Rn. 43; *ders.*, in: Bork,

einen angeführt, dass die Anfechtung nach § 133 Abs. 1 InsO im Gegensatz zum früheren Recht keine Benachteiligungsabsicht, sondern lediglich das Vorliegen eines Benachteiligungsvorsatzes erfordere[157]. Zum anderen wird auch eingewendet, dass das Postulat eines „unlauteren" oder „fraudulösen" Handelns des Schuldners aus einer Zeit stamme, in welcher den der Vorsatzanfechtung unterfallenden Handlungen noch eine deliktische Natur beigemessen wurde[158]. Des Weiteren führe das Erfordernis eines unlauteren Zusammenwirkens zwischen Gläubiger und Schuldner auch zu Abgrenzungsschwierigkeiten im Verhältnis zur Nichtigkeit der betreffenden Rechtsgeschäfte wegen Verstoßes gegen ein Verbotsgesetz nach § 134 InsO oder wegen einer Sittenwidrigkeit derselben[159].

Der BGH und der h.L. lassen insoweit auch bei Vorliegen einer kongruenten Deckung einen bedingten Vorsatz des Schuldners ausreichen, sodass eine vorsätzliche Gläubigerbenachteiligung hiernach schon dann zu bejahen ist, wenn der Schuldner sich eine Benachteiligung der Insolvenzgläubiger als möglich vorstellt und diese billigend in Kauf nimmt[160]. Im Übrigen sollen aber erhöhte Anforderungen an den Nachweis des Gläubigerbenachteiligungsvorsatzes gelten, da sich der Wille des Schuldners im Falle einer kongruenten Deckung regelmäßig darin erschöpfe, seinen Verbindlichkeiten gerecht zu werden, ohne sich über eine Benachteiligung der übrigen Gläubiger Gedanken zu machen[161]. Maßgeblich soll insoweit nach einer häufig bemühten Formel sein, ob es dem Schuldner weniger auf die Erfüllung seiner Vertragspflichten als auf die Beseitigung von Zugriffsobjekten für die Gläubiger oder die Begünstigung des Leistungsempfängers ankam[162]. Übermäßig hoch wird diese Hürde dabei allerdings seitens des h.L. nicht angesetzt, vielmehr wird schon dann angenommen, dass es dem Schuldner nicht primär auf die Erfüllung seiner Verpflichtungen, sondern auf die Begünstigung eines Gläubigers ankam, wenn dieser wusste, dass er nicht mehr alle

---

Handbuch der Insolvenzanfechtung, Teil 3, Kap. 5 Rn. 43; *ders.*, ZIP 2004, 1684, 1691, der die Unlauterkeit als „mögliches, aber kein zwingendes Indiz für den Gläubigerbenachteiligungsvorsatz" ansieht.

157 BGH NZI 2003, 597, 598.

158 *Kayser*, in: MünchKomm InsO, § 133 Rn. 33.

159 *Kayser*, in: MünchKomm InsO, § 133 Rn. 33; *Kirchhof*, in: FS Fischer, S. 285, 290; in diese Richtung auch *Fischer*, NZI 2008, 588, 592.

160 BGHZ 155, 75, 84; BGH NZI 2003, 597, 598; *Bork*, in: B. Kübler/Prütting/Bork, InsO, § 133 Rn. 25; *ders.*, in: Bork, Handbuch der Insolvenzanfechtung, Teil 3, Kap. 5 Rn. 25; *ders.*, ZIP 2004, 1684, 1687; *Hirte*, in: Uhlenbruck/Hirte/Vallender, InsO, § 133 Rn. 35 ff.; *Fischer*, NZI 2008, 588, 591; *Gehrlein*, ZInsO 2010, 1857, 1862; *Kayser*, in: MünchKomm InsO, § 133 Rn. 13, 33; *Thole*, in: HK-InsO, § 133 Rn. 19; *Zeuner*, in: Leonhardt/Smid/Zeuner, InsO, § 133 Rn. 33.

161 *Bork*, in: B. Kübler/Prütting/Bork, InsO, § 133 Rn. 42; *ders.*, in: Bork, Handbuch der Insolvenzanfechtung, Teil 3, Kap. 5 Rn. 42; *ders.*, ZIP 2004, 1684, 1691; *Kayser*, in: MünchKomm InsO, § 133 Rn. 33; *Thole*, in: HK-InsO, § 133 Rn. 19.

162 BGHZ 155, 75, 84; BGH NZI 2003, 597, 598; *Kayser*, in: MünchKomm InsO, § 133 Rn. 33a; abl. *Ede/Hirte*, in: Uhlenbruck/Hirte/Vallender, InsO, § 133 Rn. 42; *Fischer*, NZI 2008, 588, 592.

Gläubiger bedienen kann und infolge einer Leistung an einen Gläubiger die Übrigen benachteiligt[163]. Insbesondere soll dabei ein starkes Beweisanzeichen für eine billigende Inkaufnahme der Benachteiligung der übrigen Gläubiger dann gegeben sein, wenn der Schuldner noch in Kenntnis seiner eigenen Zahlungsunfähigkeit[164] oder sogar lediglich im Bewusstsein seiner drohenden Zahlungsunfähigkeit[165] eine kongruente Deckungshandlung vornimmt. In Teilen wird dabei allerdings darauf hingewiesen, dass die Feststellung des Benachteiligungsvorsatzes stets einer Gesamtwürdigung aller relevanten Umstände bedürfe[166] und der Vermutungstatbestand daher durch andere Indizien wie das Vorliegen einer bargeschäftsähnlichen Lage oder einer Leistung im Rahmen eines ernsthaften Sanierungsversuchs widerlegt werden könne[167].

Diese – im Ergebnis äußerst massefreundlichen – Auslegungsgrundsätze des BGH und der h.L. sind seitens der übrigen Literatur verschiedentlich auf Kritik gestoßen. So ist *Huber*[168] der Auffassung, dass es wenig überzeugend sei, bei kongruenten Deckungen bereits einen bedingten Vorsatz des Schuldners genügen zu lassen, welcher dem Schuldner „schon mit in die Wiege gelegt sei", vielmehr sei es sachgerecht, weiterhin einen Gläubigerbenachteiligungsvorsatz nur bei Vorliegen eines unlauteren Verhaltens des Schuldners anzunehmen[169]. In eine ähnliche Richtung geht auch der wohl überwiegende Teil innerhalb der vom Ansatz der h.L. abweichenden Literatur, welcher zwar mit der h.L. insofern übereinstimmt, als im Hinblick auf die Vorsatzanfechtung kongruenter Deckungen ebenfalls ein bedingter Vorsatz für ausreichend erachtet und bei Kenntnis des Schuldners von seiner Zahlungsunfähigkeit oder deren Drohen grundsätzlich auch als erfüllt angesehen wird. Gefordert wird aber alsdann entweder eine systematische und teleologische Reduktion des Tatbestandes des § 133 Abs. 1 InsO durch das Erfordernis eines unlauteren Verhaltens des Schuldners[170]

---

163 BGHZ 155, 75, 84; OLG Dresden ZIP 2003, 1052, 1053; *Fischer*, NZI 2008, 588, 589.

164 BGHZ 155, 74, 84; 162, 143, 153; BGH NZI 2003, 597, 598; NZI 2007, 512, 513; NZI 2008, 231, 232; NZI 2013, 133, 134; NJW 2015, 1756, 1758; ZIP 2015, 437, 438; *Ede/Hirte*, in: Uhlenbruck/Hirte/Vallender, InsO, § 133 Rn. 83; *Fischer*, NZI 2008, 588, 589, 592; *Ganter/Weinland*, in: K. Schmidt, InsO, § 133 Rn. 51; *Gehrlein*, ZInsO 2010, 1857, 1863; *Kayser*, in: MünchKomm InsO, § 133 Rn. 34a; *ders.*, WM 2013, 293, 295; *ders.*, NJW 2014, 422, 424 f.

165 BGHZ 174, 314, 321; 180, 98, 102; BGH NZI 2013, 133, 134; abl. *Ganter*, WM 2009, 1441, 1443; *ders./Weinland*, in: K. Schmidt, InsO, § 133 Rn. 52.

166 BGH ZIP 2015, 437, 440.

167 *Fischer*, NZI 2008, 588, 593 f.; *Kayser*, WM 2013, 293, 298 f.; *ders.*, NJW 2014, 422, 427 f.; vgl. auch BGH NJW 2015, 1756, 1759.

168 In: Gottwald, Insolvenzrechts-Handbuch, § 48 Rn. 16; *ders.*, in: Graf-Schlicker, InsO, § 133 Rn. 21.

169 So i.E. – aber ohne nähere Begründung – auch *Blum*, ZInsO 2006, 807, 809.

170 *Foerste*, NZI 2006, 6, 8 f.; *ders.*, ZInsO 2013, 897, 898 f.; *Lind*, Zur Auslegung von § 133 InsO, S. 113 f.; so auch bereits *Plander*, BB 1972, 1480, 1483 f.; in diese Richtung überdies *Jensen*, NZI 2013, 471, 473; *Jacoby*, KTS 2005, 371, 398; *Ch. Paulus*, in: FS Fischer, S. 445, 457 sowie *Bork*, ZIP 2014, 797, 804 f., welcher den Ansatz aber letztlich dennoch ablehnt.

oder eine teleologische Reduktion desselben dahingehend, dass eine Anfechtung dann nicht in Betracht kommen kann, wenn das Vertrauen des Anfechtungsgegners auf den Bestand der Rechtshandlung des Schuldners als schutzwürdig anzusehen ist[171]. Während sich die letztgenannte Ansicht auf die Notwendigkeit einer Vermeidung von Fehlanreizen stützt[172], verweist die auf das Erfordernis eines unlauteren Verhaltens des Schuldners abstellende Auffassung darauf, dass es dem Schuldner sowohl aus historisch-genetischer als auch aus systematischer Warte außerhalb der Drei-Monatsfrist des § 130 InsO nicht verwehrt sei, einzelne Gläubiger zu begünstigen, da er zu dieser Zeit noch keiner Verpflichtung zur Gleichbehandlung aller Gläubiger unterliege[173]. Des Weiteren wird angeführt, dass der Schuldner im Verhältnis zu dem begünstigten Gläubiger nicht einmal berechtigt sei, eine kongruente Deckung unter Verweis auf eine Benachteiligung der übrigen Gläubiger zu verweigern, weshalb es zweckwidrig wäre, die Leistung bereits aus diesem Grund der Anfechtung zu unterwerfen[174].

Nurmehr wenige Kritikpunkte an der h.A. finden sich dem gegenüber mittlerweile bei *Bork*[175], welcher in Abkehr von seiner ursprünglichen Ansicht, dass allein die Kenntnis des Schuldners von seiner Vermögensunzulänglichkeit nicht als Indiz für einen Gläubigerbenachteiligungsvorsatz ausreiche und vielmehr zusätzliche Indizien zu fordern seien[176], neuerdings lediglich darauf abstellt, ob auf Seiten des Schuldners ein sozial inadäquates Verhalten vorliegt, das den Gläubigerbenachteiligungsvorsatz indiziert. Entgegen der Rechtsprechung des BGH soll daher zwar die Zahlungsunfähigkeit, nicht aber schon deren Drohen ausreichen, da den Schuldner in dieser Situation noch keine Insolvenzantragspflicht treffe und er nicht mit Schadensersatzforderungen oder strafrechtlichen Sanktionen zu rechnen habe, weshalb sein Verhalten nicht als sozial inadäquat angesehen werden könne[177].

bb) Kritische Stellungnahme

aaa) Generelle Erfüllung des Vorsatzerfordernisses durch kongruente Deckungen bei Kenntnis der Zahlungsunfähigkeit bzw. ihres Drohens

Es ist der h.L. sowie dem überwiegenden Teil der Gegenauffassung dahingehend zuzustimmen, dass in Bezug auf die Vorsatzanfechtung kongruenter Deckungen grundsätzlich ebenfalls ein nur bedingter Vorsatz des Schuldners als ausreichend

---

171 *Jacoby*, KTS 2009, 3, 14 ff.
172 *Jacoby*, KTS 2009, 3, 14, 17.
173 *Foerste*, NZI 2006, 6, 7 f.; in diese Richtung auch *Jacoby*, KTS 2005, 371, 398; *Plander*, BB 1972, 1480, 1483.
174 *Plander*, BB 1972, 1480, 1483.
175 ZIP 2014, 797, 806 f.
176 *Bork*, in: B. Kübler/Prütting/Bork, InsO, § 133 Rn. 46 ff.; *ders.*, in: Bork, Handbuch der Insolvenzanfechtung, Teil 3, Kap. 5 Rn. 46 ff.; *ders.*, ZIP 2004, 1684, 1691 f.; *ders.*, ZIP 2008, 1041, 1045;
177 *Bork*, ZIP 2014, 797, 808; in diese Richtung schon *ders.*, in: B. Kübler/Prütting/Bork, InsO, § 133 Rn. 48.

angesehen werden muss, da der Vorsatzbegriff nach allgemeiner – etwa auch der Regelung des § 276 Abs. 1 BGB zugrundeliegender – Definition stets auch bloßen Eventualvorsatz mit erfasst und kein Grund ersichtlich ist, weshalb im Rahmen der auf ein vorsätzliches Handeln abstellenden Anfechtung nach § 133 Abs. 1 InsO schon a priori etwas anderes gelten soll. Ebensowenig kann es überzeugen, lediglich innerhalb des Tatbestandes der Vorsatzanfechtung zu differenzieren und nur für den Bereich der kongruenten Leistungen einen verschärften Vorsatzbegriff Platz greifen zu lassen, denn es ist mit Blick auf die Erfordernisse der Rechtssicherheit und Rechtsklarheit nicht zu rechtfertigen, dass ein und demselben Tatbestandmerkmal je nach zu subsumierender Sachverhaltskonstellation eine unterschiedliche Bedeutung zukommen soll, vielmehr kann ein gefundenes Auslegungsergebnis nur entweder als Ganzes zutreffend oder eben unzutreffend sein[178].

Einigkeit dürfte zwischen den differierenden Ansätzen zumindest insoweit auszumachen sein, dass auch bei Ausreichen eines dolus eventualis eine Vorsatzanfechtung dann noch nicht eingreifen kann, wenn der Schuldner im Rahmen des gewöhnlichen Geschäftsverkehrs zu einer Zeit Leistungen erbringt, in der kein Anlass bestand, mit dem Eintritt der wirtschaftlichen Krise zu rechnen, da dieser dann die Möglichkeit einer Gläubigerbenachteiligung weder erkannt hat, noch billigend in Kauf nimmt[179]. Wenn aber nach dem Vorstehenden in Bezug auf kongruente Leistungen ebenfalls ein Eventualvorsatz des Schuldners für die Erfüllung der tatbestandlichen Voraussetzungen der Vorsatzanfechtung genügt, wird man alsdann nicht umhin kommen, einen entsprechenden Vorsatz auch bei Kenntnis des Schuldners von seiner Zahlungsunfähigkeit und sogar bei bloßem Wissen desselben um seine drohende Zahlungsunfähigkeit bejahen zu müssen. Denn sobald der Schuldner seine Überzeugung verliert, nicht mehr in absehbarer Zeit allen seinen Verbindlichkeiten nachkommen zu können, weiß er um die Möglichkeit des Eintritts einer Gläubigerbenachteiligung und erfüllt damit das kognitive Element des dolus eventualis[180]. Sofern er aber dennoch einem einzelnen Gläubiger eine kongruente Deckung zukommen lässt, ist alsdann auch das voluntative Element des Eventualvorsatzes gegeben, da der Schuldner um der Befriedigung des einen Gläubigers willen die von ihm als möglich erkannte Benachteiligung der Befriedigungsaussichten der Insolvenzgläubiger in ihrer Gesamtheit zumindest billigend in Kauf nimmt bzw. sich mit diesem Erfolgseintritt abfindet[181]. Ein Eventualvorsatz des Schuldners wäre insoweit nur dann zu verneinen, wenn sich der Schuldner entweder über die Möglichkeit einer Zahlungsunfähigkeit noch gar keine Gedanken gemacht

178 Für eine einheitliche Handhabung des Vorsatzerfordernisses auch *Thole*, ZIP 2013, 2081, 2085.

179 Vgl. auch *Plander*, BB 1972, 1480, 1482.

180 *Foerste*, NZI 2006, 6, 6; *ders.*, ZInsO 2013, 897, 898; vgl. auch *Thole*, ZIP 2013, 2081, 2083.

181 Vgl. *Foerste*, NZI 2006, 6, 6; *dens.*, ZInsO 2013, 897, 898; *Plander*, BB 1972, 1480, 1482; *Thole*, ZIP 2013, 2081, 2085.

hat oder davon ausgehen konnte, dass diese noch abgewendet werden kann, was regelmäßig bei ernsthaften Sanierungsbemühungen der Fall sein wird[182].

bbb) Gründe für eine Korrekturbedürftigkeit des Ergebnisses

Das eben formulierte Ergebnis bedarf indes aus mehreren Gründen einer Korrektur. So darf zunächst auch in Bezug auf den subjektiven Tatbestand nicht übersehen werden, dass der Zweck der Vorsatzanfechtung darauf gerichtet ist, sozial missbilligenswerte Verhaltensweisen des Schuldners zu sanktionieren *(s. hierzu o. Seiten 76 f.).* Ein solches sozial inadäquates Verhalten kann aber nicht schon darin zu sehen sein, dass der Schuldner in Kenntnis seiner Zahlungsunfähigkeit oder ihres Drohens eine Sicherung oder Befriedigung erbringt, auf welche der Gläubiger im Leistungszeitpunkt einen Anspruch hatte. Denn das Begleichen von fälligen Verbindlichkeiten entspricht grundsätzlich den üblichen sozialen und wirtschaftlichen Gepflogenheiten, woran auch der Umstand nichts zu ändern vermag, dass die Mittel des Schuldners womöglich nicht mehr zur Befriedigung sämtlicher Gläubiger ausreichen. Die Kenntnis des Schuldners von seiner wirtschaftlichen Krise oder ihres baldigen Eintritts kann daher nicht ausreichen, um eine Vorsatzanfechtung kongruenter Deckungen zu rechtfertigen, da ansonsten entgegen dem Normzweck auch Leistungen des redlichen Schuldners mit erfasst würden[183].

Hierfür spricht auch eine Auslegung des Tatbestandes der Vorsatzanfechtung aus historisch-teleologischer Warte, denn bereits die Motive zur KO 1877 gingen im Hinblick auf geschuldete Leistungen unter Verweis auf den aus Ulp. D. 42, 8, 6, 6 entnommenen Rechtsgrundsatz „nullum videri fraudem facere, qui suum recepit“[184] davon aus, dass diese in der Regel nicht der Vorsatzanfechtung unterfallen würden, aber auch von einer ausdrücklichen oder stillschweigenden betrügerischen Übereinkunft begleitet und deshalb anfechtbar sein könnten[185]. Allein die Kenntnis der Zahlungsunfähigkeit sehen die Motive dabei allerdings noch nicht als ausreichende Grundlage für das Eingreifen der Vorsatzanfechtung an, da sie diesbezüglich feststellen, dass in dem „Bewusstsein schon vorhandener Insuffizienz“ zwar ein Beweis für eine „Absicht“ im Sinne der Vorsatzanfechtung liegen könne, diese aber auch „mit vollkommen

182 Vgl. zum Letztgenannnten *Foerste*, ZInsO 2013, 897, 901.

183 Vgl. *Bork*, in: B. Kübler/Prütting/Bork, InsO, § 133 Rn. 46; *dens.*, in: Bork, Handbuch der Insolvenzanfechtung, Teil 3, Kap. 5 Rn. 46; *dens.*, ZIP 2004, 1684, 1692; a.A. aber nunmehr *ders.*, ZIP 2014, 797, 807 f., wonach lediglich im Hinblick auf Zahlungen bei drohender Zahlungsunfähigkeit ein sozial adäquates Verhalten vorliegen soll.

184 Niemand handelt betrügerisch, der eine ihm gebührende Leistung annimmt.

185 Motive zu dem Entwurf einer Konkursordnung, S. 139 = *Hahn*, Materialien zur Konkursordnung, S. 131; vgl. auch *Foerste*, NZI 2006, 6, 7; *Jaeckel*, Anfechtung von Rechtshandlungen zahlungsunfähiger Schuldner, S. 73; a.A. hingegen *Bork*, ZIP 2014, 797, 804, der hierin kein Argument erblicken will, die Anfechtung kongruenter Deckungen zu versagen.

redlicher Absicht verträglich“ sei[186]. Damit ergibt sich auch aus dem in den Motiven zum Ausdruck kommenden Normverständnis, dass die Vorsatzanfechtung nicht darauf abzielen soll, kongruente Deckungen generell schon aufgrund des Wissens des Schuldners um seine Zahlungsunfähigkeit – und damit erst recht nicht nur wegen seine Bewusstseins um deren drohenden Eintritt – der Anfechtung zu unterwerfen[187].

Diese Erwägung wird ergänzt durch eine andere Stelle der Motive, in welcher diese bezüglich des Verhältnisses der Vorsatzanfechtung zur Kongruenzanfechtung ausführen, dass der Schuldner, soweit nicht die Gläubiger zur Zeit der Leistung bereits einen Anspruch auf gleichmäßige Befriedigung hatten, eine Rechtsverletzung nicht schon dadurch begehe, dass er mit Rücksicht auf seine schlechte Vermögenslage und zur Begünstigung des Empfängers eine Leistung an einen Gläubiger erbringe, zu welcher er dem Gegenstand und der Zeit nach rechtlich verpflichtet war. Auch mache sich ein Gläubiger durch die Annahme der ihm gebührenden Leistung keiner Rechtsverletzung schuldig, selbst wenn er wisse, dass der Schuldner nicht mehr alle Gläubiger befriedigen könne, da nach dem Grundsatz des „sibi vigilavit“[188] dem Gläubiger, der nur im eigenen Interesse wachsam war, der Lohn seiner Sorgfalt nicht entrissen werden dürfe[189]. Hieraus ergibt sich zum einen, dass es an sich nicht Zweck der Vorsatzanfechtung sein sollte, außerhalb des Zeitraumes der Vorverlagerung der par conditio creditorum durch die besondere Konkursanfechtung die Gleichbehandlung der Gläubiger im Wege der Anfechtung kongruenter Deckungen sicherzustellen, selbst wenn Schuldner und Gläubiger die Vermögensinsuffizienz bereits bekannt war. Zum anderen führen die Motive insoweit auch ein noch heute gültiges Argument gegen eine vereinfachte Anfechtbarkeit kongruenter Leistungen an, als sie zutreffend darauf verweisen, dass den berechtigten Interessen der in ihrem eigenen Sinne wachsamen Gläubiger Rechnung zu tragen ist, sofern nicht besondere Umstände eine abweichende Beurteilung erfordern[190].

186 Motive zu dem Entwurf einer Konkursordnung, S. 138 = *Hahn*, Materialien zur Konkursordnung, S. 130.

187 Vgl. auch *Foerste*, ZInsO 2013, 897, 898.

188 Entnommen aus Ulp. D. 42, 8, 6, 7: Sciendum Iulianum scribere eoque iure nos uti, ut, qui debitam pecuniam recepit ante, quam bona debitoris possideantur, quamvis sciens prudensque solvendo non esse recipiat, non timere hoc edictum: sibi enim vigilavit. – Man muss wissen, dass Iulian schreibt und wir dieses Recht anwenden, dass derjenige, der ihm geschuldetes Geld erhalten hat, bevor das Vermögen des Schuldners in Beschlag genommen wurde, obgleich er es mit Wissen und Kenntnis annahm, dass dieser nicht zahlungsfähig ist, das Edikt nicht zu fürchten braucht: Er ist nur im eigenen Interesse wachsam gewesen (Übersetzung in Anlehnung an *Otto/Schilling/Sintenis*, Das Corpus Iuris Civilis [romani], Band 4, S. 400).

189 Motive zu dem Entwurf einer Konkursordnung, S. 128 f. = *Hahn*, Materialien zur Konkursordnung, S. 119.

190 *Plander*, BB 1972, 1480, 1484.

Neben den vorgenannten historisch-teleologischen Einwänden sprechen für eine Korrektur der an sich schon bei Kenntnis des Schuldners von seiner Zahlungsunfähigkeit oder deren Drohen zu bejahenden Anfechtbarkeit kongruenter Deckungen auch systematische Erwägungen. Soweit man die Anfechtung derselben schon unter diesen Voraussetzungen zuließe, würde dies zu Wertungswidersprüchen im Verhältnis zur Deckungsanfechtung nach § 130 Abs. 1 Nr. 1 InsO führen, da hiernach kongruente Deckungen bei Kenntnis des Gläubigers von der Zahlungsunfähigkeit des Schuldners nur innerhalb der letzten drei Monate vor Insolvenzeröffnung anfechtbar sind und mit einer darüber hinausreichenden Vorsatzanfechtung die zeitlichen Grenzen sowie der damit verbundene Gläubigerschutz dieses Tatbestandes unterlaufen würden[191].

Die Vorsatzanfechtung würde auf diese Weise systemwidrig zu einer Art „Generalklausel“[192], ja fast zu einer „Wunderwaffe des Insolvenzverwalters“[193] erhoben, welche die Regelungen der besonderen Insolvenzanfechtung weitgehend überflüssig machen würde[194]. Nicht anderes kann sich dabei auch aus der für sich genommen zutreffenden Feststellung ergeben, dass der Deckungsanfechtung und der Vorsatzanfechtung unterschiedliche Normzwecke zugrunde liegen *(s. hierzu o. Seite 68 ff.)*[195], da deren differierende Zielsetzung nichts daran zu ändern vermag, dass diese Anfechtungstatbestände bei der Anfechtung kongruenter Deckungen in ihrem tatsächlichen Anwendungsbereich miteinander kollidieren und bei einer diesbezüglichen Ausweitung der Vorsatzanfechtung die Regelung des § 130 Abs. 1 Nr. 1 InsO überspielt zu werden droht.

Des Weiteren begründet eine Anfechtbarkeit kongruenter Deckungen nach § 133 InsO bei bloßer Kenntnis des Schuldners von seiner (drohenden) Zahlungsunfähigkeit auch die Gefahr einer Aushöhlung des insolvenzrechtlichen Bargeschäftsprivilegs, denn es wäre die Unanfechtbarkeit von Bardeckungen nach § 142 InsO letztlich in Teilen wertlos, wenn diese weitgehend ebenfalls der Vorsatzanfechtung unterliegen würden, welche durch diese Vorschrift ausdrücklich nicht ausgeschlossen wird[196]. Hiergegen lässt sich auch nur schwerlich einwenden, dass der bargeschäftliche Charakter nach Teilen der h.L. im Rahmen einer Gesamtwürdigung aller relevanten Umstände gerade ein Indiz darstellen würde, das die aus der Kenntnis

---

191 *Bork*, in: B. Kübler/Prütting/Bork, InsO, § 133 Rn. 46; *ders.*, in: Bork, Handbuch der Insolvenzanfechtung, Teil 3, Kap. 5 Rn. 46; *ders.*, ZIP 2004, 1684, 1692; *Foerste*, NZI 2006, 6, 7; *ders.*, ZInsO 2013, 897, 900; vgl. auch *Guski*, WM 2009, 1071, 1072; *Jacoby*, KTS 2005, 371, 398; *Schoppmeyer*, ZIP 2009, 600, 604. Anders mittlerweile *Bork*, ZIP 2014, 797, 804 – hierzu sogleich.

192 *Ch. Paulus*, in: FS Fischer, S. 445, 456, 458.

193 Vgl. *Bork*, ZIP 2004, 1684, 1684; ähnlich ist auch das Bild von *Guski*, WM 2009, 1071, 1073, der die Vorsatzanfechtung insofern zwar nicht mit einer „Wunderwaffe“, aber doch zumindest mit einer „Schrotflinte mit großem Streuwinkel“ vergleicht.

194 *Schoppmeyer*, ZIP 2009, 600, 604.

195 So aber *Bork*, ZIP 2014, 797, 804, 806 f.

196 *Foerste*, ZInsO 2013, 897, 900; *Schoppmeyer*, ZIP 2009, 600, 604.

der Zahlungsunfähigkeit oder ihres Drohens resultierende Vermutung für einen Gläubigerbenachteiligungsvorsatz des Schuldners widerlegen und folglich eine Anfechtbarkeit nach § 133 Abs. 1 InsO ausschließen könne[197]. Vielmehr bleibt es auch bei Vorliegen eines Bargeschäfts dabei, dass der Schuldner in Kenntnis sowie unter Inkaufnahme einer Gläubigerbenachteiligung und damit jedenfalls mit bedingtem Vorsatz handelt, wenn er bewusst einen Vermögenswert der nachmaligen Insolvenzmasse – und sei es auch zur Tilgung einer eigenen Verbindlichkeit – auf einen Gläubiger transferiert[198].

Zuletzt ist – wie die Gegenansicht zur Auffassung des BGH zutreffend einwendet – in systematischer Hinsicht ebenfalls zu berücksichtigen, dass der Schuldner außerhalb der Fristen der Kongruenzanfechtung noch nicht dem Grundsatz der par conditio creditorum unterliegt und es ihm damit grundsätzlich freisteht zu entscheiden, welche Gläubiger er befriedigen will und inwieweit er dabei einzelnen Gläubigern den Vorzug gibt[199]. Der Gläubiger ist umgekehrt sogar berechtigt, vom Schuldner die volle Erfüllung seiner Forderungen – und sei es auch unter Zurückstellung der Ansprüche der übrigen Gläubiger – zu verlangen, weshalb es dem Schuldner im Rahmen der Anfechtung auch nicht als vorsätzliches Handeln angelastet werden darf, wenn er dieser ihm an sich obliegenden Rechtspflicht entspricht[200].

ccc) Lösung mittels einer teleologischen Reduktion der Vorsatzanfechtung durch das Erfordernis eines unlauteren Verhaltens

Die aus den vorstehend dargestellten Gründen erforderliche Korrektur lässt sich allerdings weder im Wege der Auslegung des Vorsatzbegriffes noch über eine Einschränkung der zu dessen Feststellung herangezogenen Beweisanzeichen realisieren, da diese Erwägungen nichts daran zu ändern vermögen, dass nach den bisherigen Ausführungen der im Rahmen der Anfechtung nach § 133 Abs. 1 InsO grundsätzlich ausreichende Eventualvorsatz im Bereich der kongruenten Deckungen für den Regelfall bereits durch ein Handeln des Schuldners in Kenntnis seiner Zahlungsunfähigkeit oder ihres Drohens als erfüllt angesehen werden muss[201]. Entgegen der oben angeführten Formulierung der h.L. lässt sich eine Begrenzung der Vorsatzanfechtung auch nicht dadurch erreichen, dass man hinsichtlich des Vorliegens eines dolus eventualis bei kongruenten Deckungen danach abzugrenzen versucht, ob es dem Schuldner weniger auf die Erfüllung seiner Vertragspflichten, als entweder auf die Schädigung seiner Gläubiger oder die Begünstigung des Leistungsempfängers ankommt. Hiergegen spricht zum einen, dass mit diesem Kriterium ein Absichtsmoment in den

---

197 So aber *Bork*, ZIP 2014, 797, 804, 807 und die unter Fn. 167 Genannten.

198 *Foerste*, ZInsO 2013, 897, 900.

199 *Foerste*, NZI 2006, 6, 7; *Jaeckel*, Anfechtung von Rechtshandlungen zahlungsunfähiger Schuldner, S. 74; *Plander*, BB 1972, 1480, 1484; in diese Richtung auch *Thole*, ZIP 2013, 2081, 2082.

200 *Jensen*, NZI 2013, 471, 474; *Jacoby*, KTS 2005, 371, 398; *Plander*, BB 1972, 1480, 1483 f.

201 Vgl. auch *Lind*, Zur Auslegung von § 133 InsO, S. 112 f.

Vorsatzbegriff des § 133 Abs. 1 InsO eingeführt wird, welches spätestens seit Neufassung der Vorsatzanfechtung im Rahmen der Insolvenzrechtsrechform überwunden sein sollte[202]. Zum anderen kommt es für die Erfüllung des Vorsatzerfordernisses gar nicht darauf an, ob der Schuldner primär einen Gläubiger begünstigen bzw. die Gläubigergemeinschaft schädigen will oder nicht, vielmehr genügt es, wenn er diesen Erfolg – und sei es auch nur als unerwünschte Nebenfolge – billigend in Kauf nimmt, weshalb sich auch mit diesem Differenzierungsansatz nichts an dem Vorliegen eines Eventualvorsatzes ändert[203]. Hinzu kommt, dass das seitens der h.L. herangezogene Abgrenzungskriterium auch in praktischer Hinsicht wenig tauglich erscheint, da eine Ermittlung des jeweils dominierenden Handlungsmotivs des Schuldners mitunter zu erheblichen Schwierigkeiten führen und überdies die Gefahr in sich bergen würde, in die bloße Spekulation abzugleiten[204].

Da eine Eingrenzung der Vorsatzanfechtung bei kongruenten Leistungen nicht schon bei der Feststellung des Vorsatzes des Schuldners als solchem zu realisieren ist, kann diese nur im Wege einer teleologischen Reduktion der Vorsatzanfechtung erfolgen. Ziel dieser teleologischen Reduktion muss es sein, die Vorsatzanfechtung bei kongruenten Deckungen wieder mit der Grundintention dieses Anfechtungstatbestandes, der Sanktion sozial missbilligenswerter Verhaltensweisen des Schuldners, in Einklang zu bringen und die dargestellten systematischen Friktionen im Verhältnis zur Kongruenzanfechtung sowie zum Bargeschäftsprivileg zu vermeiden.

Entgegen der oben in Bezug auf das Erfordernis einer teleologischen Reduktion angeführten Auffassung von *Jacoby*[205] kann es dabei allerdings nur schwerlich überzeugen, die Eingrenzung des Tatbestandes der Vorsatzanfechtung nach der Schutzwürdigkeit des Vertrauens des Anfechtungsgegners bestimmen zu wollen. Die Problematik der Anfechtung kongruenter Deckungen nach § 133 Abs. 1 InsO stellt sich nicht erst auf der Ebene der Kenntnis als das Vertrauen des Anfechtungsgegners schützendes Tatbestandsmerkmal *(vgl. hierzu o. Seite 76 f.)*, sondern schon vorher im Bereich des Vorsatzes, denn es ist bereits zweifelhaft, ob und inwieweit dem Insolvenzschuldner bei Erbringung einer kongruenten Leistung überhaupt ein Vorwurf schuldhaften Verhaltens zu machen ist.

Vorzugswürdig erscheint es insoweit, mit der überwiegenden Gegenauffassung auch für die Anfechtung nach § 133 Abs. 1 InsO an der tradierten Voraussetzung eines unlauteren Verhaltens des Schuldners festzuhalten und die Vorsatzanfechtung daher für den Bereich der kongruenten Deckungen dahingehend teleologisch zu reduzieren, dass diese dort nur bei Erfüllung dieses Erfordernisses eingreifen kann. Dafür spricht zum einen, dass die Feststellung der Unlauterkeit eines Verhaltens

---

202 *Foerste*, NZI 2006, 6, 6.

203 *Foerste*, NZI 2006, 6, 6; vgl. auch *Jacoby*, KTS 2005, 371, 398; *Plander*, BB 1972, 1480, 1482 f.

204 *Foerste*, NZI 2006, 6, 6; vgl. auch *Jaeckel*, Anfechtung von Rechtshandlungen zahlungsunfähiger Schuldner, S. 75 f.

205 S.o. Fn. 171.

des Schuldners stets auch deren soziale Missbilligungswürdigkeit impliziert und folglich mit diesem Kriterium der Zweck der Vorsatzanfechtung adäquat abgebildet sowie in die Voraussetzungen dieses Anfechtungstatbestandes implantiert wird[206]. Zum anderen werden mit einer teleologischen Reduktion der Anfechtung nach § 133 Abs. 1 InsO auch die oben dargestellten Überschneidungen von Vorsatz- und Kongruenzanfechtung beseitigt und die außerhalb der Fristen der besonderen Insolvenzanfechtung grundsätzlich noch nicht durch den Grundsatz der Gläubigergleichbehandlung beschränkte freie Verfügungsbefugnis des Insolvenzschuldners gewahrt.

Neben den eben dargelegten Gründen kommt hinzu, dass auch die Einwände der h.L. gegen das Erfordernis eines unlauteren Verhaltens des Schuldners nicht durchgreifen. So ist zunächst der Einwand unzutreffend, die Vorraussetzung eines unlauteren Verhaltens könne unter Geltung des § 133 Abs. 1 InsO nicht mehr gefordert werden, weil diese Vorschrift anders als der frühere § 31 Nr. 1 KO nicht mehr Benachteiligungsabsicht, sondern lediglich Benachteiligungsvorsatz verlange. Vielmehr war schon im Hinblick auf die Absichtsanfechtung der KO seit langem anerkannt, dass für das dortige Tatbestandsmerkmal der Benachteiligungsabsicht ebenfalls nur bedingter Vorsatz ausreicht[207]. Des Weiteren lässt sich das Erfordernis eines unlauteren Verhaltens auch nicht mit dem Argument ablehnen, dass dieses aus einer Zeit stamme, als die Vorsatzanfechtung noch als deliktische Klage aufgefasst wurde, denn zum einen wurde der Tatbestand der Vorsatzanfechtung lediglich bis zum Ende des gemeinen Rechts, aber schon nicht mehr unter Geltung der KO als unerlaubte Handlung interpretiert *(s.o. Seite 47)*. Zum anderen ist der Terminus der Unlauterkeit auch gar nicht auf das Deliktsrecht beschränkt, sondern vermag genauso im hier verwendeten Sinne als Bezeichnung eines sozial missbilligenswerten Verhaltens Verwendung zu finden. Schließlich ist auch dem Einwand zu widersprechen, dass das Merkmal des unlauteren Verhaltens zu Abgrenzungsschwierigkeiten im Verhältnis zu einer möglichen Sittenwidrigkeit des Schuldnerhandelns führen würde. Es mag zwar derartige Überschneidungen im Einzelfall geben, aber es gilt insoweit zu bedenken, dass ohne eine entsprechende teleologische Reduktion der Vorsatzanfechtung kongruenter Deckungen alsdann systematische Verwerfungen im Hinblick auf den Tatbestand des § 130 Abs. 1 InsO auftreten würden und damit letztlich nur Abgrenzungsschwierigkeit gegen Abgrenzungsschwierigkeit ausgetauscht wäre. Während aber den eine Sittenwidrigkeit sanktionierenden Normen des bürgerlichen Rechts auch bei Bejahung des Erfordernisses eines unlauteren Handelns noch ein deutlicher Anwendungsbereich verbliebe, wäre die Kongruenzanfechtung

---

206 In diese Richtung auch *Lind*, Zur Auslegung von § 133 InsO, S. 114.

207 *Bork*, in: B. Kübler/Prütting/Bork, InsO, § 133 Rn. 43; *ders.*, in: Bork, Handbuch der Insolvenzanfechtung, Teil 3, Kap. 5 Rn. 43; *ders.*, ZIP 2004, 1684, 1691; *Bork*, ZIP 2014, 797, 805; *Foerste*, NZI 2006, 6, 8; *ders.*, ZInsO 2013, 897, 897; *Ganter*, WM 2009, 1441, 1441; *Huber*, NZI 2003, 599, 599.

unter dem weiten Verständnis der Vorsatzanfechtung der h.L. letztlich nahezu überflüssig, weshalb der hier vertretene Ansatz auch insoweit vorzugswürdig erscheint.

Im Ergebnis ist damit für die Anfechtbarkeit kongruenter Deckungen nach § 133 Abs. 1 InsO weiterhin das Vorliegen eines unlauteren Handelns des Schuldners zu verlangen. Ein solches unlauteres Verhalten kann dabei aber jedenfalls nicht schon darin gesehen werden, dass der Schuldner in Kenntnis seiner Zahlungsunfähigkeit oder ihres möglicherweise baldigen Eintritts eine kongruente Leistung an einen seiner Gläubiger erbringt und dabei billigend in Kauf nimmt, dass diese die übrigen Insolvenzgläubiger benachteiligt[208]. Auch genügt es regelmäßig nicht, wenn Schuldner und Gläubiger auf Basis dieser Kenntnis bewusst zusammenwirken und ihr Handeln dabei lediglich von der Intention getragen ist, eine Erfüllung der Forderung des Schuldners herbeizuführen, da dem Schuldner die Befriedigung eines seiner Gläubiger grundsätzlich erlaubt ist[209], weshalb Umstände erforderlich sind, die einen zusätzlichen Unwert des schuldnerischen Verhaltens offenbaren[210]. Dies ist in erster Linie dann der Fall, sofern die Gewährung der kongruenten Deckung zu dem ausschließlichen oder überwiegenden Zweck einer Gläubigerbenachteiligung vorgenommen wird, so etwa dann, wenn die kongruente Leistung dazu dient, einen anderen Gläubiger in die Insolvenz zu treiben[211] oder wenn diese im Zusammenhang mit der Erschwerung eines konkret geplanten oder jedenfalls vorgestellten Zugriffs anderer Gläubiger auf das Schuldnervermögen erfolgt[212].

Soweit ein unlauteres Verhalten des Schuldners ausnahmsweise angenommen werden kann, ist alsdann noch zu klären, wann auch die für die Anfechtbarkeit zusätzlich erforderliche Kenntnis des Anfechtungsgegners vom Benachteiligungsvorsatz des Schuldners gegeben ist. Grundsätzlich wird diesbezüglich angenommen, dass eine entsprechende Kenntnis schon dann zu bejahen ist, wenn der Anfechtungsgegner die Tatsachen kannte, aus denen sich der Benachteiligungsvorsatz des Schuldners ergibt[213]. Dies kann aber für die Anfechtung kongruenter Deckungen nicht genügen, denn der Anfechtungsgegner müsste dann etwa bereits in dem Zeitpunkt nicht mehr als schutzwürdig angesehen werden, in dem er die Zahlungsunfähigkeit oder deren Drohen kannte, aus welchen sich der an sich gegebene Eventualvorsatz des Schuldners ergibt. Da der Gläubiger aber nicht allein deshalb auf eine Leistung verzichten muss, weil er weiß, dass diese andere Gläubiger benachteiligt, ist im Hinblick auf die Anfechtung kongruenter Deckungen zu fordern, dass dieser auch die Tatsachen kennt, aus denen sich die Unlauterkeit des Schuldnerverhaltens ergibt[214].

---

208 *Foerste*, NZI 2006, 6, 8.
209 *Plander*, BB 1972, 1480, 1485.
210 *Foerste*, NZI 2006, 6, 8.
211 *Foerste*, NZI 2006, 6, 8.
212 *Foerste*, NZI 2006, 6, 8f.; *Plander*, BB 1972, 1480, 1485 f.
213 *Bork*, in: B. Kübler/Prütting/Bork, InsO, § 133 Rn. 60; *ders.*, in: Bork, Handbuch der Insolvenzanfechtung, Teil 3, Kap. 5 Rn. 56; *ders.*, ZIP 2004, 1684, 1693.
214 *Plander*, BB 1972, 1480, 1487.

Für die Vorsatzanfechtung von Aufrechnungen durch oder aufgrund einer Aufrechnungsvereinbarung über künftige Forderungen sowie die Verrechnung im Kontokorrent, welche nach den hierzu bereits gefundenen Ergebnissen als kongruente Deckungen anzusehen sind *(s.o. Seite 326 ff.)*, folgt aus den vorstehenden Ausführungen, dass diese nur dann der Vorsatzanfechtung unterliegen, wenn zum einen Umstände gegeben sind, aus denen sich ein besonderer Unwert der Herstellung der vertraglichen Aufrechnungslage oder der Herbeiführung der konsensualen Aufrechnung im Sinne eines unlauteren Verhaltens des Schuldners ergibt und zum anderen der Anfechtungsgegner zumindest diese Umstände kennt. Ohne entsprechende Anhaltspunkte ist hingegen in den vorgenannten Varianten der vertraglichen Aufrechnung eine Erfüllung der subjektiven Anfechtungsvoraussetzungen des § 133 Abs. 1 InsO grundsätzlich zu verneinen.

cc) Auswirkungen der aktuell beabsichtigten Reform des Rechts der Vorsatzanfechtung für die hier vertretene Auffassung

Aufgrund der bereits dargestellten Einwände aus der Literatur sowie insbesondere zunehmender Kritik seitens der Wirtschaft im Hinblick auf die gegenwärtig recht massefreundliche Interpretation der Vorsatzanfechtung durch den BGH *(s. hierzu o. Seite 361 f.)* wurde nach langer und intensiver Diskussion[215] am 29. September 2015 durch die Bundesregierung der Entwurf für ein „Gesetz zur Verbesserung der Rechtssicherheit bei Anfechtungen nach der Insolvenzordnung und dem Anfechtungsgesetz" beschlossen[216], demzufolge neben weiteren Änderungen des Anfechtungsrechts in § 133 InsO – und parallel in § 3 AnfG – jeweils zwei Absätze 2 und 3 eingefügt und der bisherige Absatz 2 zu Absatz 4 werden soll.

Zunächst ist in § 133 Abs. 2 RegE-InsO vorgesehen, den Anfechtungszeitraum für sämtliche Deckungshandlungen – also sowohl kongruente als auch inkongruente Deckungen[217] – von den bisher zehn Jahren nach § 133 Abs. 1 S. 1 InsO auf vier Jahre zu verkürzen. Des Weiteren ist für die Anfechtung kongruenter Deckungen mit § 133 Abs. 3 S. 1 RegE-InsO eine Abschwächung der Vermutungsregel des § 133 Abs. 1 S. 2 InsO für die Kenntnis des Anfechtungsgegners vom schuldnerischen Benachteiligungsvorsatz dahingehend beabsichtigt, dass nicht mehr die Kenntnis von der drohenden Zahlungsunfähigkeit, sondern nurmehr von deren Eintritt genügen soll. Für Zahlungen aufgrund von Zahlungsvereinbarungen und sonstigen Zahlungserleichterungen an den Schuldner soll zudem nach § 133 Abs. 3 S. 2 RegE-InsO eine

215 Ausführlich hierzu *Berner*, ZInsO 2015, 2457 ff. Zum Eckpunktepapier des Bundesministeriums für Justiz und Verbraucherschutz vom 10. September 2014 s. auch: *Bork*, ZIP 2014, 1905 ff.. Zum nachfolgenden Referentenentwurf vom 16. März 2015, ZInsO 2015, 624 ff.: *Blank/Blank*, ZInsO 2015, 1705 ff.; *Frind*, ZInsO 2015, 1001 ff.; *Huber*, ZInsO 2015, 713 ff.; *Jacobi/Böhme*, ZInsO 2015, 721 ff.; *Jungclaus/Keller*, NZI 2015, 297 ff.; *Sämisch*, ZInsO 2015, 1658 ff.; *Willemsen/Kühn*, BB 2015, 1474 ff.

216 BR-Drs. 495/15 = ZInsO 2015, 2073 ff.

217 *Huber*, ZInsO 2015, 2297, 2299.

Gegenvermutung zu § 133 Abs. 1 S. 2 InsO dergestalt eingreifen, dass der andere Teil zur Zeit der Handlung die Zahlungsunfähigkeit des Schuldners nicht kannte. Zumindest sachlich mit der Vorsatzanfechtung zusammenhängend ist schließlich auch die geplante Neufassung des Bargeschäftstatbestands, welche in § 142 Abs. 1 RegE-InsO vorsieht, dass eine Vorsatzanfechtung bei Bargeschäften nur noch dann möglich ein soll, wenn der Schuldner unlauter gehandelt hat und der andere Teil Kenntnis von der Unlauterkeit hatte.

Ob und inwieweit das dargestellte Reformvorhaben letztlich zur Verwirklichung gelangen wird, lässt sich gegenwärtig noch kaum abschätzen. Falls die beabsichtigten Regelungen tatsächlich umgesetzt würden, wären hierdurch allerdings die oben formulierten Kritikpunkte allenfalls partiell obsolet. Es muss aber im Übrigen ohnehin festgestellt werden, dass die Änderungsvorschläge in ihrer aktuellen Gestalt nur wenig überzeugend erscheinen.

Obgleich es gegen eine Verkürzung der Anfechtungsfrist für Deckungshandlungen im Grunde wenig einzuwenden gibt[218], vermag diese für sich genommen nichts an den vorgetragenen Einwänden zu verändern, da selbige für den verbleibenden Anfechtungszeitraum uneingeschränkt bestehen bleiben. Die angesonnene Einschränkung der Vermutungsregel für die Kenntnis des Gläubigers vom Gläubigerbenachteiligungsvorsatz würde die Probleme der Vorsatzanfechtung bei kongruenten Deckungen lediglich für den Bereich der drohenden Zahlungsunfähigkeit und auch insoweit nur im Ergebnis beseitigen, sie erscheint aber schon generell wenig sachgerecht[219]. Es wird dabei zum einen verkannt, dass es auch bereits bei lediglich drohender Zahlungsunfähigkeit kongruente Vermögensverschiebungen geben kann, die als unlauter anzusehen sind, aber künftig ebenfalls nurmehr unter erschwerten Voraussetzungen anfechtbar wären[220]. Zum anderen ist die Lösung über eine Abschwächung des § 133 Abs. 1 S. 2 InsO aber auch insofern verfehlt, als der Schuldner bereits mit dem Drohen einer Zahlungsunfähigkeit weiß, auf absehbare Zeit nicht mehr alle Verbindlichkeiten begleichen zu können und daher bei einer gleichwohl geleisteten Zahlung sämtliche Voraussetzungen des Eventualvorsatzes erfüllt, womit der Gläubiger bei Wissen um die drohende Zahlungsunfähigkeit den schuldnerischen Vorsatz eben auch kennt und die Begrenzung der gesetzlichen Vermutung zu einem schlichtweg unzutreffenden Ergebnis führt *(s. hierzu auch o. Seite 364 f.)*[221]. Anzusetzen wäre aus diesem Grund nicht bei der Kenntnis des Gläubigers, sondern – ausgehend vom Zweck der Vorsatzanfechtung – bei der Frage, unter welchen Voraussetzungen eine in beiderseitiger Kenntnis der drohenden Zahlungsunfähigkeit getätigte kongruente Deckung dennoch als sozial adäquat und folglich nicht als unlauter anzusehen ist.

---

218 So auch *Dahl/Schmitz/Taras*, ZInsO 2016, 20, 23; *Huber*, ZInsO 2015, 2297, 2299; *Zenker*, NZI 2015, 1006, 1007; kritisch hingegen *Berner*, ZInsO 2015, 2457, 2467 f.; ablehnend *Schmidt*, ZInsO 2015, 2473, 2475.

219 A.A. *Huber*, ZInsO 2015, 2297, 2299; *Schmidt*, ZInsO 2015, 2473, 2475; *Zenker*, NZI 2015, 1006, 1007.

220 Vgl. auch *Berner*, ZInsO 2015, 2457, 2468; *Dahl/Schmitz/Taras*, ZInsO 2016, 20, 23.

221 In diese Richtung auch *Dahl/Schmitz/Taras*, ZInsO 2016, 20, 23.

Wenig würde an den oben ausgeführten Einwänden des Weiteren die Einfügung einer Vermutung gegen das Vorliegen einer Kenntnis des anderen Teils von der Zahlungsunfähigkeit des Schuldners bei Leistungen aufgrund einer Zahlungsvereinbarung oder sonstigen Zahlungserleichterung ändern, weil damit lediglich ein Fall, in welchem ein sozial missbilligenswertes Verhalten regelmäßig zu verneinen ist[222], von der Vorsatzanfechtung ausgenommen wird. Die Vorschrift des § 133 Abs. 3 S. 2 RegE-InsO erscheint insofern aber durchaus etwas willkürlich, da andere Konstellationen fehlender Unlauterkeit bei kongruenten Deckungen weiterhin der Anfechtung nach § 133 Abs. 1 InsO unterliegen würden. Darüber hinaus ist die Regelung im Wege einer Gegenvermutung wiederum sachlich verfehlt, denn das Ansuchen um eine Zahlungserleichterung offenbart ja gerade Liquiditätsschwierigkeiten des Schuldners, weshalb diese aus der Warte des Gläubigers höchstens ein Indiz für, aber nur schwerlich gegen eine Zahlungsunfähigkeit des Schuldners sein kann[223]. Zuletzt würde auch durch die geplante Änderung des Bargeschäftstatbestandes die hier favorisierte teleologische Reduktion der Vorsatzanfechtung durch das Erfordernis eines unlauteren Verhaltens allenfalls in Teilen unnötig, da § 142 Abs. 1 RegE-InsO die Vorsatzanfechtung kongruenter Deckungen zwar – dem Grunde nach zutreffend – von der zusätzlichen Voraussetzung eines unlauteren Verhaltens abhängig macht, aber dies eben nur punktuell für das Vorliegen eines Bargeschäfts vorsieht, weshalb man sich des Eindrucks einer gewissen gesetzgebungstechnischen Beliebigkeit nicht ganz erwehren kann. In jedem Fall ist die Ergänzung der Vorsatzanfechtung kongruenter Bargeschäfte um das Tatbestandsmerkmal eines unlauteren Verhaltens aber systematisch völlig falsch verortet, denn § 142 InsO regelt lediglich das Bargeschäftsprivileg als solches, die spezifischen Voraussetzungen der Anfechtbarkeit von Bargeschäften nach § 133 InsO sind aber zweifelsohne bei dieser Vorschrift zu normieren[224].

4. Anwendbarkeit der Beweislastumkehr des § 133 Abs. 2 InsO

Zu klären ist schließlich noch, inwieweit auf die Begründung einer Aufrechnungsmöglichkeit auch die Beweislastumkehr des § 133 Abs. 2 InsO anwendbar ist. Nach dieser Vorschrift unterfällt ein unmittelbar nachteiliger entgeltlicher Vertrag, welcher mit einer nahestehenden Person i.S.d. § 138 InsO geschlossen wird, dann der Vorsatzanfechtung, wenn der Vertragsschluss nicht mehr als zwei Jahre vor dem Eröffnungsantrag erfolgte und nicht dem anderen Teil der Gläubigerbenachteiligungsvorsatz des Schuldners unbekannt war oder ein solcher gar nicht bestand, wobei diese Ausschlusskriterien aber jeweils vom Anfechtungsgegner zu beweisen sind.

---

222 A.A. wohl *Berner*, ZInsO 2015, 2457, 24689; *Dahl/Schmitz/Taras*, ZInsO 2016, 20, 24.

223 *Berner*, ZInsO 2015, 2457, 2468 f.; *Huber*, ZInsO 2015, 2297, 2299 f.; a.A. *Zenker*, NZI 2015, 1006, 1008.

224 *Berner*, ZInsO 2015, 2457, 2469 f.; *Huber*, ZInsO 2015, 2297, 2301.

a) Unmittelbare Gläubigerbenachteiligung durch Vertrag

Aufgrund der in dieser Norm geforderten Unmittelbarkeit der Gläubigerbenachteiligung kommt eine Beweislastumkehr von vornherein nur im Hinblick auf die Herstellung einer Aufrechnungsmöglichkeit durch einen Aufrechnungsvertrag oder einen Aufrechnungsvoraussetzungsvertrag über bereits existierende Forderungen in Betracht, da allein diese eine unmittelbare Benachteiligung der Insolvenzgläubiger bewirken *(vgl. hierzu o. Seite 265 f.)*. Diese Varianten unterfallen auch unproblematisch dem Erfordernis eines Vertrages i.S.d. § 133 Abs. 2 InsO, weil dieser Begriff nach einhelliger Auffassung weit auszulegen ist und mit dem der Rechtshandlung des Schuldners als deckungsgleich angesehen wird, sofern diese in Willensübereinstimmung mit dem anderen Teil vorgenommen wurde. Aus diesem Grund sind neben obligatorischen Rechtsgeschäften wie der Aufrechnungsvereinbarung über bestehende Forderungen auch dinglich wirkende Verträge wie der Aufrechnungsvertrag mit Sofortvollzug und der aufschiebend bedingte oder befristete Aufrechnungsvertrag erfasst[225].

b) Entgeltlichkeit der vertraglichen Aufrechnung

Das weitere Tatbestandsmerkmal der Entgeltlichkeit ist erfüllt, wenn der Leistung des Schuldners eine ausgleichende Zuwendung des Anfechtungsgegners gegenübersteht, die beide rechtlich voneinander abhängig sind[226]. Die Entgeltlichkeit lässt sich dabei nur unter Bezugnahme auf ein Kausalgeschäft bestimmen, da Leistungshandlungen nach dem Abstraktionsgrundsatz für sich genommen stets abstrakter und damit weder entgeltlicher noch unentgeltlicher Natur sind[227]. Die Beurteilung der Entgeltlichkeit einer gewährten Deckung hängt daher davon ab, ob dieser ein Kausalgeschäft zugrunde liegt, demzufolge für die Leistung des Schuldners eine entsprechende Gegenleistung in dessen Vermögen zu erbringen ist. Für die Entgeltlichkeit eines Verpflichtungsgeschäfts als solches kann hingegen auf dieses selbst abgestellt werden, womit hier danach zu fragen ist, ob dieses eine Vereinbarung über einen entgeltlichen Leistungsaustausch beinhaltet[228].

In Bezug auf die Herstellung einer vertraglichen Aufrechnungsmöglichkeit könnte insoweit anzunehmen sein, dass für die Feststellung der Entgeltlichkeit des Leistungsaustauschs die jeweilige Aufrechnungsvereinbarung als solche in den Blick zu nehmen

---

225 Vgl. *Bork*, in: B. Kübler/Prütting/Bork, InsO, § 133 Rn. 64; *dens.*, in: Bork, Handbuch der Insolvenzanfechtung, Teil 3, Kap. 5 Rn. 58; *Dauernheim*, in: FK-InsO, § 133 Rn. 25; *Henckel*, in: Jaeger, InsO, § 133 Rn. 59; *Kayser*, in: MünchKomm InsO, § 133 Rn. 40; *Nerlich*, in: Nerlich/Römermann, InsO, § 133 Rn. 56; *Rogge/Leptien*, in: HambKomm InsO, § 133 Rn. 44; *Thole*, in: HK-InsO, § 133 Rn. 31.

226 *Dauernheim*, in: FK-InsO, § 133 Rn. 26; *Henckel*, in: Jaeger, InsO, § 133 Rn. 60; *Kayser*, in: MünchKomm InsO, § 133 Rn. 41; *Rogge/Leptien*, in: HambKomm InsO, § 133 Rn. 45; *Thole*, in: HK-InsO, § 133 Rn. 32.

227 Vgl. *Ganter/Weinland*, in: K. Schmidt, InsO, § 134 Rn. 18.

228 Vgl. *Kayser*, in: MünchKomm InsO, § 134 Rn. 7, 19 sowie in Bezug auf Leistungshandlungen *Henckel*, in: Jaeger, InsO, § 134 Rn. 9.

ist. Damit wäre die konsensuale Aufrechnung mit Ausnahme eines Aufrechnungsvoraussetzungsvertrages über die Einräumung einer einseitigen Aufrechnungsbefugnis stets als entgeltliche Leistung des Schuldners anzusehen, da dieser im Gegenzug ebenfalls eine Sicherung oder Befriedigung für ein eigenes Forderungsrecht erlangt. Damit würde indes übersehen, dass die Aufrechnung durch Vertrag und die Aufrechnung aufgrund eines Aufrechnungsvoraussetzungsvertrages als kausale Verfügungen in ihrer Wirksamkeit stets vom Bestand der zugrunde liegenden Forderungen abhängig sind und daher ihren Rechtsgrund nicht aus sich selbst herleiten, womit die Deckung des einen Teils auch im Rahmen der konsensualen Aufrechnung gerade nicht für die Deckung des anderen, sondern für dessen Forderung erbracht wird[229]. Aus der jeweiligen Aufrechnungsvereinbarung ergibt sich insoweit nur, dass die Leistung auf die Forderung durch Aufrechnung mit einer entgegengerichteten Forderung erbracht wird bzw. erbracht werden darf, nicht aber, ob für diese Leistung auch eine Gegenleistung zu erbringen ist. Für die Frage der Entgeltlichkeit kann es deshalb auch im Rahmen der konsensualen Aufrechnung nur auf das kausale Rechtsgeschäft ankommen, auf welchem die Leistung des Schuldners beruht.

Die h.L. nimmt dabei in Bezug auf die Gewährung einer Sicherung oder Befriedigung für eine Forderung des Insolvenzgläubigers – wie sie mit der Herstellung einer Aufrechnungsmöglichkeit erfolgt – an, dass diese stets entgeltlicher Natur sei, wenn die Forderung des Gläubigers aus einem entgeltlichen Kausalgeschäft herrührt, d.h. nach diesem für die Leistung des Schuldners eine Gegenleistung zu erbringen ist und eine Unentgeltlichkeit dann vorliege, wenn der Forderung ein unentgeltliches Kausalgeschäft zugrunde liegt[230]. Für die Gewährung einer Sicherheit für eine Forderung wird allerdings hiergegen von Teilen der Literatur eingewendet, dass es in dieser Hinsicht nicht auf die Entgeltlichkeit des der Forderung zugrundeliegenden Kausalgeschäfts ankommen könne, also darauf, ob für die den Gegenstand der Forderung bildende Leistung eine Gegenleistung vereinbart ist, sondern danach zu fragen sei, ob der Sicherungsnehmer gerade für die erlangte Sicherheit eine Leistung

229 Vgl. *Berger*, Der Aufrechnungsvertrag, S. 133; *Schwahn*, Der Aufrechnungsvertrag in der Insolvenz, S. 27; vgl. zur kausalen Natur des Aufrechungsvertrages – allerdings noch unter der früheren dogmatischen Einordnung als Erlassvertrag – überdies *Eisele*, Die Compensation nach römischem und gemeinem Recht, S. 236; *Krawielicki*, Grundlagen des Bereicherungsanspruchs, S. 27; *Schwengler*, Über die Kompensation durch Vertrag, S. 31.

230 BGHZ 112, 136, 138 (zur Befriedigung); 137, 267, 282 (zur Sicherung); *Bork*, in: B. Kübler/Prütting/Bork, InsO, § 134 Rn. 47, 72; *ders.*, in: Bork, Handbuch der Insolvenzanfechtung, Teil 3, Kap. 6 Rn. 47, 72; *Dauernheim*, in: FK-InsO, § 134 Rn. 16; *Ede/Hirte*, in: Uhlenbruck/Hirte/Vallender, InsO, § 134 Rn. 41,50; *Häsemeyer*, Insolvenzrecht Rn. 21.92; *Kayser*, in: MünchKomm InsO, § 134 Rn. 26 ff.; *Rogge/Leptien*, in: HambKomm InsO, § 134 Rn. 22 f.; *Thole*, in: HK-InsO, § 134 Rn. 15; *Wittig*, NZI 2005, 606, 607, 611.

an den Schuldner zu erbringen habe[231]. Dieser Ansatz kann allerdings nicht überzeugen, denn die Sicherung einer Forderung kann grundsätzlich nicht weiter anfechtbar sein als die Erfüllung selbst, da diese lediglich die Befriedigung des Forderungsinhabers gewährleisten soll und folglich nur eine Vorstufe derselben darstellt[232]. Hinzu kommt, dass damit für ohne Gegenleistung erbrachte Sicherheiten der Gläubigergleichbehandlungsgrundsatz der Sache nach über den Zeitraum der Krise hinaus auf die Vierjahresfrist des § 134 Abs. 1 InsO ausgedehnt würde, was der Zielsetzung der Schenkungsanfechtung widerspricht[233].

Aus diesen Gründen ist auch für die Entgeltlichkeit einer Sicherung nur auf das der Forderung zugrundeliegende Kausalgeschäft abzustellen, womit es für die Beurteilung der Frage, ob die mit der konsensualen Aufrechnung gewährte Sicherung oder Befriedigung als entgeltliche oder unentgeltliche Leistung anzusehen ist, stets auf die Entgeltlichkeit oder Unentgeltlichkeit der Forderung des Insolvenzgläubigers ankommt, auf welche sich die Leistung des Schuldners bezieht. Da den Gegenstand der Aufrechnung für den Regelfall nur Forderungen aus entgeltlichen Kausalgeschäften bilden, kann in der Konsequenz hinsichtlich der Herstellung einer Aufrechnungsmöglichkeit grundsätzlich von einer entgeltlichen Leistung ausgegangen werden, soweit die zugrunde liegende Aufrechnungsforderung des Gläubigers nicht ausnahmsweise auf eine unentgeltliche Leistung des Schuldners gerichtet ist, die alsdann der im Folgenden noch zu erörternden Anfechtung nach § 134 InsO unterfallen würde.

c) Folgerungen für die Anwendbarkeit der Beweislastumkehr

Im Ergebnis ist damit für die Aufrechnung durch einen Aufrechnungsvertrag mit Sofortvollzug, einen bedingten bzw. befristeten Aufrechnungsvertrag oder die Begründung einer Aufrechnungsmöglichkeit durch einen Aufrechnungsvoraussetzungsvertrag über existierende Forderungen festzustellen, dass diese nicht allein deshalb unter erleichterten Bedingungen der Vorsatzanfechtung unterliegen, weil aufgrund der dort stets gegebenen Inkongruenz ein starkes Indiz für die Erfüllung des subjektiven Tatbestandes des § 133 Abs. 1 S. 1 InsO besteht. Vielmehr kann überdies auch die Beweislastregelung des § 133 Abs. 2 InsO Anwendung finden, soweit die betreffende Aufrechnungsvereinbarung mit einer nahestehenden Person i.S.d. § 138 InsO geschlossen wurde und die Forderung des Gläubigers nicht auf unentgeltliche Leistung des Schuldners i.S.d. § 134 InsO gerichtet ist. Für die übrigen Varianten der konsensualen Aufrechnung kommt hingegen nach dem eben Ausgeführten in Bezug auf die Begründung der Aufrechnungsmöglichkeit selbst eine Beweislastumkehr nach

231 *De Bra*, in: Braun, InsO, § 134 Rn. 27; *Nerlich*, in: Nerlich/Römermann, InsO, § 134 Rn. 15.

232 *Bork*, in: B. Kübler/Prütting/Bork, InsO, § 134 Rn. 72; *ders.*, in: Bork, Handbuch der Insolvenzanfechtung, Teil 3, Kap. 6 Rn. 72; *Huber*, in: Gottwald, Insolvenzrechts-Handbuch, § 49 Rn. 14; *ders.*, in: Graf-Schlicker, InsO, § 134 Rn. 18; *Wittig*, NZI 2005, 606, 610 f.

233 *Henckel*, in: Jaeger, InsO, § 134 Rn. 4.

§ 133 Abs. 2 InsO mangels unmittelbarer Nachteiligkeit nicht in Betracht. Eine Anwendbarkeit des § 133 Abs. 2 InsO kann sich hier allenfalls daraus ergeben, dass eine der zugrundeliegenden Aufrechnungsforderungen durch ein entgeltliches Rechtsgeschäft mit einer nahestehenden Person i.S.d. § 138 InsO begründet wurde und dieses eine unmittelbar nachteilige Leistungswertdifferenz beinhaltet, wobei alsdann aber nicht allein die Herstellung der Aufrechnungslage, sondern auch die Forderungsbegründung als solche der Vorsatzanfechtung unterläge.

III. Die untergeordnete Relevanz der Schenkungsanfechtung nach § 134 InsO

Der Anfechtung unentgeltlicher Leistungen nach § 134 InsO kommt für die Herstellung einer Aufrechnungsmöglichkeit durch oder aufgrund Vertrages nur eine äußerst geringe Bedeutung zu. Zwar wäre die mit der Begründung einer Aufrechnungslage seitens des Schuldners gewährte Sicherung bzw. Befriedigung jedenfalls als „Leistung" i.S.d. § 134 Abs. 1 InsO anzusehen. Auch dieser Begriff ist nach einhelliger Auffassung ähnlich dem der Rechtshandlung weit zu interpretieren und erfasst alle Verhaltensweisen des Schuldners, die dazu führen, dass ein Gegenstand – wie hier das Forderungsrecht des Schuldners – aus dem haftenden Schuldnervermögen zugunsten eines anderen ausgeschieden wird, wozu neben verfügenden grundsätzlich auch verpflichtende Rechtsgeschäfte zu rechnen sind[234]. Erforderlich ist dabei nach den bereits im Rahmen der Ausführungen zum Tatbestandsmerkmal der Rechtshandlung i.S.d. § 1 Abs. 1 AnfG dargestellten Grundsätzen lediglich, dass sich die unentgeltliche Aufgabe des Vermögenswerts insgesamt noch als verantwortungsgesteuerter Akt freigiebiger Vermögensverfügung des Schuldners darstellt *(vgl. o. Seite 235 f.)*.

Eine solche verantwortungsgesteuerte Leistung des Schuldners kann hiernach im Hinblick auf die Herstellung einer Aufrechnungsmöglichkeit sowohl für den Abschluss eines Aufrechnungsvertrages oder Aufrechnungsvoraussetzungsvertrages über schon bestehende Forderungen als auch die Herbeiführung der Aufrechnungslage durch Begründung bzw. Erwerb eines Forderungsrechts im Rahmen der antizipierten Aufrechnung durch oder aufgrund Vertrages angenommen werden. Ausgeschlossen ist lediglich ein Erwerb einer Aufrechnungsmöglichkeit ohne unmittelbare Beteiligung des Schuldners, was aber nach den zum Tatbestandsmerkmal der Rechtshandlung getroffenen Feststellungen nur dann der Fall sein kann, wenn die Aufrechnungslage im Wege des Erwerbs der gegen den Schuldner gerichteten Forderung von einem Dritten herbeigeführt wird *(s.o. Seite 236)*.

234 *Bork*, in: B. Kübler/Prütting/Bork, InsO, § 134 Rn. 15 ff.; *ders.*, in: Bork, Handbuch der Insolvenzanfechtung, Teil 3, Kap. 6 Rn. 15 ff.; *Dauernheim*, in: FK-InsO, § 134 Rn. 6 ff.; *Ede/Hirte*, in: Uhlenbruck/Hirte/Vallender, InsO, § 134 Rn. 14; *Huber*, in: Gottwald, Insolvenzrechts-Handbuch, § 49 Rn. 10; *ders.*, in: Graf-Schlicker, InsO, § 134 Rn. 3; *Kayser*, in: MünchKomm InsO, § 134 Rn. 5 ff.; *Rogge/Leptien*, in: HambKomm InsO, § 134 Rn. 2 f.; a.A. zur Anfechtbarkeit von Verpflichtungsgeschäften *Henckel*, in: Jaeger, InsO, § 134 Rn. 37.

Die Anfechtbarkeit scheitert allerdings für gewöhnlich am Tatbestandsmerkmal der Unentgeltlichkeit, weil die Begründung einer Aufrechnungslage bzw. das Bewirken der vertraglichen Aufrechnung insoweit nicht als unentgeltlich angesehen werden kann, als die Forderung des Insolvenzgläubigers auf eine entgeltliche Leistung gerichtet ist. Dies ergibt sich aus einem Umkehrschluss zu den vorstehenden Ausführungen zur Entgeltlichkeit im Rahmen des § 133 Abs. 2 InsO, da das sowohl in dieser Norm als auch in § 134 Abs. 1 InsO statuierte Erfordernis der (Un-)Entgeltlichkeit gerade der Abgrenzung beider Anfechtungstatbestände dient[235]. Von den zu § 133 Abs. 2 InsO dargestellten Grundsätzen, denen zufolge für die Bestimmung der Entgeltlichkeit das zugrundeliegende Kausalgeschäft maßgeblich ist, kann dabei für die Herstellung einer Aufrechnungslage auch nicht mit dem Argument abgewichen und in größerem Umfang eine Unentgeltlichkeit derselben angekommen werden, dass es die Aufrechnungsmöglichkeit dem Insolvenzgläubiger erlaube, sich ohne reale Leistung in das Schuldnervermögen durch Aufrechnung zu befriedigen[236], da ansonsten jede Schaffung einer vertraglichen oder auch gesetzlichen Aufrechnungslage der Anfechtung nach § 134 Abs. 1 InsO unterläge und folglich die Befriedigung im Wege der Aufrechnung anfechtungsrechtlich deutlich schlechter gestellt würde als die Realerfüllung einer Forderung.

Die Anfechtung der Herstellung einer Aufrechnungsmöglichkeit als unentgeltliche Leistung i.S.d § 134 Abs. 1 InsO kommt damit nur für den Fall in Betracht, dass die Aufrechnungsforderung des Insolvenzgläubigers nicht auf einem entgeltlichen, sondern auf einem unentgeltlichen Kausalgeschäft beruht. Da aber alsdann schon die Forderungsbegründung als solche der Anfechtung unterläge, wäre die Anfechtbarkeit aber alsdann nicht auf die Aufrechnungsmöglichkeit als solche beschränkt, sondern könnte zur Beseitigung der gemäß § 39 Abs. 1 Nr. 4 InsO nachrangigen Insolvenzforderung auch auf den Vertragsschluss selbst mit der dann gegebenen Anfechtungsfolge des § 143 Abs. 1 InsO ausgedehnt werden, sofern dieser nicht außerhalb der Anfechtungsfrist des § 134 Abs. 1 InsO vorgenommen wurde.

Eine über die vorgenannten Grundsätze hinausreichende Anfechtbarkeit nach § 134 InsO lässt sich dabei auch nicht dergestalt begründen, dass man in Bezug auf die Unentgeltlichkeit der Herstellung einer vertraglichen Aufrechnungsmöglichkeit entgegen der hier favorisierten h.L. nicht darauf abstellt, ob die zugrundeliegende Forderung des Gläubigers auf eine unentgeltliche, d.h. ohne Gegenleistung zu erbringende Leistung gerichtet ist, sondern eine Unentgeltlichkeit dann annimmt, wenn der Schuldner die Gläubigerforderung ohne Verpflichtung geschaffen hat[237]. Denn es kann für die Schenkungsanfechtung von Deckungshandlungen nur darauf ankommen, ob die Leistung des Schuldners nach dem zugrundeliegenden Rechtsgeschäft eine unentgeltliche ist, nicht aber, inwiefern dieses Rechtsgeschäft selbst ohne Gegenleistung begründet wurde. Im Übrigen müsste nach dieser Auffassung alsdann jedes

235 *Henckel*, in: Jaeger, InsO, § 133 Rn. 60.
236 So aber wohl *Thole*, Gläubigerschutz durch Insolvenzrecht, S. 382.
237 *Ch. Paulus*, in: Festgabe 50 Jahre BGH, Bd. III, S. 765, 781.

Kausalgeschäft unabhängig davon, ob es durch Aufrechnung oder in anderer Weise erfüllt wird, der Anfechtung nach § 134 InsO unterliegen, soweit diesem nicht ein Vorvertrag zugrundeliegt, was seitens des Gesetzgebers ersichtlich nicht gewollt sein kann. Ein anderes gilt dabei allerdings dann, wenn der Schuldner ein Anerkenntnis über eine in Wahrheit nicht bestehende Forderung des Gläubigers abgegeben hat, welche alsdann im Wege der vertraglich vereinbarten Aufrechnung mit einer Forderung des Schuldners getilgt werden soll, denn hier geht es genau besehen nicht darum, dass das Anerkenntnis ohne entsprechende Verpflichtung erfolgte, sondern darum, dass der Schuldner dem Gläubiger „schenkweise", d.h. ohne Gegenleistungspflicht, einen Anspruch zugewandt hat, weshalb insoweit eine Unentgeltlichkeit zu bejahen ist und für die Herstellung der Aufrechnungsmöglichkeit eine Anfechtbarkeit nach § 134 Abs. 1 InsO eröffnet sein muss[238].

B. Die vertragliche Aufrechnung unter dem Blickwinkel der besonderen Anfechtungsvoraussetzungen des AnfG

Im Anschluss an die Einordnung der verschiedenen Varianten der konsensualen Aufrechnung unter die Anfechtungstatbestände der InsO gilt es in diesem Abschnitt nunmehr deren Anfechtbarkeit auch unter dem Blickwinkel der besonderen Anfechtungsvoraussetzungen des AnfG zu klären. Im Rahmen der Gläubigeranfechtung kommt dabei mangels der insolvenzrechtlichen Deckungsanfechtung vergleichbarer Anfechtungstatbestände lediglich eine Anfechtung nach den Vorschriften der Vorsatz- und Schenkungsanfechtung in Betracht, wobei entsprechend den Ausführungen zur Insolvenzanfechtung auch hier primär der Tatbestand der Vorsatzanfechtung nach § 3 Abs. 1 AnfG einschlägig sein wird.

I. Die Anfechtung vertraglicher Aufrechnungen wegen vorsätzlicher Gläubigerbenachteiligung nach § 3 Abs. 1 AnfG

1. Überblick

Der Tatbestand der Vorsatzanfechtung nach § 3 Abs. 1 AnfG ist mit dem des § 133 Abs. 1 InsO *(vgl. hierzu o. Seite 352 ff.)* deckungsgleich. In objektiver Hinsicht ist daher ebenfalls eine innerhalb von zehn Jahren vor Geltendmachung der Anfechtung vorgenommene Rechtshandlung des Schuldners sowie eine objektive Benachteiligung des anfechtenden Vollstreckungsgläubigers erforderlich. Diese Voraussetzungen wurden für die Anfechtung vertraglicher Aufrechnungen nach dem AnfG bereits

238 Vgl. hierzu BGH NZI 2012, 711, 712; *Huber*, in: Haarmeyer/Huber/Schmittmann, Praxis der Insolvenzanfechtung, Teil I Rn. 42.

eingehend in den vorangegangenen Kapiteln erörtert, weshalb diesbezüglich auf die dortigen Ausführungen verwiesen werden kann *(s.o. Seiten 230 ff. und 295 ff.)*.

Der subjektive Tatbestand der Vorsatzanfechtung aus § 3 Abs. 1 AnfG setzt wiederum den Vorsatz des Schuldners, seine Gläubiger im Allgemeinen zu benachteiligen, sowie die positive Kenntnis des Anfechtungsgegners vom Gläubigerbenachteiligungsvorsatz des Schuldners voraus, wobei für das Vorliegen von Vorsatz und Kenntnis jeweils der Zeitpunkt der Vornahme der Rechtshandlung i.S.d. § 8 Abs. 1 AnfG maßgeblich ist. Wie im Rahmen der Vorsatzanfechtung nach der InsO wird gemäß § 3 Abs. 1 S. 2 AnfG allerdings die Kenntnis des Anfechtungsgegners vom Gläubigerbenachteiligungsvorsatz des Schuldners widerlegbar vermutet, wenn dieser die drohende Zahlungsunfähigkeit des Schuldners und die Gläubigerbenachteiligung selbst kannte. Darüber hinaus wird auch in der Gläubigeranfechtung aufgrund der nach neuerer Auffassung entsprechend dem Insolvenzanfechtungsrecht als Regelung der Beweislastumkehr einzuordnenden Vorschrift des § 3 Abs. 2 AnfG[239] das Vorliegen des gesamten subjektiven Anfechtungstatbestandes vermutet, soweit nicht der Anfechtungsgegner den Beweis erbringt, dass der Schuldner nicht mit dem Vorsatz der Gläubigerbenachteiligung gehandelt hat oder dass ihm der Gläubigerbenachteiligungsvorsatz des Schuldners nicht bekannt war[240].

Da die objektiven Voraussetzungen der Vorsatzanfechtung nach dem AnfG im Hinblick auf vertragliche Aufrechnungen bereits an anderer Stelle erörtert wurden, kann für den Bereich der Gläubigeranfechtung nurmehr die Erfüllung der subjektiven Anfechtungserfordernisse klärungsbedürftig sein. Hier ist zum einen wiederum fraglich, inwieweit die Kongruenz bzw. Inkongruenz der durch eine vertragliche Aufrechnungsmöglichkeit geschaffenen Deckung als Beweisanzeichen für bzw. gegen das Bestehen eines Gläubigerbenachteiligungsvorsatzes des Schuldners sowie die diesbezügliche Kenntnis des Anfechtungsgegners angesehen werden kann und damit auch in der Gläubigeranfechtung ein erleichterter Nachweis dieser zumeist schwierig zu ermittelnden „inneren Tatsachen" möglich ist. Des Weiteren gilt es alsdann ebenfalls zu klären, unter welchen Voraussetzungen die vertragliche Aufrechnung der vorgenannten Beweislastregelung des § 3 Abs. 2 AnfG unterfallen kann und in der Konsequenz zugunsten des Anfechtungsgläubigers sogar die Erfüllung des gesamten subjektiven Anfechtungstatbestandes widerleglich zu vermuten ist.

---

239 *Kirchhof*, in: MünchKomm AnfG, § 3 Rn. 101 sowie wohl auch *Baur/Stürner/Bruns*, Zwangsvollstreckungsrecht, Rn. 26.11; a.A. *Gaul/Schilken/Becker-Eberhard*, Zwangsvollstreckungsrecht, § 35 Rn. 60; *Huber*, AnfG, § 3 Rn. 42, welche die Vorschrift als eigenständigen Tatbestand begreifen.

240 *Huber*, AnfG, § 3 Rn. 62 f.; *Kirchhof*, in: MünchKomm AnfG, § 3 Rn. 139.

2. *Der Beweiswert der Kongruenz bzw. Inkongruenz vertraglicher Aufrechnungen im Recht der Gläubigeranfechtung*

a) *Das in der Anfechtung nach dem AnfG gleichfalls starke Beweisanzeichen der Inkongruenz*

Das Vorliegen einer inkongruenten Deckung wurde bereits nach ständiger Rechtsprechung und h.L. zu § 3 Nr. 1 AnfG a.F. auch für das Recht der Gläubigeranfechtung als starkes Beweisanzeichen dahingehend angesehen, dass der Schuldner mit dem Vorsatz der Gläubigerbenachteiligung gehandelt hat und der andere Teil hiervon Kenntnis hatte, sofern ihm die Inkongruenz bekannt war[241]. Dieser Grundsatz gilt aus den diesbezüglich schon zum Anfechtungstatbestand des § 133 Abs. 1 InsO dargelegten Gründen *(s.o. Seite 357 ff.)* trotz Einführung der die Kenntnis des Anfechtungsgegners betreffenden Beweislastumkehr in § 3 Abs. 1 S. 2 AnfG auch für die Vorsatzanfechtung nach § 3 Abs. 1 AnfG fort[242]. Nichts anderes ergibt sich dabei für die Gläubigeranfechtung daraus, dass das AnfG als solches gar keine Differenzierung zwischen kongruenten und inkongruenten Deckungen kennt[243], da dies nicht dagegen spricht, den dem Beweisanzeichen der Inkongruenz zugrundeliegenden Erfahrungssatz, dass ein Schuldner regelmäßig nicht bereit sein wird, eine Leistung anders oder früher oder in größerem Umfang zu erbringen, als er sie schuldet, nicht gleichwohl auf die Anfechtung außerhalb des Insolvenzverfahrens zu übertragen.

Für die nach den Ausführungen zu den §§ 130 und 131 InsO als inkongruente Deckungen einzuordnenden Aufrechnungen durch oder aufgrund einer Aufrechnungsvereinbarung über bereits bestehende oder zugleich mit dieser begründete Forderungen *(s. hierzu o. Seite 326 ff.)* ist damit festzustellen, dass im Rahmen der Vorsatzanfechtung nach § 3 Abs. 1 AnfG ebenfalls bereits aus deren Inkongruenz ein starkes Beweisanzeichen für die Erfüllung des subjektiven Anfechtungstatbestandes folgt, welches schon für sich genommen eine Vorsatzanfechtung rechtfertigen kann, sofern keine weiteren, dieses Anzeichen entkräftenden Umstände hinzutreten. Es darf allerdings für das Gläubigeranfechtungsrecht aus dem Vorliegen einer inkongruenten Deckung wiederum nicht streng schematisch auf einen Gläubigerbenachteiligungsvorsatz des Schuldners sowie die diesbezügliche Kenntnis des anderen Teils geschlossen werden, vielmehr ist auch hier deren Beweiswert entsprechend den Besonderheiten des Einzelfalles nach Art und Ausmaß der Inkongruenz sowie

---

241 RG Gruchot 51 (1907), 396, 398; RG JW 1911, 193, 194; BGH WM 1968, 683, 683; ZIP 1993, 276, 280; *Jaeger*, Die Gläubigeranfechtung außerhalb des Konkursverfahrens, § 3 Anm. 8, 12.

242 *Gaul/Schilken/Becker-Eberhard*, Zwangsvollstreckungsrecht, § 35 Rn. 62; *Hess*, Insolvenzrecht, § 3 AnfG Rn. 31, 33, 43; *Huber*, AnfG, § 3 Rn. 29, 34 f., *Kirchhof*, in: MünchKomm AnfG, § 3 Rn. 61, 82 f.; *Nerlich/Niehus*, AnfG, § 3 Rn. 22 f.

243 So aber *Ch. Paulus*, in: B. Kübler/Prütting/Bork, InsO, Anh. I: AnfG, § 3 Rn. 7.

dem Zeitpunkt der Vornahme der nachteiligen Rechtshandlung, insbesondere deren Entfernung zum Eintritt der Vermögensunzulänglichkeit zu bestimmen[244].

b) Die auch im Bereich der Gläubigeranfechtung für die Anfechtbarkeit kongruenter Deckungen zusätzlich zu fordernde Voraussetzung eines unlauteren Verhaltens

Für die Anfechtung nach dem AnfG ist ähnlich der Insolvenzanfechtung ebenfalls umstritten, unter welchen Voraussetzungen kongruente Deckungen der Vorsatzanfechtung unterfallen können *(zum Parallelproblem im Insolvenzanfechtungsrecht s.o. Seite 360 ff.)*. Einigkeit besteht dabei zwar auch hier jedenfalls dahingehend, dass bei kongruenten Deckungsgeschäften eine Anfechtung wegen vorsätzlicher Gläubigerbenachteiligung nicht grundsätzlich ausgeschlossen ist[245]. Während aber ein Teil der Literatur Einschränkungen der Vorsatzanfechtung durch das Erfordernis eines unlauteren oder sozial missbilligenswerten Verhaltens des Schuldners ablehnt und die Besonderheiten kongruenter Deckungen lediglich bei der Ermittlung des schuldnerischen Vorsatzes im Bereich des voluntativen Elements des dolus eventualis sowie bei der Feststellung der Kenntnis des Anfechtungsgegners berücksichtigen will[246], geht die überwiegende Ansicht im Einklang mit der bisherigen Rechtsprechung und der h.L. zu § 3 Nr. 1 AnfG a.F.[247] davon aus, dass kongruente Deckungen nur dann der Vorsatzanfechtung unterliegen, wenn ein unlauteres Verhalten des Schuldners gegeben ist[248].

Entsprechend den bereits zum Parallelproblem im Insolvenzanfechtungsrecht getätigten Ausführungen ist für die Anfechtung kongruenter Deckungen nach § 3 Abs. 1 AnfG grundsätzlich ebenfalls davon auszugehen, dass auch hier ein bedingter Vorsatz des Schuldners genügt, da die Vorschrift lediglich Vorsatz erfordert und dieser auch einen bloßen Eventualvorsatz mit erfasst[249]. Ein dolus eventualis

---

244 Vgl. *Huber*, AnfG, § 3 Rn. 34 f.; *Kirchhof*, in: MünchKomm AnfG, § 3 Rn. 84 f.

245 Materialien zu dem Gesetze betreffend die Anfechtung von Rechtshandlungen eines Schuldners außerhalb des Konkursverfahrens, S. 23 = *Hahn*, Materialien zur Konkursordnung, S. 745; *Falkmann*, Die Anfechtung außerhalb des Konkurses, S. 21; *Huber*, AnfG, § 3 Rn. 36; *Jaeger*, Die Gläubigeranfechtung außerhalb des Konkursverfahrens, § 3 Anm. 8; *Kirchhof*, in: MünchKomm AnfG, § 3 Rn. 88; *Plander*, BB 1972, 1480, 1480.

246 *Kirchhof*, in: MünchKomm AnfG, § 3 Rn. 25 f., 88 ff.; *ders.*, in: FS Fischer, S. 285, 291 ff.

247 BGHZ 12, 232, 238; BGH WM 1965, 14, 16; *Jaeger*, Die Gläubigeranfechtung außerhalb des Konkursverfahrens, § 3 Anm. 8; ähnlich auch RGZ 24, 14, 25 f.; 57, 161, 163; RG JW 1901, 9, 9 f.; *Jaeckel*, Anfechtung von Rechtshandlungen zahlungsunfähiger Schuldner, S. 77, die auf ein „fraudulöses" oder „betrügliches" Handeln anstellen.

248 *Gaul/Schilken/Becker-Eberhard*, Zwangsvollstreckungsrecht, § 35 Rn. 65; *Huber*, AnfG, § 3 Rn. 21, 36.

249 Vgl. auch BGHZ 130, 314, 319; BGH NJW 1999, 1395, 1397; *Gaul/Schilken/Becker-Eberhard*, Zwangsvollstreckungsrecht, § 35 Rn. 62; *Huber*, AnfG, § 3 Rn. 21; *Jaeger*,

im Sinne einer billigenden Inkaufnahme des als möglich erkannten Erfolgseintritts liegt aber nach den dortigen Feststellungen in Bezug auf kongruente Deckungen bereits dann vor, wenn der Schuldner seine Zahlungsunfähigkeit oder deren drohenden Eintritt erkannt hat, weshalb entgegen der oben genannten Einzelauffassung eine Berücksichtigung der Besonderheiten der Kongruenz nicht bei Ermittlung des Vorsatzes als solchem möglich ist *(s. hierzu o. Seite 364 ff.).*

Die Vorsatzanfechtung kongruenter Deckungen bedarf aber auch im Bereich der Anfechtung nach dem AnfG einer Einschränkung, welche sich wie in der Insolvenzanfechtung nur im Wege einer teleologischen Reduktion dahingehend realisieren lässt, dass eine Anfechtbarkeit derselben nur bei einem unlauteren Verhalten des Vollstreckungsschuldners sowie einer Kenntnis des Anfechtungsgegners von diesem unlauteren Verhalten oder jedenfalls den die Unlauterkeit begründenden Umständen in Betracht kommen kann. Für eine derartige Begrenzung der Vorsatzanfechtung kongruenter Deckungen sprechen zunächst die diesbezüglich bereits zur Anfechtung nach § 133 Abs. 1 InsO dargelegten Gründe *(ausführlich o. Seite 366 ff.).* So gilt zunächst auch im Rahmen der Gläubigeranfechtung, dass die ist die Anfechtung wegen vorsätzlicher Gläubigerbenachteiligung darauf gerichtet ist, sozial missbilligenswerte Verhaltensweisen des Schuldners zu sanktionieren und eine solche indes allein in der Hingabe einer kongruenten Leistung nicht erblickt werden kann. Des Weiteren lässt sich – auch in Ermangelung entsprechender Stellungnahmen in den Materialien zum AnfG selbst – auf die Anfechtung nach dem AnfG ebenfalls das den Motiven zur KO 1877 entnommene Argument übertragen, dass ohne besondere rechtfertigende Umstände den berechtigten Interessen des im eigenen Sinne wachsamen Gläubigers Rechnung zu tragen ist und diesem der Lohn seiner Sorgfalt nicht entrissen werden darf. Schließlich ist alsdann hier gleichfalls zu berücksichtigen, dass der Schuldner außerhalb der insolvenzrechtlichen Krise nicht zur Gleichbehandlung der Gläubiger verpflichtet ist, weshalb es ihm grundsätzlich frei steht, einzelne Verbindlichkeiten zu erfüllen und die Befriedigung anderer Gläubiger hintan zu stellen.

Neben diesen Erwägungen kommt für den Bereich der Gläubigeranfechtung hinzu, dass diese – wie bereits im ersten Kapitel erläutert *(s.o. Seite 65 f.)* – stets zu einer vollständigen Befriedigung des anfechtenden Gläubigers führt, wohingegen der Anfechtungsgegner auf seine aufgrund der Zahlungsschwäche des Schuldners regelmäßig undurchsetzbaren Ansprüche gegen diesen verwiesen wäre. Anders als die Anfechtung kongruenter Deckungen nach der InsO würde die Gläubigeranfechtung damit nicht eine Gleichbehandlung der Ansprüche der Gläubiger bewirken, sondern sogar noch darüber hinausreichen, indem sie trotz an sich gegebener Gleichwertigkeit der betroffenen Forderungsrechte einen „Rollentausch“ zwischen dem kongruent befriedigten und dem eine solche Befriedigung erstrebenden Gläubiger herbeiführen

Die Gläubigeranfechtung außerhalb des Konkursverfahrens, § 3 Anm. 11; *Kirchhof*, in: MünchKomm AnfG, § 3 Rn. 14; *Nerlich/Niehus*, AnfG, § 3 Rn. 22 f.; *Warneyer/Bohnenberg*, AnfG, S. 9.

würde[250]. Dies wäre aber ein wahrlich „ungereimtes Ergebnis“[251], da auf diese Weise das an sich außerhalb der Insolvenz geltende Prioritätsprinzip in sein Gegenteil verkehrt und durch eine Art „Posterioritätsprinzip“ ersetzt würde, demzufolge die Befriedigung einer Forderung demjenigen erhalten bliebe, welcher seine Ansprüche als Letzter geltend macht[252]. Selbst wenn man das hier angenommene Erfordernis eines unlauteren Verhaltens für das Insolvenzanfechtungsrecht ablehnen und eine Vorsatzanfechtung kongruenter Deckungen ohne entsprechende Einschränkungen zulassen würde, was sich in gewissem Umfang insoweit noch akzeptieren ließe, als dort der Anfechtungsgegner mit seiner Forderung zumindest noch an der quotalen Verteilung der Insolvenzmasse teilnehmen würde, ist aus dem eben genannten Grund zumindest für die Gläubigeranfechtung eine teleologische Reduktion des Tatbestandes der Vorsatzanfechtung durch das Erfordernis eines unlauteren Verhaltens zwingend geboten und insofern – wie diesbezüglich bereits im ersten Kapitel befürwortet *(s.o. Seite 66)* – ausnahmsweise eine entsprechende Differenzierung zwischen beiden Anfechtungsinstituten vorzunehmen.

Im Ergebnis ist damit unabhängig davon, wie man die Frage im Bereich des Insolvenzrechts entscheiden möchte, jedenfalls für die Vorsatzanfechtung nach § 3 Abs. 1 AnfG davon auszugehen, dass eine Anfechtung kongruenter Deckungen nur dann eingreifen kann, wenn ein unlauteres Verhalten des Schuldners vorliegt. Dies ist entsprechend den hierzu bereits im Hinblick auf das Insolvenzanfechtungsrecht getätigten Ausführungen primär dann anzunehmen, wenn der Schuldner die kongruente Befriedigung zu dem ausschließlichen oder überwiegenden Zweck der Gläubigerbenachteiligung vorgenommen hat[253] oder wenn diese der Erschwerung eines konkret geplanten oder jedenfalls vorgestellten Zugriffs anderer Gläubiger dient[254].

Für die nach den Ergebnissen zur insolvenzrechtlichen Deckungsanfechtung als kongruente Deckungen einzuordnenden Aufrechnungen durch oder aufgrund einer antizipiert getroffenen Aufrechnungsvereinbarung sowie die Verrechnung im Kontokorrent *(s.o. Seite 326 ff.)* folgt hieraus, dass diese nur ausnahmsweise dann der Vorsatzanfechtung nach § 3 Abs. 1 AnfG unterliegen können, sofern ein unlauteres Verhalten des Schuldners im vorgenannten Sinne gegeben ist und im Übrigen vorbehaltlich des Eingreifens der sogleich noch kurz zu erörternden Beweislastumkehr nach § 3 Abs. 2 AnfG oder der Schenkungsanfechtung nach § 4 Abs. 1 AnfG als unanfechtbar anzusehen sind. Falls hiernach ausnahmsweise ein unlauteres Verhalten des Schuldners vorliegt, genügt es für das Vorliegen der erforderlichen Kenntnis des Anfechtungsgegners nach den entsprechenden Ausführungen zum

250 *Huber*, AnfG, § 3 Rn. 35; vgl. auch *Koziol*, Grundlagen und Streitfragen der Gläubigeranfechtung, S. 82.
251 *Huber*, AnfG, § 3 Rn. 35.
252 *Foerste*, NZI 2006, 6, 8; vgl. auch *dens.*, ZInsO 2013, 897, 901 sowie *Jaeckel*, Anfechtung von Rechtshandlungen zahlungsunfähiger Schuldner, S. 77 f.
253 Vgl. BGH NJW 1984, 1893, 1898; *Huber*, AnfG, § 3 Rn. 35.
254 *Foerste*, NZI 2006, 6, 8 f.; *Plander*, BB 1972, 1480, 1485 f.

Insolvenzanfechtungsrecht, wenn dieser zumindest die Umstände kennt, aus denen sich die Unlauterkeit ergibt.

Abschließend gilt es anzumerken, dass die hier für die Anfechtung kongruenter Deckungen erhobene Forderung nach einer teleologischen Reduktion der Vorsatzanfechtung durch das Erfordernis eines unlauteren Verhaltens im Wesentlichen auch dann aufrecht zu erhalten wäre, wenn die gegenwärtig mit dem Regierungsentwurf für ein „Gesetz zur Verbesserung der Rechtssicherheit bei Anfechtungen nach der Insolvenzordnung und dem Anfechtungsgesetz" vom 29. September 2015[255] geplante Reform der Vorsatzanfechtung tatsächlich zur Umsetzung gelangt. Da die für § 3 AnfG vorgesehenen Änderungen mit denen des § 133 InsO identisch sind, darf im Hinblick auf die Auswirkungen dieses Reformvorhabens für die vorliegend vertretene Ansicht indes vollumfänglich auf die entsprechenden Ausführungen zur insolvenzrechtlichen Vorsatzanfechtung verwiesen werden *(s.o. Seite 373 ff.)*.

3. Einordnung der konsensualen Aufrechnungen unter die Vorschrift des § 3 Abs. 2 AnfG

Die Voraussetzungen der Beweislastumkehr des § 3 Abs. 2 AnfG sind erfüllt, sofern der Schuldner mit einer nahestehenden Person i.S.d. § 138 InsO einen unmittelbar nachteiligen, entgeltlichen Vertrag geschlossen hat und der Anfechtungsgegner nicht zu beweisen vermag, dass dieser Vertragsschluss mehr als zwei Jahre vor der Anfechtung oder ohne seine Kenntnis von einem Gläubigerbenachteiligungsvorsatz des Schuldners vorgenommen wurde. Die Vorschrift entspricht damit derjenigen des § 133 Abs. 2 InsO[256], weshalb im Folgenden weitgehend auf die hierzu getätigten Ausführungen zurückgegriffen werden kann *(s.o. Seite 375 ff.)*.

Der Begriff des Vertrages erfasst auch im Rahmen des § 3 Abs. 2 AnfG jede Rechtshandlung des Schuldners, die in Willensübereinstimmung mit dem Anfechtungsgegner, d.h. der nahestehenden Person, vorgenommen wurde[257]. Hinsichtlich der konsensualen Aufrechnung kommt dabei allerdings wiederum lediglich die Aufrechnung durch einen Aufrechnungsvertrag mit Sofortvollzug oder einen bedingten Aufrechnungsvertrag über bestehende Forderungen sowie die Herstellung einer Aufrechnungslage durch einen Aufrechnungsvoraussetzungsvertrag über bereits existente Forderungsrechte in Betracht, da nur diese Varianten eine unmittelbare Benachteiligung des Vollstreckungsgläubigers bewirken *(s.o. Seite 303)*.

Das Tatbestandsmerkmal der Entgeltlichkeit setzt voraus, dass der Leistung des Schuldners eine ausgleichende Zuwendung des anderen Teils gegenübersteht und

---

255 BR-Drs. 495/15 = ZInsO 2015, 2073 ff.

256 *Huber*, AnfG, § 3 Rn. 4; *Kirchhof*, in: MünchKomm AnfG, § 3 Rn. 1.

257 *Baur/Stürner/Bruns*, Zwangsvollstreckungsrecht, Rn. 26.25; *Gaul/Schilken/Becker-Eberhard*, Zwangsvollstreckungsrecht, § 35 Rn. 70; *Kirchhof*, in: MünchKomm AnfG, § 3 Rn. 102; vgl. auch *Huber*, AnfG, § 3 Rn. 43; *Jaeger*, Die Gläubigeranfechtung außerhalb des Konkursverfahrens, § 3 Anm. 27; *Nerlich/Niehus*, AnfG, § 3 Rn. 33.

beide voneinander rechtlich abhängig sind[258]. Für die Entgeltlichkeit der durch eine konsensuale Aufrechnung gewährten Sicherung oder Befriedigung des Vertragspartners kommt es insofern entsprechend den zur Insolvenzanfechtung getätigten Ausführungen darauf an, ob die zugrundeliegende Forderung des Gläubigers durch ein entgeltliches Kausalgeschäft begründet wurde, also nach dem Willen der Parteien von einer Gegenleistung abhängig sein soll oder nicht[259]. Entgegen eines Teils der Literatur, welcher in Bezug auf die Sicherung einer Forderung eine Entgeltlichkeit dann annimmt, wenn für die Gewährung der Sicherheit eine eigenständige Gegenleistung an den Schuldner zu erbringen ist[260], kann dabei für die Sicherung durch eine Aufrechnungsbefugnis nichts anderes gelten, da die Sicherung einer Forderung nicht weitergehend anfechtbar sein kann, als deren Erfüllung[261]. Da der vertraglichen Aufrechnung regelmäßig entgeltliche, d.h. von einer Gegenleistung abhängige Forderungen zugrunde liegen, ist folglich für die oben genannten Aufrechnungen durch oder aufgrund einer Aufrechnungsvereinbarung über existente Forderungsrechte gleichfalls von einer Entgeltlichkeit auszugehen.

Insgesamt ergibt sich daraus auch für die Gläubigeranfechtung, dass die Aufrechnung durch oder aufgrund eines Aufrechnungsvertrages über bestehende Forderungen nicht allein als inkongruente Deckung unter erleichterten Voraussetzungen der Vorsatzanfechtung unterliegt, sondern zusätzlich ebenfalls der Regelung des § 3 Abs. 2 AnfG unterfallen kann, soweit die konsensuale Aufrechnung mit einer nachstehenden Person i.S.d. § 138 InsO vorgenommen wurde und dem anderen Teil weder der Nachweis gelingt, dass die unmittelbar nachteilige Aufrechnungsvereinbarung mehr als zwei Jahre vor der Anfechtung geschlossen wurde, noch dass er im Zeitpunkt des Vertragsschlusses keine Kenntnis von einem Gläubigerbenachteiligungsvorsatz des Schuldners hatte.

II. Die wiederum geringe Bedeutung des Tatbestandes der Schenkungsanfechtung

Nach den vorstehenden Ausführungen lässt sich zugleich feststellen, dass der in § 4 Abs. 1 AnfG normierten Schenkungsanfechtung auch im Rahmen der Gläubigeranfechtung nur eine ganz untergeordnete Bedeutung zukommen kann. Wie bereits zur Insolvenzanfechtung dargelegt *(s.o. Seite 379 f.)* scheitert die Anfechtung hier für Gewöhnlich am Tatbestandsmerkmal der Unentgeltlichkeit, welches gerade das Gegenstück zur Entgeltlichkeit i.S.d. § 3 Abs. 2 AnfG darstellt[262]. Da nach den

258 *Gaul/Schilken/Becker-Eberhard*, Zwangsvollstreckungsrecht, § 35 Rn. 70; *Huber*, AnfG, § 3 Rn. 45; *Kirchhof*, in: MünchKomm AnfG, § 3 Rn. 103; *Nerlich/Niehus*, AnfG, § 3 Rn. 35.

259 *Huber*, AnfG, § 4 Rn. 24 ff.; *Kirchhof*, in: MünchKomm AnfG, § 3 Rn. 103.

260 *Kirchhof*, in: MünchKomm AnfG, § 4 Rn. 37; *Nerlich/Niehus*, AnfG, § 3 Rn. 11.

261 *Huber*, AnfG, § 4 Rn. 26.

262 *Gaul/Schilken/Becker-Eberhard*, Zwangsvollstreckungsrecht, § 35 Rn. 70; vgl. auch *Kirchhof*, in: MünchKomm AnfG, § 4 Rn. 3.

eben getroffenen Feststellungen eine Entgeltlichkeit immer dann vorliegt, wenn die Forderung des anderen Teils auf einem entgeltlichen Vertrag beruht, kommt eine Schenkungsanfechtung der vertraglichen Begründung einer Aufrechnungsmöglichkeit oder der Herbeiführung der vertraglichen Aufrechnung insoweit nur dann in Betracht, wenn die hierdurch gesicherte oder befriedigte Forderung des Anfechtungsgegners auf einem unentgeltlichen Kausalgeschäft beruht[263], was aber nur ausnahmsweise der Fall sein wird.

C. Resümee

Die Untersuchung hat in diesem Kapitel gezeigt, dass es für die Bestimmung der Deckungsqualität einer Aufrechnung entgegen einem innerhalb der h.L. zumeist gebräuchlichen Ansatz nicht auf das Bestehen eines fälligen und durchsetzbaren Anspruchs auf Vornahme der die Aufrechnungslage begründenden Rechtshandlung ankommt. Vielmehr kann entsprechend dem Wortlaut des § 131 Abs. 1 InsO allein maßgeblich sein, ob der Gläubiger ein Anrecht auf die Sicherung bzw. – soweit der Vollzug der Aufrechnung zugleich erfolgt – die Befriedigung seines Forderungsrechts durch eine Aufrechnungsmöglichkeit hatte oder nicht. Dieses Anrecht auf eine Sicherung oder Befriedigung durch eine Aufrechnungsmöglichkeit kann sich aber nicht schon aus der aufzurechnenden Forderung des Gläubigers selbst ergeben, sondern es bedarf diesbezüglich eines anderen gesetzlichen oder vertraglichen Rechtsgrundes, wobei für die vertragliche Aufrechnung an die jeweilige Aufrechnungsvereinbarung anzuknüpfen ist. Wenn die Aufrechnungsvereinbarung bereits im Zeitpunkt der Deckungserlangung bestand und die Aufrechnungsbefugnis dieser Vereinbarung entspricht, liegt ein Anspruch des Gläubigers, sich durch eine vertragliche Aufrechnung befriedigen zu dürfen, und damit eine kongruente Deckung vor, soweit nicht auch die Aufrechnungsvereinbarung erst innerhalb der Fristen des § 131 InsO abgeschlossen wurde und damit selbst ebenfalls der Inkongruenzanfechtung unterliegt. Wenn erst durch oder zeitgleich mit der Aufrechnungsvereinbarung die Aufrechnungsmöglichkeit herbeigeführt wurde oder die Aufrechnungsbefugnis nicht der vorherigen Vereinbarung entspricht, ist dem gegenüber eine inkongruente Deckung anzunehmen. Eine kongruente Deckung ist damit bei Herbeiführung einer Aufrechnungsmöglichkeit durch oder aufgrund eines für sich genommen unanfechtbaren Aufrechnungsvertrages über künftige Forderungen sowie für die Herstellung einer Verrechnungslage im Kontokorrent gegeben, wohingegen in Bezug auf die Aufrechnung durch oder aufgrund Vertrages über schon bestehende Forderungsrechte stets von einer inkongruenten Deckung auszugehen ist.

Eine Privilegierung der vertraglichen Aufrechnung auf Grundlage der Bargeschäftregelung in § 142 InsO kommt dabei nur für die als kongruente Deckungen einzustufenden Varianten der konsensualen Aufrechnung in Betracht, denn bei

263 Allgemein zur Unentgeltlichkeit einer Sicherung bzw. Befriedigung *Kirchhof*, in: MünchKomm AnfG, § 4 Rn. 35 f.

einer inkongruenten Deckung fehlt es schon von vornherein an einer rechtsgeschäftlichen Verknüpfung von Leistung und Gegenleistung, weshalb ein Bargeschäft schon „rein begrifflich" ausscheidet. Gleichwohl wird aber auch im Bereich der Aufrechnung durch oder aufgrund eines Aufrechnungsvertrages über künftige Forderungen eine Anwendbarkeit des Bargeschäftsprivilegs überwiegend zu verneinen sein, da es diesbezüglich regelmäßig an einer Gleichwertigkeit von Leistung und Gegenleistung fehlt. Ein Bargeschäft wird vielmehr allenfalls dann angenommen werden können, wenn die kongruente Aufrechnungsmöglichkeit durch Abschluss eines Verpflichtungsgeschäfts herbeigeführt wird, aufgrund dessen der Insolvenzgläubiger eine Leistung in das Vermögen des Schuldners zu erbringen hat. Darüber hinaus kann ein Bargeschäft auch bei vorheriger Erbringung einer Leistung an den Schuldner und alsdann innerhalb der Grenzen des Unmittelbarkeitskriteriums erfolgter Herstellung einer Aufrechnungslage durch Begründung einer Forderung zugunsten des Schuldners vorliegen, soweit die Parteien noch vor Leistungserbringung durch den Gläubiger verabredet haben, dass dessen Leistung für eine Aufrechnungsmöglichkeit mit einer Forderung des Schuldners erfolgen soll und damit eine rechtsgeschäftliche Verknüpfung von Leistung und Gegenleistung hergestellt haben. Etwas andere Kriterien gelten dabei für die Verrechnung im debitorischen Bankkontokorrent, denn hier ist eine Bardeckung dann anzunehmen, wenn das Kreditinstitut den Schuldner innerhalb des Anfechtungszeitraumes über den verrechneten Betrag wieder verfügen lässt und zwischen den einzelnen Kontobewegungen die Grenzen des Unmittelbarkeitserfordernisses eingehalten werden.

Im Hinblick auf die sowohl für die Anfechtung nach der InsO als auch die Anfechtung nach dem AnfG vorgesehene Vorsatzanfechtung gilt es zunächst zu beachten, dass ausschließlich Rechtshandlungen des Schuldners der Anfechtung unterliegen können. Probleme können hier bei der Schaffung einer Aufrechnungsmöglichkeit aufgrund einer Aufrechnungsvereinbarung über künftige Forderungen ohne Beteiligung des Schuldners – etwa durch die Zession der Forderung eines Dritten an den aufrechnenden Gläubiger – auftreten sowie bei der Herstellung einer Verrechnungslage in einem debitorischen Kontokorrent aufgrund von Zahlungseingängen aus Überweisungen oder Bareinzahlungen eines Dritten. Hier kann eine Rechtshandlung i.S.d. §§ 133 Abs. 1 InsO bzw. 1 Abs. 1 AnfG nur in einem vorgelagerten, vorsätzlichen Mitwirkungsbeitrag des Schuldners zu sehen sein, auf dessen Basis sich die spätere gläubigerbenachteiligende Aufrechnungs- bzw. Verrechnungslage noch als Erfolg eines sozial missbilligenswerten Verhaltens des Schuldners darstellt. Dies ist etwa dann der Fall, wenn bereits die zugrundeliegende Aufrechnungs- oder Verrechnungsvereinbarung mit dem Vorsatz der Gläubigerbenachteiligung geschlossen wurde oder wenn der Schuldner mit Blick auf die Herstellung einer Verrechnungslage im Kontokorrent den Dritten zu Leistung auf ein bestimmtes debitorisches Konto auffordert oder es trotz bestehender Möglichkeit bewusst unterlässt, die Zahlungsströme auf ein kreditorisches Konto umzuleiten.

Soweit eine Rechtshandlung des Schuldners vorliegt, bereitet alsdann im Rahmen der Vorsatzanfechtung nach der InsO und dem AnfG insbesondere die Feststellung des subjektiven Tatbestandes Schwierigkeiten. Nach zutreffender h.A. stellt dabei eine inkongruente Deckung auch unter den geltenden Anfechtungskodifikationen ein starkes Beweisanzeichen für das Vorliegen eines Gläubigerbenachteiligungsvorsatzes des Schuldners sowie eine entsprechende Kenntnis des Anfechtungsgegners dar. Bei der als inkongruente Deckungen einzuordnenden vertraglichen Aufrechnung bestehender Forderungen kann daher jedenfalls dann von einer Erfüllung des subjektiven Tatbestandes der Vorsatzanfechtung ausgegangen werden, sofern die Herbeiführung der Aufrechnungsmöglichkeit in engem zeitlichem Zusammenhang mit dem Eintritt der insolvenzrechtlichen Krise bzw. der Vermögensunzulänglichkeit erfolgt ist. In Bezug auf kongruente Deckungen kommt hingegen eine Vorsatzanfechtung nur dann in Betracht, wenn zusätzlich ein unlauteres Verhalten des Schuldners gegeben ist und der Anfechtungsgegner zumindest auch die Umstände kennt, aus denen sich die Unlauterkeit ergibt, sodass die als kongruente Deckungen anzusehende Schaffung einer Aufrechnungsmöglichkeit auf Grundlage einer Aufrechnungsvereinbarung über künftige Forderungen sowie die Herstellung einer Verrechnungslage im Kontokorrent nur ausnahmsweise der Vorsatzanfechtung unterfallen werden. Die Aufrechnung durch einen Aufrechnungsvertrag über bereits existierende Forderungen oder aufgrund eines solchen kann des Weiteren nach den Regelungen des § 133 Abs. 2 InsO bzw. § 3 Abs. 2 AnfG auch als unmittelbar nachteiliger entgeltlicher Vertrag unter erleichterten Voraussetzungen der Vorsatzanfechtung unterliegen, sofern die Aufrechnungsvereinbarung mit einer nachstehenden Person i.S.d. § 138 InsO geschlossen wurde und die Forderung des Gläubigers auf eine entgeltliche Leistung gerichtet ist. Im Gegensatz zur Vorsatzanfechtung kommt der Schenkungsanfechtung nach den §§ 134 InsO bzw. 4 AnfG keine große Bedeutung im Rahmen der Anfechtung konsensualer Aufrechnungen zu, denn eine solche wäre nur dann möglich, wenn die Leistung des Schuldners nach dem seiner Verbindlichkeit zugrundeliegenden Rechtsgeschäft ohne Gegenleistung erbracht werden soll, was in praxi nur selten vorkommen wird.

Insgesamt ist damit festzustellen, dass die vertragliche Aufrechnung bereits bestehender Forderungsrechte innerhalb der Insolvenz zum einen der Anfechtung inkongruenter Deckungen nach § 131 InsO, zum anderen auch der Vorsatzanfechtung nach § 133 Abs. 1 InsO unterfallen kann und außerhalb der Insolvenz gleichfalls als vorsätzliche gläubigerbenachteiligende Rechtshandlung gemäß § 3 Abs. 1 AnfG anfechtbar sein wird, wobei hinsichtlich vertraglicher Aufrechnungen mit nahestehenden Personen i.S.d. § 138 InsO im Rahmen der Vorsatzanfechtung auch eine Beweislastumkehr nach § 133 Abs. 2 InsO bzw. 3 Abs. 2 AnfG in Betracht kommen kann. Die Herstellung einer Aufrechnungsmöglichkeit auf Grundlage eines Aufrechnungsvertrages oder Aufrechnungsvoraussetzungsvertrages über künftige Forderungen sowie die Verrechnung im Kontokorrent unterliegen dem gegenüber in der Insolvenz nur der Deckungsanfechtung nach § 130 InsO, während für die Anfechtung nach dem AnfG – in Ermangelung eines der insolvenzrechtlichen Kongruenzanfechtung vergleichbaren Tatbestandes – sogar regelmäßig von einer Unanfechtbarkeit derselben auszugehen ist.

Kapitel 7. Die Rechtsfolgen der Anfechtbarkeit von vertraglich geschaffenen Aufrechnungsmöglichkeiten

Abschließend gilt es nach nunmehr erfolgter Klärung der Anfechtbarkeit vertraglicher Aufrechnungen im Folgenden noch kurz auf die Rechtsfolgen der anfechtbaren Herstellung einer Aufrechnungsmöglichkeit einzugehen, welche wiederum zunächst für das Insolvenzrecht *(hierzu A.)* und alsdann für das Recht der Gläubigeranfechtung *(hierzu B.)* erörtert werden. Für die Bestimmung der Rechtsfolgen der Anfechtung von vertraglich vereinbarten Aufrechnungen ist dabei im Insolvenzrecht in erster Linie die im dritten Kapitel bereits hinsichtlich ihres Anwendungsbereiches sowie ihrer generellen Bedeutung für die Anfechtbarkeit konsensualer Aufrechnungen erläuterte Regelung des § 96 Abs. 1 Nr. 3 InsO maßgeblich, welche hinsichtlich der anfechtbaren Herstellung einer Aufrechnungslage die Rechtswirkungen der Insolvenzanfechtung gegenüber den Anfechtungsfolgen des § 143 InsO modifiziert[1]. Im Rahmen der Anfechtung nach dem AnfG fehlt es demgegenüber an einer der Vorschrift des § 96 Abs. 1 Nr. 3 InsO vergleichbaren spezifischen Normierung der Anfechtungswirkungen für die Begründung einer Aufrechnungsmöglichkeit, weshalb insoweit auf die allgemeinen Anfechtungsfolgen des Gläubigeranfechtungsrechts abzustellen sein wird.

A. Die Wirkungen der insolvenzrechtlichen Anfechtbarkeit von konsensualen Aufrechnungen

I. Unzulässigkeit der Aufrechnung nach § 96 Abs. 1 Nr. 3 InsO

Wenn eine gesetzliche oder vertragliche Aufrechnungsbefugnis durch eine anfechtbare Rechtshandlung geschaffen wurde, erklärt in der Insolvenz § 96 Abs. 1 Nr. 3 InsO die Aufrechnung ipso iure für unzulässig mit der Folge, dass eine noch nicht erfolgte Aufrechnung von vornherein nicht wirksam vorgenommen werden kann und eine bereits vor Verfahrenseröffnung erklärte Aufrechnung ex tunc ihre rechtliche Geltung verliert[2]. In ähnlicher Weise wird auch die vor Verfahrenseröffnung erfolgte Herbeiführung einer Aufrechnung durch Vertrag und die Herstellung einer Verrechnungslage im Kontokorrent ex tunc unwirksam, wobei allerdings die Regelung des § 96 Abs. 1 Nr. 3 InsO insoweit analog zur Anwendung zu bringen ist, da diese

---

1 Vgl. *Wischemeyer*, Insolvenzanfechtung der Rückführung debitorischer Konten, S. 7 f.

2 *Brandes/Lohmann*, in: MünchKomm InsO, § 96 Rn. 37; *Hofmann*, in: Graf-Schlicker, InsO, § 96 Rn. 19; *Jacoby*, in: HambKomm InsO, § 96 Rn. 24; *ders.*, in: Bork, Handbuch der Insolvenzanfechtung, Teil 7, Kap. 16 Rn. 34; *Lüke*, in: B. Kübler/Prütting/Bork, InsO, § 96 Rn. 83; *Sinz*, in: Uhlenbruck/Hirte/Vallender, InsO, § 96 Rn. 57.

Varianten den vertraglichen Aufrechnung kein eigenständiges Aufrechnungsrecht im Sinne eines Gestaltungsrechts des Insolvenzgläubigers vermitteln *(vgl. zu diesem Analogieschluss o. Seite 171 f.).*

Die in der Konsequenz unverändert fortbestehende Forderung des Schuldners kann der Insolvenzverwalter zugunsten der Masse einziehen und im Falle einer klageweisen Geltendmachung des Forderungsrechts der Aufrechnungseinwand des Insolvenzgläubigers durch den Gegeneinwand der durch § 96 Abs. 1 Nr. 3 InsO angeordneten anfechtungsbedingten Unwirksamkeit beseitigen[3]. Der Insolvenzgläubiger kann dem gegenüber die ihm zustehende Forderung, welche infolge der Unwirksamkeit der Aufrechnung gleichfalls in ihrem ursprünglichen Bestand erhalten bleibt, nur nach §§ 174 ff. InsO zur Insolvenztabelle anmelden und muss sich damit im Ergebnis mit der Insolvenzquote begnügen, während er die gegen ihn gerichtete Forderung in vollem Umfang zur Masse begleichen muss[4].

Wie bereits im dritten Kapitel dargelegt, kommt daneben eine Anfechtung mit den Anfechtungsfolgen des § 143 Abs. 1 InsO mangels Rechtsschutzbedürfnisses nicht in Betracht, sofern sich die Gläubigerbenachteiligung allein auf die Herbeiführung einer Aufrechnungsmöglichkeit beschränkt *(s.o. Seite 174 f.).* Die Unterschiede in den Rechtsfolgen des Aufrechnungsverbots nach § 96 Abs. 1 Nr. 3 InsO einerseits und eines etwaigen Anfechtungsanspruchs aus § 143 Abs. 1 InsO bei Anfechtung der Herstellung einer Aufrechnungsmöglichkeit nach andererseits sind allerdings im Ergebnis weitaus weniger bedeutsam, als dies womöglich prima facie erscheinen mag.

Soweit es vornehmlich in der ersten Zeit nach Inkrafttreten der InsO als Vorteil des § 96 Abs. 1 Nr. 3 InsO gerühmt wurde, dass der Insolvenzverwalter aufgrund der ipso iure angeordneten Unwirksamkeit der Aufrechnung den Anfechtungsanspruch nicht innerhalb der Verjährungsfrist des § 146 Abs. 1 InsO geltend zu machen habe[5], ist diese Ansicht – abgesehen davon, dass eine derartige Rechtsfolge dem Insolvenzverwalter bei einer sehr kurzen gesetzlichen Verjährungsfrist gerade zum Nachteil gereichen würde – als überholt anzusehen. Denn die Verjährung der nach § 96 Abs. 1 Nr. 3 InsO fortbestehenden Masseforderung unterliegt nach mittlerweile ganz h.L. ebenfalls der Regelung des § 146 Abs. 1 InsO, was im Folgenden noch genauer zu zeigen sein wird.

Obgleich die oben getätigte Feststellung, dass wegen des Aufrechnungsverbots des § 96 Abs. 1 Nr. 3 InsO eine Anfechtung der Herbeiführung der Aufrechnungsmöglichkeit

---

3 *Huber*, in: Haarmeyer/Huber/Schmittmann, Praxis der Insolvenzanfechtung, Teil I Rn. 40; *Kirchhof*, in: MünchKomm InsO, § 143 Rn. 52; *Sinz*, in: Uhlenbruck/Hirte/Vallender, InsO, § 96 Rn. 57; *Thole*, in: K. Schmidt, InsO, § 96 Rn. 12; vgl. auch *Baier/Huber*, DB 2015, 1889, 1890.

4 *Bork*, in: FS Ishikawa, S. 31, 31; *Lüke*, in: B. Kübler/Prütting/Bork, InsO, § 96 Rn. 83; vgl. auch *Baier/Huber*, DB 2015, 1889, 1890; *Huber*, in: Haarmeyer/Huber/Schmittmann, Praxis der Insolvenzanfechtung, Teil I Rn. 40; *dens.*, ZInsO 2009, 566, 566.

5 OLG Düsseldorf, ZIP 2005, 2121, 2125; *Adam*, WM 1998, 801, 803; *Dampf*, KTS 1998, 145, 156; *Gerhardt*, in: FS Brandner, S. 605, 612; *Schmitz*, ZIP 2000, 2211, 2214; *Windel*, in: Jaeger, InsO, § 96 Rn. 49; krit. *Allgayer*, Rechtsfolgen und Wirkungen der Gläubigeranfechtung, Rn. 621.

nicht erforderlich sei, etwas anderes nahelegen könnte, ist des Weiteren für den Insolvenzverwalter mit der Vorschrift auch im Übrigen keine erleichterte Geltendmachung der schuldnerischen Forderung verbunden. Wenn der andere Teil den Anspruch des Schuldners auf Anforderung des Insolvenzverwalters begleicht, ist es im Ergebnis unerheblich, ob die Herstellung der Aufrechnungslage nach § 96 Abs. 1 Nr. 3 InsO von Rechts wegen unbeachtlich ist oder ob diese lediglich im Wege der Anfechtung nach § 143 Abs. 1 InsO beseitigt werden kann. Soweit der aus der Forderung Verpflichtete hingegen nicht freiwillig zahlt, bleibt dem Insolvenzverwalter auch im Anwendungsbereich des § 96 Abs. 1 Nr. 3 InsO kein Prozess erspart, sondern er muss hier ebenfalls eine Zahlungsklage anstrengen[6].

Ein Unterschied besteht dabei ebensowenig in dem jeweils zu stellenden Klageantrag, denn selbst nach den Vertretern der herrschenden schuldrechtlichen Theorie, derzufolge die Anfechtung nach § 143 Abs. 1 InsO lediglich einen schuldrechtlichen Anspruch auf Rückgewähr der weggegebenen Leistung gewährt[7], muss der Insolvenzverwalter bei bereits erfolgter Aufrechnung nicht zunächst auf Wiederbegründung der erloschenen Forderung klagen[8]. Vielmehr führt auch die Insolvenzanfechtung grundsätzlich dazu, dass sich der Anfechtungsgegner nicht auf die Aufrechnung berufen darf und unmittelbar auf Zahlung des Forderungsbetrags verklagt werden kann, was sich für die schuldrechtliche Theorie letztlich aus einer Kombination des Anspruchs auf Rückgewähr der erloschenen Forderung aus § 143 Abs. 1 InsO mit dem Inhalt derselben ergibt[9] und im Übrigen für die Konkursanfechtung jedenfalls zuletzt auch der h.M. entsprach[10]. Die Richtigkeit der hier auch für die bereits vollzogene Aufrechnungsmöglichkeit angenommenen Anfechtungsfolgen bestätigt dabei auch ein

---

6 *Zenker*, NZI 2006, 16, 19; vgl. auch *Allgayer*, Rechtsfolgen und Wirkungen der Gläubigeranfechtung, Rn. 616; *Lüke*, in: B. Kübler/Prütting/Bork, InsO, § 96 Rn. 83; *v. Olshausen*, KTS 2001, 45, 58.

7 RGZ 91, 367, 370; 103, 113, 121; BGHZ 22, 128, 134; 101, 286, 288; 106, 127, 129; 128, 184, 194; *Dauernheim*, in: FK-InsO, § 129 Rn. 6–9; *Ede/Hirte*, in: Uhlenbruck/Hirte/Vallender, InsO, § 143 Rn. 2; *Huber*, in: Gottwald, Insolvenzrechts-Handbuch, § 52 Rn. 1, 7; *ders.*, in: Graf-Schlicker, InsO, Vor §§ 129–147 Rn. 8; *ders*, in: Haarmeyer/Huber/Schmittmann, Praxis der Insolvenzanfechtung, Teil I Rn. 26, 31; *Sieber*, Rechtsnatur der Gläubigeranfechtung, S. 217 ff., 228 ff.

8 So aber *Bork*, in: FS Ishikawa, S. 31, 33.

9 *v. Olshausen*, KTS 2001, 45, 60.

10 BGHZ 58, 108, 114 f.; 145, 245, 254; 147, 233, 237; BGH NZI, 2002, 35, 36; NZI 2004, 376, 377; *Lang*, Das Aufrechnungsrecht nach bürgerlichem Recht, S. 116; vgl. auch *Allgayer*, Rechtsfolgen und Wirkungen der Gläubigeranfechtung, Rn. 616; *Henkel*, NZI 2007, 84, 85 f.; *Zenker*, NZI 2006, 16, 19; a.A. hingegen RGZ 58, 105, 107; *Honsdorf*, Zur Aufrechnung im Konkurs, S. 99; *Lent*, in: Jaeger, KO, 8. Aufl., § 3 Rn. 4; *Müller*, Probleme der Aufrechnung mit Konkurs- und Masseforderungen, S. 68, die den Zahlungsanspruch bei einer bereits vollzogenen Aufrechnung auf eine Verpflichtung zum Wertersatz nach § 37 Abs. 1 KO (nunmehr § 143 Abs. 1 S. 2 InsO) stützen *(zu dieser für die Anfechtung nach dem AnfG auch heute noch relevanten Streitigkeit nachf.* *Seite 402 ff.)*.

Blick auf vergleichbare Konstellationen wie den anfechtbaren Erlass einer Forderung[11] oder die anfechtbare Tilgung einer Verbindlichkeit[12] des Schuldners, für welche nach ganz h.L. ebenfalls eine unmittelbare Klage auf die ursprünglich geschuldete Leistung ohne vorherige Wiederbegründung der Forderung statthaft ist. Ein gewisser Unterschied zwischen den Rechtsfolgen des § 96 Abs. 1 Nr. 3 InsO und des § 143 Abs. 1 InsO besteht allerdings zumindest in Bezug auf die Geltendmachung eines Zinsanspruches als Nebenforderung zum fortbestehenden Hauptanspruch, da § 96 I Nr. 3 InsO kein anfechtungsrechtliches Rückgewährschuldverhältnis begründet, mit der Folge, dass der Insolvenzmasse kein Zinsanspruch nach § 143 Abs. 1 S. 2 InsO – auch nicht in analoger Anwendung – zustehen kann[13].

Im Ergebnis sind damit für die Begründung einer Aufrechnungsmöglichkeit die Folgen der Unwirksamkeit gemäß § 96 Abs. 1 Nr. 3 InsO einerseits und einer expliziten Anfechtung nach § 143 Abs. 1 InsO andererseits inhaltlich weitgehend identisch; die Unterschiede zwischen beiden Vorschriften sind dem gegenüber vornehmlich prozessrechtlicher Natur[14]. So muss sich der Insolvenzverwalter zum einen gegenüber dem Aufrechnungseinwand des anderen Teils im Prozess nicht eigens auf die Unwirksamkeit der Aufrechnung berufen, da § 96 Abs. 1 Nr. 3 InsO mit der dort angeordneten Unwirksamkeit der Aufrechnung eine von Amts wegen zu berücksichtigende Einwendung gewährt[15], während die Anfechtung zwar auch einredeweise ausgeübt werden kann[16], aber dabei der Geltendmachung seitens des Insolvenzverwalters bedarf. Zum anderen ist der insolvenzrechtliche Anfechtungsanspruch aus § 143 Abs. 1 InsO stets zivilrechtlicher Natur und daher nach § 13 GVG vor den ordentlichen Gerichten geltend zu machen[17]; der Einwand der Anfechtbarkeit aus § 96 Abs. 1 Nr. 3 InsO ist

---

11 *Dauernheim*, in: FK-InsO, § 143 Rn. 9; *Ede/Hirte*, in: Uhlenbruck/Hirte/Vallender, InsO, § 143 Rn. 203; *Huber*, in: Gottwald, Insolvenzrechts-Handbuch, § 52 Rn. 10; *ders.*, in: Graf-Schlicker, InsO, § 143 Rn. 18; *Jacoby*, in: B. Kübler/Prütting/Bork, InsO, § 143 Rn. 35 f.; *ders.*, in: Bork, Handbuch der Insolvenzanfechtung, Teil 6, Kap. 12 Rn. 35 f.; *Kirchhof*, in: MünchKomm InsO, § 143 Rn. 46 f.

12 *Dauernheim*, in: FK-InsO, § 143 Rn. 9; *Ede/Hirte*, in: Uhlenbruck/Hirte/Vallender, InsO, § 143 Rn. 201 f.; *Jacoby*, in: B. Kübler/Prütting/Bork, InsO, § 143 Rn. 43; *ders.*, in: Bork, Handbuch der Insolvenzanfechtung, Teil 6, Kap. 12 Rn. 43; *Kirchhof*, in: MünchKomm InsO, § 143 Rn. 51.

13 OLG Zweibrücken ZInsO 2015, 1515, 1516 f.

14 So auch *Kreft*, in: FS Fischer, S. 297, 302.

15 OLG Köln, NJW-RR 2001, 1493, 1494; *Jacoby*, in: Bork, Handbuch der Insolvenzanfechtung, Teil 6, Kap. 12 Rn. 3; vgl. auch *Kirchhof*, in: FS Haarmeyer, S. 129, 131.

16 Allgemein hierzu *Jacoby*, in: B. Kübler/Prütting/Bork, InsO, § 143 Rn. 14; *Huber*, in: Gottwald, Insolvenzrechts-Handbuch, § 51 Rn. 23; *ders.*, in: Graf-Schlicker, InsO, § 143 Rn. 2.

17 *Jacoby*, in: B. Kübler/Prütting/Bork, InsO, § 143 Anh. Rn. 3; *ders.*, in: Bork, Handbuch der Insolvenzanfechtung, Teil 6, Kap. 14 Rn. 3; *Huber*, in: Gottwald, Insolvenzrechts-Handbuch, § 51 Rn. 29; *ders.*, in: Graf-Schlicker, InsO, § 143 Rn. 6; *Kirchhof*, in: MünchKomm InsO, § 146 Rn. 30; *Kreft*, in: HK-InsO, § 129 Rn. 98.

hingegen nicht rechtswegbestimmend, weshalb die fortbestehende Forderung der Masse auf dem für sie maßgeblichen Rechtsweg einzuklagen ist[18].

II. Die Verjährung der schuldnerischen Forderung bei insolvenzrechtlich unzulässiger Aufrechnung

Umstritten ist im Hinblick auf die Unwirksamkeit einer Aufrechnung nach § 96 Abs. 1 Nr. 3 InsO, ob der nach dieser Vorschrift fortbestehende Anspruch innerhalb der allgemein geltenden Verjährungsfrist durchgesetzt werden muss oder ob auch auf diesen die für den insolvenzrechtlichen Anfechtungsanspruch vorgesehene Verjährungsfrist des § 146 Abs. 1 InsO Anwendung findet. Eine Ansicht in der Literatur[19] geht diesbezüglich davon aus, dass sich die Verjährung der schuldnerischen Forderung nach der für den jeweiligen Anspruchsgrund einschlägigen Verjährungsregelung richtet. Denn § 96 Abs. 1 Nr. 3 InsO solle dem Insolvenzverwalter nur diejenige Rechtsposition erhalten, welche ohne die anfechtbare Herstellung der Aufrechnungsmöglichkeit bestanden hätte und ohne diese wäre die Forderung innerhalb der für sie geltenden Verjährung beizutreiben gewesen. Die Verjährungsfrist des § 146 Abs. 1 InsO betreffe hingegen nur Rückgewähransprüche nach § 146 Abs. 1 InsO und könne die Verjährung des nach § 96 Abs. 1 Nr. 3 InsO fortbestehenden Anspruchs nicht überlagern, da die Vorschrift keine Anspruchsgrundlage darstelle und damit die ursprüngliche Forderung nicht in einen insolvenzrechtlichen Anspruch umwandle. Soweit die Aufrechnung vor Verfahrenseröffnung erfolgt ist, soll allerdings nach vereinzelt vertretener Auffassung die Verjährung zwischen Aufrechnungsvollzug und Verfahrenseröffnung nach § 206 BGB gehemmt sein, weil der Insolvenzverwalter aus Rechtsgründen an der Beitreibung der Forderung gehindert sei[20].

Die h.L.[21] nimmt dem gegenüber an, dass die Verjährung eines nach § 96 Abs. 1 Nr. 3 InsO fortbestehenden Anspruchs nach Verfahreneröffnung nicht

---

18 BGHZ 169, 158, 166 f.; *Brandes/Lohmann*, in: MünchKomm InsO, § 96 Rn. 38; *Huber*, in: Gottwald, Insolvenzrechts-Handbuch, § 51 Rn. 29; *ders.*, in: Graf-Schlicker, InsO, § 143 Rn. 8; *ders.*, in: Haarmeyer/Huber/Schmittmann, Praxis der Insolvenzanfechtung, Teil VII Rn. 54; *Jacoby*, in: Bork, Handbuch der Insolvenzanfechtung, Teil 6, Kap. 16 Rn. 40.

19 OLG Düsseldorf, ZIP 2005, 2121, 2125; *Bork*, ZIP 2008, 1041, 1047; *Gerhardt*, in: FS Brandner, S. 605, 612; *Jacoby*, in: B. Kübler/Prütting/Bork, InsO, § 146 Rn. 21 f.; *ders.*, in: Bork, Handbuch der Insolvenzanfechtung, Teil 6, Kap. 14 Rn. 37 f.; *Windel*, in: Jaeger, InsO, § 96 Rn. 49, 99; ohne nähere Begründung überdies *Allgayer*, Rechtsfolgen und Wirkungen der Gläubigeranfechtung, Rn. 616; *Heublein*, ZIP 2000, 161, 164; *Koss*, Wirkung der Insolvenzanfechtung, S. 121.

20 OLG Düsseldorf, ZIP 2005, 2121, 2125; abl. *Jacoby*, in: B. Kübler/Prütting/Bork, InsO, § 146 Rn. 22.

21 BGHZ 169, 158, 165; *Brandes/Lohmann*, in: MünchKomm InsO, § 96 Rn. 39; *Henckel*, in: Jaeger, InsO, § 146 Rn. 10; *Henkel*, NZI 2007, 84, 88 f.; *Huber*, in: Gottwald, Insolvenzrechts-Handbuch, § 51 Rn. 47; *ders.*, in: Graf-Schlicker, InsO, § 146 Rn. 2; *ders.*, in: Haarmeyer/Huber/Schmittmann, Praxis der Insolvenzanfechtung,

weiterlaufe, sondern erst dann ende, wenn die in § 146 Abs. 1 InsO angeordnete Regelverjährungsfrist von 3 Jahren verstrichen ist. Dem ist zuzustimmen, denn der Ansatz der Mindermeinung birgt die Gefahr, dass dem Insolvenzverwalter nur ein sehr kurzer Zeitraum zur Prüfung der Anfechtungsvoraussetzungen zur Verfügung steht, falls die Forderung einer kürzeren Verjährung als der des § 195 BGB unterliegt oder die betreffende Frist bei Verfahrenseröffnung nahezu abgelaufen ist[22]. Zudem könnte die Masse infolge der Unwirksamkeit der Aufrechnung sogar hinter den Zustand vor Verfahrenseröffnung zurückfallen, sofern die schuldnerische Forderung in diesem Zeitpunkt bereits verjährt, die Forderung des anderen Teils aber noch durchsetzbar wäre und folglich zur Tabelle festgestellt werden müsste[23]. Dieses Ergebnis ist mit dem Ziel des § 96 Abs. 1 Nr. 3 InsO, die Rechtslage gegenüber dem bisherigen Recht zu vereinfachen und zu stärken, ersichtlich nicht zu vereinbaren[24], vielmehr würde dem Insolvenzverwalter insoweit im Ergebnis wahrlich ein Pyrrhussieg beschert.

Des Weiteren übersieht die Gegenauffassung, dass die Wirkungen des § 96 Abs. 1 Nr. 3 InsO rein insolvenzrechtlicher Natur sind, denn die Vorschrift ordnet nur für die Dauer und die Zwecke des Insolvenzverfahrens einen Fortbestand der schuldnerischen Forderung an, regelt aber insoweit nicht zugleich die Aufrechterhaltung der Verjährungsfristen des Bürgerlichen Rechts[25]. Dies verdeutlicht ein Blick auf die Rechtslage nach Beendigung des Insolvenzverfahrens, sofern der Insolvenzverwalter die Forderung des Schuldners nicht zu Masse gezogen hat. Hier bestehen die zivilrechtlichen Aufrechnungswirkungen in der Weise fort, wie sie vor Verfahrenseröffnung zwischen den Beteiligten bestanden haben, sodass es aber wenig einsichtig wäre, umgekehrt die Wirkungen des Zivilrechts auf den insolvenzrechtlichen Bestand der Forderungen Einfluss nehmen zu lassen[26]. Für den Ansatz der h.L. spricht auch der bereits dargelegte Umstand, dass § 96 Abs. 1 Nr. 3 InsO lediglich eine Modifikation der allgemeinen Anfechtungswirkungen darstellt und inhaltlich weitestgehend den Anfechtungsfolgen des § 143 Abs. 1 InsO entspricht *(vgl. Seiten 173, 394 ff.)*, weshalb diese auch einem einheitlichen Verjährungsregime unterworfen werden sollten[27].

Teil I Rn. 46; *ders.*, ZInsO 2009, 566, 568 f.; *Kayser*, in: HK-InsO, § 96 Rn. 42; *ders.*, WM 2008, 1525, 1535; *Kreft*, in: FS Fischer, S. 297, 301 f.; *Sinz*, in: Uhlenbruck/Hirte/Vallender, InsO, § 96 Rn. 61; *Thole*, in: K. Schmidt, InsO, § 96 Rn. 22; *Zenker*, NZI 2006, 16, 20.

22 BGHZ 169, 158, 166; *Kayser*, in: HK-InsO, § 96 Rn. 41; *ders.*, WM 2008, 1525, 1535.

23 BGHZ 169, 158, 165.

24 *Kayser*, in: HK-InsO, § 96 Rn. 42; *ders.*, WM 2008, 1525, 1535; *Kreft*, in: FS Fischer, S. 297, 302.

25 BGHZ 169, 158, 165; *Huber*, in: Gottwald, Insolvenzrechts-Handbuch, § 51 Rn. 47; *ders.*, in: Graf-Schlicker, InsO, § 146 Rn. 2; *ders.*, in: Haarmeyer/Huber/Schmittmann, Praxis der Insolvenzanfechtung, Teil I Rn. 46; *ders.*, ZInsO 2009, 566, 568 f.; *Kayser*, in: HK-InsO, § 96 Rn. 42; *Kreft*, in: FS Fischer, S. 297, 300; *Sinz*, in: Uhlenbruck/Hirte/Vallender, InsO, § 96 Rn. 61.

26 *Kreft*, in: FS Fischer, S. 297, 301.

27 Vgl. auch *Kreft*, in: FS Fischer, S. 297, 301 f.

Die Verjährungsregelung des § 146 Abs. 1 InsO kann dabei allerdings nur analog zur Anwendung gebracht werden, da nach § 96 Abs. 1 Nr. 3 InsO gerade kein anfechtungsrechtlicher Rückgewähranspruch, sondern unmittelbar die fortbestehende Forderung geltend gemacht wird[28]. Insgesamt muss folglich der Insolvenzverwalter die massezugehörige Forderung nach § 146 Abs. 1 InsO analog i.V.m. § 195 BGB innerhalb der Regelverjährungsfrist von drei Jahren einklagen. Die Frist beginnt gemäß § 199 Abs. 1 BGB mit Schluss des Jahres, in welchem das Insolvenzverfahren eröffnet wurde und der Insolvenzverwalter Kenntnis von dem fortbestehenden Anspruch des Schuldners erlangte bzw. ohne grobe Fahrlässigkeit erlangen musste[29]. Die rechtzeitige gerichtliche Geltendmachung der fortbestehenden Forderung eröffnet dabei eine vollumfängliche Nachprüfung der Anfechtbarkeit der hergestellten Aufrechnungsmöglichkeit. Aus diesem Grund muss auch die Gegeneinrede der Anfechtbarkeit eines der Gläubigerbenachteiligung entgegenstehenden Rechts – etwa eines AGB-Pfandrechts – nicht mehr innerhalb der Verjährungsfrist des § 146 Abs. 1 InsO erhoben werden, sofern sich der auf Zahlung verklagte Anfechtungsgegner auf ein solches beruft und damit eine entsprechende Verteidigung des Insolvenzverwalters erforderlich macht; vielmehr kann diese Gegeneinrede nach § 146 Abs. 2 InsO uneingeschränkt geltend gemacht werden[30].

III. Verhältnis der Unzulässigkeit einer Aufrechnung zur Anfechtung der Sachleistung bei Veräußerungen von Schuldnervermögen

Im Anschluss sei noch kurz der Frage nachgegangen, in welchem Verhältnis die Unzulässigkeit der Aufrechnung nach § 96 Abs. 1 Nr. 3 InsO zur Anfechtung der Erfüllungshandlung des Schuldners steht, sofern die Aufrechnungsmöglichkeit eine Forderung aus einem gegenseitigen Vertrag über die Veräußerung von Vermögensgegenständen des späteren Insolvenzschuldners erfasst und dieser später die seinerseits geschuldete Sachleistung aus seinem Vermögen erbringt. Dieses Problem stellt sich dabei allerdings nicht nur dann, wenn die Aufrechnungsmöglichkeit erst durch dieses Kausalgeschäft geschaffen wurde, sondern auch in den übrigen Fällen, in denen eine der aufzurechnenden Forderungen aus einem derartigen Geschäft herrührt, da auch dann die Frage nach dem Schicksal der vom Schuldner erbrachten Leistung nicht unberücksichtigt bleiben kann.

---

28 BGHZ 169, 158, 166; *Henckel*, in: Jaeger, InsO, § 146 Rn. 10; *Huber*, ZInsO 2009, 566, 568.

29 Vgl. *Huber*, ZInsO 2009, 566, 569; a.A. *Henckel*, in: Jaeger, InsO, § 146 Rn. 10: „mit Eröffnung des Insolvenzverfahrens".

30 BGH ZIP 2008, 1593, 1595; *Huber*, in: Gottwald, Insolvenzrechts-Handbuch, § 51 Rn. 48; *ders.*, in: Graf-Schlicker, InsO, § 146 Rn. 3; *ders.*, in: Haarmeyer/Huber/Schmittmann, Praxis der Insolvenzanfechtung, Teil I Rn. 46; *ders.*, ZInsO 2009, 566, 568 f.; *Kayser*, in: HK-InsO, § 96 Rn. 43; *Sinz*, in: Uhlenbruck/Hirte/Vallender, InsO, § 96 Rn. 62.

Mit der bisherigen Untersuchung wurde zu dieser Thematik bereits dargelegt, dass das Kausalgeschäft und die darauf bezogene Übereignung anfechtungsrechtlich nicht als Gesamtvorgang anzusehen sind, sondern vielmehr entsprechend der heute herrschenden Einzelbetrachtungslehre jeder dieser Rechtsakte für sich auf seine Anfechtbarkeit zu untersuchen ist *(s.o. Seite 193 ff.)*. In Bezug auf das zugrundeliegende schuldrechtliche Rechtsgeschäft wurde des Weiteren festgestellt, dass sich dessen Anfechtbarkeit auf die Herstellung der Aufrechnungsmöglichkeit mit der Rechtsfolge des § 96 Abs. 1 Nr. 3 InsO beschränkt und eine Anfechtung des Vertrages als Ganzes nur dann in Betracht kommt, wenn dieser über die Aufrechnungsmöglichkeit hinaus die Insolvenzmasse benachteiligt *(s.o. Seite 252)*.

Obgleich auf dieser Basis ein anderer Eindruck entstehen könnte, ist damit allerdings noch nicht gesagt, dass der Insolvenzverwalter nur entweder die Forderung des Schuldners beitreiben oder den geleisteten Vermögensgegenstand zurückfordern kann, da die vorgenannten Feststellungen bei genauerer Betrachtung nur die Anfechtbarkeit des Verpflichtungsgeschäfts betreffen, also die Frage, wann das schuldrechtliche Rechtsgeschäft insgesamt angefochten werden darf, mit der Folge, dass die diesem entspringenden Leistungspflichten schon dem Grunde nach entfallen würden. Es bleibt aber insofern noch offen, ob der Insolvenzverwalter bei Unanfechtbarkeit des Kausalgeschäftes neben einer Geltendmachung der nach § 96 Abs. 1 Nr. 3 InsO fortbestehenden Forderung auch die vom Schuldner aus seinem Vermögen erbrachte Sachleistung im Wege der Insolvenzanfechtung in die Masse zurückführen kann, denn diese stellt nach der Einzelbetrachtungslehre selbst eine eigenständige Rechtshandlung dar, deren Anfechtbarkeit gesondert zu untersuchen ist.

Insgesamt wird man eine gesonderte Anfechtbarkeit der Erfüllungshandlung des Schuldners für zulässig halten müssen, da der Insolvenzgläubiger mit der Übereignung des Vermögensgegenstandes auf Kosten der nachmaligen Insolvenzmasse neben der aufrechnungsmäßigen Sicherung oder Befriedigung seiner Forderung eine Befriedigung für seinen Leistungsanspruch aus dem Kausalgeschäft erhält. Die Sachleistung gewährt dem Insolvenzgläubiger damit eine zusätzliche Deckung neben den Wirkungen der mit dem Kausalgeschäft hergestellten Aufrechnungsmöglichkeit, welche die den Gläubigern zur Verfügung stehende Haftungsmasse über die Belastung bzw. Tilgung der schuldnerischen Forderung hinaus um den zu Erfüllungszwecken weggegebenen Vermögenswert schmälert, weshalb diese grundsätzlich ebenfalls der Insolvenzanfechtung nach §§ 130 und 131 InsO – ggf. auch § 133 Abs. 1 InsO – unterliegt.

Eine Lösung zugunsten des Insolvenzgläubigers ließe sich insoweit allenfalls über eine Privilegierung nach § 142 InsO erreichen. Hierzu wurde allerdings bereits an anderer Stelle festgestellt, dass eine Anwendung der Bargeschäftsausnahme bei Herstellung einer Aufrechnungsmöglichkeit durch den Verkauf von Gegenständen der nachmaligen Insolvenzmasse von vornherein ausscheiden muss, da seitens des Insolvenzgläubigers als Gegenleistung lediglich eine Befreiung von einer Verbindlichkeit bzw. ein auf diese Befreiung gerichtetes Sicherungsrecht erbracht wird, welche aber mangels tatsächlicher Mehrung des Aktivvermögens nicht als gleichwertig angesehen werden können *(s.o. Seite 341)*.

Das hier bejahte Nebeneinander der Unwirksamkeit einer durch die Veräußerung von Vermögensgegenständen des Schuldners geschaffenen Aufrechnungsmöglichkeit und der Anfechtbarkeit einer auf das zugrundeliegende Kausalgeschäft bezogenen Erfüllungshandlung ist für den Insolvenzgläubiger freilich misslich, da er nicht nur den vereinbarten Kaufpreis zu erbringen hat und seine zur Aufrechnung gestellte Forderung gemäß § 174 InsO anmelden muss, sondern überdies auch die Kaufsache in die Masse zurückerstatten muss und hierfür seine nach § 144 I InsO wiederauflebende Forderung ebenfalls zu Tabelle anmelden kann. Dieses Ergebnis ist allerdings nach den obigen Ausführungen als dogmatisch zwingend zu erachten, soweit man richtigerweise an der insolvenzrechtlichen Einzelbetrachtung festhält. Es erscheint aber im Übrigen auch nicht inadäquat, da damit keine sachwidrige Verdopplung des Anfechtungsvolumens verbunden ist. Vielmehr wird der Insolvenzgläubiger nur so gestellt, wie er im Insolvenzverfahren stünde, wenn er selbst seine Leistung aus dem gegenseitigen Vertrag erbracht hätte, aber die vereinbarte Gegenleistung des Schuldners ausgeblieben wäre. Die Richtigkeit der hier angebotenen Lösung bestätigt zudem eine leichte Modifikation der eben erörterten Fallgestaltung: Hätte der Insolvenzgläubiger die Kaufpreisschuld zwar anstelle einer Aufrechnung durch Effektivleistung, aber außerhalb den Grenzen der Unmittelbarkeit nach § 142 InsO erbracht, so hätte er die Leistung des Schuldners in Ermangelung eines Bargeschäfts gleichfalls herauszugeben und müsste seine frühere Forderung ohnehin zur Tabelle anmelden. Weshalb aufgrund der Tatsache, dass er seine Leistung zwar womöglich unmittelbar, aber jedenfalls nicht in gleichwertigem Umfang erbringt, etwas anderes gelten soll, wäre insoweit nur schwer einzusehen.

B. Die Folgen der Anfechtung vertraglicher Aufrechnungen nach dem AnfG

Anknüpfend an die eben vorgenommene Darstellung der Rechtswirkungen der Anfechtbarkeit konsensualer Aufrechnungen in der Insolvenz ist nachfolgend nun auch für die Anfechtung nach dem AnfG zu eruieren, welche Rechtsfolgen diese in Bezug auf vertraglich vereinbarte Aufrechnungen zeitigt. Jedenfalls prima facie erscheint es dabei trotz Fehlens einer dem § 96 Abs. 1 Nr. 3 InsO entsprechenden Vorschrift nicht von vornherein ausgeschlossen, dass die allgemeinen Vorschriften über die Rechtsfolgen der Gläubigeranfechtung zu vergleichbaren Ergebnissen führen, da oben auch bereits für die Insolvenzanfechtung festgestellt wurde, dass sich in der Insolvenz ohne die eben genannte Regelung ebenfalls im Wesentlichen ähnliche Rechtswirkungen erreichen ließen.

I. Einredeweise Geltendmachung der Anfechtbarkeit gemäß § 9 AnfG

Die Gläubigeranfechtung bewirkt nach § 11 Abs. 1 S. 1 AnfG, dass dasjenige, was aus dem Vermögen des Vollstreckungsschuldners veräußert, auf- oder weggegeben wurde, als noch zu diesem Vermögen gehörig dem anfechtenden Gläubiger zur Verfügung gestellt werden muss, soweit es zu dessen Befriedigung erforderlich ist. Entsprechend diesem Zweck, die Zugriffslage auf das Schuldnervermögen wieder zu erschließen, die ohne die gläubigerbenachteiligende Rechtshandlung bestanden hätte, ist der Anfechtungsanspruch grundsätzlich auf Duldung der Zwangsvollstreckung in den weggegebenen Gegenstand gerichtet, d.h. der Anfechtungsgegner wird in Bezug auf den anfechtbaren Erwerb als Vollstreckungsschuldner angesehen[31].

In Bezug auf die Anfechtung vertraglich vereinbarter Aufrechnungen kann dabei nichts anderes gelten als in anderen Fällen der anfechtbaren Aufgabe (etwa durch Erlass bzw. Tilgung) oder Belastung (etwa durch Verpfändung) von Rechten des Schuldners[32]. Die Rechtsfolge der Anfechtung besteht hier nach überwiegender Auffassung darin, dass sich der Drittschuldner nicht auf den Erlass oder die Tilgung der schuldnerischen Forderung berufen[33] oder von dem ihm gewährten Sicherungsrecht keinen Gebrauch machen darf[34], sich also so behandeln lassen muss, als bestünde die Forderung des Schuldners noch unverändert fort[35]. Einer gesonderten Klage auf Duldung der Zwangsvollstreckung in das Forderungsrecht bedarf es insoweit nicht[36], ebensowenig wie eine an sich bereits erloschene Forderung zuvor wieder begründet werden muss[37], vielmehr kann der Vollstreckungsgläubiger die Forderung

31 RGZ 56, 142, 144; 143, 231, 236; BGHZ 116, 222, 224; *Baur/Stürner/Bruns*, Zwangsvollstreckungsrecht, Rn. 26.71; *Gaul/Schilken/Becker-Eberhard*, Zwangsvollstreckungsrecht, § 35 Rn. 109; *Hess*, Insolvenzrecht, § 11 AnfG Rn. 33, 37; *Huber*, AnfG, § 11 Rn. 17; *Kirchhof*, in: MünchKomm AnfG, § 11 Rn. 40; *Nerlich/Niehus*, AnfG, § 11 Rn. 9.

32 Vgl. *Allgayer*, Rechtsfolgen und Wirkungen der Gläubigeranfechtung, Rn. 436; *Kirchhof*, in: MünchKomm AnfG, § 11 Rn. 83.

33 Materialien zu dem Gesetze betreffend die Anfechtung von Rechtshandlungen eines Schuldners außerhalb des Konkursverfahrens, S. 22 = *Hahn*, Materialien zur Konkursordnung, S. 744; BGH WM 1990, 78, 81; NJW 2000, 1268, 1269; *Allgayer*, Rechtsfolgen und Wirkungen der Gläubigeranfechtung, Rn. 421; *Gerhardt*, Die systematische Einordnung der Gläubigeranfechtung, S. 326 f.; *Jaeger*, Die Gläubigeranfechtung außerhalb des Konkursverfahrens, § 1 Anm. 26, § 7 Anm. 6, § 9 Anm. 10; *Kirchhof*, in: MünchKomm AnfG, § 11 Rn. 76 ff.; *Nerlich/Niehus*, AnfG, § 11 Rn. 14; *Warneyer/Bohnenberg*, AnfG, S. 9; *Zeuner*, Die Anfechtung in der Insolvenz, Rn. 492.

34 RGZ 9, 66, 70; 47, 216, 222; BGHZ 130, 314, 322 f.; BGH NJW 1992, 2421, 2423; *Huber*, AnfG, § 11 Rn. 21; *Jaeger*, Die Gläubigeranfechtung außerhalb des Konkursverfahrens, § 1 Anm. 31; *Kirchhof*, in: MünchKomm AnfG, § 11 Rn. 66 f.; *Nerlich/Niehus*, AnfG, § 11 Rn. 14; *Warneyer/Bohnenberg*, AnfG, S. 191.

35 Vgl. *Allgayer*, Rechtsfolgen und Wirkungen der Gläubigeranfechtung, Rn. 421; *Gaul/Schilken/Becker-Eberhard*, Zwangsvollstreckungsrecht, § 35 Rn. 112.

36 *Allgayer*, Rechtsfolgen und Wirkungen der Gläubigeranfechtung, Rn. 422; *Kirchhof*, in: MünchKomm AnfG, § 11 Rn. 76; vgl. auch RGZ 19, 202, 202 f.; 27, 94, 97 f.; a.A. *Huber*, AnfG, § 13 Rn. 23, 25; *Jaeger*, Die Gläubigeranfechtung außerhalb des Konkursverfahrens, § 9 Anm. 10.

37 RGZ 143, 231, 235 f.; BGHZ 124, 298, 300 f.; 142, 284, 289; *Gaul/Schilken/Becker-Eberhard*, Zwangsvollstreckungsrecht, § 35 Rn. 112; *Huber*, AnfG, § 13 Rn. 23; *Jaeger*,

des Schuldners nach wie vor gemäß §§ 829, 835 ZPO pfänden und sich zur Einziehung überweisen lassen. Die Geltendmachung der Gläubigeranfechtung erfolgt dann dergestalt, dass der Vollstreckungsgläubiger bei einer an sich durch Erlass oder Tilgung erloschenen Forderung im Einziehungsprozess den Erlöschenseinwand des Anfechtungsgegners im Wege der Gegeneinrede der Anfechtbarkeit nach § 9 AnfG abwehrt[38]. Die Prüfung der Erfüllung eines Anfechtungstatbestandes der Gläubigeranfechtung erfolgt erst inzident in dem Einziehungsprozess über die gepfändete Forderung des Schuldners oder dem Verfahren der Drittwiderspruchsklage[39].

Nach einer vereinzelt vertretenen Auffassung in der Literatur soll dem gegenüber in Bezug auf anfechtbar getilgte Forderungen des Schuldners eine Geltendmachung der Anfechtbarkeit im Wege eines Primärrechtsbehelfes unmöglich bzw. unpraktikabel sein und daher von vornherein nur ein Anspruch des anfechtenden Gläubigers gegen den Anfechtungsgegner auf Wertersatz gemäß § 11 Abs. 1S. 2 AnfG bestehen[40]. Dies erscheint zunächst schon deshalb unzutreffend, weil die Geltendmachung der Anfechtbarkeit – wie eben dargestellt – gar nicht durch einen Primärrechtsbehelf nach § 11 Abs. 1 S. 1 AnfG, sondern im Wege der Einrede bzw. Gegeneinrede nach § 9 AnfG erfolgt. Überdies ist nicht ersichtlich, inwiefern die Ansicht der h.L. unmöglich bzw. unpraktikabel sein soll, denn zum einen zeigen die oben getätigten Ausführungen, dass die Aufrechterhaltung der Forderung mit einer einredeweisen Geltendmachung der Anfechtbarkeit im Einziehungsprozess sehr wohl möglich ist, zumal die Annahme des Fortbestehens einer an sich erloschenen Forderung rechtlich auch gar nicht ungewöhnlich ist. Zum anderen greift ebenfalls der Einwand der Unpraktikabilität nicht durch, da die seitens der h.L. favorisierte Lösung den denkbar einfachsten und prozessökonomischsten Weg zur Beitreibung der anfechtbar getilgten Forderung des Schuldners darstellt und die Gegenauffassung vielmehr insofern schwer praktikabel erscheint, als damit Schwierigkeiten bei der Bestimmung der Höhe des Wertersatzes verbunden sein können, welche die h.L. gerade vermeidet[41]. Des Weiteren spricht für den Ansatz der h.L. aber auch, dass dieser in größerem Umfang dem Zweck der Gläubigeranfechtung gerecht wird, dem Vollstreckungsgläubiger eine vereitelte Zugriffsmöglichkeit wieder zu erschließen, denn die Zulassung einer Pfändung der anfechtbar getilgten Forderung des Schuldners mit der Möglichkeit einer einredeweisen Abwehr von Einwendungen des Anfechtungsgegners entspricht im

---

Die Gläubigeranfechtung außerhalb des Konkursverfahrens, § 9 Anm. 10; *Kirchhof*, in: MünchKomm AnfG, § 11 Rn. 77, 82.

38 RGZ 19, 202, 202 f.; 27, 94, 97 f.; BGH NJW 2000, 1268, 1269; *Allgayer*, Rechtsfolgen und Wirkungen der Gläubigeranfechtung, Rn. 422; *Hess*, Insolvenzrecht, § 9 AnfG Rn. 6; *Jaeger*, Die Gläubigeranfechtung außerhalb des Konkursverfahrens, § 1 Anm. 82, § 5 Anm. 8, § 7 Anm. 6; *Kirchhof*, in: MünchKomm AnfG, § 9 Rn. 11, § 11 Rn. 76; *Nerlich/Niehus*, AnfG, § 9 Rn. 4; *Ch. Paulus*, in: B. Kübler/Prütting/Bork, InsO, Anh. I: AnfG, § 9 Rn. 2.

39 *Allgayer*, Rechtsfolgen und Wirkungen der Gläubigeranfechtung, Rn. 422.

40 *Baur/Stürner/Bruns*, Zwangsvollstreckungsrecht, Rn. 26.73.

41 Vgl. *Allgayer*, Rechtsfolgen und Wirkungen der Gläubigeranfechtung, Rn. 423.

Wesentlichen der ursprünglichen Vollstreckungslage, welche ohne die anfechtbare Rechtshandlung bestanden hätte[42].

Entsprechend den vorstehenden Ausführungen gilt damit für die anfechtbare Herstellung einer vertraglichen Aufrechnungsmöglichkeit bzw. die anfechtbare Herbeiführung der vertraglichen Aufrechnung, dass der Anfechtungsgegner bei einem noch nicht vollzogenen Aufrechnungsrecht dieses nicht mehr ausüben und sich bei einer bereits erfolgten Aufrechnung nicht auf den Aufrechnungseinwand berufen darf[43]. Der Vollstreckungsgläubiger kann folglich die zur Aufrechnung gestellte Forderung gemäß §§ 829, 835 ZPO weiterhin pfänden und eine auf ein vertragliches Aufrechnungsrecht gestützte Aufrechnungserklärung oder den Einwand des Anfechtungsgegners, die Forderung sei aufgrund einer vertraglich vereinbarten Aufrechnung erloschen, im Wege der Gegeneinrede nach § 9 AnfG abwehren[44]. Die Wirkungen der Gläubigeranfechtung entsprechen insoweit genau den Rechtsfolgen der Insolvenzanfechtung, wie sie ohne die Regelung des § 96 Abs. 1 Nr. 3 InsO bestünden, denn auch hier würde die Anfechtbarkeit der vertraglichen Aufrechnung dazu führen, dass der Insolvenzverwalter alsdann die schuldnerische Forderung zugunsten der Masse einziehen und einen etwaigen Aufrechnungseinwand des anderen Teils im Wege der Einrede der Anfechtbarkeit beseitigen müsste *(vgl. hierzu o. Seite 394 f.)*.

II. Das Schicksal der Forderung des Anfechtungsgegners

Soweit die Forderung des Anfechtungsgegners bereits im Wege der vertraglichen Aufrechnung getilgt wurde, lebt diese infolge einer einredeweisen Anfechtung der Herstellung der vertraglich verabredeten Aufrechnungslage bzw. der Herbeiführung der vertraglichen Aufrechnung nach Zahlung gemäß § 12 Alt. 2 AnfG wieder auf[45]. Dieses Wiederaufleben vollzieht sich rückwirkend zu dem Zeitpunkt des Erlöschens der Forderung und in der Form, wie sie zuletzt bestanden hatte, wobei zwischenzeitlich abgelaufene Verjährungsfristen einer Geltendmachung der Forderung nicht entgegenstehen, da diese gemäß §§ 206, 209 BGB seit der ursprünglichen Erfüllungshandlung als gehemmt gelten[46]. Seine wieder aufgelebte Forderung kann der Anfechtungsgegner allerdings nach § 12 AnfG nicht gegenüber dem Anfechtungsgläubiger, sondern ausschließlich gegenüber dem Vollstreckungsschuldner geltend machen, weshalb ihm etwa kein Zurückbehaltungsrecht wegen seiner Forderung in Bezug auf

42 *Allgayer*, Rechtsfolgen und Wirkungen der Gläubigeranfechtung, Rn. 423.

43 BGH WM 1959, 888, 890 f.; *Huber*, AnfG, § 11 Rn. 21.

44 *Allgayer*, Rechtsfolgen und Wirkungen der Gläubigeranfechtung, Rn. 436; *Jaeger*, Die Gläubigeranfechtung außerhalb des Konkursverfahrens, § 1 Anm. 82; *Kirchhof*, in: MünchKomm AnfG, § 9 Rn. 12, § 11 Rn. 83; *Mauer*, Der Anfechtungsprozess Rn. 505.

45 BGH ZIP 2015, 485, 486; *Kirchhof*, in: MünchKomm AnfG, § 11 Rn. 83.

46 *Huber*, AnfG, § 12 Rn. 5; vgl. auch *Kirchhof*, in: MünchKomm AnfG, § 12 Rn. 10; *Ch. Paulus*, in: B. Kübler/Prütting/Bork, InsO, Anh. I: AnfG, § 12 Rn. 5; *Nerlich/Niehus*, AnfG, § 12 Rn. 6.

den Zahlungsanspruch des Anfechtungsgläubigers zusteht[47]. Der Anfechtungsgegner ist damit für den Bereich der Gläubigeranfechtung deutlich schlechter gestellt als in der Insolvenzanfechtung, denn während er dort seinen wiederauflebenden Anspruch zur Tabelle anmelden und damit für diesen zumindest in Höhe der Insolvenzquote aus der Masse Befriedigung erlangen kann, haftet ihm nach § 12 AnfG allein der regelmäßig illiquide Vollstreckungsschuldner selbst[48].

Dieses Ergebnis wird vereinzelt für unangemessen erachtet und stattdessen gefordert, dem Anfechtungsgegner in analoger Anwendung des § 144 Abs. 2 S. 2 InsO (§ 38 S. 2 KO a.F.) einen Anspruch auf anteilige Befriedigung in Höhe der fiktiven Insolvenzquote zuzubilligen und den Anfechtungsanspruch des Vollstreckungsgläubigers in dessen Höhe einzuschränken[49]. Dieser Ansatz ist allerdings bereits deshalb abzulehnen, weil er mit dem klaren Wortlaut des § 12 AnfG nicht in Einklang zu bringen ist, welcher Ansprüche des Anfechtungsgegners gegenüber dem Anfechtungsgläubiger explizit ausschließt[50]. Des Weiteren würde auf diese Weise implizite ein Gleichbehandlungsanspruch der Gläubiger statuiert, welcher dem Recht der Gläubigeranfechtung wie auch dem Recht der Einzelzwangsvollstreckung völlig fremd und daher systemwidrig ist[51]. Im Übrigen gilt es auch zu bedenken, dass die Gläubigeranfechtung nur dann eingreift, wenn eine mit Kenntnis des Anfechtungsgegners vorgenommene vorsätzliche Gläubigerbenachteiligung oder eine unentgeltliche Leistung des Schuldners vorliegt, weshalb eine Schlechterstellung des Anfechtungsgegners grundsätzlich gerechtfertigt erscheint[52]. Eine Unangemessenheit wäre dabei lediglich dann anzunehmen, wenn auch kongruente Deckungen ohne Einschränkungen der Anfechtung nach dem AnfG unterliegen würden, da sich hier tatsächlich völlig gleichwertige Ansprüche von Anfechtungsgläubiger und Anfechtungsgegner gegenüberstünden. Dies lässt sich allerdings schon mit der hier vertretenen teleologischen Reduktion der Vorsatzanfechtung kongruenter Deckungen *(s.o. Seite 384 ff.)* zutreffend vermeiden, weshalb es auch in dieser Hinsicht einer anteiligen Befriedigung der Parteien nicht bedarf.

---

47 *Huber*, AnfG, § 12 Rn. 6; *Jaeger*, Die Gläubigeranfechtung außerhalb des Konkursverfahrens, § 8 Anm. 5; *Kirchhof*, in: MünchKomm AnfG, § 12 Rn. 6; *Ch. Paulus*, in: B. Kübler/Prütting/Bork, InsO, Anh. I: AnfG, § 12 Rn. 1; *Warneyer/Bohnenberg*, AnfG, S. 211 f.

48 *Huber*, AnfG, § 12 Rn. 7; *Kirchhof*, in: FS Haarmeyer, S. 129, 131; *Nerlich/Niehus*, AnfG, § 12 Rn. 2; *Plander*, KTS 1972, 158, 159.

49 *Plander*, KTS 1972, 158, 163 f.; so auch bereits der ursprüngliche Entwurf von § 7 Abs. 2 des AnfG 1879, Materialien zu dem Gesetze betreffend die Anfechtung von Rechtshandlungen eines Schuldners außerhalb des Konkursverfahrens, S. 6 = *Hahn*, Materialien zur Konkursordnung, S. 730.

50 *Huber*, AnfG, § 12 Rn. 8.

51 Vgl. *Gaul/Schilken/Becker-Eberhard*, Zwangsvollstreckungsrecht, § 35 Rn. 115.

52 In diese Richtung bereits Materialien zu dem Gesetze betreffend die Anfechtung von Rechtshandlungen eines Schuldners außerhalb des Konkursverfahrens, S. 23 = *Hahn*, Materialien zur Konkursordnung, S. 744; *Warneyer/Bohnenberg*, AnfG, S. 211.

Entgegen der vorstehend angeführten Ansicht aus dem Schrifttum muss es daher für die Anfechtung nach dem AnfG stets dabei verbleiben, dass der Anfechtungsgegner seine Forderung ausschließlich gegenüber dem Vollstreckungsschuldner geltend machen kann[53]. Wenn und soweit der Vollstreckungsschuldner voraussichtlich nicht in der Lage ist, die Forderung des Anfechtungsgegners zu erfüllen, kann dieser allerdings seine Rechtsposition dadurch verbessern, dass er unmittelbar die Eröffnung eines Insolvenzverfahrens gegen den Vollstreckungsschuldner beantragt und dem Anfechtungsgläubiger auf diese Weise wegen des Übergangs der Anfechtungsbefugnis auf den Insolvenzverwalter (§ 16 Abs. 1 AnfG) die Verfolgung seines Anfechtungsanspruchs vereitelt[54].

III. Verhältnis zur Anfechtung der Erfüllungsleistung bei Veräußerung von Gegenständen des Schuldnervermögens

Abschließend gilt es für das Recht der Anfechtung nach dem AnfG ebenfalls zu klären, in welchem Umfang neben einer Anfechtung der konsensualen Aufrechnung auch die Erfüllungshandlung des Schuldners der Gläubigeranfechtung unterliegen kann, sofern die Aufrechnungsforderung des Schuldners auf einem Veräußerungsgeschäft über Gegenstände des Schuldnervermögens beruht und der Schuldner über die aufrechnungsmäßige Tilgung der Gläubigerforderung hinaus auch die seinerseits geschuldete Sachleistung erbringt *(s. hierzu für die Insolvenzanfechtung o. Seite 399 ff.)*. Entsprechend der hier auch für die Anfechtung nach dem AnfG bejahten Einzelbetrachtung muss grundsätzlich die Erfüllungsleistung des Schuldners wiederum als selbständig anfechtbare Rechtshandlung angesehen werden, da mit der Erfüllung des Anspruchs des Gläubigers auf die Kaufsache neben der durch die vertragliche Aufrechnung vorgenommenen Belastung oder Tilgung eines Forderungsrechts des Schuldners eine weitere, von der vertraglichen Aufrechnung selbst unabhängige Zuwendung aus dem Schuldnervermögen erfolgt. Anders als im Rahmen der Insolvenzanfechtung kommt allerdings in der Gläubigeranfechtung eine Anfechtbarkeit von Deckungshandlungen nach den zur Vorsatzanfechtung gemäß § 3 Abs. 1 AnfG getroffenen Feststellungen nur bei einer inkongruenten Deckung oder einem unlauteren Verhalten des Schuldners in Betracht *(s.o. Seite 384 ff.)*, weshalb bei gewöhnlicher, d.h. einer zu der Zeit und der Art nach geschuldeten Erfüllung eines Anspruchs auf die Kaufsache aus dem Schuldnervermögen regelmäßig von einer Unanfechtbarkeit derselben auszugehen ist

---

53 RGZ 20, 180, 181; *Gaul/Schilken/Becker-Eberhard*, Zwangsvollstreckungsrecht, § 35 Rn. 115; *Huber*, AnfG, § 12 Rn. 8; vgl. auch *Jaeger*, Die Gläubigeranfechtung außerhalb des Konkursverfahrens, § 8 Anm. 5; *Kirchhof*, in: MünchKomm AnfG, § 12 Rn. 6.

54 *Gaul/Schilken/Becker-Eberhard*, Zwangsvollstreckungsrecht, § 35 Rn. 115; *Huber*, AnfG, § 12 Rn. 8; *Jaeger*, Die Gläubigeranfechtung außerhalb des Konkursverfahrens, § 8 Anm. 4; *Kirchhof*, in: MünchKomm AnfG, § 12 Rn. 1; *ders.*, in: FS Haarmeyer, S. 129, 131; *Nerlich/Niehus*, AnfG, § 12 Rn. 2; *Ch. Paulus*, in: B. Kübler/Prütting/Bork, InsO, Anh. I: AnfG, § 12 Rn. 3.

und sich damit die Frage nach einem Nebeneinander beider Anfechtungsansprüche von vornherein nicht stellt.

Wenn und soweit die Erfüllungshandlung des Schuldners ausnahmsweise der Anfechtung unterliegt, wird man auch für die Anfechtung nach dem AnfG nicht umhin kommen, eine Anfechtbarkeit der Übereignung der Kaufsache neben der Anfechtung der vertraglichen Aufrechnung für zulässig zu erachten. Eine abweichende Lösung könnte für das Recht der Gläubigeranfechtung allenfalls durch eine Einschränkung des Tatbestandsmerkmals der Gläubigerbenachteiligung zu erreichen sein, etwa dahingehend, dass im Umfang der Begleichung der anfechtbar getilgten Kaufpreisforderung gegenüber dem Vollstreckungsgläubiger keine Benachteiligung der Befriedigungsmöglichkeiten desselben vorliegt[55], oder dahingehend, dass eine Anfechtung der Erfüllungsleistung nur dann erfolgen kann, wenn die Kaufpreisforderung hinter dem Verkehrswert des aufgegebenen Vermögenswerts zurückbleibt[56]. Hiergegen spricht aber zum einen bereits das oben angeführte Argument, dass die vertragliche Aufrechnung und die Erfüllung des Anspruchs auf die Kaufsache zwei eigenständige Zuwendungen aus dem Schuldnervermögen darstellen, welche je für sich die Befriedigungsaussichten des Vollstreckungsgläubigers mindern. Zum anderen müsste diese Einschränkung der Gläubigerbenachteiligung alsdann in gleicher Weise im Rahmen der Insolvenzanfechtung Anwendung finden, was aber in Widerspruch zur Regelung des § 142 InsO stünde, derzufolge Deckungshandlungen des Schuldners nur dann von der Anfechtung ausgenommen sein sollen, wenn für diese unmittelbar eine gleichwertige Gegenleistung in das Schuldnervermögen gelangt.

Es ist aber nicht zu bestreiten, dass das hiernach bei Anfechtung der Übereignung eines veräußerten Gegenstandes des Schuldnervermögens gegebenenfalls nicht zu vermeidende Nebeneinander der Anfechtung der vertraglichen Aufrechnung einerseits und der Vermögensübertragung andererseits zu einer erheblichen und auf den ersten Blick fast unverständlichen Schlechterstellung des Anfechtungsgegners führt. Dieser hat nicht allein die ursprünglich durch Aufrechnung erloschene Forderung des Schuldners zu begleichen, sondern überdies noch die Zwangsvollstreckung in die Kaufsache zu dulden, bleibt aber mit seinen dadurch gemäß § 12 AnfG wieder auflebenden Forderungen an den Schuldner verwiesen und kann anders als in der

55 Vgl. für den – wirtschaftlich ähnlichen – Fall der Anfechtung einer Erfüllungsleistung bei noch im Schuldnervermögen vorhandener und der Vollstreckung des anfechtenden Gläubigers unterliegender Gegenleistung des Anfechtungsgegners *Jaeger*, Die Gläubigeranfechtung außerhalb des Konkursverfahrens, § 8 Anm. 2; *Koziol*, Grundlagen und Streitfragen der Gläubigeranfechtung, S. 69, welche – anders als die h.L., die insoweit § 12 AnfG zur Anwendung bringt – im Umfang der pfändbaren Gegenleistung eine Gläubigerbenachteiligung verneinen wollen. Ähnlich vorher bereits *Cosack*, Anfechtungsrecht der Gläubiger eines zahlungsunfähigen Schuldners, S. 271 f.; *Riehl*, Gruchot 53 (1909), 161, 195 f. In jüngerer Zeit gegenüber der h.L. mit Blick auf diese Literaturauffassung jedenfalls kritisch *Eckardt*, ZInsO 2004, 888, 892.

56 So wohl – allerdings ohne jedwede Begründung – *Kirchhof*, in: MünchKomm AnfG, § 12 Fn. 10.

Insolvenz nicht einmal anteilig Befriedigung aus den seinerseits erbrachten Leistungen für die ihm zustehenden Ansprüche verlangen. Gleichwohl erscheint dieses Ergebnis nicht unbillig, da es insoweit zu bedenken gilt, dass eine Anfechtung sowohl der vertraglichen Aufrechnung als auch der Erfüllungshandlung des Schuldners jeweils nur bei Kenntnis des Anfechtungsgegners von der Inkongruenz der gewährten Deckung oder dem unlauteren Verhalten des Schuldners eintreten kann und dieser folglich um sein Risiko weiß, die Zuwendungen aus dem Schuldnervermögen unter Umständen wieder aufgeben zu müssen.

Darüber hinaus geht mit der hier vertretenen Ansicht auch keinerlei ungerechtfertigte Verdoppelung des Anfechtungsvolumens einher, vielmehr wird der Anfechtungsgegner nicht anders gestellt, als wenn der Schuldner zwar seine Verpflichtung aus dem Kaufvertrag erbracht hätte, aber die Kaufpreisschuld noch nicht beglichen worden wäre, denn hier könnte der Vollstreckungsgläubiger gleichfalls die Forderung des Schuldners pfänden und einziehen sowie zusätzlich im Wege der Gläubigeranfechtung auf den übereigneten Vermögensgegenstand zugreifen[57]. Es bleibt dem Anfechtungsgegner allerdings auch hier unbenommen, entsprechend den bereits oben zum Schicksal seiner Aufrechnungsforderung getätigten Ausführungen einen Antrag auf Eröffnung eines Insolvenzverfahrens gegen den Schuldner zu stellen und sich damit zumindest diejenige Rechtsposition zu verschaffen, wie er sie in der Insolvenzanfechtung innehätte.

C. Resümee

In diesem Kapitel war als Abschluss der Untersuchung der Anfechtung vertraglich vereinbarter Aufrechnungen festzustellen, dass sich die Insolvenz- und Gläubigeranfechtung hierbei auch in ihren Rechtsfolgen deutlich weniger unterscheiden, als dies auf den ersten Blick scheinen könnte. Innerhalb der Insolvenz führt die Anfechtbarkeit der Herstellung einer Aufrechnungsmöglichkeit nach der Regelung des § 96 Abs. 1 Nr. 3 InsO – bei der Aufrechnung durch Vertrag und der Verrechnung im Kontokorrent in analoger Anwendung – ipso iure zur Unwirksamkeit der Aufrechnung. Dies hat zur Folge, dass die Forderung des Schuldners unverändert fortbesteht und der Insolvenzverwalter diese zugunsten der Masse beitreiben darf, wobei der Aufrechnungseinwand des Insolvenzgläubigers durch den Gegeneinwand der Unwirksamkeit aus der vorgenannten Vorschrift abgewehrt werden kann. Trotz ihres unveränderten Fortbestehens verjährt die Forderung des Schuldners allerdings nicht innerhalb der allgemeinen Verjährungsfrist des § 195 BGB, sondern nach § 146 Abs. 1 InsO analog erst drei Jahre nach Ende des Jahres, in dem das Insolvenzverfahren eröffnet wurde und der Insolvenzverwalter Kenntnis von der anfechtbaren Herstellung einer Aufrechnungslage erlangt hat oder ohne grobe Fahrlässigkeit hätte erlangen müssen. Die in gleicher Weise bestehen bleibende Forderung des

57 OLG Nürnberg KTS 1967, 172, 174 f.; *Kirchhof*, in: MünchKomm AnfG, § 12 Rn. 6.

Insolvenzgläubigers kann nur als Insolvenzforderung geltend gemacht werden und muss daher von diesem zur Insolvenztabelle nach §§ 174 ff. InsO angemeldet werden.

Ähnlich der in § 96 Abs. 1 Nr. 3 InsO angeordneten Unwirksamkeit muss sich der Gläubiger bei anfechtbarer Herbeiführung einer vertraglichen Aufrechnungsmöglichkeit im Rahmen der Anfechtung nach dem AnfG ebenfalls so behandeln lassen, als bestünde die Forderung des Schuldners noch unverändert fort. Einer Anfechtungsklage auf Duldung der Zwangsvollstreckung bedarf es allerdings hier nicht, sondern der Vollstreckungsgläubiger darf die fortbestehende Forderung des Schuldners weiterhin pfänden und sich zur Einziehung überweisen lassen, wobei er im Einziehungsprozess den Aufrechnungseinwand des Anfechtungsgegners gemäß § 9 AnfG mit der Gegeneinrede der Anfechtbarkeit abwehren kann. Bei einer bereits vollzogenen Aufrechnung lebt die Forderung des Anfechtungsgegners infolge der einredeweisen Geltendmachung der Aufrechnung wieder auf, sie kann allerdings nach § 12 AnfG ausschließlich gegenüber dem Vollstreckungsschuldner geltend gemacht werden.

Sofern die Forderung des Schuldners auf der Veräußerung von Gegenständen des Schuldnervermögens beruht, kann bei anfechtbarer Herstellung der Aufrechnungsmöglichkeit innerhalb wie außerhalb der Insolvenz neben der Einziehung der Forderung aufgrund der in beiden Anfechtungsinstituten gebotenen Einzelbetrachtung jeder Rechtshandlung grundsätzlich auch eine Anfechtung der Erfüllung durch Übereignung des Vermögensgegenstandes in Betracht kommen. Im Rahmen der Anfechtung nach dem AnfG wird dabei allerdings eine Anfechtung der Erfüllungsleistung insgesamt nur höchst selten durchgreifen, da bei zu der Zeit und der Art nach geschuldeter Übereignung lediglich eine kongruente Deckung gegeben ist, welche nach hier vertretener Auffassung nur unter der zusätzlichen Voraussetzung eines unlauteren Handelns der Anfechtung unterliegt.

Zusammenfassung

Die Untersuchung hat insgesamt ergeben, dass die Anfechtung vertraglich vereinbarter Aufrechnungen innerhalb wie außerhalb der Insolvenz entgegen der h.L. grundsätzlich nach identischen Regeln zu erfolgen hat. Unterschiede ergeben sich zwischen beiden Anfechtungsinstituten aber insoweit, als die Anfechtung nach dem AnfG im Gegensatz zur Insolvenzanfechtung zum einen ausschließlich auf Rechtshandlungen des Schuldners Anwendung findet und zum anderen in Ermangelung eines der Kongruenzanfechtung nach § 130 InsO vergleichbaren Anfechtungstatbestandes nur ausnahmsweise kongruente Deckungen zu erfassen vermag.

A. Allgemeines Verhältnis von Gläubiger- und Insolvenzanfechtung

Im Allgemeinen war hinsichtlich des auslegungstechnischen Verhältnisses von Gläubiger- und Insolvenzanfechtung festzustellen, dass für einen Gleichlauf in der Interpretation beider Anfechtungsinstitute über eine weitgehende Identität im Wortlaut der wesentlichen Anfechtungsbestimmungen hinaus ebenfalls rechtshistorische Gründe anzuführen sind. Dies ergibt sich zunächst daraus, dass die Gläubigeranfechtung und die Insolvenzanfechtung in der actio Pauliana des römischen Rechts auf einem gemeinsamen historischen Fundament beruhen, welches sich auch noch in der Ausgestaltung der geltenden Anfechtungsbestimmungen ausmachen lässt. Des Weiteren erscheint eine identische Auslegung beider Anfechtungsinstitute aufgrund der Entstehungsgeschichte der Normen des AnfG angezeigt, da die diesen zugrunde liegenden Regelungen des AnfG 1855 und des AnfG 1879 lediglich im Wege einer weitgehend übereinstimmenden Regelung der Konkurs- und Gläubigeranfechtung bzw. einer bloßen Übertragung der Anfechtungsbestimmungen der jeweiligen Konkursordnung in ein eigenständiges Anfechtungsinstitut unter Ausklammerung der besonderen Konkursanfechtung geschaffen wurden. Es ist daher auch insoweit kein Grund ersichtlich, diese im Wesentlichen identischen Vorschriften unterschiedlich zu interpretieren.

Neben diesen historischen Argumenten waren für eine übereinstimmende Auslegung auch teleologische Gründe auszumachen. Denn zum einen sollen die Gläubiger- und die Insolvenzanfechtung einem Vollstreckungsgläubiger bzw. den Insolvenzgläubigern die Zugriffslage auf das Vermögen des Schuldners wieder erschließen, die ohne die anfechtbare Rechtshandlung bestanden hätte, und sind damit schon dem Grunde nach auf ein identisches Rechtsschutzziel gerichtet. Differenzierungen sind dabei lediglich bezüglich des Tatbestandsmerkmals der Gläubigerbenachteiligung zulässig und erforderlich, da die Zugriffsmöglichkeiten eines Vollstreckungsgläubigers in der Regel nur durch Verfügungen, die der Insolvenzgläubiger hingegen auch durch Verpflichtungsgeschäfte beeinträchtigt werden kann. Zum anderen beruhen die in beiden Anfechtungsinstituten geregelten Tatbestände der Vorsatz- und der Schenkungsanfechtung mit dem Ziel der Beseitigung von missbilligenswerten vorsätzlichen Schmälerungen des Schuldnervermögens bzw. von freigiebigen Verfügungen des Schuldners jeweils auf denselben gesetzgeberischen Intentionen, weshalb auch insofern eine unterschiedliche Interpretation kaum überzeugen kann. Darüber hinaus war festzustellen, dass sich entgegen der Ansicht des BGH und der ihm folgenden h.L. Differenzierungen zwischen der Anfechtung nach der InsO und der Anfechtung nach dem AnfG auch jedenfalls nicht mit dem Argument rechtfertigen lassen, dass die Insolvenzanfechtung der par conditio creditorum und die Gläubigeranfechtung dem gegenüber nur der Wiedererschließung des Vollstreckungszugriffs eines einzelnen Gläubigers diene, da lediglich die §§ 130 und 131 InsO, nicht aber die übrigen Anfechtungstatbestände der InsO auf eine Verwirklichung der Gläubigergleichbehandlung im Vorfeld der Insolvenz gerichtet sind.

B. Varianten der konsensualen Aufrechnung und ihre Wirksamkeit in Insolvenz und Vollstreckung

Bei der in dieser Arbeit bezüglich ihrer Anfechtbarkeit zu untersuchenden konsensualen Aufrechnung ist grundsätzlich zu unterscheiden zwischen der Aufrechnung durch Vertrag, die als Verfügungsgeschäft unmittelbar die wechselseitige Tilgung der aufzurechnenden Forderungen bewirkt, und der Aufrechnung aufgrund eines Aufrechnungsvoraussetzungsvertrages, bei welcher durch einen schuldrechtlichen Vertrag einem oder mehreren Beteiligten ein einseitiges Aufrechnungsrecht eingeräumt und die Aufrechnungswirkungen durch eine spätere einseitige Erklärung eines Aufrechnungsberechtigen herbeigeführt werden. Beide Typen der vertraglichen Aufrechnung können sowohl in Bezug auf bereits existierende Forderungsrechte, als auch in antizipierter Form über künftig entstehende Forderungen abgeschlossen werden, wobei bei einer antizipierten Vereinbarung die wechselseitige Tilgung bzw. das einseitige Aufrechnungsrecht erst mit Entstehung aller aufzurechnenden Forderungen eintreten. Als in praxi bedeutsamster Sonderfall der vertraglich vereinbarten Aufrechung, der in der vorliegenden Untersuchung ebenfalls in den Blick zu nehmen war, ist die Verrechnung im Kontokorrent anzusehen, bei welcher im Wege eines regelmäßig antizipiert getroffenen Verfügungsgeschäfts vereinbart wird, dass sämtliche kontokorrentgebundenen Forderungen am Ende einer bestimmten Rechnungsperiode oder jeweils mit Entstehen einer kontokorrentgebundenen Forderung im Umfang ihrer gegenseitigen betragsmäßigen Deckung zum Erlöschen gebracht werden.

Diese Varianten den vertraglichen Aufrechnung entfalten zunächst dann Wirkungen gegenüber der Insolvenz- und Vollstreckungsmasse mit der Folge einer Beeinträchtigung der Befriedigungsmöglichkeiten der Gläubiger, wenn der Aufrechnungserfolg bereits vor Eröffnung des Insolvenzverfahrens bzw. vor Pfändung der Schuldnerforderung eingetreten ist, also bis zu diesem Zeitpunkt die Aufrechnung durch oder aufgrund Vertrages oder die Kontokorrentverrechnung abschließend vollzogen wurde. Soweit bei einem Aufrechnungsvoraussetzungsvertrag bis zur Insolvenzeröffnung bzw. bis zur Pfändung der Schuldnerforderung bereits die vertraglich vereinbarte Aufrechnungslage sowie die Gegenseitigkeit und Gleichartigkeit der aufzurechnenden Forderungen eingetreten sind, bleibt zu Lasten der Insolvenz- oder Vollstreckungsmasse darüber hinaus auch eine solche einseitige Aufrechnungsbefugnis erhalten, ohne dass vorher der Aufrechnungsvollzug erfolgt sein müsste. In gleicher Weise können auch nach Eröffnung des Insolvenzverfahrens oder nach Pfändung der Schuldnerforderung die Aufrechnungswirkungen bei aufschiebend bedingten Aufrechnungsverträgen eintreten, da in dieser Variante die Aufrechnungslage als solche bereits vorher vollendet wurde.

Die Aufrechnung durch einen antizipierten Aufrechnungsvertrag und die Verrechnung im Kontokorrent können hingegen nur bis zur Eröffnung des Insolvenzverfahrens vorgenommen werden, da ab diesem Zeitpunkt antizipierten Verfügungen aufgrund der Regelung des § 91 Abs. 1 InsO keine Wirksamkeit mehr zukommt. In der Zwangsvollstreckung kommt es hingegen allein auf den Abschluss des jeweiligen Aufrechnungsvertrages an, sodass auch diese Varianten der vertraglichen Aufrechnung stets die Vollstreckungsmasse schmälern, sofern später die aufzurechnenden Forderungen zur Entstehung gelangen. Auch die Verrechnung in einem debitorischen Kontokorrent wird durch die Zwangsvollstreckung nicht berührt, da die Vollstreckung in Ermangelung eines Guthabens ins Leere geht. Die Verrechnung im Kontokorrent bei einem kreditorischen Kontokorrent kann dem gegenüber nur dann die Zwangsvollstreckung in das Kontokorrent beeinträchtigen, wenn die Verrechnungslage bereits bis zur Vollstreckung entstanden war. Die Verrechnung von nach dem Pfändungszeitpunkt entstehenden Guthabenforderungen wird allerdings nur bei einer Pfändung der Tagessalden ausgeschlossen und bleibt bei einer Pfändung des Zustellungssaldos oder der Abschlusssalden weiterhin möglich. Innerhalb wie außerhalb der Insolvenz kann schließlich eine vertraglich vereinbarte Aufrechnung stets dann nicht mehr wirksam vorgenommen werden, wenn die betreffende Aufrechnungsvereinbarung erst nach Eröffnung des Insolvenzverfahrens bzw. nach Pfändung der Schuldnerforderung getroffen wird.

C. Anfechtbarkeit der vertraglich vereinbarten Aufrechnungen unter dem Blickwinkel der allgemeinen Anfechtungsvoraussetzungen

Als Hauptproblem war in der vorliegenden Arbeit für die allgemeinen Anfechtungsvoraussetzungen der §§ 129 Abs. 1 InsO und 1 Abs. 1 AnfG zu untersuchen, inwieweit eine Anfechtung der eben dargestellten Aufrechnungswirkungen innerhalb wie außerhalb der Insolvenz nach denselben Grundsätzen zu erfolgend hat und inwieweit zwischen beiden Anfechtungsinstituten Differenzierungen geboten sind. Hierzu war zunächst festzustellen, dass die Regelung des § 96 Abs. 1 Nr. 3 InsO zwar auch auf die konsensuale Aufrechnung – bei der Aufrechnung durch Vertrag und der Kontokorrentverrechnung allerdings nur in Analogie – Anwendung finden kann, sich aber daraus für die Voraussetzungen der Anfechtung nach der InsO keine Besonderheiten ergeben, da die Vorschrift als Rechtsgrundverweis an die Anfechtungstatbestände der §§ 129 ff. InsO anknüpft. Insgesamt hat die Untersuchung hinsichtlich der allgemeinen Anfechtungsvoraussetzungen ergeben, dass die Herstellung der Aufrechnungs- bzw. Verrechnungslage bei der Aufrechnung aufgrund Vertrages sowie der Kontokorrentverrechnung und die Herbeiführung der vertraglichen Aufrechnung bei der Aufrechnung durch Vertrag jeweils als selbständig gläubigerbenachteiligende Rechtshandlung anzusehen sind, deren nachteilige Wirkungen grundsätzlich isoliert der Anfechtung unterliegen können.

Für das Tatbestandsmerkmal der Rechtshandlung konnte nachgewiesen werden, dass entgegen der überwiegenden Ansicht zum Gläubigeranfechtungsrecht auch in der Anfechtung nach dem AnfG nicht auf den Gesamtvorgang der Weggabe eines Vermögenswerts des Schuldners abzustellen ist. Vielmehr ist dort wie in der Insolvenzanfechtung jede Rechtshandlung für sich auf ihre gläubigerbenachteiligenden Wirkungen zu untersuchen, weshalb dieses Tatbestandsmerkmal einer isolierten Anfechtbarkeit der Herstellung einer vertraglichen Aufrechnungsmöglichkeit bzw. der Herbeiführung der vertraglichen Aufrechnung in keinem der beiden Anfechtungsinstitute entgegensteht. Des Weiteren können sogar nur einzelne Rechtswirkungen einer einzigen Rechtshandlung angefochten werden, sofern die Rechtshandlung mehrere, voneinander abtrennbare Rechtswirkungen zeitigt, womit die eben genannten Aufrechnungswirkungen auch dann der Anfechtung unterliegen können, wenn diese nicht durch eine selbständige Handlung herbeigeführt wurden. Dies gilt auch dann, wenn die Herstellung der Aufrechnungslage bzw. die Herbeiführung der vertraglichen Aufrechnung durch die Veräußerung eines Gegenstandes aus dem Schuldnervermögen erfolgte, da es auch hier auf die einzelne Rechtshandlung bzw. deren einzelne Rechtswirkungen und nicht auf einen Gesamtvorgang der Vermögensminderung ankommt.

Gegen die im Recht der Gläubigeranfechtung seitens der h.L. vorgenommene Interpretation der Rechtshandlung als Gesamtvorgang spricht zunächst, dass die Begründung der h.L. für die damit verbundene unterschiedliche Auslegung dieses Tatbestandsmerkmals in der Gläubiger- und Insolvenzanfechtung, die Anfechtung nach der InsO diene der par conditio creditorum, die Gläubigeranfechtung hingegen lediglich der Wiedererschließung des Vollstreckungszugriffs eines Einzelgläubigers, nicht zutrifft, da lediglich die Tatbestände der insolvenzrechtlichen Deckungsanfechtung auf eine Verwirklichung der par conditio creditorum gerichtet sind. Darüber hinaus lassen die eben genannten Zielsetzungen gar keinen Schluss auf die Interpretation des Tatbestandsmerkmals der Rechtshandlung zu, da mit diesen sowohl eine Auslegung als Gesamtvorgang als auch eine isolierte Betrachtung jeder einzelnen Rechtshandlung zu vereinen wäre. Neben diesen Einwänden spricht gegen die Auffassung der h.L. auch, dass es bereits mit dem Wortsinn des Rechtshandlungsbegriffs nurmehr schwer in Einklang zu bringen wäre, diesen auch als eine Gesamtheit von mehreren, an sich selbständigen Rechtshandlungen zu interpretieren. Insbesondere ist die Auslegung der Rechtshandlung nach § 1 Abs. 1 AnfG als Gesamtvorgang aber deshalb abzulehnen, weil dieser Ansatz von einer Gleichsetzung der Rechtshandlung mit der durch sie herbeigeführten Gläubigerbenachteiligung ausgeht, welche aber insofern unzutreffend ist, als es die Erfüllung der allgemeinen Anfechtungsvoraussetzungen lediglich erfordert, dass die Rechtshandlung im Sinne einer conditio sine qua non kausal für den nachteiligen Rechtserfolg wurde.

Unterschiede ergaben sich zwischen beiden Anfechtungsinstituten allerdings aus dem Grund, dass der Anfechtung nach dem AnfG ausschließlich Rechtshandlungen des Schuldners unterliegen. Bedeutsam ist dies für die Aufrechnungsvereinbarungen über künftige Forderungen und die Verrechnung im Kontokorrent, da in diesen Varianten der konsensualen Aufrechnung die Herstellung der Aufrechnungs- bzw. Verrechnungslage oder die Herbeiführung der vertraglichen Aufrechnung auch durch eine Rechtshandlung des Gläubigers oder Dritter erfolgen kann. Eine tatbestandsmäßige Rechtshandlung kann hier hinsichtlich der regelmäßig einschlägigen Vorsatzanfechtung alsdann allenfalls in einem vorgelagerten, mit Gläubigerbenachteiligungsvorsatz vorgenommenen Verursachungsbeitrag des Schuldners liegen; soweit ein solcher nicht gegeben ist, muss hingegen eine Anfechtbarkeit im Rahmen der Gläubigeranfechtung schon insofern ausscheiden.

In Bezug auf das Tatbestandsmerkmal der Gläubigerbenachteiligung hat die vorliegende Untersuchung gezeigt, dass dieses – abgesehen davon, dass in der Insolvenz auch durch Verpflichtungsgeschäfte eine Benachteiligung der Insolvenzgläubiger eintreten kann – ebenfalls innerhalb wie außerhalb der Insolvenz nach identischen Kriterien zu bestimmen ist und sich daher auch unter diesem Anfechtungserfordernis keine Unterschiede in der Anfechtbarkeit vertraglich vereinbarter Aufrechnungen ergeben. Entgegen einer vereinzelt in der Literatur vertretenen Auffassung lassen sich Differenzierungen zwischen beiden Anfechtungsinstituten für das Tatbestandsmerkmal der Gläubigerbenachteiligung auch nicht dahingehend rechtfertigen, dass es in der Insolvenzanfechtung für das Vorliegen einer Benachteiligung der Insolvenzgläubiger genüge, wenn die im Wege der Aufrechnung getilgte Forderung des Schuldners erst durch diejenige Rechtshandlung zur Entstehung gelangt ist, mit welcher auch die nachteiligen Aufrechnungswirkungen herbeigeführt werden, wohingegen es in der Anfechtung nach dem AnfG erforderlich sei, dass das betreffende Forderungsrecht schon vor dem Eintritt der nachteiligen Aufrechnungswirkungen bestanden haben muss. Vielmehr ist davon auszugehen, dass in in der Insolvenzanfechtung und in der Gläubigeranfechtung eine anfechtbare Gläubigerbenachteiligung auch dann anzunehmen ist, wenn die zu Lasten der Befriedigungsmöglichkeiten der Insolvenz- oder Vollstreckungsgläubiger getilgte Forderung erst in dem Moment entstanden ist, in dem auch die nachteiligen Aufrechnungswirkungen eintreten.

Eine Gläubigerbenachteiligung ist dabei im Rahmen der konsensualen Aufrechnung grundsätzlich nicht erst in der Herbeiführung der Tilgung der Schuldnerforderung durch den Vollzug der Aufrechnung, sondern bereits in der Begründung einer Aufrechnungsmöglichkeit zu sehen, aufgrund derer die spätere Insolvenz- oder Vollstreckungsmasse mit dem Recht eines Gläubigers belastet wird, sich jederzeit für ein eigenes Forderungsrecht im Wege der Aufrechnung befriedigen zu können. Soweit hingegen eine Aufrechnung durch Vertrag vorliegt, ist die Gläubigerbenachteiligung im Bewirken der vertraglichen Aufrechnung, also dem Aufrechnungsvollzug selbst zu sehen, da sich selbiger in diesem Bereich der konsensualen Aufrechnung nicht von der Herstellung der Aufrechnungslage trennen lässt. Eine Gläubigerbenachteiligung ist dabei allerdings dann zu verneinen, wenn dem Gläubiger oder beiden Teilen bei Eintritt der nachteiligen Aufrechnungswirkungen bereits ein unanfechtbares gesetzliches Aufrechnungsrecht nach den §§ 387 ff. BGB zustand, wobei sie in der Insolvenz auch im Nachhinein entfallen kann, sofern bis zur Insolvenzeröffnung ein solches Aufrechnungsrecht entsteht. Die Gläubigerbenachteiligung entfällt auch dann, wenn der Gläubiger nach § 95 Abs. 1 InsO bzw. nach § 392 BGB trotz Insolvenzeröffnung bzw. Beschlagnahme der Schuldnerforderung zur Aufrechnung berechtigt ist und die zugrunde liegenden „Kernaufrechnungslage" nicht ebenfalls in anfechtbarer Weise geschaffen wurde. Schließlich ist eine Gläubigerbenachteiligung auch dann nicht gegeben, wenn zugunsten des Gläubigers im Zeitpunkt des Eintritts der Aufrechnungswirkungen bereits ein anfechtungsfestes Absonderungsrecht an der Forderung des Schuldners geschaffen wurde.

Soweit ein Ausschluss der Gläubigerbenachteiligung im vorgenannten Sinn nicht gegeben ist, folgt aus der obigen allgemeinen Festlegung der gläubigerbenachteiligenden Wirkungen der konsensualen Aufrechnung, dass bei der Aufrechnung durch einen Aufrechnungsvertrag mit Sofortvollzug oder einen bedingten Aufrechnungsvertrag über bestehende Forderungen sowie bei der Aufrechnung aufgrund eines Aufrechnungsvoraussetzungsvertrages über schon existierende Forderungsrechte, die gläubigerbenachteiligende Rechtshandlung stets im Abschluss des jeweiligen Aufrechnungsvertrages zu sehen ist, weil durch diesen selbst die vertragliche Aufrechnung bewirkt bzw. die vertragliche Aufrechungsmöglichkeit hergestellt wird. Dem gegenüber liegt im Rahmen der antizipierten Aufrechnung durch Vertrag und der Aufrechnung aufgrund eines Aufrechnungsvertrages über künftige Forderungen nicht schon im Vertragsschluss als solchem eine gläubigerbenachteiligende Rechtshandlung, sondern erst in dem Erwerb der letzten der aufzurechnenden Forderungen, welcher zum Bestehen zweier wechselseitiger Forderungsrechte führt. Hierbei ist allerdings für die Anfechtung nach dem AnfG zu beachten, dass es – wie oben erwähnt – für eine Anfechtbarkeit bereits am Vorliegen einer nach § 1 Abs. 1 AnfG erforderlichen Rechtshandlung des Schuldners fehlen kann. Ausnahmen bestehen zudem in beiden eben dargestellten Gruppen für die Aufrechnung aufgrund Vertrages, soweit die Aufrechnungslage auf einer Modifikation des Gegenseitigkeits- oder Gleichartigkeitserfordernisses beruht, denn diese ist nicht als insolvenz- und vollstreckungsfest anzusehen, sodass deren Herstellung noch keine Gläubigerbenachteiligung bewirkt. Eine gläubigerbenachteiligende Rechtshandlung kann daher in diesen Fällen erst die spätere einseitige Erklärung der Aufrechnung oder – sofern gegeben – die spätere Herstellung einer insolvenz- und vollstreckungsfesten Aufrechnungslage darstellen.

Bei der Verrechnung im Kontokorrent liegt die gläubigerbenachteiligende Rechtshandlung ähnlich der vertraglichen Aufrechnung künftiger Forderungen in der Herstellung der Verrechnungslage, also jedem Erwerb einer Gläubiger- oder Schuldnerstellung durch den Gläubiger, welcher mit einem Kontokorrentposten des Schuldners korrespondiert, wobei aber insbesondere im Bereich der Kontokorrentverrechnung eine Anfechtbarkeit nach dem AnfG bereits am Fehlen einer Rechtshandlung des Schuldners scheitern kann. In Bezug auf die Verrechnung im

Bankkontokorrent gilt, dass dort die Herstellung einer Verrechnungslage nur bei einem debitorischen Kontokorrent, nicht aber bei einem kreditorischen Kontokorrent als gläubigerbenachteiligend anzusehen ist, da die Bank in letzterem Fall nur gegenüber dem Schuldner dessen Auszahlungsanspruch erfüllt bzw. als Leistungsmittlerin eine Zuwendung des Schuldners an einen Dritten erbringt. Eine gläubigerbenachteiligende Rechtshandlung ist daher im Bereich des Bankkontokorrents nur bei einem Zahlungseingang zugunsten des schuldnerischen Kontos gegeben, durch den der Schuldner einen kontokorrentgebundenen Anspruch auf Gutschrift des Zahlungsbetrages erwirbt, der den Debetforderungen des Kreditinstituts verrechenbar gegenübertritt.

D. Einordnung der konsensualen Aufrechnungen unter die Anfechtungstatbestände der InsO und des AnfG

Hinsichtlich der besonderen Anfechtungsvoraussetzungen hat die Untersuchung gezeigt, dass die Abgrenzung zwischen kongruenten Deckungen und inkongruenten Deckungen nicht danach zu erfolgen hat, ob der Gläubiger einen Anspruch auf Vornahme der die Aufrechnungsmöglichkeit herbeiführenden Rechtshandlung hatte. Vielmehr kommt es für das Vorliegen einer kongruenten Deckung allein darauf an, ob diesem ein Anspruch auf die Sicherung bzw. Befriedigung seiner Forderung im Wege der Aufrechnungslage zustand oder nicht. Dies ist im Rahmen der konsensualen Aufrechnung dann der Fall, wenn die Aufrechnungsvereinbarung vor der Deckungserlangung sowie außerhalb der Frist des § 131 InsO abgeschlossen wurde und das Aufrechnungsrecht des Gläubigers dieser Vereinbarung entspricht. Eine inkongruente Deckung ist dem gegenüber gegeben, sofern die Sicherung oder Befriedigung durch oder zeitgleich mit der Aufrechnungsvereinbarung eintritt oder die Aufrechnungsmöglichkeit nicht mit der vorherigen Aufrechnungsvereinbarung übereinstimmt. Die Herstellung einer Aufrechnungsmöglichkeit durch oder aufgrund eines unanfechtbaren Aufrechnungsvertrages über künftige Forderungen sowie die Schaffung einer Verrechnungslage im Kontokorrent sind daher als kongruente Deckungen anzusehen, während die Herbeiführung einer Aufrechnungsbefugnis durch oder aufgrund einer Aufrechnungsvereinbarung über bereits existierende Forderungen eine inkongruente Deckung darstellt.

Ein Ausschluss der Anfechtbarkeit wegen Vorliegens eines Bargeschäfts i.S.d. § 142 InsO – welcher nach zutreffender h.L. nur für kongruente Deckungen eingreifen kann – kommt im Rahmen der vertraglichen Aufrechnung in den meisten Fällen nicht in Betracht, da für gewöhnlich keine Gleichwertigkeit von Leistung und Gegenleistung gegeben ist. Ein anderes kann nur dann gelten, falls der Gläubiger aufgrund eines gegenseitigen Vertrages, durch welchen die Aufrechnungsmöglichkeit hergestellt wird, eine Leistung in das Vermögen des Insolvenzschuldners erbringt, die den Verlust der Schuldnerforderung ausgleicht. Dies ist auch dann möglich, wenn innerhalb der Grenzen des Unmittelbarkeitserfordernisses zunächst der gegenseitige Vertrag geschlossen wird, auf dessen Basis die Leistung des Gläubigers erfolgt und erst nachfolgend durch Begründung einer Forderung des Insolvenzschuldners die vertragliche Aufrechnungsmöglichkeit herbeigeführt wird, soweit bis zur Erbringung der Leistung des Schuldners eine rechtsgeschäftliche Verknüpfung zwischen dessen Leistung und der späteren vertraglichen Aufrechnung geschaffen wurde. In größerem Unfang greift das Bargeschäftsprivileg hingegen in der Verrechnung im Bankkontokorrent, da hier eine Bardeckung schon insoweit anzunehmen ist, als das Kreditinstitut den Insolvenzschuldner über den Verrechnungsbetrag wieder verfügen lässt und die einzelnen Kontoverfügungen die Voraussetzungen der Unmittelbarkeit wahren.

In Bezug auf die in beiden Anfechtungsinstituten vorgesehenen Tatbestände der Vorsatz- und Schenkungsanfechtung hat die Untersuchung ergeben, dass bei der konsensualen Aufrechnung lediglich eine Anfechtung nach den §§ 133 InsO und 3 AnfG in Betracht kommen kann, eine Schenkungsanfechtung dem gegenüber überwiegend ausscheiden muss, weil regelmäßig keine unentgeltliche Forderung des Insolvenz- oder Vollstreckungsgläubigers vorliegen wird. Für die Vorsatzanfechtung ist dabei zu berücksichtigen, dass hier sowohl innerhalb als auch außerhalb der Insolvenz lediglich Rechtshandlungen des Schuldners der Anfechtung unterliegen, weshalb im Bereich der Aufrechnung durch oder aufgrund eines Vertrages über künftige Forderungen und der Kontokorrentverrechnung eine Anfechtung schon unter diesem Gesichtspunkt ausscheiden muss, sofern die Herstellung der Aufrechnungs- oder Verrechnungslage ohne zutun des Schuldners erfolgte.

Im Übrigen konnten alsdann mit der zur insolvenzrechtlichen Deckungsanfechtung vorgenommenen Differenzierung zwischen kongruenten und inkongruenten Deckungen zugleich die wesentlichen Weichen für die Anfechtbarkeit konsensualer Aufrechnungen nach den Vorschriften der Vorsatzanfechtung gestellt werden. Wenn eine inkongruente Deckung gegeben ist, stellt diese nach zutreffender h.L. zugleich ein starkes Beweisanzeichen für das Vorliegen eines Gläubigerbenachteiligungsvorsatzes des Schuldners und eine entsprechende Kenntnis des Anfechtungsgegners dar, weshalb die Aufrechnungen durch oder aufgrund eines Vertrages über bereits existierende Forderungen regelmäßig auch der Vorsatzanfechtung nach § 133 Abs. 1 InsO und § 3 Abs. 1 AnfG unterliegen. Darüber hinaus können diese Varianten der vertraglichen Aufrechnung auch nach § 133 Abs. 2 InsO bzw. § 3 Abs. 2 AnfG als unmittelbar nachteilige Rechtshandlungen anfechtbar sein, sofern die betreffende Aufrechnungsvereinbarung mit einer nahestehenden Person i.S.d § 138 InsO geschlossen wurde und die Forderung des Gläubigers – was regelmäßig der Fall sein wird – eine entgeltliche Leistung zum Gegenstand hat.

Wenn und soweit bei der Aufrechnung durch oder aufgrund eines Vertrages über künftige Forderungen sowie bei der Kontokorrentverrechnung die Herstellung der Aufrechnungs- bzw. Verrechnungslage überhaupt auf einer Rechtshandlung des Schuldners beruht, muss eine Vorsatzanfechtung weit überwiegend dennoch ausscheiden, da kongruente Deckungen nur ausnahmsweise bei Vorliegen eines unlauteren Handelns des Schuldners und einer diesbezüglichen Kenntnis des anderen Teils der Vorsatzanfechtung unterfallen. Hierin liegt alsdann auch der wesentliche Unterschied in der Anfechtbarkeit konsensualer Aufrechnungen innerhalb und außerhalb der Insolvenz: Denn während für die eben genannten Varianten in der

Insolvenz zumindest die Anfechtung nach § 130 InsO eingreifen kann, sind diese in der Anfechtung nach dem AnfG in Ermangelung eines unlauteren Verhaltens des Schuldners für gewöhnlich als unanfechtbar anzusehen.

E. Anfechtungsfolgen nach der InsO und dem AnfG

Die Rechtsfolgen der Anfechtbarkeit vertraglich vereinbarter Aufrechnungen betreffend hat die Untersuchung schließlich ergeben, dass die anfechtbare Herstellung einer Aufrechnungsmöglichkeit in der Insolvenz nach der Regelung des § 96 Abs. 1 Nr. 3 InsO – welche allerdings auf die Aufrechnung durch Vertrag und die Kontokorrentverrechnung analog angewendet werden muss – ipso iure zur Unwirksamkeit der Aufrechnung führt. Die in der Konsequenz unverändert fortbestehende Forderung des Schuldners kann durch den Insolvenzverwalter zur Masse eingezogen werden, wobei er dem Aufrechnungseinwand des Gläubigers mit dem Gegeneinwand der Unwirksamkeit nach § 96 Abs. 1 Nr. 3 InsO entgegentreten kann. Die ebenfalls unverändert fortbestehende Forderung des Gläubigers kann hingegen lediglich als Insolvenzforderung geltend gemacht werden und ist daher nach §§ 174 ff. InsO zur Tabelle anzumelden.

Obgleich es im Bereich der Anfechtung nach dem AnfG an einer der Vorschrift des § 96 Abs. 1 Nr. 3 InsO entsprechenden Sonderregelung fehlt, bestehen auch hinsichtlich der Anfechtungsfolgen keine gravierenden Unterschiede zwischen beiden Anfechtungsinstituten, soweit man vom Schicksal der Forderung des Anfechtungsgegners absieht. Der Anfechtungsgegner muss sich in der Gläubigeranfechtung so behandeln lassen, als bestünde die Forderung des Vollstreckungsschuldners noch unverändert fort, wobei aber hier ebenfalls keine Erhebung einer Anfechtungsklage erforderlich ist. Der anfechtende Vollstreckungsgläubiger kann die Forderung vielmehr ähnlich den Rechtsfolgen der Anfechtbarkeit in der Insolvenz weiterhin pfänden und einziehen und den Aufrechnungseinwand des Anfechtungsgegners mit der Gegeneinrede der Anfechtbarkeit aus § 9 AnfG abwehren. Soweit die Aufrechnung bereits vollzogen wurde, lebt die Forderung des Anfechtungsgegners gleichfalls wieder auf, allerdings kann er diese nach § 12 AnfG nur gegenüber dem Vollstreckungsschuldner geltend machen und wird daher in der Gläubigeranfechtung im Gegensatz zur Insolvenzanfechtung auf einen regelmäßig gänzlich undurchsetzbaren Anspruch verwiesen.

Literaturverzeichnis

Anmerkungen: Wenn ein Werk in mehreren Auflagen Eingang in die Untersuchung fand, nehmen die Zitate in den Fußnoten stets auf die aktuellste Auflage Bezug soweit nicht explizit eine frühere Auflage angegeben wird.

Monographien werden regelmäßig mit dem vollen Titel zitiert, bei längeren Titeln wird indes lediglich ein abgekürzter Titel angeführt. Festschriften werden in den Fußnoten stets mit dem Nachnamen der Person angegeben, welcher das Werk gewidmet wurde.

Vornamen von Autoren bzw. deren Anfangsbuchstaben werden in den Fußnoten nur dann mit aufgeführt, sofern wegen Identität der Nachnamen eine Verwechslungsgefahr mit anderen Autoren besteht.

Adam, Roman F., Die Aufrechnung im Rahmen der Insolvenzordnung – Zur neuen Rechtslage und alten Problemen, WM 1998, S. 801 ff.

Alexander, Alfred, Datio in solutum und compensatio voluntaria, Leipzig 1908 (zugl. Diss. Leipzig 1908).

Allgayer, Peter, Rechtsfolgen und Wirkungen der Gläubigeranfechtung, Köln 2000 (zugl. Diss. HU Berlin 2000).

Altmeppen, Holger, Disponibilität des Rechtsscheins: Struktur und Wirkungen des Redlichkeitsschutzes im Privatrecht, Köln 1993 (zugl. Habil. Bonn 1992/1993).

Arbeitskreis für Insolvenz- und Schiedsgerichtswesen e.V., Köln (Hrsg.), Kölner Schrift zur Insolvenzordnung: Das neue Insolvenzrecht in der Praxis, 2. Aufl., Herne, Berlin 2000.

Arndt, Erich, Über den Aufrechungsvertrag des bürgerlichen Rechts in Theorie und Praxis, Halle 1911 (zugl. Diss. Halle-Wittenberg 1911).

Baier, Maximilian / Huber, Markus Johannes, Wirksamkeit einer Kontokorrentverrechnung mangels Anfechtbarkeit der Herstellung der Verrechnungslage, DB 2015, S. 1889 ff.

Bamberger, Heinz Georg / Roth, Herbert (Hrsg.), Kommentar zum Bürgerlichen Gesetzbuch, Band 1: §§ 1–610, 3. Aufl., München 2012.

Baumbach, Adolf (Begr.) / *Hopt, Klaus*, Handelsgesetzbuch, 36. Aufl., München 2014.

Baur, Fritz / Stürner, Rolf / Bruns, Alexander, Zwangsvollstreckungsrecht, 13. Aufl., Heidelberg 2006.

Baur, Fritz / Stürner, Rolf, Zwangsvollstreckungs-, Konkurs- und Vergleichsrecht, Band II: Insolvenzrecht, 12. Aufl., Heidelberg 1990.

Behrends, Okko / Knütel, Rolf / Kupisch, Berthold / Seiler, Hans Hermann, Corpus Iuris Civilis, Band I: Institutionen, Heidelberg 1997.

Berger, Klaus Peter, Der Aufrechnungsvertrag: Aufrechnung durch Vertrag, Vertrag über Aufrechnung, Tübingen 1996 (zugl. Habil. Köln 1995/1996).

Berner, Hans-Joachim, Die Debatte zur Reform des Insolvenzanfechtungsrechts seit 2013 – Kritikpunkte, Reformvorschläge, Gesetzentwürfe, ZInsO 2015, S. 2457 ff.

Berz, Hans Peter, Der paulianische Rückerstattungsanspruch, Zürich 1960 (zugl. Diss. Zürich 1960).

Blank, Dennis B. / Blank, Michael J. W., Die Reform der Insolvenzanfechtung – eine notwendige Operation?, ZInsO 2015, S. 1705 ff.

Blaurock, Uwe, Das Anerkenntnis beim Kontokorrent, NJW 1971, S. 2206 ff.

–, Das Kontokorrent, JA 1980, S. 691 ff.

Blum, Stefan, Anfechtung kongruenter Deckungsgeschäfte: Zugleich Anm. zu KG, Urt. v. 7.4.2006 – 7 U 149/05, ZInsO 2006, S. 807 ff.

Bork, Reinhard, Anfechtung als Kernstück der Gläubigergleichbehandlung, ZIP 2014, S. 797 ff.

–, Aufrechnung und Insolvenzanfechtung, in: Lüke, Gerhard / Takehiko, Mikami / Prütting, Hanns (Hrsg.), Festschrift für Akira Ishikawa zum 70. Geburtstag am 27. November 2001, Berlin, New York 2001.

–, Die anfechtbare Kontokorrentverrechnung, in: Ganter, Hans Gerhard / Gottwald, Peter / Lwowski, Hans-Jürgen, Haftung und Insolvenz: Festschrift für Gero Fischer zum 65. Geburtstag, München 2008, S. 37 ff.

–, Die Renaissance des § 133 InsO, ZIP 2004, S. 1684 ff.

–, Der Vergleich, Berlin 1988 (zugl. Habil. Münster 1987/1988).

–, Einführung in das Insolvenzrecht, 5. Aufl., Tübingen 2009.

–, Grundtendenzen des Insolvenzanfechtungsrechts, ZIP 2008, S. 1041 ff.

– (Hrsg.), Handbuch der Insolvenzanfechtung, Köln 2006.

–, Kontokorrentverrechnung und Bargeschäft, in: Gerhardt, Walter / Haarmeyer, Hans / Kreft, Gerhart (Hrsg.), Insolvenzrecht im Wandel der Zeit: Festschrift für Hans Peter Kirchhof zum 65. Geburtstag, Recklinghausen 2003, S. 57 ff.

–, Lastschriften in der Insolvenz des Lastschriftschuldners, in: Schilken, Eberhard / Kreft, Gerhart / Wagner, Gerhard / Eckardt, Diederich (Hrsg.), Festschrift für Walter Gerhardt, Köln 2004, S. 69 ff.

–, Neues Insolvenzanfechtungsrecht: Verschärfung oder Entmachtung?, ZIP 2014, S. 1905 ff.

–, Zahlungsverkehr in der Insolvenz, Köln 2002.

Bötticher, Eduard, Die „Selbstexekution" im Wege der Aufrechung und die Sicherungsfunktion des Aufrechungsrechts, in: Fasching, Hans W. / Kralik, Winfried (Hrsg.), Festschrift für Hans Schima zum 75. Geburtstag, Wien 1969, S. 55 ff.

Braun, Eberhard (Hrsg.), Insolvenzordnung (InsO), 6. Aufl., München 2014.

Bräuer, Gregor, Ausschluss der Insolvenzanfechtung bei Bargeschäften nach Maßgabe des § 142 InsO, Berlin 2006 (zugl. Diss. Kiel 2006).

Breutigam, Axel / Tanz, Matthias, Einzelprobleme des neuen Insolvenzanfechtungsrechts, ZIP 1998, S. 717 ff.

Bruski, Johannes, Die Voraussetzungen der Konkursanfechtung: Normprägende Prinzipien und Regelungsmöglichkeiten in rechtsvergleichender Betrachtung, Bonn 1990 (zugl. Diss. Bonn 1990).

Canaris, Claus-Wilhelm, Aktuelle insolvenzrechtliche Probleme des Zahlungsverkehrs und des Effektenwesens, in: Uhlenbruck, Wilhelm / Klasmeyer, Bernd / Kübler, Bruno M. (Hrsg.), Einhundert Jahre Konkursordnung 1877–1977: Festschrift des Arbeitskreises für Insolvenz- und Schiedsgerichtswesen e.V. Köln zum einhundertjährigen Bestehen der Konkursordnung vom 10. Februar 1877, Köln, Berlin, Bonn, München 1977.

–, Die Ausweitungen von Verfügungsverboten vor Konkurs- und Vergleichseröffnung im Girovertragsrecht, ZIP 1986, S. 1225 ff.

–, Die Verrechnung beim Kontokorrent, 1. Teil, DB 1972, S. 421 ff.; 2. Teil, DB 1972, S. 469 ff.

–, Funktionen und Rechtsnatur des Kontokorrents, in: Wünsch, Horst (Hrsg.), Festschrift für Hermann Hämmerle, Graz 1972, S. 55 ff.

–, Handelsrecht, 24. Aufl., München 2006.

Cohn, L., Über das Verhältnis des Reichsanfechtungsgesetzes vom 21.07.1879 zu den Deliktsklagen des BGB, JW 1900, S. 695 ff.

Cosack, Konrad, Das Anfechtungsrecht der Gläubiger eines zahlungsunfähigen Schuldners innerhalb und außerhalb des Konkurses nach deutschem Reichsrecht, Stuttgart 1884.

– / *Mitteis, Heinrich*, Lehrbuch des Bürgerlichen Rechts, Band 1, Die allgemeinen Lehren und das Schuldrecht, 8. Aufl., Jena 1927.

Dahl, Michael / Schmitz, Daniel / Taras, Raul, Der aktuelle Stand der Reform des Insolvenzanfechtungsrechts, ZInsO 2016, S. 20 ff.

Dampf, Peter, Die Rückführung von Kontokorrentkrediten in der Unternehmenskrise und ihre Behandlung nach der KO und InsO, KTS 1998, S. 145 ff.

Dauernheim, Jörg, Das Anfechtungsrecht in der Insolvenz, Neuwied, Kriftel 1999.

Dauner-Lieb, Barbara / Heidel, Thomas / Ring, Gerhard (Hrsg.), Anwaltkommentar BGB, Band 1: Allgemeiner Teil, Bonn 2005.

De Bra, Peter, Die Anfechtbarkeit der Verrechnung von Zahlungseingängen auf debitorischen Girokonten in dem letzten Monat vor dem Antrag auf Eröffnung des Insolvenzverfahrens, NZI 1999, S. 249 ff.

Degenkolb, Heinrich, Zur Lehre vom Vorvertrag, AcP 71 (1887), S. 1 ff.

Dernburg, Heinrich, Das bürgerliche Recht des Deutschen Reichs und Preußens, Zweiter Band, Die Schuldverhältnisse nach dem Recht des Deutschen Reichs und Preussens, Erste Abteilung: Allgemeine Lehren, 4. Aufl., Halle an der Saale 1909.

–, Geschichte und Theorie der Kompensation, 2. Aufl., Heidelberg 1868, Neudruck Aalen 1965.

Dullinger, Silvia, Handbuch der Aufrechung, Wien, New York 1995 (zugl. Habil. Linz 1994).

Ebenroth, Thomas (Begr.) / *Boujong, Karlheinz* (Begr.) / *Joost, Detlev* (Begr., Hrsg.) / *Strohn, Lutz* (Hrsg.), Handelsgesetzbuch, Band 2: §§ 343–475 h, 3. Aufl., München 2015.

Ebert, Alexander, Aufrechnungsvereinbarungen nach bisherigem und neuem Insolvenzrecht, Diss. Heidelberg 2000.

Eckardt, Diederich, Aspekte einer „Vorteilsanrechnung" im Anfechtungsrecht, ZInsO 2004, S. 888 ff.

–, Die Ausübung von Mobiliarsicherheiten in der Unternehmenskrise, ZIP 1999, S. 1734 ff.

–, Haftungsrechtliche Restitution des Erlangten oder Ersatz des Interesses? – Zum Umfang der Anfechtungsansprüche unter Berücksichtigung von § 143 Abs. 1 S. 2 InsO, in: Schilken, Eberhard / Kreft, Gerhard / Wagner, Gerhard / Eckardt, Diederich (Hrsg.), Festschrift für Walter Gerhardt zum 70. Geburtstag am 18. Oktober 2004, Köln 2004, S. 145 ff.

–, Kreditsicherung versus Insolvenzanfechtung, ZIP 1999, S. 1417 ff.

–, Vorausverfügung und Sequestration, ZIP 1997, S. 957 ff.

Eckert, Rainer, Probleme der Bestimmung des für die Insolvenzanfechtung relevanten Zeitpunktes nach § 140 InsO, Frankfurt am Main 2003 (zugl. Diss. Halle-Wittenberg 2003).

Edelmann, Hervé, Aufrechnung und Verrechnung durch Bankinstitute nach Erlaß eines Veräußerungsverbotes i.S.v. § 106 KO, WiB 1995, S. 992 ff.

Endemann, Wilhelm, Das deutsche Konkursverfahren, Leipzig 1889.

–, Die Entwickelung des Konkursverfahrens in der gemeinrechtlichen Lehre bis zu der Deutschen Konkursordnung vom 10. Februar 1877, ZZP 12 (1888), S. 24 ff.

Eisele, Fridolin, Die Compensation nach römischem und gemeinem Recht, Berlin 1876.

Eisenhardt, Ulrich, Die Einheitlichkeit des Rechtsgeschäfts und die Überwindung des Abstraktionsprinzips, JZ 1991, S. 271 ff.

Enneccerus, Ludwig (Begr.) / *Lehmann, Heinrich,* Lehrbuch des Bürgerlichen Rechts, Band 2, Recht der Schuldverhältnisse, 15. Aufl., Tübingen 1958.

Erman, Walter (Begr.), Bürgerliches Gesetzbuch, Band I: §§ 1–758, 13. Aufl., Köln 2011.

Esser, Josef (Begr.) / *Schmidt, Eike*, Schuldrecht, Band I, Allgemeiner Teil, Teilband 1: Entstehung, Inhalt und Beendigung von Schuldverhältnissen, 8. Aufl., Heidelberg 1995.

Falkmann, Rudolf, Die Anfechtung von Rechtshandlungen durch die Gläubiger außerhalb des Konkurses, Berlin 1908.

Feldmann, Börries von, Die Aufrechnung – ein Überblick, JuS 1983, S. 357 ff.

Fenge, Hilmar, Zulässigkeit und Grenzen der Zulässigkeit des Ausschlusses der Aufrechnung durch Rechtsgeschäft, JZ 1971, S. 118 ff.

Feuerborn, Sabine, Insolvenzanfechtung bei AGB-Pfandrecht und Sicherungszession, ZIP 2002, S. 290 ff.

Fikentscher, Wolfgang / Heinemann, Andreas, Schuldrecht, 10. Aufl., Berlin 2006.

Fischer, Gero, Aufrechnung und Verrechnung in der Insolvenz, WM 2008, S. 1 ff.

–, Der maßgebliche Zeitpunkt der anfechtbaren Rechtshandlung, ZIP 2004, S. 1679 ff.

–, Gläubigerbenachteiligungsvorsatz bei kongruenter Deckung, NZI 2008, S. 588 ff.

Flume, Werner, Allgemeiner Teil des Bürgerlichen Rechts, Zweiter Band: Das Rechtsgeschäft, 3. Aufl., Berlin, Heidelberg, New York 1979.

Foerste, Ulrich, Die Ausdehnung der Vorsatzanfechtung – ein rechtsstaatliches Problem, ZInsO 2013, S. 897 ff.

–, Grenzen der Vorsatzanfechtung bei kongruenter Deckung, NZI 2006, S. 6 ff.

Forgách, Andreas, Die Doppelpfändung beim Bankkontokorrent und das Verfügungsrecht des Schuldners während der Rechnungsperiode, DB 1974, S. 809 ff.

–, Die Pfändung künftiger Eingänge und das Prioritätsprinzip beim Bankkontokorrent, DB 1974, S. 1853 ff.

Frind, Frank, Referentenentwurf Anfechtungsrecht: Vom Schein der Feinjustierung zur Steigerung der Rechtsunsicherheit, ZInsO 2015, S. 1001 ff.

Füßmann, Helga, Die Auswirkungen des reformierten Insolvenzanfechtungsrechts auf das Prinzip der Gläubigergleichbehandlung, Aachen 2001 (zugl. Diss. Münster 2001).

Ganter, Hans Gerhard, Anfechtungsrisiken der Bank im Verkehr mit ihrem von der Insolvenz bedrohten Kunden, NZI 2010, S. 835 ff.

–, Neues zum Merkmal der Gläubigerbenachteiligung bei der Insolvenzanfechtung, in: Dahl, Michael / Jauch, Hans-Gerd H. / Wolf, Christian (Hrsg.), Sanierung und Insolvenz: Festschrift für Klaus Hubert Görg zum 70. Geburtstag, München 2010, S. 169 ff.

–, Vorsatzanfechtung nach fehlgeschlagener Sanierung, WM 2009, S. 1441 ff.

Gaul, Hans Friedhelm / Schilken, Eberhard / Becker-Eberhard, Ekkehard, Zwangsvollstreckungsrecht, 12. Aufl., München 2010.

Gehrlein, Markus, Aktuelle Rechtsprechung zur Insolvenzanfechtung in systematischer Darstellung, WM 2009, Sonderbeilage 1.

–, Insolvenzanfechtung von an und durch Banken bewirkten Zahlungen, ZInsO 2010, S. 1857 ff.

Gerhardt, Walter, Die systematische Einordnung der Gläubigeranfechtung, Göttingen 1969 (zugl. Habil. Göttingen 1968).

–, Gereimtes und Ungereimtes im Anfechtungsrecht der neuen Insolvenzordnung: Eine kritische Betrachtung, in: Pfeiffer, Gerd / Kummer Joachim / Scheuch, Silke (Hrsg.), Festschrift für Hans Erich Brandner zum 70. Geburtstag, Köln 1996, S. 605 ff.

–, Zur Insolvenzanfechtung eines Vergleichs i.S.d. § 779 BGB, KTS 2004, S. 195 ff.

–, Zur Reform des Insolvenzrechts: das Anfechtungsrecht im Konkurs, ZIP 1985, S. 582 ff.

Gernhuber, Walter, Die Erfüllung und ihre Surrogate sowie das Erlöschen der Schuldverhältnisse aus anderen Gründen, 2. Aufl., Tübingen 1994.

Goldschmidt, James, Der Widerspruch gegen die Aufrechnungserklärung (Anrechnungsbestimmung) im preuß. Allg. Landrecht und Bürgerlichen Gesetzbuch und die compensatio compensationis, ArchBürgR 15 (1899), S. 153 ff.

Goltdammer, Theodor, Kommentar und vollständige Materialien zur Konkurs-Ordnung vom 8. Mai 1855 und zu dem Gesetze betreffend die Befugnis der Gläubiger zur Anfechtung der Rechtshandlungen des Schuldners außerhalb des Konkurses vom 9. Mai 1855, Berlin 1858.

Göpfert, Burkard Jörg, Anfechtbare Aufrechnungslagen im deutsch-amerikanischen Rechtsverkehr: Vergleichende Darstellung der Aufrechnungs-Anfechtung und ihrer Rechtsverfolgung in parallelen grenzüberschreitenden Insolvenzverfahren, München 1996 (zugl. Diss. München 1995).

Göppert, Heinrich, Zur Vereinfachung der Lehre vom Kontokorrent, ZHR 102 (1936), S. 161 ff.

–, Zur Lehre vom Kontokorrent, ZHR 103 (1936), S. 318 ff.

Gottwald, Peter (Hrsg.), Insolvenzrechts-Handbuch, 5. Aufl., München 2015.

Graf-Schlicker, Marie Luise (Hrsg.), Insolvenzordnung, Kommentar, 4. Aufl., Köln 2014.

Greber, Julius, Das Kontokorrentverhältnis, Freiburg i. B., Leipzig 1893.

Grevesmühl, Götz, Die Gläubigeranfechtung nach klassischem römischen Recht, Göttingen 2003 (zugl. Diss. Göttingen 2000).

Grützmann, Paul, Das Anfechtungsrecht der benachteiligten Konkursgläubiger nach gemeinem Rechte und nach der Reichs-Konkurs-Ordnung, unter teilweiser Berücksichtigung des Reichsgesetzes vom 21. Juli 1879, Leipzig 1882.

Grunau, Martin, Forderungspfändung und Kürzungsvertrag, JurBüro 1962, S. 433 ff.

Gundlach, Ulf / Frenzel, Volkhard / Schmidt, Nikolaus, Die Anfechtbarkeit von Forderungseinziehung durch den Sicherungsnehmer vor Insolvenzeröffnung, NZI 2004, S. 305 ff.

–, Die Anfechtung der Besitzentziehung durch den Absonderungsberechtigten vor Insolvenzeröffnung, NZI 2002, S. 20 ff.

Guski, Roman, Rechtsprechung auf Irrwegen: Zur Funktion des § 133 Abs. 1 InsO – zugleich Anmerkung zu BGH, Urt. v. 20.11.2008 = WM 2009, 274, WM 2009, S. 1071 ff.

Güther, Robert, Die Insolvenzanfechtung der Deckung von Altverbindlichkeiten, Berlin 2006 (zugl. Diss. Kiel 2005).

Haarmeyer, Hans / Huber, Michael / Schmittmann Jens M. (Hrsg.), Praxis der Insolvenzanfechtung, 2. Aufl., Köln 2013.

Hager Johannes, Anmerkung zu BGH, Urteil vom 13.11.1997 – IX ZR 289/96, JR 1998, S. 419 ff.

Hahn, Carl (Hrsg.), Die gesammten Materialien zu den Reichs-Justizgesetzen, Vierter Band: Materialien zu Konkursordnung, Berlin 1881.

– / *Mugdan, Benno* (Hrsg.), Die gesammten Materialien zu den Reichs-Justizgesetzen, Sechster Band: Materialien zum Handelsgesetzbuch, Berlin 1897.

Harke, Jan Dirk, Allgemeines Schuldrecht, Heidelberg, Dordrecht, London, New York 2010.

Häsemeyer, Ludwig, Insolvenzrecht, 4. Aufl., Köln, München 2007.

–, Vertragsabwicklung, Aufrechnung und Anfechtung im Konkurs – BGHZ 89, 189, JuS 1986, S. 851 ff.

Hausmaninger, Herbert / Selb, Walter, Römisches Privatrecht, 9. Aufl., Wien, Köln, Weimar 2001.

Hefermehl, Wolfgang, Grundfragen des Kontokorrents, in: Nipperdey, Hans Carl (Hrsg.), Festschrift für Heinrich Lehmann zum 80. Geburtstag, Band II, Berlin, Frankfurt a. M., Tübingen 1956, S. 547 ff.

Hellmann, Friedrich, Lehrbuch des deutschen Konkursrechts, Berlin 1907.

Henckel, Wolfram, Altes und Neues zur Gläubigeranfechtung im Konkurs, in: Canaris, Claus-Wilhelm / Heldrich, Andreas / Hopt, Klaus J. / Roxin, Claus / Schmidt, Karsten / Widmaier, Gunter (Hrsg.), 50 Jahre Bundesgerichtshof: Festgabe aus der Wissenschaft, Band III.: Zivilprozeß, Insolvenz, Öffentliches Recht, München 2000, S. 785 ff.

–, Anmerkung zu BGH, Urteil vom 15.12.1994 – IX ZR 153/93, JZ 1995, S. 731 ff.

–, Aufrechnung in der Insolvenz, in: Prütting, Hanns / Rüßmann, Helmut (Hrsg.), Verfahrensrecht am Ausgang des 20. Jahrhunderts: Festschrift für Gerhard Lüke zum 70. Geburtstag, München 1997, S. 237 ff.

Henkel, Andreas, Die Verjährung der Hauptforderung des Insolvenzschuldners bei Unzulässigkeit der Aufrechnung nach § 96 I Nr. 3 InsO, NZI 2007, S. 84 ff.

Herz, Günther, Das Kontokorrent insbesondere in der Zwangsvollstreckung und im Konkurs, Tübingen 1974 (zugl. Diss. Tübingen 1973).

Hess, Harald, Insolvenzrecht: Großkommentar in zwei Bänden, Band I: §§ 1–128 InsO; Band II: §§ 129–359 InsO, InsVV, AnfG, Insolvenzgeld (SGB III, Auszug), BetrAVG (Auszug), EGInsO; 2. Aufl. Heidelberg, München, Landsberg, Frechen, Hamburg 2013.

– / *Weiss, Michaela*, Anfechtungsrecht: Kommentar der §§ 129–147 InsO, §§ 1–20 AnfG 1999, 2. Aufl., Heidelberg 1999.

Heublein, Gerrit, Gutschriften in der Krise – insolvenzfester Glücksfall oder anfechtbare Scheindeckung?, ZIP 2000, S. 161 ff.

Heymann, Ernst (Begr.), Handelsgesetzbuch, Kommentar, Band 4: §§ 343–475h, 2. Aufl., Berlin 2005.

Hohmann, Reinhold, Die Anfechtung ausserhalb und innerhalb des Konkurses in vergleichender Darstellung, Berlin 1910 (zugl. Diss. Heidelberg 1910).

Höhn, Wolfgang / Kaufmann, Christian, Die Aufrechung in der Insolvenz, JuS 2003, S. 751 ff.

Holzer, Johannes, Die Aufrechnung im neuen Insolvenzrecht, DStR 1998, S. 1268 ff.

Honsdorf, Wolfgang, Zur Aufrechnung im Konkurs: Grundprobleme und ihr Bedeutung für praxisrelevante Aufrechnungsfragen, Diss. Freiburg i. Br. 1982.

Honsell, Heinrich / Mayer-Maly, Theo / Selb, Walter, Römisches Recht, 4. Aufl., Berlin, Heidelberg, New York, London, Paris, Tokyo 1987.

Huber, Michael, Aktuelle Probleme der Insolvenzanfechtung – Zugleich eine Besprechung des Werkes von Gerhardt/Kreft –, DZWIR 1995, S. 392 ff.

–, Anfechtungsgesetz, 10. Aufl., München 2006.

–, Anmerkung zu BGH, Urteil vom 27.5.2003 – IX ZR 169/02, NZI 2003, S. 536 f.

–, Anmerkung zu BGH, Urteil vom 17.7.2003 – IX ZR 272/02, NZI 2003, S. 599 f.

–, Anmerkung zu BGH, Urteil vom 23.10.2008 – IX ZR 202/07, NZI 2009, S. 70 f.

–, Anmerkung zu BGH, Urteil vom 11.3.2010 – IX ZR 104/09, EWiR 2010, S. 379 f.

–, Das anfechtungsrechtlich privilegierte, aber janusköpfige Bargeschäft nach § 142 InsO, in: Grote, Hugo / Obermüller, Manfred / Pape, Gerhard, Insolvenz und Sanierung – auf der Dauerbaustelle geht es weiter: Festschrift für Hans Haarmeyer zum 65. Geburtstag, Köln 2013, S. 111 ff.

–, Das neue Recht der Gläubigeranfechtung außerhalb des Insolvenzverfahrens, ZIP 1998, S. 897 ff.

–, Die insolvenzrechtlich unzulässige Aufrechnung nach § 96 Abs. 1 Nr. 3 InsO, ZInsO 2009, S. 566 ff.

–, Indiztatsachen und ihre Beweiskraft im insolvenzrechtlichen Anfechtungsprozess, ZInsO 2012, S. 53 ff.

–, Inkongruente Deckung und Vorsatzanfechtung, in: Gerhardt, Walter / Haarmeyer, Hans / Kreft, Gerhart (Hrsg.), Insolvenzrecht im Wandel der Zeit: Festschrift für Hans Peter Kirchhof zum 65. Geburtstag, Recklinghausen 2003, S. 247 ff.

–, Referentenentwurf eines Gesetzes zur Verbesserung der Rechtssicherheit bei Anfechtungen nach der Insolvenzordnung und dem Anfechtungsgesetz, ZInsO 2015, S. 713 ff.

–, Regierungsentwurf eines Gesetzes zur Verbesserung der Rechtssicherheit bei Anfechtungen nach der Insolvenzordnung und dem Anfechtungsgesetz, ZInsO 2015, S. 2297 ff.

–, Vorsatzanfechtung bei inkongruenter Deckung und Leistung zur Abwendung drohender Vollstreckung, ZInsO 2003, S. 1025 ff.

Jacobi, Christoph Alexander / Böhme, Benjamin, Praxistest zu den geplanten Änderungen des Anfechtungsrechts gemäß Referentenentwurf des BMJV v. 16.3.2015, ZInsO 2015, S. 721 ff.

Jacoby, Florian, Die Anfechtbarkeit von Deckungen durch Zwangsvollstreckung, KTS 2005, S. 371 ff.

–, Zur Bedeutung des § 133 InsO im System der Insolvenzanfechtungsgründe, KTS 2009, S. 3 ff.

Jaeckel, Paul, Die Anfechtung von Rechtshandlungen zahlungsunfähiger Schuldner außerhalb des Konkurses auf Grund des Reichsgesetzes vom 21. Juli 1879 mit besonderer Berücksichtigung des Preußischen Rechts, 2. Aufl., Berlin 1889.

Jaeger, Ernst, Die Gläubigeranfechtung außerhalb des Konkursverfahrens: Erläuterungen des Anfechtungsgesetzes mit systematischer Einführung, 2. Aufl., Berlin 1938.

–, Die Einheit des anfechtungsrechtlichen Tatbestandes, KuT 1929, S. 147 ff.

–, Die Konkursordnung auf der Grundlage des neuen Reichsrechts, Berlin 1902.

– (Begr.), Insolvenzordnung, Großkommentar, Zweiter Band: §§ 56–102, Berlin 2007; Vierter Band: §§ 129–147, Berlin 2008.

–, Konkursordnung, Erster Band: §§ 1–46, 6. und 7. Aufl., Berlin, Leipzig 1931.

– (Begr.), Konkursordnung, Großkommentar, Zweiter Band, Teilband 1: §§ 71–206, 8. Aufl., Berlin, New York 1973; Zweiter Band: §§ 1–42, 9. Aufl., Berlin, New York 1997.

Jahr, Günther, Funktionsanalyse von Rechtsfiguren als Grundlage einer Begegnung von Rechtswissenschaft und Wirtschaftswissenschaft, Schriften des Vereins für Socialpolitik n.F. 33 (1964), S. 14 ff.

Jauernig, Othmar (Begr.), Bürgerliches Gesetzbuch, 15. Aufl., München 2014.

Jensen, Thore, Grundfragen des Rechts der Gläubiger- und Insolvenzanfechtung: Unter besonderer Berücksichtigung der Anfechtbarkeit von Unterlassungen, Hamburg 2007 (zugl. Diss. Tübingen 2007).

–, „Stufenverhältnis“ zwischen §§ 130, 131 und § 133 InsO?, NZI 2013, S. 471 ff.

–, Vollstreckt gnadenlos!, NZI 2011, S. 798 ff.

Jungclaus, Martin / Keller, Christoph, Der Referentenentwurf des BMJV für ein Gesetz zur Reform des Anfechtungsrechts, NZI 2015, S. 297 ff.

Kaser, Max, Das römische Privatrecht, Erster Abschnitt: Das altrömische, das vorklassische und klassische Recht, 2. Aufl., München 1971.

– / *Hackl, Karl*, Das römische Zivilprozessrecht, 2. Aufl., München 1996.

– / *Knütel, Rolf*, Römisches Privatrecht, 19. Aufl., München 2008.

Kayser, Godehard, Die Entkräftung der die Insolvenzanfechtung begründenden Vermutungen und Indizien, WM 2013, S. 293 ff.

–, Der Rechtsgedanke des Bargeschäfts – Ein Beitrag zu den Grenzen des Anwendungsbereichs des § 142 InsO, in: Ganter, Hans Gerhard / Gottwald, Peter / Lwowski, Hans-Jürgen, Haftung und Insolvenz: Festschrift für Gero Fischer zum 65. Geburtstag, München 2008, S. 267 ff.

–, Rechtsfolgen der Insolvenzanfechtung, ZIP 2015, S. 449 ff.

–, Vorsatzanfechtung im Spannungsverhältnis von Gläubigergleichbehandlung und Sanierungschancen, NJW 2014, S. 422 ff.

–, Wirksame und unwirksame Aufrechungen und Verrechnungen in der Insolvenz (§§ 94 bis 96 InsO), Teil I, WM 2008, S. 1477 ff., Teil II, WM 2008, S. 1525 ff.

Kegel, Gerhard, Probleme der Aufrechung: Gegenseitigkeit und Liquidität rechtsvergleichend dargestellt, Berlin, Leipzig 1938 (zugl. Diss. Berlin 1938).

Kindl, Johann, Die Rechtsfolgen der Gläubiger- und Konkursanfechtung bei Veräußerung von beweglichen Sachen und Forderungen, NZG 1998, S. 321 ff.

Kirchhof, Hans-Peter, Aktuelle Rechtsprechung des BGH zur Abwicklung von Bankkrediten in der Kundeninsolvenz, ZInsO 2003, S. 149 ff.

–, Die Anfechtung „ermöglichender“ Deckungshandlungen nach §§ 130, 131 InsO, in: Prütting, Hanns / Vallender, Heinz (Hrsg.), Insolvenzrecht in Wissenschaft und Praxis: Festschrift für Wilhelm Uhlenbruck zum 70. Geburtstag, Köln 2000, S. 269 ff.

–, Die Ziele des Insolvenzverfahrens in der Rechtsprechung des Bundesgerichtshofs, in: Schilken, Eberhard / Kreft, Gerhart / Wagner, Gerhard / Eckardt, Diederich (Hrsg.), Festschrift für Walter Gerhardt, Köln 2004, S. 443 ff.

–, Fraudulös, betrüglich, unlauter – Versuche zur Einschränkung des Vorsatzbegriffs im Sinne von § 133 InsO, in: Ganter, Hans Gerhard / Gottwald, Peter / Lwowski, Hans-Jürgen, Haftung und Insolvenz: Festschrift für Gero Fischer zum 65. Geburtstag, München 2008, S. 285 ff.

–, Gemeinsamkeiten von sowie Unterschiede zwischen Insolvenz- und Einzelgläubigeranfechtung, in: Grote, Hugo / Obermüller, Manfred / Pape, Gerhard, Insolvenz und Sanierung – auf der Dauerbaustelle geht es weiter: Festschrift für Hans Haarmeyer zum 65. Geburtstag, Köln 2013, S. 129 ff.

– (Hrsg. und Bearb.), Münchener Kommentar zum Anfechtungsgesetz, München 2012.

– / *Stürner, Rolf* / *Eidenmüller, Horst* (Hrsg.), Münchener Kommentar zur Insolvenzordnung, Band 1: §§ 1–79, 3. Aufl., München 2013; Band 2: §§ 80–216, 3. Aufl., München 2013.

Kirstein, Dirk, Kontokorrentanfechtung nach § 133 InsO gegenüber Kreditinstituten, ZInsO 2012, S. 709 ff.

–, Kreditinstitute als Anfechtungsgegner – ein Überblick, ZInsO 2014, S. 1921 ff.

Kleinschmidt, Theodor, Vertragsmäßige Erweiterungen und Beschränkungen des Aufrechnungsrechtes, Borna, Leipzig 1930 (zugl. Diss. Göttingen 1930).

Klinck, Fabian, Die Grundlagen der besonderen Insolvenzanfechtung: Gläubiger- und Vertrauensschutz im Übergang vom Prioritäts- zum Gleichbehandlungsgrundsatz, Berlin, Boston 2011 (zugl. Habil. Passau 2009).

Knospe, Armin, Scharfes Schwert oder harmlose Gerechtigkeitsregel? – Die insolvenzrechtliche Monstranz der Gläubigergleichbehandlung, ZInsO 2014, S. 861 ff.

Kohler, Josef, Die Aufrechung nach dem bürgerlichen Gesetzbuche, ZZP 24 (1898), S. 1 ff.

Kollhosser, Helmut, Drittaufrechung und Aufrechung in Treuhandfällen, in: Leßmann, Herbert / Großfeld, Bernhard / Vollmer, Lothar (Hrsg.), Festschrift für Rudolf Lukes zum 65. Geburtstag, Köln 1989, S. 723 ff.

Koss, Rüdiger Christian, Zur Wirkung der Insolvenzanfechtung nach der Insolvenzrechtsreform, Berlin 2001 (zugl. Diss. Potsdam 1999/2000).

Koziol, Helmut, Die Beeinträchtigung fremder Forderungsrechte, Wien, New York 1967.

–, Grundlagen und Streitfragen der Gläubigeranfechtung, Wien, New York 1991.

Krasnopolski, Horaz, Das Anfechtungsrecht der Gläubiger nach österreichischem Recht: In seinen Grundzügen und mit Berücksichtigung des deutschen Reichsrechtes dargestellt, Leipzig 1889.

Krawielicki, Robert, Grundlagen des Bereicherungsanspruchs, Breslau 1936, Neudruck Aalen 1964.

Kreft, Gerhard (Hrsg.), Heidelberger Kommentar – Insolvenzordnung, 7. Aufl., Heidelberg, München, Landsberg, Frechen, Hamburg 2014.

–, Insolvenzrechtliche Unwirksamkeit – Gedanken zu §§ 88, 96 Abs. 1 Nr. 3, § 103 Abs. 1 InsO, in: Ganter, Hans Gerhard / Gottwald, Peter / Lwowski, Hans-Jürgen, Haftung und Insolvenz: Festschrift für Gero Fischer zum 65. Geburtstag, München 2008, S. 297 ff.

–, Zum Verhältnis von Judikative und Legislative am Beispiel des Insolvenzrechts, KTS 2004, S. 205 ff.

Kreß, Hugo, Lehrbuch des allgemeinen Schuldrechts, München 1929, Neudruck Aalen 1974.

Krüger, Wolfgang / Rauscher, Thomas (Hrsg.), Münchener Kommentar zur Zivilprozessordnung, Band 2: §§ 355–1024, 4. Aufl., München 2012.

Kübler, Bruno M. / Prütting, Hanns / Bork, Reinhard (Hrsg.), Kommentar zur Insolvenzordnung, Band I: §§ 1–79 InsO; Band II: §§ 80–147 InsO; Loseblatt – Stand: 11.2015, Köln.

Kübler, Friedrich, Feststellung und Garantie: eine rechtsvergleichende und dogmatische Abhandlung wider die Lehre vom abstrakten Schuldvertrag im bürgerlichen und Handelsrecht, Tübingen 1967 (zugl. Habil. Tübingen 1967).

Kümpel, Siegfried, Bank- und Kapitalmarktrecht, 3. Aufl., Köln 2004.

–, Die Aufrechnungsbefugnis der Bank mit Zahlungseingängen vor Eröffnung des Insolvenzverfahrens, Bank-Betrieb 1967, S. 342 ff.

Kummer, Joachim, Die actio Pauliana im 21. Jahrhundert oder. Was blieb von D. 42.8? – Eine Bestandsaufnahme, in: Haarmeyer, Hans / Hirte, Heribert / Kirchhof, Hans-Peter / Graf von Westphalen, Friedrich (Hrsg.), Verschuldung, Haftung, Vollstreckung, Insolvenz: Festschrift für Gerhard Kreft zum 65. Geburtstag, Münster 2004, S. 393 ff.

Lang, Georg, Das Aufrechungsrecht nach bürgerlichem Recht: Seine Erweiterungen und seine Beschränkungen im Konkurs des Schuldners, München 1906 (zugl. Diss. Würzburg 1906).

Lange, Hans-Gert, Voraussetzungen und Wirkungen der Konkursanfechtung (action en inopposabilité en matière de faillite) nach französischem und deutschem Recht, Diss. Bonn 1973.

Larenz, Karl, Lehrbuch des Schuldrechts, Erster Band, Allgemeiner Teil, 14. Aufl., München 1987.

Leipold, Dieter, Insolvenzrecht im Umbruch: Analysen und Alternativen, Köln, Bonn, Berlin, München 1991.

Leithaus, Rolf, Zur Insolvenzanfechtung von Kontokorrentverrechnungen, NZI 2002, S. 188 ff.

Lenel, Otto, Die Anfechtung von Rechtshandlungen des Schuldners im klassischen römischen Recht, Leipzig 1903.

–, Das edictum perpetuum: ein Versuch zu seiner Wiederherstellung, 3. Aufl., Leipzig 1927, 2. Nachdruck Aalen 1974.

Leonhard, Franz, Allgemeines Schuldrecht des BGB, München, Leipzig 1929.

–, Aufrechnung gegen eine Nichtschuld, ArchBürgR 21 (1902), S. 171 ff.

–, Die Aufrechnung, Göttingen 1896.

Leonhardt, Peter / Smid, Stefan / Zeuner, Mark (Hrsg.), Insolvenzordnung, 3. Aufl., Stuttgart 2010.

Lind, Thorsten Patric, Zur Auslegung von § 133 InsO, insbesondere im System der Anfechtungstatbestände, Bristol, Berlin 2006 (zugl. Diss. Frankfurt am Main 2003).

Lippmann, Die rechtliche Natur des Anfechtungsrechts, JherJb 36 (1896), S. 145 ff.

Lutter, Marcus, Die „Sterbehaus-Konstruktion", in: Hadding, Walther / Immenga, Ulrich / Mertens, Hans-Joachim / Pleyer, Klemens / Schneider, Uwe H. (Hrsg.), Festschrift für Winfried Werner zum 65. Geburtstag am 17. Oktober 1984, Berlin, New York 1984, S. 477 ff.

Lwowski, Hans-Jürgen, Die Anfechtung von Kreditrückzahlungen und Zahlungseingängen auf debitorischen Konten im Insolvenzverfahren, in: Prütting, Hanns / Vallender, Heinz (Hrsg.), Insolvenzrecht in Wissenschaft und Praxis: Festschrift für Wilhelm Uhlenbruck zum 70. Geburtstag, Köln 2000, S. 299 ff.

– / *Bitter, Georg*, Grenzen der Pfändbarkeit von Girokonten, WM-Festgabe für Thorwald Hellner vom 9. Mai 1994, S. 57 ff.

– / *Wunderlich, Nils-Christian*, Neues zum Bargeschäft – Zugleich Anmerkung zu BGH, Urt. v. 18.7.2002 – IX ZR 480/00, ZInsO 2002, 876 = WM 2002, 1808, in: Gerhardt, Walter / Haarmeyer, Hans / Kreft, Gerhart (Hrsg.), Insolvenzrecht im Wandel der Zeit: Festschrift für Hans Peter Kirchhof zum 65. Geburtstag, Recklinghausen 2003, S. 301 ff.

Maier, Adolf, Das Kontokorrent, JuS 1988, S. 196 ff.

Martens, Joachim, Aufrechnung und Verrechnungsvertrag im Steuerrecht, StuW 1989, S. 70 ff.

Martinus, Emil, Der Leistungsrückstand nach Barzahlung und Eventualaufrechnung, AcP 97 (1905), S. 87 ff.

–, Eventualaufrechnung, ArchBürgR 24 (1904), S. 277 ff.

Mauer, Dietrich, Der Anfechtungsprozess: Gläubigeranfechtung und Konkursanfechtung nach altem und neuem Insolvenzrecht, Düsseldorf 2000.

Meier, Anke, Die Geschichte des deutschen Konkursrechts, insbesondere die Entstehung der Reichskonkursordnung von 1877, Frankfurt am Main 2003 (zugl. Diss. Bochum 2002).

Mitlehner, Stephan, Anfechtungsanspruch bei antizipierten Sicherungsübertragungen, ZIP 2007, S. 1925 ff.

–, Anmerkung zu BGH, Urteil vom 29.11.2007 – IX ZR 30/07, ZIP 2008, S. 189 f.

Mugdan, Benno, Die gesamten Materialien zum Bürgerlichen Gesetzbuch für das Deutsche Reich, Band 1: Einführungsgesetz und allgemeiner Teil, Berlin 1899, Neudruck Aalen 1979; Band 2: Recht der Schuldverhältnisse, Berlin 1899, Neudruck Aalen 1979.

Müller, Franz, Probleme der Aufrechnung mit Konkurs- und Masseforderungen, Göttingen 1981 (zugl. Diss. Göttingen 1980).

Musielak, Hans-Joachim / Voit, Wolfgang (Hrsg.), Kommentar zur Zivilprozessordnung, 12. Aufl., München 2015.

Nerlich, Jörg / Niehus, Christoph, Anfechtungsgesetz (AnfG), München 2000.

Nerlich, Jörg / Römermann, Volker (Hrsg.), Insolvenzordnung, Loseblatt – Stand: 01.2015, München.

Niemöller, Gustav, Über den Begriff der Rechtshandlung im § 29 KO, Borna, Leipzig 1910 (zugl. Diss. Heidelberg 1910).

Obermüller, Manfred, Auswirkungen der Insolvenz des Bankkunden auf die Kontobeziehung und den Zahlungsverkehr, ZInsO 1998, S. 252 ff.

–, Insolvenzrecht in der Bankpraxis, 8. Aufl., Köln 2011.

–, Überweisungsverkehr bei Insolvenz unter Berücksichtigung des neuen Rechts der Zahlungsdienste, ZInsO 2010, S. 8 ff.

Oertmann, Paul, Das Recht der Schuldverhältnisse, 2. Aufl., Berlin 1906.

–, Die rechtliche Natur der Aufrechung, AcP 113 (1915), S. 376 ff.

Olshausen, Eberhard von, Die Insolvenzanfechtung einer Aufrechnungserklärung nach der InsO, KTS 2001, S. 45 ff.

–, Wie aus einem Euphemismus rechtliche Wirklichkeit wurde – Bemerkungen aus Anlass des Urteils des BGH v. 15.7.2004 – IX ZR 224/03, ZInsO 2004, S. 1229 ff.

Onusseit, Dietmar, Die Rechtshandlung im Gläubigeranfechtungsrecht, ZInsO 2010, S. 2022 ff.

Otto, Karl Eduard / Schilling, Bruno / Sintenis, Karl Friedrich Ferdinand (Hrsg.), Das Corpus Iuris Civilis (romani) ins deutsche übersetzt von einem Verein Rechtsgelehrter, Band 4: Pandekten Buch 39–50, Leipzig 1832, Neudruck Aalen 1984.

Palandt, Otto (Begr.), Bürgerliches Gesetzbuch, 75. Aufl., München 2016.

Pape, Gerhard / Uhlenbruck, Wilhelm / Voigt-Salus, Joachim, Insolvenzrecht, 2. Aufl., München 2010.

Paulus, Christoph G., Banken und Insolvenz – eine internationale Betrachtung, ZBB 2002, S. 492 ff.

–, Der Anfechtungsprozess, ZInsO 1999, 242 ff.

–, Der subjektive Tatbestand der Insolvenzanfechtung, WM 2000, S. 2225 ff.

–, Grundlagen des neuen Insolvenzrechts – Eröffnungsverfahren, Eröffnung und Beteiligung der Gläubiger, DStR 2003, S. 1709 ff.

–, Rechtspolitisches und Rechtspraktisches zur Insolvenzfestigkeit von Aufrechnungsvereinbarungen, in: Canaris, Claus-Wilhelm / Heldrich, Andreas / Hopt, Klaus J. / Roxin, Claus / Schmidt, Karsten / Widmaier, Gunter (Hrsg.), 50 Jahre Bundesgerichtshof: Festgabe aus der Wissenschaft, Band III: Zivilprozeß, Insolvenz, Öffentliches Recht, München 2000.

– / *Schröder, Wolfgang*, Über die Verschärfungen des Rechts der Insolvenzanfechtung, WM 1999, S. 253 ff.

–, Zur Auslegung anfechtungsrechtlicher Vorschriften, in: Ganter, Hans Gerhard / Gottwald, Peter / Lwowski, Hans-Jürgen, Haftung und Insolvenz: Festschrift für Gero Fischer zum 65. Geburtstag, München 2008, S. 445 ff.

–, Zur Insolvenzfestigkeit von Aufrechnungsvereinbarungen, in: Canaris, Claus-Wilhelm / Heldrich, Andreas / Hopt, Klaus J. / Roxin, Claus / Schmidt, Karsten / Widmaier, Gunter (Hrsg.), 50 Jahre Bundesgerichtshof: Festgabe aus der Wissenschaft, Band III.: Zivilprozeß, Insolvenz, Öffentliches Rechts, München 2000, S. 765 ff.

–, Zum Verhältnis von Aufrechnung und Insolvenzanfechtung, ZIP 1997, S. 569 ff.

Paulus, Gotthard, Sinn und Formen der Gläubigeranfechtung, AcP 155 (1955), S. 277 ff.

Peschke, Norbert, Die Insolvenz des Girokonteninhabers, Köln, Berlin, München 2005 (zugl. Diss. Hamburg 2003).

Petersen, Julius, Zur Lehre vom Anfechtungsrecht, ZZP 10 (1887), S. 17 ff.

Pfeiffer, Norbert / Franken, Paul, Die Rechtsgültigkeit von Konzernverrechnungsklauseln, NJW 1960, S. 1977 ff.

Plander, Harro, Die Gewähr kongruenter Deckungen und ihre Anfechtung wegen absichtlicher Gläubigerbenachteiligung, BB 1972, S. 1480 ff.

–, Die Stellung des Anfechtungsgegners bei der Anfechtung von Erfüllungsgeschäften außerhalb des Konkurses, KTS 1972, S. 158 ff.

Pluta, Maximilian, Insolvenzaufrechnung und der Grundsatz der par conditio creditorum, Bielefeld 2009 (zugl. Diss. Regensburg 2008).

Pump, Hermann, Der Verrechungsvertrag gemäß § 226 AO, DStR 1987, S. 616 ff.

Raiser, Ludwig, Vertragsfreiheit heute, JZ 1958, S. 1 ff.

Rafiqpoor, Parwäz / Wilmes, Kristof, Wechselseitige Erfüllung als insolvenzanfechtungsrechtliche Alternative zur Aufrechnung, NZI 2009, S. 91 ff.

Raschke, Thorsten, Funktionen und Abgrenzung des Bargeschäftstatbestandes in § 142 InsO, Diss. Hamburg 1999.

Rebmann, Kurt / Säcker, Franz Jürgen (Hrsg.), Münchener Kommentar zum Bürgerlichen Gesetzbuch, Band 2: Schuldrecht Allgemeiner Teil, §§ 241–432, 3. Aufl., München 1994.

Reichel, Hans, Aufrechung und Betrug, AcP 125 (1926), S. 178 ff.

Reichsgerichtsrätekommentar, Das Bürgerliche Gesetzbuch, Kommentar herausgegeben von den Mitgliedern des Bundesgerichtshofes, Bd. I: §§ 1–240, 12. Aufl., Berlin, New York 1982; Bd. II, 1. Teil: §§ 241–413, 12. Aufl., Berlin, New York 1976.

Riehl, Das System des Deutschen Gläubigeranfechtungsrechts, Gruchot 53 (1909), S. 161 ff., S. 496 ff.

Ries, Stephan, Insolvenz(anfechtungs)recht auf dem Rückzug? Am Beispiel des § 96 Abs. 1 Nr. 3 InsO und zugleich als Anmerkung zu BGH – ZB 235/04, ZInsO 2005, S. 848 ff.

–, § 96 Abs. 1 Nr. 3 InsO – ein Trojanisches Pferd? Rückschritt statt Fortschritt?, ZInsO 2004, S. 1231 ff.

Rigol, Ruth / Homann, Stefan, Die Anfechtbarkeit von Gutschriften auf einem debitorischen Girokonto, ZIP 2003, S. 15 ff.

Röhricht, Volker / Graf v. Westphalen, Friedrich (Hrsg.), Handelsgesetzbuch, 3. Aufl., Köln 2008.

Römer, Robert, Die Compensation durch Vertrag nach dem römischen und gemeinen Recht, in: –, Abhandlungen aus dem römischen Recht, dem Handels- und Wechselrecht mit besonderer Berücksichtigung der Rechtsprechung des Reichs-Oberhandelsgerichts, Heft 1, Stuttgart 1877.

Säcker, Franz Jürgen / Rixecker Roland / Oetker, Hartmut (Hrsg.), Münchener Kommentar zum Bürgerlichen Gesetzbuch, Band 1: Allgemeiner Teil, §§ 1–240, ProstG, AGG, 6. Aufl., München 2012; Band 2: Schuldrecht Allgemeiner Teil, §§ 241–432, 6. Aufl., München 2012; Band 6: Sachenrecht: §§ 854–1296, WEG, ErbbauRG, 6. Aufl., München 2013.

Schade, Walther, Ueber den Aufrechungsvertrag, Rostock, Sorau 1904 (zugl. Diss. Rostock 1904).

Sämisch, Henning, Der Referentenentwurf eines Gesetzes zur Verbesserung der Rechtssicherheit bei Anfechtungen nach der InsO und dem AnfG – ein Angriff auf die Errungenschaften der InsO 1999?, ZInsO 2015, S. 1658 ff.

Sarwey, Otto von/ Bossert, Gustav, Die Konkurs-Ordnung für das deutsche Reich, 4. Auflage, Berlin 1901.

Schey, Josef von, Zur Geschichte der actio Pauliana und des interdictum fraudatorium, ZRG 13 (1878), S. 120 ff.

Schimansky, Herbert / Bunte, Hermann-Josef / Lwowski, Hans-Jürgen (Hrsg.), Bankrechts-Handbuch, Band I, 4. Aufl., München 2011.

Schlegelberger, Franz (Begr.), Handelsgesetzbuch, Band 4: §§ 343–372, 5. Aufl., München 1976.

Schmidt, Andreas (Hrsg.), Hamburger Kommentar zum Insolvenzrecht, 4. Auflage, Köln 2012.

Schmidt, Karsten, Handelsrecht – Unternehmensrecht I, 6. Aufl., Köln 2014.

–, Insolvenzgesetze KO/VglO/GesO, 17. Aufl., München 1997.

– (Hrsg.), Insolvenzordnung, 18. Aufl., München 2013.

–, Keine Insolvenzfestigkeit von Konzernverrechnungsklauseln: Es bleibt dabei! – Bemerkungen zum BGH-Urteil vom 15.7.2004, NZI 2005, S. 138 ff.

– (Hrsg.), Münchener Kommentar zum Handelsgesetzbuch, Band 5: §§ 343–372, 2. Aufl., München 2009.

Schmidt, Nikolaus M., Verbesserung der Rechtssicherheit oder Paradigmenwechsel – Anmerkungen zum Regierungsentwurf v. 29.9.2015, ZInsO 2015, S. 2473 ff.

Schmidt, Rolf, Der Begriff der anfechtbaren Rechtshandlung nach den §§ 29 KO und 1 AnfG unter besonderer Berücksichtigung der Anfechtung „mittelbarer Zuwendungen", Diss. Würzburg 1972.

Schmitz, Claus, Anmerkung zu BGH, Urteil vom 28.9.2000 – VII ZR 372/99, ZInsO 2000, S. 2211 ff.

Schoemann, Peter, Das pactum de compensando, Trier 1897 (zugl. Diss. Erlangen 1897).

Schoppmeyer, Heinrich, § 133 Abs. 1 InsO versus §§ 130, 131 InsO: Ist die Deckungsanfechtung nur ein Unterfall der Vorsatzanfechtung?, ZIP 2009, S. 600 ff.

–, Besondere und allgemeine Insolvenzanfechtung am Beispiel der Anfechtung von Zwangsvollstreckungen, NZI 2005, S. 185 ff.

Schulz, Fritz, System der Rechte auf den Eingriffserwerb, AcP 105 (1909), S. 1 ff.

Schwahn, Alexander, Der Aufrechungsvertrag in der Insolvenz: Konzernverrechungsklausel, Kontokorrent, Skontration, Inter-Banken-Abrechungsverkehr, Berlin 2003 (zugl. Diss. Kiel 2002/2003).

Schwengler, Gerd, Über die Kompensation durch Vertrag, Halle 1897 (zugl. Diss. Halle 1897).

Schwintowski, Hans- Peter, Bankrecht, 3. Aufl., Köln, Berlin, Bonn, München 2011.

Seippel, Siegfried, Inwiefern stehen die Vorschriften über die gesetzliche Aufrechnung unter der Disposition der Parteien?, Magdeburg 1913 (zugl. Diss. Rostock 1913).

Siber, Heinrich, Compensation und Aufrechnung: Ein Beitrag zur Lehre des deutschen Bürgerlichen Rechts, Leipzig 1899.

Sieber, Florian, Die Rechtsnatur der Gläubigeranfechtung innerhalb und außerhalb des Insolvenzverfahrens: Eine dogmatische Einordnung unter besonderer Berücksichtigung der höchstrichterlichen Rechtsprechung, Hamburg 2008 (zugl. Diss. Passau 2008).

Skrotzki, Artur, Aufrechnung im Anschlusskonkurs, KTS 1961, S. 6 f.

Soergel, Hans Theodor (Begr.), Bürgerliches Gesetzbuch, Band 2, Schuldrecht I: §§ 241–610, 10. Aufl., Stuttgart, Berlin, Köln, Mainz 1967; Band 2, Allgemeiner Teil 2: §§ 104–240, 13. Aufl., Stuttgart 1999; Band 5/3, Schuldrecht 3/3: §§ 328–432, 13. Aufl., Stuttgart 2010.

Spliedt, Jürgen D., Anfechtungsresistente Bardeckung trotz offener Kreditlinie?, ZInsO 2002, S. 208 ff.

Stapper, Florian / Jacobi, Christoph Alexander, Die Insolvenzanfechtung der Verrechnung im Kontokorrent, BB 2007, S. 2017 ff.

Staub, Hermann (Begr.), Handelsgesetzbuch, Großkommentar, Vierter Band: §§ 343–382, 4. Aufl., Berlin 2004.

Staudinger, Julius von (Begr.), Kommentar zum Bürgerlichen Gesetzbuch, II. Band, Recht der Schuldverhältnisse, Teil 1 d: §§ 328–432, 11. Aufl., Berlin 1978; Buch 2, Recht der Schuldverhältnisse: §§ 328–397, 12. Aufl., Berlin 1994; Buch 2, Recht der Schuldverhältnisse: §§ 244–248, 13. Bearb., Berlin 1997; Buch 1, Allgemeiner Teil: §§ 134–138, Neubearbeitung, Berlin 2011; Buch 1, Allgemeiner Teil: §§ 139–163, Neubearbeitung, Berlin 2010; Buch 2, Recht der Schuldverhältnisse: Einleitung zum Schuldrecht; §§ 241–243, Neubearbeitung, Berlin 2009; Buch 2, Recht der Schuldverhältnisse: §§ 328–359, Neubearbeitung, Berlin 2004; Buch 2, Recht der Schuldverhältnisse: §§ 362–396, Neubearbeitung, Berlin 2011.

Stein, Friedrich / Jonas, Martin (Begr.), Kommentar zur Zivilprozessordnung, Band 7: §§ 704–827, 22. Aufl., Tübingen 2002; Band 8: §§ 828–915h, 22. Aufl., Tübingen 2004.

Steinhoff, Judith, Die insolvenzrechtlichen Probleme im Überweisungsverkehr, ZIP 2000, S. 1141 ff.

Stiller, Jörn U., Die (un-) zulässige Verrechnung von Zahlungseingängen im Kontokorrentkonto vom dritten Monat vor dem Eröffnungsantrag bis zur Eröffnung, ZInsO 2002, S. 651 ff.

Strohal, Ernst (Hrsg.), Planck's Kommentar zum Bürgerlichen Gesetzbuch, II. Band, 1. Hälfte: Recht der Schuldverhältnisse (Allgemeiner Teil), §§ 241–432, 4. Aufl., Berlin 1914.

Theusner, Felix, Die rechtliche Natur des Kontokorrentvertrages, Halle an der Saale 1901 (zugl. Diss. Halle 1901).

Thole, Christoph, Die Kritik an der Ausdehnung der Vorsatzanfechtung auf dem Prüfstand, ZIP 2013, S. 2081 ff.

–, Die tatbestandlichen Wertungen der Gläubigeranfechtung, ZZP 121 (2008), S. 67 ff.

–, Gläubigerschutz durch Insolvenzrecht: Anfechtung und verwandte Regelungsinstrumente in der Unternehmensinsolvenz, Tübingen 2010 (zugl. Habil. Bonn 2009).

Tinnefeld, Christian, Die Auf- und Verrechnungsmöglichkeit von Kreditinstituten zwischen Krise und Insolvenzverfahren bei debitorischer Kontoführung, Hamburg 2006 (zugl. Diss. Hamburg 2006).

Trinkner, Reinhold, Lohnpfändung und Aufrechnungsvereinbarung zwischen Arbeitgeber und Arbeitnehmer: Anm. zu BAG v. 10.10.1966 – 3 AZR 177/66, BB 1967, S. 35 ff.

Tuhr, Andreas von, Der Allgemeine Teil des Deutschen Bürgerlichen Rechts, Band 1: Allgemeine Lehren und Personenrecht, 1. Aufl. Berlin 1910, Nachdruck Berlin 1957.

Uhlenbruck, Wilhelm (Hrsg.), Das neue Insolvenzrecht: Insolvenzordnung und Einführungsgesetz nebst Materialien, Herne, Berlin 1994.

– / *Hirte, Heribert / Vallender, Heinz* (Hrsg.), Insolvenzordnung, 13. Aufl., München 2010; Insolvenzordnung, 14. Aufl., München 2015.

Usslar, Levin von, Die Anfechtung der Verrechnung der Banken im Konkurs des Kunden, BB 1980, S. 916 ff.

Völzmann-Stickelbrock, Barbara, Anmerkung zu BGH, Urteil vom 23.10.2008 – IX ZR 202/07, KTS 2009, S. 392 ff.

Wacke, Andreas, Zur Geschichte und Dogmatik der Gläubigeranfechtung, ZZP 83 (1970), S. 418 ff.

Wank, Rolf, Die Auslegung von Gesetzen, 4. Aufl., Köln, München 2008.

Warneyer, Otto / Bohnenberg, Heinrich, Anfechtungsgesetz, 4. Aufl., Köln, Berlin 1955.

Wassermann, Rudolf (Hrsg.), Kommentar zum Bürgerlichen Gesetzbuch, Reihe Alternativkommentare, Band 2: Allgemeines Schuldrecht (§§ 241–432), Neuwied 1980.

Wazlawik, Thomas, Anmerkung zu BGH, Urteil vom 23.10.2008 – IX ZR 202/07, DZWIR 2009, S. 79 ff.

Weigelin, Ernst, Das Recht zur Aufrechnung als Pfandrecht an der eigenen Schuld: Ein Beitrag zur Lehre von der Aufrechnung nach deutschem Reichsrechte, Hannover 1904.

Weismann, Jakob, Die Aufrechnung nach dem Bürgerlichen Gesetzbuche, ZZP 26 (1899), S. 1 ff.

Weitekamp, Cornelia, Die analoge Anwendung des § 55 KO nach Verhängung eines allgemeinen Veräußerungsverbotes – zugleich zur Rechtslage nach § 96 InsO, NZI 1998, S. 112 ff.

Wentzel, August / Klose, C., Die Preußische Konkursordnung vom 8. Mai 1855, Berlin 1855.

Westermann, Harm Peter, Konzernverrechnungsklauseln, WM 1986, Beilage Nr. 2, S. 1 ff.

Willemsen, Reinhard / Kühn, Christiane, Referentenentwurf zur Verbesserung der Rechtssicherheit bei Anfechtungen – Baumängel statt Baufortschritt, BB 2015, S. 1474 ff.

Wilmowsky, Peter von, Aufrechnung in der Insolvenz, NZG 1998, S. 481 ff.

Wimmer, Klaus (Hrsg.), FK-InsO – Frankfurter Kommentar zur Insolvenzordnung, 8. Aufl., Köln 2015.

Windel, Peter A., Anmerkung zu BSG, Urteil vom 10.12.2003 – B 5 RJ 18/03 R, KTS 2004, S. 563 ff.

–, Die Aufrechnungslage als objektiv-vermögensrechtlicher Tatbestand, KTS 2000, S. 215 ff.

–, Die Unbeachtlichkeit von Konzernverrechnungsbefugnissen und wirkungsgleichen Drittaufrechnungsmöglichkeiten im Insolvenzverfahren, KTS 2004, S. 305 ff.

Wischemeyer, Markus, Die Insolvenzanfechtung der Rückführung debitorischer Konten durch Einstellung von Gutschriften in der Krise, Aachen 2002 (zugl. Diss. HU Berlin 2001).

Wittig, Arne, Die Bedeutung der „Schenkungsanfechtung" (§ 134 InsO) für das Kreditgeschäft, NZI 2005, S. 606 ff.

Wolf, Manfred / Neuner, Jörg, Allgemeiner Teil des bürgerlichen Rechts, 10. Aufl., München 2012.

Zenker, Wolfgang, Reform der Insolvenzanfechtung – Rechts- und Planungssicherheit für den Geschäftsverkehr?, NZI 2015, S. 1006 ff.

–, Zur Frage der Rückwirkung des § 96 Abs. 1 Nr. 3 InsO, NZI 2006, S. 16 ff.

Zeuner, Mark, Die Anfechtung in der Insolvenz: Ein Handbuch – unter Einbezug des AnfG 1999, 2. Aufl., München 2007.

Zöller, Richard (Begr.), Zivilprozessordnung, Kommentar, 31. Aufl., Köln 2016.

Zuleger, Ralf, Verrechnung von Zahlungseingängen bei offener Kreditlinie, ZInsO 2002, S. 49 ff.

Zwicker, Dieter G., Das Kontokorrent im Konkurs, KTS 1978, S. 76 ff.

Schriften zum Zivilverfahrensrecht und Insolvenzrecht

Herausgegeben von Martin Ahrens

Band 1 Christoph Renger: Wege zur Restschuldbefreiung nach dem Insolvency Act 1986. Mit Bezügen zum deutschen Recht und unter Berücksichtigung anerkennungsrechtlicher Probleme nach der EuInsVO. 2012.

Band 2 Alexander Dietzel: Der Pfändungsschutz der privaten Altersvorsorge nach den §§ 851c und 851d ZPO. 2014.

Band 3 Gabriele Janlewing: Familienrechtliche Ansprüche gegen den Selbständigen in der Insolvenz. 2014.

Band 4 Sven Schulze: Die Beweislastregel des § 22 AGG. 2014.

Band 5 Steffen Gotter: Die selbstständige Tätigkeit im Insolvenzverfahren und die Negativerklärung gemäß § 35 II 1 InsO. 2015.

Band 6 Markus Johannes Huber: Die Anfechtung vertraglich vereinbarter Aufrechnungen innerhalb und außerhalb der Insolvenz. 2016.

www.peterlang.com

www.ingramcontent.com/pod-product-compliance
Ingram Content Group UK Ltd.
Pitfield, Milton Keynes, MK11 3LW, UK
UKHW021828290926
8980IPUK00004B/322